조선시대 왕실발원
불상의 연구

"이 저서 또는 논문은 2018년 대한민국 교육부와 한국연구재단의 지원을 받아 수행된 연구임 (NRF-2018S1A6A4A01037361)."

"This work was supported by the Ministry of Education of the Republic of Korea and the National Research Foundation of Korea(NRF-2018S1A6A4A01037361)"

|불|광|학|술|총|서|

조선시대 왕실발원
불상의 연구

유근자

불광출판사

화보로 보는
조선시대 왕실발원 불상

그림 1. 강릉 보현사 보현당(만월당) 목조문수보살좌상, 고려 말 조선 초 조성, 1599년(선조 32) 중수

그림 2. 평창 상원사 문수전 목조제석천왕상, 1466년(세조 12) 조성 추정,
1645년(인조 23) 중수, 월정사성보박물관 제공

그림 3. 구례 화엄사 대웅전 목조비로자나삼신불상, 1634년(인조 12)

그림 4. 완주 송광사 대웅전 소조석가여래삼세불상, 1641년(인조 19)

그림 5. 서울 봉원사 명부전 지장보살상·무독귀왕·동자상, 1704년(숙종 30)

그림 6. 서울 옥수동 미타사 극락전
아미타불상(1707년)·대세지보살상(16세기)·관음보살상(1769년), 주수완 제공

그림 7. 평창 상원사 영산전 소조석가불상(16세기)·목조제화갈라보살상과 미륵보살상(1711년),
소조제석천상·소조16나한상 2존(16세기), 목조나한상 3존(1711년),
1886년(고종 23) 상원사로 이안, 서진문화유산(주) 제공

그림 8. 서울 흥천사 노전 석조약사불상, 1829년(순조 29), 주수완 제공

그림 9. 서울 화계사 명부전 지장삼존상·장군상·동자상, 1649년(효종 6) 조성,
1877년(고종 14) 화계사로 이안, (재)불교문화재연구소 제공

일러두기

1. 이 저서는 2018년 대한민국 교육부와 한국연구재단의 지원을 받아 수행된 연구(NRF-2018S1A6A4A01037361)의 결과물이다.

2. 이 저서는 2013년 정부(교육부)의 재원으로 한국연구재단의 지원을 받아 수행된 연구(NRF-2013S1A6A402018616) 이후의 성과물로, 조선 왕실과 관련된 불상의 복장 기록을 다룬 것이다.

3. 이 저서의 주된 내용은 필자가 조사한 왕실과 관련된 불상의 복장 자료를 중점적으로 분석한 것이다.

4. 불상의 조성 및 중수발원문의 해석은 순천대학교의 이종수 교수가 해 주었고, 이 외에 국립중앙박물관에서 발간한 『발원, 간절한 바람을 담다』(2015)와 『조선의 승려 장인』(2021) 도록에 실린 것을 사용하였다.

5. 화엄사 목조비로자나삼신불상 「시주질(施主秩)」의 원문 교정 및 교열은 고경 스님(송광사성보박물관장)의 협조를 받은 것이다.

6. 이미지를 제공한 기관은 (사)사찰문화재보존연구소, 서진문화유산(주), 월정사성보박물관, 화엄사성보박물관, 불교중앙박물관, (재)불교문화재연구소, (사)한국미술사연구소, 국립중앙박물관 등이다.

7. 봉원사, 미타사, 흥천사 원고에 사용한 이미지는 대부분 주수완(우석대학교)이 촬영한 것이다.

8. 이미지는 명칭, 조성 연도, 이미지 출처 등을 표기하였고, 출처가 표기되지 않은 이미지는 필자가 촬영한 것이다.

9. '„' 표시는 불상 조성발원문과 불화 화기(畵記)에서 줄이 바뀐 것을 표시한 것이다.

10. 제2부 제1장부터 제9장까지 수록된 논문은 기존에 발표된 것을 수정·보완한 것으로, 발표 당시의 제목을 그대로 사용하거나 일부 수정하였다.

11. 원색 화보는 제2부 제1장부터 제9장까지 복장 유물을 조사한 불상을 대상으로 하였다.

차 례

1부 조선시대 왕실 발원 불상의 시대 구분

1장 – 조선 전반기(1392-1608) 왕실 발원 불상 ··47

2부 조선시대 왕실 발원 불상의
복장 유물과 조성·중수발원문의 분석

발간사

조선시대는 억불숭유(抑佛崇儒) 정책의 실시로 인해 불교가 억압받은 시
대로 알려져 왔다. 그러나 조선시대는 여러 면에서 불교가 사람들의 삶
과 밀접하게 소통하는 시기였다. 특히 왕실이나 민간 모두 병으로 인한
고통의 해결과 죽음 이후 영가 천도를 불교를 통해 기원했다.

필자는 한국연구재단 저술지원사업으로 발간한『조선시대 불상의
복장기록 연구』(2017년, 불광출판사)에서 조선 전기와 후기의 불사(佛事)에
나타난 가장 큰 변화 가운데 하나로 시주 층의 변화를 주목했다. 조선
전기에 비해 조선 후기에는 전반적으로 왕실 발원 불상 조성이 축소되
었고, 민간 발원 불상이 확대되었던 것이다. 특히 재가자인 거사(居士)와
사당(社堂, 舍堂)이 불사의 재원을 마련하는 계층으로 등장하는 것이 17
세기 이후의 새로운 시주층 변화였다.

그러나 금번 조선 왕실과 관련된 불상 연구를 통해 기존 해석을 수정
하게 되었다. 즉, 억불숭유 정책을 실시한 조선시대였지만 왕실은 불상·

불화·범종의 조성, 경전 간행, 불전 건립 등을 조선 초부터 말까지 지속적으로 후원했다. 왕과 왕비 그리고 후궁 등이 사찰 불사에 동참한 경우도 있고, 왕자와 공주 및 그 배우자가 참여하기도 했다. 또 왕실의 종친, 왕실과 사찰 간의 매개자 역할을 했던 상궁의 동참도 눈에 띈다. 필자가 조사한 조선시대 불상의 복장 기록은 조선 전기부터 말기까지 왕실 인물들이 불상 조성과 중수에 지속적으로 참여한 사실을 확인하게 해 주었다.

조선시대 불상 가운데 왕실과 관련된 대표적인 불상으로는 대구 파계사 건칠관음보살상(1447년 중수), 영주 흑석사 목조아미타불상(1458년), 상원사 목조문수동자상(1466년), 순천 송광사 목조관음보살상(1662년), 수원 용주사 석가여래삼세불상(1790년) 등이 있다. 이 가운데 호불군주로 알려진 세조 때 조성된 상원사 목조문수동자상, 그리고 정조가 아버지 사도세자의 능침사찰로 건립한 용주사에 봉안된 석가여래삼세불상이 가장 널리 알려져 있다.

이 책은 크게 2부로 구성되었다. 제1부는 조선시대 왕실 발원 불상의 총론에 해당하고, 제2부는 새로 조사한 복장 유물과 기록을 분석한 논문 위주이다. 제1부에서는 조선시대 왕실 발원 불상을 조선 전반기(1392-1608), 조선 후반기 제1기(1609-1724), 조선 후반기 제2기(1725-1910) 등 세 시기로 나누어 고찰하였다. 제1부에서는 현재까지 알려진 조선 왕실 발원 불상 가운데 대표적인 것을 시대순으로 나누어 살펴보았다.

제2부는 저자가 복장 조사에 참여한 후 결과물로 발표한 논문으로 구성되었다. 연구 대상이 된 불상의 복장 조사는 2016년부터 2020년까지 이루어졌다. 복장 조사는 사찰의 의뢰 또는 사업의 일환으로 별도로 구성된 조사팀에 의해 진행되었다. 필자는 조사 일원으로 참여한 후 복장 유물과 기록을 분석해 연구 논문을 발표했다.

이 책의 출판은 사찰 및 여러 기관의 협조가 있었기 때문에 가능했다.

강릉 보현사 주지 승원 스님(강릉 보현사 목조문수보살좌상 조사), 상원사 주지 해량 스님, 월정사성보박물관장 해운 스님, 홍순욱 학예실장님, 서진문화유산㈜ 김선덕 대표(상원사 목조제석천상과 영산전 존상 조사), 구례 화엄사 주지 덕문 스님, ㈔사찰문화재보존연구소 박진명 대표, 문화재청 손영문 전문위원, 중앙대학교 송일기 교수, 덕성여자대학교 최성은 교수, 동국대학교 이수예 교수, 동국대학교와 덕성여자대학교의 대학원생(화엄사 비로자나삼신불상 조사), 완주 송광사 주지 법진 스님(완주 송광사 석가여래삼세불상 조사), 봉원사 주지 스님(봉원사 명부전 존상 조사), 미타사 주지 상덕 스님(미타사 아미타삼존상 조사), 흥천사 회주 금곡 스님과 주지 스님(흥천사 약사불상 조사), 화계사 주지 수암 스님(화계사 조사)께 깊은 감사를 드린다.

또한 이미지를 제공해 주신 ㈔사찰문화재보존연구소, 서진문화유산㈜, 월정사성보박물관, 화엄사성보박물관, ㈐불교문화재연구소, 불교중앙박물관, ㈔한국미술사연구소, 국립중앙박물관, 그리고 봉원사·미타사·흥천사 복장 조사 때 전 과정을 촬영해 준 우석대학교 주수완 교수, 문화재청 손영문 전문위원 등을 비롯한 여러 분께 감사드린다.

본 연구의 토대가 된 것은 ㈔한국미술사연구소 문명대 교수님에 의해 진행된 한국연구재단의 2010년도 토대기초연구지원(G007) 사업이다. 이 자리를 빌어 문명대 교수님께 감사를 드린다. 그리고 책 출판을 위해 힘써 준 불광출판사 류지호 대표, 양동민 이사, 권순범 차장, 복장 조사 때마다 사진 촬영을 해 준 남편한테도 고마움을 전한다.

마지막으로 이 책은 2022년 1월 1일 새벽 오랜 병고로 고생하시다 95세로 돌아가신 어머니 김점아 보살님의 영전에 극락왕생을 발원하며 바친다.

머리말

본 연구는 '조선시대 왕실 발원 불상 연구'로, 조선시대 지배층에서 발원한 불상을 연구한 것이다. 억불숭유정책을 표방한 조선시대이지만 조선 전기부터 말기에 이르기까지 왕실에서는 끊임없이 사찰의 불사에 참여하였다. 그 가운데 본 연구는 조성과 관련된 기록이 있는 불상의 조성·중수 등을 중심으로 고찰한 것이다.

왕실 발원 불상의 불사 주체 범주에는 국왕·왕비·세자·대군·왕자·공주·옹주·부마 등 왕실의 인물뿐만 아니라, 종친, 왕실과 관련된 상궁 등의 시주도 모두 포함시켰다. 즉, 왕실의 안녕이나 극락왕생을 기원하며 만든 것 등 왕실 인물과 관련된 불상 가운데 기록이 있는 불상 위주로 다루었다.

조선시대 왕실 원당(願堂)에 대한 인식은 1740년에 중수한 파계사 관음보살상 내부에서 수습된 영조가 하사한 도포에 기록된 글에 잘 집약되어 있다. 그 내용은 다음과 같다.

건륭 5년(1740, 영조 16) 경신 12월 11일 복장기

성상께서는 갑술년(1694, 숙종 20)에 태어나셨으며 성은 이씨이신데, 청사(靑紗) 상의(上衣) 1령(領)을 파계사에 영원히 유전하는 것은 국가의 원당(願堂)으로 삼전(三殿)의 탄일(誕日)에 불공을 드린 곳이기 때문이다.[01]

앞의 내용을 통해 18세기 왕실에서는 원당을 왕·왕비·세자의 탄신일에 불공을 드리는 곳으로 인식하고 있음을 알 수 있다.

본 연구에서는 조선시대를 크게 조선 전반기(1392-1608)와 조선 후반기(1609-1910)로 구분한 후, 조선 후반기는 제1기(1609-1724)와 제2기(1725-1910)로 세분하였다. 이 시대 구분 방법론은 (사)한국미술사연구소의 문명대 교수에 의해 진행된 한국연구재단의 2010년도 토대기초연구지원(G0007)에 의해 사용된 것이다. 필자는 2017년에 발간한 『조선시대 불상의 복장기록 연구』[02]에서도 이 방법론에 따라 서술하였다.

　본 연구는 『조선시대 불상의 복장기록 연구』를 확장시킨 것으로, 왕실과 관련된 불상을 중심으로 연구한 것이다. 조선 전기부터 말기에 이르기까지 왕실은 끊임없이 사찰의 중수와 각종 불사에 참여했다. 조선 전반기에 조성된 불상으로는 주로 세조·성종·연산군·선조 때의 불

---

01 국립중앙박물관(2015), 『발원, 간절한 바람을 담다: 불교미술의 후원자들』, 294-295쪽. "乾隆五年庚申十二月十一日腹藏記」聖上主甲戌生李氏靑紗上衣一領」萬歲流傳于」把溪寺者國家願堂三殿誕日佛供處也」".

02 『조선시대 불상의 복장기록 연구』는 2013년 정부의 재원으로 한국연구재단의 지원을 받아 수행된 연구의 결과물이다(NRF-2013S1AA402018616).

상 조성에 주목하였다. 이 시기의 불상으로는 대구 파계사 관음보살상(1447년 중수), 견성암 약사삼존상(1456년), 흑석사 아미타불상(1458년), 상원사 문수동자상(1466년), 왕릉사원 아미타불상(1466년), 해인사 법보전과 대적광전 비로자나불상(1490년) 중수, 금산사 오층석탑 봉안 불상(1492년), 남양주 수종사 불상(1493년) 등이 있다.

조선 후반기 제1기(1609-1724)는 광해군·인조·효종·현종·숙종의 재위 시기로, 불상 조성이 활발하게 이루어진 것을 확인할 수 있다. 특히 광해군의 비 문성군부인 유씨와 선조의 계비 인목대비에 의해 조성된 불상이 주목된다. 현종 때 소현세자 및 그의 아들 경안군과 관련된 불상 역시 중요한 위치를 차지하고 있다.

조선 후반기 제1기 불상으로는 서울 국립중앙박물관 소장의 비로자나불상,[03] 안동 선찰사 석가불상, 서울 칠보사 석가불상(1622년), 남양주 수종사탑 불상군 23존(1628년), 구례 화엄사 비로자나삼신불상(1634년), 완주 송광사 석가·약사·아미타불상(1641년), 서울 봉은사 석가여래삼불상(1651년 조성, 1765년 중수), 순천 송광사 관음보살상과 석가불상(1662년), 구례 화엄사 각황전 3불4보살상(1703년),서울 봉원사 지장보살상과 명부존상(1704년), 서울 옥수동 미타사 아미타불상(1707년) 등이 있다.

조선 후반기 제2기(1725-1910)는 영조·정조·순조·헌종·철종·고종의 재위 시기로, 이때 가장 주목되는 것은 당대 최고의 조각가를 동원해 단기간에 조성한 수원 용주사 석가여래삼세불상(1790년)이다. 이 외에도 순조의 부인 순원왕후가 조성한 흥천사 석조약사불상(1829년)은 이 시

---

03 이 불상은 1939년부터 서울 지장암에 소장되었다가, 근래에 국립중앙박물관으로 소장처가 변경되었다. 본고에서는 선행 연구와 혼동을 피하기 위해 지장암 비로자나불상으로 표기하고자 한다.

대를 대표할 만한 불상이다. 왕실 종친인 능양군 부부가 조성한 서울 봉은사 사천왕상(1746년)은 조선시대 사천왕상 가운데 왕실과 관련된 유일한 존상이다. 서울 옥수동 미타사 관음보살상(1769년)은 영조와 영빈 이씨 소생의 화완옹주와 숙종의 3자 연령군의 양자인 낙천군의 부인 서씨가 시주해서 조성했다.

조선 후반기 제2기에는 영조에 의해 중수된 대구 파계사 관음보살상 중수(1740년)와 보은 법주사 비로자나삼신불상의 중수(1747년)가 주목된다. 조선 전기와 17세기에 조성된 불상은 18세기에 왕실에 의해 중수되었다. 또한 고종 대에는 주로 왕실의 안녕을 기원하기 위해 각 지역에서 서울의 왕실 원찰인 화계사와 남양주 흥국사 등으로 불상이 옮겨지는데, 이를 중심으로 고찰하였다.

조선시대의 불교조각은 조선 전기에는 주로 왕실에 의한 조성이 두드러지고, 후기로 갈수록 시주 층이 다양하게 변화하는 것이 일반적인 현상 가운데 하나였다.[04] 그러나 왕실에서는 조선 말기까지 지속적으로 불상을 조성하고 중수하거나 지방으로부터 옮겨 오는 불사에 적극적으로 후원했다.

특히 고종 때에 이르면 새로 불상을 조성하는 것보다는 폐사에 가까운 기존 사찰의 영험한 상들을 도성 근처에 있는 왕실 원찰로 이동시켰다. 서울 화계사의 명부전 존상과 남양주 흥국사의 석가삼존상과 나한상 등이 대표적이다. 또한 조선 후반기 제2기에는 왕실과 사찰의 매개자 역할을 했던 상궁들의 시주 역시 두드러지는데, 왕실의 대변자 역할과 함께 친가 식구들을 위한 불사의 목적도 있었던 것으로 짐작된다.

---

04 유근자(2017), 『조선시대 불상의 복장기록 연구』, 불광출판사, 249-324쪽.

조선시대 왕실과 관련된 불상들은 생전의 병 치유 및 사후의 천도와 긴밀하게 연결되어 있다. 병을 치유하는 것은 약사신앙 및 관음신앙과 주로 연관되었고, 사후의 명복을 기원하는 것은 아미타신앙과 관련되어 있었다. 특히 세조와 단종, 광해군과 영창대군, 인조와 소현세자 사이에 벌어진 왕실의 권력 싸움이나, 영조 시대의 당쟁에서 비롯된 사도세자의 죽음과 같은 비극적인 사건은 사찰과 왕실의 관계를 긴밀하게 하였다. 이러한 사건이 일어난 뒤, 패배한 쪽에서는 불교로 위안을 받고자 불상을 조성했던 것으로 파악되었다.

조선시대 왕실 불사와 관련해 주목되는 것 가운데 하나는 왕실 인물들의 득남(得男) 기원과 관련된 것이다. 대표적인 것이 1466년(세조 12)에 조성된 오대산 상원사 문수동자상이다. 이 존상은 1599년(선조 32)에 왕실에 의해 중수되었는데, 이때 '동자문수(童子文殊)'와 '노문수(老文殊)'가 등장하였다. 동자문수는 현재 상원사 문수전에 봉안된 1466년 조성의 문수동자상이고, 노문수는 강릉 보현사에 봉안된 보살좌상이다. 두 보살상에서는 1599년에 작성된 중수기가 발견되었는데, '동자문수'와 '노문수'의 순서만 선후로 바뀌었을 뿐 나머지 내용은 거의 같다.

상원사 문수동자상과 강릉 보현사 보살좌상의 중수발원문(1599년)을 통해 조선시대의 왕실 발원 '문수동자상'과 '노문수보살상'을 발견한 점은 큰 의미가 있다. 고려말 공민왕 때부터 성행한 득남을 위한 문수회가 조선 전반기 왕실에도 지속적으로 영향을 미치고 있었던 사실이 확인된 것이다. 특히 세조의 딸 의숙공주와 정현조 부부는 생자발원(生子發願)으로 상원사 문수동자상 조성을 발원하였고, 선조의 딸 정숙옹주와 신익성 부부는 혼인하던 해인 1599년에 문수동자상과 노문수상을 중수한 것으로 추정된다.

인조(1595-1649, 재위 1623-1649) 때 조성된 왕실 관련 불상으로는 구례 화엄사 대웅전 비로자나삼신불상(1634년), 완주 송광사 석가여래삼세불상(1641년), 평창 상원사 제석천상 중수(1645년) 등을 들 수 있다. 구례 화엄사 비로나자삼신불상은 선조의 아들 의창군 이광(義昌君 李珖, 1589-1645), 선조의 사위 동양위 신익성(申翊聖, 1588-1644), 인조의 아들 소현세자(昭顯世子, 1612-1645) 등이 시주자로 참여한 17세기의 대표적인 왕실 발원 불상이다.

인조 때 일어난 정묘호란(1627년)과 병자호란(1636년)이라는 국가적 위기와 관련된 불상으로는 석가여래·약사여래·아미타여래로 구성된 완주 송광사 삼세불상(1641년)을 들 수 있다. 완주 송광사 석가여래삼불상 조성의 시주자로 소현세자가 알려져 있으며, 불상 조성발원문에서는 청에 인질로 잡혀간 소현세자와 봉림대군의 빠른 귀국을 기원하고 있다.

소현세자의 영가천도와 관련한 불교조각으로는 평창 오대산 상원사 제석천상의 중수를 들 수 있다. 상원사 제석천상은 1466년 문수동자상과 함께 조성되었고, 1645년에 중수되었다. 중수한 목적은 소현세자의 극락왕생 발원이었다. 중수 불사에는 선조의 딸 정숙옹주의 영가가 시주자로 참여했고, 소현세자의 딸들도 시주자로 동참하였다.

인조와 소현세자의 갈등은 소현세자와 부인, 그리고 아들들의 비극적인 죽음으로 연결되었다. 인조와 소현세자의 갈등 역시 그 이면에는 왕위 계승이라는 권력 문제가 작용하고 있었다. 소현세자 가족의 비극적 죽음 후에 소현세자의 측근에 의해 조성된 것이 1662년(현종 3)의 순천 송광사 관음보살상과 석가불상 등이다.

숙종 때 조성된 왕실과 관계 있는 불상으로는 구례 화엄사 각황전 3

불4보살상(1703년), 양평 용문사 지장삼존상 및 시왕상(1704년),[05] 서울 옥수동 미타사 아미타불상(1707년) 등이 대표적이다. 18세기 초 숙종은 구례 화엄사 각황전을 새로 건립하면서 3불4보살상을 조성하였다. 숙종 때 이루어진 대표적인 왕실 불사가 바로 1703년(숙종 29)에 조성된 구례 화엄사 각황전 불상이다. 이 존상이 조성된 다음 해인 1704년(숙종 30)에는 양평 용문사에서 지장삼존상과 시왕상 등이 조성되었다.

용문사 명부전 존상은 인현왕후 민씨의 천도와 관련된 것으로 짐작된다. 1703년에 화엄사 각황전 존상을 조성할 때 주도적인 조각승으로 활동했던 색난(色難)이 1704년에 양평 용문사 명부전 존상을 조성하였다. 또한 화엄사 각황전 존상 시주에 참여한 왕실 인물들이 양평 용문사 명부전 조성에도 시주자로 동참하고 있어, 두 사찰의 불사가 긴밀하게 연관되어 있음을 알 수 있다.

1707년(숙종 33)에 조성된 서울 미타사 아미타불상은 숙종의 후궁 소의 유씨(昭儀 劉氏, ?-1707)의 극락왕생을 위해 조성한 것이다. 미타사 아미타불상 조성에도 숙종을 비롯한 왕실 인물들이 동참하고 있다.

18세기에는 새로 불상을 조성하기보다는 기존 왕실과 관련 있거나 새로 원당으로 지정된 사찰의 고불상을 중수하는 데 왕실에서 관여하였다. 대표적으로 영조는 대구 파계사 관음보살상의 개금 및 중수에 동참했고, 사도세자는 보은 법주사 비로자나삼신불상 중수 불사에 적극적으로 참여했다. 또한 18세기는 공주와 부마들에 의한 개금 및 중수 불사가 활발하게 이루어진 시기이기도 하다.

---

05 현재 이 존상은 서울 봉원사 명부전에 모셔져 있는데, 1858년에 양평 용문사에서 서울 봉원사로 옮겨졌다.

    조선시대 왕과 왕위를 이을 세자는 불사에 직접 참여하지 않고 주로 왕자들과 왕실의 내명부 소속 여인들이 참여했다. 그러나 세조·영조·정조는 조선시대의 다른 왕들과 달리 직접 불사를 주도하였다. 세조와 정조의 불사 후원은 잘 알려진 사실이지만, 영조의 불교 후원은 그다지 알려지지 않았다. 그러나 대구 파계사 관음보살상의 중수발원문을 통해 영조가 직접 1740년(영조 16)에 불상 중수에 참여하면서 상의(上衣) 1점을 복장으로 시주한 사실이 확인되었다. 대구 파계사 관음보살상의 중수 기록은 조선시대 왕실의 불교 신앙을 살필 수 있는 좋은 예라고 할 수 있다.

    정조가 아버지 사도세자를 위해 화성 용주사를 창건하고 대대적으로 불상과 불화를 조성한 것은 1790년(정조 14)의 일이다. 즉, 18세기 말에 이르러 조선 왕실은 왕권 강화 차원에서 용주사 창건이라는 새로운 불사를 일으켰던 것이다. 18세기에는 불상을 조성하는 불사보다는 불교의식의 성행과 함께 괘불을 비롯한 후불도를 조성하는 불사로 그 경향이 변화하였다. 따라서 이 시기의 왕실에서는 주로 불상의 개금 및 중수 불사에 참여했고 불상 조성에 동참한 경우는 드물었다. 그런데 1790년대에 정조가 국왕의 신분으로 당대 최고의 조각승을 동원하여 단시간에 용주사 석가·약사·아미타불상을 조성한 것은 매우 중요하다.

    19세기에는 도성 근처 왕실 원찰에서 왕실의 후원으로 불화가 주로 조성되었다. 불상의 경우는 영험이 뛰어나다는 소문이 있는 상들을 왕실과 관계된 사찰에서 옮겨 오는 방식을 취하였다. 또한 사찰이 폐사된 경우 인근 사찰로 불상을 옮기거나, 서울의 왕실 원찰로 이동시켰다. 이러한 현상은 20세기 초까지 지속되었다.

    본 연구의 제1부는 조선시대 왕실과 관련된 불상을 크게 3시기로 구분하여 고찰하였다. 이를 통해 왕실에서 발원한 불상이 당시 불교계를 대표하는 승려와 밀접하게 관련되어 있음을 확인하였다.

조선 전기 세조 때에는 신미(信眉)·수미(守眉)·학조(學祖) 등이 왕실과 밀접한 관련을 맺고 불사를 진행하였다. 승려 신미의 동생인 김수온(金守溫, 1410-1481)은 왕실과 불교계의 가교 역할을 한 대표적인 인물이다.

조선 후반기 제1기인 17세기에는 의승군으로 활약했던 부휴 선수(浮休善修, 1543-1615)와 그의 제자 벽암 각성(碧巖覺性, 1575-1660)이 왕실 관련 불사를 주도하고 있는 것을 확인하였다. 1622년(광해군 14)에 조성된 서울 지장암 비로자나불상(현 국립중앙박물관), 안동 선찰사 불상, 서울 칠보사 불상 등 광해군의 비 문성군부인 유씨(文城郡夫人 柳氏, 1576-1623)가 발원한 불상은 왕실의 안녕과 친족의 극락왕생을 목적으로 조성되었다. 그러나 1641년(인조 19)에 조성된 완주 송광사 석가여래삼세불상은 전쟁에 패배하면서 청나라에 인질로 잡혀간 소현세자와 봉림대군의 조속한 환국과 전쟁으로 목숨을 잃은 장졸들의 명복을 기원하기 위해 제작되었다.

1829년(순조 29)에 순조의 비 순원왕후 김씨(純元王后 金氏, 1789-1857)가 조성한 흥천사 석조약사불상은 왕실의 병 치유와 관련되어 있다. 따라서 제1부에서는 현재 남아 있는 왕실 발원 불상을 세 시기로 구분하여 각 시대별 특징을 고찰하였다.

본 연구의 제2부는 조선시대 왕실 발원 불상 가운데 복장 조사를 통해 새로운 자료가 발견된 불상을 중심으로 다루었다. 제2부의 논문 가운데 강릉 보현사 목조문수보살좌상(1599년 중수), 구례 화엄사 비로자나삼신불상(1634년), 서울 봉원사 지장삼존상과 시왕상 등 명부전 존상(1704년), 서울 옥수동 미타사 아미타불상(1707년), 오대산 상원사 영산전 존상(16세기 전반, 1711년), 흥천사 노전 석조약사불상(1829년)을 다룬 논문들은 복장 조사를 통해 밝혀진 자료를 중심으로 새롭게 학계에 소개된 것이다.

그러나 오대산 상원사 제석천상(1466년 조성, 1645년 중수), 완주 송광사 석가여래삼세불상(1641년), 화계사 불교미술과 시주자 등은 기존에 조사된 복장 자료를 중심으로 왕실과의 관계를 분석한 것이다.

제2부 제1장에서 다루는 강릉 보현사 보현당 목조문수보살좌상의 복장 유물 조사는 승원 스님의 의뢰로 실시되었다. 2011년에 대한불교 조계종총무원 문화부에서 조사한 복장 조사로 수습된 자료 가운데 후령통을 재조사하게 된 것이다. 황초폭자 안에는 중수발원문(1599년)이 후령통을 감싸고 있었다. 상원사 목조문수동자상과 함께 1599년(선조 32)에 노문수보살상을 중수했다는 중수발원문의 내용은 필자에게 잊을 수 없는 감동을 주었다. 조선시대 노문수보살상의 정체를 확인하는 순간이었기 때문이다.

보현사 목조문수보살좌상은 상원사 목조문수동자상과 함께 노문수보살상으로 중수되어 1599년에는 동일 장소에 봉안되었을 것이다. 황초폭자에 시주자로 추정되는 '왕비 윤씨(王妃尹氏)'가 기록된 것은 보현사 목조문수보살좌상이 상원사 목조문수동자상이 조성된 1466년에 중수되었을 가능성을 시사한다. 보현사 목조문수보살좌상에서 수습된 복장 유물은 상원사 목조문수동자상과 유사한 것이 많아, 향후 두 존상의 복장 유물을 좀 더 체계적으로 비교 검토해야 하는 과제를 남기고 있다. 보현사 목조문수보살좌상은 왕실 발원 불상으로 새로운 '노문수보살'의 도상을 발굴하게 되었다는 데 큰 의미가 있다.[06]

---

06 유근자(2021), 「강릉 보현사 목조문수보살좌상의 복장 유물과 중수발원문의 분석」, 『동국

제2부 제2장에서 다루는 상원사 문수전 목조제석천상의 복장 조사
는 2008년 9월에 이루어졌다. 이때 복장 전적, 원문(1645년)과 중수기
(1862년), 후령통 유물 일부, 다라니 등이 수습되었다. 필자는 월정사성
보박물관의 의뢰로 2020년 7월에 2008년에 수습되어 보관 중인 상원
사 목조제석천상의 복장 유물을 재조사해 분석하였다.

상원사 목조제석천상은 목조문수동자상의 조성발원문(1466년), 조선
초의 복장 전적, 17세기 상원사 중수 기록, 양식 특징 등을 중심으로 살
펴본 결과 1466년에 목조문수동자상과 함께 조성된 것으로 판단했다.
2008년에 수습한 원문은 1645년(인조 23) 중수 때의 중수발원문으로 해
석했다. 또한 중수발원문의 분석 결과 상원사 목조제석천상의 17세기
중수는 소현세자의 극락왕생 기원과 깊게 관련된다는 사실을 확인했다.
조사 결과는 2021년 6월 논문으로 발표되었다.[07]

제2부 제3장에서 다루는 화엄사 대웅전 목조비로자나삼신불상의
불상조성기 「시주질(施主秩)」의 분석은 2020년 7월 복장 조사의 결과물
이다. 노사나불상의 복장 조사는 화엄사와 (사)사찰문화재보존연구소
주관으로 2020년 7월 10-11일에 실시되었다. 이 조사에는 화엄사와 (사)
사찰문화재보존연구소 관계자, 문화재청 손영문 전문위원, 중앙대학교
송일기 교수, 덕성여자대학교 최성은 교수, 동국대학교 이수예 교수, 화
엄사성보박물관 강선정 학예실장, 동국대학교와 덕성여자대학교 대학
원생, 필자 등이 참여했다.

이때 노사나불상 복장에서는 복장 전적, 불상조성기인 「시주질」, 후

사학』 72, 115-155쪽.

07 유근자(2021), 「오대산 상원사 문수전 목조제석천상의 연구」, 『선문화연구』 30, 251-304쪽.

령통, 다라니 등이 수습되었다. (사)사찰문화재보존연구소가 2014년에 화엄사 대웅전 목조비로자나삼신불상을 조사하는 과정에서 발견한 노사나불상 대좌 안쪽 면의 묵서 자료와, 2015년에 화엄사성보박물관에서 수습해 보관해 오던 석가불상의 「시주질」은 2020년 7월 노사나불상의 복장 조사가 이루어지기 전까지 비공개로 보관되어 왔다.

2020년 7월 노사나불상의 복장 조사로 수습한 불상조성기인 「시주질」에 의해 화엄사 목조비로자나삼신불상이 1634년(인조 12)에 조성된 사실이 확인되었다. 또한 화엄사 목조비로자나삼신불상을 조성하는 데 왕실 인물인 선조의 아들 의창군 이광, 부마 신익성, 인조의 아들 소현세자 부부가 시주자로 참여한 사실이 밝혀져 2021년 6월 23일에 국보로 승격되었다.

노사나불상과 석가불상의 복장에서 수습된 복장 유물은 2021년 9월에 불교중앙박물관에서 개최한 특별전에서 소개되었고, 필자는 불상조성기인 「시주질」과 복장 유물에 대한 논문을 발표했다.[08] 이후 『지리산 대화엄사』 특별전 도록에 기고한 논문을 수정 보완해 국립중앙박물관에서 발행하는 『미술자료』 100집에 발표했다.[09]

제2부 제4장은 2013년 서울대학교 규장각한국학연구원에 소장된 「송광사법당초창상층화주덕림(松廣寺法堂初創上層化主德林)」 문서 발견이 계기가 되었다. 이 자료는 문화재청·완주군청·송광사에 의해 발주된 『완주 송광사 대웅전 주변 종합정비계획 수립 보고서』 작성을 위한 기

---

08 유근자(2021), 「화엄사 대웅전 비로자나삼신불좌상의 시주질 분석」, 『지리산 대화엄사』, 339-365쪽.

09 유근자(2021), 「화엄사 목조비로자나삼신불좌상의 조성기 「施主秩」 분석」, 『미술자료』 100, 112-138쪽.

초 자료 수집의 결과물이다.

1725년(영조 1)에 기록된 것으로 추정되는 「송광사법당초창상층화주덕림」은 「법당초창상층화주덕림」, 「법당중창상량문(法堂重創上樑文)」, 「불상화주행적(佛像化主行蹟)」 등 세 부분으로 구성되어 있다. 이 가운데 「불상화주행적」에 소현세자가 송광사 석가여래삼세불상 조성에 필요한 금을 시주한 내용이 기록되어 있다. 완주 송광사 석가여래삼세불상의 조성 복장기(1641년)에 기록된 청에 볼모로 잡혀간 소현세자와 봉림대군의 빠른 귀환을 바라는 내용을 뒷받침하는 새로운 자료의 발굴이라는 점에서 큰 의미가 있다.

17세기 완주 송광사 불사와 관계된 왕실 인물로 의창군 이광, 신익성, 소현세자를 들 수 있다. 이들이 불교와 인연을 맺게 한 인물로는 당시 불교계를 대표하던 벽암 각성을 들 수 있다. 제2부 제4장의 내용은 화엄사 비로자나삼신불상의 조성기인 「시주질」이 발견되기 전에 작성했기 때문에, 벽암 각성과 왕실 인물 간의 관계를 완주 송광사 불사를 중심으로 파악한 것이다. 이 가운데 제2부 제4장은 송광사 석가여래삼불상 조성과 벽암 각성의 역할, 그리고 왕실 인물을 중심으로 수정했다.[10]

제2부 제5장은 서울 봉원사 명부전 존상(1704년)의 복장 유물과 발원문을 분석한 것이다. 봉원사 명부전 존상의 복장 조사는 2019년 7월에 실시되었다. 이 조사는 봉원사와 미술문화연구소가 주관했으며, 조사 결과는 『奉元寺 성보문화재 조사보고서』에 수록되었다. 필자는 봉원사 명부전 존상, 대방 석조여래좌상, 칠성각 소조여래좌상 등의 복장 유

---

10 유근자(2019), 「17세기의 완주 송광사 불사와 벽암 각성(碧巖覺性)」, 『남도문화연구』 36, 121–169쪽.

물 조사에 참여한 후 조사 보고서를 작성했다. 제2부 제5장은 이 가운데 명부전 존상에 관한 것이다.

신촌 봉원사는 화평옹주(和平翁主, 1727-1748)의 극락왕생을 위해 영조에 의해 현재의 위치로 이건된 사찰이다. 영조는 세손 의소세자(懿昭世子, 1750-1752)를 위한 의소묘의 재각(齋閣)을 봉원사에 설치했다. 봉원사 명부전 존상은 숙종의 계비 인현왕후 민씨(仁顯王后 閔氏, 1667-1701)의 영가천도를 위해 조성된 것으로 추정된다. 그녀의 명복을 기원했던 구례 화엄사 각황전 존상을 조성한 조각승 색난이 봉원사 명부전 존상을 제작했고, 화엄사 각황전 존상의 조성에 참여한 왕실 여성들이 봉원사 명부전 조성에도 참여하고 있기 때문이다. 화엄사 각황전 존상과 봉원사 명부전 존상은 인현왕후 민씨의 영가천도와 관련되어 있다는 점에서 중요한 의미를 갖는다.

왕실의 원찰이었던 양평 용문사 소장 지장삼존상과 명부권속을 1858년(철종 9) 순원왕후 김씨(純元王后 金氏, 1789-1857)의 1주기를 맞아 봉원사로 이전한 것으로 추정했다. 봉원사 명부전 존상은 18세기 초 왕실의 지장신앙을 고찰할 수 있게 한다는 점에서 중요하다.[11]

제2부 제6장은 서울 옥수동 미타사 아미타삼존불상의 복장 유물 분석과 양식 특징을 다룬 것이다. 옥수동 미타사 극락전 아미타삼존상의 복장 조사는 2020년 8월에 미타사 성보문화재보존위원회 주관으로 실시되었으며, 복장 조사 내용은 『彌陀寺 성보문화재 조사보고서』에 수록되었다.

---

11 유근자(2021), 「봉원사 명부전 존상(1704년)의 복장 유물과 발원문 분석」, 『보조사상』 61, 179-219쪽.

미타사 아미타삼존상은 본존 아미타불상과 좌협시 관음보살상에서 조성발원문과 중수발원문이 수습되었다. 아미타불상에서는 각기 다른 조성발원문(1707년·1757년) 2점, 중수발원문(1744년·1917년) 2점이 발견되었고, 관음보살상에서는 조성발원문 1점(1769년)이 수습되었다. 조성과 중수에 관한 여러 점의 복장 기록이 발견된 점이 주목된다. 후령통 내부 물목까지 상세하게 조사했던 미타사 아미타삼존상 복장 유물 조사는 18세기 왕실 발원 불상의 복장 납입법을 알 수 있게 했다. 이러한 점에서 옥수동 미타사 아미타삼존상의 복장 유물은 향후 조선시대 복장물 연구에 귀중한 자료이다.[12]

제2부 제7장은 오대산 상원사 영산전 존상의 복장 기록을 연구한 것이다. 상원사 영산전 존상의 복장 조사는 평창군·월정사·㈜다올건축사무소의 주관으로 2020년 6월부터 12월까지 실시된 '상원사 영산전 석가삼존·십육나한상 및 권속 복장유물 실측조사' 사업으로 이루어졌다. 복장 조사는 서진문화유산㈜과 월정사성보박물관 관계자가 주도적인 역할을 했으며 저자는 참관했다. 이 사업의 결과물은 『평창 상원사 영산전 석가삼존·십육나한상 및 권속 복장유물 실측조사보고서』(2021년)에 수록되었다.

상원사 영산전 존상의 원 봉안처는 경상도 예천 운복사 영산전인데, 소조상과 목조상으로 구성되어 있다. 소조상은 16세기 전반에 조성된 것으로 추정되며, 목조상은 1711년(숙종 37)에 새로 조성된 것이다. 1886년(고종 23)에 신정왕후 조씨가 하사한 내탕금으로 예천 운복사에서 오

---

12 유근자(2021), 「서울 옥수동 미타사 아미타삼존불좌상의 복장유물 분석과 양식 특징」, 『불교문예연구』 17, 339-384쪽.

대산 상원사로 옮겨져 중수된 후, 현재의 영산전에 모셔졌다. 상원사 영산전 존상은 19세기 왕실 불사의 단면을 보여 주는 사례이다. 즉, 왕실 원찰에 새로 존상을 조성하지 않고 예로부터 영험담이 있는 왕실 관련 사찰에서 옮겨 오는 방식을 택한 것이다.[13]

제2부 제8장은 서울 흥천사의 조선 후기(1829년) 석조약사불상을 연구한 것이다. 흥천사 노전에 봉안 중인 석조 약사불상·아미타불상·지장보살상 3존의 복장 조사는 2016년 6월에 실시하였다. 세 존상 가운데 석조약사불상에서만 조성과 개채(改彩)에 관한 발원문 3점이 수습되었다.

석조약사불상은 1829년(순조 29)에 순원왕후에 의해 조성되어, 1853년(철종 4), 1871년(고종 8)에 중수된 사실이 확인되었다. 흥천사 석조약사불상·아미타불상·지장보살상이 1829년에 조성된 것은 순원왕후 주변 인물과 관계가 깊다. 석조약사불상은 순조·효명세자·세손의 치병을 위해 조성되었고, 석조아미타불상과 석조지장보살상은 순원왕후 김씨의 어머니 청양부부인 심씨와 영온옹주의 영가천도와 관련된 것이다. 이 논문은 (사)한국미술사연구소에서 2018년에 개최한 '600년 왕실 원찰 서울 흥천사 불상' 학술대회에서 발표한 것을 수정·보완한 것이다.[14]

제2부 제9장은 화계사 불교미술의 성격과 시주자를 다룬 것이다. 화계사는 '궁(宮) 절'로 불릴 만큼 조선 말기 왕실과 밀접한 관련을 맺고 있었다. 왕실 인물로는 신정왕후 조씨와 흥선대원군이 대시주자로 19세기 중창에 참여했다. 필자가 조선시대 왕실 발원 불상에 관심을 갖게 된 것은 화계사 불교미술을 재조명하는 학술대회에 발표자로 참여하면

---

13 유근자(2021), 「오대산 상원사 영산전 존상의 복장 기록 연구」, 『국학연구』 45, 191-229쪽.

14 유근자(2020), 「흥천사 조선후기(1829년) 석조약사불상의 연구」, 『보조사상』 58, 43-82쪽.

서부터이다.

화계사 사지(寺誌)를 편찬하고자 했던 화계사는 2013년 12월에 제2차 학술대회를 개최했다. 필자는 이때 '화계사 불교미술의 재조명 : 명부전 불교미술과 왕실의 역할'이라는 주제로 발표를 했다. 화계사 명부전 존상은 1649년(인조 27)에 조성된 것으로, 세조의 원찰로 알려진 황해도 배천 강서사에 봉안되어 있었다. 당시 영험하기로 이름이 나 있어, 1877년(고종 14)에 신정왕후 조씨가 화계사로 이운(移運)해 명부전을 건립하고 봉안했다.

화계사 명부전 존상을 배천 강서사에서 옮겨 온 것은 요절한 왕실 자손의 영가천도와 관련이 깊다. 화계사의 19세기 불사는 대부분 고종 때 이루어진 것으로 불화 조성, 명부전 존상의 이운, 범종·운판 등 불교 공예품의 이운과 조성 등에 왕실 관련 인물들이 시주자로 참여했다.[15]

화계사 불교미술은 19세기 서울·경기를 비롯한 왕실 원찰의 불사 경향을 살필 수 있다는 점에서 중요한 의미를 갖는다. 즉, 새로 불상, 불화, 범종 등을 조성하기 보다는 왕실과 관련된 다른 사찰의 유물을 옮겨 오는 방식을 취했기 때문이다. 화계사 외에도 남양주 흥국사 영산전 존상, 남양주 불암사 관음보살상, 오대산 상원사 영산전 존상 등이 대표적이다.

---

15 유근자(2014), 「화계사 불교미술의 성격과 시주자」, 『한국불교사연구』 4, 241-290쪽.

1부

조선시대 왕실 발원 불상의
시대 구분

1장

조선 전반기(1392–1608)
왕실 발원 불상

1

머리말

조선 전반기는 조선이 건국된 1392년(태조 1)부터 선조가 승하한 1608년(선조 41)까지로 설정했다. 이 시기 왕실 인물들은 고려시대와 마찬가지로 사찰의 불사에 지속적으로 참여했다. 조선 전기에 조성된 불상 가운데 복장 기록 또는 불상 조성과 관련된 기록을 갖고 있는 불상은 많지 않다. 보령 금강암 석조미륵보살상(1412년),[01] 대구 파계사 건칠관음보살상(1447년 중수), 서울 견성암 약사삼존상(1456년), 영주 흑석사 목조아미타불상(1458년), 오대산 상원사 목조문수동자상(1466년), 경주 왕룡사원 목조아미타불상(1466년), 합천 해인사 법보전과 대광명전 목조비로자나불상(1490년 중수), 김제 금산사 오층석탑 봉안 금동불상(1492년), 남양

---

[01] 본고에서는 불상 앞에 재료를 표기한 명칭과 표기하지 않은 명칭을 혼용해, 예를 들면 보령 금강암 '석조미륵보살상'과 '미륵보살상'을 함께 사용하고자 한다.

1부 조선시대 왕실 발원 불상의 시대 구분

주 수종사 탑 불상(1493년) 등을 대표 불상으로 들 수 있다.

이 가운데 복장 기록이 있는 불상은 대구 파계사 관음보살상, 견성암 약사삼존상, 영주 흑석사 아미타불상, 오대산 상원사 문수동자상, 경주 왕룡사원 아미타불상 등 5점이다. 보령 금강암 미륵보살상은 비편(碑片)인 금석문 기록이고, 금산사 오층석탑과 수종사 오층석탑 내부에 봉안된 불상군에 대한 기록은 불탑중수기이면서 불상조성기에 해당한다. 따라서 불상에 관한 기록이므로 함께 다루고자 한다.

고려가 왕과 왕비의 명복을 기원하는 진전사원(眞殿寺院)을 설치했던 것과 달리, 조선은 왕릉 바로 곁에서 왕릉을 수호하는 능침사(陵寢寺)를 설치했다. 고려의 진전사원은 능침사와 재실(齋室)·별묘(別廟)의 성격을 동시에 지니고 있었지만, 왕릉을 수호하는 능침사 역할보다는 선왕·선후의 제사를 담당하는 사당의 성격이 강했다.[02] 조선 전기 능침사의 설립 주체와 지정 시기 등을 정리하면 〈표 1〉과 같다.[03]

표 1. 조선 전기 능침사의 설립 주체

왕릉명	능침사	설립 주체	지정 시기
정릉(신덕왕후)	흥천사	태조	1396
제릉(신의왕후)	연경사	정종, 태종	1399
건원릉(태조)	개경사	정종	1408
후릉(정종, 정안왕후)	흥교사	정종	1412
경릉(덕종, 인수대비)	정인사	정희왕후, 인수대비	1459
광릉(세조, 정희왕후)	봉선사	정희왕후	1469
영릉(세종, 소헌왕후)	신륵사(보은사)	정희왕후	1473
선릉(성종, 정현왕후)	봉은사	정현왕후	1498
정릉(중종)	봉은사	문정왕후	1562

---

02 탁효정(2016), 「조선초기 陵寢寺의 역사적 유래와 특징」, 『조선시대사학보』 77, 14쪽.

03 탁효정(2016), 앞 논문, 29쪽, 〈표 1〉 재수록.

〈표 1〉에서 알 수 있듯이 조선 전기 왕릉의 능침사찰은 왕과 왕비들에 의해 설립되고 있다. 특히 세조 비 정희왕후 윤씨(1418-1483), 덕종 비 인수대비 한씨(1437-1504),[04] 성종 계비 정현왕후 윤씨(1462-1530), 중종의 제2계비 문정왕후 윤씨(1501-1565)는 조선 전기 왕실 불사를 이끈 대표적인 왕비이면서 왕의 어머니이다. 조선 전기 능침사와 관련된 사찰에 당시의 상황을 짐작할 수 있는 불상은 확인되지 않고 있다.[05]

조선 전기에 지속적으로 설행된 불교의례는 수륙재(水陸齋)이다. 연산군 대까지 유학자들은 수륙재와 함께 조선 왕실의 상장(喪葬) 의례 폐지를 주장했다. 그럼에도 불구하고 망자(亡者)를 위한 49재, 백일재(百日齋), 소상재(小祥齋), 대상재(大祥齋)를 중심으로 설행되었다. 그러나 수륙재와 상장 의례를 제외한 모든 국가 행사는 유교 의례로 차츰 대체되어 갔다.[06]

조선 전기 왕실의 상장 의례는 불상 조성과도 밀접한 관련을 맺고 있다. 대구 파계사 관음보살상, 영주 흑석사 아미타불상, 경주 왕룡사원 아미타불상은 왕실의 영가천도를 위해 중수 또는 조성한 존상이다. 대구 파계사 관음보살상은 1447년(세종 29)에 세종의 후궁 신빈 김씨와 왕

---

04 인수대비는 세조의 장자인 의경세자(덕종)의 세자빈으로 추존 왕비이며, 성종의 어머니이다. 시호는 인수자숙휘숙명의소혜왕후(仁粹慈淑徽肅明懿昭惠王后)로 '소혜왕후 한씨'이지만, 본고에서는 널리 알려진 인수대비로 부르고자 한다.

05 선릉의 능침사찰인 봉은사에는 조선 후기에 조성된 석가여래삼불상이 있다. 이에 대해서는 조선 후반기 제1기 편에서 다루고자 한다.

06 한형주(2006), 「허조(許稠)와 태종~세종대 국가의례의 정비」, 『민족문화연구』 44, 271-321쪽; 고종호(2013), 「조선전기 왕실의 불교 신행과 사원」, 동국대학교 석사학위논문, 13-16쪽; 석창진(2015), 「초선 초기 유교적 국상의례의 거행양상과 그 특징」, 『한국사학보』 58, 151-183쪽; 강호선(2017), 「조선전기 국가의례 정비와 '국행'수륙재의 변화」, 『한국학연구』 44, 485-516쪽.

자들에 의해 중수된 이후, 1740년(영조 16)에도 영조에 의해 개금·중수되었다. 영주 흑석사 아미타삼존상은 1458년(세조 4)에 단종과 금성대군을 위해 태종의 후궁 의빈 권씨와 왕족들이 시주해서 만든 불상이다. 현재는 함께 조성된 관음보살상과 지장보살상은 없어졌고 본존 아미타불상이 남아 있다.

조선 전반기 왕실 발원 불상은 득남(得男)을 위해서도 조성되었다. 대표적인 예가 오대산 상원사 문수동자상(1466년)이다. 세조의 딸 의숙공주(1441-1477)와 남편 정현조(1440-1504)는 문수보살의 지혜를 가진 아들 낳기를 원했다. 상원사 문수동자상은 당시 왕실의 득남 신앙과 관련해 주목되는 상이다.[07]

조선 전반기 왕실에서는 불상을 새로 조성했을 뿐만 아니라 중수에도 적극적이었다. 성종 때 대비와 왕비 그리고 후궁 및 왕실 인물들에 의해 중수된 대표적 불상은 해인사 법보전과 대광명전 비로자나불상 2존이다. 두 존상은 쌍불(雙佛)로 불리기도 하는데, 1490년(성종 21)에 정희왕후 윤씨가 발원하고 완수하지 못한 불사를 인수대비 한씨, 인혜대비 한씨(1469-1494),[08] 정현왕후 윤씨를 비롯해 성종의 후궁과 자녀들이 동참해 중수했다. 해인사 법보전과 대적광전 목조비로자나불상의 중수는 성종 때 행해진 대표적인 왕실 불사였다.

조선 전반기 왕실 발원 불상은 탑 중수와 관련되어 있다. 조선 전기 탑 봉안 불상은 익산 심곡사 칠층석탑, 순천 매곡동 석탑, 남양주 수종

---

07 선행 연구에서는 상원사 문수동자상을 세조의 병 치유와 관련된 것으로 해석한다. 하지만 조성발원문(1466년)에는 의숙공주와 정현조의 득남을 위한 기원이 기록되어 있다.

08 인혜왕대비(仁惠王大妃)는 예종의 비 안순왕후(安順王后)이다.

사 석탑, 김제 금산사 석탑, 부여 무량사 석탑, 영암 용암사지 석탑, 해남 대흥사 북미륵암 석탑 등에서 발견되었다.[09] 이 가운데 왕실 발원 불상이 확인된 것은 금산사 석탑과 수종사 석탑에서 수습된 불상군이다. 금산사 석탑은 고려 때 건립된 탑을 조선 전기에 중수하면서 새로 조선 전기 불상을 봉안한 예이고, 수종사 석탑은 조선 전기에 건립해 불상을 추가한 예이다.

1492년(성종 23)에 김제 금산사 오층석탑을 중수하고 불상을 봉안한 왕실 인물은 세조의 서자 덕원군(1449-1498)이다. 덕원군은 조선 전기 사장(社長)과 함께 향도(香徒) 조직을 이끌면서 수행한 것으로 추정되는데, 이들에 의한 불사가 금산사 오층석탑 중수와 불상 봉안이다. 1493년(성종 24) 남양주 수종사 탑 봉안 불상의 중수와 조성은 성종의 후궁과 자손들에 의해 이루어졌다. 이들은 왕실의 안녕을 기원해 수종사 탑 불상을 중수하고 새로 조성해 봉안한 것이다. 수종사 불상 역시 탑 안에 봉안된 것으로, 김제 금산사 오층석탑의 불상들과 비교할 수 있어 주목된다.

---

09 이분희(2016),「韓國 石塔 佛像 奉安 硏究」, 동국대학교 박사학위논문, 95-110쪽.

　　　　　　　　　　　　1부 조선시대 왕실 발원 불상의 시대 구분

2

보령 금강암 석조미륵보살상

보령 금강암 석조미륵보살상은 1412년(태종 12)에 조성된 것으로, 높이
는 109cm이고 대좌와 보관을 갖추고 있다(그림 1).[10] 현재는 보살상 앞
에 불단이 설치되어 있다. 금강암은 무학대사의 문인(門人)인 영암(玲嵒)
이 창건했으며, 1412년(태종 12)에 중창되었다. 이때 판한성부사 권홍(權
弘, 1360-1446)과 그의 처 옹주 이씨,[11] 그리고 태종의 후궁이며 권홍의

---

10 문명대(2003), 「조선시대 불교조각사론」, 『高麗·朝鮮 佛敎彫刻史硏究』, 예경, 270쪽.

11 기존의 연구는 '옹주 이씨(翁主李氏)'를 의빈 권씨의 딸 정혜옹주로 해석했다. 그러나 여
기서 '옹주 이씨'는 권홍의 처이자 의빈 권씨의 어머니이다. '옹주'는 세종 4년(1422) 이후
에는 서출의 왕녀를 일컫는 용어로 정착되었지만 그 이전에는 다양하게 사용되었다. 조선
전기에는 국왕의 후궁과 서녀, 대군의 딸 또는 부인, 공신의 처 등도 옹주라고 했다[차호연
(2016), 「조선 초기 公主·翁主의 封爵과 禮遇」, 『조선시대사학보』 77, 87쪽].

그림 1. 보령 금강암 석조미륵보살좌상, 1412년, 정성권 제공

딸인 정의궁주(貞懿宮主) 권씨[12]가 금강암을 원당으로 삼았다.[13]

금강암 석조미륵보살상에 관한 내용은 금강암에서 발견된 「영암비
구창금강암비명편(玲嵒比丘創金剛庵碑銘片)」에 기록되어 있다. 즉, 무학대
사 문인인 승려 영암이 질 좋은 청석(靑石)을 찾아 미륵상을 조성했다는
것이다.[14] 금강암 미륵보살상은 선정인 상태에서 손에 연꽃 봉오리 형
태의 용화(龍華)를 들고 있다. 상호는 양감이 풍부한 편이어서 좁은 어깨

12 정의궁주 권씨는 태종의 후궁 의빈 권씨로, 정혜옹주(貞惠翁主, ?-1424)의 생모이다.

13 「玲嵒比丘創金剛庵碑銘片」(1412년). "朝鮮 大祖康獻王王師無學門人玲嵒王上人縠犖
碷 …… 彌勒像之日然則金剛之意明矣 …… 永樂十年壬辰季多上澣」宮主權氏願堂主判
漢城權弘翁主李氏"; 홍사준(1976), 「金剛庵碑銘」, 『미술자료』 19, 57-58쪽; 이정주(1999),
「朝鮮 太宗·世宗代의 抑佛政策과 寺院建立」, 『한국사학보』 5, 219쪽.

14 문명대(2003), 앞 논문, 269쪽.

그림 2. 효령대군 초상화, 조선 후기, 연주암
소장, 불교중앙박물관 제공

의 상체와 비교된다.[15]

　조선 전기 왕실의 미륵신앙은 태종 후궁 의빈 권씨가 조성한 보령
금강암 석조미륵불상과 효령대군이 발원하여 조성한 관악사 미륵삼존
상을 통해 살펴볼 수 있다. 『조선왕조실록』에는 태종 15년(1415) 8월에
함경도 영흥부 보현사 미륵불상이 땀을 흘렸다는 기록이 있다.[16]

　태종의 2자인 효령대군 이보(孝寧大君 李補, 1396-1485)는 숭불론자로
유명하다(그림 2). 효령대군은 조선 전기 왕실 불사에 대부분 참여했다.

---

15 정성권(2015), 「조선전기 석조불상 연구 – 편년과 양식적 특징을 중심으로」, 『불교미술사
학』 24, 177-178쪽; 손태호(2017), 「보령(保寧) 금강암(金剛庵) 석불좌상 연구」, 『불교학
연구』 53, 53-81쪽.

16 『조선왕조실록』 태종 15년(1415) 8월 24일자 기록.

그는 관복을 입을 때 사모(紗帽) 밑에 쓰던 모피로 된 방한구 모이엄(毛耳掩)을 썼기 때문에 회암사 승려가 '효령대군 미륵신(孝寧大君彌勒身)'이라고 했다.

처음에 효령대군이 회암사에서 불사를 하는데, 양녕대군 역시 들에 가서 사냥해 잡은 새와 짐승을 절 안에서 구웠다. 효령대군이 말하기를 "지금 불공을 하는데 이렇게 하면 안 되지 않소."라고 했다. 양녕대군이 대답하기를 "부처가 만일 영험이 있다면 자네의 5, 6월 이엄은 왜 벗기지 못하는가. 나는 살아서는 국왕의 형이 되어 부귀를 누리고, 죽어서는 또한 불자의 형이 되어 보리에 오를 터이니 또한 즐겁지 아니한가." 하니, 효령대군이 대답할 말이 없었다. 효령대군이 장차 이 절에서 회(會)를 베풀려고 해 승도들을 모아 시를 짓게 하고, 승려 만우로 하여금 등수를 매기게 했다. 한 승려가 이르기를 "효령대군 미륵신이라." 했다. 효령대군이 병이 있어 아무리 더운 때라도 항상 모이엄을 쓰기 때문에 한 말이었다.[17]

이 내용은 조선 전기 미륵불상의 형상을 이해하는 데 단서를 제공하고 있다. 1412년(태종 12)에 조성된 보령 금강암 미륵불상에서 보듯, 미륵불상은 머리에 보탑을 상징하는 관을 얹고 있다. 호불론자였던 효령대군이 모이엄을 쓴 모습을 미륵에 빗대어 표현한 것이다. 효령대군이 1429년(세종 11)에 관악사에 약사불상과 미륵삼존상을 조성했다는 것은 그가 미륵신앙에 관심을 갖고 있었음을 시사한다.

---

17 『조선왕조실록』 세종 28년(1446) 4월 23일자 기록.

조선 전기 미륵신앙이 성행한 또 다른 사실은 홍제원 석불을 통해 확인할 수 있다. 문종 1년(1451) 3월에 도성 안 사람 1천 명이 홍제원(弘濟院) 석불에 기도했고, 황효원(1414-1481)은 이곳을 미륵당이라고 이름 지었다. 그는 동서 활인원에서 병자들에게 한증(汗蒸)시키는 일을 맡아 보던 군인들에게 공급하고자 거둔 미곡을 미륵당의 경비로 쓰고자 했다. 이로 인해 그는 사헌부에서 탄핵당했다.[18]

서울 서대문 홍제동에 있던 홍제원은 고려 및 조선시대의 공무여행 자에게 편의를 제공하기 위한 목적으로 설치되었다. 조선시대 북경사 행(北京使行)의 한양 전별(餞別) 가운데 개인적 전별은 모화관을 지나 홍제원으로 가는 부근에서 이루어졌다.[19] 홍제원은 도성과 가까운 의주로 상의 첫 번째 원(院)이었기 때문에 중국에서 오는 사신들이 많이 이용했던 곳으로, 1895년(고종 32)까지 건물이 남아 있었다. 홍제원 근처에는 1045년(정종 11)에 창건된 사현사(沙峴寺)가 있었다.

현재는 고려 때 조성된 홍제동 오층석탑(그림3)과 사현사 석불좌상 (그림 4)이 남아 있다. 사현사는 1970년대에 도시 계획에 따라 철거된 후, 은평구 진관동으로 대토를 받아 이전했다. 홍제동 오층석탑은 이때 경복궁으로 이전되었다가, 현재는 국립중앙박물관에 소재하고 있다. 사현사 석불좌상은 사현사와 함께 옮겨졌고, 2001년에 서울시 유형문화재로 지정되었다.

『조선왕조실록』에는 도성 사람들이 홍제원 석불에 기도했다는 기록이 있는데, 사현사 석불좌상이 이 기록에서 언급되는 홍제원 석불인 것

---

18 『조선왕조실록』 문종 1년(1451) 3월 13일자 기록.

19 김지현(2018), 「조선 北京使行의 漢陽 餞別 장소 고찰」, 『한문학보』 38, 3-28쪽.

그림 3(좌). 서울 홍제동 오층석탑, 고려, 국립중앙박물관
그림 4(우). 서울 사현사 석불좌상, 조선 초, 출처: 문화재청

으로 추정된다. 이 불상은 미륵당에 봉안되었다는 기록으로 보아 미륵불상인 것으로 판단되며, 보령 금강암 미륵불상과 달리 보개(寶蓋)가 없다. 사현사 석불상과 관련하여 1671년(현종 12)에는 석미륵이 저절로 움직였다는 이야기가 널리 퍼졌다.[20] 이 같은 사실은 조선시대 도성 근처에 있던 사현사 석불상이 조선 전기부터 줄곧 미륵불로 인식되어 왔음을 의미한다.

　금강암 석조미륵보살과 관련이 깊은 정의궁주 권씨는 판한성부사 권홍의 무남독녀이다. 권씨는 1402년(태종 2) 태종이 후궁 제도를 법제

---

20 『조선왕조실록』 현종 11년(1671) 10월 17일자 기록.

화해 맞아들인 첫 번째 후궁이었으며,[21] 동년 4월에 정의궁주로 봉해졌다.[22] 1422년(세종 4) 2월에 세종은 정의궁주를 정1품 의빈(懿嬪)으로 진봉(進封)했다.[23] 그녀는 1422년 5월에 태종이 승하하자 출가했으며,[24] 이후 세종의 6자인 금성대군(1426-1457)을 양육했다.[25]

정의궁주가 금강암 석조미륵보살상을 조성한 배경으로는 득남, 빈으로의 승격, 당시 태종의 불교 억압 정책을 약화시키려는 의도 등이 작용했다는 견해가 있다. 특히 정의궁주의 부친인 권홍의 재종조모는 원나라 황태자비가 되었다가 후에 원이 멸망하자 자결을 했다. 명 황실은 이를 가상히 여겨 사은사로 간 권홍을 잘 대우해 주었다.[26] 권씨 일족이 당시 명 황실에 영향을 미치고 있었기 때문에, 무학의 문도 내에서는 안동 권씨의 중국 인맥을 통해 태종의 불교 억압 정책을 약화시키려고 했을 것이다.[27] 또한 권홍에게는 아들이 없었기 때문에, 정의궁주가 권홍 가문을 대표했던 것으로 짐작된다.

보령 금강암 석조미륵보살상은 현존하는 조선 전기 불상 가운데 태종의 후궁 정의궁주가 부모와 함께 원당에 봉안할 목적으로 조성한 최초의 왕실 발원 불상이라는 점에 큰 의미가 있다.

---

21 『조선왕조실록』 태종 2년(1402) 1월 21일자 기록.

22 『조선왕조실록』 태종 2년(1402) 4월 18일자 기록.

23 『조선왕조실록』 세종 4년(1422) 2월 20일자 기록.

24 『조선왕조실록』 세종 4년(1422) 5월 20일자 기록.

25 『조선왕조실록』 단종 1년(1453) 6월 26일자 기록.

26 『조선왕조실록』 세종 28년(1446) 12월 28일자 기록.

27 손태호(2017), 앞 논문, 68-72쪽.

3

대구 파계사 건칠관음보살좌상

조선시대 왕실의 관음신앙은 1447년(세종 29)에 중수된 대구 파계사 건
칠관음보살상과 세조 때 조성된 것으로 추정되는 흥천사 금동천수관음
상, 1502년(연산군 8)에 조성된 천성산 관음사 목조관음보살상 등을 통
해 알 수 있다. 조선 전반기 왕실의 관음신앙은 『조선왕조실록』을 통해
서도 확인된다.

태조 이성계는 개성 관음굴에서 승려들에게 공양을 올리거나[28] 수
륙재를 설행했다.[29] 그는 왕위에서 물러난 이후에도 성거산 관음굴에
행차했다.[30] 정종도 좌우 근신과 내관을 거느리고 관음굴에 행차해 능

---

28 『조선왕조실록』 태조 1년(1392) 11월 15일자 기록.

29 『조선왕조실록』 태조 4년(1395) 2월 24일자 기록.

30 『조선왕조실록』 정종 1년(1399) 12월 1일자 기록.

엄법석을 열기도 했다.[31]

태종 역시 1401년(태종 1) 1월에 관음굴에서 수륙재를 베풀고, 궁중의 사적인 불사는 허용했다.[32] 태종은 1412년(태종 12) 9월에 부왕 태조로부터 받은 관음보살도를 봉안하기 위해 개경사에 전각을 건축하고자 했다.[33] 또한 같은 해 12월에는 전단으로 만든 경주 백률사 관음보살상을 개경사 주지 성민(省敏)의 주청에 따라 개경사로 이안하여 봉안하게 했다.[34]

1420년(세종 2) 5월에 세종은 병에 걸린 어머니 원경왕후를 낙천정에서 만난 다음 환관 김용기를 개경사에 보내어 관음보살께 기도하게 했다.[35] 태종에 의해 이안된 관음보살상을 봉안하고 있었던 개경사는 태종과 인연이 깊은 사찰이었다. 원경왕후의 병이 깊어지자 세종은 1420년(세종 2) 7월에 대자암의 지계승(持戒僧) 21명을 불러 광연루에서 구병관음정근(救病觀音精勤)을 하게 했다.[36] 세종은 관음신앙으로 모친의 병을 치유하고자 했던 것이다.

원경왕후 사후에 태종 역시 병으로 고생했다. 세종은 1422년(세종 4) 5월에 흥천사와 승가사에서 약사정근을 행하고, 개경사에서는 관음정근을 행했다.[37] 약사신앙과 관음신앙은 현세구복적 성격을 갖고 있는

---

31 『조선왕조실록』 정종 1년(1399) 3월 13일자 기록.

32 『조선왕조실록』 태종 1년(1401) 1월 17일자 기록.

33 『조선왕조실록』 태종 12년(1412) 9월 12일자 기록.

34 『조선왕조실록』 태종 12년(1412) 10월 18일자 기록.

35 『조선왕조실록』 세종 2년(1420) 5월 29일자 기록.

36 『조선왕조실록』 세종 2년(1420) 7월 8일자 기록.

37 『조선왕조실록』 세종 4년(1422) 5월 4일자 기록.

데, 모두 치병과 관련되어 유행했다. 이러한 기록은 당시 왕실에서도 치병을 위해 약사신앙과 관음신앙을 적극적으로 수용하고 있었음을 보여 준다. 개경의 관음굴은 태종과 원경왕후 민씨의 차녀 경정공주(1387–1455)[38]의 원찰로 1442년(세종 24) 2월에 수리되었다.[39]

　　신덕왕후의 원찰인 흥천사는 약사신앙과 관음신앙이 성행했던 곳이다. 1449년(세종 3) 10월에는 정갑손·허후·이정녕에게 종묘 등에 나누어 가서 빌게 했고, 흥천사에서 관음정근을 베풀게 했다. 세종이 발병하자 임영대군과 도승지 이사철로 하여금 흥천사에서 관음기도를 하게 했다.[40] 하지만 차도가 없자 1450년(세종 32) 1월에 도승지 이사철을 흥천사에 보내 다시 관음기도를 하게 했다.[41] 세종이 승하하자 문종은 대자암을 증축하고, 화엄경을 조성해 봉안하고자 했다. 대자암 무량수전은 소헌왕후의 천도재와 세종대왕의 초재를 지낸 곳이었지만 규모가 2칸에 불과했다. 문종은 부왕을 위해 1칸을 더 짓고 석가불상과 관음보살상을 조성하고자 했던 것이다.[42]

　　1462년(세조 8) 11월 세조가 상원사에 행차했을 때 관음보살이 현상(現相)하였다. 이에 세조는 살인·강도 이외의 죄를 지은 자는 모두 사면시켰다.[43] 관음의 성지인 양양 낙산사 관음전은 1489년(성종 20) 3월에

38　경정공주(慶貞公主)는 정경공주(貞慶公主)라고도 한다.
39　『조선왕조실록』 세종 24년(1442) 2월 11일자 기록.
40　『조선왕조실록』 세종 31년(1449) 10월 26일자 기록.
41　『조선왕조실록』 세종 32년(1450) 1월 22일자 기록.
42　『조선왕조실록』 문종 즉위년(1450) 2월 18일자 기록.
43　『조선왕조실록』 세조 8년(1462) 11월 5일자 기록.

산불로 연소되었다.[44]

앞에서 살펴본 것처럼 조선 전기에는 왕이 관음보살을 모신 사찰에 행차하거나, 왕이나 왕비의 병 치유를 위해 관음기도를 하거나, 대자암 무량수전에 관음보살상을 조성하는 등 관음신앙이 왕실에 적극적으로 수용되고 있음을 알 수 있다. 대구 파계사 건칠관음보살상이 1447년(세종 29)에 왕실 인물들에 의해 중수된 사실은 이를 잘 보여준다.

대구 파계사는 현재 대구 동구 팔공산 자락에 위치한 사찰로 대한불교조계종 제9교구 동화사의 말사이다. 『신증동국여지승람』에 의하면 부인사·자화사·보리사 등과 함께 팔공산에 있다고 기록되어 있다.[45] 파계사는 선조·숙종·영조 대에 걸쳐 왕실의 원당으로 중창과 중건을 거듭했고, 중심 불전은 건칠관음보살상을 봉안한 원통전이다.[46]

조선시대 왕실 원당으로 자리 잡은 것은 1696년(숙종 22)에 왕이 손수 지은 축책(祝冊)을 하사하면서이다. 1704년(숙종 3)에는 영조가 11세의 나이에 자응전(慈應殿) 편액을 써서 하사했고, 왕위에 오르기 전부터 여러 차례 완문(完文)을 내려 관부의 잡역에 승려들을 동원하지 못하게 했다. 1751년(영조 27)에는 우의정 이의현(1669-1745)을 파견해 기영각(祈永閣)을 세워 생전의 수복과 사후의 명복을 기원하는 축원당으로 삼았다.[47] 파계사가 원당으로 자리 잡게 된 내력은 1767년(영조 43)에 기록된 「경상도대구팔공산파계사원당기사(慶尙道大邱八公山把溪寺願堂記事)」에

44 『조선왕조실록』 성종 20년(1489) 3월 14일자 기록.

45 『新增東國輿地勝覽』 卷26 大丘都護府 佛宇.

46 김약수(2002), 「파계사의 연혁과 가람배치」, 『청계사학』 16·17, 789-796쪽.

47 한국문화유산답사회(1997), 『답사여행의 길잡이 8 - 팔공산자락』, 돌베개, 148-153쪽.

**그림 5. 대구 파계사 건칠관음보살좌상, 1447년·
1740년 중수, (사)사찰문화재보존연구소 제공**

자세히 전하고 있다.[48]

　파계사 건칠관음보살좌상은 주불전인 원통전에 봉안되어 있다(그림
5). 1976년 개금·중수 때 복장을 개봉했는데, 영조의 도포·다라니·불경
·수정을 비롯한 70여 점의 복장물과 함께 3매의 중수발원문이 발견되
었다. 1724년(경종 4) 중수발원문 2점, 1740년(영조 16) 중수발원문 1점이
수습된 것이다. 1740년 중수발원문에는 "정통 12년(1447) 정묘년 6월에
불상을 중수한 지 여러 해가 지났다. 1637년 6월에 고불상(古佛像)을 중

---

48 「慶尙道大邱八公山把溪寺願堂記事」(1767년)[디지털장서각 https://jsg.aks.ac.kr].

　　　　　　　　　　　　　1부 조선시대 왕실 발원 불상의 시대 구분

수했다. 여러 해가 지나 1740년 9월에는 3중창을 해 대법당 불상과 나한상을 중수했다."[49]라는 내용이 기록되어 있다. 이를 통해 건칠관음보살상이 1447년(세종 29), 1637년(인조 15), 1740년(영조 16)에 중수된 사실이 확인된다.

중수발원문(1740년)의 내용은 관음보살상 밑면 봉함판에 기록된 내용과도 일치한다(그림 6). 파계사 건칠관음보살좌상은 목조상으로 알려져 왔지만, 2006년 X-ray 조사 결과 건칠불로 확인되었다.[50]

파계사 관음보살좌상 밑면에는 1447년(세종 29)에 중수한 내용이 기록되어 있고, 내부에도 시주자가 표기되어 있다.

---

49 파계사 건칠관음보살좌상 중수발원문(1740년). "自正統十二年丁卯六月日」佛像重修而至後多年歷計則百九十八年又自崇禎十年丁丑」六月日古佛像重修而至後多年歷計則一百十五年又自三重創乾」隆五年庚申九月日大法堂改金佛像及羅漢重修".

50 문화재청(2015), 『2014 중요동산문화재 기록화사업 목조불』, 영산문화재연구소, 89쪽.

먼저 〈자료 1〉, 저면(底面) 주서(朱書)이다.

正統十二年丁卯六月日
古佛重修

다음은 〈자료 2〉, 저면(底面) 황서(黃書)이다.

丙子年九月二十八日…
晦日止乙亥
…二十七日
…於瑞
…太平
…則位
漢陽基都…
僧無学刹…
雄錄日三百年…
後松虫大發…
何而國民安…
耶國王此佛願
則太平是錄甲乙秋寅卯
方寅卯生人直傳上
達朱子願佛

다음은 〈자료 3〉, 내부(內部) 흑서(墨書)이다.

```
大施主永右灵駕
君琰
愼嬪金氏
寧海君瑭
金精
哲今朴長□
化主 普然朴氏
性會 釋岑 金精
金乙⁵¹保体
```

파계사 건칠관음보살상 밑면에는 주서(朱書)와 황서(黃書)로 된 두 기록이 혼재되어 있다. 〈자료 1〉 주서의 내용은 정통 12년(1447) 정묘년 6월에 고불(古佛)을 중수한다는 내용이고, 〈자료 2〉 황서의 내용은 병자년(1636)에 중수한다는 내용이다. 파계사 건칠관음보살상 중수발원문(1740년)에도 1637년(인조 15)에 중수했다는 기록이 있는데, 〈자료 2〉와 비교해 1년 차이가 있다.

파계사 건칠관음보살상 내부 묵서(자료 3)에는 1447년(세종 29) 중수 때 참여한 왕실 시주자가 기록되어 있다. 왕실 인물로는 세종과 소헌왕후(1395-1446)의 8자인 영응대군 이염(永膺大君 李琰, 1434-1467), 세종의

---

51 기존의 자료에는 '金乙'로 소개되고 있지만 신빈 김씨의 부친인 '金元'일 가능성이 있다.

후궁 신빈 김씨(1406-1467), 세종과 신빈 김씨 소생인 영해군 이당(寧海君 李璠, 1435-1477)이 동참했다. 이 외에 환관 김정(金精)이 참여하고 있다. 영해군은 세조 때 종친으로 각종 우대를 받았으며, 1478년(성종 9) 5월 5일에 43세로 사망했다.[52]

환관 김정은 1424년(세종 6)에 진상할 버선을 훔쳤기 때문에 옥에 갇혔고,[53] 곤장을 맞은 후 살던 마을의 관노(官奴)가 되었다.[54] 그러나 1457년(세조 3)에는 내시부 우승직으로 노산군(魯山君)을 문안하러 파견되었다.[55] 또한 그 다음 해인 1458년(세조 4)에 세조는 김정을 영흥에 보내 양녕대군(1394-1462)을 위로하게 했다.[56] 따라서 김정은 파계사 건칠관음보살좌상이 중수된 1447년(세종 29)에는 왕실의 내시부에 복귀한 것으로 짐작할 수 있다.

파계사 건칠관음보살상이 1447년(세종 29)에 중수된 것은 소헌왕후의 1주기와 관련된 것으로 추정된다. 즉, 소헌왕후는 1446년(세종 28) 음력 3월 24일에 세상을 떠났기 때문에 1주기를 맞아 아들 영응대군 이염, 신빈 김씨, 영해군 등이 파계사 건칠관음보살상을 중수한 것으로 여겨진다. 소헌왕후는 막내 아들인 영응대군의 양육을 신빈 김씨에게 맡겼기 때문에[57] 영응대군은 신빈 김씨를 어머니처럼 여겨 함께 불사에 참

---

52 이민정(2015), 「조선 세조대 종친의 정치 활동과 이념적 기반 – 영해군(寧海君)을 중심으로」, 『인문과학연구』 20, 123쪽.

53 『조선왕조실록』 세종 6년(1424) 4월 18일자 기록.

54 『조선왕조실록』 세종 6년(1424) 4월 28일자 기록.

55 『조선왕조실록』 세조 3년(1457) 6월 23일자 기록.

56 『조선왕조실록』 세조 4년(1458) 윤 2월 27일자 기록.

57 『조선왕조실록』 문종 즉위년(1450) 4월 6일자 기록. "愼嬪 金氏於永膺 有同乳母 大行王命同居一家 卿等之議何如".

여했을 것이다. 1456년(세조 2)에 견성암 약사삼존상을 조성했을 때, 영웅대군 부부가 신빈 김씨 및 그녀의 아들과 함께 불사에 동참한 것은 이러한 상황과 연관된 것이다.[58]

또 다른 이유로는 신빈 김씨가 '빈'으로 책봉된 것과 관련 있는 것으로 짐작된다. 그녀는 13세에 입궁해 내자시(內資寺)의 여종이었다가[59] 세종의 승은을 입은 인물이다. 신빈 김씨는 1428년(세종 10)에 소용(昭容), 1432년(세종 14)에 숙의(淑儀), 1433년(세종 15)에 소의(昭儀), 1439년(세종 21)에 귀인(貴人), 1447년(세종 29)에 신빈으로 책봉되었다.[60] 따라서 1447년에 파계사 건칠관음보살상을 중수한 이유는 신빈 김씨의 빈 책봉을 기념하기 위한 목적도 있었던 것으로 파악된다.

세종 31년(1449)에 동부승지로 임명된 김흔지(金俒之)는 불상을 많이 제작해 집에 두고 극진히 모셨다. 또한 일찍이 임금·동궁·영웅대군을 위해 실물 크기의 불상을 조성했다. 이로 인해 당시인들은 김흔지를 금불승지(金佛承旨)로 불렀다.[61]

신빈 김씨는 6남 2녀를 두었고 품성이 온화했다. 소헌왕후는 매사를 그녀에게 일임하고 영웅대군의 양육을 맡겼다.[62] 신빈 김씨는 세종 사후 출가해 비구니가 되었고, 아들 의창군 이공(義昌君 李玒, 1428-1460)이

58 장충식(1978), 「景泰七年 佛像腹藏品에 對하여」, 『고고미술』 138·139, 42-50쪽; 유대호, 「조선 전기 도갑사 불상군의 특징과 제작 배경: 국립중앙박물관 유리건판 사진을 중심으로」, 『미술사연구』 40, 180-184쪽.

59 『조선왕조실록』 세종 21년(1439) 1월 27일자 기록.

60 황인규(2011), 「조선전기 후궁의 비구니 출가와 불교신행」, 『불교학보』 57, 128쪽, 각주 55.

61 『조선왕조실록』 세종 31년(1449) 5월 22일자 기록.

62 『조선왕조실록』 세종 21년(1439) 1월 27일자 기록.

환속하기를 청했지만 끝내 거절했다.[63] 신빈 김씨는 아들 담양군 이거(潭陽君 李璖, 1439-1450)가 1450년(문종 즉위년)에 사망하자 불경을 인쇄하고자 했다. 이때 문종은 쌀 500석과 필요한 물건을 하사했다.[64]

신빈 김씨와 그의 아들 밀성군은 남양주 묘적사를 중창했다. 중창 당시의 모습은 김수온의 「묘적사중창기(妙寂寺重創記)」에 자세하게 전한다. 조선 전기 묘적사 중창 당시 유물로는 팔각다층석탑이 남아 있다(그림 7). 묘적사가 위치한 묘적산은 조선 전기에는 군사 훈련을 하던 강무장(講武場)으로, 조선 후기에는 풍수에 따른 지리적 성격 때문에 사대부의 묘소 경영과 결부되며 명성을 얻었다.[65] 강무는 왕이 참석한 군사 훈련으로, 주로 농한기 때 수렵을 통해 군사를 훈련시키는 국가적인 행사였다.[66]

묘적산은 사냥터로 자주 이용되었는데, 이 지역에서 사냥을 즐겼던 태조·태종·세조는 조선왕조의 왕권 강화에 주력했던 군주였다. 이런 측면에서 남양주 풍양과 묘적산 등은 수렵과 군주의 강무 장소인 동시에 심신을 정화하는 곳이기도 했다.[67] 풍양에는 태종이 이궁(離宮)으로 사용한 풍양궁(豊壤宮)이 있었다. 풍양궁은 세종 때 아들 영응대군에게 하사되었고,[68] 세조는 이곳을 중수해 강무 시 숙소로 사용하고자 했다.[69]

---

63 『조선왕조실록』 단종 즉위년(1452) 9월 12일자 기록.

64 『조선왕조실록』 문종 즉위년(1450) 3월 16일자 기록.

65 김세호(2021), 「남양주 묘적산(妙寂山)의 역사와 문화공간적 의미」, 『한국고전연구』 55, 236쪽.

66 박도식(1987), 「朝鮮初期 講武制에 관한 一考察」, 『경희사학』 14, 390쪽; 김동진(2007), 「朝鮮前期 講武의 施行과 捕虎政策」, 『조선시대사학보』 40, 95쪽.

67 장희흥(2006), 「朝鮮時代 豊壤宮의 造成과 管理」, 『경주사학』 24·25, 302쪽.

68 『조선왕조실록』 세종 31년(1449) 7월 27일자 기록.

69 『조선왕조실록』 세조 5년(1459) 1월 8일자 기록.

1부 조선시대 왕실 발원 불상의 시대 구분

그림 7. 남양주 묘적사 팔각다층석탑, 조선 전기, 출처: 문화재청

김수온이 1448년(세종 30)에 이곳을 방문했을 때 묘적사는 터만 남아 있었다. 그가 이곳을 방문한 것은 군사 훈련을 위한 강무장 선정과 관련이 있는 것으로 짐작된다.[70] 묘적사는 고려 때 보조 지눌과 태고 보우가 유람하고 머문 적이 있었다. 그러나 사냥으로 인한 불로 사찰은 훼손되었고 산 또한 강무장이 되었다. 신빈 김씨는 세종을 위해 자금을 조달해 승려 각관(覺寬)으로 하여금 남양주 묘적사를 중창하게 했다. 그러나 각관이 끝내지 못하고 입적하자 불사는 중단되었다. 이후 신빈 김씨의 아

---

70 『조선왕조실록』 세종 30년(1448) 12월 10일자 기록. 성종 때 전생서 주부 변철산은 묘적산이 강무장으로 지정되어 땔나무를 할 수 없기 때문에 백성에게 해가 되니 강무장을 해제해 줄 것을 요청했다[『조선왕조실록』 성종 5년(1474) 10월 9일자 기록].

들 밀성군이 세조의 도움으로 다시 중창 불사를 시작했다. 묘적사가 위치한 묘적산은 강무장이 있던 곳이기 때문에 나무를 베거나 사사로이 사냥할 수 없는 곳이었다. 그런데 세조 때 옛터에 묘적사를 복구하는 것이 허락되었고, 승려 유(宥)가 화주가 되어 중창 불사를 마무리했다. 밀성군이 중창을 시작한 지 6, 7년 뒤에 불사를 마칠 수 있었던 것이다.[71]

신빈 김씨가 세종을 위해 묘적사를 중창했다는 것은 세종의 천도와 관련된 것으로 짐작된다. 세종이 1450년에 승하하자 신빈 김씨가 묘적사 중창을 시작했지만 완료하지 못했고, 아들 밀성군이 6, 7년 만에 불사를 마쳤다. 신빈 김씨는 1447년(세종 29)에 파계사 건칠관음보살상을 중수했는데, 「묘적사중창기(妙寂寺重創記)」에도 묘적사에 2층으로 관음전을 건립했다는 내용이 있어 주목된다. 묘적사는 신빈 김씨를 위한 원찰의 성격을 갖고 있기 때문에, 이를 통해 신빈 김씨가 관음신앙과 깊게 관련되어 있음을 알 수 있다.

묘적사에는 조선 전기에 건립된 팔각다층석탑이 현존하고 있다. 묘적사 팔각다층석탑과 유사한 탑으로는 수종사 팔각오층석탑, 현등사 삼층석탑, 회룡사 삼층석탑 등을 들 수 있다. 이들 사찰은 조선 전기에 왕실의 원찰로 기능했다. 수종사에서는 성종과 인조 때 왕실의 후궁과 인목대비에 의한 탑 중수가 있었고, 묘적사는 신빈 김씨 및 밀성군과 관계되어 있었다. 그리고 현등사는 세종의 7자인 평원대군과 그의 양자인 제안대군의 원찰이었다.[72]

---

71 『拭疣集』 卷2 「妙寂寺重創記」.

72 이순영(2010), 「조선 초기 가평 현등사(懸燈寺) 삼층석탑에 관한 연구」, 『아시아문화연구』 18, 247-248쪽.

4

견성암 약사삼존상

조선 전기 왕실에서 발원한 약사불상 가운데 복장기만 남아 있는 예가 있는데, 견성암 불상과 관련된 복장 기록 3점이 여기에 해당한다. 조선 전기 왕실 인물들에 의해 조성된 약사불상은 기록으로만 남아 있지만 약사불화는 여러 점 전하고 있다.[73] 1456년(세조 2)에 조성된 견성암 약사삼존불상은 도굴꾼에 의해 복장이 탈취된 이후 수습된 것으로, 1978년에 학계에 소개되었다. 어느 불상에서 복장이 탈취되었는지는 알 수 없었지만, 은제 사리장엄구와 청색 비단, 조선 초기 개판된 것으로 보이는 『법화경』 2책, 불상 조성에 관한 조성발원문이 남아 있었다.[74] 견성

---

73 김정희(2001), 「文定王后의 中興佛事와 16世紀의 王室發願 佛畵」, 『미술사학연구』 231, 9-13쪽.

74 장충식(1978), 「景泰七年 佛像腹藏品에 對하여」, 『고고미술』 138·139, 42쪽.

암 약사삼존상의 복장기는 조선 전기 왕실 발원 불상을 이해하는 데 중요한 자료이다. 다만 현재 실물은 접할 수 없어 당시 발표된 논문 자료를 이용할 수밖에 없는 한계가 있다.

처음 유물을 실견하고 논문을 발표한 고 장충식은 서로 다른 불상의 복장품으로 볼 가능성이 있다고 보았다.[75] 또한 최근에 발표된 논문에서도 약사삼존상이 기록된 복장 기록 〈자료 2〉는 도갑사에서 영응대군이 1457년(세조 3)에 조성한 약사삼존상의 복장물로 해석했다.[76]

견성암 약사삼존상의 복장 기록을 살펴보면 다음과 같다. 먼저 〈자료 1〉, 대공덕주(大功德主)에 대한 내용이다.

大功德主
比丘尼永嘉府夫人申氏 慧圓(직인)
以次修補功德 普皆廻向 四恩三有 法界衆生 無上菩提眞如實際
願共法界諸衆生等 臨命終時 七日已前 豫知時至心不顛倒心不失念
心不散亂無諸痛苦 身心安樂 如入禪定 遇善知識 敎稱十念聖衆 現
前承佛願力 上品往生 阿彌陀佛極樂國土 到彼土已 獲六神通 遊歷十方

---

75 장충식(1978), 앞 논문, 48쪽.

76 유대호(2021), 「조선 전기 도갑사 불상군의 특징과 제작 배경: 국립중앙박물관 유리건판 사진을 중심으로」, 『미술사연구』 40, 172-174쪽.

奉侍諸佛常聞無上微妙正法 修行普賢無量行 願福慧資糧
實得圓滿 速證菩提 法界寃親 同斯願海 摩訶般若波羅密
惟願大聖專大悲哀攝受 令我次大願 決定得成滿 我次所發願
願與諸衆生 廣大如法性 究竟同虛空 共

奉爲

有明朝鮮國王子廣平大君章懿公

撫安君 章惠公

三韓國大夫人王氏 妙貞

府尹申自謹

本班 李氏莫之 洪德海

印平仚靈

比丘尼 韓氏无着

永順君 兩位

李氏惠義

比丘尼 智愚」 學梅」 學尊」 學恩」 妙嚴」 妙蓮」 善修」
學全」 釋金」 寶松」 其每」 丁善奇」 田述花蔓」 崇隱」
金良貴」 比丘 信眉」

景泰七年丙子九月

다음은 〈자료 2〉, 동발문(同發文)이다.

某等 無始却來 淪沒業坑 昇沈
苦海 幸得人倫 未達善時 我
主上殿下 宿
資善願 當承末運 權現世間 乃以雄猛

智政 永滅邪種 令國祚更新 四海復清

安 仰希

聖代令社稷永固之願 與永膺大君 共成藥師三

尊 同種妙因 普與隨喜 見聞同入 薩婆苦海 同乘般若舟 航

共到彼岸

伏惟

三寶證明

幹釋道人慶照

金乙保兩主[77]

李元萬兩主

前僧伽寺住持定涉

前觀音堀住持竹軒

大功德主 判禪宗事都大禪師 守眉

王竿

徐氏

寧海君

翼現君

密城君

夫人金氏

義昌君

夫人韓氏

桂陽君

---

77 파계사 건칠관음보살상이 1447년에 중수될 때 세종의 후궁 신빈 김씨, 영응대군 염, 영해
    군 당 등이 참여했다. 이때 '김을'도 참여했는데, '金乙保体'로 기록되어 있다. 따라서 견성
    암 약사삼존상 복장 기록의 '金乙保兩主'는 '金乙保体'를 잘못 판독해서 기록한 것이 아닌
    가 추정된다.

1부 조선시대 왕실 발원 불상의 시대 구분

夫人宋氏(직인 : 密城府夫人宋氏之印)

永膺大君琰(직인)

孝寧大君

愼嬪殿 金氏

世子邸下壽千秋

公主李氏

王妃殿下壽齊年

主上殿下萬歲萬萬歲

다음은 〈자료 3〉으로, 시주질과 연화질로 추정된다.

(불사에 관여한 승려와 속인 명단 90여 명)

畫員 李中善

宝冠 造成 金今音知

造佛 省道

견성암 약사삼존상 발원문은 3매로 구성되어 있다. 이 가운데 〈자료 1〉은 대공덕주(大功德主) 광평대군 부인 영가부부인 신씨(永嘉府夫人 申氏)[78]가 1444년(세종 26)에 사망한 남편 광평대군과 그가 입후(立後)된 무안군(撫按君)과 그의 부인 왕씨(?-1449)[79]의 극락왕생을 발원해 조성한

---

78 광평대군 영가부부인 신씨는 광평대군 부인 신씨로 약칭해서 부르고자 한다.

79 『조선왕조실록』 세종 31년(1449) 7월 19일자 기록.

것이다. 이 외에 백부 신자근(?-1454)과 내관 인평(?-1456?)의 천도를 위한 목적도 포함되어 있다. 〈자료 1〉의 첫머리에는 '比丘尼 永嘉府夫人 申氏 慧圓'과 그 아래에 '永嘉府夫人申氏之印'이라는 방인(方印)이 찍혀 있어 조선 전기 왕실에서 발원한 조성발원문 형태를 확인할 수 있다.

세종의 5자인 광평대군 이여(廣平大君 李璵, 1425-1444)는 시호가 장의공(章懿公)이다. 견성암 약사삼존상 복장 기록 〈자료 1〉에 광평대군은 '조선국 왕자 광평대군 장의공(朝鮮國王子廣平大君章懿公)'으로 기록되어 있다. 그는 1436년(세종 18)에 신자수(申自守)의 딸과 혼인했다.[80] 그녀가 바로 견성암 약사삼존상을 발원한 '비구니 영가부부인 신씨 혜원'이다. 광평대군은 부왕인 세종의 총애를 받았으며 학문을 좋아해 경서에 통달했지만 요절했다.[81] 광평대군은 1437년(세종 19)에 부왕의 명으로 후사가 없는 종조부 무안대군 이방번(李芳蕃, 1381-1398)의 봉사손이 되었고, 금성대군 이유(錦城大君 李瑜, 1426-1457)는 의안대군 이방석(李芳碩, 1382-1398)의 봉사손이 되어 사당을 세우고 제사를 받들었다.[82]

신씨의 친정 집안은 유학자 집안이지만 불심이 깊었다. 광평대군 부인 신씨는 백부 신자근의 극락왕생을 발원했다. 신자근은 1453년(단종 1) 12월에 인순부윤(仁順府尹)이 되었다가,[83] 1454년(단종 2) 11월에 사망했기 때문이다.[84] 신자근은 세종이 이어(移御)할 정도로 왕실과 긴밀한 관

---

80 『조선왕조실록』 세종 26년(1436) 1월 13일자 기록.

81 『조선왕조실록』 세종 26년(1444) 12월 7일자 기록.

82 『조선왕조실록』 세종 19년(1437) 6월 3일자 기록.

83 『조선왕조실록』 단종 1년(1453) 12월 3일자 기록.

84 『조선왕조실록』 단종 2년(1454) 11월 8일자 기록.

계를 유지했다.[85] 1446년(세종 28) 소헌왕후 천도재 때에는 쫓겨난 승려들에게 음식을 나누어 주기도 했다. 승려들 가운데 취식(取食)하는 자가 많아, 승정원이 이들을 쫓아냈는데, 이때 예빈판사였던 신자근이 사미(私米)를 싸다가 나누어 주었던 것이다.[86]

〈자료 1〉을 통해 광평대군 부인 신씨가 중심이 되어 아들 영순군 이부(永順君 李溥, 1444-1470) 부부를 비롯해 비구니, 정선기, 김양귀 그리고 승려 신미 등과 함께 불상을 조성했음을 알 수 있다. 정선기와 김양귀는 광평대군 부인 신씨 집안의 집사였다.[87] 정선기는 광평대군 부인 신씨가 사찰에 갔을 때 동행했던 일로 추국을 당했다.[88] 정선기와 김양귀는 광평대군 부인 신씨가 1453년(단종 1)에 임의로 동래 온천에 갔을 때 동행한 일로 추핵되어 충군(充軍)되기도 했다.[89]

〈자료 1〉에 기록된 인물 가운데 주목되는 또 다른 인물은 인평이다. 그는 세종 때 내관이 된 후 1455년(단종 3)에 처형되었기 때문에 1456년(세조 2)에는 이미 망자였다. 인평은 내관으로 어린 나이부터 세종을 모셨다. 세종은 1431년(세종 13) 8월에 황해도 해주목과 백령진에서 나는 매 중에서 재주가 뛰어나고 청색인 해청(海青)을 중국에 바치는 일로 잠을 이루지 못했다. 이때 어린 환관 인평만이 곁에서 모셨다.[90] 4년 후인

---

85 『조선왕조실록』 세종 28년(1446) 3월 24일자 기록.

86 『조선왕조실록』 세종 28년(1446) 4월 15일자 기록.

87 이주희(2020), 「廣平大君家의 東萊溫川行 경과와 그 의미 – 광평대군과 사별 후 극복을 위한 선택이 끼친 영향」, 『영남학』 72, 182쪽.

88 『조선왕조실록』 단종 1년(1453) 6월 12일자 기록.

89 『조선왕조실록』 단종 2년(1454) 2월 2일자 기록.

90 『조선왕조실록』 세종 13년(1431) 8월 20일자 기록.

1435년(세종 17)에 인평은 환자(宦者) 전길홍·최습과 함께 4명의 노비를 하사받았다.[91] 1453년(단종 1)에 계유정난으로 몰수된 난신전(亂臣田) 가운데 2등 공신에게 각 30결씩 하사했는데, 이때 행첨내시부사(行僉內侍府事)였던 인평도 최습과 함께 30결을 하사받았다.[92]

그런데 1455년(단종 3) 2월에는 단종 복위에 관여된 자들의 고신(告身)을 거두었는데, 이때 금성대군을 비롯해 인평 역시 고신을 거두고 본향(本鄕)에 귀양 보내졌다. 인평이 환관 엄자치 등과 당을 만들어 서로 의지하며, 조정을 얕잡아 보고 전횡한다는 것이 그 이유였다.[93]

1455년(단종 3) 3월에 인평은 환관으로서 조정 정치에 간여했다는 이유로 김충·이귀·유대·윤기·박윤·김득상·길유선·최찬·조희·서성대와 함께 교수형에 처해졌다.[94] 이후 1456년(세조 2) 3월에 인평의 집은 효령대군 이보에게,[95] 그가 소유한 배천 전토와 금성대군이 소유한 철원 전토는 파평군 윤암에게, 연안에 있던 금성대군·인평·박윤의 전토와 양주에 있던 정종의 전토는 이조 판서 권남에게, 인평이 평산에 소유하고 있던 전토는 성삼문에게 하사되었다.[96]

이 같은 사실을 통해 인평이 1455년 3월 교수형에 처해진 후, 그의 재산 또한 1456년 3월에는 모두 몰수되었음을 알 수 있다. 환관 인평이 소유한 전토가 금성대군 이유의 전토와 같은 지역에 있던 것으로 보아,

---

91 『조선왕조실록』 세종 17년(1435) 8월 22일자 기록.

92 『조선왕조실록』 단종 1년(1453) 12월 26일자 기록.

93 『조선왕조실록』 단종 3년(1455) 2월 27일자 기록.

94 『조선왕조실록』 단종 3년(1455) 3월 19일자 기록.

95 『조선왕조실록』 단종 3년(1455) 4월 9일자 기록.

96 『조선왕조실록』 세조 2년(1456) 3월 18일자 기록.

1부 조선시대 왕실 발원 불상의 시대 구분

둘의 관계는 매우 친밀했던 것으로 짐작된다. 따라서 광평대군 부인 신씨는 1456년(세조 2) 9월에 견성암에서 약사삼존상을 조성할 때 세종을 모셨던 환관 인평의 극락왕생을 발원했던 것으로 보인다.

신미는 조선 초 김수온(1410-1481)의 형으로 수양대군 및 안평대군과 긴밀한 관계를 유지했다. 세종 말년에는 한글 보급 업무를 맡기도 했다. 특히 세조는 왕자 시절부터 인연이 있던 신미를 적극 기용해 불경을 번역했는데, 교정 또는 주해 작업을 맡게 했다. 신미가 동참해 간경도감에서 발간한 한글 언해 경전으로는 『능엄경언해』, 『목우자수심결언해』, 『몽산화상법어약록언해』, 『불설수생경』, 『사법어언해』, 『석보상절』, 『선종영가집언해』, 『원각경언해』, 『법화경언해』, 『월인천강지곡』, 『월인석보』 등이 있다.[97]

김수온은 광평대군 부인 신씨와도 친밀한 관계를 유지했는데, 그의 문집인 『식우집(拭疣集)』에는 광평대군의 원찰인 견성암에 관한 글이 3편 수록되어 있다. 즉, 「견성암영응기(見性菴靈應記)」(1464년), 「견성암법회기(見性菴法會記)」(1466년), 「견성암안거조사예참기(見性菴安居祖師禮懺記)」(1470년) 등이다.

「견성암영응기」에는 견성암의 창건에 관한 내용이 실려 있는데 다음과 같다.

---

97 최윤곤(2002), 「간경도감(刊經都監)의 실체와 불전 간행 사업」, 『인문사회과학논문집』 31, 161-164쪽; 김무봉(2004), 「조선시대의 간경도감 간행의 한글 경전 연구」, 『한국사상과 문화』 23, 373-418쪽; 김무봉(2010), 「불경언해와 간경도감(刊經都監)」, 『동아시아불교문화』 6, 3-46쪽; 곽동화·강순애(2018), 「조선전기 왕실 발원 불교전적에 관한 연구」, 『서지학연구』 74, 207-237쪽; 박광헌(2021), 「刊經都監 刊行 印本의 재검토」, 『서지학연구』 87, 241-260쪽.

광평대군은 곧 세종의 다섯째 아들로 우리 주상 전하와는 동모제 (同母弟)인데, 약관의 나이에 불행하게 요절했다. 영가부인 신씨는 애도하는 마음이 망극하여 이미 장사를 지내고 나서는 마음의 의지할 바가 없어서 (남편의) 무덤 곁에 가람을 크게 조성했다. 해마다 승려 300~400명을 모시고 조석으로 광평대군의 영혼을 천도해 정토에 태어나기를 발원했다. 이것이 바로 견성암을 짓게 된 이유이다.

1464년 여름 4월 14일에 부인께서는 세종대왕과 소헌왕후가 극락 왕생하기를 빌고, 돌아가신 양어머니 왕씨와 광평대군이 모두 열반에 들기를 발원했다. 비구 50명을 상당(上堂)에 모시고 원통지(圓通智) 대사를 강주(講主)로 초청해, 이 절에서 법화도량을 개설했다. 이때에 대단월은 정의공주, 임영대군과 그 부인, 영웅대군과 그 부인이다. 이들은 각기 가마를 타고 종들을 데리고 와서 알현했다. 법회에 참석한 사부 대중의 수는 무려 1천 여 명이었다.

…… 이날 정오에 공양을 올리고 범패 소리가 울려 퍼지니, 사부 대중이 선뜻 머리를 숙이고 정성스러운 예불을 올렸다. 홀연히 불전 탁상에서 찬란한 빛이 일어나 사방으로 쏟아졌다. 대중들이 법회를 하다가 나아가서 보니 사리가 50과로 분신했다. …… 7월 15일 속칭 백종에 이르렀는데 …… 우란분재를 크게 열고 불탁 앞의 사리를 모시자 또다시 1천여 개로 분신했다. 부인이 손수 (글을 써서) 봉함해 그 이적을 적어 임금께 아뢰었다. 임금께서 더욱 경사스럽게 여겨 함원전에서 공양을 올리게 하고 다시 본 절로 보내 봉안했다.[98]

1부 조선시대 왕실 발원 불상의 시대 구분

「견성암영응기」에서 주목되는 것은 광평대군의 명복을 빌기 위해 견성암을 창건했으며, 견성암의 위치가 바로 광평대군 묘소 근처라는 점이다. 또한 1464년(세조 10) 4월 14일에 개최한 법회는 법화도량이었고, 이때 대시주자로 정의공주, 임영대군 부부, 영응대군 부부가 참여했다는 것이다. 광평대군 부인 신씨는 시부모인 세종대왕과 소헌왕후, 그리고 시양모인 무안군부인 왕씨, 그리고 남편 광평대군의 천도를 위해 법화도량을 개최했다. 「견성암영응기」에 기록된 법화도량의 개설 목적 역시 견성암 약사삼존상 복장 기록 〈자료 1〉에 나오는 발원 내용과 동일하다.

광평대군 묘는 1444년(세종 26)에 경기도 광주군 서촌 학당동(현 서울 강남구 선릉로)에 마련되었다. 이때 광평대군 묘와 견성암의 위치는 오늘날 선릉 능역 안에 해당된다. 그 후 1495년(연산군 1) 성종의 능지를 광평대군 묘역으로 정하면서[99] 그의 묘는 광수산 자락(현 서울 강남구 광평로)으로 이장되었다(그림8).[100] 성종의 능인 선릉이 들어서면서 선릉 안에 위치한 견성사[101]를 철폐해야 한다는 상소가 빗발쳤고,[102] 당시 대비였던 정현왕후가 견성사를 능역 밖으로 옮겨 마침내 봉은사로 자리 잡게

---

98 『拭尤集』 卷2 「見性菴靈應記」; 탁효정(2018), 「조선시대 봉은사 수륙재의 역사적 전개」, 『동양고전연구』 73, 동양고전학회, 128-129쪽.

99 『조선왕조실록』 연산군 1년(1495) 1월 10일자 기록.

100 탁효정(2018), 「조선시대 봉은사 수륙재의 역사적 전개」, 『동양고전연구』 73, 133쪽.

101 광평대군의 재암이었던 견성암은 1469년(예종)에는 견성사라는 명칭으로 불리기도 했다. 견성암과 견성사는 혼용되어 사용되다가[탁효정(2018), 앞 논문, 133쪽], 성종 사후에 봉은사로 사명이 변경되었다[강호선(2015), 「조선전기 왕실원찰 견성암(見聖庵)의 조성과 기능」, 『서울학연구』 59, 3-4쪽].

102 『조선왕조실록』 연산군 1년(1495) 12월 7일자, 연산군 3년(1497) 7월 18일자, 연산군 4년(1498) 5월 23일자 기록 등.

그림 8. 광평대군파 묘역 원경, 출처: 문화재청

되었다.[103]

    광평대군 부인 신씨가 성종 2년(1471) 2월에 사찰에 토지와 노비 등을 시납(施納)하자, 사헌부 장령 홍귀달(1438-1504)은 신씨를 국문할 것을 청했다.[104] 또한 동년 9월에는 대사헌 한치형(1434-1502)이 광평대군 부인 신씨의 시납에 대한 상소문을 다시 올렸다.[105] 한치형의 상소문은 광평대군이 죽자 부인 신씨가 출가했고, 아들 영순군 이부가 죽자 그 부인 역시 출가한 사실을 밝히고 있다. 또한 당시 광평대군 부인 신씨가 양모 왕씨와 광평대군 부자를 위해 각각 불사(佛舍)를 세우고는 영당(影

---

103 이종찬(2013), 『역주사리영응기』, 세종대왕기념사업회, 192쪽.

104 『조선왕조실록』 성종 2년(1471) 8월 12일자 기록.

105 『조선왕조실록』 성종 2년(1471) 9월 14일자 기록.

堂)이라고 했으며, 전지를 비롯해 신씨의 노비 반을 사찰에 시납한 사실을 밝히고 있다.

성종 21년(1490) 1월에는 월산대군의 묘소 곁에 왕실에서 재암(齋庵)을 세우려고 하자, 정언 이수공(1464-1504)이 반대하는 상소를 올렸다. 이때 노사신(1427-1498)은 "광평대군의 부인이 큰 절을 묘소에 세웠는데, 높은 집과 아로새긴 담에 금벽(金碧)이 빛나고 재(齋)를 닦으며 경전 읽기를 사시(四時)에 그치지 않는다. 월산대군의 부인도 이를 본받아서 하는 것이다."[106]라고 하면서 월산대군의 재암을 금지할 것을 요청했다. 이 같은 사실로 보아 광평대군 묘 곁에 위치한 재암인 견성암이 큰 규모였음을 짐작할 수 있다.

연산군은 1496년(연산 2)에 광평대군이 소유한 토지가 선릉의 표내(標內)에 들어가자 광주 둔전의 절반을 대신 주려고 했지만 승정원의 반대로 지급하지 못했다.[107] 이로 보아 광평대군의 재암은 선릉 근처에 있었던 것을 알 수 있다. 광평대군 부인 신씨는 남편의 재를 올릴 때 승려 학조(學祖)를 초빙했다. 영순군 부인 역시 남편이 일찍 죽자 시어머니인 신씨와 더불어 학조에게 의복을 지어 주었던 일이 있었다.[108] 학조는 광평대군과 영웅대군의 전민(田民)을 많이 얻었고, 군장사에서 영웅대군 부인 송씨와 사통했다는 설까지 있을 정도로 왕실과 긴밀한 관계를 유지했다.[109]

---

106 『조선왕조실록』 성종 21년(1490) 1월 17일자 기록.
107 『조선왕조실록』 연산군 2년(1496) 1월 8일자 기록.
108 『조선왕조실록』 연산군 9년(1503) 4월 4일자 기록.
109 『조선왕조실록』 연산군 4년(1498) 7월 12일자 기록.

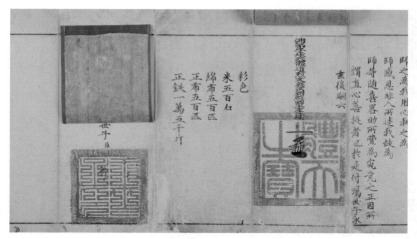

그림 9. 평창 상원사 중창권선문, 1464년, 월정사성보박물관 제공

　견성암 약사삼존상 복장 기록 〈자료 2〉는 묵서되어 있는데, 영응대
군의 수결(手決)과 방인(方印) 그리고 '密城府夫人宋氏之印' 방인이 있
다. 방인 위에는 덮는 종이를 별도로 붙여 주육(朱肉)이 묻는 것을 방지
했다.[110] 왕실 인물들의 이름 위에 방인을 찍고 덮는 종이를 별도로 붙
이고 있는 것은 「상원사중창권선문」(1464년)을 비롯해 흑석사 아미타삼
존상의 복장기에도 찾을 수 있다(그림 9). 이 문서에는 약사삼존상이라는
존명과 영응대군과 부인 송씨, 효령대군, 영해군 등 제군(諸君)이 기록되
어 있다.

　〈자료 2〉에는 전 승가사 주지 정종과 전 관음굴 주지 죽헌을 비롯해
대공덕주로 수미(守眉)가 기록되어 있다. 승려 수미는 신미와 함께 조선
초기 불교계에 많은 영향을 미친 고승이다(그림 10). 죽헌은 1457년(세조

---

110 장충식(1978), 앞 논문, 47쪽.

그림 10. 수미왕사 진영, 조선 후기, 도갑사성보박물관 소장, 출처: (재)불교문화재연구소

3)에 해인사 주지를 맡아, 수미와 함께 해인사 대장경 50질을 인출하는데 중추적인 역할을 했다.[111] 죽헌은 〈자료 2〉에 전 관음굴 주지로 기록된 것으로 보아, 1457년에는 아직 해인사 주지를 맡지 않았음을 알 수있다. 따라서 〈자료 2〉는 〈자료 1〉과 함께 1456년(세조 2)에 기록된 것으로 보인다. 승가사와 개성의 관음굴은 왕실과 깊은 관련이 있으며, 관음굴은 오대산 상원사, 거제 견성암, 서울 진관사와 함께 국행수륙재를 지내던 사찰 가운데 하나였다.[112]

왕실 인물로는 세종과 신빈 김씨 소생의 영해군(1435-1477), 익현군(1431-1463), 밀성군(1430-1479), 의창군(1428-1460)과 그의 부인 양원군

---

111 『靑莊館全書』卷55「盎葉記」2 '海印寺藏經'. "與判禪宗事臣守眉 海印住持臣竹軒 仍督其務 且諭監司臣李克培監摠之".

112 『조선왕조실록』태종 14년(1414) 2월 6일자 기록. "命李灌傳旨曰 觀音窟 津寬寺 臺山 上元寺 巨濟 見庵寺 行每年二月十五日水陸齋 今後行於正月十五日以爲式".

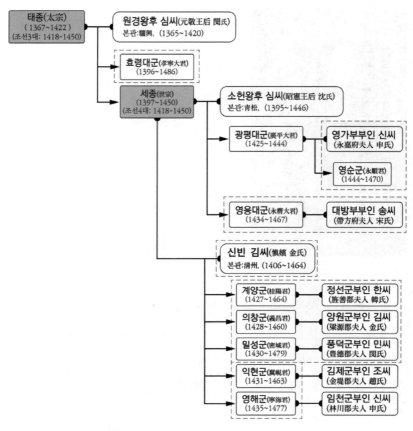

태종(太宗)
(1367~1422)
(조선3대: 1418-1450)

원경왕후 심씨(元敬王后 閔氏)
본관:驪興, (1365~1420)

효령대군(孝寧大君)
(1396~1486)

세종(世宗)
(1397~1450)
(조선4대: 1418-1450)

소헌왕후 심씨(昭憲王后 沈氏)
본관:靑松, (1395~1446)

광평대군(廣平大君)
(1425~1444)

영가부부인 신씨
(永嘉府夫人 申氏)

영순군(永順君)
(1444~1470)

영웅대군(永膺大君)
(1434~1467)

대방부부인 송씨
(帶方府夫人 宋氏)

신빈 김씨(愼嬪 金氏)
본관:淸州, (1406~1464)

계양군(桂陽君)
(1427~1464)

정선군부인 한씨
(旌善郡夫人 韓氏)

의창군(義昌君)
(1428~1460)

양원군부인 김씨
(梁源郡夫人 金氏)

밀성군(密城君)
(1430~1479)

풍덕군부인 민씨
(豊德郡夫人 閔氏)

익현군(翼峴君)
(1431~1463)

김제군부인 조씨
(金堤郡夫人 趙氏)

영해군(寧海君)
(1435~1477)

임천군부인 신씨
(林川郡夫人 申氏)

그림 11. 견성암 약사삼존상 조성에 참여한 왕실 인물

부인 연안 김씨(1429-1482), 계양군(1427-1464)과 그의 부인 정선군부인
청주 한씨(1426-1480) 등이 순서대로 기록되어 있다. 발원문의 중앙에는
영웅대군과 그의 부인인 대방부부인 여산 송씨가 배치되어, 이들이 중
심 역할을 하고 있음을 알 수 있다(그림 11). 영웅대군 부인 송씨는 1470
년(성종 1)에는 딸 길안현주 억천(1457-1519)과 사위 능천군 구수영(1456-

그림 12. 현등사 삼층석탑, 조선 전기, 출처: 문화재청

1523)과 함께 현등사 삼층석탑(그림 12)을 중수했다.[113]

영웅대군 뒤에는 태종의 둘째 아들인 효령대군이 기록되어 있다. 신빈 김씨 소생의 담양군(1439-1450)은 1450년에 사망했기 때문에 이 불상 조성에는 참여하지 않은 것이다. 견성암 약사삼존상은 세조, 세조 비 정희왕후, 의경세자, 의숙공주의 안녕을 기원하고 있다.

영웅대군은 1457년(세종 3)에는 소조약사여래상 3존을 조성해 영암 도갑사 감전에 봉안했다.[114] 영암 도갑사는 조선 초 태종 7년(1407)에 왕실의 자복사(資福寺)로 지정되어 명맥을 유지했다. 세조 때는 수미와 신

---

113 이순영(2010), 「조선 초기 가평 현등사(懸燈寺) 삼층석탑에 관한 연구」, 『아시아문화연구』 18, 248쪽, 각주 24 재인용. "成化六年庚寅三月日願堂 雲岳山懸燈寺塔改造 捨利五枚安 邀大施主 帶方府夫人宋氏女子 普(?)安ㅁ主李氏億千 折衝將軍中樞府僉知事具壽永"[황수영(1999), 『황수영전집 4 金石遺文』, 혜안, 236쪽].

114 〈도갑사묘각화상비(道岬寺妙覺和尙碑)〉(1633년). "且以永膺大君作大檀越敬塑藥師如來三軀安于紺殿時天順紀元之元年也".

미가 왕실의 지원을 받아 크게 중창했다. 조선 전기에 조성된 도갑사 불상은 1977년 화재로 대웅전과 불상이 함께 소실되기 전까지 도갑사에 남아 있었다.

견성암 불상 복장 기록 〈자료 2〉의 내용 가운데 가장 중요한 것은 영응대군과 함께 약사삼존상을 조성했다는 사실이다. 〈자료 2〉가 견성암 약사삼존상의 복장 기록이 아니라, 영응대군이 1457년(세조 3)에 조성한 도갑사 약사삼존상의 복장 기록이라는 해석도 있다.[115] 그러나 〈자료 2〉 역시 광평대군의 재암이었던 견성암 약사삼존상의 복장 기록인 것으로 보인다.

견성암을 중창한 광평대군 부인 신씨는 그녀를 옹호하던 문종이 1452년 승하하자 병에 걸렸다. 신씨는 1453년 서울을 떠나 집사 김양귀와 주양복의 권유로 동래 온천으로 요양차 떠났다. 광평대군 신씨 부인 일행이 동래관사(東萊館舍)에서 4월 말까지 유숙하자, 이곳을 찾은 왜인들이 불편을 호소했다. 그러자 1453년 4월 24일에 경상도 관찰사 이숭지가 직접 동래 온천으로 가서, 단종이 광평대군 부인 신씨를 소환했으니 빨리 돌아가야 한다고 했다.[116]

이로 인해 조정 대신들은 광평대군 부인 신씨를 추핵(推覈)했다. 하지만 수양대군은 신씨가 병을 얻은 지 오래되었고, 동래 온천에 간 것은 생명을 구하기 위한 치병 차원에서 이루어진 것이라고 변론해 주었다.[117] 1453년 10월 10일 계유정난으로 광평대군 부인 신씨를 추핵했던

115 유대호(2021), 「조선 전기 도갑사 불상군의 특징과 제작 배경: 국립중앙박물관 유리건판 사진을 중심으로」, 『미술사연구』 40, 180-183쪽.

116 『조선왕조실록』 단종 1년(1453) 4월 24일자 기록.

117 『조선왕조실록』 단종 1년(1453) 6월 12일자 기록.

당상관들은 수양대군에게 대부분 죽임을 당했다. 1455년(세조 1) 광평대군 아들 영순군은 소덕대부(昭德大夫)가 되었고, 1459년(세조 5)에는 흥덕대부(興德大夫)로 승진했다.[118] 세조는 아버지 세종이 남긴 유언을 받들어 영순군을 항상 곁에 두었다. 그리고 왕명을 전달하고 각종 사안에 대해 조사하는 일을 위임했다.[119]

광평대군 부인 신씨는 아들 영순군과 불교를 매개로 수양대군 집안과 그 어느 종친들보다 돈독한 관계를 유지했다. 영순군은 세조와 정희왕후, 그리고 예종으로부터 총애받았으며, 이러한 돈독한 유대 관계는 성종 대까지도 지속되었다.[120] 세조 때 정사에 참여한 내종친은 영순군을 비롯해 계양군, 임영대군, 영응대군으로 세조의 형제들이 주를 이루었다.[121] 특히 세조는 정치적으로 민감한 사안까지 측근들에게 의존하는 경우가 많았다. 광평대군의 아들인 영순군, 영응대군의 아들인 귀성군, 은산부정(銀山副正) 이철(李轍), 세조의 사위인 하성위 정현조 등이 그들로, 이들이 두 사람씩 서로 교대해 입직(入直)한 사실[122]은 이 같은 당시 상황을 짐작하게 한다.

견성암 약사삼존상이 1456년(세조 2) 9월에 왕실 발원으로 조성된 것은 세조의 장자인 의경세자(1438-1457)의 무병장수를 기원하고자 하

118 『조선왕조실록』 성종 1년(1470) 4월 1일자 기록. '영순군 이부의 졸기'

119 이주희(2020), 「廣平大君夫人의 東萊溫泉行 경과와 그 의미 – 광평대군과 사별 후 극복을 위한 선택이 끼친 영향」, 『영남학』 72, 182-193쪽.

120 한희숙(2020), 「조선 초 廣平大君家의 佛教信行과 왕실불교」, 『한국사학보』 79, 172-174쪽.

121 박홍갑(2019), 「세조의 종친 등용책과 영순군(永順君)」, 『청계사학』 21, 109쪽.

122 『조선왕조실록』 세조 10년(1464) 1월 1일자 기록.

는 목적도 있었던 것으로 추정된다. 그 이유는 해인사 대장경 인출이 의경세자의 치병과 관련이 있기 때문이다. 〈자료 2〉에 등장하는 인물이 해인사 대장경 인출에도 깊게 관여된 사실이 이를 뒷받침한다. 견성암 약사삼존상 조성에 참여한 신미·수미·죽헌 등은 세조가 1457년(세조 3)에 해인사 대장경을 인출하는 데 핵심 역할을 맡기 때문이다. 또한 견성암 약사삼존상 조성에 참여한 계양군을 영천부원군 윤사로와 함께 해인사 대장경 인출을 감독하게 했다. 세조는 1457년 6월에 경상도 관찰사 이극배에게 해인사 대장경 인출을 지시했다.[123] 또한 각 지역 관찰사에게 대장경 인출에 필요한 경비를 관에서 준비하도록 했다.[124] 이후 인출된 50질의 대장경 가운데 47질은 여러 사찰에 봉안되었고, 중앙에 바쳐진 3질은 흥천사에 봉안되었다.[125]

세조는 의경세자의 병 치유를 위해 여러 조치를 했다. 1457년 7월에는 승려 21명을 초청해 경회루에서 공작재를 설행했다.[126] 동년 8월 2일에는 김수온 등을 각지에 보내 향과 축물을 내려 세자의 병 치유를 기도하게 했다.[127] 동년 8월 4일에도 승려 4명을 내전 서청(西廳)에서 기도하게 했다.[128] 그럼에도 불구하고 의경세자는 동년 9월 2일에 세상을 떠났다.[129]

123『조선왕조실록』세조 3년(1457) 6월 26일자 기록.

124『조선왕조실록』세조 3년(1457) 6월 26일자 기록.

125『조선왕조실록』세조 4년(1458) 7월 27일자 기록.

126『조선왕조실록』세조 3년(1457) 7월 28일자 기록.

127『조선왕조실록』세조 3년(1457) 8월 2일자 기록.

128『조선왕조실록』세조 3년(1457) 8월 4일자 기록.

129『조선왕조실록』세조 3년(1457) 9월 2일자 기록.

이후 9월 7일에 진관사에서 초재를,[130] 9월 10일에는 세자 찬궁에서 법석을 베풀었다.[131] 10월 3일과 15일에도 내불당에서 법석을 베풀었다.[132]

김수온과 세조가 작성한 해인사 대장경 인출 발원문은 『청장관전서』에 수록되어 있다.[133] 김수온은 「인성대장경발(印成大藏經跋)」을 지었고, 세조는 「보살계(菩薩戒)」를 작성했다. 해인사 대장경 인출의 목적은 세조의 글에 잘 압축되어 있다.

> 조선 국왕 이(李)는 삼가 선왕·선왕후와 조종의 영(靈)과 죽은 아들 의경(懿敬)이 극락에 오르고 아울러 법계 중생의 해탈을 이루고자 하는 소원을 위하여 대장경 50건을 인쇄하고 표지는 이미 끝났으므로 이달 10일에 해인사에서 법회를 특설하기로 했습니다. …… 그러나 공사가 막 끝나고 고승들을 초빙해 펼쳐보게 되니, 공전(空前)의 법연(法筵)은 하늘이 열었고 일대(一代)의 아름다운 설법은 샘이 불어난 듯하여, 진실로 대승을 판별할 수 있고 묘력(妙力)을 힘입게 되었습니다.
>
> 삼가 원하건대, 선왕 열성(列聖)의 영과 죽은 아이와 고혼의 무리가 직접 대자대비의 제도를 받아 극락세계에 오르고 속히 정각의 힘을 이루어 상적광토(常寂光土)에 들어서, 일체의 번뇌를 모두 버리고 그지없는 복을 널리 받아지이다. 경건히 기도하는 마음 금할

---

130 『조선왕조실록』 세조 3년(1457) 9월 7일자 기록.

131 『조선왕조실록』 세조 3년(1457) 9월 10일자 기록.

132 『조선왕조실록』 세조 3년(1467) 10월 3일자, 10월 15일자 기록.

133 문화재청(2014), 『합천 해인사 정밀실측조사보고서(상)』, 62쪽.

길 없어 삼가 아룁니다.

천순 2년 8월 초 10일.[134]

앞 글을 통해 해인사에서 대장경 50질을 인출한 후 1458년(세조 4) 8월
10일에 의경세자의 영가천도를 위한 법회가 개최되었음을 알 수 있다.
동년 7월 27일에 해인사에서 인경된 대장경 3질이 흥천사에 안치되었
고, 다음 날인 7월 28일에 영천부원군 윤사로와 조석문 등을 해인사로
보내 불사를 행하려고 했다. 그러나 흉년이 들었으므로 사헌부에서 반
대하자 조석문을 보냈다.[135] 이러한 사정을 통해 해인사 대장경 인출은
의경세자의 질병 치유를 위해 시작되었지만, 의경세자 사후에 완료되었
기 때문에 결국 그의 영가천도용이 되었다. 해인사에서 대장경 50질이
인출된 것에는 영가천도 외에 국가·사회적 목적과 정치적 의도도 포함
되었다.[136]

　　견성암 약사삼존상 〈자료 2〉가 의경세자의 치병과 관련된 것임을 보
여 주는 또 다른 자료로는 광평대군 부인 신씨가 1459년(세조 5)에 간행
한 『법화경』을 들 수 있다. 견성암 약사삼존상 복장 기록 〈자료 2〉에 기
록된 인물들은 1459년(세조 5)에 광평대군 부인 신씨가 간행한 『법화경』
의 간기에 등장하는 인물과도 중복된다. 광평대군 부인 신씨는 주석 없
이 본문만 있는 무주본(無註本) 『법화경』을 1459년에 간행해, 세조를 비

---

134 『青莊館全書』 卷55 「盎葉記」 2 '海印寺藏經'[한국고전종합DB https://db.itkc.or.kr].

135 『조선왕조실록』 세조 4년(1458) 7월 28일자 기록.

136 임득균(2014), 「海印寺 소장 高麗大藏經板의 印經佛事에 대한 조선 세조의 지원 의도」,
　　『석당논총』 59, 175-213쪽; 최연주(2012), 「조선시대 『고려대장경』의 印經과 海印寺」, 『동
　　아시아불교문화』 10, 162-166쪽.

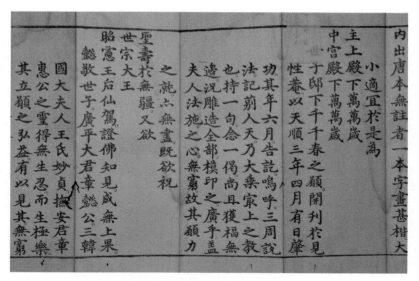

그림 13. 묘법연화경 권1 발문, 1459년, 일본 西來寺 소장, (사)한국미술사연구소 제공

롯한 삼전하의 만수무강과 이미 세상을 떠난 왕실 인물들의 극락왕생
을 기원했다. 즉, 고인이 된 시부모인 세종대왕과 소헌왕후, 세조의 아
들 의경세자, 남편 광평대군, 시양부모인 무안군과 무안군부인 왕씨 묘
정의 극락왕생을 발원했던 것이다(그림 13).

이 경전은 1459년(세조 5) 4월에 판각이 완료되었고, 발문(跋文)은 김
수온이 동년 7월 5일에 왕명으로 찬술했다. 또한 판본의 교감 작업은 승
려 학열(學悅, ?-1482)이 담당했는데, 그는 발문을 쓴 김수온의 형인 승려
신미와 함께 세조·성종 대 불교계를 대표하던 승려였다.[137]

견성암 본(1459년)『법화경』간행에 참여한 왕실 인물과 광평대군 부

---

137 강호선(2015), 앞 논문, 28-29쪽.

표 2. 견성암 본(1459년) 『법화경』 간행에 참여한 인물

	이름	관계	견성암 약사삼존상 복장 기록
1	효령대군 이보(孝寧大君 李補)	태종 2자	시주자
2	임영대군 이구(臨瀛大君 李璆)	세종 4자	
3	영응대군 이염(永膺大君 李琰)	세종 15자	시주자
4	계양군 이증(桂陽君 李璔)	세종 8자	시주자
5	의창군 이공(義昌君 李玒)	세종 10자	시주자
6	밀성군 이침(密城君 李琛)	세종 12자	시주자
7	익현군 이연(翼峴君 李璭)	세종 14자	시주자
8	영해군 이당(寧海君 李瑭)	세종 17자	시주자
9	연창위 안맹담(延昌尉 安孟聃)	세종 부마	
10	부원군 윤사로(府院君 尹師路)	세종 부마	
11	오산군 이주(烏山君 李澍)	임영대군 1자	
12	하성위 정현조(河城尉 鄭顯祖)	세조 부마	
13	윤사윤(尹士昀)	정희왕후 오빠	
14	한계미(韓繼美)	정희왕후 형부	
15	최도일(崔道一)	영순군 이부 장인 예종의 후궁 공빈 최씨 부친	
16	신자수(申自守)	광평대군 장인	
17	신윤보(申允甫)	신자수 1자	
18	신윤저(申允底)	신자수 2자	
19	신윤관(申允寬)	신자수 3자	
20	신윤원(申允元)		
21	신윤종(申允宗)		
22	정선기(丁善奇)	광평대군 부인 신씨 집사	시주자
23	김양귀(金良貴)	광평대군 부인 신씨 집사	시주자
24	화만(花蔓)		시주자

인 신씨 가문의 인물을 정리하면 〈표 2〉와 같다.

견성암 본 『법화경』 간행에 시주자로 참여한 인물은 4단으로 기록되어 있다(그림 14). 효령대군을 비롯한 왕실 인물 12명, 판서 윤사균, 승지 한계미, 나연 최옥, 판관 최도일 등 4명, 광평대군 부인 신씨의 아버지 신자수를 비롯한 신씨 일가 인물 6명, 정선기와 김양귀 등 신씨 가문의 집사 등 80명, 각수(刻手)를 비롯한 간행에 참여한 인물 35명 등 총 137

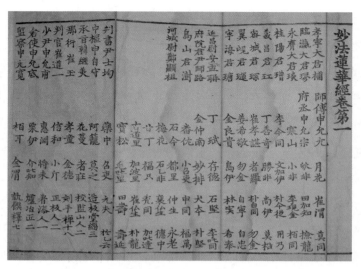

그림 14. 묘법연화경 권1 간기에 기록된 시주자, 1459년, 일본 西來寺 소장, (사)한국미술사연구소 제공

명이 수록되어 있다. 이 가운데 임영대군을 비롯한 왕실 인물 7명과 광평대군 부인 신씨와 관련된 인물 3명 등 총 10명이 견성암 약사삼존상 시주자와 중복되었다.

견성암은 광평대군 부인 신씨가 남편의 명복을 기원하기 위해 건립했기 때문에 견성암 본(1459년) 『법화경』 간행에도 신씨 가문 및 왕실 인물이 다수 참여했다.[138] 견성암 본 『법화경』 시주자 가운데 세조 비 정희왕후 윤씨와 관련된 인물이 주목된다. 판서 윤사윤(1409-1461), 승지 한계미(1421-1471), 하성위 정현조(1440-1504) 등이 그들이다. 이 가운데 윤사윤은 정희왕후 윤씨의 오빠이고, 한계미는 언니의 남편이며, 정현

---

[138] 김자현(2021), 「15세기 朝鮮 王室의 崇佛과 廣平大君一家의 佛典 刊行」, 『보조사상』 59, 200쪽.

조는 부마이다. 이들이 견성암『법화경』간행에 동참한 것은 의경세자의 천도와 관련이 있다.

견성암 약사삼존상 복장 기록 〈자료 2〉에 등장하는 전 관음굴 주지 죽헌, 대공덕주 판선종사 도대선사 수미, 계양군은 1년 뒤인 1457년(세조 3)에 해인사 대장경을 인출하는 데 책임를 맡았다. 판선종사 수미와 전 관음굴 주지 죽헌은 감무관(監務官)을 맡았다. 이때 승려 죽헌은 해인사 주지를 맡게 되었다. 계양군과 윤사로는 감동관(監董官)이 되어 대장경 50질을 인출했다.[139] 윤사로는 2년 뒤인 1459년(세조 5)에는 계양군과 함께 견성암 본『법화경』간행에 동참했다.

죽헌은 〈자료 2〉, 『매계집』 권4 「해인사중창기」, 『오주연문장전산고』에는 '죽헌(竹軒)'으로, 『조선왕조실록』 성종 때 기록에는 축헌(竺軒)으로 기록되어 있다.[140] 그러나 '죽헌'과 '축헌'은 동일 인물을 다르게 표기한 것이다.

견성암 약사삼존상 복장 기록 〈자료 2〉에서는 세조, 정희왕후, 의경세자, 의숙공주 등을 축원하고 있다. 그런데 의경세자(1438-1457)는 1457년(세조 3) 9월 2일 세상을 떠났다.[141] 광평대군 부인 신씨는 잔병 치레를 많이 했던 의경세자를 위해 견성암에서 약사삼존상을 조성했을 가능성이 있다. 즉, 광평대군 부인 신씨는 1456년(세조 2)에는 의경세자의 치병과 왕실의 안녕을 위해 견성암에서 약사삼존상을 조성했고, 1459년(세조 5)에는 의경세자의 명복을 빌기 위해『법화경』을 간행했던

---

139 『五洲衍文長箋散稿』 「經史篇」 3 釋典類 1.

140 『조선왕조실록』 성종 9년(1478) 11월 16일자, 성종 10년(1479) 9월 26일자, 성종 10년(1479) 10월 18일자 기록.

141 『조선왕조실록』 세조 3년(1457년) 9월 2일자 기록.

것이다. 따라서 견성암 약사삼존상 복장 기록 〈자료 2〉는 견성암 약사
삼존상의 기록으로 판단된다.

견성암 약사삼존상 복장 기록 〈자료 3〉은 앞 부분이 결실되었지만
가로 211 × 세로 22.6cm의 한지에 묵서된 자료였다고 한다. 불사에 관
계된 승속(僧俗) 인물 90여 명이 열거되어 있었다고 하는데, 아쉽게도
1978년 자료에는 명단이 생략되었다. 단지 불상 조성과 관련된 화원 이
중선(李中善), 보관을 담당한 김금음지(金今音知), 불상을 조성한 성도(省
道)만이 알려져 있다.[142] 견성암 불상 조성에 참여한 이중선은 1458년(세
조 4)에는 영주 흑석사 목조아미타삼존상 조성에도 참여했다. 이에 대해
서는 흑석사 목조아미타불상에서 다루고자 한다. 〈자료 3〉에서 보관 조
성을 담당한 장인이 기록된 것은 일광보살과 월광보살을 협시로 한 약
사삼존상이었음을 알려 준다.

견성암 약사삼존상은 남아 있지 않지만 그 모습은 영응대군이 1457
년(세조 3)에 도갑사에 모신 약사삼존상으로 추정되는 사진 자료를 통해
유추할 수 있다(그림 15). 이 자료는 일제 강점기 때 촬영된 도갑사 불상
가운데 약사삼존상으로 추정된 상을 조합한 것이다.[143] 도갑사에 봉안
된 조선 전기 불상 가운데 유일하게 남아 있는 것은 서울 조계사 대웅전
목조석가여래좌상이다(그림 16). 조계사 목조석가여래좌상은 도갑사에
서 1938년에 조계사로 옮겨져 조선불교선교양종 총본산 태고사 대웅전
본존상으로 봉안되었다.[144] 이 존상은 조계사 대웅전과 함께 2000년에

---

142 장춘식(1978), 앞 논문, 48쪽.

143 유대호(2021), 앞 논문, 166-168쪽.

144 유근자(2013), 「조계사의 과거와 현재 그리고 聖寶」, 『조계사 창건 역사와 유물』, 불교중앙
박물관, 53쪽.

그림 15. 영암 도갑사 약사삼존상, 1457년 추정, 출처: 국립중앙박물관

그림 16. 조계사 대웅전 목조석가여래좌상, 15세기 추정,
출처: 문화재청

서울시 유형문화재로 지정된 후, 2022년 4월에는 보물로 승격되었다. 현존하는 조계사 목조석가여래좌상을 통해 1456년에 조성된 견성암 약사삼존상의 모습을 추정할 수 있다.

5

영주 흑석사 목조아미타불상

조선 전반기에 조성된 불상 가운데 아미타신앙과 관련된 것으로는 흑석사 목조아미타불상(1458년)과 경주 왕룡사원 목조아미타불상(1466년)이 대표적이다. 흑석사 목조아미타삼존상과 경주 왕룡사원 목조아미타불상은 세조 때 조성된 것이다. 예종이 승하하자 성종은 "세조대왕의 발인 때에 승려 5, 6명이 받들고 걸어가면 아미타불이 먼저 이끌고 갔는데, 지금 이를 모방하여 하려고 한다."[145]라고 했다. 이 기록은 왕실 장례에 아미타신앙이 관계되어 있음을 알려 준다.

　　조선시대 왕실의 아미타신앙은 『조선왕조실록』을 통해 확인된다. 세종은 정종이 1419년(세종 1)에 승하하자 한성 부윤 서선이 향과 소문

---

145 『조선왕조실록』 성종 1년(1470) 1월 22일자 기록.

을 받들고 대미타참(大彌陀懺) 법석을 빈전에서 베풀게 했다.[146] 세종 2
년(1420) 8월에는 환관 최용으로 하여금 경상도 보현사에 있는 전단으
로 만든 아미타불상을 가져오게 해,[147] 대자암에 모시고 겨울에 법석을
개최했다.

또한 조선 전기에는 사장(社長)이 무리를 모아 '아미타승(阿彌陀僧)'
하면 불도를 이루고 죄악이 제거된다고 해 염불소를 칭하면서 활동했
다.[148] 세종 32년(1450)에는 세종이 발병하자 정효강을 양평 용문산 상
원사에 보내 구병수륙재를 베풀게 했고, 강희안과 성임으로 하여금 '미
타관음' 등의 경문을 쓰게 했으며, 도승지 이사철이 발문(跋文)을 쓰게
했다.[149]

문종은 세종이 승하하자 대자암에서 세종의 초재를 지내고, 이때 금
자로 『미타경』을 비롯한 여러 경전을 사경해 선왕의 명복을 빌었다. 경
전의 발문은 이사철로 하여금 짓게 했으며, 안평대군은 무량수전을 허
물고 극락전을 지어 새로 불상을 모셨던 것이다.[150] 현재 소재는 알 수
없지만 이때 조성한 불상은 아미타상이었을 것으로 추정된다.

영주 흑석사 목조아미타불상은 단종과 금성대군의 명복을 빌기 위
해서 조성된 것으로 추정된다. 단종은 1455년(단종 3, 세조 1) 숙부인 세
조에게 왕위를 물려주었다. 하지만 1456년(세조 2) 성삼문을 비롯한 사
육신이 단종의 복위를 꾀하다가 처형되자, 그 사건에 연루되었다는 혐

---

146 『조선왕조실록』세종 1년(1419) 11월 3일자 기록.

147 『조선왕조실록』세종 2년(1420) 8월 6일자 기록.

148 『조선왕조실록』성종 2년(1471) 6월 8일자 기록.

149 『조선왕조실록』세종 32년(1450) 1월 24일자 기록.

150 『조선왕조실록』문종 즉위년(1450) 4월 10일자 기록.

의로 1457년(세조 3)에 노산군으로 강등되어 강원도 영월로 유배되었다. 이 해 9월에 금성대군이 유배지인 경상도 순흥(현재의 영주)에서 단종 복위를 도모하다가 발각되었고, 단종은 10월에 금성대군과 함께 처형되었다.[151]

단종과 함께 죽임을 당한 금성대군은 어머니 소헌왕후가 건강하지 못했기 때문에 태종의 후궁인 의빈 권씨의 보살핌 속에서 성장했다. 그리고 문종의 부탁으로 단종을 지키려다 1456년(세조 2) 경상도 순흥으로 유배되었고, 이곳에서 영흥부사 이보흠(?-1457)과 단종 복위를 꾀하다가 실패했던 것이다.

흑석사 목조아미타불상(그림 17) 은 당시 명나라와의 교류로 나타난 중국풍이 반영되었다. 머리 정상과 중앙에 장식된 원통형의 계주(髻珠), 유난히 뾰족한 육계(肉髻), 좁은 어깨와 긴 허리를 강조한 상체, 팔과 배 주변의 옷 주름 등은 조선 초기 불상의 특징이다. 이러한 특징은 왕조 교체라는 시대적 상황과 함께 새롭게 유입되기 시작한 명나라 불상의 영향 등이 복합적으로 나타난 결과이다. 가장 선진적인 중국 문물의 수입처는 당시 왕실이었으니, 왕실에서 발원한 불상에는 이처럼 신양식이 도입된 것이다.

이러한 추정은 금성대군의 유모 역할을 했던 태종의 후궁 의빈 권씨가 당시 명 황실의 여인이었던 권파파(權婆婆)와 교류를 하고 있었던 것

---

151 영주 흑석사 아미타불상에 관해서는 다음의 논문을 참조할 수 있다.
　　김길웅(1998),「흑석사 목조아미타여래좌상고」,『문화사학』19, 37-50쪽; 최소림(2000), 「흑석사 목조아미타불좌상 연구 – 15세기 불상 양식의 일이해」,『강좌미술사』15, 77-100쪽; 김형수(2003),「고운사·대곡사·흑석사 관련자료 소개」,『영남학』4, 237-275쪽; 오은주(2017),「朝鮮 15世紀 王室發願 佛像研究」, 고려대학교 석사학위논문.

그림 17. 흑석사 목조아미타불상, 1458년, 불교
       중앙박물관 제공

을 통해서도 가능하다.[152] 또한 조선시대에는 고려시대와 마찬가지로
중국 황실에 종사할 여자와 내관으로 종사할 남자들을 선발해 보냈기
때문에 이들에 의한 교류도 활발했던 것으로 짐작된다.

  그동안 필자가 조선시대 불상 복장에서 발견된 조성기를 분석하면서
가장 주목한 것은 불상을 조성한 목적이었다. 조선 초기 불상의 대표작인
흑석사 목조아미타불상은 다른 불상에 비해 불상 조성에 시주를 권하는
보권문(普勸文)과 불상 조성 후 작성한 복장기(腹藏記)가 남아 있다. 흑석
사 목조아미타삼존상의 보권문은 불상 조성을 권하는 발원문에 해당하
는 문서로, 널리 권선을 행한다는 의미로 작성된 것이다(그림 18). 조선시
대에도 고려시대와 마찬가지로 왕실 인물들에 의한 권선(勸善)은 지속되

---

152 손태호(2017), 앞 논문, 71-72쪽.

1부 조선시대 왕실 발원 불상의 시대 구분

그림 18. 영주 흑석사 목조아미타불상 보권문, 1457년, 불교중앙박물관 제공

었고, 이에 대한 관리들의 상소가 『조선왕조실록』 곳곳에서 확인된다.[153]

흑석사 목조아미타불상 보권문은 검은색으로 물들인 표지에 세로로 긴 방형의 한지를 별도로 붙여 '대공덕소(大功德疏)'라고 제목을 붙였다. 1456년(세조 2)에 조성된 견성암 약사삼존상 발원문 제목이 '대공덕주(大功德主)'인 것과 같다. 총 13면으로 접힌 내지에는 상하로 묵선을 긋고 흑석사 목조아미타삼존상을 조성한 목적, 조성 연도, 시주 물목, 시주자 등을 기록했다.

'孺人 辛氏' 부분에는 방형의 직인이 찍혀 있으며, '孝寧大君' 아래로는 붉은 방인(方印)이 있고 별도의 덮개를 위에 붙여 놓았다. 이러한 발원문 방식은 견성암 약사삼존상 발원문(1456년)과 상원사 중창권선문(1464년)에서도 확인된다. 효령대군의 아들 이채(李茱)[154] 뒤에는 붓으로

---

153 유근자(2017), 『조선시대 불상의 복장기록 연구』, 불광출판사, 114-122쪽.

154 영주 흑석사 목조아미타여래좌상 「보권문」과 「복장기」에 기록된 필자가 '이채(李茱)'로 판독한 인명은 기존 연구에서는 이호(李莩)로 판독하고 있다[국립중앙박물관(2015), 『발원, 간절한 바람을 담다: 불교미술의 후원자들』, 301-302쪽]. 「보권문」에는 효령대군 뒤에 두 면을 띄우고 '大施主 李茱(수결), 大施主 池湧泉兩主, 大化主 性哲' 등이 기록되어 있다. 이채와 지용천 부부는 대시주자이고 성철은 대화주이다. 지용천 부부는 현재로서는 파악할 수 없지만 이채는 효령대군의 장자이다.

그림 19. 영주 흑석사 목조아미타여래좌상 보권
문의 이채 수결, 1457년

직접 서명한 화압(花押) 또는 수결(手決)이 있다(그림 19).

영주 흑석사 목조아미타불상의 보권문 원문은 다음과 같다.

井巖山法泉寺堂主彌陁三尊願成諸緣
普勸文

1부 조선시대 왕실 발원 불상의 시대 구분

西方主彌陀佛此娑婆別有救度衆生之
縁一稱彼佛則接引九蓮臺上観音者聞
聲濟苦速脫衆生之苦惱也地藏者常住
冥間之中救拔衆生之苦三尊威德奚可
量哉是故貧道欲成尊像力微難辨普告
尊卑須植無淚勝善爲幸廻兹勝因
壽
君福國萬姓無憂者歛南謹扣
天順元年二月日 誌
幹善道人

擧目
供養
布施
彩色
漆

懿嬪宮 權氏
明嬪宮 金氏
孺人 辛氏 (방인)
孝寧大君 (방인)

大施主 李菜(수결)
大施主 池湧泉兩主
大化主 性哲

해석은 다음과 같다.

> 서방의 교주 아미타불은 이 사바세계에서 중생을 고뇌에서 벗어나
> 게 하는 인연이 있어 한편 피불(彼佛)이라고도 칭하니, 중생을 인도
> 하여 구연대(서방정토) 위로 들어간다. 관음보살은 괴로움을 구제하
> 여 달라는 소리를 듣고 중생의 고뇌를 속히 구제한다. 지장보살은
> 항상 명간(冥間) 죽은 사람의 영혼이 도달하는 곳에 있으면서 중생
> 을 괴로움에서 구제한다. 이 삼존의 위엄과 덕행을 어찌 헤아릴 수
> 있겠는가. 그러므로 빈도(貧道)가 삼존의 상을 조성하려 했지만 힘
> 이 미약하여 실행에 옮기기 어려웠다. 널리 존귀한 사람과 미천한
> 사람들에게 고하여 그들의 도움으로 열반의 아름다운 뿌리를 심어
> 서 다행스럽다. 이 아름다운 인연을 돌려 임금께서 장수하시고 나
> 라에 복이 많고 백성이 걱정이 없기를 축원한다. 삼가 머리를 숙여
> 절한다. 천순 원년(1457, 세조 3) 2월 일 기록하다. [155](이하 생략)

영주 흑석사 목조아미타불상 보권문은 발원문 명칭, 존상명, 발원 내용,
연도, 보시 물목, 왕실 시주자, 대화주 등으로 구성되어 있다. 조성 당시
에는 아미타·관음·지장보살 삼존상으로 조성했으며, 정암산 법천사 당
주로 봉안했음을 알 수 있다. 조선 전기에는 아미타불·관세음보살·지
장보살로 구성된 아미타삼존상이 유행했다.[156] 영주 흑석사 목조아미

---

155 국립중앙박물관(2015), 『발원, 간절한 바람을 담다: 불교미술의 후원자들』, 301쪽.

156 문현순(2005),「1450-1460년대 紀年銘 아미타삼존불에 대한 고찰」, 『불교미술사학』 3,
128-156쪽.

1부 조선시대 왕실 발원 불상의 시대 구분

그림 20. 흑석사 목조아미타삼존상 복장기, 1458년, 불교중앙박물관 제공

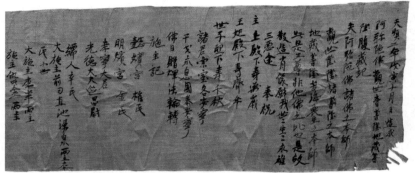

그림 21. 흑석사 목조아미타삼존상 복장기 앞 부분, 1458년, 불교중앙박물관 제공

타불상 보권문에 기록된 정암산 법천사는 현재로서는 경기도 지역으로 추정된다. 이 부분은 뒤에서 다시 다루기로 하겠다.

영주 흑석사 목조아미타불상에 관한 또 다른 자료로는 복장기(1458년)가 있다. 이 자료는 엷은 청색으로 염색한 명주천(140cm)과 한지(230cm)로 연결되어 있다. 긴 두루마리 형태인데, 청색 명주천에는 조성 연도, 존상명, 발원 내용, 삼전하 축원, 왕실의 안녕 기원, 시주기(施主記), 화원, 연화질 등이 묵서되어 있다. 한지에는 2단으로 시주자가 기록되어 있다. 왕실 인물 시주자는 의빈 권씨를 비롯한 태종의 후궁들, 효령대군, 세종의 사위 안맹담을 비롯한 왕실 종친 등이다(그림 20, 21).

영주 흑석사 목조아미타불상 복장기 원문은 다음과 같다.

天順二年戊寅十月日 造成

阿弥陁佛 觀世音菩薩地藏菩

薩腹藏記

夫阿弥陁佛諸佛之本師

觀世菩薩諸菩薩之本師

地藏菩薩苦海衆生之本師

此是三尊非他佛之比也是故

敬造肖像願我世世生生永離

三惡途 奉祝

主上殿下壽萬歲

王妃殿下壽齊年

世子邸下壽千秋

諸君宗室各安寧

干戈永息國泰安寧

佛日增輝法輪轉

施主記

懿嬪宮 權氏

明嬪宮 金氏

孝寧大君

光德大夫筵昌尉

孺人辛氏

大施主 前日直池勇泉兩主 李

氏小世

大施主 李菜兩主

(이하 생략)

1부 조선시대 왕실 발원 불상의 시대 구분

해석은 다음과 같다.

> 천순 2년(1458, 세조 4) 10월 일 조성한 아미타불·관세음보살·지장
> 보살 복장기
> 대저 아미타불은 여러 부처의 본사이고, 관세음보살은 여러 보살
> 의 본사이고, 지장보살은 고해의 중생들의 본사입니다. 이 삼존은
> 다른 부처와 비교할 바가 아닙니다. 그래서 삼가 초상(肖像)을 조
> 성하여 내가 세세생생 삼악도를 영원히 떠나기를 기원합니다. 주
> 상전하께서 만세토록 장수하시고, 왕비전하께서도 똑같이 장수
> 하시고, 세자저하께서도 천년토록 장수하시고, 여러 군과 종실들
> 도 각각 안녕하시고, 전쟁이 영원히 없고 나라가 태평하고 평안하
> 며, 부처의 광채가 더욱 빛나고 부처의 설법이 끊임없이 전파되기
> 를 받들어 축원합니다.
> 시주기
> 의빈궁 권씨
> 명빈궁 김씨
> 효령대군
> 광덕대부 연창위
> 유인 신씨
> 대시주 전 일직 지용천부부 이소세
> 대시주 이채 부부[157]

---

157 국립중앙박물관(2015), 앞 책, 302쪽.

영주 흑석사 목조아미타불상 복장기(1458년)의 내용은 보권문(1457년)과 비교해 시주 물목이 생략되었고, 대신 시주기(施主記)에 왕실 인물을 비롯한 시주자가 수록되어 있다. 또한 불상 조성에 참여한 장인과 불상 조성을 주도한 승려 등이 구체적으로 기록된 점이 보권문과 다르다. 왕실 인물로는 세종의 사위인 광덕대부 연창위 안맹담이 추가되어 있다.

흑석사 목조아미타불상 보권문(1457년)은 불상을 조성하기 위해 시주를 권하는 내용으로, 문서가 작성된 시기는 '천순원년이월(天順元年二月)'로 기록되어 있다. '천순 원년'은 종이를 덧대 수정한 흔적이 있어 흑석사 목조아미타불상이 조성된 '천순 2년'을 '천순 원년'으로 수정했을 가능성을 시사한다. 왜냐하면 흑석사 목조아미타불상이 완성된 것은 1458년 10월이었고, 이때는 단종과 금성대군의 일주기가 되는 시기였다. 즉, 흑석사 목조아미타불상은 1457년 10월에 단종과 금성대군을 비롯하여 단종 복위 사건으로 희생된 이들의 명복을 빌기 위해 조성된 것으로, 천순 원년(1457년) 2월은 아직 이들이 처형되기 전이기 때문이다.

효령대군과 그의 아들 이채가 흑석사 아미타불상 조성에 참여한 것은 문종의 부마 정종(鄭悰, ?-1461) 때문으로 추정된다. 정종은 효령대군의 부인인 예성부부인 해주 정씨의 조카이다. 정종은 문종의 딸이자 단종의 누나인 경혜공주(1436-1473)의 남편으로, 단종 복위 운동에 참여한 금성대군과 연루되어 강원도 영월로 유배되었다. 정종은 단종 및 금성대군과 함께 처형되지 않고 1461년에 병사했지만, 가산이 적몰되는 수난을 당했다.

세종의 부마 안맹담은 세조가 단종 주변의 김종서 등을 죽이고 실권을 장악한 계유정난(1453년)의 공신이다. 안맹담은 '요공(了空)'이라는 법명을, 정의공주는 '묘화(妙和)'라는 법명을 가진 불교 신자로서, 조카인

1부 조선시대 왕실 발원 불상의 시대 구분

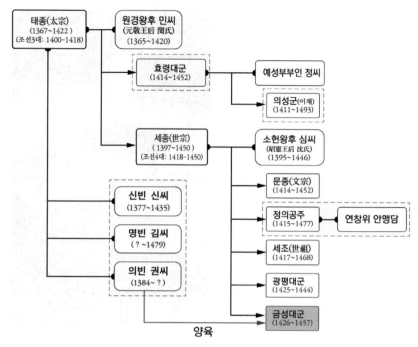

```
┌─────────────────┐     ┌─────────────────┐
│  태종(太宗)      │────▶│  원경왕후 민씨   │
│  (1367~1422)    │     │  (元敬王后 閔氏)  │
│ (조선3대: 1400-1418)│   │  (1365~1420)    │
└─────────────────┘     └─────────────────┘
```

그림 22. 흑석사 목조아미타불상 조성에 참여한 왕실 인물

단종과 동생인 금성대군의 명복을 빌기 위해 동참한 것으로 보인다. 정
의공주 부부는 조선 전기 불사에 적극적으로 참여한 왕실 인물이다.

　왕실의 시주자 가운데 태종의 후궁인 의빈 권씨(?-1468), 명빈 김씨
(?-1479), 신빈 신씨(?-1435) 등은 단종보다는 금성대군과 깊은 관련이
있다(그림 22). 이 가운데 의빈 권씨가 흑석사 목조아미타불상 조성을 주
도적으로 이끌었고, 신빈 신씨는 1435년(세종 17)에 이미 세상을 떠난 뒤
였기 때문에 '유인 신씨(儒人申氏)'로 기록되어 있다. 의빈 권씨는 정혜
옹주(?-1424)를 낳았지만 그녀는 일찍 세상을 떠나고 말았다. 정혜옹주

그림 23. 남양주 수종사 사리탑, 1439년

사후에 태어난 금성대군은 세종의 권유로 어머니 소헌왕후를 대신해 의빈 권씨가 보살폈기 때문에 그녀를 어머니처럼 따랐다. 신빈 신씨는 1422년(세종 4)에 태종이 승하하자 의빈 권씨와 함께 비구니가 되었기 때문에, 의빈 권씨에 의해 시주자 명단에 올려진 것으로 보인다.

의빈 권씨와 금성대군의 관계는 남양주 수종사에 있는 사리탑을 통해서도 살펴볼 수 있다. 이 탑은 산 중턱에 있다가 현재는 수종사 종무소가 있는 선불장(選佛場)과 대웅보전 사이에 옮겨져 있다(그림 23). 탑 양식과 탑 안에 봉안된 사리장엄구를 통해 조선 전기에 건립된 탑임을 알수 있다. 수종사 사리탑 옥개석 처마 면에는 6면에 걸쳐 명문이 새겨져

1부 조선시대 왕실 발원 불상의 시대 구분

있다.[158] 세월이 흘러 마멸이 있지만 수종사 사리탑은 1439년(세종 21) 10월에 태종의 후궁 의빈 권씨가 어머니 정혜옹주와 함께 조성한 사리탑으로, 이때 소도공부인(昭悼公夫人) 심씨(沈氏)와 의빈 권씨가 양육한 금성대군(錦城大君)이 시주자로 참여한 것으로 추정된다.

수종사 사리탑 옥개석 밑면에 기록된 명문 가운데 '태종 태후(太宗太后)'는 '의빈 권씨'로, '정혜옹주(貞惠翁主)'는 의빈 권씨의 딸로 해석해 왔다. 즉, '정혜옹주'를 의빈 권씨의 딸로 보아 '태종 태후'를 태종 후궁인 의빈 권씨로 해석한 것이다. 수종사 사리탑이 건립된 1439년(세종 21)은 이미 태종이 승하한 이후인데, 국왕의 부인이라는 의미가 내포된 '태종 태후'라는 용어 사용을 통해 왕실과의 관련성을 직접적으로 보여 줌으로써 사리탑의 격을 높이고자 했을 것이라는 견해이다.[159]

태종의 태후는 원경왕후 민씨(1365-1420)를 지칭할 수 있지만 그녀는 1420년(세종 2)에 이미 승하했다. 그렇기 때문에 '태종 태후'는 태종의 후궁 가운데 태종 2년(1402)에 후궁이 된 의빈 권씨로 해석할 수 있다. 그러나 '정혜옹주'는 의빈 권씨의 딸보다는 그녀의 어머니로 해석하는 것이 더 타당한 것으로 보인다. 의빈 권씨의 딸 정혜옹주는 1424년(세종 6)에 세상을 떠났다.[160] 의빈 권씨의 모친은 1440년(세종 22) 9월에 소헌왕후가 사정전에서 양로연을 베풀 때 참석했다. 『조선왕조실록』에

---

158 權相老 編, 『韓國寺刹全書』下, 동국대학교 출판부, 723쪽. "太宗太后」貞□翁主」舍利塔」施主□□柳氏」錦城大君正統」四年己未十月日」"; 엄기표(2015), 「남양주 水鍾寺의 조선시대 舍利塔에 대한 고찰」, 『미술사학연구』285, 136쪽. "太宗太后」貞惠翁主」舍利造塔」施主文化柳氏」錦城大君正統」四年己未十月日」".

159 엄기표(2015), 앞 논문, 140쪽.

160 『조선왕조실록』세종 6년(1424) 10월 6일자 기록.

의하면 그녀는 '권홍의 아내 정혜옹주 이씨'로 기록되어 있다.[161] 이 기록으로 보아 수종사 사리탑이 건립된 1439년(세종 21)에 의빈 권씨의 어머니는 '정혜옹주'로 지칭되고 있음을 알 수 있다.

다음으로 시주자로 판독한 '문화 유씨(文化柳氏)' 부분이다. 이 부분은 좀 더 세밀한 분석이 필요하다. 금성대군과 '문화 유씨'는 관련성을 찾기 어렵기 때문이다. 금성대군과 관련된 인물은 이방석의 부인인 심씨이다.

수종사 사리탑에 기록된 인물 가운데 의빈 권씨와 관계가 돈독한 이는 금성대군이다. 금성대군은 의빈 권씨가 양육했고 수종사 사리탑이 조성될 당시 14세였다. 금성대군은 12세 때인 1437년(세종 19) 2월 최사강의 딸과 혼인했고,[162] 6월에는 이방석의 후손이 되어 제사를 받들게 되었다.[163] 그리고 11월에는 자신의 집에 사당을 건립했다.[164] 따라서 금성대군 앞에 기록된 인물은 이방석의 부인인 소도공부인 심씨일 가능성이 높다. 심씨는 1448년(세종 30) 11월에 사망했다.[165]

의빈 권씨의 아버지 권홍과 어머니 옹주 이씨에게는 딸인 의빈 권씨가 유일한 소생이었다. 또한 의빈 권씨 소생인 정혜옹주는 1424년(세종 6)에 세상을 떠났기 때문에, 이들에게는 금성대군이 자식 같은 존재였을 것이다. 따라서 금성대군이 혼인한 2년 후인 1439년 수종사 사리탑 건립에 의빈 권씨, 권홍의 처 정혜옹주, 소도공부인 심씨, 금성대군이

---

161 『조선왕조실록』 세종 22년(1440) 9월 12일자 기록.

162 『조선왕조실록』 세종 19년(1437) 2월 16일자 기록.

163 『조선왕조실록』 세종 19년(1437) 6월 3일자 기록.

164 『조선왕조실록』 세종 19년(1437) 11월 27일자 기록.

165 『조선왕조실록』 세종 30년(1448) 11월 23일자 기록.

동참한 것은 금성대군의 안녕과 이방석의 영가천도가 목적이었던 것으로 추측된다.

1440년(세종 22) 6월에 15세의 금성대군이 창진으로 위독해지자, 세종은 영추문을 밤새도록 열어 놓고 아들의 병을 근심했다.[166] 또한 1448년(세종 30) 11월에 소도공 부인 심씨가 사망[167]했을 때 금성대군이 중복(重服)을 입어야 했는데, 세종은 기질이 약한 금성대군이 삼 년 동안 상복을 입으면 참지 못할 것이라고 걱정했다. 이로 보아 금성대군을 양육한 의빈 권씨는 양부인 소도공 이방석의 극락왕생과 금성대군의 무병장수를 위해 어머니, 소도공 부인 심씨, 금성대군과 함께 수종사 사리탑을 건립했던 것으로 짐작된다.

이와 유사한 예로는 광평대군 부인 신씨가 광평대군과 시양부모의 영가천도를 위해 견성암을 건립하고, 견성암 약사삼존상(1456년)을 조성하며, 『법화경』(1459년)을 간행한 것에서 찾을 수 있다. 광평대군이 무안대군 이방번의 봉사손이 된 것은 금성대군과 마찬가지로 1437년 9월이었다. 광평대군 부인 신씨는 견성암을 건립해 1444년(세종 26)에 사망한 남편 광평대군과 시부모의 극락왕생을 발원했다. 이와 마찬가지로 금성대군은 의빈 권씨 및 소도공부인 심씨와 함께 수종사에 사리탑을 건립해 양부인 이방석의 천도를 기원했던 것이다.[168]

수종사 사리탑 내부에서는 뚜껑이 있는 청자호 안에 금제 구층탑과

---

166 『조선왕조실록』 세종 22년(1440) 6월 11일자 기록.

167 『조선왕조실록』 세종 30년(1448) 11월 23일자 기록.

168 필자는 〈불교신문〉에 연재한 '이야기가 있는 조선시대 불상 - 수종사 불상군'(〈불교신문〉 2017년 10월 23일자 기사)과 〈중부일보〉의 '경기도의 아름다운 사찰 - 수종사'(〈중부일보〉 2020년 10월 19일자 기사)에서 수종사 사리탑을 태종의 딸 정혜옹주 사리탑으로 해석했다. 그러나 본고에서는 태종 딸 정혜옹주 사리탑이 아니라 수종사 사리탑으로 수정한다.

은으로 도금한 사리기가 발견되어 현재 보물로 지정되어 있다(그림 24).

영주 흑석사 목조아미타불상의 원 봉안처는 보권문(1457년)에 '정암
산 법천사(井巖山法泉寺)'로 기록되어 있다. '정암산 법천사'의 정확한 위
치는 확정할 수 없지만, 경기도 광주에 있는 정암산(井嵒山)에 있던 사찰
로 추정된다.[169] 보권문에 나오는 '정암산(井巖山)'의 '巖'과 『조선왕조실
록』 '정암산(井嵒山)'[170]의 '嵒'은 같은 한자이기 때문이다.

1448년(세종 30) 삼군진무소(三軍鎭撫所)에서는 풍양현 2곳, 적성현
16곳, 양주 10곳, 포천현 3곳, 가평현 6곳, 원평부 2곳, 고양현 3곳, 광주
6곳 등을 강무장(講武場)으로 지정했다. 정암산은 강무장으로 지정된 묘
적산이 있는 적성현에 위치하고 있다. 묘적산에는 세종의 후궁 신빈 김
씨의 원찰인 묘적사가 있고, 멀지 않은 곳에는 수종사가 있다. 풍양현에

---

[169] 필자는 2017년 〈불교신문〉에 연재한 '이야기가 있는 조선시대 불상' 시리즈에서는 금성대
군의 제단이 있는 영주 초암사로 추정했다(〈불교신문〉 2017년 2월 13일자). 그러나 본고
에서는 초암사가 아니라 경기도 광주 정암산에 소재한 사찰로 수정한다.

[170] 『조선왕조실록』 세종 30년(1448) 12월 10일자 기록.

1부 조선시대 왕실 발원 불상의 시대 구분

그림 25. 흑석사 아미타불상 보권문의 정암산 위치 추정

는 태종이 거주한 풍양궁이 가까이 있었고, 흑석사 목조아미타불상 조성을 주도한 의빈 권씨와 명빈 김씨는 수종사와 관련이 깊다. 의빈 권씨는 1439년(세종 21)에 수종사 사리탑을 건립했고, 명빈 김씨는 수종사 팔각오층석탑 내 불상을 시주했기 때문이다. 경기도 남양주 일대에는 수종사·묘적사·현등사 등 조선 전기 왕실 원찰이 존재했기 때문에 법천사도 경기도 남양주 정암산에 있었을 가능성이 높다(그림 25).

영주 흑석사는 통일 신라 때 창건된 후 임진왜란 때 소실되어 폐사 상태였던 것으로 짐작되며, 1945년에 승려 초암 상호(1895-1986)가 중창했다. 이때 승려 상호가 흑석사 목조아미타불상을 초암사(草庵寺)에서 가져왔다. 초암사는 금성대군이 유배된 경상도 순흥(지금의 영주)에 위치하고 있고, 금성대군의 넋을 기리기 위한 제단인 금성단이 있는 곳이다.

흑석사 아미타삼존불상은 아미타불·관세음보살·지장보살로 조성된 사실이 보권문과 복장기에 기록되어 있다. 영주 흑석사 아미타삼존상의 협시로 대세지보살 대신에 지장보살이 선택된 것은 단종과 금성대군의 명복을 기원하기 위한 천도용으로 조성되었기 때문이다. 이 도상은 고려 후기부터 본격화된 아미타삼존 도상으로, 금강산 출토 아미타삼존상(1429년), 금강산 은정골 아미타삼존상(1451년), 영주 흑석사 아미타삼존상(1458년), 서산 개심사 아미타삼존상(본존상 1280년 개금, 좌우협시 1484년 조성 추정), 순천 매곡동 석탑에서 발견된 불감 아미타삼존상(1468년), 강진 무위사 아미타삼존상(1478년), 합천 해인사 원당암 아미타삼존상(1495년 추정), 삼척 천은사 아미타삼존상(1596년 중수) 등 조선 전기에 유행했다. 특히 영주 흑석사, 강진 무위사(그림 26),[171] 합천 해인사 원당암 아미타삼존상(그림 27)[172]은 모두 왕실과 관련되어 있다는 점에서 특히 주목된다.

---

171 영산문화재연구소(2010), 『(보물 제1312호)무위사 목조아미타삼존불좌상: 정밀진단보고서』, 무위사성보박물관; 김광희(2014), 「무위사 극락보전 아미타여래삼존상 연구」, 『불교미술사학』 18, 161-192쪽.

172 해인사성보박물관(2017), 『願堂: 해인사 원당암 아미타불 복장 유물 특별전』; 정은우·유대호(2017), 「합천 해인사 원당암 목조아미타여래삼존상의 특징과 제작시기」, 『미술사논단』 45, 53-78쪽; 이헌석(2020), 「조선전기 해인사의 왕실발원 복장유물 연구」, 동아대학교 석사학위논문, 19-23쪽.

그림 26. 강진 무위사 극락전 아미타삼존상, 1478년

그림 27. 합천 해인사 원당암 목조아미타삼존상, 1495년 추정, (재)불교문화재연구소 제공

흑석사 목조아미타불상을 조성한 장인들은 임진왜란 이후 본격적으로 등장하는 조각승들이 아니라 왕실 소속 장인들로 추정된다. 화원 이중선과 이흥손, 부금(付金) 한신, 금박(金朴)[173] 이송산, 칠(漆)[174] 김우롱과 막동, 각수(刻手) 황소봉, 마조(磨造)[175] 김혈동, 소목(小木)[176] 양일봉 등 분야별 장인이 기록되어 있다(그림 28). 즉, 불상 제작의 단계와 과정을 알려 주는 각수, 소목, 칠, 부금, 금박 등 구체적인 공장(工匠)의 명칭과 장인이 등장하고 있다.

조선시대에는 불상을 조성하거나 불화를 그리는 장인들을 화원이라고 했는데, 흑석사 목조아미타불상 조성에 주도적으로 역할을 한 화원은 이중선이다. 그는 광평대군의 명복을 빌기 위해 조성한 견성암 약사삼존불상(1456년) 제작에도 참여했다.[177]

『경국대전』「공전(工典)」에 수록된 장인은 등록 지역별로 경공장(京工匠)과 외공장(外工匠)으로 구분되어 있다.[178] 경공장은 주로 공조(工曹)

---

173 『經國大典』卷6「工典」工匠, 京工匠에는 '金箔匠'으로 기록되어 있다.

174 『經國大典』卷6「工典」工匠, 京工匠에는 '漆匠'으로 기록되어 있다.

175 『經國大典』卷6「工典」工匠, 京工匠에는 '磨造匠'으로 기록되어 있다. '마조장(磨造匠)'은 무기 관련 업무를 총괄하는 군기시(軍器寺)에 소속된 장인으로, 둥근 화포 몸체 내부에 들어가는 원통형의 격목 깎는 일을 담당했다. 마조장은 뚜껑을 가진 향합이나 바둑통 같은 둥근 형태의 물건을 회전축을 이용하여 깎아 만드는 갈이틀 기술을 갖고 있었다. 마조장은 이 기술을 이용하여 뚜껑을 가진 기물과 같이 위와 아래가 정확히 맞아야만 하는 물건을 만드는 역할을 담당했다[최공호(2016), 「갈이틀[旋車]의 명칭과 磨造匠의 소임」, 『미술사논단』 43, 73-79쪽]. 조선시대 목불상 역시 접목(接木) 기법으로 제작되었기 때문에 마조장이 동참한 것으로 추정된다.

176 『經國大典』卷6「工典」工匠, 京工匠에는 '木匠'으로 기록되어 있다.

177 견성암 약사삼존상 조성기(1458년). "畵員 李中善 宝冠 造成 金今音知 造佛 省道"[장충식(1978), 「景泰七年銘 佛像腹藏品에 對하여」, 『考古美術』 138·139, 48쪽].

178 김신웅(1984), 「朝鮮時代의 手工業 硏究 - 京工匠 外工匠의 分解와 企業의 手工業의 擡頭」, 동국대학교 박사학위논문, 31-40쪽.

그림 28. 영주 흑석사 목조아미타불상 복
장기 부분, 1458년, 손영문 제공

에 소속된 장인인데, 직종에 따라 봉상시(奉常寺)·상의원(尙衣院)·군기
시(軍器寺) 등 30개 관청에 분속되었다. 경공장은 129종의 직능별 기술
로 구성되었고, 2,841명이 각 관청의 수요에 따라 배속되어 동일 직종
도 각기 다른 장소에 분산되어 근무했다.[179] 외공장은 지방 관청의 소용
물품을 담당했으며, 27종에 3,656명이 배속되었다.[180]

　영주 흑석사 목조아미타불상 복장기에 기록된 금박장, 마조장, 칠장,
목수는 왕실의 생활품을 만드는 상의원에 소속되었다. 왕실 공예품을
담당하는 직무는 상의원에 집중되었는데, 상의원은 공조에 속한 관청

---

179 임영주(2000), 「한국의 工匠考」, 『아시아민족조형학보』 1, 19-20쪽; 이혜옥(1999), 「조선
　　전기 수공업체제의 정비」, 『역사와 현실』 33, 18-22쪽. 수철장(水鐵匠)을 제외하면 2,795
　　명인데, 그 이유는 수철장의 경우 명수(名數)가 아닌 호수(戶數)로 표시되었기 때문이다
　　[고은경(2020), 「15세기 관영수공업의 변동과 私匠」, 『역사교육』 153, 216쪽, 각주 13].
180 최공호(2018), 「조선 전기 경공장의 기술 통제와 분업」, 『미술사논단』 47, 117쪽.

가운데 가장 규모가 컸다. 또한 경공장 129종 가운데 68종의 장인 582명이 상의원 소속이었다.[181] 상의원의 역할은 『경국대전』에 "왕의 의복 및 궐내의 재화(財貨)·금보(金寶) 등의 물품을 맡는다."[182]고 규정되어 있다.

상의원은 왕실의 내탕금을 관리하는 역할도 했다.[183] 상의원과 사찰의 관계는 『조선왕조실록』의 기록을 통해 확인된다. 세종 4년(1422)에는 승려 월암(月菴)이 황해도 쌍봉사(雙鳳寺)에 모시고 있던 태조의 어진을 찾아서 상의원에 간수하게 했다.[184] 세종 20년(1438)에는 창덕궁 성안 문소전 원당에 봉안했던 불상을 흥천사로 옮겨 두었다. 도난을 방지하기 위해 상의원에 잠시 두었는데, 권자홍이 빨리 밖으로 내보내기를 상소했다.[185] 즉, 상의원은 임금이 착용하는 의복을 두는 곳이기 때문에 '흉하고 더러운 물건'[불상]을 함께 둘 곳이 아니니 불상을 승려에게 돌려주어야 한다고 주장했던 것이다. 그러나 세종은 허락하지 않았다.[186]

세종은 1439년(세종 21) 효령대군이 발병하자 승려 행호(行乎)에게 상의원에서 수정 염주를 제작하게 한 후 하사했다. 효령대군은 병이 나자 산속에 있던 승려 행호를 초빙했고, 가사, 선봉(禪棒), 불자(拂子), 수정 염주 등의 법물(法物)를 만들어 주고자 했다. 그러나 재력이 부족해 한스

---

181 최공호(2018), 앞 논문, 119쪽.

182 『經國大典』卷1 吏典 京官職 正三品衙門 尙衣院. "掌供御衣襨及內府財貨·金寶等物".

183 『조선왕조실록』 정종 1년(1399년) 5월 1일자 기록. 이외에도 『조선왕조실록』 세종 10년(1428) 2월 17일자, 세종 14년(1432) 4월 21일자, 성종 11년(1480) 1월 7일자 기록 등을 통해서도 상의원이 내탕금을 관리하는 곳임을 알 수 있다.

184 『조선왕조실록』 세종 4년(1422) 10월 25일자 기록.

185 『조선왕조실록』 세종 20년(1438) 6월 26일자 기록.

186 『조선왕조실록』 세종 20년(1438) 6월 28일자 기록.

럽다는 말을 세종에게 했다. 그러자 세종은 비용이 많이 드는 수정 염주는 상의원에서 직접 제작하게 했고, 선봉·불자·가사는 만들 재료를 효령대군에게 보냈다.[187]

문종 원년(1451)에는 상의원에 채백(綵帛)과 나견(羅絹)을 주어 불사(佛事)에 쓰는 가사와 좌구를 만들게 했다.[188] 이 기록은 상의원과 왕실 불사가 관련되어 있음을 짐작하게 한다.[189] 상의원 물품이 사찰 불사에 사용된 예는 명종 때도 발견된다. 즉, 명종 모후 문정왕후(1501-1565)가 상의원의 비단을 사찰로 보내 부처를 공양하는 데 사용하게 했다.[190]

견성암 약사삼존상(1456년)과 흑석사 목조아미타불상(1458년)은 모두 왕실에서 발원했기 때문에 조성에 참여한 장인은 상의원 소속으로 짐작된다. 흑석사 목조아미타불상 복장기에 기록된 장인 명칭은 『경국대전』에 기록된 직제의 명칭과 일치한다. 즉, 15세기에 『경국대전』이 편찬되면서 관영 수공업 체제가 확립되었고, 이에 따른 관장(官匠)으로서 장인 직제의 설립 시기와 흑석사 아미타불상의 조성 시기가 비슷한 점이 주목된다. 흑석사 아미타불상 복장기에는 당시 수공업 체제와 관련된 내용이 수록되어 있기 때문이다.[191]

---

187 『조선왕조실록』세종 21년(1439) 4월 21일자 기록.

188 『조선왕조실록』문종 즉위년(1450) 6월 19일자 기록.

189 김정희(2015), 「조선시대 王室佛事의 財源」, 『강좌미술사』45, 246-249쪽.

190 『조선왕조실록』명종 10년(1555) 2월 10일자 기록.

191 정은우(2008), 「龍門寺 木造阿彌陀如來坐像의 특징과 願文 분석」, 『미술사연구』22, 100쪽.

6

평창 상원사 목조문수동자상

고려 말 조선 초 왕실에서는 문수보살처럼 지혜로운 아들을 얻기를 바라면서 문수기도를 행했다. 공민왕이 승려 신돈의 권유로 문수기도를 해 아들은 얻은 것은 유명한 일화이다.[192] 태조 이성계도 연복사에서 문수법회를 열어 무학대사의 설법을 들었다.[193] 조선시대의 문수신앙은 세조가 오대산에 행차했을 때 문수동자가 나타나 세조의 등을 밀어 주었다는 일화, 그리고 세조의 딸 의숙공주가 지혜로운 아들 얻기를 바라면서 남편 정현조와 함께 상원사 문수동자상을 조성한 것을 통해서도 알 수 있다(그림 29).

---

192 『高麗史節要』卷 28 공민왕 3 병오 15년(1366) 기록; 한강지(2006), 「五臺山 上院寺 木造 文殊童子坐像 研究」, 동국대학교 석사학위논문, 16-17쪽.

193 『조선왕조실록』 태조 2년(1393) 3월 28일자, 4월 2일자, 7월 19일자, 태조 3년(1394) 2월 11일자, 2월 14일자, 2월 17일자 기록.

그림 29. 상원사 문수전 목조문수동자상, 1466년,
월정사성보박물관 제공

　당나라 현장 스님과 신라의 혜초 스님처럼 인도로 향하던 순례승은
불교의 토착화와 함께 점차 줄어들었고, 중국과 우리나라에서는 새로운
불교 성지가 탄생했다. 인도의 불교 성지가 석가여래의 일대기와 관련
된 장소라면, 중국과 우리나라의 불교 성지는 주로 보살신앙과 관련된
곳이다. 중국과 마찬가지로 산악신앙과 불교가 결합된 우리나라에서는
반야를 상징하는 법기보살이 머문다는 금강산, 그리고 지혜를 상징하는
문수보살이 머문다는 중국 오대산과 관련된 강원도 오대산이 불교 성
지로 유명하다.

　조선을 건국한 태조 이성계의 원찰은 오대산 중대 적멸보궁이 있는
사자암이었고,[194] 세조의 원찰은 오대산 상원사였다. 상원사는 오대산

---

[194] 이원석(2013), 「五臺山 中臺 寂滅寶宮의 역사」, 『한국불교학』 67, 186쪽; 『新增東國輿地

주봉인 비로봉으로 향하는 길목에 자리 잡고 있는데, 석가여래 진신사리가 봉안된 중대의 적멸보궁을 참배하기 위해서는 반드시 거쳐야 하는 곳이다. 현재까지 불교도들이 오대산 적멸보궁을 많이 찾는 이유는 조선 왕실과의 인연이 큰 역할을 했던 것으로 보인다.

세조는 1466년(세조 12) 상원사 중창 법회에 참석하기 위해 왕족을 비롯한 중요 대신들을 거느리고 금강산에 있는 표훈사 등을 둘러본 후 양양 낙산사를 거쳐 오대산 상원사에 도착했다. 상원사 낙성식에는 세조·왕비·세자·효령대군 등을 비롯한 종친과 영의정 신숙주(1417-1475), 상당군 한명회(1415-1487) 등 수많은 관료들이 참석했다.[195] 이 중창 법회를 상징하는 것이 바로 상원사 문수전 목조문수동자상이다.

문수보살은 구도 여행에 나선 선재동자를 첫 번째로 이끌어 주는 역할을 한다. 문수보살은 순례길에 나선 선재동자에게 "보살행을 아는 지혜를 성취하려면 반드시 선지식을 찾아야 한다. 남쪽 승낙이라는 나라에 덕운 스님이 있으니 그에게 가서 '보살은 어떻게 보살행을 배우며, 어떻게 보살행을 닦으며, 어떻게 보현행을 빨리 성취할 수 있습니까?'하고 물으라."라고 안내한다.[196] 상원사 목조문수동자상은 구도자의 상징인 선재동자처럼 동자의 모습으로 표현되었다.

강압적으로 왕위에 오른 세조는 병으로부터 자유롭지 못했다. 선재동자가 문수보살의 안내로 선지식을 찾아 출발했듯이, 세조 역시 문수

勝覽』卷44 江陵大都護府 佛宇.

195 진성규(2007), 「世祖의 佛事行爲와 그 意味」, 『백산학보』 78, 180-181쪽; 전영근(2006), 「왕실 주관 불사 권선문의 조성과 운용 - 상원사 권선문과 용주사 권선문을 중심으로」, 『서지학보』 30, 138-140쪽.

196 정병조(1988), 「문수보살의 연구」, 『불교연구』 45, 87-131쪽.

신앙처인 오대산을 찾았다. 그 앞에 동자 모습의 문수보살이 나타났다. 영험담 속 문수보살은 어린 동자, 때로는 노승으로 등장하고 있다.[197] 세조와 문수동자의 에피소드는 상원사에 그 흔적이 남아 있다. 상원사 입구에는 세조가 몸을 씻을 때 벗었던 옷과 허리띠와 갓을 걸어 두었던 관대(冠帶)걸이가 있고, 상원사 문수전에는 문수동자상이 모셔져 있으며, 현대작이지만 세조의 등을 밀어 주는 문수동자가 벽화로 그려져 있다.

상원사 중창은 목조문수동자상이 조성되기 2년 전인 1464년(세조 10)부터 계획되었다. 세조가 중병을 얻자 그의 부인인 정희왕후가 승려 신미의 추천을 받아 상원사를 기도처로 정하고 물품을 하사한 것이 그 발단이었다. 다음 해인 1465년(세조 11)에 신미의 제자인 학열에 의해 본격적인 중창이 시작되었고, 이를 인연으로 세조가 건강을 회복하자 세조와 정희왕후는 상원사 중창에 더 많은 지원을 하게 되었다.[198]

세조는 상원사 중창 시주를 권하는 권선문인 어첩(御牒)에서 자신을 '불제자'로 칭하고 있다. 억불숭유 정책를 폈던 조선에서 스스로를 불제자라고 칭한 왕은 세조뿐이다.[199] 조카인 단종과 동생인 안평대군·금성대군을 죽이고 왕이 된 세조는 심신의 병이 깊어지자 불제자를 자처할 정도로 절박하게 불력에 의지했던 것으로 보인다. 신미가 쓴 것으로 보이는 한문과 언해로 기록된 「오대산상원사중창권선문」에는 250여 명에 달하는 인물이 수록되어 있다(그림 30).

---

197 김용덕(2011), 「문수보살 신앙과 영험설화의 전승양상」, 『한국민속학』 54, 69-98쪽.

198 김무봉(2011), 「『상원사 중창 권선문』의 조성 경위에 대한 연구」, 『불교학연구』 30, 369-416쪽.

199 유근자(2017), 『조선시대 불상의 복장기록 연구』, 불광출판사, 24-25쪽.

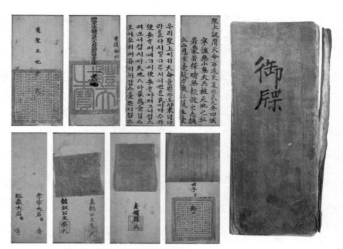

그림 30. 상원사 중창 권선문, 1464년, 월정사성보박물관 제공

상원사 목조문수동자상의 복장은 1984년 7월 19일에 조사되었는데, 문수동자상 조성발원문(1466년)과 중수발원문(1599년), 불경, 후령통, 후령통을 감싼 다라니가 찍힌 황초폭자, 수정 사리병과 사리, 명주 저고리 2점 등이 수습되었다.[200] 이 가운데 조성발원문과 중수발원문, 그리고 저고리 1점 등이 특히 주목된다(그림 31).

오대산 상원사 목조문수동자상 조성발원문(그림 32)은 청색 계통의 명주에 붉은 글자가 10행으로 쓰여 있다. 조성발원문에는 세조의 딸 의숙공주와 그의 남편 정현조가 당시 임금인 세조 및 왕실의 수복(壽福)을 기원하고, 그의 득남을 위해 석가여래상·약사여래상·아미타불상·문수보살상·보현보살상·미륵보살상·관음보살상·지장보살상·십육나한상·

---

200 홍윤식(1984), 앞 논문, 9-22쪽; 박상국(1984), 「상원사 문수동자상 복장발원문과 복장전적에 대해서」, 『한국불교학』 9, 79-100쪽.

        1부 조선시대 왕실 발원 불상의 시대 구분

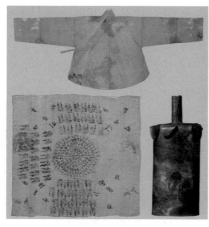

그림 31. 상원사 문수동자상에서 발견된 복장물,
1466년, 월정사성보박물관 제공

그림 32. 상원사 목조문수동자상 조성발원문,
1466년, 월정사성보박물관 제공

제석천상을 조성해 오대산 문수사에 봉안한다는 내용이 수록되어 있다.
조성발원문의 내용은 다음과 같다.

朝鮮國河城尉鄭顯祖懿淑公主李氏伏爲

主上殿下

王妃殿下

世子邸下萬歲萬歲萬萬歲 亦願己身速得智惠之

男敬成釈迦如来 薬師如来 阿弥陁佛 文殊菩薩 普賢菩

薩 弥勒菩薩 観音菩薩 地蔵菩薩 十六應真 天帝釈王

伏安于 五臺山 文殊寺 伏願

衆聖各運慈悲同加攝受

以遂弟子區區懇願

成化二年二月 日誌

오대산 상원사 목조문수동자상은 조선 전기 불교조각 가운데 왕실 발원으로 조성된 대표적 존상이다. 상원사 목조문수동자상은 1466년(세조 12)에 조성되어 1599년(선조 32)에 중수되었음이 1984년 복장 조사를 통해 밝혀졌다.[201] 1972년 2월 27일에는 이 불상에 대한 개금 불사가 이루어졌다.[202]

1984년 복장 조사 후 발표된 선행 연구에서 첫 번째 쟁점은 조성발원문(1466년)에 기록된 '오대산 문수사'의 소재지와 조성 목적에 관한 것이었다. 홍윤식은 그 소재지에 대해 의문이 있기는 하지만 '오대산 문수사'를 의숙공주 부부가 아버지 세조의 치병을 위해 조성한 것으로 해석했다.[203] 그러나 박상국은 '오대산 문수사'를 현재의 '오대산 상원사'가 아니라 『삼국유사』 「오대산문수사석탑기」의 내용을 근거로 강릉 해변가에 위치한 '강릉 문수사'라고 보았다. 즉, 상원사 목조문수동자상을 의숙공주 부부가 득남을 위해 강릉 문수사에 조성한 문수보살상으로 파악한 것이다.[204]

현재 상원사가 문수사였는지에 대한 의견은 통일되어 있지 않지만, 대체로 동일 장소로 보는 견해가 우세하다. 상원사 목조문수동자상 조성발원문(1466년)에 기록된 존상 가운데 목조문수동자상만 남아 있는

---

201 문화재관리국(1984), 『上院寺 木彫文殊童子坐像 調査報告書』; 박상국(1984), 「上院寺 文殊童子像 腹藏發願文과 腹藏典籍에 대해서」, 『한국불교학』 9, 79-100쪽; 홍윤식(1984), 「朝鮮初期 上院寺文殊童子像에 대하여」, 『고고미술』 164, 9-22쪽.

202 홍윤식(1984), 앞 논문, 12쪽.

203 홍윤식(1984), 앞 논문, 11쪽.

204 박상국(1984), 앞 논문, 82-85쪽. 박상국의 견해를 수용한 것으로는 2006년에 발표된 한강지의 논문이 있다[한강지(2006), 「五臺山 上院寺 木造文殊童子坐像 硏究」, 동국대학교 석사학위논문, 24-33쪽].

그림 33. 창원 성주사 목조석가여래삼불좌상, 1655년 조성,
1729년 개금·중수

그림 34. 창원 성주사 목조석가여래삼불
좌상 중수발원문, 1729년

것으로 알려져 왔다. 그러나 현재 상원사 문수전에 함께 봉안된 목조제
석천상과 선재동자상도 이때 조성된 것으로 추정된다.[205]

　1453년(단종 1)에 혼인한 의숙공주에게 13년이 지나도록 자식이 없
었던 것은 세조의 병만큼이나 왕실의 근심거리였을 것이다. 문수기도를
통해 아들을 얻고자 했던 것은 고려말의 공민왕도 마찬가지였는데, 그
는 30대 중반까지 아들이 없었으나 연복사에서 문수기도를 통해 아들
을 얻었다.[206] 조선 후기 암행어사로 유명한 박문수(1691-1756)도 그의
어머니가 문수사에서 기도하고 낳았기 때문에 이름을 '문수'로 지었다
고 알려져 있다. 박문수는 1729년 1월에 경상도 관찰사가 되었는데,[207]
창원 성주사 목조석가여래삼불좌상을 1729년(영조 5)에 중수할 때 경상
도 관찰사 신분으로 동참했다(그림 33, 34).

---

205 유근자(2021), 「오대산 상원사 문수전 목조제석천상의 연구」, 『선문화연구』 30, 251-304쪽.
206 최연식(2014), 「신돈의 불교신앙과 불교정책」, 『불교학보』 68, 267-291쪽.
207 『조선왕조실록』 영조 5년(1729) 1월 21일자 기록.

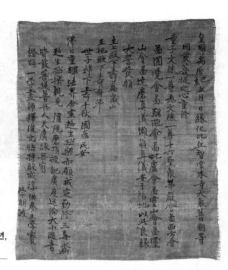

**그림 35. 상원사 문수동자상 중수발원문, 1599년,
월정사성보박물관 제공**

　　오대산 문수사에 석가여래상·약사여래상·아미타불상·문수보살상
·보현보살상·미륵보살상·관음보살상·지장보살상·십육나한상·제석
천상을 함께 조성해 봉안했다는 기록은 당시 신앙의 형태를 가늠하게
한다는 점에서 중요하다. 석가여래·약사여래·아미타불은 17세기 이후
삼세불상으로 유행했던 도상인데, 15세기 왕실의 원찰에서도 중요시되
고 있었음을 알 수 있다. 또한 문수보살과 보현보살, 관음보살과 지장보
살, 미륵보살과 십육나한, 제석천을 봉안하고 있는 것을 통해서 당시 보
살신앙·나한신앙·신중신앙의 형태를 알 수 있다.

　　상원사 목조문수동자상 중수발원문(그림 35)에는 1599년(선조 32)에
승려 지운(智雲)과 보명(普明)이 발원해서 여러 존상을 중수했다는 내용
이 기록되어 있다. 중수발원문의 크기는 34.6×29.1cm이며, 녹색 계통
의 명주에 붉은 글자가 14행으로 쓰여 있다. 중수발원문의 내용은 다음
과 같다.

皇明萬曆己亥五月日緣化比丘智雲本寺大衆普明等
同發菩提之心重修
童子文殊一尊老文殊一尊十六聖聖衆華嚴會圖西方會
圖圓覺會圖彌陁會圓毗盧會圖靈山會圖靈
山會圖達磨真儀懶翁真儀安于福地以比良緣
大誓發願
主上殿下壽萬歲
王妃殿下壽齊年
世子邸下壽千秋國泰民安
佛日重輝法界含靈超生極樂亦願戒定勤修三毒永断
超生極樂親見彌陁磨頂授記廣度迷倫大小隨喜
皆發菩提普與人天廣緣無窮
證明一學畫師釋俊元悟持殿戒淳供养主學寶
學明跋

앞에서 살펴본 중수발원문에 기록된 중수 대상은 동자문수상(童子文殊像)과 노문수상(老文殊像) 각 1존, 나한상 16존, 화엄회도·서방회도·원각회도·미타회도·비로회도 각 1점, 영산회도 2점, 달마대사와 나옹화상 진영 등이다. 또한 당시 불사의 소임자가 기록되어 있는데, 증명은 일학(一學)이 맡았고, 각 존상의 중수는 석준(釋俊)과 원오(元悟)가 담당했으며, 발원문은 학명(學明)이 지은 사실이 기록되어 있다.

상원사 목조문수동자상 중수발원문(1599년)이 조성발원문(1466년)과 다른 점은 노문수 1존과 불화 7점, 달마대사와 나옹화상의 진영 등을 중수한다는 내용이다. 상원사 목조문수동자상 중수발원문을 통해 동자문수상과 노승문수상이 1599년(선조 32)에 상원사에서 중수된 사실이 확인된다. 영험담 속 문수보살이 동자 또는 노승으로 등장하고 있던 사실이 상원사 목조문수동자상 중수발원문을 통해 알려진 것이다. 상원사 목조문수동자상의 중수발원문과 같은 기록이 강릉 보현사 목조문수보살좌상에서도 발견되었다. 이에 대해서는 제2부 제1장에서 자세히 다루고자 한다.

이경석(1595-1671)이 지은 「상원사중수기」에는 상원사 목조문수동자상이 1644년(인조 24)에 개금된 사실이 기록되어 있다. 승려 각해(覺海)는 1644년에 상원사 법당을 중수하고 7존의 불상을 개금했다.[208] 이때 상원사 목조문수동자상도 중수되었을 것이다. 이경석과 동시대 인물인 이민구(1589-1670)는 "상원사는 세조대왕과 정희왕후가 이 절에 묵었는데 옛 자취가 지금도 남아 있다. …… 매년 궁중 사신들이 향불을 올리고 돌아가네."[209]라는 시를 남기고 있다. 이 기록은 상원사가 17세기에도 원찰로서 기능하고 있던 사실을 알려 주고 있다.

동자 모습을 한 문수보살상은 『금강정경유가문수사리보살법』에 "문수사리 오계동자(五髻童子) 형상을 그리는데, 몸은 황금색이고 갖가지 영락으로 장엄하고 있다. 오른손에는 금강검을 쥐고 왼손으로는 경전을 들고 있다."는 내용에 근거를 둔 것이다. 상원사 목조문수동자상은 다섯 개의 상투 대신 두 개만 표현했고, 지혜를 상징하는 금강검과 경전 대신 설법인을 짓고 있다.

요나라(907-1125) 때 조성된 메트로폴리탄박물관 소장 문수보살상 (그림 36)은 금강검과 경전은 없어지고 일부만 남아 있다. 그러나 다섯

---

208 『白軒集』卷 31 「上院寺重修記」.

209 『東州集』卷 7. "上院寺世祖大王貞熹后駐蹕此寺 舊迹今有存者 …… 每年宮使薦香回".

그림 36. 다섯 개 상투를 가진 문수보살상, 요나라. 메트로폴리탄
박물관 소장, 출처: 메트로폴리탄박물관

개의 상투가 표현된 것은 『금강정경유가문수사리보살법』의 내용과 부
합된다. 상원사 문수동자상은 두 눈썹 사이에 백호가 없고, 쌍상투 아래
로 내려온 머리카락이 이마 위를 덮었으며, 천진한 모습을 하고 있다.
이 같은 모습은 신앙의 대상인 불보살상이 아니라 현실 속 어린아이의
모습이다. 특히 편안하게 앉아 노출시킨 오른발에 발톱까지 표현한 것
은 의숙공주 부부가 간절히 원했던 아들이자 세조의 등창을 낫게 해 준
동자의 모습을 형상화한 것으로 추정된다.

고창 문수사 문수전에는 등이 구부정하고 머리를 삭발한 노승의 석상
(石像)이 있다. 문수보살상으로 전해지는 이 석상은 상원사 목조문수동자
상 중수발원문(1599년)에 기록된 노문수를 연상시킨다. 「문수사창건기」
(1758년)에는 "신라 초기 자장대사가 이 절을 창건했는데, 여러 번 병화로
불타버렸고 남은 것은 오직 문수보살 석상이 있을 뿐"[210]이라는 내용이

---

[210] 「文殊寺刱建記」(1758년). "以羅初慈藏大師刱此 而中間累爲兵火所燼 只有石文殊尊像"

그림 37. 고창 문수사 문수전 석조문수보살상, 조선 초

있다. 또 다른 기록인 「고창현축령산문수사한산전중창기」(1843)에도 "자장율사가 중국에서 귀국길에 이곳을 지나다가 중국 청량산과 비슷하여 절을 짓고 석불상을 조성해 문수사라고 이름했다."[211]는 기록이 있다.

앞 두 기록에 등장한 '문수보살 석상'은 고창 문수사 문수전에 봉안된 노승의 석상이다(그림 37). 상하로 길고 양감이 풍부한 상호는 동자 이미지가 담겨 있고, 아래로 처진 눈썹과 구부린 어깨는 노승을 연상시킨다. 이 석상은 동자와 노승의 이미지를 모두 갖고 있지만, y자로 여민 옷자락 위에 상하로 놓인 가냘픈 두 손에서 특히 노승의 이미지가 강조되고 있다. 고창 문수사 석조문수보살상은 동자와 노승의 이미지가 모두 표현된 조선 전기 석불상으로, 이 시기 문수신앙의 일면을 나타내고 있다.

[문화재청 · 고창군(2019), 『보물 제1918호 고창 문수사 목조석가여래삼불좌상 보존상태 진단 및 기록화 보고서』, 동국대학교 불교학술원 문화재연구소, 120-122쪽].

211 「高敞縣鷲嶺山文殊寺寒山殿重刱記」(1843년). "何時初刱重修者是何人耶 㲝㲝老衲俯首 而對曰 新羅慈藏律師者 卽當朝卿相蘇判武林公之子也 唐貞觀中西遊中夏还 故本國目及 玆山則雲水之景基局之壯 有似乎淸凉 故遂建伽藍仍竪石像 以文殊額焉"[문화재청 · 고창군(2019), 앞 책, 123-126쪽].

　　　　　　　　　　　　1부 조선시대 왕실 발원 불상의 시대 구분

7

경주 왕룡사원 아미타불상

경주 왕룡사원은 경북 경주시 강동면 국당길 283에 위치한 사찰로, 주불전인 대웅전에는 목조아미타불상(1466년) 1존, 소조석가불상·아미타불상(1579년) 2존, 석조보살상 1존 등이 봉안되어 있다. 이 불상들은 1900년 전후 또는 그 후에 왕룡사원에 봉안된 것이다. 왕룡사원은 경주 백률사에 주석했던 승려 성전(聖典)이 1900년 경에 창건했고, 1920년 경에 이 불상들을 왕룡사원으로 옮겨 왔다. 이 가운데 왕룡사원 목조아미타불상은 1466년(세조 12)에 조성되어, 1716년(숙종 41)에 개금·중수되었다(그림 38).[212]

왕룡사원 목조아미타불상 복장에서는 조성과 중수에 관한 기록인

---

[212] 문명대(2007), 『왕룡사원의 조선전반기 불상조각』, (사)한국미술사연구소 · 왕룡사원, 22-27쪽.

그림 38. 경주 왕룡사원 목조아미타불상, 1466년,
(사)사찰문화재보존연구소 제공

조성발원문(1474년)과 중수발원문(1716년), 조성과 중수 때 넣은 목조사
리함과 지제(紙製) 후령통, 복장용 경전[213] 등이 수습되었다. 이 가운데
조성발원문(1474년)에는 불상이 조성된 사찰, 이안(移安)된 사찰, 세 번에
걸친 점안(點眼) 사실, 불상 조성 비용, 발원 내용, 불사 담당자, 시주자
등이 자세히 수록되어 있다.

조성발원문 명칭은 「환성사미타삼존조성결원기(還城寺彌陀三尊造成結
願記)」로, 이 불상이 아미타삼존상으로 조성되었음을 보여 준다(그림 39).
조성발원문 앞 부분에는 다음과 같은 내용이 기록되어 있다.

---

213 송일기(2008), 「王龍寺院 三尊佛像의 腹藏典籍에 관한 研究」, 『한국문헌정보학회지』
42(2), 393-420쪽.

1부 조선시대 왕실 발원 불상의 시대 구분

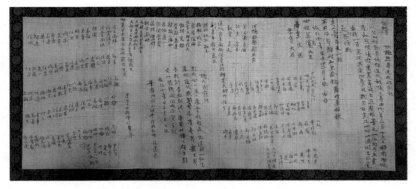

그림 39. 왕룡사원 아미타불상 조성발원문, 1474년, (사)청권사 이강수 제공

還城寺 弥陀三尊造成結願記
八公山弥勒寺依接造成弥陀三尊丙戌年正月十三日移於環城
寺初點眼後於庚寅年許二三點眼畢已此仏功分上金
木綿一百余疋其余供養凡物三百余疋此功此德同生正覚
之願恭惟我
主上壽与天一般
王妃体寧靜將和兼歲稔萬姓樂相歡
成化十年甲午十二月日誌 右后[214]

---

214 이종수(순천대학교) 해석. "환성사 미타삼존조성 결원기」 팔공산 미륵사에서 지낼 적에 조
성한 미타삼존불을 병술년(1466) 1월 13일 환성사로 이안(移安)해 처음 점안했습니다. 그
후 경인년(1470) 즈음에 두·세 번 점안을 마쳤습니다. 이 부처님의 공덕으로 올린 금은
목면 100여 필이었고, 그 나머지 공양은 모두 300여 필이었습니다. 이러한 공덕으로 함께
아미타 정각의 세계에 태어나기를 기원합니다. 공경히 원하노니, 우리 주상의 수명은 하늘
과 같고, 왕비의 몸은 평안하고 조화로우며, 아울러 해는 풍년 들어 온 백성이 즐거워 서로
기뻐하기를 바라옵니다. 성화 10년 갑오년(1474) 12월 일 다음과 같이 기록합니다."

앞에서 살펴본 바와 같이, 경주 왕룡사원 목조아미타불상은 팔공산 미륵사에서 아미타삼존상으로 조성되어 1466년(세조 12) 1월 13일에 환성사(環城寺)로 이안되었음을 알 수 있다. 1466년에 환성사에 봉안해 첫 점안식을 치른 후, 1470년(성종 1)에 두세 차례 점안식을 다시 했다는 것이다. 이때 상금(上金)으로 목면 100여 필이 사용되었다고 했는데, 이것은 개금 비용으로 추정된다. 그 외 공양으로 300여 필이 사용되었다.

아미타삼존상을 조성한 공덕으로 극락왕생을 기원하고 있는데, 왕실 인물 가운데 극락왕생의 대상은 세조(1417-1468)와 예종(1450-1469)이다. 1466년에 환성사로 이안되어 점안을 마친 후, 4년 후인 1470년(성종 1)에 두세 차례 점안했다는 내용이 주목된다. 1470년은 예종이 승하한 다음 해에 해당하기 때문이다.

왕과 왕비의 안녕을 기원하고 있는 이 조성발원문이 기록된 1474년(성종 5) 12월 당시 왕은 성종이었고, 왕비는 공혜왕후 한씨(1456-1474)였다. 공혜왕후 한씨는 1474년 4월에 승하했지만,[215] 성종의 계비인 폐비 윤씨(1455-1482)는 아직 왕비에 책봉되지 않았기 때문이다. 폐비 윤씨는 1473년(성종 4) 3월에 숙의(淑儀)에 봉해졌고,[216] 1476년(성종 7) 8월에야 왕비에 책봉되었다.[217]

왕룡사원 목조아미타불상 조성발원문에는 발원 내용에 이어서 왕실 인물이 등장하고 있다(그림 40).

---

215 『조선왕조실록』 성종 5년(1474) 4월 15일자 기록.
216 『조선왕조실록』 성종 4년(1473) 3월 19일자 기록.
217 『조선왕조실록』 성종 7년(1476) 8월 9일자 기록.

1부 조선시대 왕실 발원 불상의 시대 구분

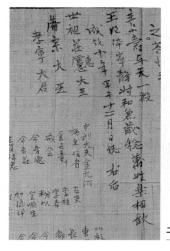

그림 40. 왕릉사원 목조아미타불상 조성발원문 부분

세조장혜대왕(世祖莊惠大王)

예종대왕(睿宗大王)

효령대군(孝寧大君)

세조·예종·효령대군이 순서대로 기록되어 있는데, 조성발원문이 기록
된 1474년 12월에는 이 가운데 효령대군(1396-1486)만 생존해 있었다.
두 명의 왕은 이미 승하한 이후였기 때문에 묘호(廟號)가 사용되었다. 경
주 왕릉사원 목조아미타불상이 조성되어 환성사로 이안되고 첫 점안식
을 거행한 1466년(세조 12) 1월 13일에는 세조와 예종이 모두 생존해 있
었다. 그런데 세조는 1468년 9월 8일에,[218] 예종은 1469년 11월 28일

---

[218] 『조선왕조실록』 세조 14년(1468) 9월 8일자 기록.

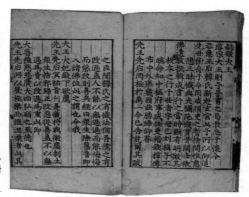

그림 41. 예념자비도량참법 발문, 1474년,
고반재 소장, 출처: 동국대학교 불
교학술원

219에 승하했다. 예종은 승하하기 직전 한계순과 정효상을 내불당(內佛
堂)에 보내 기도하게 했다.220 이런 당시 상황을 참고하면 예종이 승하
한 후 왕실에서는 예종의 극락왕생을 위한 불사를 행했을 것이다.

1470년(성종 1)에 두세 차례 점안식을 거행한 것은 예종의 영가천도
와 관련된 것이다. 정희왕후는 1470년(성종 1)에 세조·예종·덕종의 명
복을 빌기 위해 『묘법연화경』을 간행했다.221 또한 1474년(성종 5)에는
『교정정본자비도량참법』, 『예념미타도량참법』, 『지장보살본원경』 등을
간행해 성종 비 공혜왕후의 명복을 빌었다(그림 41).222 또한 세종·소헌
왕후·세조·의경세자·예종 등의 극락왕생도 아울러 기원했다.

경주 왕룡사원 목조아미타불상 조성발원문의 "세조혜장대왕, 예종

---

219 『조선왕조실록』 예종 1년(1469년) 11월 28일자 기록.

220 『조선왕조실록』 예종 1년(1469년) 11월 28일자 기록.

221 곽동화·강순애(2018), 「조선 전기 왕실 발원 불교전적에 관한 연구」, 『서지학연구』 74,
228쪽.

222 곽동화·강순애(2018), 앞 논문, 230쪽.

1부 조선시대 왕실 발원 불상의 시대 구분

그림 42. 청권사 효령
대군 부부 묘

대왕"이라는 묘호 표현은 1474년에 간행된 『예념미타도량참법』 발문
표기와도 같다. 따라서 경주 왕룡사원 목조아미타불상 조성발원문이
1474년(성종 5) 12월에 작성된 데에는 이러한 당시 왕실의 상황이 반영
된 것으로 추정된다. 환성사에 봉안될 당시 아미타삼존상이었기 때문에
망자를 추선 공양하는 데 적합한 존상이었던 것이다.

경주 왕룡사원 목조아미타불상 조성에 참여한 효령대군은 조선 전기
왕실 주도 불사에 가장 적극적으로 참여한 인물이었다. 조선 전기 불상 가
운데 효령대군과 관련이 있는 불상은 견성암 약사삼존상(1456년), 영주 흑
석사 목조아미타불상(1458년) 그리고 경주 왕룡사원 목조아미타불상(1466
년)이다. 효령대군은 왕실 어른으로서 불력(佛力)에 의지해 선왕·선후의
명복을 기원하기 위한 불상 조성에 적극적으로 참여한 것이다. 효령대
군은 1486년(성종 17) 5월에 92세로 세상을 떠났다.[223] 그를 기리는 사당
청권사(淸權祠)와 묘소는 현재 서초구 방배동에 위치하고 있다(그림 42).

---

223 『조선왕조실록』 성종 17년(1486) 5월 11일자 기록.

경주 왕룡사원 목조아미타불상 조성과 관련된 인물 가운데 왕실 인물 다음으로는 당시 지방관이 기록되어 있다. 그 내용은 다음과 같다.

河陽縣絲鑑 鄭玉良
上戶長 玄准
上主 命玉
記官 玄元

하양 현감 정옥량, 상호장 현준, 상주 명옥, 기관 현원 등이 기록되어 있다. 현감(縣監)·상호장(上戶長)·상주(上主)·기관(記官) 등은 조선시대 지방 관리로 향리(鄕吏)에 속했다. 향리는 위로는 품계를 받는 호장 층에서부터 아래로는 천역에 가까운 향역(鄕役)을 지는 색리 층까지 걸쳐 있었다.[224] 경주 왕룡사원 목조아미타불상 조성에 참여한 지방 관리로는 하양 현감이었던 정옥량을 들 수 있다. 그는 『신증동국여지승람』 경상도 삼가현 효자 항목에 기록될 정도로 효자였다.[225] 이 외에 상호장 현준(玄准)과 기관 현원(玄元)이 기록되어 있는데, 이들은 향리 직을 수행하다가 출가한 승려로 추정된다. 조선 전기에는 세습된 역을 피하기 위해 향리가 승려가 되는 일이 자주 발생했다. 1469년(예종 1)에는 향리(鄕吏)·역자(驛子)·관노(官奴)로서 역을 피하기 위해 법을 위반하고 승려가 된 자를 참형에 처하라는 상소가 있었다. 그러나 예종은 참형에는 처하지 말고

---

224 이성무(1970), 「조선초기의 향리」, 『한국사연구』 5, 69-100쪽; 최이돈(2010), 「조선 초기 향리의 지위와 신분」, 『진단학보』 100, 55-94쪽; 이태경(2019), 「조선초기 호장(戶長)의 향촌 지배와 그 변화」, 『한국사연구』 187, 187-219쪽.

225 『新增東國輿地勝覽』卷 31 慶尙道 三嘉縣 '孝子'.

곤장 1백 대를 때려 본래의 역으로 돌아가도록 했다.[226] 이 기록은 향리가 역을 피해 승려가 되는 경우가 조선 초기에 빈번했음을 알려 준다.[227]

경주 왕룡사원 목조아미타불상을 조성한 조각승은 성료(性了)와 혜정(惠正)이다. 이들은 '조성 양수(造成養手)'와 '부양수(副良手)'로 기록되어 있다. 조선 전기에 불상을 조성한 장인을 '양수(良手)'로 기록하고 있는 점이 주목된다. 솜씨가 뛰어난 장인을 뜻하는 '양수(良手)'는 『조선왕조실록』에서도 찾을 수 있다. 선조 39년(1606)에 성균관 명륜당 편액 세 글자를 모각할 수 있도록 도감에서 훌륭한 장인을 엄선해서 보내줄 것을 요청하는 글에 '양수(良手)'라는 말이 사용되었다.[228]

조성양수 성료는 전 단속사 주지 대선사이고, 부양수 혜정은 선사이다. 왕룡사원 목조아미타불상을 조성한 두 조각승은 조선 전반기 양종판사 제도에서 선종에 속하는 대선사와 선사 직위를 갖고 있다.[229] 조선시대 왕실과 관련된 불상은 대부분 직위가 높은 승려가 참여해 제작했다.

경주 왕룡사원 조성발원문에 기록된 불상 조성 당시 소임은 다양하다. 가장 먼저 조각승 두 명이 '양수(良手)'로 기록된 다음, 증명(證明)·지전(持殿)·간향(看香)·삼보(三宝)·반두(飯頭)·채두(菜頭)·숙두(熟頭)·조병(造餠)·다각(茶閣)·조포(造泡)·별좌(別坐) 등 11개의 소임이 나열되어 있다. 이 소임은 사찰에서 큰 의식을 행할 때 각자 맡은 직책을 표시한 것이다. 불사 진행이 법식대로 진행되는지를 감독하는 증명, 병법(秉法)을 보좌해

---

226 『조선왕조실록』 예종 1년(1469) 10월 27일자 기록.

227 최이돈(2010), 앞 논문, 62-63쪽.

228 『조선왕조실록』 선조 39년(1606) 4월 9일자 기록.

229 유근자(2017), 『조선시대 불상의 복장기록 연구』, 불광출판사, 187쪽.

의식을 집전하는 지전, 밥 짓는 소임을 맡은 반두, 국 담당자인 채두, 반찬을 마련하는 숙두, 떡을 만드는 조병, 차를 담당한 다각, 두부 만드는 소임을 맡은 조포, 식사·좌구·침구 등을 담당하는 별좌 등이 기록되어 있다.

음식과 관련된 소임은 반두·채두·숙두·조병·조포 등이다. 떡과 두부를 만드는 조병과 조포가 불상조성기에 기록된 것은 왕룡사원 조성 발원문이 유일하다. 조병과 조포는 천도재나 사찰에서 기신재를 지낼 때 사용하는 음식을 마련하는 소임이다. 왕룡사원 목조아미타불상 조성 발원문에 기록된 조병과 조포는 1474년 12월에 불상이 봉안된 사찰에서 큰 불교 행사가 진행되었음을 암시한다. 왕실 인물의 영가천도와 관련된 행사였을 가능성이 있다는 것이다.

그 다음으로는 대시주자로 세 쌍의 부부가 기록되어 있다. 윤영길(尹永吉), 신호례(申好礼), 오위(五衛)에 소속된 정7품 무관인 사정(司正) 김순경 부부 등이다. 그 외 승려와 속인 시주자 56명과 대화주를 맡은 성안(性安)과 성월(性月)이 기록되어 있다.

경주 왕룡사원 목조아미타불상 발원문 중간에는 당시 동안거에 참여한 대중의 발원문이 있다. 발원문 명칭은 「여러 사람이 함께 발원한 기문[諸人同發記]」이다. 이 발원문은 '화엄종 승려인 전 영명사 주지 대사 신연[華嚴衲前永明寺住持大師信連]'이 1474년(성종 5) 12월에 기록한 것이다. 그 내용은 다음과 같다.

諸人同發記
願我世世生生處
常於般若不退轉
一佛生處相隨化

我願無盡度無界
衆生界盡我願盡
然願
汇汇娑界內
援援群生類
丈此殊勝因
同成正覺之願[230]

이 발원문을 쓴 신연은 1443년(세종 25)에 화암사에서 간행한 『법화경』 간기(刊記)에는 '前華嚴寺大禪師信連'으로 기록되어 있다. 그가 화엄종 승려임은 화엄사에 주석한 사실을 통해서도 알 수 있다. 1474년 동안거에 참여한 승려는 총 76명이고 속인은 11명이다. 속인 가운데 대시주자로 불상 조성에 참여한 윤영길, 신호례, 김순경 등이 동안거에도 동참하고 있다. 승려 외에 속인들이 동안거에 참여하고 있는 것은 조선 전기 불교 수행을 고찰하는 데 중요한 자료적 가치가 있다.

경주 왕룡사원 목조아미타불상은 1716년(숙종 42)에 중수되었다. 중수발원문 내용 가운데 일부는 조성발원문과 크게 차이가 없다. 그 내용을 살펴보면 다음과 같다(그림 43).

---

230 이종수(순천대학교) 해석. "여러 사람이 함께 발원한 기문」 내가 내세에 태어나는 세상마다」 늘 반야의 지혜에서 물러나지 않으리」 부처님 태어나는 곳을 따라 교화되며」 나의 소원 끝없고 부처님 제도 한계 없어」 중생계가 다하고 나의 소원 다하기를 바라노라.」 하지만 원컨대」 망망한 사바세계에서」 힘들게 살아가는 모든 생명들」 이러한 수승한 원인으로」 함께 정각을 이루기를 바라노라."

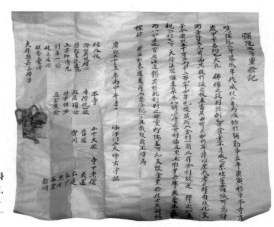

彌陁三尊重修記
噫彌陁三尊造成年代成化二年丙戌始於彌勒寺五年庚寅移
于本寺九
歳甲午告功也大几 佛像之役別於例也可翕乎不月成之累経
星霜誠可爲訝
而昔賢大几曾漏其故扵識之故未審其曲折之如何耳計以歷
代考之則自成化至
于今康熙五十有五丙申二百四十四年也腹蔵所入舍利一筒
與眉舍利政是 釋迦如来
親舍利也呼 大師法眼晦迹桑林八斛四斗之舍利播及東土洎
乎吾鄕無處不在
而八公法地曾無此迹獨有於此利利之鍾靈貯瑞盖可知矣改
金重修化士與助縁
檀信 釋迦如来腹蔵所入重修記一ゝ具載故兹不煩焉
康熙五十五年丙申午月日 涵汗门人大師玄浄誌[231]

1부 조선시대 왕실 발원 불상의 시대 구분

앞에서 살펴본 중수발원문의 명칭은 「미타삼존중수기(彌陁三尊重修記)」이다. 1716년(숙종 42)에 중수가 이루어질 당시에도 아미타삼존상으로 존재했음을 알 수 있다. 왕룡사원 목조아미타불상이 1466년(세조 12) 미륵사에서 조성되어 환성사로 이안된 연도는 중수발원문(1716년)과 조성발원문(1474년)에서 다르게 표현되었다. 조성발원문에는 1466년 1월 13일로 기록되었고, 중수발원문에는 1470년으로 표기되었다. 중수발원문에는 1474년(성종 5)에 불사를 마쳤다고 했고, 조성발원문에는 1474년에 조성발원문을 기록한다고 했다.

중수발원문에는 간지명에 해당하는 당시 중국 연호의 연도가 일치하지 않는 오류도 발견된다. 따라서 경주 왕룡사원 목조아미타불상의 조성·이안·점안 등에 관한 내용은 조성발원문의 내용이 더 정확한 것으로 판단된다.

---

231 이종수(순천대학교) 해석. "미타삼존중수기」 아! 미타삼존불을 조성한 연대는 성화 2년 병술년(1466)에 미륵사에서 시작해, 성화 5년 경인년(1470)에 본사로 옮겼고, 성화 9년 갑오년(1474)에야 일을 마쳤습니다. 대개 불상을 조성하는 일은 일반적인 사례와는 달라서 한꺼번에 달려들어 한 달이 되지 않아 빨리 이루기도 합니다. 여러 해 세월이 걸려 실로 의아하기도 합니다. 그런데 옛날 현인들은 대체로 그 이유를 누락해 기록했기 때문에 그 곡절이 어떠한지 살피지 못하게 되는 경우도 있습니다. 그 흘러온 시대를 계산해 보면 성화(成化) 연간으로부터 지금 강희(康熙) 55년 병신년(1716)에 이르기까지 244년입니다. 복장에 납입한 사리 한 통과 눈썹 사리는 바로 석가여래의 진신 사리입니다. 아! 부처님의 법안이 사라쌍수에서 열반에 들었을 때 8말 4되의 사리가 전파되어 동토에 이르렀습니다. 우리나라에도 없는 곳이 없게 되었지만 팔공산 부처님 땅에서는 일찍이 이러한 부처님의 자취가 다른 곳에는 없고 오직 이 사찰에서만 있었습니다. 사찰 종소리의 신령함이 상서로움을 드러내는 데서 알 수 있습니다. 개금 중수에 참여한 화사(化士), 조연(助緣), 시주자들이 석가여래 복장에 납입하는 중수기를 하나하나 갖추어 기록했으므로 번거롭지 않았습니다. 강희 55년 병신년(1716) 오월 어느 날 함한문인 대사 현정이 기록합니다."

8

합천 해인사 법보전과
대적광전 목조비로자나불상 중수

합천 해인사 대장경을 봉안한 법보전(法寶殿)과 주불전인 대적광전(大寂光殿)에는 쌍둥이 불상으로 알려진 목조비로자나불상이 봉안되어 있었다(그림 44, 45). 2005년 불상 개금 과정에서 법보전 비로자나불상 내부에서 많은 복장 유물이 수습되었다.[232] 이와 함께 불상 내부 등 쪽에는 "대각간 부부가 서원해 883년 여름에 금칠해 완성했다."[233]는 2행의 묵서

---

232 법보종찰 해인사 · 문화재청(2008), 『海印寺 대적광전 · 법보전 비로자나불 복장유물 조사보고서』

233 "誓願大角干燈身賜弥右座妃主燈身得」中和三年癸卯此像夏節柒金着成(서원합니다. 대각간님께서는 '지혜의 빛으로 세상을 밝히는 몸[燈身]'을 주시며, 오른쪽에 앉은(혹은 오른쪽 자리의) 부인[妃]께서는 '지혜의 빛으로 세상을 밝히는 몸[燈身]'을 얻으소서. 중화 3년(883)에 이 불상을 여름철에 옻칠을 하고 금을 입혀 완성했습니다)"[이문기(2015),「海印寺 法寶殿 비로자나불 內部 墨書銘의 解釋과 大角干과 妃의 實體」,『역사교육논집』55, 169-181쪽].

그림 44. 해인사 법보전 목조비로자나불상,
1490년 중수, 출처: (재)불교문화
재연구소

그림 45. 해인사 대적광전 목조비로자나불
상, 1490년 중수, 출처: (재)불교
문화재연구소

그림 46. 해인사 법보전 목조비로자나불상 내부 묵서, 손영
문 제공

가 기록되어 있다(그림 46).²³⁴ 대적광전 목조비로자나불상 내부에서도

---

234 묵서된 글자 판독과 읽는 순서에 관한 다양한 해석이 존재한다. 김창호(2005), 「합천 해인사
비로자나불좌상의 '大角干'銘 墨書」, 『신라사학보』 4, 301-308쪽; 조범환(2015), 「9세기 海
印寺 法寶展 毗盧遮那佛 조성과 檀越세력: 墨書銘에 대한 검토를 중심으로」, 『민족문화』
45, 97-125쪽; 이문기(2015), 「海印寺 法寶殿 비로자나불 內部 墨書銘의 解釋과 大角干

그림 47. 해인사 대비로전 비로자나불상 2존

법보전 목조비로자나불상과 유사한 복장 유물이 수습되었다. 두 불상에서는 1490년(성종 21)에 왕실에 의해 중수되었음을 알려 주는 복장 기록이 발견되었다. 2007년 11월에는 대비로전을 신축해, 법보전과 대적광전에 봉안되었던 두 비로자나불상을 한 불전 안에 봉안하고 있다(그림 47).

해인사 법보전과 대적광전의 목조비로자나불상은 1490년(성종 21)에 중수되었다. 두 불상은 조선 전기 불복장 납입법을 고찰할 수 있다는 점에서도 주목된다. 조선시대 불복장을 살펴볼 수 있는 『조상경(造像經)』의 가장 오래된 판본은 1575년(선조 8)에 간행된 담양 용천사 본이다. 즉, 현존하는 가장 오래된 『조상경』은 1575년에 간행되었고, 해인사 비로자나불상의 복장은 1490년에 조성되었다. 따라서 조선 전기 불상의 복장물을 연구하는 데 해인사 비로자나불상의 복장물은 자료적 가치가 크다.

해인사 법보전과 대적광전 비로자나불상 복장물로는 전적[235]을 비

과 妃의 實體」, 『역사교육논집』 55. 161-198쪽; 권영오(2018), 「9세기 해인사 비로자나불 묵서명과 해인사 전권 – 부호부인과의 관계를 중심으로」, 『신라사학보』 44, 377-406쪽.

235 서병패(2008), 「해인사 비로자나불 복장전적 보고서」, 『海印寺 대적광전 · 법보전 복장유물 조사보고서』, 29-63쪽.

롯해 후령통 유물,[236] 섬유 유물[237] 등 다양하다. 이 가운데 본고에서는
불상의 중수와 관련된 「해인사기(海印寺記)」와 중수발원문을 중심으로
불상 중수 내용에 관해 살펴보고자 한다. 조사 당시의 자료에 의하면 해
인사 대적광전 비로자나불상의 후령통 안에는 「해인사기(海印寺記)」, 오
보병(五寶瓶), 무공심주(無孔心珠), 사리병(舍利瓶), 팔엽개(八葉蓋), 양면원
경(兩面圓鏡) 등이 차례대로 안치되어 있었다고 한다. 후령통 밑면에는
보협인다라니와 발원문을 넣고 마지막으로 황초폭자로 감싸고 있었다
(그림 48). 오보병에 넣은 물목(物目)과 청색 비단에 붉은 색으로 쓴 중수
발원문의 형식과 내용 등이 『조상경』 법식대로 되어 있어, 현존하는 『조

---

236 손영문(2008), 「대적광전 목조비로자나불상 및 복장후령통」, 「법보전 목조비로자나불
상 및 복장후령통」, 『海印寺 대적광전 · 법보전 복장유물 조사보고서』, 11-18쪽; 손영문
(2008), 「법보전 목조비로자나불상 및 복장후령통」, 앞 책, 19-28쪽.

237 박윤미(2014), 「해인사 비로자나불상 섬유류 유물에 관한 고찰」, 『복식』 64(5), 141-153쪽.

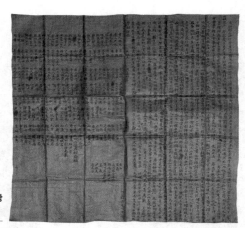

그림 49. 해인사 법보전 목조비로자나불상
중수발원문, 1490년, 손영문 제공

상경』이전 복장 납입법을 추정할 수 있다.[238]

　먼저, 해인사 법보전 목조비로자나불상 중수발원문 〈자료 1〉에 대해 살펴보자. 법보전과 대적광전 목조비로자나불상 중수발원문은 내용이 거의 같다. 해인사 법보전 목조비로자나불상을 중심으로 살펴보면, 중수발원문은 1490년(성종 21) 5월 하순에 해인사 중창 불사를 이끈 승려 학조가 쓴 것이다. 62.9×64.1cm 크기의 청색 비단천에 붉은 글씨로 쓰여 있다. 중수발원문의 앞부분에는 해인사 법보전과 대적광전을 비롯한 1488년부터 1490년까지 중창 불사에 관한 내용이 기록되어 있다. 이 부분은 총 20행인데, 1행의 글자 수는 일정하지 않다. 그 다음으로는 시주자를 '대시주(大施主)'와 '수희조연(隨喜助緣)'으로 구분해서 총 10단에 걸쳐 기록하고 있다. 대시주는 2단으로 50명이, 수희조연은 8단으로

---

238 손영문(2011), 「海印寺 法寶殿 및 大寂光殿 木造毘盧遮那佛像의 硏究」, 『미술사학연구』 270, 16-17쪽.

156　　　　　　　　　　　　　　　　　　1부 조선시대 왕실 발원 불상의 시대 구분

158명[239]이 수록되어 있다(그림 49).

중수발원문의 내용은 다음과 같다.

有伽耶山海印寺者山川精氣所鍾地仙所依三韓祖室歷代御
刹所以高麗五百年間國家史入安于此寺奉使曝晒者世謂
之登仙焉」
世祖大王 命敬差官臣尹贊等印出大藏経五十件流布諸山一
則弘揚正教一則備扵交隣但藏経國用不小而板堂窄而漏仍
令慶尙道材木重創」
五十餘間病其窄而營之故宠壯華麗間閣高大而盖瓦不實僧
徒不能守護不多年而傾頹幾盡我 貞熹王后慨然必欲重營而
革去住持」
命僧學祖主寺事中因水旱未就而 賓天我 仁粹王大妃殿下
仁惠王大妃殿下欲伸 先后之志 睿思已熟而未決者有年世
一故多件 先后」
之志恐或未就弘治元年戊申春 命內需司施米千五百石綿布
八十餘同役僧三百餘人撤旧以新之寛窄得中僅容板子便扵
守護只構三十間」
仍名曰普眼堂 又撤板堂佛殿三間 移營扵寂光殿側 名曰真
常殿 又撤祖堂移營扵真常殿側 名曰觧行堂 燔瓦二百餘訥
翼年己酉春施米」
千余石綿布七十餘同 役僧二百餘人 重創僧堂 名曰探真禪
堂 名曰窮玄上室 名曰鑑物堂 及三寶位 修補講堂名曰無

---

239 해인사 대적광전 · 법보전 비로자나불 복장 유물 조사 보고서에서는 자수궁(慈壽宮) · 수
성궁(壽城宮) · 창수궁(昌壽宮)을 포함시켜 수희조연한 사람을 161명으로 해석했다[서병
패(2008), 「해인사 비로자나불 복장전적 보고서」, 『海印寺 대적광전 · 법보전 비로자나불
복장유물 조사보고서』, 59쪽]. 그러나 자수궁 · 수성궁 · 창수궁은 장소이고, 이곳에 살고
있는 인물들이 시주자로 참여했기 때문에 3곳을 제외하면 158명이 된다.

說堂 及修補毘盧遮那 瑠璃」

殿藥師如来 真常殿 毘盧遮那普眼堂 毘盧遮那及文殊菩薩
等像 越庚戌春又施米二千餘石 綿布一百五十餘同 役僧
四百餘人 重創毘盧殿」

名曰大寂光殿 修補主佛撤去土像 左右補虜普以柒布改造
重創內外行廊 創鍾樓 名曰圓音閣 重創中門名曰 不二門
修補食堂 名曰琉璃殿 又撤」

古大藏殿移營扵寂光殿東側 名曰蕭然堂 移銀字大藏経 入
安于普眼堂 至扵馬厩 確家無不新之 又以銅鉄一千五百斤
鑞鉄三百斤並用残」

餘旧噐鑄成 佛噐執用噐等 鍾鼓法物噂然一新鳴呼 法運衰
季実人根由之信 向如麟角毀謗若劣沙迈時流而弘揚豈火中
之蓮荔十也在悪」

世而種小善根虜正法而布張大作較其優劣日劫相倍何者正
法時人人自律不待勸而自勵悪世則見善如登從悪如崩爲善
者指以爲迂濶爲悪者」

標以爲豁達所以虜叔世而宣揚實爲難能也我 仁粹王大妃殿
下當剛强難化之時迈時流蕩〃之俗重大義而決大策遠衆議
而成大事遂使」

法藏有所尊像有儀殿宇之巍巍寮舍之有序法物之齊整一舉
而衆美俱現祇園精舍不獨專美扵往古 先王先后之願意扵是
乎畢」

成之我 殿下追遠報本之 盛德豈臣之所能擬義哉臣乘门末
喬法门無才德營事無伎能 睿哲神聡 洞照無用特以 先朝旧
物專委法」

门之事夙夜戰戰猶恐不及而事有牛錯者不爲不多只以夙世
侍徒之像每啄 寬宥以至扵事畢今者良緣既周能事己圓以此」

善根所生功德伏」
願 先王先后列位靈駕頓悟無生超登覺岸次願 仁粹王大妃
殿
下萬歲萬歲壽萬歲 仁惠王大妃殿下萬歲萬歲壽萬歲 主上
殿下萬歲萬歲萬萬歲 王妃殿下齊年齊年復齊年 世子邸下
千秋千秋復千秋抑亦金枝繁茂玉葉昌盛」
盡忠國士恒安時和歲稔物草民康佛日增輝法輪常轉然後願
茫茫沙界蠢蠢含靈仗此勝因俱成正覺 大明弘治三年庚戌夏
五月下澣比丘」
學祖謹誌」

大施主」
貴人權氏」 貴人尹氏」 貴人崔氏」 昭儀李氏」 昭儀金
氏」 淑儀嚴氏」 淑儀鄭氏」 淑儀㭐²⁴⁰氏」 淑儀南氏」
淑容鄭氏」 淑媛洪氏」 淑媛河氏」 尙宮曺氏」 奉保
夫人白氏」 安下長命」 金氏加智」 沈氏從今」 㭐氏莫
之」 惠淑翁主」 徽淑翁主」 恭愼翁主」 顯肅公主」 玉
環」 合歡」 福蘭」
碧環」 貞福」 福合」 升福」 永膺夫人宋氏」 密城夫
人」 翼峴夫人」 月山夫人朴氏」 齊安夫人金氏」 尹氏
今代」 㭐氏福今」 玄氏岾同」 尹氏貴非」 韓氏六月」
尙宮洪氏录只」 尙宮金氏宝背」 河之崔氏小非」 李氏六
月」 韓氏沙叱江」 黃氏奉非」 河氏玄非」 葉氏守非」
李氏貴非」 崔氏扲里」 李氏宝背」

---

240 權의 이체자

隨喜助緣」

金氏哲非」　金氏內卩非」　梁氏德只」　鄭氏加也之」　奇
氏玉今」　朴氏玉今」　金氏扲里」　金氏萬德」　姜氏玉
梅」　思郎今」　崔氏者斤」　金氏孝同非」　李氏松非」　金
氏松葉」　朴氏莫非」　張氏長今」　盧氏石今」　崔氏連
今」　朴氏銀玉」　朴氏宝代」　朴氏波獨」　全氏孝目」　朴
氏元只」　黃氏從心」　成氏莫今」

車氏迷劣」　朴氏㐲同」　姜氏龍今」　盧氏哲非」　梁氏玉
種」　崔氏加也之」　金氏干阿之」　鄭氏無作只」　崔氏丁
香」　李氏思郎」　宋氏尙今」　金氏水斤非」　林氏元今」
林氏扲里今」　曺氏末德」　鴨伊」　千今」　乭非」　孝道」
無心」　八月」　栢伊」　思郎」　孝同非」　山非」

黃莊」　金伊德」　勿丹里」　乭非」　玉今」　松德」　嵞
玄」　莫非」　曳今」　春紅」　萬春」　元香」　萬非」　玉
頓」　青春」　今德」　小今」　金德」　甘才」　銀代」　其
每」　貴德」　水德」　白卩今」　㐲非」

水永今」　冬至」　香完」　今伊」　山今」　菊花」　慈壽
宮」　貴人崔氏」　安氏義香」　鄭氏道然」　張氏戒淵」　石
氏智全」　壽城宮」　肅嬪洪氏」　昭容文氏」　崔氏學真」
楊氏敬全」　張氏道成」　黃氏道弘」　李氏冏道」　鄭氏羅
玉」　昌壽宮」　謹嬪朴氏」　洪氏道熏」　尹氏桂照」

金氏惠玉」　趙氏性安」　智聦」　道信」　智安」　勝超」
志定」　仁隱」　六和」　香雲」　祖林」　妙空」　水德」　惠
進」　惠慈」　六丁」　妙通」　妙安」　九月」　福德」　水
今」　帝釋」　粉非」　細戚」　韓今」　甫老音」　豆地」
升非」　千非」　貴德」　髙之」　貴今」　一真」　千石」　衆
生」　甫老未」　齊安大君」　德源君曙」　河城府院君　鄭顯

　1부 조선시대 왕실 발원 불상의 시대 구분

祖」 唐陽尉洪常」 豊川尉任光載」 蓮城君」 德津君」
桂城君」 安陽君」 完原君」 檜山君」 鳳安君」 堅金」
克貞」 石壽」 玉貞」
克石」 富壽」 長川君金孝江」 興陽君申雲」 陜川郡 李
存命」 姜善」 尹熙貞」 金巨勿」
永嘉府夫人申氏」

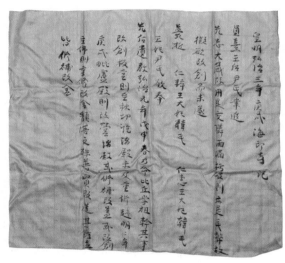

그림 50. 해인사 법보전 목조비
로자나불상 해인사기
(海印寺記), 1490년,
손영문 제공

다음으로 〈자료 2〉, 「황명홍치삼년경술해인사기(皇明弘治三年庚戌海印寺
記)」(1490년, 「해인사기」로 약칭)에 대해 살펴보자. 해인사 법보전과 대적광
전 목조비로자나불상에서 발견된 「해인사기」는 후령통 안에 납입되어
있던 자료이다(그림 50). 해인사 법보전 목조비로자나불상의 「해인사기」
는 1490년(성종 21)에 작성된 것으로, 30.6×33.8cm의 황색 비단천에 묵서되어 있다. 본문은 총 9행이며 글자 수는 일정하지 않다. 첫머리에 '皇明弘治三年庚戌海印寺記'라고 해, 홍치 3년(1490)에 기록된 해인사에 관한 기록임을 알 수 있다. 그 내용은 다음과 같다.

```
皇明弘治三年庚戌海印寺記
貞熹王后尹氏聿追
先志大藏殿用是交隣雨漏桁破則亦是民弊故
擬欲改創而未遂
薨逝 仁粹王大妃韓氏 仁惠王大妃韓氏
王妃尹氏敬奉
先后遺敎弘治元年戊申春乃命比丘学祖幹其事
改創板堂則至秋功訖諸殿未及重修越明明年
庚戌毗盧殿則改營諸殿或修補改盖或改創
主佛則重修改金頹落文殊普賢改造其餘並
皆修補改金
```

〈자료 2〉는 〈자료 1〉의 1488년부터 1490년까지 해인사 중창에 관한 내용을 요약해 놓은 것이다. 〈자료 1〉의 내용을 개략적으로 살펴보면 다음과 같다. 가야산 해인사는 산천의 정기가 모여 있는 곳으로, 역대 왕실의 원찰이어서 고려 오백 년간 국가의 사고를 이곳에 봉안해 왔다. 세조는 윤찬 등을 보내 대장경 50질을 인경해 여러 사찰에 유포했고, 판당(板堂) 50여 칸을 중창했다. 이후 정희왕후는 승려 학조로 하여금 해인사 중창을 주관하게 했다. 그러나 정희왕후는 중건을 보지 못하고 승하하고 말았다. 정희왕후의 뜻을 계승해 인수대비(덕종 비)와 인혜대비(예종 비)가 내수사의 물품을 내어, 1488년(성종 19) 봄부터 1490년(성종 21) 봄

까지 해인사의 여러 전각을 중수하고 주불과 문수·보현보살을 보수·개금했다는 것이다.[241]

1488년부터 1490년에 걸쳐 행해진 해인사 중창 불사를 좀 더 구체적으로 살펴보면 다음과 같다. 홍치 원년 무신(성종 19, 1488) 봄에 내수사에 명해 쌀 1천5백 석, 면포(綿布) 80여 동을 보시하고, 부역승(賦役僧) 3백명으로 하여금 옛 건물을 철거하고 새롭게 짓게 했다. 경판을 보관하기 위해 보안당(普眼堂) 30여 칸을 지었고, 그곳에 있던 판재를 옮겨 적광전 옆에 진상전(眞常殿)을 건축했다. 또한 조당(祖堂)을 진상전 옆으로 옮겨 해행당(解行堂)이라고 했다.

1489년(성종 20) 봄에는 쌀 1천여 석, 면포 70여 동, 부역승 2백여 명을 시주해 승당을 중창한 후, 탐진선당(探眞禪堂)·궁현상실(窮玄上室)·감물당(鑑物堂)이라고 편액했다. 또한 강당인 무설당(無說堂)을 보수했고, 비로자나불상, 유리전 약사여래상, 진상전 비로자나불상, 보안당 비로자나불상 및 문수보살상 등을 중수했다.

1490년(성종 21) 봄에는 쌀 2천여 석, 면포 1백50여 동, 부역승 400여 명을 시주해 비로전을 중창하고 대적광전(大寂光殿)으로 편액했다. 또한 주불을 보수하고 소조상을 철거했으며, 좌우 보처보살상을 중수했다. 내외 행랑을 중창했고 종루 원음각(圓音閣)을 건립했다. 중문 불이문(不二門)을 새로 건축했으며, 식당(食堂) 유리전(琉璃殿)을 보수했다. 또 옛 대장전(大藏殿)을 철거해 적광전 동쪽으로 옮겨서 숙연당(肅然堂)을 지었다. 은자대장경은 보안당으로 옮겨 봉안했다. 또 동철 1천5백 근, 납철 3

---

241 서병패(2008), 「해인사 비로자나불 복장전적 조사보고서」, 『海印寺 대적광전·법보전 비로자나불 복장유물 조사보고서』, 법보종찰해인사·문화재청, 46쪽.

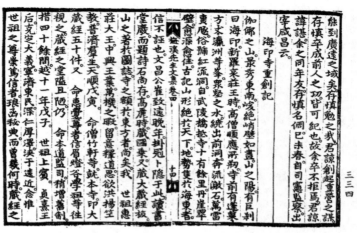

그림 51. 해인사 중창기, 1491년

백 근을 사용해 불기(佛器)·범종(梵鐘)·법고(法鼓) 등을 조성했다.

앞에서 살펴본 것처럼 해인사 법보전 목조비로자나불상 중수발원문 (1490년)에는 대장경을 보관한 판전과 주불전인 대적광전을 중창한 내용이 중심이다. 즉, 1488년부터 1490년까지 각 전각 중수 및 중창 사실이 수록되어 있다. 특히 판전과 대적광전을 새로 짓고, 그 안에 봉안된 존상을 중수·개금했다는 사실도 함께 기록되어 있다. 해인사 법보전 목조비로자나불상 중수발원문 내용을 통해 1490년(성종 21) 중수 당시 해인사에서 비로자나불상 3존, 약사여래상 1존, 비로자나삼존상 2존 등 총 10존이 중수·개금된 사실을 알 수 있다.

해인사 법보전 목조비로자나불상 중수발원문의 내용은 조위(1454-1503)의 「해인사 중창기(海印寺重修記)」(1491년, 그림 51)[242]에 나오는 내용

---

[242] 『梅溪集』卷 4 「海印寺重創記」[한국고전종합DB https://db.itkc.or.kr].

1부 조선시대 왕실 발원 불상의 시대 구분

그림 52. 해인사 학조 진영, 조선 후기, 출처: (재)불교문화재
연구소

과도 매우 유사하다. 또한 해인사 장경판전이 1488년(성종 19)에 건축된
사실은 1943년 법보전 지붕의 기와를 교체할 때 발견된 '홍치 원년(弘治
元年)'이 양각된 암막새를 통해서도 확인되었다.[243]

   1488년에서 1490년에 이루어진 해인사 중창에 관한 내용은 『조선
왕조실록』에도 비교적 상세히 전하고 있다. 1478년(성종 9) 11월에 성종
은 해인사에 소장된 대장경과 판자(板子)는 선왕 때 마련된 것이고, 객인
(客人)이 구하는 바이며, 국용(國用)에도 필요하니, 비가 새어 썩거나 손
실되는 일이 없도록 물목을 자세히 살피라고 경상도 관찰사 박건에게
교시했다.[244]

---

243 해인사·문화재청(2002), 『海印寺 藏經板殿 實測調査報告書』, 74쪽.

244 『조선왕조실록』 성종 9년(1478) 11월 21일자 기록. "下書于慶尙道觀察使朴楗曰 道內陜
川郡 海印寺所藏大藏經及板子 皆先朝所措置 且客人所求 於國用亦不可無 若不謹守 或
雨漏毁失 甚不可 卿其考審數目以啓".

1487년(성종 18) 11월에는 승려 학조(그림 52)가 해인사 대장경 판당의 보수 담당을 면해 줄 것을 청했다.[245] 학조는 정희왕후의 의지(懿旨)를 받고 해인사 대장경 판당을 중창하려고 했지만 힘이 미약해 더 이상할 수 없으니, 젊은 승려로 교체해 줄 것을 요청했다. 그러자 성종은 대장경 판당을 수창(修創)하는 것은 부처를 위함이 아니라 일본에서 구하기를 청하기 때문인데, 만약 중수할 수 없다면 일찍 고할 것이지 이제와서 사면(辭免)을 하느냐고 했다.

그러자 승려 학조는 국가의 힘을 빌리지 않고는 중수할 수 없어 감히 와서 아뢸 뿐이라고 했다. 성종은 승정원에 "학조는 선왕 때 중히 여기던 승려이고 나 또한 정희왕후의 의지를 친히 들었으니, 다른 승려로 교체하지 말고 그대로 학조가 맡게 하라. 올해에는 경상도의 농사가 조금 풍년이 들었으니, 예조로 하여금 감사에게 유시(諭示)해 수창하는 자금을 보조하게 하라. 만약에 부족하면 내수사에서도 마땅히 보충하되, 다만 판당만을 보수하고 절은 중수하지 말도록 하라."고 전교했다.[246]

성종이 1488년(성종 19) 2월에 귀후서 면포 3천 필을 해인사에 주어 판당을 수리하게 하자 도승지 송영은 부당하다고 상소했다. 그러자 성종은 이것은 정의왕후의 뜻을 받들 뿐이니 5백 필을 감하라고 전교했다.[247] 이후 해인사 중수 문제를 놓고 반대하는 관리들과 성종 간의 논쟁이 지속되었다.[248] 홍문관 부제학 이집은 "승려 학조는 해인사를 크게

245 『조선왕조실록』 성종 18년(1487) 11월 8일자 기록. "僧學祖請免海印板堂修補監役".

246 『조선왕조실록』 성종 18년(1487) 11월 8일자 기록.

247 『조선왕조실록』 성종 19년(1488) 2월 12일자 기록.

248 해인사·문화재청(2002), 앞 책, 84-89쪽.

1부 조선시대 왕실 발원 불상의 시대 구분

그림 53. 해인사 법보전 목조비로자나불상 중수에 참여한 대시주자, 손영문 제공

수리하면서 역도(役徒)를 모아 일을 하는데, 사치와 화려함을 다하고 있으며 경영이 해를 넘기고 역사(役事)가 손에서 끊어지지 않습니다. 이는 비록 사사로운 영선(營繕)을 맡긴 것이지만 재물이 백성에게서 나오니 실로 나라를 좀먹는 것입니다."라고 상소했다.[249]

『조선왕조실록』에 실린 내용을 통해 1488년에서 1490년에 걸친 해인사 중수가 당시 관리들에게 어떻게 인식되고 있는지를 짐작할 수 있다. 그러나 해인사 중수 불사에는 많은 왕실 인물이 참여했다. 대시주(大施主) 50명과 수희조연(隨喜助緣) 161명은 대부분 왕실 인물이다. 해인사 법보전 목조비로자나불상 중수발원문에 수록된 대시주자 명단을 순서대로 정리하면 〈표 3〉과 같다(그림 53).

---

[249] 『조선왕조실록』 성종 21년(1490) 4월 21일자 기록.

표 3. 해인사 법보전 목조비로자나불상 중수발원문 대시주자 분석

	해인사 중수발원문(1490년)의 인명	신분	비고
1	귀인 권씨(貴人 權氏)	후궁	덕종 후궁 ①
2	귀인 윤씨(貴人 尹氏)	후궁	덕종 후궁 ②
3	귀인 최씨(貴人 崔氏)	후궁	예종 후궁 / 공빈 최씨
4	소의 이씨(昭儀 李氏)	후궁	성종 후궁 ①
5	소의 김씨(昭儀 金氏)	후궁	성종 후궁 ②
6	숙의 엄씨(淑儀 嚴氏) / 귀인 엄씨	후궁	성종 후궁 ③
7	숙의 정씨(淑儀 鄭氏) / 귀인 정씨	후궁	성종 후궁 ④
8	숙의 권씨(淑儀 權氏) / 귀인 권씨	후궁	성중 후궁 ⑤
9	숙의 남씨(淑儀 南氏) / 귀인 남씨	후궁	성중 후궁 ⑥
10	숙용 정씨(淑容 鄭氏) / 숙의 정씨	후궁	성종 후궁 ⑦
11	숙원 홍씨(淑媛 洪氏) / 숙의 홍씨	후궁	성종 후궁 ⑧
12	숙원 하씨(淑媛 河氏) / 숙의 하씨	후궁	성종 후궁 ⑨
13	상궁 조씨(尙宮 曺氏)	후궁(?)	성종 후궁 ⑩
14	봉보부인 백씨(奉保夫人 白氏)	유모	성종 유모
15	안하장명(安下長命)	보모	성종 보모
16	김가지(金氏加智)		
17	심종금(沈氏從今)		
18	권막지(權氏莫之)		
19	혜숙옹주(惠淑翁主)	옹주	성종과 숙의 홍씨
20	휘숙옹주(徽淑翁主)	옹주	성종과 숙원 김씨
21	공신옹주(恭愼翁主)	옹주	성종과 귀인 엄씨
22	현숙공주(顯肅公主)	공주	예종과 안순왕후
23	옥환(玉環) / 경순옹주(慶順翁主)	옹주	성종과 숙용 심씨
24	합환(合歡) / 경숙옹주(敬淑翁主)	옹주	성종과 숙원 김씨
25	복란(福蘭) / 정순옹주(靜順翁主)	옹주	성종과 숙의 홍씨
26	벽환(碧環) / 숙혜옹주(淑惠翁主)	옹주	성종과 숙용 심씨
27	정복(貞福) / 경휘옹주(慶徽翁主)	옹주	성종과 숙의 권씨
28	복합(福合) / 휘정옹주 徽靜翁主	옹주	성종과 숙원 김씨
29	승복(升福) / 정혜옹주(靜惠翁主)	옹주	성종과 귀인 정씨
30	영응부인 송씨(永膺夫人 宋氏)	대군 부인	세종과 소헌왕후 8자 영응대군 부인
31	밀성부인(密城夫人)	군 부인	세종과 신빈 김씨 소생 밀성군의 부인
32	익현부인(翼峴夫人)	군 부인	세종과 신빈 김씨 소생 익현군의 부인
33	월산부인 박씨(月山夫人 朴氏)	대군 부인	의경세자(덕종)와 소혜왕후 장남 월산대군의 부인
34	제안부인 김씨(齊安夫人 金氏)	대군 부인	예종과 안순왕후 2자 제안대군의 부인
35	윤금대(尹氏今代)		

1부 조선시대 왕실 발원 불상의 시대 구분

	해인사 중수발원문(1490년)의 인명	신분	비고
26	권복금(權氏福今)		
37	현갯동(玄氏갯同)		
38	윤귀비(尹氏貴非)		
39	한유월(韓氏六月)		
40	상궁 홍씨 녹지(尙宮 洪氏录只)	상궁	
41	상궁 김씨 보배(尙宮 金宝背)	상궁	
42	하지최소비(河之崔氏小非)		
43	이유월(李氏六月)		
44	한사질강(韓氏沙叱江)		
45	황봉비(黃氏奉非)		
46	하현비(河氏玄非)		
47	엽수비(葉氏守非)		
48	이귀비(李氏貴非)		
49	최어리(崔氏扵里)		
50	이보배(李氏宝背)		

다음으로 해인사 법보전 목조비로자나불상 중수발원문에 수록된 '수희조연(隨喜助緣)'한 인물 가운데 왕실 관련자를 정리하면 〈표 4〉와 같다.

표 4. 해인사 법보전 목조비로자나불상 중수발원문 '수희조연(隨喜助緣)'자 분석

	인명	신분	비고
	자수궁(慈壽宮)		
1	귀인 최씨(貴人 崔氏)	후궁	예종 후궁 / 공빈 최씨
2	안의향(安氏義香)		
3	정도연(鄭氏道然)		
4	장계연(張氏戒淵)		
5	석지전(石氏智全)		
	수성궁(壽城宮)		
6	숙빈 홍씨(肅嬪 洪氏)	후궁	문종 후궁
7	소용 문씨(昭容 文氏)	후궁	문종 후궁 / 숙의 문씨
8	최학진(崔氏學眞)		

	인명	신분	비고
9	양경전(楊氏敬全)		문종 후궁 / 사칙 양씨
10	장도성(張氏道成)		문종 후궁 / 상궁 장씨
11	황도홍(黃氏道弘)		
12	이경도(李氏冏道)		
13	정나옥(鄭氏羅玉)	후궁	문종 후궁 / 소용 정씨
	창수궁(昌壽宮)		
14	근빈 박씨(謹嬪 朴氏)	후궁	세조 후궁 / 덕원군과 창원군 모친
15	홍도훈(洪氏道薰)		
16	윤계조(尹氏桂照)		
17	김혜옥(金氏惠玉)		
18	보노미(甫老未)	노비	창원군 이성 유모의 노비
19	제안대군(齊安大君)	대군	예종과 안순왕후 2자
20	덕원군 서(德源君 曙)	군	세조와 근빈 박씨의 장자
21	하성부원군 정현조(河城府院君 鄭隰祖)	부마	세조와 정현왕후 장녀 의숙공주 배우자
22	당양위 홍상(唐陽尉 洪常)	부마	덕종과 소혜왕후 장녀 명숙공주 배우자
23	풍천위 임광재(豊川尉 任光載)	부마	예종과 안순왕후 장녀 현숙공주 배우자
24	연성군(蓮城君)	종친	덕원군 장자
25	덕진군(德津君)	종친	덕원군 2자 창원군 양자
26	계성군(桂城君)	군	성종과 숙의 하씨 장남
27	안양군(安陽君)	군	성종과 귀인 정씨 장남
28	완원군(完原君)	군	성종과 숙의 홍씨 장남
29	회산군(檜山君)	군	성종과 숙의 홍씨 차남
30	봉안군(鳳安君)	군	성종과 숙용 정씨 장남
31	견금(堅金)	군(?)	
32	극정(克貞)	군(?)	
33	석수(石壽)	군	성종과 숙의 홍씨 4남 / 익양군(益陽君)
34	옥정(玉貞)	군(?)	
35	극석(克石)	군(?)	
36	부수(富壽)	군(?)	
37	장천군 김효강(長川君 金孝江)	내시	
38	흥양군 신운(興陽君 申雲)	내시	
39	합천군 이존명(陜川郡 李存命)	내시	
40	강선(姜善)	봉보부인 남편	봉보부인 백씨 배우자
41	윤희정(尹熙貞)		
42	검거물(金巨勿)		성종 5년(1474) 4월 17일
43	영가부부인 신씨(永嘉府夫人 申氏)	대군 부인	세종의 5남 광평대군의 부인

1부 조선시대 왕실 발원 불상의 시대 구분

〈표 3〉, 〈표 4〉를 통해 알 수 있는 것처럼, 해인사 법보전 목조비로자나불상 중수에 참여한 왕실 인물 가운데 대시주자는 덕종·예종·성종 후궁 12명, 세종의 자부(子婦) 3명, 덕종의 자부 1명, 예종의 여식과 자부 각 1명, 성종의 여식 10명 등 총 28명이다. 이 외에도 상궁 조씨, 성종의 유모인 봉보부인 백씨(奉保夫人 白氏), 보모 안하장명(安下長命) 등 2명이 확인되었다. 총 50명 가운데 30명은 『조선왕조실록』을 통해 확인했고, 나머지 20명은 신원이 확인되지 않았다. 신원 미상인 인물은 불사에 참여한 왕실 인물과 관련된 궁녀 또는 시노(侍奴)일 것으로 추정된다.

해인사 법보전 목조비로자나불상 중수발원문에 수록된 왕실 관련 인물들을 성종, 예종, 덕종, 세조, 세종 관련 순으로 살펴보고자 한다.

먼저 성종과 관련된 인물들에 대해 고찰하고자 한다. 해인사 법보전 목조비로자나불상 중수발원문에 수록된 성종의 후궁은 총 10명이다. 정현왕후가 인수·인혜대비와 함께 불사를 주도했기 때문에 거의 모든 왕비·후궁·공주·옹주 등이 참여한 것이다. 후궁은 봉작(封爵)된 품계가 아닌 당시 품계가 수록되어 있다. 성종의 후궁은 소의 이씨, 소의 김씨, 숙의 엄씨, 숙의 정씨, 숙의 권씨, 숙의 남씨, 숙용 정씨, 숙원 홍씨, 숙원 하씨, 상궁 조씨 등이다. 이 가운데 종2품 숙의 엄씨·정씨·권씨·남씨는 후에 종1품 귀인으로, 종3품 숙용 정씨는 종2품 숙의로, 종4품 숙원 홍씨·하씨는 종2품 숙의로 진봉(進封)되었다. 조선시대 『경국대전』 「이전(吏典)」 '내명부(內命婦)'에 기록된 품계는 〈표 5〉와 같다.[250]

---

250 『經國大典』 「吏典」 '內命婦'.

표 5. 『경국대전』「이전」 내명부 품계

품계	내명부	비고
정1품	빈(嬪)	내관(內官)
종1품	귀인(貴人)	내관(內官)
정2품	소의(昭儀)	내관(內官)
종2품	숙의(淑儀)	내관(內官)
정3품	소용(昭容)	내관(內官)
종3품	숙용(淑容)	내관(內官)
정4품	소원(昭媛)	내관(內官)
종4품	숙원(淑媛)	내관(內官)
정5품	상궁(尙宮)·상의(尙儀)	궁관(宮官)
종5품	상복(尙服)·상식(尙食)	궁관(宮官)
정6품	상침(尙寢)·상공(尙功)	궁관(宮官)
종6품	상정(尙正)·상기(尙記)	궁관(宮官)
정7품	전실(典實)·전의(典衣)·전선(典膳)	궁관(宮官)
종7품	전설(典設)·전제(典製)·전언(典言)	궁관(宮官)
정8품	전찬(典贊)·전식(典飾)·전약(典藥)	
종8품	전등(典燈)·전채(典彩)·전정(典正)	
종9품	주궁(奏宮)·주상(奏商)·주각(奏角)	
종9품	주변징(奏變徵)·주징(主徵)·주우(奏羽)·주변궁(奏變宮)	

성종은 부인으로 왕비 3명과 후궁 12명에게서 왕자 16명과 왕녀 13명을 두었다. 후궁 가운데 귀인 권씨와 귀인 남씨만 간택 후궁이고, 나머지 후궁은 비간택 후궁이었다.[251] 궁녀·궁인·나인[內人]은 궁궐에서 심부름 또는 시중을 드는 여성이라는 의미와 국왕의 부실(副室)인 후궁이라는 이중적 의미가 사용되었다. 이때 이들의 신분은 간택 후궁이라기보다는 일반 궁인으로 뽑혀 왕의 총애를 입는 비간택 후궁들이었다.[252]

해인사 법보전 목조비로자나불상 중수에 참여한 왕실 인물 가운데

---

[251] 이미선(2020), 『조선왕실의 후궁』, 지식산업사, 144쪽.

[252] 이미선(2020), 앞 책, 69-70쪽.

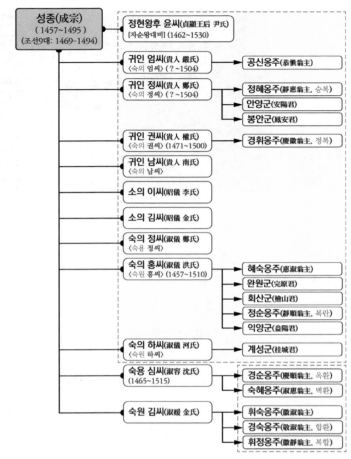

그림 54. 해인사 법보전 목조비로자나불상 중수에 참여한 성종의 후궁과 자녀

먼저 성종의 후궁과 자녀들을 살펴보고자 한다. 성종의 후궁들은 자녀들과 함께 해인사 중수 불사에 참여했다. 숙의 엄씨는 공신옹주(4녀)와, 숙의 정씨는 안양군(3자)·승복(11녀)과, 숙의 권씨는 정복(9녀)과, 숙용 정씨는 봉안군(6자)과, 숙원 홍씨는 완원군(4자)·회산군(5자)·익양군(8

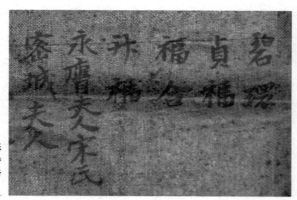

그림 55. 해인사 법보전 목조
비로자나불상 중수
발원문에 표기된 옹
주 이름, 1490년.

자)·혜숙옹주(2녀)·복란(7녀)과, 숙원 하씨는 계성군(2자)과 함께 동참했
다. 이 외에 숙용 심씨의 옥환(5녀)·벽환(8녀), 숙원 김씨의 휘숙옹주(3녀)
·합환(6녀)·복합(10녀) 등이 시주자로 동참했다(그림 54).

해인사 법보전 목조비로자나불상 중수발원문(1490년)에서 주목되는
것은 성종 후궁 소생 옹주에 대한 표기이다. 성종의 다섯째 서녀 경순옹
주는 옥환(玉環)이고, 여섯째 서녀 경숙옹주는 합환(合歡)이고, 일곱째 서
녀 정순옹주는 복란(福蘭)이고, 여덟째 서녀 숙혜옹주는 벽환(碧環)이고,
아홉째 서녀 경휘옹주는 정복(貞福)이고, 열째 서녀 휘정옹주는 복합(福
合)이고, 열한째 서녀 정혜옹주는 승복(升福)이다(그림 55). 조선시대의 공
주와 옹주는 출생 직후가 아니라 하가(下嫁) 이전에 또는 하가 시기에 작
호를 받았다.[253] 해인사 법보전 비로자나불상의 중수발원문은 성종 때 옹
주의 이름을 알 수 있다는 점에서 조선시대사 연구에 중요한 자료이다.

해인사 법보전 비로자나불상 중수에 참여한 인물 가운데 성종의 유

---

253 차호연(2016), 「조선 초기 公主·翁主의 封爵과 禮遇」, 『조선시대사학보』 77, 93쪽.

그림 56. 해인사 법보전 비로
자나불상 중수발원
문에 기록된 '봉보부
인 백씨', 1490년

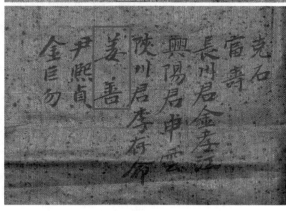

그림 57. 해인사 법보전 비로
자나불상 중수발원
문에 기록된 '강선',
1490년

모인 봉보부인 백씨(奉保夫人 白氏)와 남편 강선(姜善)이 주목된다(그림 56,
57). 봉보부인 백씨는 대시주자에 이름을 올렸고, 남편 강선은 수희조연
(隨喜助緣)으로 참여했다. 조선시대 국왕의 유모는 대전유모(大殿乳母)라
고 했으며, 종1품 봉보부인(奉保夫人)으로 칭했다.[254] 봉보부인은 외명부
종1품 관직에 책봉되었기 때문에 녹봉을 받았고, 그 외에도 수시로 많
은 물질 혜택을 입었다. 유모는 대부분 천인 출신이었기 때문에 유모와
그의 남편·자식·친인척까지도 면천을 하거나 높은 관직을 하사받기도

---

254 『經國大典』「吏典」外命婦 [封爵從夫職].

했다. 특히 어린 나이에 즉위한 성종과 불우한 성장 과정을 거친 연산군은 유모에게 특별 대우를 해 주었기 때문에 대신들과 대간들로부터 큰 비판을 받기도 했다. 성종의 유모 백씨와 연산군의 유모 여알이 대표적이다.[255]

조선시대에 왕이 즉위하면 자신의 유모를 봉보부인으로 삼고 보모는 상궁으로 삼은 것으로 추정된다. 유모는 종친의 경우 자신의 건강한 여종 중에서 선발했고, 원자의 경우 궐내 각사 여종 또는 가까운 종실의 여종 가운데서 유모를 선택했다. 따라서 봉보부인의 신분은 대부분 천민 출신이었다. 왕실의 유모는 대체로 공천(公賤)으로 삼았지만 사천(私賤)으로 삼는 경우도 있었다. 성종의 유모 백씨는 경혜공주(1436-1474)의 노비였고, 그의 남편 강선도 공주의 가노(家奴)였다. 성종의 어머니 한씨가 성종을 낳은 후 그를 유모로 삼았다.[256] 성종이 왕이 되어 백씨가 봉보부인에 봉해지자 남편 강선의 품계도 날로 높아졌다.[257]

봉보부인은 왕의 어린 시절뿐만 아니라 성인이 되어서도 보살피는 역할을 했기 때문에 대비와도 매우 가까운 사이였다. 성종이 윤씨를 폐출할 때도 유모인 봉보부인의 역할이 지대했던 것으로 알려져 있다. 연산군의 생모인 폐비 윤씨 사건에 연루된 봉보부인 백씨는 1504년(연산군 10) 갑사사화 때 화를 당했다. 덕종의 후궁인 귀인 권씨, 봉보부인 백씨, 전언(典言) 두대(豆大) 등이 폐비 윤씨 사건 모의에 참여했기 때문에 백씨와 두대는 관이 쪼개진 후 능지처참을 당했다. 또 귀인 권씨의 묘는

255 한희숙(2007), 「조선 전기 奉保夫人의 역할과 지위」, 『조선시대사학보』 43, 52-53쪽.
256 한희숙(2007), 앞 논문, 62-63쪽.
257 『조선왕조실록』 성종 7년(1476) 8월 3일자 기록.

이장하되 석물을 철거하고 묘를 만들지 못하게 했다. 그리고 봉보부인 백씨의 남편인 강선은 장 1백을 때려 먼 지방으로 보내 종으로 삼고 가산을 몰수했다.[258]

성종은 유모인 봉보부인 백씨에게 매우 후하게 대접했다. 그녀가 1490년(성종 21) 12월에 죽자 사흘간 조회를 열지 않았다.『조선왕조실록』에 실린 봉보부인 백씨의 졸기는 조선시대에 왕의 유모가 가졌던 지위와 역할을 유추하는 데 도움을 준다.

> 봉보부인 백씨가 졸했다. 부인은 본래 천인으로서 임금의 유온(乳媼)이었다. 임금이 매우 돈독하게 대우하고 넉넉하게 하사했으므로 따르는 자가 문 앞에 가득했다. 노비와 전토를 뇌물로 바치는 자도 있었으며, 양민도 종으로 의탁하는 자가 많아 가재(家財)가 거만(鉅萬)이었고, 궁중에 출입할 때에는 추종하는 자가 길에 가득했다. 그의 남편 강선(姜善)도 천인이었는데, 벼슬이 당상(堂上)에 이르렀고, 권귀(權貴)한 자들과 교결(交結)해 올바르지 못한 행위를 많이 했다. 그러자 홍문관에서 소계(疏啓)하기를, "부인이 갑자기 부귀를 누릴 수 있게 되었으니, 그만하면 충분히 그 노고에 보답했다고 할 수 있습니다. 그런데 문을 크게 열어 놓고 많은 사람을 상대하니, 염치없는 무리들로 추종하는 자가 많은데, 어찌 이익됨이 없이 그러겠습니까?" 했는데, 임금이 그 상소를 보고 매우 기뻐하지 않았다.

---

258 한희숙(2007), 앞 논문, 67쪽, 각주 38 재인용. 『조선왕조실록』 연산군 10년(1504) 4월 23일자 기록.

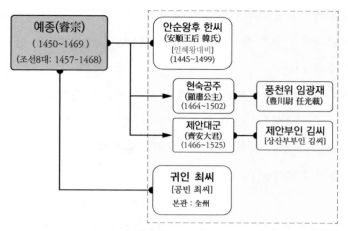

그림 58. 해인사 중창에 참여한 예종의 부인과 자녀

그 뒤에는 차츰 소원해졌고 부인도 마음 내키는 대로 하지 못했다. 이때에 와서 병이 들자 임금이 걱정을 해 비록 밤이라도 궁문의 개폐를 유보하게 했고 사자(使者)를 보내어 존문(存問)했는데, 서너 번까지 이르렀다. 이때에 부음이 알려지자 임금이 매우 슬퍼했다.[259]

두 번째로는 예종과 관련된 왕실 인물을 살펴보고자 한다. 해인사 중창에 참여한 예종 관련 인물로는 왕비 안순왕후 한씨(1445-1499), 장녀 현숙공주(1464-1502)와 부마 풍천위 임광재, 장남 제안대군(1466-1525)과 부인 김씨 그리고 후궁 귀인 최씨가 있다(그림 58). 예종 비 안순왕후 한씨는 인혜왕대비로, 인수왕대비 및 성종 비 정현왕후와 함께 해인사 중창 불사를 주도했다. 예종의 후궁 귀인 최씨는 선왕의 후궁이 머무는 자

---

259 『조선왕조실록』 성종 21년(1490) 12월 14일자 기록.

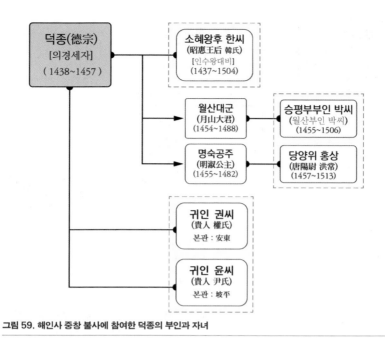

그림 59. 해인사 중창 불사에 참여한 덕종의 부인과 자녀

수궁에 거처하면서 해인사 불사에 동참했다.

세 번째로는 덕종과 관련된 왕실 인물을 살펴보고자 한다. 세조와 정희왕후의 장자인 의경세자(덕종, 1438-1457)의 비이자 성종의 어머니인 소혜왕후 한씨(1437-1504)는 인수대비로 알려져 있다. 인수대비는 안순왕후 및 정현왕후와 함께 1488-1490년 해인사 중창 불사의 주역 가운데 한 명이다. 장자 월산대군(1454-1488)의 부인 박씨, 명숙공주(1456-1482)의 남편 당양위 홍상(1457-1513), 후궁 귀인 권씨와 귀인 윤씨 등이 참여했다(그림 59). 월산대군과 명숙옹주는 1490년(성종 21) 이전에 사망했기 때문에 그의 배우자들이 불사에 동참했다.

네 번째는 세조와 관련된 왕실 인물이다. 1488년에 시작되어 1490년

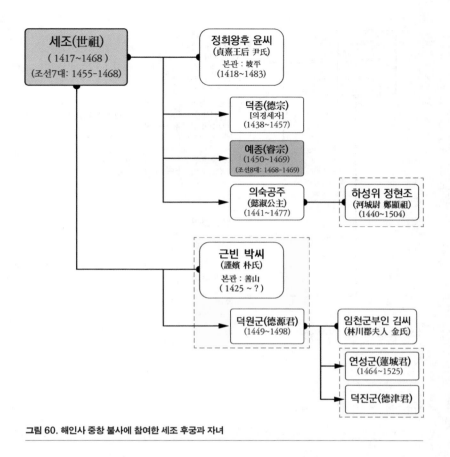

그림 60. 해인사 중창 불사에 참여한 세조 후궁과 자녀

에 완료된 해인사 중창 불사는 세조와 관련이 깊다. 세조는 1458년(세조 4)에 해인사 대장경을 인출했고, 대장전을 중수했다. 세조 비 정희왕후 역시 해인사 대장경을 봉안한 판전 중수를 위해 승려 학조를 책임자로 삼았지만 1483년(성종 14)에 승하하면서 공사의 마무리를 보지 못했다. 덕종 비 인수왕대비, 예종 비 인혜왕대비, 성종 비 정현왕후가 해인사 중창 불사를 시작한 것은 정희왕후의 유지를 받들기 위함이었다.

　　　　　　　　　　　　1부 조선시대 왕실 발원 불상의 시대 구분

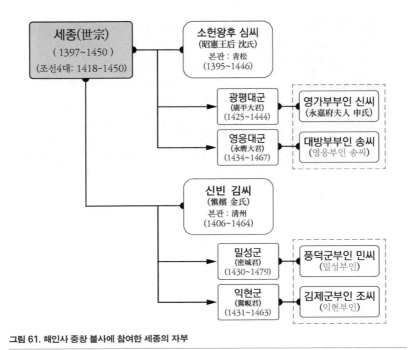

세종(世宗)
(1397~1450)
(조선4대: 1418-1450)

소헌왕후 심씨
(昭憲王后 沈氏)
본관 : 靑松
(1395~1446)

광평대군
(廣平大君)
(1425~1444)

영가부부인 신씨
(永嘉府夫人 申氏)

영응대군
(永膺大君)
(1434~1467)

대방부부인 송씨
(영응부인 송씨)

신빈 김씨
(愼嬪 金氏)
본관 : 淸州
(1406~1464)

밀성군
(密城君)
(1430~1479)

풍덕군부인 민씨
(밀성부인)

익현군
(翼峴君)
(1431~1463)

김제군부인 조씨
(익현부인)

그림 61. 해인사 중창 불사에 참여한 세종의 자부

해인사 중창에 참여한 세조와 관련된 왕실 인물은 후궁 근빈 박씨, 부마 하성위 정현조(1440-1504), 근빈 박씨 장남 덕원군(1449-1498), 덕원군의 장남 연성군, 차남 덕천군 등이다(그림 60). 세조의 부마인 하성위 정현조는 조선 전기 왕실 불사에 거의 빠짐없이 참여했다. 대표적인 불사로는 부인 의숙공주와 함께 오대산 상원사 문수동자상(1466년)을 조성한 것을 들 수 있다.

다섯 번째는 세종과 관련된 왕실 인물이다. 세종의 자부 광평대군 부인 신씨, 영응대군 부인 송씨, 밀성군 부인 민씨, 익현군 부인 최씨 등이 참여했다(그림 61). 영응대군은 세종의 후궁이자 밀성군의 어머니인

그림 62. 해인사 법보전 비로자나불상 중수발원문에 수록된 자수궁의 왕실 인물

신빈 김씨가 양육했기 때문에 생전에 그녀의 소생 자녀들과 불사를 함께 했다. 대구 파계사 건칠관음보살상 중수(1447년)와 견성암 약사삼존상(1456년) 조성 등이 대표적이다. 그러나 1490년(성종 21) 해인사 중창 때 영응대군, 밀성군, 익현군 등은 이미 사망했기 때문에 그들의 부인만 참여한 것이다.

　　해인사 법보전 중수발원문 기록 가운데 자수궁(慈壽宮)·수성궁(壽城宮)·창수궁(昌壽宮)의 자료는 매우 중요하다. 1490년(성종 21)에 각 궁에 머물던 선왕의 후궁들이 해인사 중창 불사에 집단으로 참여하고 있기 때문이다. 자수궁은 무안군(撫安君)의 옛집을 수리한 곳으로, 선왕의 후궁을 이곳에 머물게 했다.[260] 세 궁은 불당처럼 사용되었다. 자수궁에는 예종의 후궁 귀인 최씨가 머물렀는데, 안의향·정도연·장계연·석지전 등 총 5명이 해인사 중창 불사에 참여했다(그림 62). 귀인 최씨 이외 4명의 인물은 예종과 관련된 자이거나 귀인 최씨가 거느린 궁녀로 추정된다.

---

260 『조선왕조실록』 문종 즉위년(1450) 3월 21일자 기록.

그림 63. 수성궁과 창수궁에 거처한 선왕의 후궁 또는 궁녀

　다음으로 수성궁(壽城宮)에는 문종 후궁 숙빈 홍씨와 소용 문씨(숙의 문씨)가 거처하고 있었다. 수성궁은 1454년(단종 2)에 선왕 문종의 후궁이 사는 곳으로 지정되었다.[261] 1490년(성종 21) 수성궁에는 숙빈 홍씨와 소용 문씨 이외에 최학진·양경전(사척 양씨), 장도성(궁인 장씨)·황도홍·이경도·정나옥 등이 함께 거주하고 있었다. 수성궁에서는 총 8명이 참여했는데, 숙빈 홍씨와 소용 문씨를 제외한 여성들은 문종의 승은을 입은 비간택 후궁 또는 궁녀들로 추정된다(그림 63).

　창수궁(昌壽宮)에는 세조의 후궁 근빈 박씨가 머물고 있었다. 창수궁에 거주하던 인물 가운데 근빈 박씨 외에 홍도훈·윤계조·김혜옥·조성안 등 총 5명이 해인사 중창 불사에 동참했다. 세조의 후궁 근빈 박씨는 세조가 승하하자 선왕의 후궁들이 거처하는 자수궁(慈壽宮)으로 거처를 옮겼다. 성종은 1485년(성종 16) 창경궁을 세워 인수왕대비와 인혜왕대비를 거처하게 했다. 또한 자수궁을 수리해 세조와 예종의 후궁을 머

261 『조선왕조실록』 단종 2년(1454) 3월 13일자 기록.

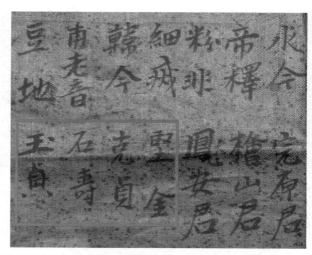

그림 64. 해인사 법보전 비로자나불상 중수발원문에 아명으로 기록된 성종의 서자들

물게 했다.[262] 그런데 세조의 후궁 근빈 박씨를 자수궁에 옮겨 거처하게 하고는 대신들의 반대에도 불구하고 창수궁(昌壽宮)이라고 이름을 지어 주었다.[263] 해인사 법보전 비로자나불상 중수발원문에 의하면 자수궁에 서는 예종 후궁과 궁인 4명이 시주자로 동참했고, 창수궁에서는 세조의 후궁 근빈 박씨와 궁인 4명이 시주자로 참여했다.

해인사 법보전 비로자나불상 중수발원문의 내용 가운데 특징적인 면은 '대시주자'에는 주로 여성을, '수희조연'에는 주로 남성을 표기한 점이다. 즉, 전자에는 성종의 후궁과 왕녀와 봉보부인 등 여성을 중심으 로 수록한 반면, 후자에는 자수궁·수성궁·창수궁에 거주한 선왕의 후

---

262 『조선왕조실록』 성종 16년(1485) 5월 7일자 기록.
263 『조선왕조실록』 성종 16년(1485) 5월 9일자 기록.

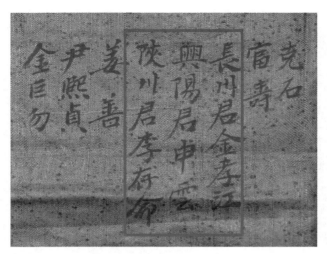

그림 65. 해인사 법보전 비로자나불상 중수발원문에 기록된 내시(內侍)

궁, 왕자, 부마, 내시(內侍), 봉보부인 남편 등을 기록했다. 성종의 서자 봉안군 뒤에 기록된 견금(堅金)·극정(克貞)·옥정(玉貞)·극석(克石) 등은 후궁 소생의 나이 어린 군(君)으로 추정된다(그림 64). 왜냐하면 석수(石 壽)는 성종과 숙의 홍씨의 4남 익양군(1488-1552)의 아명이고, 대시주자 로 참여한 성종의 후궁 소생 어린 옹주들도 아명으로 기록되었기 때문 이다.

해인사 중창에 참여한 또 다른 시주 층으로는 왕을 측근에서 모셨던 내시(內侍)를 들 수 있다. 장천군 김효강, 홍양군 신운, 합천군 이존명 등 3인이 그들이다(그림 65). 마지막으로 성종의 유모 봉보부인 백씨의 남편 강선(姜善)이 시주자로 참여했다.

9

김제 금산사 오층석탑 불상군

금산사 오층석탑은 1971년 11월에 해체 수리되었다(그림 66). 이때 불탑 안에서 「모악산금산사오층석탑중수기(母嶽山金山寺五層石塔重修記)」(1492년, 이하 「중수기」로 약칭)를 비롯해 불상 8존, 동자상 1존, 역사상 1존, 청동 오층탑과 엽전 7점, 동제사리함과 작은 함 2점 등 사리장엄구가 발견되었다(그림 67). 「중수기」에는 1492년(성종 23) 중창 당시의 상황과 그 이전의 금산사 불사에 관한 내용이 자세히 수록되어 있다.[264]

「중수기」는 길이 159.5cm, 폭 36.5cm로 한지에 해서로 묵서되어 있다. 본문은 총 26행이고 뒷부분에는 중수 불사에 참여한 시주 이하 승속 (僧俗)의 동참자가 수록되어 있다. 본문 끝에는 '弘治五年十一月'이 기록되어 1492년(성종 23)에 중수되었음을 알 수 있다. 「중수기」에는 금산사

---

[264] 불교중앙박물관(2019), 『모악산 금산사, 도솔천에서 빛을 발하다』, 80쪽.

그림 66. 김제 금산사 오층석탑, 979-982년

그림 67. 김제 금산사 오층석탑 내 봉안 비로자나삼신불상, 1492년, 출처: 불교중앙박물관

오층석탑 중수가 1492년 9월에 시작되어 11월 15일에 사리구 등이 봉안된 사실이 수록되어 있다.[265] 「중수기」의 내용은 다음과 같다(그림 68).

---

265 황수영(1976), 「金山寺五層石塔重創記」, 『고고미술』130, 126-128쪽.

母嶽山金山寺五層石塔重修記

夫此寺者伽葉佛時古基王泰祖重興國

寶第一禪刹之最也年久而傾危頹圮大歷

元年丙午歲眞表律師勸善檀緣彌勒大

殿三層丈六三尊鑄成及與諸殿諸僚俱

排矣像季已還道術旣裂明心之士忘認

緣塵爲物所轉修善作福者今已久矣越

庚辰辛巳年間

世祖大王朝重興佛法古基禪刹重修 教旨

板榜于時同盟善發比丘信靑學虛笠文戒

闍了明覺空覺林覺梅祖敏休等奉

教勸善檀那說法殿爲主諸僚十餘位

造排丹艧畢矣又有五層石塔傾危久矣

幸時幸人社長朴仲延社長金致敬尹同僧

海山僧白忠了明等善承

德原君懿旨勸善念佛社長同結香徒萬與人

及與善男信女千餘之徒同發善心願捨珎財

1부 조선시대 왕실 발원 불상의 시대 구분

命工求材壬子九月十五日赴役同月二十五日

破塔時異香馥郁丈六出汗瑞氣盤空塔內

旧標釋迦如來舍利五枚定光如來舍利二枚分

身一枚幷三枚 鍮筒藏置開出萬人致敬右舍利壬子十一月

十五日還藏塔中又了明願佛鑄像学宥願仏

鑄像兼塔中 右塔昔書載錄大平興

國四年起始大平興國七年壬午歲畢造

焉與諸緇流社長化主施主記于後列

弘治五年十一月 日誌

施主司果金允崗

大功德主德原君

行金遷縣令柳 溍

從仕郎金應商

全州府柳氏

宋氏」 沙洛只」

社長生員姜忠老

社長 郑仁敬

林海生」 金訥」 朴信宗」 姜莫山」 金京進」 大致只」

李叔同」 吉仲間」 金卜山」 貴德」 四德」 准今」 天

乙」 趙永孫」 元山」 金順生」 申叱同」 李千」 金仲

南」 田山」 斤京」 宝古伊」 訥非」 吉非」 小莊」 郑

末同」 自斤」 稚同」 高稚山」 吉同」 嚴斤守」 朴得

万」 高万」 金宝赫」

 山德」 李白同」 挨之」 白之」

小非」 金孝生」 郑末乙巾」 德希」 石連」 仲加伊」

九月」 賓尙文」 金山右」 曹仏生」 韓生」 韓陽」 金

居士」

玉伊」　全生守」　田非」　金命山」　吉音德」　介山」　崔
毎邑白」　貴今」　貴德」　順京」　元珎」　芿叱德」　守
知」　姜山」　丁俟山」　姜德」　李銀山」　夫介伊」　姜闰
生」　命珎伊」　郑自萬」　崔順南」　李克非」　莫只」　李
氏希母」　口音代」　金白」　崔迪」　崔白」　金致政」　粉
伊」　戒平」　田生」　孫敬宗」　李小古未」　李孙」　林口
同」　亽得京」　李得希」　巨邑全」　大伊」　梁印守」　崔
河」　張致雨」　金山录」　金吉生」
中今」　郭衆」　金敬致」　水清」　宝獅金」　朴連」　俞
山」　林山」　巨斤」　禾德」　文古音金」　文訥乞」　入沙
里」　白多勿沙里」　春山」　姜仏生」　口孙」　玉毎」　金
万金」　訥德只」　姜口山」　内德非」　孝孙」　姜孙」　田
山」　吾乙未同伊」　毛老里」　松非」　孝文」　好斤」　斤
非」　柳從」　張孝文」　張仲山」　金石斤」　張乙京」　黄
萬同」
宋田生」　李如」　孫加伊」　孝德」　亏音未」　金自彦」
韓居士惠女」　朴仲良」　申得生」　徐致南」　敬律」　姜從
敏」　金录」　宝令妻

造成秩
上指鍮　性珠
指諭　惠山
入選指諭　省闇」
指諭　隱悟」　行珠」　信音」　学峯」　雪敬」　祖希」　一
玉」　祖根
入選　戒道」　戒海」戒通」
別上　竹根

供養主 雪峯」 義玉」 道黙」
鉄匠 高永南」
持殿 性梅」
書記 入選定修」
寺內衆數二白餘分」

知事 化主 前月南寺 住持 大禪師 學虛
知事 前興國寺 住持 大禪師 笁文
化主 內隱達」 化主 海山」 化主 尹同」 大化主 白忠」
大化主 金致京」 大化主 朴仲延」 大化主 了明」

「중수기」는 본문과 시주 및 조성질(造成秩)로 구성되어 있다. 본문에는
진표율사가 삼층미륵대전과 장육존상을 조성한 사실, 세조 때의 중창,
석탑 중수, 금산사 석탑 건립 연도 등에 대한 내용이 기록되어 있다. 금
산사 오층석탑 중수에 참여한 시주자는 대공덕주 덕원군을 비롯해 속
인 총 160명이다. 불사를 담당한 승려는 조성질(造成秩)이라고 해, 조선
시대 일반적으로 연화질(緣化秩)이라고 한 것과는 다르다.

조성질에는 상지유(上指諭) 1명, 지유(指諭) 10명, 입선(入選) 3명, 별
상(別上) 1명, 공양주(供養主) 3명, 철장(鐵匠) 1명, 지전(持殿) 1명, 서기(書
記) 1명, 사내 대중 2백여 명이 동참한 사실이 기록되어 있다. '상지유(上
指諭)'와 '지유(指諭)'는 금산사 오층석탑을 중수하는 데 참여한 장인(匠
人)을 지칭하는 것으로 짐작된다. 조성질에 기록된 인물 가운데 속인은
철장 고영남(高永南) 뿐이다. 「중수기」 끝에는 화주를 맡은 인물 9명이
기록되어 있다. 이 가운데 승려는 전 월남사 주지 학허를 비롯한 5명이

고, 속인은 박중연과 김치경을 비롯한 4명이다.

「중수기」에는 "금산사는 원래 가섭불 시대의 옛 터전이었다."로 시작해, 진표율사가 삼층미륵전과 장육삼존상을 조성한 사실이 기록되어 있다. 이어서 세조의 명에 의해 경진년(1460)에서 신사년(1461) 사이에 설법전, 여러 전각, 요사 등 십여 채를 보수해 단청한 내용이 기록되어 있다. 이때 불사를 이끈 승려는 신청(信青)·학허(學虛)·축문(竺文)·계은(戒誾)·요명(了明)·각공(覺空)·각휴(覺休)·각매(覺梅)·조매(祖梅)·민휴(敏休) 등이다. 또한 1492년 9월 15일에 시작해 25일까지 약 10일간 이루어진 오층석탑 중수 공사에 대한 내용이 상세히 기록되어 있다.[266]

금산사 오층석탑이 기울어진 지 오래되어 사장(社長) 박중연(朴仲延)과 김치경(金致敬), 윤동(尹同), 승려 해산(海山), 백충(白忠), 요명(了明) 등이 탑 중수를 주도했다. 이들은 「중수기」화주난에 별도로 다시 기입되어 있다. 이때 시주자로 참여한 인물들은 세조의 서자인 덕원군(德原郡)을 비롯한 염불 향도 1만여 명과 남녀 신도 1천여 명이다. 탑 중수를 시작한 지 10일 만인 9월 25일에 탑을 열었는데, 이때 상서(祥瑞)가 있었다. 또한 탑 내부에는 석가여래·정광여래의 사리가 금속통에 장치되어 있었다. 그 후 11월 15일에 이르러 탑 안에 다시 사리를 봉안하고, 새롭게 승려 요명(了明)과 학유(學宥)의 원불(願佛)도 함께 봉안했다.[267]

「중수기」가운데 주목되는 내용은 세조의 서자 덕원군과 함께 당시 염불 향도 1만여 명과 남녀 신도 1천여 명이 중창 불사에 참여했다는

---

266 이분희(2013), 「金山寺 五層石塔 舍利莊嚴具 考察 – 탑 안에 봉안된 불상을 중심으로」, 『동악미술사학』 15, 118쪽.

267 황수영(1976), 「金山寺五層石塔重創記」, 『고고미술』 130, 126-128쪽.

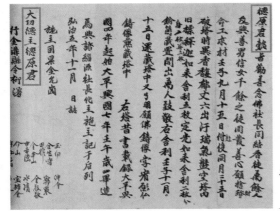

그림 69. 금산사 오층석탑 중창기
에 기록된 덕원군, 1492
년, 불교중앙박물관 제공

사실이다(그림 69). 사장(社長) 박중연과 김치경이 승려들과 함께 권선(勸
善)을 주도하며 향도 및 남녀 신도들과 시주했다는 것인데, 사장을 향도
의 우두머리로 명시하고 있다.268 사장은 속세에서 집단을 이루어 승려
행세를 하는 자를 가리키며, 조선 초기에는 국가 질서를 어지럽히는 무
리로 인식되었다. 조선 전기의 사장은 사찰의 중수와 보수 같은 불사를
행할 때 시주를 모으는 일에 앞장서기도 하고, 마을의 염불소(念佛所)에
서 재를 올리거나 염불을 하는 등의 신앙 활동을 했다.269

금산사 오층석탑 중수를 주도한 왕실 인물은 덕원군이다. 그는 세조
와 근빈 박씨 소생으로, 아버지 세조가 1460-1461년 사이에 금산사를

---

268 민순의(2016), 「조선 초 불교 사장(社長)의 성격에 대한 일고(一考)」, 『역사민속학』 50,
147-151쪽.

269 유근자(2017), 『조선시대 불상의 복장기록 연구』, 불광출판사, 271-272쪽. 조선시대 사장
에 관한 연구로는 다음의 자료를 참조할 수 있다. 진나라(2004), 「조선 전기 社長의 성격과
기능 - 불교신앙 활동을 중심으로」, 『한국사상사학』 22, 77-114쪽.

중창했기 때문에 30여 년이 지난 1492년(성종 23)에 금산사 오층석탑 중수에 대공덕주로 나선 것이다. 덕원군은 금산사 오층석탑 중수를 비롯한 여러 불사에 동참했다. 1472년(성종 3)에 고창 선운사 중창을 위한 권선문을 지은 것도 그 가운데 하나이다.

1472년(성종 3) 2월에 선운사를 중창한 행호 극유(行乎克乳) 선사의 제자 종심(從諗) 등은 한양에 있는 덕원군에게 가서 절터의 형세를 알리는 글을 올렸다. 그러자 덕원군은 선운사 중창에 필요한 원문(願文)과 조종 혼기(祖宗魂記)를 작성해 주었다.[270] 고창 선운사는 1470년(성종 1) 5월 초파일에 선왕·선후와 조종(祖宗)의 영가를 위해 법화문당(法華文堂)에서 수륙재를 설행했다. 덕원군이 권선문을 준 이유는 이러한 이유가 반영된 것으로 보인다. 이후 선운사에서는 매년 봄과 가을에 수륙재를 개최했다.[271]

덕원군이 선운사에 준 원문은 정유재란에도 피해를 입지 않고 보존되어 현재까지 전해지고 있다. 덕원군이 선운사에 별원당(別願堂)을 중창하고 주변의 산세와 사적에 대해 기록한 「덕원군별원당선운산선운사중창산세사적형지안(德源郡別願堂禪雲山禪雲寺重創山勢事跡形止案)」(1483년, 이하 「형지안」으로 약칭)이 그것이다. 이 문서의 마지막 부분에는 각 전각 시주자를 포함해 1,300여 명이 수록되어 있다. 덕원군은 「형지안」에서 외조부 사윤(司鑰) 박양수(朴良守)와 외조모 장조적(張朝迪)의 천도를 기원하고 있다.

---

270 선운사(2003), 「德源郡別願堂禪雲山禪雲寺重創山勢事跡形止案」(1483년), 『兜率山 禪雲寺誌』, 113쪽.

271 오경후(2009), 「朝鮮前期 禪雲寺의 重創과 展開」, 『신라문화』 33, 162-163쪽.

선운사 「형지안」에는 금산사 「중수기」에 등장하는 덕원군의 신앙 형태를 알 수 있는 내용이 수록되어 있다. 즉, "과거부터 현재까지 백만의 미타 향도, 갑계 및 귀천의 남녀와 모든 시주자들이 사부대중과 함께 기뻐하며 성불하기를 원했다."는 내용이 그것이다. 덕원군은 선운사 「형지안」에서도 향도에 의한 신앙 결사를 강조하고 있다.

또한 「형지안」 말미에는 "많은 법당과 요사를 중창할 때가 되지 않았지만, 사찰의 창건 이후 특별히 무상한 찰나에 마음을 발해 세 번의 경찬(慶讚) 모임을 가졌다. 앞서 1482년(성종 13) 겨울에 경찬 모임을 처음 가졌고, 지난 겨울 10월 15일에 선운사를 원당으로 받들어 춘추로 경찬 모임을 가졌다. 조종(祖宗)과 수륙(水陸)의 영혼을 위해 기록한다."[272]는 내용이 수록되어 있다. 이를 통해 덕원군은 조상의 영가천도와 왕실의 안녕을 위해 선운사에 원당을 설치하고 수륙재를 설행했던 것이다.

덕원군은 1472년(성종 3)에 동생 창원군과 함께 회암사에 가서 불공을 한 적이 있다. 이 일로 사헌부 지평 김이정과 사간원 정원 이혼은 방호련(方好連)이 왕자들과 회암사에서 불공(佛供)한 죄를 주어야 한다고 했지만 성종은 승낙하지 않았다.[273] 1472년 6월 7일부터 11월 4일까지 총 11차례에 걸쳐 신하들의 상소가 지속되었다. 이를 통해 왕실 인물 가운데 불사에 적극적이었던 덕원군 때문에 신하들의 상소가 지속적으로 이어졌던 것을 짐작할 수 있다.

1480년(성종 11)에 원각사 불상이 돌아앉았다는 소문을 승려들이 퍼

272 선운사(2003), 앞 책, 143쪽.

273 『조선왕조실록』 성종 3년(1472) 6월 7일자, 6월 14일자, 6월 15일자, 6월 19일자, 6월 21일자, 6월 22일자, 7월 6일자, 7월 15일자, 10월 28일자, 11월 1일자, 11월 4일자 기록.

트리자, 월산대군과 덕원군은 이곳을 방문했다. 이 일로 대신들이 추문 (推問)할 것을 요구했다.[274] 또한 월산대군과 덕원군은 원각사에 친히 가서 시납(施納)했던 일로 인해 대신들의 지탄을 받았다.[275]

덕원군은 1492년 9월 금산사 오층석탑을 중수하기 이전인 동년 봄에 부여 무량사에서 『묘법연화경요해』와 『대불정여래밀인수증요의제보살만행수능엄경요해』를 간행했다. 그는 세조·정희왕후·예종·덕종 등 선왕·선후의 극락왕생을 발원했고, 인수대비·인혜대비·성종·정현왕후·세자 등 왕실의 안녕을 기원했다. 부여 무량사 오층석탑에서도 1971년 해체 복원 때 탑 안에서 아미타·관음·지장보살로 구성된 아미타삼존상, 금동보살좌상, 금동여래좌상 등 총 5존이 수습되었다. 탑에서 수습된 불상의 양식 특징은 14-15세기의 특징을 갖고 있어 조선 전기에 중수된 사실을 알 수 있다.[276]

덕원군과 밀접한 연관을 맺고 있는 승려로는 계징(戒澄)이 있다. 덕원군과 계징의 관계는 김종직(1431-1492)의 글을 통해 알 수 있다. 김종직의 딸 임천군부인 경주 김씨(1447-1481)는 덕원군의 정부인이다. 김종직은 「석계징유지리산서(釋戒澄遊智異山序)」에서 다음과 같이 이야기하고 있다.

징상인(澄上人)은 석가여래를 배우는 사람이다. 젊어서 덕원군 서를 섬기면서 아무리 천한 일이라도 꺼려하는 적이 없더니, 늦게야 불교를 좋아해 머리를 깎고 승복을 입고 명산을 두루 참배하는데,

---

274 『조선왕조실록』 성종 11년(1480) 5월 26일자 기록.

275 『조선왕조실록』 성종 11년(1480) 5월 28일자 기록.

276 김추연(2020), 「부여 무량사 오층석탑 봉안 불상 연구」, 『미술사연구』 39, 34-60쪽.

계를 지키는 행세가 맑고 높아서 그 도를 닦는 사람이 다투어 그를 사모했다.[277]

즉, 계징은 젊어서 덕원군을 모시다가 나이가 들어 승려가 되었다. 계징은 1529년(중종 24)에 전라도 광양 백운산 만수암에서 개판해 성불사에 봉안한『등록촬요』간행에도 참여했다. 이 서책의 간행은 중종과 문정왕후의 친정 아버지인 파원부원군 윤지임(1475-1534)을 축원하고 있다. 계징은 이때 대시주자로 참여했는데, '전 단속사주지 대선사 계징'으로 기록되어 있다.[278]

계징은 김종직의 문인이었던 남효온(1454-1492)의『추강집』에도 등장하고 있다. 그가 1487년 지리산을 유람했을 때 사자암에 머물고 있던 해한(海閒)과 함께 계징을 만났다. 남효온은 해한을 "나의 젊은 날 불가의 벗이다. 10여 년을 보지 못했더니 나를 보고 반가워했다."[279]고 하면서 밤새 회포를 풀었다. 이처럼 덕원군의 장인이었던 김종직과 그의 문인이었던 남효온의 글에서 승려 계징의 흔적을 찾을 수 있다. 또한 1476년(성종 7)에 계징은 김해에 정역(定役) 중이다가 방면되었다.[280] 김종직과 친교가 두터웠던 조위(1454-1503)의『매계선생문집』,[281] 김안국(1478-1543)의『모재집』에 계징에 관한 시가 남아 있다.[282]

---

277 『佔畢齋集』卷1. 「釋戒澄遊智異山序」[고전연합DB http://db.itkc.or.kr].

278 『登錄撮要』간기[동국대학교 불교학술원 http://kabc.dongguk.edu].

279 『秋江集』卷6[고전연합DB http://db.itkc.or.kr].

280 『조선왕조실록』성종 7년(1476) 1월 21일자 기록.

281 『梅溪先生文集』卷 2 「釋戒澄遊智異山序」[고전연합DB http://db.itkc.or.kr].

282 『慕齋集』卷 2 「書戒澄師詩軸」[고전연합DB http://db.itkc.or.kr].

10

남양주 수종사 불상군

수종사는 경기도 남양주시 조안면 송촌리 운길산에 있는 사찰로, 대한
불교조계종 25교구 봉선사의 말사이다. 강물과 산세가 어우러져 조선
후기 문인들의 사랑을 받았다. 조선 후기 학자이자 문인이었던 다산 정
약용은 어렸을 때 수종사에서 독서를 했고,[283] 또한 부근의 풍광을 좋아
해 이곳과 관련된 여러 편의 글을 남기고 있다.[284] 세조는 병 치유를 위해
1459년(세조 5)에 오대산에 갔다가 한양으로 돌아오는 길에 양주 양수강
에서 하룻 밤을 보냈다. 그때 운길산에서 나는 종소리를 들었다. 다음 날
종소리가 나는 곳을 찾아가 보니 바위틈에서 물이 떨어지는 동굴 속에

---

[283] 『다산시문집』 권13 「游水鍾寺記」. "余昔童丱時 始游水鍾 聞嘗再游 爲讀書也".

[284] 『다산시문집』 권1 '游水鍾寺', '春日游水鍾寺', '宿水鍾寺'; 『다산시문집』 권3 '出峽同无
咎'; 『다산시문집』 권6 '都尉將游水鍾寺 余老不能從', '次韻送都尉以下諸人上水鍾' 등 여
러 편의 시를 남기고 있다. 이외도 『다산시문집』 권13에는 「游水鍾寺記」가 실려 있다.

　　　　　　　　　　　　1부 조선시대 왕실 발원 불상의 시대 구분

십팔나한상이 모셔져 있어, 이곳에 절을 짓고 수종사(水鍾寺)라 했다.[285]

　수종사는 조선 왕실과 인연이 깊다. 1439년(세종 21)에 태종의 후궁 의빈 권씨가 수종사에 사리탑을 건립했고, 1459년(세조 5)에는 세조가 이 사찰을 크게 중창했다. 세조의 며느리이며 성종의 어머니인 인수대비는 1469년(예종 1)에 범종을 만들어 수종사에 시주했다(그림 70). 태종의 후궁 명빈 김씨는 금동석가여래좌상을 시주했다. 1493년(성종 24)에는 성종의 여러 후궁들과 자손들이 석가여래상과 관음보살상 각 1존을 중수해 탑 안에 봉안했다. 1628년(인조 6)에는 선조의 계비 인목왕후 김씨(1584-1632)가 아버지 김제남(1562-1613)과 아들 영창대군(1606-1614)의 극락왕생을 위해 23존의 불보살상을 조성해 오층석탑을 열고 다시

---

285 權相老 編(1979),『韓國寺刹全書』下,「水鍾寺重修記」, 동국대학교 출판부, 722쪽.

그림 71. 남양주 수종사 오층석탑(좌)에서 발견된 불교조각. 위 왼쪽부터 1493년 성종의 후궁들에 의해 봉안된 불감과 불상, 1628년 비로자나불상 명문, 1628년 인목대비에 의해 조성된 불상 가운데 20존

그 안에 봉안했다.

남양주 수종사 오층석탑은 1493년(성종 24) 이전에 건립되었는데, 1957년과 1970년 두 차례 해체 과정에서 금동불상 27존과 목조상 3존 등 총 30존이 탑 안에서 수습되었다.[286] 그러나 현재는 총 26존만 남아 있다. 이 불상들은 두 그룹으로 구분된다. 성종의 후궁과 자녀들에 의해 1493년(성종 24)에 조성·중수된 것과, 인목대비에 의해 1628년(인조 6)에 조성된 것이다. 전자는 성종(1457-1495, 재위 1469-1494)의 후궁인 숙용 홍씨, 숙용 정씨, 숙원 김씨가 그녀의 자식들과 함께 중수한 불상들로, 1층

---

286 윤무병(1960), 「近來에 發見된 舍利關係 遺物」, 『미술자료』 1, 5-12쪽; 정영호(1970), 「水鍾寺石塔內發見 金銅如來像」, 『고고미술』 206·107, 22-27쪽; 유마리(1982), 「水鍾寺 金銅佛龕 佛畵의 考察」, 『미술자료』 30, 37-55쪽; 박아연(2011), 「1493년 수종사 석탑 봉안 왕실발원 불상군 연구」, 『미술사학연구』 269, 5-37쪽.

그림 72. 수종사 오층석탑 봉안 불상 중수발원문, 1493년, 불교중앙박물관 제공

탑신에 봉안되었다. 후자는 선조(1552-1608, 재위 1567-1608)의 계비인 인목대비가 발원한 금동불상들로, 같은 탑 기단 중대석, 1층에서 3층의 지붕돌 등 네 곳에 분산되어 있었다(그림 71).

초층 탑신석에서 금동불감과 함께 발견된 금동석가여래좌상 바닥면에는 '施主 明嬪金氏' 명문이 있어 태종의 후궁 명빈 김씨(?-1479)가 시주한 사실이 확인된다. 불상 안에서는 숙용 홍씨, 숙용 정씨, 숙원 김씨가 중수한 발원문(1493년)이 발견되었다.[287] 1493년 중수발원문은 42×28.5cm 크기의 푸른 비단천에 붉은 글씨로 쓰여 있다(그림 72). 그 내용은 다음과 같다.

---

287 국립중앙박물관(2015), 『발원, 간절한 바람을 담다: 불교미술의 후원자들』, 184쪽.

弘治六年癸丑六月初七日 淑容洪氏 淑容鄭氏 淑媛金氏等端爲
主上殿下聖壽萬歲 亦爲兒息咸亨福壽 □[288]行□修釋迦如來一軀
觀音菩薩一軀 安激□□若其功德□意具□于後
主上所天 義莫重焉 兒息骨肉 情所篤也
富貴則極 難贖者□ 欲圖延年 常竭愚衷
百思莫伸 惟佛□□ 法門雖多 造佛是最
玆肇檀誠 各捨己貲 重修古佛 莊嚴斯飾
虔點□眸 安妥塔廟 能事方周 徵願必圓
頌王之德 日月並明 先王之壽 天地同久
兩主大妃 中宮世子 誕膺純嘏 咸躋壽城
抑亦己身 暨諸子甥 □保康寧 福壽增崇
在在歲歲 涵泳聖澤 生生世世 恒爲主伴[289]
施主
淑容洪氏　　　　　　　淑容鄭氏
惠淑翁主兩主　　　　　安陽君兩主
完原君兩主　　　　　　奉安君
檜山君兩主　　　　　　承福
甄城君
福蘭　　　　　　　　　淑媛金氏
石壽　　　　　　　　　徽淑翁主兩主
□福　　　　　　　　　敬淑翁主
鐵壽　　　　　　　　　福合
舜壽　　　　　　　　　福崇
如蘭

---

288 판독 불능

289 해석은 다음과 같다[국립중앙박물관(2015), 앞 책, 304쪽]. "홍치 6년(1493, 성종 24) 계축

수종사 팔각오층석탑 불감 안에서 수습된 1493년(성종 24) 중수발원문의 내용은 홍치 6년(1493년) 6월 7일에 숙용 홍씨, 숙용 정씨, 숙원 김씨가 주상전하가 만세를 누리고 자식들이 복을 받고 오래 살기를 기원하면서 석가여래상 1존과 관세음보살상 1존을 중수해서 봉안했다는 것이다. 중수 불사를 함으로써 성종·정현왕후·세자를 비롯해 인수대비와 인혜대비가 장수하기를 바라고, 왕자와 왕녀들은 몇 번을 환생하더라도 항상 성종을 따르겠다는 내용이다. 남양주 수종사 불상 중수에 참여한 인물을 정리하면 〈표 6〉과 같다.

표 6. 남양주 수종사 불상 중수에 참여한 왕실 인물 분석

	인명	생몰년	비고
1	숙용 홍씨(淑容 洪氏)	1457-1510	성종 후궁
2	혜숙옹주 부부(惠淑翁主 兩主)	1478-?	성종과 숙용 홍씨 장녀
3	완원군 부부(完原君 兩主)	1480-1509	성종과 숙용 홍씨 1남
4	회산군 부부(檜山君 兩主)	1481-1512	성종과 숙용 홍씨 2남
5	견성군(甄城君)	1482-1507	성종과 숙용 홍씨 3남

6월 7일 숙용 홍씨, 숙용 정씨, 숙원 김씨 등은 진실로 주상 전하의 수명이 만세를 누리시고 자식들 모두 복과 수명을 누리기를 바라오니 석가여래 1존과 관음보살 1존을 - 2자 판독 불가 - 중수하여 봉안 – 3자 판독 불가 - 이 공덕으로 뜻한 대로 – 1자 판독 불가 - 갖추어 뒤에 –1자 판독 불가 -.
주상전하 하늘이시니」 의리가 더 없이 중하고」 어린 자식은 혈육이니」 정이 두터운 것이라네」 부귀라면 끝까지 이르고」 용서받기 어려운 것 ……」 장수하기를 도모하며」 항상 염원해 마지 않네」 많은 생각을 펼치기보다」 오로지 부처 ……」 법문이 비록 많긴 하지만」 불상 조성함이 최고라오」 이에 보시에 온 힘 쏟아」 각자 능력대로 희사하여」 오랜 옛 불상을 중수하고」 장엄하게 이를 장식했네」 경건하게 …… 점안하여」 탑묘에 안전하게 모셨으니」 두루두루 일이 잘 풀리고」 작은 소원도 꼭 원만하리」 임금의 덕을 칭송하자면」 밝음은 일월과 나란하네」 …… 왕의 수명이」 천지와 같이 영원하리」 두 분의 대비마마와」 중전마마, 세자저하」 큰 복을 받아 나셨으니」 다 장수 경지 이르소서」 또한 저희들 몸뚱이와 모든 자식과 사위들이」 …… 지켜서 편안하며」 복과 수명이 늘어나리」 머무는 곳 어디에서나」 성상의 은택에 잠기어」 몇 번을 환생하더라도」 항상 주인을 따르오리(이하 생략)」".

	인명	생몰년	비고
6	복란(福蘭) / 정순옹주	1486-?	성종과 숙용 홍씨 2녀
7	석수(石壽) / 익양군	1488-1552	성종과 숙용 홍씨 4남
8	□복(□福) / 경명군	1489-1526	성종과 숙용 홍씨 5남
9	철수(鐵壽) / 운천군	1490-1524	성종과 숙용 홍씨 6남
10	순수(舜壽)		성종과 숙용 홍씨 7남 추정
11	여란(如蘭) / 정숙옹주	1493-1573	성종과 숙용 홍씨 3녀
12	숙용 정씨(淑容 鄭氏)	?-1504	성종 후궁
13	안양군 부부(安陽君 兩主)	1480-1505	성종과 숙용 정씨 1남
14	봉안군(奉安君)	1482-1505	성종과 숙용 정씨 2남
15	승복(承福) / 정혜옹주	1490-1507	성종과 숙용 정씨 1녀
16	숙원 김씨(淑媛 金氏)		성종 후궁
17	휘숙옹주 부부(徽叔翁主 兩主)	미상	성종과 숙원 김씨 1녀
18	경숙 옹주(敬淑 翁主)	1483-?	성종과 숙원 김씨 2녀
19	복합(福合) / 휘정옹주	미상	성종과 숙원 김씨 3녀
20	복숭(福崇)	미상	성종과 숙원 김씨 1남 추정

남양주 수종사 불상 중수에 참여한 성종의 후궁들은 자녀들의 혼사를 통해 또 다른 인척 관계를 맺고 있다. 숙용 홍씨의 아들 양원군 부인과 숙용 정씨의 아들 봉안군 부인은 사촌 간이며, 숙원 김씨는 숙용 홍씨의 아들 견성군 부인의 이모이다. 그러므로 세 후궁은 다른 후궁들보다 더 밀접한 관계를 맺고 불상 중수 및 조성에 동참했다.[290]

숙용 홍씨(1457-1510)는 성종과 사이에 7남 3녀를 두었는데, 수종사 탑 봉안 불상 중수 불사에는 자녀들이 모두 참여했다. 숙용 홍씨 소생의 군과 옹주는 순서대로 기록되었는데, 혜숙옹주·완원군·회산군은 부부가 동참했다. 나머지 7명은 단신으로 참여했는데, 견성군 이하 자녀들은 아명으로 표기되었다. '복란(福蘭)'은 정순옹주, '석수(石壽)'는 익양군, '□

---

290 박아연(2011), 앞 논문, 15쪽.

1부 조선시대 왕실 발원 불상의 시대 구분

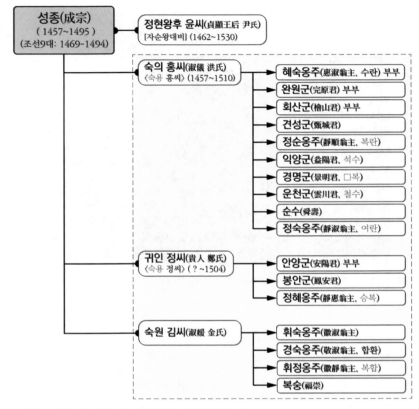

```
┌─────────────────┐      ┌────────────────────────────┐
│   성종(成宗)     │      │  정현왕후 윤씨(貞顯王后 尹氏)  │
│  (1457~1495)    │◀────▶│  [자순왕대비] (1462~1530)    │
│ (조선9대: 1469-1494) │      └────────────────────────────┘
└─────────────────┘
```

숙의 홍씨(淑儀 洪氏)
〈숙용 홍씨〉(1457~1510)
- 혜숙옹주(惠淑翁主, 수란) 부부
- 완원군(完原君) 부부
- 회산군(檜山君) 부부
- 견성군(甄城君)
- 정순옹주(靜順翁主, 복란)
- 익양군(益陽君, 석수)
- 경명군(景明君, □복)
- 운천군(雲川君, 철수)
- 순수(舜壽)
- 정숙옹주(靜淑翁主, 여란)

귀인 정씨(貴人 鄭氏)
〈숙용 정씨〉(? ~1504)
- 안양군(安陽君) 부부
- 봉안군(鳳安君)
- 정혜옹주(靜惠翁主, 승복)

숙원 김씨(淑媛 金氏)
- 휘숙옹주(徽淑翁主)
- 경숙옹주(敬淑翁主, 합환)
- 휘정옹주(徽靜翁主, 복합)
- 복숭(福崇)

그림 73. 수종사 불상 중수 및 조성에 참여한 성종의 후궁과 자녀

복(□福)'은 경명군, '철수(鐵壽)'는 운천군, '순수(舜壽)'는 알 수 없고, '여란(如蘭)'은 정숙옹주의 아명이다. 숙용 홍씨와 성종 사이에 7남 3녀[291]가 있었기 때문에 순수는 어린 나이에 사망한 것으로 추정된다(그림 73).

　숙용 정씨(?-1504)는 성종과 사이에 2남 1녀를 두었다. 안양군은 부

---

291 숙용 홍씨는 7남 3녀를 낳았다(『성종실록』 부록 대왕 묘지문[誌文]).

그림 74. 남양주 수종사 불상군, 1479년 하한, 불교중앙박물관 제공

부가 참여했고, 봉안군과 승복(承福, 정혜옹주)은 혼인 전이기 때문에 단
신으로 동참했다. 숙원 김씨는 성종과 사이에 3남 3녀를 두었다.[292] 휘
숙옹주만 부부가 참여했고, 나머지 세 명은 단신으로 동참했다. 휘정옹
주는 작호를 받기 전이기 때문에 복합(福合)이라는 아명으로 기록되었고,
복숭(福崇)은 숙원 김씨가 낳은 왕자로 일찍 사망했던 것으로 여겨진다.

　수종사 오층석탑 1층 탑신에서는 금동석가여래상·금동지장보살상
·금동관세음보살상이 봉안된 금동 불감이 발견되었다(그림 74). 또한 목
조 불감에는 목조관세음보살상·목조지장보살상·목조비사문천상 등이
봉안되어 있었다(그림 75). 가장 큰 금동석가여래상은 태종의 후궁 명빈

---

292 숙원 김씨가 3남 3녀를 낳았다(『성종실록』 부록 대왕 묘지문[誌文]).

　　　　　1부 조선시대 왕실 발원 불상의 시대 구분

그림 75. 남양주 수종사 오층석탑 봉안 목조관음보살상·목조지장보살상·목조비사문천상, 1493년, 불교중앙박물관 제공

김씨가 생전에 시주한 불상이다. 명빈 김씨는 1479년(성종 10)에 세상을 떠났기 때문에, 금동석가여래상의 조성 하한 연도는 1479년이다.

목조관음보살상은 크기가 6.6cm로 소형이며, 네 개의 팔을 가지고 있는 변화관음보살상이다. 이 존상은 왕실 발원 탑 봉안 변화관음보살상이라는 점에서 중요한 의미를 지닌다. 목조지장보살상은 크기가 3.75cm이고, 목조비사문천왕상은 4cm이다. 성종의 후궁들은 1493년 석가여래좌상과 관세음보살상은 중수했고, 나머지 존상은 새로 조성해서 탑 안에 봉안했던 것이다.[293]

성종 4년(1473)에 혜사당(惠社堂)과 정각(正覺) 등이 수종사에서 7, 8일

---

[293] 박아연(2011), 앞 논문, 24-29쪽.

을 지냈다. 이로 인해 서거정은 여승과 사대부 가문의 부녀자가 사찰에 가는 것을 금지해야 한다고 상소했다.[294] 4일 뒤에는 여승이 수종사에 가서 삼재(三齋)를 지낸 후 참석한 이들이 수종사를 모두 떠났음에도 정관(井觀)과 혜사당이 머물렀으니, 이들이 절에 가는 것을 법전으로서 단죄해야 한다고 현석규가 주장했다.[295] 정관과 혜사당은 왕실과 관계된 인물로 추정된다. 왜냐하면 현석규의 상소 이후에 김질, 윤자운, 임원준 등이 정관과 혜사당을 단죄할 것을 주장하자, 성종이 대비에게 알리겠다고 이야기하고 있기 때문이다. 이러한 사실을 통해 수종사가 1493년에 오층석탑을 중수하기 이전에도 왕실과 밀접한 관련을 맺고 있었음을 알 수 있다.

성종의 어머니 인수대비는 1469년(예종 1)에 수종사에 범종을 시주했다. 세조가 1459년에 수종사를 중창했기에, 며느리인 인수대비가 수빈(粹嬪) 시절에 세조의 명복을 빌기 위해 정업원 주지 이씨와 함께 범종을 조성해 시주한 것이다. 혜사당과 함께 수종사에 간 정각과 정관은 왕실 관련 여승으로 추정된다. 1484년(성종 15)에 인수대비는 회암사를 비롯한 여러 사찰은 예조가 아니라 내수사(內需司)에서 검찰할 것을 명령했다. 즉, 봉선사·회암사·용문사·정인사·수종사·개경사·상원사·낙산사 그리고 정업원·복세암·연굴암 등은 내수사로 하여금 검찰하게 했던 것이다. 그러자 사관은 선종과 교종은 예조에서 주관하는 것이『경국대전』의 법인데, 내수사가 이들 사찰을 검찰하게 한 것은 사리에 맞지 않다고 평했다.[296]

---

294 『조선왕조실록』 성종 4년(1473) 7월 16일자 기록.
295 『조선왕조실록』 성종 4년(1473) 7월 20일자 기록.
296 『조선왕조실록』 성종 15년(1484) 12월 17일 기록.

1부 조선시대 왕실 발원 불상의 시대 구분

11

맺음말

조선 전기 불상 가운데 왕실과 관련된 대표적인 불상으로 보령 금강암 석조미륵보살상(1412년), 대구 파계사 건칠관음보살상(1447년 중수), 견성암 약사삼존상(1456년), 영주 흑석사 목조아미타불상(1458년), 평창 상원사 목조문수동자상(1466년), 경주 왕룡사원 목조아미타불상(1466년), 합천 해인사 법보전과 대적광전 목조비로자나불상(1490년 중수), 김제 금산사 오층석탑 불상(1492년), 남양주 수종사 불상(1493년) 등을 살펴보았다. 이 가운데 대구 파계사 건칠관음보살상과 해인사 법보전 및 대적광전 목조비로자나불상은 중수된 예이다. 또한 김제 금산사와 남양주 수종사는 탑 중수와 함께 탑 안에 새롭게 불상을 봉안한 경우이다. 보령 금강암 석조미륵보살상, 견성암 약사삼존상, 영주 흑석사 목조아미타불상, 평창 상원사 목조문수동자상, 경주 왕룡사원 목조아미타불상 등은 새로 조성된 불상이다.

조선 전기 불상을 조성하거나 중수하는 데 참여한 왕실 인물로는 대비, 왕비, 후궁, 대군, 군, 공주, 옹주, 부마, 대군 부인, 군부인, 군의 자녀 등 다양하다. 이외에도 왕과 관련된 인물로 보모와 내관 그리고 상궁을 들 수 있다. 대비로는 성종의 모친 인수대비, 예종의 비 인혜대비가 있고, 왕비로는 성종의 비 정현왕후가 1490년(성종 21) 해인사 법보전과 대적광전 불상을 중수했다. 조선 전기 왕실 인물의 불상 조성 참여를 정리하면 〈표 7〉과 같다.

표 7. 조선시대 왕실 인물의 불상 조성 참여

구분	왕	참여자 신분	역할	연도
왕비/ 대비	덕종	인수대비	해인사 불상 중수 시주자	1490
	예종	인혜대비	해인사 불상 중수 시주자	1490
	성종	정현왕후	해인사 불상 중수 시주자	1490
후궁	태종	신빈 신씨	흑석사 아미타불상 조성 시주자	1458
		명빈 김씨	흑석사 아미타불상 조성 시주자	1458
		의빈 권씨	보령 금강암 미륵보살상 조성	1412
			흑석사 아미타불상 조성	1458
	세종	신빈 김씨	파계사 건칠관음보살상 중수	1447
			견성암 약사삼존상 시주자	1456
	세조	근빈 박씨	해인사 불상 중수 시주자	1490
	덕종	귀인 정씨	해인사 불상 중수 시주자	1490
		귀인 윤씨	해인사 불상 중수 시주자	1490
	예종	귀인 최씨	해인사 불상 중수 시주자	1490
	성종	귀인 엄씨	해인사 불상 중수 시주자	1490
		귀인 정씨	해인사 불상 중수 시주자	1490
			수종사 불상 중수 및 조성 시주자	1493
		귀인 권씨	해인사 불상 중수 시주자	1490
		귀인 남씨	해인사 불상 중수 시주자	1490
		소의 이씨	해인사 불상 중수 시주자	1490
		소의 김씨	해인사 불상 중수 시주자	1490
		숙의 정씨	해인사 불상 중수 시주자	1490
		숙의 홍씨	해인사 불상 중수 시주자	1490
			수종사 불상 중수 및 조성	1493

구분	왕	참여자 신분	역할	연도
후궁	성종	숙의 하씨	해인사 불상 중수 시주자	1490
		숙원 김씨	수종사 불상 중수 및 조성	1493
대군	태종	효령대군	견성암 약사삼존상 조성 시주자	1456
			흑석사 아미타불상 조성 시주자	1458
			경주 왕룡사원 아미타불상 조성 시주자	1466
	세종	영응대군	파계사 건칠관음보살상 중수	1447
			견성암 약사삼존상 조성	1456
	예종	제안대군	해인사 불상 중수 시주자	1490
군	세종	영해군	파계사 건칠관음보살상 중수 시주자	1447
			견성암 약사삼존상 조성 시주자	1456
		계양군	견성암 약사삼존상 조성 시주자	1456
		의창군	견성암 약사삼존상 조성 시주자	1456
		밀성군	견성암 약사삼존상 조성 시주자	1456
		익현군	견성암 약사삼존상 조성 시주자	1456
	세조	덕원군	해인사 불상 중수 시주자	1490
			금산사 오층석탑 중수	1492
	성종	안양군	해인사 불상 중수 시주자	1490
			수종사 불상 중수 및 조성 시주자	1493
		봉안군	해인사 불상 중수 시주자	1490
			수종사 불상 중수 및 조성 시주자	1493
		완원군	해인사 불상 중수 시주자	1490
			수종사 불상 중수 및 조성 시주자	1493
		익양군	해인사 불상 중수 시주자	1490
			수종사 불상 중수 및 조성 시주자	1493
		계성군	해인사 불상 중수 시주자	1490
		회산군	수종사 불상 중수 및 조성 시주자	1493
		견성군	수종사 불상 중수 및 조성 시주자	1493
		경명군	수종사 불상 중수 및 조성 시주자	1493
		운천군	수종사 불상 중수 및 조성 시주자	1493
		순수	수종사 불상 중수 및 조성 시주자	1493
		복숭	수종사 불상 중수 및 조성 시주자	1493
공주	세종	정의공주	흑석사 아미타불상 조성 시주자	1458
	세조	의숙공주	상원사 문수동자상 조성 시주자	1466
	예종	현숙공주	해인사 불상 중수 시주자	1490
옹주	성종	공신옹주	해인사 불상 중수 시주자	1490
		정혜옹주	해인사 불상 중수 시주자	1490
			수종사 불상 중수 및 조성 시주자	1493

구분	왕	참여자 신분	역할	연도
옹주	성종	경휘옹주	해인사 불상 중수 시주자	1490
		혜숙옹주	해인사 불상 중수 시주자	1490
			수종사 불상 중수 및 조성 시주자	1493
		정순옹주	해인사 불상 중수 시주자	1490
		경순옹주	해인사 불상 중수 시주자	1490
		숙혜옹주	해인사 불상 중수 시주자	1490
		휘숙옹주	해인사 불상 중수 시주자	1490
			수종사 불상 중수 및 조성 시주자	1493
		경숙옹주	해인사 불상 중수 시주자	1490
			수종사 불상 중수 및 조성 시주자	1493
		휘정옹주	해인사 불상 중수 시주자	1490
			수종사 불상 중수 및 조성 시주자	1493
대군 부인	세종	광평대군 부인	견성암 약사삼존상 조성	1456
			해인사 불상 중수 시주자	1490
	세종	영응대군 부인	견성암 약사삼존상 조성	1456
			해인사 불상 중수 시주자	1490
	덕종	월산대군 부인	해인사 불상 중수 시주자	1490
	예종	제안대군 부인	해인사 불상 중수 시주자	1490
군 부인	세종	계양군부인	견성암 약사삼존상 조성 시주자	1456
		의창군 부인	견성암 약사삼존상 조성 시주자	1456
		밀성군 부인	견성암 약사삼존상 조성 시주자	1456
			해인사 불상 중수 시주자	1490
		익현군 부인	해인사 불상 중수 시주자	1490
부마	세종	정의공주 부마	흑석사 아미타불상 조성 시주자	1458
	세조	의숙공주 부마	상원사 문수동자상 조성	1466
			해인사 불상 중수 시주자	1490
	덕종	명숙공주 부마	해인사 불상 중수 시주자	1490
	예종	현숙공주 부마	해인사 불상 중수 시주자	1490
대군/ 군의 자녀	효령대군	의성군	흑석사 아미타불상 조성 시주자	1458
	광평대군	영순군	견성암 약사삼존상 조성 시주자	1456
	덕원군	연성군	해인사 불상 중수 시주자	1490
		덕진군	해인사 불상 중수 시주자	1490
왕의 보모	성종	봉보부인 백씨	해인사 불상 중수 시주자	1490
		봉보부인 백씨 남편	해인사 불상 중수 시주자	1490
내관	성종	김효강	해인사 불상 중수 시주자	1490
		신운	해인사 불상 중수 시주자	1490
		이존명	해인사 불상 중수 시주자	1490

〈표 7〉에서 알 수 있듯이 조선 전기에는 후궁들이 불상 조성에 적극적이었음을 알 수 있다. 태종의 후궁 의빈 권씨, 세종의 후궁 신빈 김씨, 세조의 후궁 근빈 박씨, 그리고 성종의 많은 후궁들이 그러한 이들이다. 후궁들은 여러 자녀들과 함께 불사에 참여했는데, 신빈 김씨, 근빈 박씨, 성종의 후궁 가운데 숙의 홍씨, 귀인 정씨, 숙원 김씨 등이 대표적이다.

　대군 중에는 태종의 아들 효령대군과 세종의 아들 영응대군 그리고 예종의 아들 제안대군이 불상 조성과 중수에 참여했다. 군 중에는 세종과 신빈 김씨 소생인 계양군·의창군· 밀성군·익현군·영해군 등이 부인들과 함께 동참했다. 세조와 근빈 박씨 소생 덕양군은 아들 연성군 및 덕진군까지 해인사 불상 중수에 참여했고, 금산사 오층석탑을 중수하기도 했다. 덕원군은 왕자 가운데 독자적으로 가장 활발하게 불사에 참여한 왕실 인물이다. 성종과 후궁 소생의 여러 아들 역시 해인사 불상 중수와 수종사 불상 중수 및 조성에 참여했다.

　공주는 세종의 딸 정의공주, 세조의 딸 의숙공주, 예종의 딸 현숙공주가 있다. 이 가운데 의숙공주가 대표적이다. 의숙공주는 남편 정현조와 함께 득남을 소원하면서 상원사 목조문수동자상을 조성했다. 옹주는 성종 후궁 소생들로 어린 나이에 참여한 경우가 많아 작호 이전의 아명을 사용한 점이 주목된다.

　조선 전기 부마 가운데 불사에 적극적이었던 인물은 세조의 부마 정현조이다. 그는 상원사 목조문수동자상(1466년)을 부인 의숙공주와 함께 조성했으며, 해인사 불상 중수(1490년)에도 동참했다. 이외에 정현조는 광평대군 부인 신씨가 간행한 『법화경』(1469년) 조성에도 시주자로 참여했다.

　조선 전기 대군 부인 가운데 가장 적극적이었던 인물은 광평대군 부인 신씨이다. 그녀는 견성암 약사삼존상(1456년)을 주도적으로 조성했으며, 해인사 불상 중수(1490년)에도 참여했다. 광평대군 부인 신씨는 불상 외에도 견성암을 창건해 남편·시부모·양시부모의 극락 왕생을 발원했고, 아들 영순군과 함께 경전 발간에도 힘썼다.

왕실 인물 가운데 특이한 존재로는 성종의 보모 봉보부인 백씨와 내관들을 들 수 있다. 이들은 1490년(성종 21)에 이루어진 해인사 중창 불사에 참여했다. 왕을 가까운 곳에서 모시는 인물들이기 때문에 봉보부인과 내관들은 왕실 불사에 큰 역할을 했던 것으로 보인다. 기록상으로는 해인사 불상 중수 기록에서 확인되고 있다. 이 외에 각 궁에 소속된 궁녀와 노비들도 참여한 것으로 추정되는데, 자료의 한계로 인해 체계적인 분석까지는 하지 못했다.

조선 전반기 복장 기록과 왕실 발원 불상을 살펴본 결과 몇 가지 사실을 확인할 수 있었다.

첫째, 보령 금강암 석조미륵보살상의 발원자에 대한 해석이다. 기존 연구에서는 태종의 후궁 의빈 권씨가 정의궁주 시절 아버지 권홍 및 딸 정혜옹주와 함께 발원한 존상으로 이해했다. 그러나 본고에서는 금강암 석조미륵보살상의 조성 사실을 기록하고 있는 「영암비구창금강암비명편(玲嵒比丘創金剛庵碑銘片)」에 있는 명문 '翁主 李氏'를 의빈 권씨 소생 정혜옹주가 아니라 권홍의 처로 해석했다. 따라서 금강암 석조미륵보살상은 의빈 권씨가 정의궁주 시절 아버지 권홍과 어머니 옹주 이씨와 함께 조성한 것으로 파악했다.

둘째, 대구 파계사 건칠관음보살상이 1447년(세종 29)에 중수된 것은 소헌왕후의 사후 1주기에 지내는 소상재(小祥齋) 또는 시주자인 세종의 후궁 신빈 김씨의 '빈' 책봉을 기념하기 위한 목적이 있었던 것으로 해석했다.

셋째, 견성암 약사삼존상(1456년) 복장 기록 3점은 동일 불상의 것으로 해석했다. 견성암 약사삼존상은 1978년에 학계에 소개된 당시에도 복장 기록만 있고 실물은 없는 상태였다. 이에 따라 이 복장 기록 3점이 같은 불상의 것인지에 대한 문제 제기가 소개 당시에도 존재했다. 최근에는 '약사삼존상'이 기록된 복장 기록이 영응대군이 도갑사에서 조성한 약사삼존상(1457년)의 복장물로 해석되기도 했다. 그러나 본고에서는 이 복장 기록 3점을 광평대군 부인 신씨, 영응대군, 신빈 김씨와 자녀들, 효령대군 등이 함께 조성한 견성암 약사삼존상의 것으로 분석했다.

견성암 약사삼존상의 조성 목적은 두 가지로 해석했다. 첫째는 광평대군 부인 신씨가 남편 광평대군, 시양부모 무안군 부부, 백부 신자근, 내관 인평 등의 영가천도를 위해 조성했다는 것이다. 둘째는 세조와 강한 유대 관계를 유지한 광평대군 부인 신씨가 세조의 아들인 의경세자의 병 치유를 위해 조성했다는 것이다. 전자는 대공덕주(大功德主)에 대한 복장 기록에 담겨 있는 내용이고, 후자는 동발문(同發文) 복장 기록에 대한 해석이다.

동발문(同發文) 복장 기록에는 세종의 후궁 신빈 김씨와 자녀들, 영응대군, 효령대군 등 세조 대 왕실 불사에 참여한 인물들이 함께 수록되어 있다. 이들은 광평대군 부인 신씨가 광평대군 재암인 견성암에서 『법화경』(1459년)을 간행할 때도 동참했다. 동발문은 세조의 아들 의경세자가 생존할 때 작성된 것이고, 견성암 본 『법화경』은 의경세자의 영가천도를 위해 간행된 것이다. 견성암 본 『법화경』 발문에는 경전 간행의 목적이 실려 있는데, 견성암 약사삼존상 발원 내용과 같다. 즉, 광평대군의 영가천도뿐만 아니라 세종과 소헌왕후, 그리고 의경세자의 극락왕생을 발원하고 있다. 이 같은 사실을 통해 견성암 약사삼존상 복장 기록 3점을 같은 불상의 것으로 해석했다.

넷째, 영주 흑석사 아미타불상의 원 소재지 '정암산 법천사'를 경기도 광주 일대로 추론했다. 조선 전기 왕실 원찰인 수종사·묘적사·현등사 등은 남한강 일대에 자리 잡고 있다. 풍광이 좋은 남한강 일대는 조선 전기에는 왕실의 원찰과 군사 훈련장인 강무장이 있던 곳으로, 조선 후기에는 학자들의 유람지로 유명했던 곳이다. 영주 흑석사 아미타불상 조성을 주도한 태종의 후궁 의빈 권씨는 수종사 사리탑을 건립했고, 명빈 김씨는 수종사 탑에 금동불상을 봉안했다. 또한 태종이 머물렀던 이궁인 풍양궁 역시 남양주에 위치하고 있었다.

정암산은 조선시대 강무장으로 지정된 묘적산이 있는 적성현에 위치하고 있다. 묘적산에는 세종의 후궁 신빈 김씨의 원찰인 묘적사가 있다. 가평 현등사는 세종의 7자인 평원대군과 그의 양자인 제안대군의 원찰이었다. 수종사는 세조가 중창하기 이전인 1439년(세종 21)에 의빈 권씨가 금성대군과 함께 사리탑을 건립한 곳이다. 이런 정황으로 보아 비명으로 세상을 떠난 금성대군을 위해 그를 양육한 의빈 권씨가 수종사와 멀지 않은 경기도 정암산 법천사에 아미타삼존상을 조성해 그의 영가천도를 기원했던 것으로 추정했다. 아미타삼존상 가운데 아미타불상만 현재 영주 흑석사에 봉안되어 있다.

다섯째, 해인사 법보전 비로자나불상 중수발원문에서는 조선시대 선왕의 후궁들이 거처한 자수궁(慈壽宮)·수성궁(壽城宮)·창수궁(昌壽宮)의 조선 전기 당시 면모를 확인했다. 이 세 궁은 선왕의 후궁들이 거처하던 곳으로, 조선 전기부터 불당처럼 사용되었다. 자수궁에는 예종의 후궁 귀인 정씨가, 수성궁에는 문종의 후궁 숙빈 홍씨와 소용 문씨가,

1부 조선시대 왕실 발원 불상의 시대 구분

창수궁에는 세조의 후궁 근빈 박씨가 거주하고 있었다. 성종 때 선왕의
후궁들은 모셨던 왕에 따라 각자 거처한 장소가 달랐다. 해인사 법보전
비로자나불상 중수발원문을 통해 이 같은 사실을 확인할 수 있었다.

2장

조선 후반기
제1기(1609-1724)
왕실 발원 불상

1

머리말

조선 후반기 제1기(1609-1724)는 임진왜란과 정유재란 이후 조선 후기로 접어든 시기이다. 조선 사회는 큰 변동이 있었고 불교계도 마찬가지였다. 조선 후반기 제1기에는 조선 전반기와 마찬가지로 왕비와 후궁, 대군과 왕자, 공주와 옹주, 부마 등이 불상을 조성하거나 시주자로 동참했다. 또한 종친과 왕실에 소속된 많은 나인[상궁]들도 불상을 조성하는 데 시주자로 참여했다.

조선 후반기 제1기 왕실 발원 불상 조성과 관련된 승려는 주로 부휴 선수(浮休善修, 1543-1615)의 제자들이었다. 특히 벽암 각성(碧巖覺性, 1575-1660)은 왕실 발원 조성 불상과 깊게 연관되어 있다. 조선 후반기 제1기에 조성된 왕실 발원 불상으로는 1622년(광해군 14) 광해군 비 유씨(1576-1623)[297]가 인수사와 자수사에 봉안한 불상 11존이 대표적이다. 이 외에 선조의 계비 인목왕후(1584-1632)가 1628년(인조 6)에 조성해 남양주 수종사탑에 봉안한 불상 23존, 의창군 이광(1589-1645)이 대시주자로 참여한 구례 화엄사 목조비로자나삼신불상(1634년), 소현세자가 대시주자로 동참한 완주 송광사 소조석가여래삼불좌상(1641년), 소현세자의 어린 자녀들이 시주한 평창 상원사 문수전 목조제석천상 중수(1645년), 인수·자수원과 관련된 서울 봉은사 석가여래삼불좌상(1651년), 나인 노예성이 조성한 순천 송광사 관음보살상과 석가불상(1662년), 연잉군(延礽君)이 원당으로 건립한 구례 화엄사 각황전 3불4보살상(1703년), 인현왕후의 극락왕생을 목적으로 조성한 서울 봉원사 명부전 존상(1704년), 숙종의 후궁 소의 유씨의 천도를 목적으로 조성한 서울 미타사 아미타불상(1707년) 등을 들 수 있다.

조선 후반기 제1기 왕실 발원 불상을 정리하면 〈표 1〉과 같다.

표 1. 조선 후반기 제1기 왕실 발원 불상

	명칭	연도	발원 주체 및 왕실 인물	출처
1	서울 지장암 비로자나불상	1622	광해군 비 유씨	조성발원문
	안동 선찰사 석가불상	1622	광해군 비 유씨	조성발원문
	서울 칠보사 석가불상	1622	광해군 비 유씨	
		1721 중수 추정	숙종 제2계비 인원왕후	중수발원문
2	남양주 수종사탑 불상군 23존	1628	선조 계비 인목대비	불상 명문
3	구례 화엄사 비로자나 삼신불상	1634	의창군 부부, 신익성, 소현세자 부부	시주질

---

297 광해군 비는 '폐비 유씨(류씨)' 또는 '문성군부인(文城郡夫人) 유씨'로 부른다. 미술사 분야에서는 1622년(광해군 14) 지장암 비로자나불상 조성기에 '장열전하(章烈殿下)'로 기록되어 '장열왕후'라고 주로 표기했다. 그러나 '장열'은 광해군 비 유씨의 존호로 추정된다. 광해군 비 유씨를 '장열왕후'라고 표기하는 것은 인조의 계비 '장열왕후(莊烈王后)'와 혼동될 우려가 있다. 따라서 본고에서는 '광해군 비 유씨'로 부르고자 한다.

	명칭	연도	발원 주체 및 왕실 인물	출처
4	완주 송광사 석가여래 삼세불상	1641	소현세자	불상화주행적
5	평창 상원사 목조제석 천왕상 중수	1466 조성		
		1645 중수	정숙옹주 영가, 소현세자 딸들	중수발원문
6	서울 봉은사 약사 · 아미타불상	1651 조성	나인 노예성	조성발원문
		1765 중수		중수발원문
7	순천 송광사 관음보살상	1662	경안군 부부, 나인 노예성	조성발원문
	순천 송광사 석가불상	1662	나인 노예성	조성발원문
8	구례 각황전 3불4보살상	1703	숙종을 비롯한 왕실 인물, 관리, 상궁 등	조성발원문
9	서울 봉원사 명부전 존상	1704	궁중 나인	조성발원문
10	서울 미타사 아미타불상	1707	상궁 김귀업과 김종정	조성발원문

1부 조선시대 왕실 발원 불상의 시대 구분

2

서울 지장암 비로자나불상,
칠보사 석가불상, 선찰사 석가불상

광해군 비 유씨는 1622년(광해군 14)에 비로자나불상 2존, 석가여래상 3
존, 노사나여래상 2존, 아미타여래상 2존, 관음보살상 1존, 대세지보살
상 1존 등 11존을 조성했다. 또 불화로는 삼신대영산회탱(三身大靈山會幀)
2폭, 용화회탱(龍華會幀) 2폭, 오십삼불탱(五十三佛幀) 1폭, 중단탱(中壇幀)
1폭, 하단탱(下壇幀) 1폭 등 총 7폭의 불화를 제작했다. 불상 11존과 불
화 7폭은 인수사(仁壽寺)와 자수사(慈壽寺)에 봉안했다.[298]

광해군 비 유씨가 조성한 불상 가운데 비로자나불상 1존과 석가불

---

298 문명대(2007), 「17세기 전반기 조각승 玄眞派의 성립과 지장암 목 비로자나불좌상의 연
   구」, 『강좌미술사』 29, 357-361쪽.

그림 1(좌). 서울 지장암 비로자나불상, 1622년, 현재 국립중앙박물관 소장
그림 2(중). 서울 칠보사 석가불상, 1622년
그림 3(우). 경주 선찰사 석가불상, 1622년

상 2존은 이미 학계에 소개되었다. 이 가운데 서울 지장암[299]에 봉안되었던 비로자나불상 1존이 가장 먼저 2007년에 알려졌다(그림 1).[300] 이후 2014년과 2015년에는 서울 칠보사 대웅전 석가불상(그림 2)[301]과 안동 선찰사 석가불상(그림 3)[302]이 1622년에 함께 조성한 사실이 밝혀졌다. 현재까지 11존 가운데 3존의 소재가 확인된 것이다.

---

299 지장암에 소장되었던 비로자나불상은 현재는 국립중앙박물관으로 옮겨졌다. 그러나 기존의 연구와 혼동을 피하기 위해 본고에서는 지장암 비로자나불상으로 부르고자 한다.

300 문명대(2007), 앞 논문, 355-380쪽.

301 문명대(2017), 「칠보사 대웅전 1622년 작 왕실발원 목(木)석가불좌상과 복장품의 연구」, 『강좌미술사』 42, 343-358쪽.

302 송은석(2017), 「1622년 慈壽寺·仁壽寺의 章烈王后 發願 佛事와 안동 선찰사 목조석가불좌상」, 『석당논총』 67, 1-38쪽; 이은주·박윤미(2017), 「선찰사 목조석가여래좌상 복장 직물과 왕비 유씨 저고리 고찰」, 『석당논총』 67, 39-78쪽; 김미경(2017), 「조선 光海君代의 佛事 연구 - 안동 仙刹寺 목조석가불좌상 造成發願文을 중심으로」, 『석당논총』 67, 79-118쪽.

1부 조선시대 왕실 발원 불상의 시대 구분

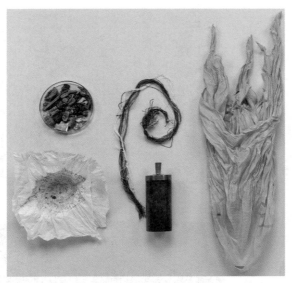

그림 4. 서울 지장암 비로자나불상 황초폭자와 후령통 유물, 1622년, 출처: 국립중앙박물관

1) 지장암 비로자나불상 조성발원문

지장암 비로자나불상 복장에서는 조성기와 후령통(그림 4)을 비롯한 여러 불교 전적이 수습되었다. 복장 전적 가운데 주목되는 경전은 1622년 (광해군 14) 3월에 세자 이질의 원찰인 청계사에서 간행한 『법화경』 인경본이다. 이것은 3월에 판각한 『법화경』을 복장용으로 인경해, 동년 5월에 불상을 조성하고 복장으로 납입한 것이다(그림 5, 6). 이외 복장 전적으로는 1629년·1630년·1631년에 경기도 용복사(龍腹寺)에서 간행된 『화엄경』이 있다. 화엄경은 불상이 조성된 1622년 5월 이후에 간행된 것이기 때문에 중수 때 추가된 것임을 알 수 있다. 지장암 비로자나불상 바닥 면 복장공(腹藏孔) 표면에는 복장 개금기(1924년·1986년)가 부착되

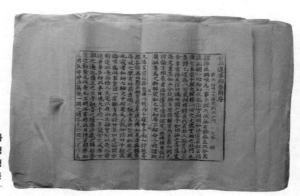

그림 5. 서울 지장암 비로자나 불상 복장용으로 인경 된 법화경, 1622년 청 계사 간행, 손영문 제공

그림 6. 청계사 법화경 경판, 1622년, (재)불교문 화재연구소 제공

어 있어[303] 중수가 이루어진 사실을 뒷받침하고 있다.

광해군 비 유씨가 발원한 불상조성기는 지장암 비로자나불상과 선찰사 석가불상에서 발견되었다. 칠보사 석가불상에서는 숙종의 제2계비 인원왕후가 중수한 중수기가 수습되었다. 본고에서는 지장암 비로자나불상의 조성기를 중심으로 살펴보고자 한다. 지장암 비로자나불상 조성기는 『조상경』 복장 납입법의 내용처럼 푸른 비단에 붉은 글씨[靑綃紅書]로 쓰여 있다. 불상조성기의 크기는 34.0×70.2cm이다. 본문은 42행

---

303 문명대(2007), 앞 논문, 364쪽.

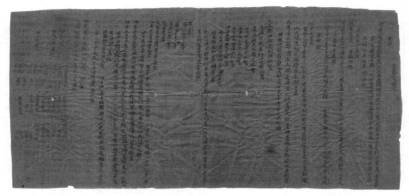

그림 7. 서울 지장암 비로자나불상 조성발원문, 1622년, 출처: 국립중앙박물관

이고, 1행의 글자 수는 일정하지 않다. 조성발원문의 앞부분은 발원 내용으로, 뒷부분은 증명을 비롯한 불상 조성에 소임을 맡은 승려들과 조각승을 기록한 조상 화원질(造像畵員秩)로 구성되었다(그림 7).

지장암 비로자나불상 조성기의 원문은 다음과 같다.

釋迦　毘盧前願文
恭聞
覺皇　功成億劫　位著義天　三身之德相周圓　四智之慧明真淨
分身利土實萬善之莊
嚴　一坐蓮宮　乃群心之欽慕　慈深苦海　悲極含生　是故　一聞
號而衆罪悉除　一
念歸而萬福畢集　今我
章烈殿下　益信
佛乘　爰發　聖願　特爲

主上殿下 陰陽沴釋 年月厄消 二曜並明 休光隻於千古 両
儀齊壽 盛業邁於百王 天人

交慶 日月貞明

世子邸下 壽盛獻彩如來座 福辰呈輝 世尊前 順從民心 荷
天地之休命 傳授

寶明 宣

祖宗之重光

嬪朴氏邸下 壽命千秋 敬奉 慈圍之德 仰致怡愉之禮 密符
徽音之恩 克勤徹

戒之規 速誕元孫 續承聖嗣 亦爲

己身 章烈殿下 德並大術 道同宣仁 增壽筭於靈椿 著徽音
扵盛世 身輕氣

順 頓消諸病之根 食穩寢安 永享萬年之快 抑願

先王先后祖宗列位仙駕

文陽府院君柳自新仙駕

蓬源府夫人鄭氏仙駕

壬辰生公主李氏仙駕

丙申生公主李氏仙駕

庚子生大君李氏仙駕

甲寅生郡主李氏仙駕

贈文陵君進士柳希鏗靈駕

贈文源君柳希聊靈駕

先亡上世宗祖親姻眷屬之靈 脫此三有 生彼九蓮

以此大願恭楫宝帑處募

良工敬造尊像 毘盧遮那

佛二尊

釋迦如來三尊

盧舍如來二尊

彌陁如來二尊

観音菩薩

大勢至菩薩兼圖畵像

三身大靈山會幀二 龍華會幀二 五十三佛幀一 中壇幀一 下
壇幀一 工手已畢奉

安于慈仁壽兩寺 仰表忦悰 靡懈初心 克成勝妙 以此大功德
伏願

諸聖 垂慈嘉應 時格洪休 使成前願 必獲後果 悔吝頓消 吉
祥荐至 動資

佛力 永享不老之春秋 尋符天恩 長見太平之風月 群臣協睦
百神護祐 東溟乏賊

倭之舟楫 北地絶兇狄之弓弩 天災自滅 地変自弭 雨暘和而
百穀登場 于戈

息而四方奠枕

瑤圖地久 寶曆天長 佛日與舜日恒明 禪風共堯風遐扇 然後
願 惠流寶刹

澤及含靈 咸脫苦波 同遊覺海 伏惟

諸聖慧眼 遙観作此功德 時維

大明天啓二年 壬戌五月二十六日 謹記

證明	大德熙彦	造像畵員秩		火尊	坦宗	熟頭	雙衍
證明	大德覺性	玄眞	敬玄	咽導	雲雨		應和
		應元	志修	寫経	希安		妙安
持任	智軒	守衍	太鑑	書記	宗遍		敬禅
		玉明	治匠	別座	熙尙	淨桶	道彦
		法玲	性玉	来往	義雲	助役	可瑛
		明嘗	勝一	飯頭	笠熙		宗印

淸虛	密衍	濟一	性真
性仁	義仁 茶角	戒淳	雙淳
普熙		宗湜	
印均			

해석은 다음과 같다.

삼가 듣자옵건대 진리의 황제[覺皇]이신 부처님께서는 억겁에 이르는 공덕을 이루시어 그 지위가 진리의 하늘[義天]에 현저하시니, 삼신(三身)의 덕스런 모습은 두루 원만하시고 사지(四智)의 밝은 지혜는 참으로 맑으시어, 이 땅에 몸을 나퉈 실로 온갖 선행으로 장엄하시니 한 번 연꽃 궁전[蓮宮: 사찰]에 앉으시자 많은 사람이 흠모했다 하옵니다. 고해의 중생에 대한 자비심이 깊고 지극하셨기에 한 차례 그 이름을 듣기만 하여도 갖은 죄업이 모두 사라지고, 귀의하려는 한 생각만을 일으켜도 만 가지 복덕이 빠짐없이 모여 든다고 하옵니다. 이제 우리 장렬왕후께서는 부처님 가르침을 더욱 돈독히 믿사옵니다.

이에 성스런 소원을 말하시니, 특히 주상전하께옵서는 음과 양의 요사한 기운이 풀리시고 해마다 다달이 재액(災厄)이 사라지시며, 일월과 나란히 밝아 아름다운 빛이 천고(千古)에 짝이 없게 하시옵고, 하늘과 땅처럼 수명이 길어 성대한 업적 백 명의 왕보다 뛰어나게 하소서. 그리하여 천신과 인간들이 경사를 함께 누리고 해

1부 조선시대 왕실 발원 불상의 시대 구분

와 달이 언제나 밝게 빛나게 하옵소서.

세자저하께서는 그 수명을 관장하는 별은 찬연하고 복덕을 주관하는 별은 빛나게 하시오며, 민심에 순응하여 세상을 다스리는 큰 운명을 감당하여 왕위를 이어받아 조종(祖宗)의 빛나는 업적을 다시 펼치게 하소서.

세자빈 박씨저하께서는 천추의 수명을 누리면서 삼가 어머님을 받드는 덕을 갖추시고 부모님이 즐겁고 기쁘도록 봉양하는 예를 이루도록 하옵소서. 후비(后妃)의 덕을 잇는 은혜에 차분히 부합하고 경계해야 할 법도에 지극히 힘쓰게 하옵시며, 속히 원손을 낳아 성스러운 후사를 잇게 하옵소서.

또한 장열왕후 전하 자신께서도 덕망은 [석가여래의 어머니] 마야부인과 나란히 하시며 도덕은 [宋 英宗의 后妃] 선인왕후와 같도록 하옵시며, 수명은 영춘(靈椿)보다 늘어나고 후비의 덕은 성세(盛世)에 현저하게 하옵소서. 몸은 경쾌하고 기운은 순조로워 온갖 질병의 근원이 소멸되며, 음식은 안정되고 잠자리는 평안하여 만년토록 쾌적함을 누리도록 하옵소서.

또 바라옵건대, 돌아가신 왕과 왕비들이신 조종(祖宗)의 여러 선가(仙駕), 문양부원군 유자신 선가, 봉원부부인 정씨 선가, 임진생 공주 이씨 선가, 병신생 공주 이씨 선가, 경자생 대군 이씨 선가, 갑인생 군주 이씨 선가, 문릉군에 추증된 진사 유희갱 영가, 문원군에 추증된 유희담 영가, 그리고 돌아가신 앞 세대 조상들의 친척과 권속들의 영혼들도 모두 이 삼유(三有)의 중생계를 벗어나 저 (극락세계의) 구품연대에 태어나게 하옵소서.

이상과 같은 커다란 소원을 품고 삼가 보탕(寶帑, 왕실의 금고, 창고)의

돈을 기부하고 뛰어난 장인을 모집하여 공경히 불가(佛家)의 존상인 비로자나불 2존, 석가여래 3존, 노사여래 2존, 미타여래 2존, 관음보살과 대세지보살을 조성하고, 아울러 삼신불을 그린 대영산회탱(大靈山會幀) 두 폭, 용화회탱(龍華會幀) 두 폭, 오십삼불탱(五十三佛幀) 한 폭, 중단탱(中壇幀) 한 폭, 하단탱(下壇幀) 한 폭을 그렸습니다.

장인들이 일을 이미 마무리하여 자수사(慈壽寺)와 인수사(仁壽寺) 두 절에 봉안함으로써 우러러 지극한 정성을 표하되 초심을 잃지 않고 수승하고 아름다운 결과를 이룩했습니다.

이와같은 큰 공덕으로 엎드려 원하옵건대, 여러 성인께서는 자비를 드리워 감응하시어 시절이 크게 복되게 하시고, 앞서 든 소원을 이루어 반드시 뒷날에 과보를 얻게 하시며, 후회와 한탄이 따르는 나쁜 징조는 문득 사라지고 길함과 상서로움은 거듭 이르게 하옵소서.

부처님의 힘에 의지하여 길이 노쇠하지 않는 시절을 누리고, 하늘의 은혜에 부합하여 오래도록 태평한 세월을 보게 하소서. 여러 신하는 서로 협력하고 화목하며 천지신명이 돕고 보호하여, 동쪽 바다에서는 왜적의 배들이 사라지게 하시고, 북쪽 땅에서는 오랑캐들의 활과 쇠뇌가 단절되게 하소서. 천재지변은 저절로 그치고 사라지며, 비와 햇살 조화로워 온갖 곡식 풍년들고, 전쟁은 스러져 온 세상이 평안하게 하소서. 왕실은 땅처럼 장구하고, 왕위는 하늘처럼 영원하며, 불일(佛日)과 순일(舜日)이 항상 빛나고, 선풍(禪風)과 요풍(堯風)이 멀리까지 펼쳐지게 하소서.

끝으로 또 바라옵건대, 부처님의 은혜가 절에까지 흐르고 중생에게 미쳐서, 모두 고통의 물결을 벗어나 함께 진리의 바다에서 노닐게 하소서.

엎드려 바라건대, 여러 성인께서는 지혜의 눈으로 이러한 공덕지음을 멀리까지 굽어살피소서.

때는 대명(大明) 천계(天啓) 2년인 임술년(1622, 광해군 14) 5월 26일 삼가 기록하다.[304] (이하 생략)

서울 지장암 비로자나불상 조성기에는 불상을 조성한 유래, 비로자나불상과 함께 많은 불상과 불화의 조성, 불상의 봉안 사찰, 조성자 등이 기록되어 있다. 지장암 비로자나불상의 조성기는 17세기 전반 왕실 발원 불사의 규모와 상황을 살필 수 있는 귀중한 자료이다. 앞에서 살펴본 바와 같이 지장암 비로자나불상의 조성기 앞 부분에는 희미하게 '釋迦 毘盧前願文(석가 비로전원문)'이라고 기록되어 있다. 즉 석가여래와 비로자나불상의 원문임을 표시하고 있다.

광해군 비 유씨가 발원한 불상의 조성 목적은 왕실의 안녕과 돌아가신 조상의 영가천도임을 알 수 있다. 즉, 왕 광해군, 세자 이지(李秷, 1598-1623), 세자빈 박씨의 안녕을 먼저 기원한 후, 특히 세자빈이 속히 원손을 낳아 후사를 잇기를 발원했다. 세자와 세자빈 소생의 왕손은 1614년(광해군 6) 7월에 탄생해[305] 그해 12월에 세상을 떠나고 말았다.[306] 불상 조성기에 기록된 "甲寅生 郡主 李氏仙駕"는 바로 세자와 세자빈 소생의 왕손임을 알 수 있다.

---

304 국립중앙박물관(2021), 『조선의 승려 장인』, 350-351쪽.

305 『조선왕조실록』 광해군 6년(1614) 7월 5일자 기록.

306 『조선왕조실록』 광해군 6년(1614) 12월 19일자 기록.

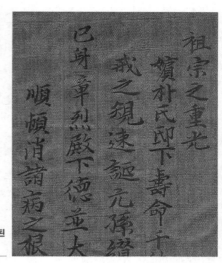

그림 8. 지장암 비로자나불상 조성발원문에 기록된
'章烈殿下'

지장암 비로자나불상 조성기에는 불상을 조성한 광해군 비가 '章烈
殿下(장열전하)'로 기록되어 있다(그림 8). 이 때문에 선행 연구에서는 광
해군 비를 '장열왕후'로 칭하고 있다. 그러나 인조반정으로 광해군이 폐
위되어 '문성군'으로 강등되었기 때문에 광해군 비도 '문성군부인'으로
부르는 것이 타당하다. '章烈'은 1622년(광해군 14) 7월에 해인사 대장전
상량문에도 등장하고 있다. 즉 '成造大施主 章烈敬徽貞聖 明淑顯愼靜
順 王妃殿下壽萬歲(성조대시주 장열경휘정성 명숙현신정순 왕비전하수만세)'로
기록되어 있는 것이다. 광해군 비에게 내려진 존호는 지장암 비로자나
불상이 조성된 1622년 5월에는 '장열(章烈)'뿐이었는데, 7월에는 '장열
경휘정성 명숙현신정순(章烈敬徽貞聖 明淑顯愼靜順)'이 추가되어 있다.[307]

---

[307] 광해군 비 유씨에 대한 존호 증정은 『조선왕조실록』에서 찾을 수 있다. 1610년(광해군 2) 4
월 21일자, 1612년(광해군 4) 1월 8일자, 1616년(광해군 8) 10월 8일자, 1616년(광해군 8)
10월 8일자, 1620년(광해군 12) 1월 8일자 기록 참조.

또한 광해군은 '成造大施主 體天興運後德弘功 隆奉顯保懋乿重熙 神聖英肅欽文仁武 敍倫立紀明誠光列 睿哲莊毅章憲順靖 建義守正彰 道崇業 主上殿下壽萬歲(성조대시주 체천흥운후덕홍공 융봉현보무정중희 신성 영숙흠문인무 서륜입기명성광렬 예철장의장헌순정 건의수정창도숭업 주상전하수만 세)'로 존호 총 48자를 모두 싣고 있다. 흔히 '주상전하', '왕비전하'로만 기록하는 삼전하 축원문과는 달리, 긴 존호를 모두 사용하고 있는 것이 다. 광해군은 6차례에 걸쳐 존호를 받아 역대 왕 가운데 가장 많은 존호 를 갖고 있다.[308] 조선시대 왕이 존호를 받는 것은 왕실이나 국가적으로 큰 경사였다. 해인사 대장전 중창이 시작되기 한 해 전인 1621년(광해군 13) 10월에 광해군은 6번째 '건의수정창도숭업(建義守正彰道崇業)'이라는 존호를 받게 되었다.[309]

이러한 정황으로 보아 광해군 비 유씨는 광해군이 존호를 받은 것을 기념하기 위해 해인사 대장전 중창의 대시주자로 나섰을 가능성이 높 다.[310] 광해군과 광해군 비 유씨만 '성조대시주(成造大施主)'로 기록되어 있는 점 역시 존호 증정과 해인사 대장전 중창이 연관되었을 가능성을 시사하고 있다. 해인사 대장전 중창 불사에는 광해군과 광해군 비 외에 도 세자와 세자빈이 동참했다. 또한 광해군의 후궁인 수빈 허씨를 비롯 한 옹주 등도 시주자로 동참하고 있는 점이 주목된다.[311]

---

308 『조선왕조실록』 광해군 9년(1617) 10월 30일자 기록.

309 『조선왕조실록』 광해군 13년(1621) 10월 12일자 기록.

310 서치상(2020), 「광해·인조 연간의 해인사 수다라장과 법보전 상량문 연구」, 『건축역사연 구』 128, 67-69쪽.

311 해인사 대장전 중창 상량문은 해인사·문화재청(2002), 『海印寺 藏經版殿 實測照査報告 書』, 91-92쪽에 자세하게 수록되어 있다.

그러나 지장암 비로자나불상은 광해군 비 유씨 단독 시주로 조성되었다. 광해군 비 유씨는 1620년(광해군 12)에 세상을 떠난 어머니 봉원부부인 정씨를 위해 지장암 비로자나불상을 조성한 것으로 보인다. 1615년(광해군 7)에는 정씨의 생신을 축하하는 잔치가 서총대(瑞葱臺)에서 있었는데, 이때 세자 이지는 시를 지어 외조모의 75세 생신을 축하했다. 또한 광해군 비 유씨는 통명전(通明殿)에서 수연(壽宴)을 베풀었는데, 이때 광해군은 다음과 같은 시를 지어 축하했다.[312]

덕을 쌓은 빛난 가문 수복도 많은지고 / 種德名門壽福全
가정을 복되게 하는 어진 행실은 전고(前古)에도 없었네 / 宜家令
範更無前
빛난 집엔 수많은 잠홀(簪笏)들이 넘쳐 있고 / 森森簪笏華軒溢
번창한 자손들은 비단 장막에 연이어 있네 / 濟濟芝蘭錦幌連
동궁을 세웠으니 나라 복조(福祚) 튼튼하고 / 慶建少陽鞏國祚
중궁(中宮)은 덕을 밝혀 백성들을 교화하도다 / 光昭壼理迪民賢
통명전에 잔치 열어 중궁이 잔 드리니 / 坤宮奉酌通明殿
인간의 거룩한 일을 만 사람이 전하도다 / 盛事人間萬口傳

1620년(광해군 12)에 봉원부부인 정씨가 79세로 세상을 떠나자, 광해군은 중전이 상(喪) 중이기 때문에 왕비 유씨에게 존호를 올리는 예식을 뒤로 미루었다. 그리고 1623년에 상복을 벗은 뒤 즉시 올리도록 하였

312 『燃藜室記述』卷21 廢主光海君故事本 '光海君亂政'[한국고전연합DB https://db.itkc.or.kr].

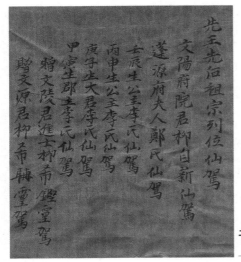

先王先祖祖列位仙駕
文陽府院君柳自新仙駕
蓬源府夫人鄭氏仙駕
壬辰生公主李氏仙駕
丙申生公主李氏仙駕
庚子生大君李氏仙駕
甲寅生郡主李氏仙駕
贈文陵君進士柳希鏗靈駕
贈支源君柳希聃靈駕

그림 9. 지장암 비로자나불상 조성발원문에 기록된 영가천도 대상

다.[313] 그러나 1623년 3월 12일에 인조반정이 일어났고, 광해군 비는 동년 10월에 사망하고 말았다.[314]

광해군 비 유씨는 지장암 비로자나불상을 비롯한 여러 존상과 불화를 조성해 먼저 세상을 떠난 친정 부모와 형제, 그리고 어린 나이에 세상을 떠난 왕실 자손의 영가천도를 발원했다. 아버지 유자신(柳自新, 1541-1612), 어머니 봉원부부인 정씨(1541-1620), 일찍 세상을 떠난 임진생(1592년) 공주, 병신생(1596년) 공주, 경자생(1600년) 대군, 갑인생(1614년) 원손, 오빠 유희갱과 유희담 등 8명의 천도를 위해 불사를 하였던 것이다(그림 9).

---

313 『조선왕조실록』 광해군 12년(1620) 12월 1일자 기록.

314 『조선왕조실록』 인조 1년(1623) 10월 8일자 기록.

이를 위해 왕실 보탕금(寶帑金)으로 조각승을 모집해 비로자나불상 2존, 석가불상 3존, 노사나불상 2존, 아미타불상 2존, 관음보살과 대세지보살 등 11존을 조성했다. 또한 삼신불을 그린 대영산회탱(大靈山會幀) 2폭, 용화회탱(龍華會幀) 2폭, 오십삼불탱(五十三佛幀) 1폭, 중단탱(中壇幀) 1폭, 하단탱(下壇幀) 1폭 등 총 7폭의 불화를 그려 불상과 함께 자수사(慈壽寺)와 인수사(仁壽寺)에 봉안했다.

광해군 비 유씨는 호불적인 왕비로 유명했는데, 이긍익은 『연려실기술』에서 그녀에 대해 다음과 같이 서술하였다.

> 폐비 유씨가 일찍이 불도를 숭상해 믿었는데 궁전 안에 금불상을 모셔 놓고 친히 기도하여 섬기며 복을 구했다. 또 궁중에 나무로 새기고 흙으로 빚어 만든 불상이 매우 많았는데, 여러 군데 사찰에 내려 주었다. 항상 하늘에 빌기를 "다음 생에는 다시 왕가의 며느리가 되지 않게 하소서." 하였다(『공사견문』).[315]

앞의 내용을 통해 광해군 비 유씨가 목조불상과 소조불상을 많이 제작해 여러 사찰에 하사한 상황을 엿볼 수 있다. 향후 광해군 비 유씨 발원 불상이 발견될 가능성이 있는 대목이다. 광해군과 광해군 비 유씨의 호불적인 면모는 창덕궁을 새로 짓고 이곳에 들어갈 때 남녀 아이에게 경문(經文)을 외우며 앞에서 인도하게 했다는 기록을 통해서도 찾을 수 있다.[316]

---

315 『燃藜室記述』卷23 仁祖朝故事本末 '安置光海君'. "廢妃柳氏 嘗崇信佛道 輦致金佛於大內 親事禱奉 以求利益 且於宮中 刻木範土造佛像 甚多 以賜內外寺刹 常祝天曰 願後更勿爲王家婦云『公私見聞』" [한국고전연합DB https://db.itkc.or.kr].

316 『燃藜室記述』卷21 廢主光海君故事本 '光海君亂政'. "庚戌新御法宮欲以童男童女誦經前

지장암 비로자나불상을 비롯한 불상 11존이 봉안된 장소는 선왕의 후궁이 머물던 자수궁과 인수궁이 사찰로 변한 '자수사'와 '인수사'라는 점이 매우 중요하다. 왕비가 발원한 불상을 선왕의 후궁들이 수행하던 장소에 봉안했다는 것은, 조선 전기부터 이어져 오던 왕실 인물들의 불사가 조선 후반기까지 지속된 당시 상황을 반영하고 있기 때문이다.

자수궁과 인수궁은 선왕의 후궁들이 거주하던 궁이었다가, 후대에는 여승이 머무는 니원(尼院)으로 성격이 변했다. 그리고 현종 2년(1661)에는 혁파된 자수원의 재목과 기와를 성균관 학사를 수리하는 데 쓰게 했고, 인수원의 자재로는 질병가를 짓도록 했다.[317] 자수궁과 인수궁에 대해서는 조선 전반기 불상 가운데 해인사 법보전 비로자나불상 중수에서 다루었기 때문에 여기서는 생략하고자 한다.

지장암 비로자나불상 조성기에는 당시 시대 상황을 엿볼 수 있는 대목이 있다. 바로 "동쪽 바다에서는 왜적의 배들이 사라지게 하시고, 북쪽 땅에서는 오랑캐들의 활과 쇠뇌가 단절되게 하소서[東溟乏賊倭之舟楫 北地絕兜狄之弓弩]"라는 부분이다. 광해군은 임진왜란이 일어나자 피난지 평양에서 세자에 책봉된 후,[318] 나라를 다스리는 임시 조정인 분조(分朝)를 이끌었다. 1618년(광해군 10)에는 북방 여진족이 세력을 키워 후금을 건국한 후, 1619년에 명나라와 전쟁을 했다. 명으로부터 원군 요청을 받은 광해군은 강홍립과 김경서를 파견했다. 그러나 명은 후금에 패배했고, 광해군은 후금에 어쩔 수 없는 출병이었음을 해명하는 등 명과 후금

導"[한국고전연합DB https://db.itkc.or.kr].

317 『조선왕조실록』 현종 5년(1664) 윤 6월 14일자 기록.

318 『조선왕조실록』 선조 25년(1592) 5월 8일자 기록.

사이에서 중립 외교를 펼쳤다. 이러한 당시 사정은 왕비였던 광해군 비유씨로 하여금 불력(佛力)으로 위기를 극복하고자 발원하게 만들었다.

지장암 비로자나불상 등 11존 불상을 조성하는 데 증명을 맡은 승려는 부휴 선수의 제자인 고한 희언(孤閑熙彦, 1561-1647)과 벽암 각성이다. 이들은 서울 지장암 불상이 조성되기 2개월 전인 1622년 3월에 과천 청계사에서 『법화경』을 간행할 때도 동참했다. 이때 개판된 『법화경』은 묘엄(妙嚴)과 희원(熙運)이 주도해 판각한 것이다. 또한 1622년에는 청계사에서 세자를 위한 재회(齋會)를 개설했는데, 이때 고한 희언과 벽암 각성이 참여했다.³¹⁹ 청계사는 고려 말 조인규(趙仁規, 1237-1308) 가문의 원당이었는데, 광해군 때에는 세자 이지의 원당이 되었다.

1622년 3월 청계사 『법화경』 간행과 동년 5월 지장암 비로자나불상 조성에 증명을 맡은 벽암 각성과 고한 희언이 광해군과 인연을 맺은 것은 스승인 부휴 선수의 영향이다. 부휴 선수(그림 10)는 1612년(광해군 4) 2월에 시작된 김직재(金直哉) 사건 때 승려 천인(天印)의 밀고로 삼혜(三惠)와 더불어 무고를 당해 옥에 갇혔다.³²⁰ 부휴 선수는 이때 광해군과 만나게 되었고, 광해군은 대사가 죄가 없음을 알고 의복과 염주를 하사

---

319 『大覺登階集』卷2「賜報恩闡教圓照國一都大禪師行狀」. "越明年 轉入五臺山 結冬于上院菴 維時光海 設齋於淸溪蘭若 遣宮使 迓師說法 授金襴袈裟碧繡長衫"; 『大覺登階集』卷2「孤閑大師行狀」. "萬曆壬戌 師年六十餘 國家設齋於淸溪寺 請師爲證 授以金襴袈裟 齋畢 師釋袈遁去 王使高之"; 황인규(2009), 「광해군과 봉인사」, 『역사와 실학』 38, 68-72쪽; 황인규(2013), 「청계산 청계사의 역사와 위상 – 고려와 조선시대를 중심으로」, 『보조사상』 39, 279-281쪽; 김미경(2017), 「조선 光海君代의 佛事 연구 – 안동 仙刹寺 목조석가불좌상 造成發願文을 중심으로」, 『석당논총』 67, 87-91쪽; 채상식(2021), 「淸溪寺의 연혁과 소장 목판의 현황」, 『서지학연구』 87, 212쪽.

320 『조선왕조실록』 광해 4년(1612) 3월 23일자 기록. "庭鞫 朴應守加刑 命拿天印所引僧人善修三惠等來"; 김미경(2017), 앞 논문, 86쪽; 고영섭(2020), 「광해군대 불교 정책과 불교 문화」, 『문학/사학/철학』 60, 154쪽.

그림 10. 부휴 선수 진영, 조선 후기, 해인사 성
보박물관 소장, 출처: (재)불교문화재
연구소

하며 방면했다. 또 봉인사(奉印寺)에서 재를 열 때 대사를 법회를 증명하
는 증사(證師)로 삼아 파견했다.[321]

남양주 봉인사는 광해군 모 공빈 김씨(1553-1577)의 원당이었다가,
1619년(광해군 11)에 중국에서 보내온 진신 사리 1과를 봉안하게 되었
다.[322] 이후 광해군과 세자 이지의 원찰이 되었다.[323] 광해군이 석가여래
의 사리를 봉안했던 봉인사 세존사리탑(그림 11)은 1927년 일본으로 반

321 『大覺登階集』 卷2 「追加弘覺登階碑銘幷序」.

322 『조선왕조실록』 광해군 11년(1619) 3월 11일자 기록.

323 황인규(2009), 「광해군과 奉印寺」, 『역사와 실학』 38, 70쪽; 김미경(2017), 앞 논문, 87-88쪽.

그림 11. 남양주 봉인사 부도암지 세존사리탑·탑비·석함, 출처: 문화재청

출되었다가 1987년에 국내로 반환되었다.[324] 봉인사 세존사리탑에 봉
안되었던 사리장엄구 가운데 1620년(광해군 12) 조성 당시의 것으로는
대리석사리외합, 은제사리내합, 수정사리병, 사리기비단보자기 등이 있
다. 그리고 1759년(영조 35) 중수 때 납입한 것으로는 유제합 3점이 있다.

봉인사 세존사리탑 사리장엄구 가운데 가장 주목되는 것은 은제사
리내합 가운데 밑면에 명문이 있는 사리합이다(그림 12). 사리합 밑면에
는 4단에 걸쳐 24자가 점각(點刻)되어 있다. 그 내용은 다음과 같다.

---

324 봉인사 세존사리탑의 사리장엄구와 이주 내력에 대해서는 다음 논문을 참조할 수 있다. 김
순아(2015), 「봉인사 세존사리탑 사리장엄구 고찰」, 『동악미술사학』 17, 497-526쪽; 손신
영(2019), 「봉인사 세존사리탑의 이주 내력과 조형」, 『한국불교사연구』 16, 99-138쪽.

그림 12. 봉인사 세존사리탑 은제사리내합 명문, 1620년, 출처: 국립중앙박물관, 필자 재편집

世子戊戌生
壽福無疆
聖子昌盛
萬曆四十八年庚申五月日

즉, 무술생(1598년)인 세자가 행복하게 오래 살고, 자손이 번창하기를 기원하며 만력 48년(1620) 5월에 조성했음을 알 수 있다. 봉인사에 세존사리탑을 건립한 목적은 세자 이지의 안녕과 자손 번창이었던 것이다.

광해군과 인연이 있는 부휴 선수와 그의 제자 벽암 각성 그리고 고한 희언의 승탑은 해인사 국일암에 나란히 건립되어 있다(그림 13). 고한 희언 탑을 중심으로 좌우에 부휴 선수와 벽암 각성의 승탑이 일렬로 배치되어 있다. 해인사 국일암은 벽암 각성이 1642년(인조 20)에 이곳에 주석한 후 인조에게 받은 호인 '국일(國一)'을 암자 이름으로 사용한 것이다.

그림 13. 합천 해인사 국일암 벽암 각성, 고한 희언, 부휴 선수 탑, 필자 재편집

지장암 비로자나불상 조성발원문에는 불상을 조성할 때 참여한 승려들의 소임과 법명이 기록되어 있다. 증명(證明)·지임(持任)·조각승·야장(治匠)·화존(火尊)·인도(咽導)·사경(寫經)·서기(書記)·별좌(別座)·내왕(來往)·반두(飯頭)·다각(茶角)·숙두(熟頭)·정통(淨桶)·조역(助役) 등으로 총 39명의 승려가 참여하고 있다(그림 14, 표 2). 지장암 비로자나불상 조성발원문은 조선시대 왕실 발원 불상 가운데 불사에 참여한 승려들의 소임과 소임자가 구체적으로 기록된 대표적인 예이다. 조선시대 왕비가 발원한 불상으로 불상 조성 내역을 자세하게 기록한 조성발원문이 발견된 예는 광해군 비 유씨가 1622년에 조성한 불상군이 유일하다.

지장암 비로자나불상 조성발원문에 기록된 불사 소임 가운데 가장 주목되는 것은 '인도(咽導)'이다. 인도는 불교 의식 때 창을 주도하여 집전하는 소임을 말한다. 조선시대 승려 지환이 수륙재(水陸齋)를 지낼 때 널리 사용되는 의식문을 모아 만든 『천지명양수륙재의범음산보집(天地冥陽水陸齋儀梵音删補集)』(1721년)에는 '인도(咽導)'의 역할이 자세히 기록

1부 조선시대 왕실 발원 불상의 시대 구분

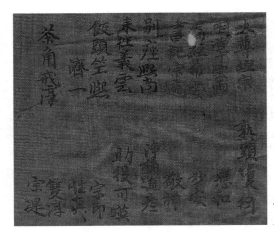

그림 14. 지장암 비로자나불상 조성에
참여한 승려의 소임과 소임자

표 2. 지장암 비로자나불상 조성에 참여한 승려의 역할과 인원

직임	인원	직임	인원
증명(證明)	2	별좌(別座)	1
지임(持任)	1	내왕(來往)	1
화원(畫員)	13	반두(飯頭)	2
야장(冶匠)	4	다각(茶角)	2
화존(火尊)	1	숙두(熟頭)	4
인도(咽導)	1	정통(淨桶)	1
사경(寫經)	1	조역(助役)	4
서기(書記)	1		39명

되어 있다. 『천지명양수륙재의범음산보집』은 지장암 비로자나불상이
조성된 1622년 이후에 간행된 것이지만, 이전부터 행해 오던 의식을 모
은 것이기 때문에 참조할 수 있다.

　『천지명양수륙재의범음산보집』에는 "인도는 널리 예 올리는 의식을
한다", "인도는 법당으로 들어가서 향수를 뿌리면서 향수게(香水偈)를 한

그림 15. 안성 칠장사 석가불상 조성발원문에 기록된 '火尊', 1603년, 출처: 국립중앙박물관

그림 16. 경주 왕룡사원 중수발원문에 기록된 '看香', 1474년

다", "인도가 창불(昌佛)과 입안(入眼)을 할 때, 증명은 법과 같이 점필(點筆)을 한다", "법주가 먼저 창하면 인도는 화답하여 재창한다. 법주가 재창하면 인도는 화답하여 각각 존상이 갖추어졌음을 창한다. 그리고 난 끝에 '새로 그려 완성한 ……께 귀명합니다'를 한다."[325] 등 인도의 역할이 구체적으로 서술되어 있다. 이를 통해 지장암 비로자나불상 조성발원문에 기록된 인도의 역할을 짐작할 수 있다.

두 번째로는 '화존(火尊)' 소임을 들 수 있다. 지장암 비로자나불상 조성발원문에는 화존(火尊) 소임을 맡은 승려가 탄종(坦宗)으로 기록되어 있다. 그런데 선찰사 석가불상 조성발원문에는 화존 대신 '간향(看香)' 소임자로 승려 탄종이 기록되어 있다. 조선시대 불상 조성발원문 가운데 '화존'과 '간향'이 기록된 예로는 안성 청룡사 소조석가삼존상과 경주 왕룡사원 아미타불상을 들 수 있다. 전자에는 '화존'이(그림 15), 후자에는 '간향'이(그림 16) 기록되어 있다. 동시에 제작된 서울 지장암 비로자나불상과 경주 선찰사 석가불상에는 '화존'과 '간향'이 모두 보인

---

325 『天地冥陽水陸齋儀梵音刪補集』卷上[동국대학교 불교학술원 https://kabc.dongguk.edu].

다. 따라서 '화존'은 향을 피우는 소임을 달리 부르는 용어였던 것으로 짐작된다.

안성 청룡사는 조선 세종 때 고려 왕실의 원찰[원당]에서 조선 왕실의 원찰이 되었다. 그 후 인조의 3자인 인평대군(1623-1658) 사후에는 조선 왕실의 원찰에서 인평대군 가문의 원당으로 자리 잡았다. 청룡사는 임진왜란으로 큰 피해를 입었다. 그러나 조선 전기에 조종조(祖宗朝)의 내원당(內願堂)으로 기능할 만큼 왕실과 밀접한 관련이 있던 사찰이었기 때문에 재건 불사가 신속하게 이루어졌다.[326] 이로 인해 대웅전이 중건되었고, 석가삼존상이 1603년(선조 36)에 조성되었다.

안성 청룡사 석가삼존상 조성발원문은 청색 3매와 녹색 1매의 비단에 붉은 글씨로 쓰여 있다. 푸른 바탕의 천에 붉은 글씨로 기록된 점은 지장암 비로자나불상 조성발원문과 같다. 또한 안성 청룡사 역시 왕실의 원찰이었기 때문에, 조성발원문에 향을 피우는 소임으로 추정되는 '화존'이 기록된 것은 서로 연관성이 있다. 경주 왕룡사원 아미타불상도 왕실과 관련된 불상으로, '화존' 대신 '간향'이 기록되어 있다.

세 번째로는 다른 불상조성기에는 보이지 않는 사경(寫經) 소임이 기록된 것이다. 사경은 조성발원문의 글씨를 쓴 소임으로 여겨지는데, 희안(希安)이 담당하고 있다. 사찰의 중요 문서의 기록을 담당하는 소임은 '서기(書記)'이다. 침굉 현빈은 사찰의 소임을 맡은 이들을 축원하는 글에서 서기에 대해 다음과 같이 이야기하고 있다.

---

326 국립중앙박물관(2017), 『안성 청룡사 - 조선의 원당 2』, 16-22쪽.

유교와 불교에 정통하고 내외 경전에 통달하였다. 가슴에는 고금을 품고 입으로는 풍채(風彩)를 토해 내며, 필봉(筆鋒)은 조화를 일으키고 문장은 귀신과도 흡사하다. 단방(壇榜) 문방(門牓)과 여러 외방(外牓)의 상소(上疏), 식소(食疏), 중소(中疏), 하소(下疏) 등 여러 소(疏)의 자획이 굳세어, 피부는 탈락하고 골자만 남았으며, 교룡이 싸우는 듯하고 창과 칼이 빽빽이 늘어선 듯하다. 마치 주나라 때 석고문(石鼓文)의 서체와 같고, 왕희지가 거위를 잡아 온 서첩(書帖)과 비슷하니, 불감(佛鑑)으로서 안하(眼下)를 비추기에 충분하다. 영산회상에서 명을 받들어 관음보살의 수체(手體)로 도량을 장엄하니 사람마다 경외한다. 아, 금일의 고생하는 서기(書記) 비구여.[327]

앞 글을 통해 서기는 글씨에 뛰어난 인물이 맡음을 알 수 있다. 17세기 불상의 조성발원문에는 서기와 함께 '서사(書寫)' 소임이 기록되어 있다. 봉화 청량사 건칠약사여래좌상 조성발원문(1560년)과 진주 청곡사 제석천상 조성발원문(1657년)이 대표적이다. 서울 지장암 석조천불상 조성발원문(1784년)에는 '서기'와 '서사'가 함께 기록되어 있다. 정확하게 서기·서사·사경 등의 소임에 구별이 있었는지는 명확하지 않지만, 글씨와 관련된 소임으로 추정된다.

사경을 담당한 희안은 벽암 각성의 제자로 글씨에 뛰어난 재능이 있었다. 선조의 부마 신익성은 "지금 시의 종장(宗匠) 가운데 동악 이안눌(東嶽 李安訥) 선생보다 뛰어난 자는 없다. 선생은 평소 시승(詩僧)을 좋아

---

327 『枕肱集』下「上堂及六色掌祝願」[동국대학교 불교학술원 https://kabc.dongguk.edu].

　　　　1부 조선시대 왕실 발원 불상의 시대 구분

해, 그의 문하에서 교유한 승려들이 매우 많았다. 그중에 희안(希安)보다 시와 글씨에 솜씨가 뛰어난 승려는 없다. 그 시도(詩道)를 누구에게서 배운 것인지는 모르겠지만 동악을 본받은 자라 할 수 있고, 그 필법을 누구에게서 배운 것인지는 모르겠지만 설암(雪菴)을 본받은 자라 할 수 있다. 천부적인 자질이 맑고 소탈하며 재주가 뛰어나고 속태(俗態)가 없으니, 또한 총림(叢林)의 수재라 할 만하다"[328]고 평했다. 희안은 스승과 함께 지장암 비로자나불상 조성에 동참한 것이다.

네 번째로는 지장암 비로자나불상을 조성하면서 밥을 짓는 반두(飯頭)와 반찬을 만드는 숙두(熟頭)와 함께 차를 달이는 다각(茶角) 소임이 기록된 것이다. 침굉 현빈(枕肱懸辯, 1616-1684)과 월저 도안(月渚道安, 1638-1715)은 사찰 소임자와 불사 소임자를 축원하는 글을 남기고 있다. 침굉 현빈의 「상당급육색장축원(上堂及六色掌祝願)」[329]과 월저 도안의 「분세덕담축원(分歲德談祝願)」[330]이 그것이다. 여기에는 모두 반두·숙두·다각에 대한 축원이 포함되어 있다. 지장암 비로자나불상 조성발원문에 표기된 불사 소임은 17세기 사찰의 일상을 반영하고 있다는 점에서 중요한 자료이다.

다섯 번째로는 지장암 비로자나불상 조성에 참여한 조각승의 역할이 주목된다. '造像畫員秩(조성화원질)'은 2단으로 구성되었는데, 조각승 13명과 야장(冶匠) 4명이 기록되어 있다(그림 17). 조각승은 1위 현진

---

328 『樂全堂集』 卷5 「贈希安序」. "今之以詩執牛耳者 無過於東嶽先生 先生雅喜韻釋 釋子之游其門者甚多 而工詩若筆 亦無過於安公 其詩道吾不知所師法 法東嶽者也 其筆意吾不知所師法 法雪菴者也 天資淸疏 穎拔無俗態 蓋亦叢林之秀云".

329 『枕肱集』 下 「上堂及六色掌祝願」.

330 『月渚堂大師集』 「分歲德談祝願」.

그림 17. 지장암 비로자나불상 조성발원문에 기록된 조각승과 야장(冶匠)

(玄眞), 2위 응원(應元), 3위 수연(守衍), 4위 옥명(玉明), 5위 법령(法玲), 6위 명은(明訔), 7위 청허(淸虛), 8위 성인(性仁), 9위 보희(普熙), 10위 인균(印均), 11위 경현(敬玄), 12위 지수(志修), 13위 태감(太鑑) 등이다. 야장(冶匠)은 성옥(性玉), 승일(勝一), 밀연(密衍), 의인(義仁) 등 4명이다. 불상 11존상과 불화 7폭을 조성해야 했기 때문에 많은 승려들이 동참한 것으로 짐작된다.

지장암 비로자나불상 조성에 참여한 조각승들은 17세기에 독자적인 조각승 유파를 형성했다. 지장암 비로자나불상과 선찰사 석가불상의 조성발원문에는 조각승의 활동에 약간의 차이가 있지만 대동소이하다. 지장암 비로자나불상 조성발원문을 중심으로 살펴보면, 현진파에서는 수장인 현진이 수조각승으로, 명은이 6위 조각승으로, 승일이 야장으로 참

1부 조선시대 왕실 발원 불상의 시대 구분

여했다.[331] 응원파에서는 수장인 응원이 2위 조각승으로,[332] 인균이 10위 조각승으로 동참했다. 수연파에서는 수장인 수연이 3위 조각승으로, 보희가 9위 조각승으로, 성옥이 야장으로 참여했다.[333] 단독으로 참여한 것으로 추정되는 조각승으로는 5위 조각승 법령, 7위 조각승 청허 등을 들 수 있다. 이들은 17세기 초반과 중반에 걸쳐 가장 활발한 조상(造像) 활동을 했던 조각승들이다.[334]

수조각승으로 참여한 현진은 17세기 전반에는 증명을 맡은 벽암 각성과 함께 불상 조성에 참여했다. 조각승 현진은 진주 월명암 아미타불상(1612년)과 함양 상련대 관음보살상(1612년), 구례 천은사 관음·대세지보살상(1614년), 보은 법주사 비로자나삼신불상(1626년) 등을 조성할 때 벽암 각성과 함께했던 것이다. 1612년(광해군 4)과 1614년(광해군 6)에 불상을 조성하는 데 벽암 각성은 공덕주 및 시주자로 참여했고, 현진은 수조각승으로 동참한 것이다. 이러한 인연은 1622년(광해군 14) 지장암 비로자나불상 조성으로 이어진 것으로 보인다.

광해군 부인 유씨가 발원한 1622년 5월의 지장암 비로자나불상 조성에 참여한 승려 가운데 일부는 동년 3월에 청계사에서 『법화경』을 간행할 때도 동참했다. 두 불사에 참여한 승려를 정리하면 〈표 3〉과 같다.

---

331 숭일은 선찰사 석가불상 조성발원문에는 '조상화원(造像畵員)' 17위에, 지장암 비로자나불상 조성발원문에는 '야장(冶匠)'으로 기록되어 있다.

332 응원은 선찰사 석가불상 조성발원문에는 4위 조각승으로, 지장암 비로자나불상 조성발원문에는 2위 조각승으로 기록되어 있다.

333 성옥은 선찰사 석가불상 조성발원문에는 16위 조각승으로, 지장암 비로자나불상 조성발원문에는 '야장(冶匠)'으로 기록되어 있다.

334 송은석(2018), 「1622년 慈壽寺·仁壽寺의 章烈王后 發願 佛事와 안동 선찰사 목조석가불상」, 『석당논총』 67, 11-12쪽.

표 3. 서울 지장암 비로자나불상 조성과 청계사 법화경 간행에 동참한 승려

	법명	조성발원문	법화경 간기(刊記)	비고
1	가영(可瑛)	조역(助役)		
2	각성(覺性)	증명(證明)	○	중복
3	경현(敬玄)	11위 조각승		
4	경선(敬禅)	반두(飯頭)		
5	계능(戒能)		각자(刻字)	
6	계순(戒淳)	다각(茶角)		
7	극헌(剋軒)		각자(刻字)	
8	담성(曇晟)		각자(刻字)	
9	대익(大益)		○	
10	덕인(德仁)		각자(刻字)	
11	도언(道彦)	정통(淨桶)		
12	명은(明誾)	6위 조각승		
13	묘엄(妙嚴)		화주(化主), 각자(刻字)	
14	묘안(妙安)	반두(飯頭)		
15	밀연(密衍)	3위 야장		
16	법령(法玲)	5위 조각승		
17	보안(普安)		○	
18	보희(普熙, 宝熙)	9위 조각승	○	중복
19	석감(釋鑑)		각자(刻字)	
20	설소(雪蘇)		○	
21	성옥(性玉)	1위 야장		
22	성인(性仁)	8위 조각승		
23	성진(性眞)	조역(助役)		
24	수연(守衍, 修衍)	3위 조각승	○	중복
25	승균(勝均)		각자(刻字)	
26	승일(勝一)	2위 야장	각자(刻字)	중복
27	쌍순(雙淳, 双淳)	조역(助役)	○	중복
28	쌍연(雙衍)	숙두(熟頭)		
29	영규(靈圭)		○	
30	영묵(靈默)		○	
31	영우(令牛)		각자(刻字)	
32	영진(靈眞)		○	
33	옥명(玉明)	4위 조각승	○	중복
34	운우(雲雨)	창도(唱導)		
35	응원(應元)	2위 조각승	○	중복
36	응화(應和)	반두(飯頭)		

1부 조선시대 왕실 발원 불상의 시대 구분

	법명	조성발원문	법화경 간기(刊記)	비고
37	의생(仅生)		각자(刻字)	
38	의인(義仁)	4위 야장		
39	인균(印均)	10위 조각승		
40	정원(正元)		각자(刻字)	
41	제일(濟一)	반두(飯頭)		
42	종식(宗湜)	다각(茶角)		
43	종인(宗印)	조역(助役)		
44	종편(宗遍)	서기(書記)	○	중복
45	지수(志修)	12위 조각승		
46	지헌(智軒)	지임(持任)	○	중복
47	진각(眞覺)		○	
48	진묵(眞黙)		각자(刻字)	
49	청은(淸隱)		○	
50	청허(淸虛)	7위 조각승		
51	축희(竺熙)	반두(飯頭)		
52	탄종(坦宗)	화존(火尊)		
53	태감(太鑑)	13위 조각승		
54	현진(玄眞)	수조각승	○	중복
55	현탄(玄坦)		각자(刻字)	
56	희상(熙尙)	별좌(別座)	○	중복
57	희안(希安, 希顔)	사경(寫經)	○	중복
58	희언(熙彥)	증명(證明)	○	중복
59	희운(羲雲, 熙運)	내왕(來往)	○	중복
총		39	34	14

〈표 3〉에서 알 수 있듯이 지장암 비로자나불상 조성에 참여한 승려는 39명이고, 청계사 『법화경』 간행에 동참한 승려는 34명이다. 이 가운데 14명은 두 불사에 모두 참여했다. 주목되는 사실은 지장암 비로자나불 상을 조성하는 데 증명을 맡은 각성과 희언은 청계사 『법화경』 간행에 도 동참하고 있다는 점이다. 이들은 광해군이 청계사에서 재회를 개최 했을 때도 증명으로 참여했던 것이다.

　이 외에 지장암 비로자나불상을 조성할 때 조각승으로 참여한 승려들이 청계사 『법화경』 간행에도 동참하고 있다. 1위 조각승 현진(玄眞), 2위 조각승 응원(應元), 3위 조각승 수연(守衍), 4위 조각승 옥명(玉明), 9위 조각승 보희(普熙), 야장 승일(勝一) 등 6명이 그들이다. 이 가운데 승일은 청계사 『법화경』 간행 때 활동한 13명의 각수(刻手) 가운데 한 명인데, 선찰사 석가불상 조성발원문에는 조각승으로 기록되어 있다. 따라서 승일은 조각승 뿐만 아니라 각수로도 활동한 사실이 확인된다.

증명과 조각승 이외에도 지장암 비로자나불상 조성에 조역(助役)을 맡은 쌍순, 서기(書記)를 맡은 종편, 지임(持任)을 맡은 지헌, 별좌(別座)를 맡은 희상, 사경(寫經)을 맡은 희안, 내왕(來往)을 맡은 희운 등도 청계사 『법화경』 간행에 동참하고 있다. 청계사 『법화경』 간행과 지장암 비로자나불상 조성이 광해군 및 그의 부인이 주도한 왕실 불사였던 것은 『법화경』 간기(刊記)와 불상 조성발원문의 기록을 통해서도 확인된다.

2) 칠보사 석가불상과 지장암 비로자나불상 중수발원문

1622년(광해군 14)에 광해군 비 유씨가 조성해 인수사와 자수사에 봉안한 비로자나불 2존, 노사나불 2존, 석가여래상 3존, 아미타여래상 2존, 관음보살 1존, 대세지보살상 1존 등 총 11존상 가운데 확실하게 소재가 확인된 존상은 3존 뿐이다. 즉, 비로자나불상 1존은 서울 지장암에서, 석가불상 1존은 서울 칠불사에서, 석가불상 1존은 안동 선찰사에서 봉안해 오고 있다.

서울 지장암과 칠보사에 봉안되었던 비로자나불상과 석가불상은 경기도 광주 법륜사(法輪寺)에서 일제 강점기 때 옮겨진 것으로 알려져 왔다.[335] 그러나 이 두 존상은 일제 강점기인 1939년에 경기도 광주 법륜사가 아니라 봉국사(奉國寺)에서 이안된 것이다.[336] 경기도 광주 봉국사는 현재에도 사찰이 유지되고 있지만, 법륜사는 1939년에 현재 서울 창신동 지장암으로 이전되면서 폐사되고 말았다. 봉국사에서 영장산 쪽으로 직선거리로 약 300미터 떨어진 곳에 1988년에 중건된 망경암(望京庵)이 현존하고 있다. 이곳에는 평원대군과 제안대군의 봉사손 이규승이 두 대군의 명복을 빌기 위해 조성한 마애불상과 마애각문(摩崖刻文)이 남아 있다. 이곳이 옛 법륜사로 추정된다.

삼청동 칠보사 석가불상은 1622년 5월에 조성한 지장암 비로자나불상과 함께 제작되었다. 불상 복장에서 발견된 복장 전적을 비롯한 복장 유물이 지장암 비로자나불상의 복장 유물과 매우 유사하다. 또한 불상 후령통 안에 봉납된 분홍색 바탕천에 묵서된 '坤命石氏祝願文(곤명석씨축원문)'은 1924년 개금 불사 때 쓰여진 것이다. 이를 통해 두 불상이 1924년에 중수되었음을 알 수 있다.

(1) 칠보사 석가불상 중수발원문

칠보사 석가불상에서는 조성발원문은 발견되지 않았지만, 중수발원문으로 여겨지는 자료가 수습되었다. 녹색 천에 붉은색으로 쓰여진 시주질(施主秩)의 명칭은 「大壇越(대단월)」이다. 총 9행이며 각 행의 글자 수는 일정하지 않다(그림 18). 시주질의 내용은 다음과 같다.

---

335 문명대(2014), 「칠보사 대웅전 1622년작 왕실발원 목(木)석가불좌상과 복장품의 연구」, 『강좌미술사』 43, 343-358쪽.

336 김엘리(2021), 「성남시 봉국사의 역사와 大光明殿 主尊佛에 관한 고찰」, 『한국학연구』 63, 253-288쪽; 김엘리(2021), 「성남시 폐사찰 法輪寺에 관한 고찰」, 『역사문화연구』 78, 3-48쪽.

그림 18. 칠보사 석가불상 중수기, 1721년 추정, 손영문 제공

大壇越
大妃殿下坤命丁卯生
金氏聖壽萬歲
主上殿下聖壽萬歲
王妃殿下聖壽齊年
世子邸下聖壽千秋
風調雨順萬民常
樂兵塵永消四海
淸寧

　　칠보사 석가불상 중수기에서 당시 시대 상황을 알 수 있는 대목은
'大妃殿下坤命丁卯生金氏(대비전하곤명정묘생김씨)'이다. 조선시대 대비
가운데 정묘생이면서 김씨 성을 가진 여성은 숙종의 제2계비 인원왕후

김씨(仁元王后 金氏, 1687-1757)가 유일하다. 인원왕후는 제1계비 인현왕후(1667-1701) 사후 1702년 10월에 숙종의 세 번째 왕비로 책봉되었다.[337] 인원왕후 김씨는 경주 김씨 김주신(金柱臣, 1661-1721)과 임천 조씨(林川趙氏, 1660-1731)의 2남 3녀 가운데 2녀로, 15세 때인 숙종 28년(1702)에 가례를 치르고 숙종의 세 번째 왕비가 되었다. 인원왕후 가문은 숙종의 정비 인경왕후 김씨(1661-1680)와 제1계비 인현왕후 민씨(1667-1701) 집안과 달리 명성이 그다지 출중하지 않았다.

광산 김씨인 인경왕후는 율곡 이이의 적전(嫡傳)으로 기호학파를 영도했던 사계 김장생의 4대손이다. 인경왕후의 조부 김익겸(金益兼)은 병자호란 때 강화도에서 순절했고, 부친 김만기(金萬基) 역시 중앙 정계에서 활발히 활동했다. 인경왕후의 숙부 김만중(金萬重)은 『구운몽(九雲夢)』과 『사씨남정기(謝氏南征記)』로 국문학사에 족적을 남겼다. 숙종의 계비 인현왕후 가문도 당대 명문가였다. 부친 민유중(閔維重)은 송시열 문인으로 정계에서 요직을 거쳤고, 백부 민정중(閔鼎重)은 숙종 때 좌의정까지 역임했다. 숙종의 두 왕비 가문은 모두 서인으로 송시열 문인이었으며, 당대 정계와 학계를 이끌던 핵심 가문이었다. 이에 비해 인원왕후 가문은 상당히 가세가 미약했다.[338]

그렇지만 인원왕후는 숙종 사후 왕실의 어른으로 경종이 즉위하자 언교(諺敎)를 통해 연잉군(延礽君)을 세제(世弟)로 책봉하고 양자로 삼아 그가 왕위에 오르는 데 지대한 역할을 했다. 왕위에 오른 영조와 정성왕

---

337 『조선왕조실록』 숙종 28(1702) 10월 3일자 기록. "遣正使左議政李世白等 行册妃禮于於義洞別宮".

338 임혜련(2010), 「朝鮮 肅宗妃 仁元王后의 嘉禮와 정치적 역할」, 『한국인물사연구』 13, 239-241쪽.

후 서씨(1693-1757)는 인원왕후를 극진하게 모셨다. 인원왕후는 69세로 1757년 3월에 창덕궁 영모당(永慕堂)에서 승하했는데,[339] 며느리인 정성왕후는 인원왕후보다 한 달 전에 세상을 떠났다.[340] 두 왕비와 관련된 유물로는 비구니 도량인 서울 옥수동 미타사 아미타불상에서 발견된 불상조성기(1757년)를 들 수 있다.

미타사 아미타불상 불상조성기(1757년)는 아미타불상 밑면에 부착된 두 종류의 원문 가운데 하나로, 중수발원문(1917년) 안쪽에 별도로 납입되어 있었다. 현 미타사 아미타불상과는 관계가 없는 별도로 조성된 존상의 것으로 짐작된다. 불상조성기에는 1757년(영조 33)에 아미타불·관음존상·미타원불을 조성해 종남산 미타암에 봉안했고, 이때 불상을 조성한 이들이 왕실의 상궁이었음이 기록되어 있다.[341] 미타사 아미타불상은 1707년(숙종 32)에 숙종의 후궁 소의 유씨를 위해 상궁 김귀업과 비구니 법찬이 조성했고, 이때 숙종과 인원왕후를 비롯한 왕실 인물이 동참했다.[342] 미타사 아미타삼존상에 대해서는 제2부 제6장에서 다루었다.

인원왕후가 칠보사 석가불상을 중수한 것은 그녀가 왕대비로 있던 1720년에서 1724년이다.[343] 인원왕후는 숙종이 1720년 6월 8일 경덕궁 융복전에서 승하하고 경종이 즉위하자 왕대비가 되었다. 경종은 1724

---

339 『조선왕조실록』 영조 33년(1757) 3월 26일자 기록.

340 『조선왕조실록』 영조 33년(1757) 2월 15일자 기록.

341 유근자(2021), 「서울 옥수동 미타사 아미타삼존불좌상의 복장유물 분석과 양식 특징」, 『불교문예연구』 17, 348쪽, 363-364쪽.

342 유근자(2021), 앞 논문, 343-344쪽.

343 칠보사 석가불상에서 수습된 중수발원문의 '정묘생 대비 김씨'를 인원왕후로 해석한 선행연구가 있다. 김엘리(2021), 「성남시 봉국사의 역사와 大光明殿 主尊佛에 관한 고찰」, 『한국학연구』 63, 275쪽, 각주 64.

년 8월 25일에 승하했다.[344] 따라서 인원왕후가 왕대비로 활동한 시기
는 1720년 6월에서 1724년 8월 사이이다. 인원왕후가 칠보사 석가불상
을 중수한 시기는 1721년(경종 1)으로 추정된다. 1721년은 인원왕후에
게 특별한 해이기 때문이다. 인원왕후 부친 김주신이 1721년 7월 24일
에 세상을 떠났고,[345] 동년에 인원왕후의 언교로 연잉군이 세제(世弟)에
책봉되었기[346] 때문이다. 인원왕후 다음으로 왕·왕비·세자에 대한 축원
이 있는 것으로 보아, 연잉군이 세제로 책봉된 1721년에 중수되었을 것
이다. 왕실 어른으로서 인원왕후는 왕실이 안정되기를 바랐을 것이며,
아울러 세상을 떠난 부친의 극락왕생도 함께 기원했을 것이다.

1718년(숙종 44)에 세자빈 심씨(1686-1718)가 세상을 떠나자 무덤을
조성하는 데 봉국사 승려 법련(法連)과 도관(道寬)이 차출되었다.[347] 또한
1726년(영조 2)에 인원왕후와 선의왕후 존숭(尊崇) 옥책문(玉冊文)을 새
길 때 봉국사 각수승(刻手僧)이 동원되었다.[348] 이로 보아 18세기 전반에
인원왕후가 봉국사 석가불상을 중수할 때 왕실 공사에 차출된 승려들
이 동참했을 가능성이 높다. 그러나 이에 대한 구체적인 내용은 남아 있
지 않다. 봉국사는 숙종의 누이 명선공주와 명혜공주의 극락왕생을 기
원하기 위해 건립한 사찰이었기 때문에, 숙종의 2계비 인원왕후가 불상

---

344 『조선왕조실록』 경종 4년(1724) 8월 25일자 기록.

345 『조선왕조실록』 경종 1년(1721) 7월 24일자 기록.

346 『조선왕조실록』 경종 1년(1721) 8월 20일자 기록.

347 『端懿嬪禮葬都監儀軌』(奎13572, 1718년) 413면. "所告内善手僧法連道寬在於廣州奉國
寺"[서울대학교 규장각한국학연구원 https://kyudb.snu.ac.kr].

348 『仁元王后宣懿王后尊崇都監儀軌』(奎13280, 1726년) 292면[서울대학교 규장각한국학연
구원 https://kyudb.snu.ac.kr].

그림 19. 지장암 비로자나불상 중수발원문, 1924년, 손영문 제공

중수 불사에 대단월로 참여한 것으로 여겨진다.

　인원왕후가 '정묘생'으로 기록된 또 다른 예로는 화엄사 각황전 3불
4보살상(1703년) 조성발원문을 들 수 있다. 화엄사 각황전 불상을 조성
할 때 왕실 인물이 대거 동참했는데, 인원왕후는 '王妃殿下丁卯生金氏
(왕비전하정묘생김씨)'로 기록되어 있다.[349] 따라서 칠보사 석가불상에서
수습된 녹색 천에 붉은 글자로 쓰인 문서는 조성기가 아니라, 대비였던
인원왕후가 1721년 중수에 대단월로 참여한 중수기임을 알 수 있다.

(2) 칠보사 석가불상과 지장암 비로자나불상 중수발원문(1924년)

칠보사 석가불상과 지장암 비로자나불상에서는 1924년에 중수한 기록이
수습되었다. 분홍색 바탕천에 묵서되어 있는데, 4행으로 이루어져 있으며
각 행의 글자 수는 일정하지 않다(그림 19). 묵서된 내용은 다음과 같다.

---

349 유근자(2017), 『조선시대 불상의 복장기록 연구』, 불광출판사, 524쪽.

칠보사 석가불상과 지장암 비로자나불상은 1924년 3월에 경기도 광주군 중부면 탄리에 거주하는 정해생 석씨가 극락왕생을 발원하며 중수했음을 알 수 있다. 1924년 현 봉국사 대광명전에 봉안되었을 당시 중수되었던 것이다. 사세가 쇠락해 가던 중에도 봉국사에서는 1924년에 불상 개금 불사를 진행하고 새로 불화를 조성했다. 현재 봉국사 대광명전에 봉안된 신중도는 1924년 4월 3일에 조성된 것이다.

봉국사 신중도의 화기는 비교적 잘 남아 있다. 봉국사 신중도 화기 첫머리에는 '영장산(靈長山) 봉국사(奉國寺) 신중탱(神衆幀)'이라고 기록되어 있다. 이 가운데 화주는 두정(斗正)이 맡았는데, 불화를 조성하고 4년 후인 1928년 5월에 봉국사 주지로 임명되었다.[350]

(3) 지장암 비로자나불상 중수발원문(1939년)

지장암 비로자나불상은 1939년 봉국사에서 이안된 후 개금되었다. 1939년 10월 3일 광주 법륜사를 이전하는 형식을 취했지만, 법륜사 극

---

[350] 『조선총독부관보』(제436호) 1928년 6월 13일자 기록. 이 기록에는 권두정(權斗晶)으로 기록되어 있지만 신중도 화기의 '두정(斗正)'과 동일 인물이다.

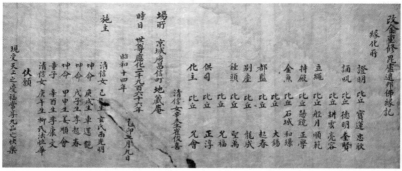

改金重修毘盧遮那佛緣記
緣化所

證明　比丘　寶達　忠欣
誦呪　比丘　德明　金贇
　　　比丘　耕雲　亮容
立繩　比丘　船月　順苑
持殿　比丘　慧鏡　正學
金魚　比丘　石城　和璨
鍾頭　比丘
別監　比丘　起春
都監　比丘　大錫　龍成
供司　比丘　聖萬　兑福
化主　比丘　正浮
　　　清信女　李氏崔氏信心　兑會

場所　京城府昌信町地藏庵
時日　世尊應化二千九百六十六年
　　　昭和十四年
　　　己卯三月九日

施主
　　　清信女　己巳生　玄氏而光明
　　　申命　庚戌生　車連龍
　　　申命　戊子生　李起春
　　　坤命　甲申生　呉順心令
　　　曾子　辛酉生　李康文
　　　清信女　庚午生　柳氏法性華

伏願
現受天上之慶福當亨九品之快樂

그림 20(상). 지장암 비로자나불상 개금중수기 부착 상태, 손영문 제공
그림 21(하). 지장암 비로자나불상 개금중수기, 1939년, 손영문 제공

락보전의 아미타불상 대신 봉국사 대광명전의 비로자나불상을 옮겨 왔
다. 법륜사 극락보전 아미타불상은 현 봉국사 대광명전의 본존불로 봉안
되어 있다. 지장암 비로자나불상 개금중수기는 불상 밑면에 부착되어 있
다(그림 20). 지장암 비로자나불상 개금중수기는 발원문 명칭, 연화소(緣化
所), 장소, 시일(時日), 시주(施主), 발원 내용으로 구성되어 있다(그림 21).
　　지장암 비로자나불상 개금중수기의 내용은 다음과 같다.

改金重修毗盧遮那佛緣記

　　縁化所

　　　　　　證明　比丘　寶蓮　忠欣

　　　　　　誦呪　比丘　德明　奎賢

　　　　　　　　　比丘　耕雲　亮容

　　　　　　立繩　比丘　船月　順範

　　　　　　持殿　比丘　慧鏡　正學

　　　　　　金魚　比丘　石城　和環

　　　　　　　　　比丘　大錫

　　　　　　都監　比丘　起春

　　　　　　別座　比丘　龍成

　　　　　　鍾頭　比丘　聖萬

　　　　　　　　　比丘　允福

　　　　　　供司　比丘　正淳

　　　　　　化主　比丘　允會

　　　　　　　　　清信女辛未生崔俊喜

　　　場所　京城府昌新町地藏庵

　　　時日　世尊應化二千九百六十六年

　　　　　　　　　　乙卯二月九日

　　　昭和十四年

　　施主　清信女　己巳生　玄氏西光明

　　　　　坤命　庚戌生　車還艶

　　　　　坤命　戊子生　李起春

　　　　　坤命　甲申生　姜順會

　　　　　童子　辛酉生　李康文

　　　　　清信女　庚午生　柳氏法性華

伏願
現受天上之慶福當享九品之快樂

　　1939년 지장암 비로자나불상 개금중수기의 명칭은 '改金重修毗盧
遮那佛緣記(개금중수비로자나불연기)'이다. 지장암 비로자나불상은 성남
봉국사에서 일제 강점기 때 이안된 것이다. 조선총독부는 1939년 10월
3일에 당시 광주 법륜사의 사명(寺名), 부동산, 동산 재산 전체를 경성부
창신정 지장암으로 이전하는 것을 인가하였다. 그런데 법륜사 극락보전
주불인 아미타불상 대신 봉국사 대광명전에 봉안된 비로자나불상이 지
장암으로 이운되었다.

　　법륜사와 봉국사 간에는 불상 교환이 이루어졌다. 법륜사 아미타불
상은 현 봉국사 대광명전으로 옮겨졌고, 봉국사 대광명전 비로자나불상
은 지장암으로 이안되었다(그림 22). 지장암에는 이미 고흥 능가사에서
옮겨 온 석가불상이 봉안되어 있었기 때문이다.[351] 지장암 대웅전(그림
23) 불단 중앙에는 봉국사에서 1939년에 옮겨 온 비로자나불상(1622년)
이 봉안되어 있었고, 좌우에는 석가불상 2존 이 모셔져 있었다. 그러나
현재는 중앙 비로자나불상은 국립중앙박물관으로 이관되었고, 석가불
상 2존과 관음·지장보살상 2존이 불단에 모셔져 있다.

---

351 權相老 編(1979), 『韓國寺刹全書』 下, 동국대학교출판부, 1040쪽. "以丁丑夏 移楞伽之像
　　尊而改塗之 己卯冬 轉法輪之名義而昇格之".

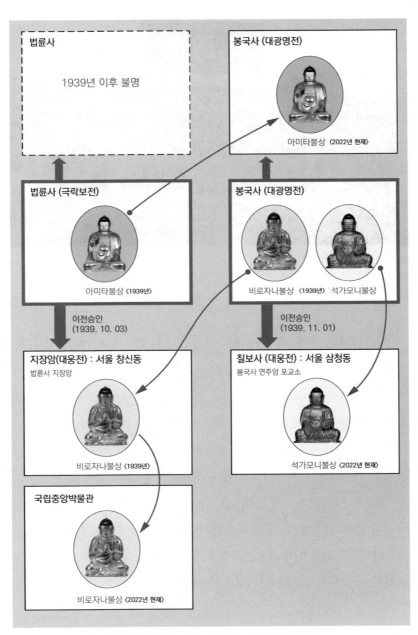

법륜사

1939년 이후 불명

봉국사 (대광명전)

아미타불상 〈2022년 현재〉

법륜사 (극락보전)

아미타불상 〈1939년〉

봉국사 (대광명전)

비로자나불상 〈1939년〉 석가모니불상

이전승인
(1939. 10. 03)

이전승인
(1939. 11. 01)

지장암(대웅전) : 서울 창신동

법륜사 지장암

비로자나불상 〈1939년〉

칠보사 (대웅전) : 서울 삼청동

봉국사 연주암 포교소

석가모니불상 〈2022년 현재〉

국립중앙박물관

비로자나불상 〈2022년 현재〉

그림 22. 칠보사 석가불상, 지장암 비로자나불상, 봉국사 아미타불상의 이동 관계도

그림 23. 지장암 대웅전

지장암 비로자나불상 개금중수기에서 주목되는 것은 성남 법륜사를 지장암으로 이전하는 것이 허가되기 이전에 비로자나불상은 이미 옮겨져 있었다는 사실이다. 이전 허가는 1939년 10월 3일에 이루어졌는데, 불상 개금은 이미 1939년 2월 9일에 실시되었기 때문이다. 즉, 1939년 10월 3일과 11월 1일 이전 허가 전에 이미 봉국사 비로자나불상이 지장암으로 이운되었던 사실이 개금중수기(1939년)를 통해 확인된다.

개금중수기에는 세존 응화 2966년(1939, 昭和 14) 2월 9일에 봉안된 사실이 기록되어 있다. 당시 지장암 주지 강윤회는 1939년 3월 15일자로 법륜사 주지에 임명되었고,[352] 연주암 포교소 주지 심재길 역시 강윤회와 마찬가지로 1939년 3월 15일에 봉국사 주지 인가를 받았다. 강

---

[352] 『조선총독부관보』(제3680호) 1939년 5월 1일자 기록.

그림 24. 강윤회 스님의 동상과 승탑, 1982년, 지장암 경내

윤회와 심재길은 법륜사와 봉국사를 지장암과 연주암 포교소(현 칠보사)
로 이전하는 데 공동 보조를 취하고 있었던 것이다. 이러한 정황은 1939
년에 조선총독부에 제출된 이전 허가 신청 서류가 각 사찰의 세부 사항
만 다를 뿐 내용은 동일한 것에서도 알 수 있다.

　지장암 비로자나불상 개금중수기에는 화주로 비구 윤회(允會, 1906-
1982)가 기록되어 있는데, 그는 지장암을 중창한 강재희(姜在喜, 1860-
1931)의 3자이다. 현재 지장암 경내에는 그의 승탑과 동상이 건립되어
있다(그림 24). 화주 비구 윤회와 함께 기록된 '淸信女辛未生崔俊喜(청신
녀신미생최준희)'는 해동은행에 저당 잡힌 땅을 매입해 지장암에 기증한
인물로 알려져 있다.[353] 그러나 경매 절차에 돌입한 사찰 땅을 매입해 기

---

353 문명대·오진희·전윤미(2010), 『地藏庵의 歷史와 文化』, (사)한국미술사연구소·지장암, 10쪽.

그림 25. 지장암 비로자나불상 개금중수기 부착 상태, 2009년 촬영, (사)한국미술사연구소 제공

증한 이는 강재희의 사위 이기창(李起昌)과 여동생 이기춘(李起春)이다.[354] 이기춘은 1939년 비로자나불상을 중수할 때 시주자로도 참여했다.

(4) 지장암 비로자나불상 중수발원문(1986년)

지장암 비로자나불상은 1986년에도 개금되었는데, 이때 사찰명은 법륜사 지장암으로 기록되어 있다. 현재처럼 지장암으로 불리게 된 것은 2007년부터이다.[355] 2009년 복장 조사가 이루어지기 전까지 개금중수기(1939년·1986년)는 상하로 비로자나불상의 밑면에 부착되어 있었다(그림 25).

지장암 비로자나불상 개금중수기에는 1986년 당시의 불사 상황이 기록되어 있다. 그 내용은 다음과 같다(그림 26).

---

354 權相老 編(1979), 앞 책, 1040쪽. "而居士之壻君李起昌 與其妹李起春 同發信願 投淨財 而購寺垈六百七十餘坪兼附帶建物三棟 屬之寺 爲佛之座 然後 棟宇磐泰 法輪可以轉于 無窮矣".

355 문명대·오진희·전윤미(2010), 앞 책, 10쪽.

1부 조선시대 왕실 발원 불상의 시대 구분

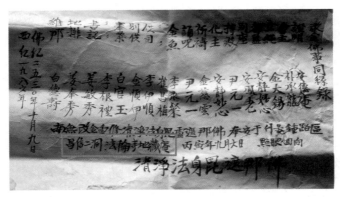

그림 26. 지장암 비로자나불상 중수개금기, 1986년, 손영문 제공

改金佛事同緣錄

證明 安德庵

會主 朴承龍

立繩 金大錫

都監 安淨妙心

別座 安鳳老

持殿 尹元一

化主 安淨妙心

祈禱 金慈雲

誦呪 尹元一

金魚 李永粲

金魚 崔昌植

供司 李伊順

別供 金順伊

奉茶 白官玉

지장암 비로자나불상의 개금중수기(1986년) 명칭은 '改金佛事同緣錄(개금불사동연록)'으로 기록되어 있다. 1986년 개금중수를 주도한 인물은 도감과 화주를 맡은 안정묘심(安淨妙心)이다. 그녀는 승려 강윤회가 1982년에 입적하고 난 후 교임으로 지장암을 실질적으로 관리하고 운영해 온 인물이다.

3) 지장암 비로자나불상과 칠보사 석가불상의 봉안처, 봉국사와 법륜사

앞에서 살펴보았듯이 지장암과 칠보사는 일제 강점기 당시 경기도 광주군에 소재한 법륜사와 봉국사를 이전한 형태를 띤 사찰이다. 지장암은 이전해 온 법륜사 명칭을 사용했지만 칠보사는 봉국사라는 사명을

1부 조선시대 왕실 발원 불상의 시대 구분

사용하지 않은 것으로 보인다. 연주암 포교소가 칠보사로 사찰명이 변경되어 오늘에 이르고 있기 때문이다. 그리고 봉국사는 원위치에 그대로 유지되어 현재까지 명맥을 이어오고 있다. 경기도 광주에 위치했던 봉국사와 법륜사는 조선 왕실과 관련이 깊다. 봉국사는 현종의 장녀 명선공주(明善公主, 1659-1673)와 2녀 명혜공주(明惠公主, 1662-1673)의 명복을 빌기 위해 현종 때 건립되었다.[356] 법륜사는 영창대군(永昌大君, 1606-1614)의 묘 근처에 있던 사찰로 인조 때 창건되었다.[357] 법륜사가 영창대군과 관련된 것은 18세기 인물인 이헌경(李獻慶, 1719-1791)이 쓴 시를 통해서도 알 수 있다.

이헌경이 남긴 법륜사에 관한 시에는 "오동나무 옆 희미한 달빛은 영창대군의 신세 같네 …… 병자년 연간의 일이 어제 같으니 산하에 전쟁의 기운이 풍운에 맺혀 있네."[358]라는 내용이 있다. 영창대군 묘가 위치한 광주는 병자호란을 겪은 남한산성 주변이기 때문에, '영창대군과 병자호란'이 이헌경의 시에서 표현되고 있는 것이다. 이헌경이 시를 쓸 당시에 법륜사가 속한 광주부 세촌면에는 영창대군 묘 뿐만 아니라 조선 왕실의 대군과 공주의 묘가 있었다. 즉, 평원대군과 제안대군 묘 그리고 명혜공주와 명선공주 묘가 있었던 것이다.[359]

경기도 광주에 위치한 법륜사와 봉국사는 일제 강점기 때는 쇠락한 상태였다. 두 사찰의 당시 상태에 관한 자료로는 1917년에 작성된 유물

---

356 『梵宇攷』. "奉國寺 在星浮山 明惠公主 明善公主 兩墓外數里顯廟朝刱建".

357 『梵宇攷』. "法輪寺 在淸凉山 永昌大君墓傍 仁廟刱建".

358 『艮翁先生文集』卷4「到法輪寺」. "楸梧殘照永昌君 …… 丙子年間事如昨 山河戰氣菀風雲"[한국고전종합DB https://db.itkc.or.kr].

359 김엘리(2021), 「성남시 폐사찰 法輪寺에 관한 고찰」, 『역사문화연구』 78, 12-13쪽.

·유적 조사 보고서와 조선총독부에 제출한 이전 허가 관련 문서가 있다. 전자는 「대정오년도유물유적보고서(大正五年度遺物遺蹟報告書)」(1917년)로, 조선총독부 고적 조사 위원이었던 이마니시 류(今西龍)가 작성한 문서이다. 후자는 「법륜사[봉국사] 이전 허가원에 관한 건(法輪寺[奉國寺]移轉許可願ニ関スル件)」(1939년)이다.

이마니시 류가 작성한 조사 보고서에 의하면 법륜사와 봉국사는 모두 광주군 중부면 탄동에 있는 사찰임을 알 수 있다. 법륜사에는 세종과 소헌왕후 심씨의 7자인 평원대군(平原大君, 1427-1445)의 제전(祭殿), 극락보전(極樂寶殿), 승당(僧堂)이 있었고, 3명의 승려가 거주하고 있었다. 이에 비해 봉국사에는 보살이라고 하는 여성이 거주하고 있을 뿐 승려는 없었다. 두 사찰은 봉은사 말사에 속했으며, 1916년 조사 당시에는 법륜사의 상태가 봉국사에 비해 양호했다.

조사 당시 법륜사 극락보전에는 1718년(숙종 44, 康熙 57)에 중건하고 단청한 기문(記文)이 있었다고 한다. 이 기문에는 세종의 아들 평원대군 묘 동쪽에 절이 있는데, 제안대군(齊安大君, 1466-1525)이 건립했고, 성종 때 제안대군을 평원대군의 봉사손으로 삼은 사실이 기록되어 있었다고 한다. 즉, 법륜사는 제안대군이 창건한 절이라고 이마니시 류는 서술하고 있다. 또한 봉국사에는 명선공주와 명혜공주의 위패가 봉안되어 있으며, 두 사찰에는 불상과 여러 물건이 남아있다고 했다(그림 27).

법륜사는 영창대군의 명복을 빌기 위해 건립된 것으로 알려져 있다. 하지만 이마니시 류는 극락보전 중건기(1718년)를 소개하면서 제안대군이 창건한 절로 기록하고 있다. 숙종은 1688년(숙종 14)에 관원을 보내 명선·명혜·명안·숙정 네 공주의 묘와 영창대군 묘에 제사 지내게 했다. 공주와 대군의 무덤은 모두 광주에 있었고, 숙종은 명선공주와 명혜

1부 조선시대 왕실 발원 불상의 시대 구분

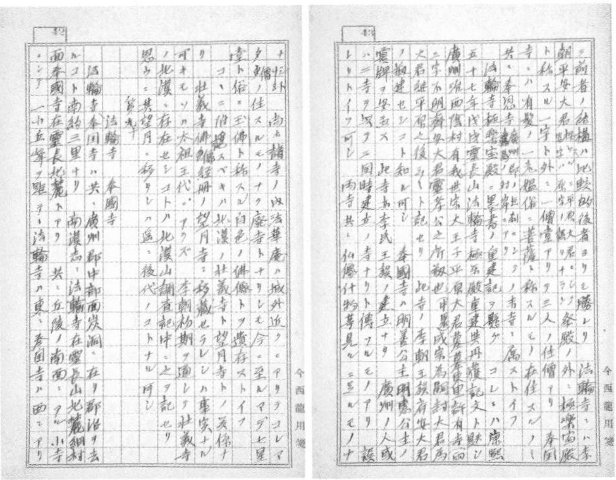

그림 27. 대정오년도 유물유적보고서(大正五年度遺物遺蹟報告書), 1917년, 출처: 국가기록원

공주의 무덤이 길 곁에 가깝기 때문에 두루 보고 싶다고 했다. 그러나 신하들의 만류로 중지했다.[360]

현종과 명성왕후 김씨 소생인 명선·명혜공주는 1673년(현종 14)에, 명안공주(1665-1687)는 1687년(숙종 13)에 세상을 떠났다. 숙정공주(1646-1668)는 효종과 인선왕후 장씨 소생으로 1668년에 세상을 하직했다. 숙종에게 숙정공주는 고모였기 때문에, 명선·명혜·명안공주는 여동생이었기 때문에 특별했던 것이다.

영창대군은 제안대군의 후사를 이었고,[361] 제안대군은 평원대군의

---

360 『조선왕조실록』 숙종 14년(1688) 2월 26일자 기록.

361 『조선왕조실록』 광해 5년(1613) 5월 4일자 기록. "至是 永昌大君繼齊安後 而漢江營已廢 故宮監等請還推其材 復其亭子".

봉사손이었기 때문에 광주 세촌면에는 후손 없이 세상을 떠난 평원대
군·제안대군·영창대군 묘가 함께 있었던 것이다. 인조반정 후 영창대
군의 모친 인목대비는 동양위 신익성에게 영창대군의 비문을 쓰도록
했다. 그녀는 인조반정으로 복위된 후 영창대군을 다시 광주에 장사지
내고 비를 세워 사적을 기록했던 것이다.[362] 따라서 법륜사는 평원대군
·제안대군·영창대군과 깊게 연관되어 있음을 알 수 있다.

영조가 영창대군 묘 근처에 있던 법륜사에서 선왕을 위해 제의(祭儀)
를 행한 기록이 있어 주목된다.

> 이집(李潗)이 아뢰기를, "신이 봄에 호남에서 돌아올 때 들은 말이
> 있는데, 입시하게 되면 아뢰고자 하였지만 방법이 없었습니다. 아
> 직까지 마음 속에 생생하기에 황공한 마음으로 감히 아룁니다. 지
> 난 겨울에 전하께서 『자치통감강목』의 「당헌종기(唐憲宗紀)」를 논
> 하던 중 한유(韓愈)가 불골(佛骨)을 맞아 들여오는 문제에 대해 간
> 하자 헌종이 한유를 극형으로 처치하고자 한 일에 대해서 하교하
> 기를 '배도(裴度)는 어진 정승이지만 「한유는 광자(狂者)이기는 하
> 지만 그 말은 충성스럽고 간절한 마음에서 나온 것입니다.」라고
> 만 간하였으니, 그 말에 미진한 점이 있다.'라고 하셨습니다.
> 신은 지금까지 성상의 하교를 장엄하게 외우며 우리 전하께서 이
> 단을 배척하고 직간을 이끌어 주는 성대한 뜻을 흠앙하고 있습니
> 다. 그런데 신이 올 4월 초에 전주에서 광주 묘 아래 마을에 도착

---

362 『조선왕조실록』 인조 3년(1625년) 3월 19일자 기록. "命東陽尉 申翊聖 往書永昌大君碑文
蓋因慈殿之教也 …… 慈殿復位之後 改葬以大君禮 又立碑以記其時事跡 墓在廣州".

1부 조선시대 왕실 발원 불상의 시대 구분

해 보니, 촌사람들이 모두 말하기를 '3월 26일에 궐 안에서 무녀와 나인 40여 명을 남한산성 남문 밖 법륜사로 보내어 선왕을 위해 세간에서 새남[刷南, 죽은 이를 극락으로 인도하는 굿]이라 하는 것을 설행하였는데, 그 절에 내린 시상(施賞) 등의 물건이 무척 풍성하고 사치스러웠습니다.'라고 하였습니다. 신이 이 말을 처음 들었을 때는 놀라면서도 믿지 못했습니다. 그러나 그 후에 원근의 촌사람들이 왕래하면서 전하는 말이 낭자하여 신도 믿지 않을 수가 없었습니다. 과연 이런 일이 있었는지는 잘 모르겠지만 있었는데 전하께서 미처 알지 못한 것입니까?"[363]

『승정원일기』에 수록된 앞 글은 1726년(영조 2)에 광주 법륜사에서 행해진 선왕의 영가천도와 관련된 제의에 관한 것이다. 즉, 죽은 이를 극락으로 인도하는 굿인 '새남'을 설행했고, 이를 위해 궁중에서 무녀와 나인 40명을 법륜사로 보냈다는 내용이다. 이 사실을 전주에서 올라오는 길에 광주 촌민(村民)에게 전해 들은 이집이 영조에게 사실 확인을 하고 있는 것이다.

영조는 1733년(영조 9)에는 예관(禮官)에게 날을 잡아 영창대군 묘, 명선·명혜공주 묘, 해창위 오태주(1668-1716)와 명안공주 묘에 치제(致祭)하도록 했다.[364] 또한 영조는 1739년(영조 15)에 중종반정 직후 역적의 딸로 연좌되어 폐출된 단경왕후 신씨(1487-1557)를 왕후로 추숭했다. 이때 법륜사의 각수승(刻手僧) 처겸(處謙)에게 단경왕후 옥책을 새

『승정원일기』 영조 2년(1726) 7월 2일자 기록.

364 『조선왕조실록』 영조 9년(1733) 9월 11일자 기록.

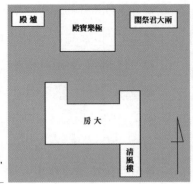

그림 28. 법륜사 가람배치도, 1939년, 출처: 국가기록원,
필자 재편집

기게 했다.[365] 이러한 사실을 통해 영조 때에도 법륜사는 여전히 왕실과
관계를 유지하고 있음을 짐작할 수 있다.

　법륜사에서 평원대군과 제안대군의 위패를 봉안하게 된 것은 고종
때 이규승(李奎承, 1845-1900)이 두 대군의 봉사손(奉祀孫)이 되면서 본격
화된 것으로 보인다. 이규승은 1872년(고종 9)에 두 대군의 봉사손이 된
직후부터, 두 대군 묘소와 인접한 망경암 칠성대 바위면에 글자를 새기
고 법륜사와 봉국사에서 왕실에 대한 구복행위를 했다.[366] 1939년에 서
울 창신동 지장암으로 이전되기 전까지, 법륜사에는 극락보전·노전(爐
殿)·대방(大房)과 함께 평원대군과 제안대군의 위패를 모신 양대군제각
(兩大君祭閣)이 존재하고 있었다(그림 28). 당시 법륜사의 주불전은 극락
보전이었고, 이곳에는 목조아미타불상이 봉안되어 있었다.[367]

---

365 『端敬王后復位祔廟都監儀軌』(奎 13506)[서울대학교 규장각한국학연구원
　　http://kyujanggak.snu.ac.kr].

366 김엘리(2021), 「성남시 폐사찰 法輪寺에 관한 고찰」, 『역사문화연구』 78, 17-20쪽.

367 『조선총독부관보』(제1814호) 1933년 1월 27일자 8면 기록.

법륜사는 이규승의 아들 이용호(李龍鎬, 1870-1916)의 원조로 유지되었지만, 1916년에 그가 사망하자 파산 상태에 이르렀다. 그리고 1939년까지 이용호의 묘사(墓寺)로 쓰이다가, 서울 지장암으로 이전 허가되면서 폐사되었다.[368]

법륜사 주불전에 아미타불상이 봉안되어 있던 사실은 〈망경암칠성대중수비(望京庵七星臺重修碑)〉(1898년)를 통해서도 알 수 있다. 즉, 평원대군과 제안대군의 봉사손인 이규승은 영장산의 산신령, 법륜사의 아미타불, 봉국사의 석가세존, 망경암의 약사불, 칠성대의 성신(星辰) 앞에 성수(聖壽)를 기원하였다.[369] 이를 통해 법륜사에는 아미타불상이, 봉국사에는 석가불상이, 망경암에는 약사불상이, 칠성대에는 북두칠성이 모셔져 있었음을 알 수 있다. 이 가운데 망경암 약사불상만 행방을 알 수 없다. 법륜사 아미타불상은 현재 봉국사 대광명전 주불로, 봉국사 석가불상은 서울 칠보사 대웅전 주불로, 칠성대 성신(星辰)은 망경암 칠성대 암벽에 남아 있다.

현재의 성남 망경암은 1988년에 신축되었고, 평원·제안대군의 봉사손인 이규승이 두 대군과 왕실의 안녕을 기원하는 내용을 암벽에 새겨놓은 칠성대는 망경암 경내에 있다. 망경암 암벽에 새겨진 마애불상은 현재의 경기도 유형문화재로 지정되어 있다. 암벽에는 마애불상 외에도 14개의 방형 칸을 만들어 왕실을 축원하는 내용과 평원·제안대군에 관한 글이 새겨져 있다(그림 29).

---

368 김엘리(2021), 앞 논문, 43쪽, 각주 16 참조.

369 〈望京庵七星臺重修碑〉(1898년). "伏以齋誠迷辭敬祝聖壽于 靈長山靈法輪阿彌奉國世尊 望京藥師七星臺星神之前曰".

그림 29. 망경암 칠성대 마애
불상과 각자(刻字)

그림 30. 망경암 칠성대 평원·
제안대군 관련 각자
(刻字) 내용, 필자 재
편집

　망경암 칠성대 각자(刻字) 가운데 평원·제안대군이 등장하는 것은
세 군데이다(그림 30). 각자의 내용을 통해 평원·제안 양대군의 봉사손
이었던 이규승이 왕실로부터 사패 위토(賜牌位土)를 받은 사실과[370] 관
음보살상을 조성한 사실도 알 수 있다. 또한 이규승의 아들 이용호가 두
대군의 봉사를 계승하고 있는 사실도 기록되어 있다.

　현재 봉국사와 망경암 칠성대의 직선거리는 300m 정도이다. 도로를
따라 이동하는 거리가 1km 남짓 되기 때문에 두 사찰은 인접해 있다고
할 수 있다. 망경암은 임금이 사는 대궐이 바라보이는 곳에 위치하고 있

---

[370] 김엘리(2021), 앞 논문, 60쪽, 각주 77 참조.

어 봉국사보다는 산 속에 있다. 망경암은 법륜사에 소속된 암자로 여겨지기 때문에, 망경암 부근에 법륜사가 위치했을 것이다.

19세기 말 이규경이 법륜사에 평원대군과 제안대군의 위패를 봉안하기 전에는 가평 현등사가 평원대군과 제안대군의 원찰이었다. 가평 현등사 극락전에는 아미타불상이 봉안되어 있는데, 현진 작으로 추정된다. 후불도인 아미타회상도의 화기에는 1759년(영조 35)에 아미타불상이 개금된 사실이 기록되어 있다.[371]

가평 현등사 아미타불상 밑면에는 개금기가 부착되어 있고, 복장공이 원형으로 뚫려 있다. 바닥 면에 뚫린 원형공의 형태는 1622년에 조성되어 인수사와 자수사에 봉안되었던 지장암 비로자나불상과 매우 유사하다(그림 31). 가평 현등사 불상의 크기는 107cm이다. 지장암 비로자나불상이 117.5cm이고, 칠보사 석가불상은 117cm이다. 지장암과 칠보사 불상에 비해 10cm 정도 작다. 가평 현등사 불상 양식은 현진 작 지장암 비로자나불상과 유사하고, 복장공의 형태가 같다. 또한 왕실의 원찰이기 때문에 현등사 아미타불상은 광해군 비 유씨가 1622년에 조성한 11존 가운데 1존일 가능성이 있다.

봉국사는 앞에서도 살펴보았듯이 현종의 장녀 명선공주와 차녀 명혜공주의 영가천도를 위해 묘소 근처인 경기도 광주에 건립된 사찰이다. 봉국사의 창건 유래는 백곡 처능(白谷處能, 1617-1680)이 쓴 「봉국사 신창기(奉國寺新刱記)」에 잘 표현되어 있다.

우리 주상 전하(현종)께서 즉위하신 이후에 왕세자 이외에도 딸이

---

371 송천·이종수·허상호·김정만(2011), 『韓國의 佛畵 畵記集』, 성보문화재연구원, 303쪽.

그림 31. 지장암 비로자나불상(좌)과
현등사 아미타불상(우)

있었는데 마치 요임금의 두 딸인 아황(娥皇)과 여영(女英) 같았다.
장녀는 명혜 공주(明惠公主), 차녀는 명선 공주(明善公主)이다.[372]
배우자를 논의하다가 혼인을 하지 못한 채 1년 동안에 잇따라 세
상을 떠나고 말았다.

주상은 애통해하였고 자전(慈殿, 명성 왕후)은 더욱더 상심함이 끝
이 없었다. 저승길에 명복을 비는 데 부처만한 분이 없다고 생각
했다. 장례를 마친 이듬 해(1674년)에 명성 왕후께서는 금강산 승
려인 축존(竺尊)에게 명을 내려 두 무덤 밖 몇 리쯤 되는 곳에 절
을 세우도록 하셨다. 절을 지을 때에는 궁중의 사신을 파견해 감
독하도록 하고 절이 완공되자 봉국사(奉國寺)라는 현판을 내리고
향불을 올려 공양하였다. 즉 광주 관아 서쪽 10리에 있는 성부산

---

372 장녀가 명선공주, 차녀가 명혜공주이다. 백곡 처능이 봉국사 신청기를 쓸 때 오류가 생긴
것이다.

1부 조선시대 왕실 발원 불상의 시대 구분

(星浮山) 아래이다.

아아, 이 절이 어찌 부처를 모시기 위해서 지어졌는가? 어려서 죽은 딸이 가엽고 애통해 부모의 지극한 정을 두고자 하기 때문이다. 알지 못하는 사람들은 유교와 불교가 서로 경쟁한다고 터무니없이 생각하고, 걸핏하면 왕가에서 해야 할 일이 아니라고 한다. 그들이 어찌 일상적인 원칙에서 벗어나지만 임시방편인 권도(權道)가 있음을 알겠는가?

옛적 한유는 조주 유배 시절에 넷째 딸이 죽자 섬서성 상남 층봉역(層峰驛)에서 장례를 치르고 애도의 글을 지었으며, 송나라 소동파는 아버지의 초상화를 그려 [호사(湖寺)에 봉안하였으니] 어찌 다른 이유에서였겠는가? 모두가 부처에 의지해서 영원히 추도하려는 것이다. 부자지간이라면 인륜으로 맺어진 이치는 모두가 동등하다. 비록 고귀함이 지존(至尊)이라 하더라도 정과 사랑은 같다. 하물며 옛적에도 남의 부음을 들으면 슬퍼하였다. 학식 있는 군자가 이 절이 이유가 있어서 창건된 사실을 들으면 당연히 눈물을 흘리며 슬퍼할 것이다. 어느 겨를에 쓸데없는 말과 과장된 소리로 유교와 불교 사이의 시비를 다투며 만족해하는가?

때는 갑인년(1674, 현종 15) 중추일(中秋日)에 겸팔도선교십육종도총섭(兼八道禪教十六宗都總攝) 신(臣) 승(僧) 처능(處能)이 삼가 쓰다.[373]

백곡 처능이 쓴 「봉국사신창기」를 통해, 봉국사가 1674년(숙종 15)에 명선공주와 명혜공주의 극락왕생을 위해 어머니 명성왕후가 금강산 승려

---

373 『大覺登階集』卷2 「奉國寺新剏記」[동국대학교 불교학술원 https://kabc.dongguk.edu].

축존으로 하여금 건립하게 한 사찰임을 알 수 있다. 또한 봉국사를 건립할 때 궁중에서 사신을 파견해 감독하도록 한 사실도 확인된다. 현종은 1661년(현종 2)에 왕실 여성들이 수행하던 자수사와 인수사를 철폐했지만(그림 32),[374] 두 딸을 위해 1674년에 봉국사를 건립했다.

숙종은 일찍 세상을 하직한 두 누이를 위해 광주 봉국사에 명선·명혜공주의 위패를 봉안하고, 매년 봄과 가을에 궁인(宮人)이 나가서 제사를 지내게 했다. 이 일로 대사헌 심단(沈檀)이 사찰에서 제사를 지내는데 궁인을 파견하는 것이 옳지 않음을 지적했다. 이때 민암 역시 봉선사와 봉은사에 열성(列聖)의 위판(位版)을 봉안했지만 유생의 상소 때문에 폐지했음을 주장하면서, 궁인을 파견해 사찰에서 지내는 제사를 폐지할 것을 주장했다. 그러자 숙종은 이 일은 갑자기 폐지할 일이 아니라고 신하들의 요청을 거절했다.[375] 왕실에서 명선·명혜공주 묘에 치제(致祭)한 것은 고종 때까지도 지속되었다.[376] 자손 없이 하직한 왕실의 대군과 공주 묘에 내시(內侍)를 보내 치제했던 것이다.

1939년 봉국사가 서울 삼청동으로 이전되기 전에는 주불전인 대광명전(大光明殿)과 요사채만 명맥을 유지하고 있었다(그림 33). 이마니시 류가 1916년 봉국사를 방문했을 때 명선공주와 명혜공주의 위패를 모시고 있었다고 했지만, 법륜사에 평원대군과 제안대군의 위패를 모신 건물이 별도로 있었던 것과는 달리 쇠락한 상태였던 것으로 짐작된다. 삼청동으로 이전되기 전까지 봉국사 대광명전에는 비로자나불상과 석

374 『조선왕조실록』, 「顯宗純文肅武敬仁彰孝大王崇陵誌」.

375 『조선왕조실록』 숙종 17년(1691) 4월 2일자 기록.

376 『조선왕조실록』 고종 4년(1867) 9월 10일자 기록.

1부 조선시대 왕실 발원 불상의 시대 구분

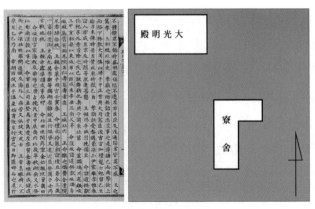

가불상이 모셔져 있었다.[377]

경기도 광주 법륜사와 봉국사는 1939년 서울 지장암과 칠보사로 사찰명과 함께 사찰 재산이 모두 이전되었다. 당시의 상황은 조선총독부에 제출한 이전 허가 신청 서류에 잘 남아 있고,[378] 사찰 이전이 확정된 사실은 간략하게 『조선총독부관보』에 게재되었다. 법륜사는 경기도 광주군 중부면에서 1939년 10월 3일에 경성부 창신정 626-1호로,[379] 봉국사는 경기도 광주군 중부면에서 1939년 11월 1일에 경성부 삼청정

---

377 『조선총독부관보』(제1814호) 1933년 1월 27일자 8면 기록.

378 국가기록원에는 1939년에 법륜사와 봉국사가 조선총독부에 제출한 사찰 이전 허가원이 보관되어 있다. 두 자료는 「法輪寺移轉許可願ニ関スル件」과 「奉國寺移轉許可願ニ関スル件」이다. 이 자료에는 사찰을 이전하는 이유를 비롯해 사찰이 소유한 토지, 건물, 유물 목록까지 자세하게 기록되어 있다. 즉, 이전되는 사찰의 당시 면모와 이전해 가는 사찰의 당시 상황이 모두 수록되어 있다.

379 『조선총독부관보』(제3819호) 1939년 10월 10일자 기록.

4번지로 이전이 허가되었다.[380]

법륜사가 이전된 경성부 창신정 626-1호에는 지장암(地藏庵)이 있었고, 봉국사가 이전된 경성부 삼청정 4번지에는 연주암 포교소[현 칠보사]가 현존하고 있었다. 지장암과 연주암 포교소는 원래는 사설 사암(寺庵)이었지만 봉은사 말사로 편입되었다. 그 후 법륜사와 봉국사가 1939년에 이곳으로 이전하게 된 것이었다. 일제 강점기에 사찰 및 포교소의 개설과 이전을 비롯한 모든 사항은 조선 총독과 각 도 장관의 인·허가를 받아야 했기 때문에,[381] 『조선총독부관보』에 당시의 상황이 구체적으로 기록되어 있는 것이다.

봉국사는 현종 때 창건된 이후 기본 재산과 신도가 없었기 때문에 1939년 이전 당시에는 사찰을 유지하기 힘든 상태였다. 사찰 이전을 신청한 문서에는 사찰 건물이 썩고 낡아 유지하기 곤란하고, 도심 포교를 위해 경성으로 사찰을 이전한다는 내용이 구체적으로 기록되어 있다. 이때 봉국사의 토지·건물·귀중품의 처분 방법도 논의되었다. 즉, 토지는 소작을 부칠 예정이고, 건물은 해체해 사용 가능한 기와와 목재는 봉은사를 복구하는 데 사용하겠다는 것이었다. 그리고 귀중품은 모두 이전하는 곳으로 옮긴다는 계획서를 제출했다. 이때 삼청정 연주암 포교소의 모든 재산은 심재길(沈在吉)의 소유였는데, 봉국사를 삼청정으로 이전한 후에는 연주암 포교소의 명의를 개인에서 사찰로 변경한다는 각서를 제출했다.

그러나 낡은 봉국사 대광명전을 해체해 봉은사를 복구하는 데 사용

---

380 『조선총독부관보』(제3840호) 1939년 11월 7일자 기록.

381 김성연(2018), 「일제하 불교 종단의 형성과정 연구 – 중앙기구의 조직구성과 재정운영을 중심으로」, 동국대학교 박사학위논문, 35-43쪽.

그림 34. 봉국사 대광명전, 2022년 현재 모습

하겠다는 계획은 실행에 옮겨지지 않았다. 1939년 이전 허가 신청 당시 이전하겠다고 했던 대광명전은 현재 봉국사 주불전으로 사용되고 있기 때문이다(그림 34). 봉국사 대광명전은 1980년 6월에 경기도 유형문화재로 지정되었다. 대광명전 불단에는 법륜사 극락전에 봉안되었던 아미타불상이 본존으로 봉안되어 있다(그림 35).[382]

　현 봉국사 대광명전 불단에는 법륜사 아미타불상을 중심으로 좌우에 관음보살상과 지장보살상이 배치되어 있다. 좌우 협시보살상은 새로 조성한 것이다. 봉국사 대광명전 아미타불상은 양식상 17세기에 활발하게 활동한 조각승 수연이 조성한 것으로 추정된다. 수연은 17세기에

---

[382] 봉국사 대광명전의 본존상이 법륜사 극락보전에 봉안되었던 아미타불상일 가능성에 대해서는 선행 연구가 있다[김엘리(2021), 「성남시 봉국사의 역사와 大光明殿 主尊佛에 관한 고찰」, 『한국학연구』 63, 253-288쪽].

그림 35. 봉국사 대광명전 아미타삼존상, 2022년 현재 모습

한 유파를 형성했던 조각승으로, 지장암 비로자나불상을 조성할 때 조각승 현진 아래 3위로 참여하였다. 지장암 비로자나불상과 함께 조성한 총 11존 불상 가운데 아미타불상도 포함되어 있어, 현 봉국사 대광명전 아미타불상도 지장암 비로자나불상과 관련이 있을 가능성도 있다.

대광명전에는 1873년(고종 10)에 조성된 후불도가 봉안되어 있다. 이 불화는 서울 흥천사에서 봉국사 상단탱으로 제작되어 이곳에 봉안하게 된 것이다. 봉국사 후불도 제작에 상궁들이 시주자로 동참한 것으로 보아 이때까지도 왕실과의 관계가 지속되었던 것으로 짐작된다.

지장암 비로자나불상과 칠보사 석가불상은 1939년 이전될 당시까지 모두 봉국사에 소장되어 있었다. 1939년 당시 봉국사의 주불전은 대광명전이었기 때문에, 본존불로 지장암 비로자나불상과 칠보사 석가불상이 봉안되었던 것으로 짐작된다. 1939년 이전될 당시 봉국사의 평면

그림 36. 봉국사 대광명전 포벽에 그려진 비로
자나불상과 석가불상

도에는 대광명전과 요사만이 표시되어 있으므로, 두 존상은 대광명전에
모셔져 있었던 것으로 보인다. 봉국사 대광명전에 비로자나불상과 석가
불상이 봉안된 사실은 일제 강점기 때 재산 목록을 통해서 확인될 뿐만
아니라, 현 봉국사 대광명전에 그려진 벽화를 통해서도 알 수 있다. 현
봉국사 대광명전 앞면과 뒷면 포벽에는 석가불상과 비로자나불상이 벽
화로 그려져 있다(그림 36).

　지장암 비로자나불상 조성발원문의 명칭은 '釋迦毘盧前願文(석가비
로전원문)'이다. 지장암 비로자나불상에서는 조성발원문(1622년)이 발견
되었고, 칠보사 석가불상에서는 중수발원문(1721년 추정)이 수습되었다.
또한 1924년에 중수한 발원문이 두 불상에서 모두 발견되었다. 이러한
사실을 종합해 보면 칠보사 석가불상과 지장암 비로자나불상은 자수사
·인수사에 봉안될 당시부터 1939년 서울로 이전되기 전까지 봉국사에
함께 모셔져 있었던 것이다.

3

남양주 수종사 불상군

수종사 팔각오층석탑에는 1493년(성종 24)에 성종의 후궁 숙용 홍씨(淑
容 洪氏), 숙용 정씨(淑容 鄭氏), 숙원 김씨(淑媛 金氏)가 발원한 불상군이
석탑의 초층 탑신석에 봉안되었고, 1628년(인조 6)에 인목대비(仁穆大妃,
1584-1632)가 발원한 금동불상군이 석탑의 기단 중대석 및 1층·2층·3
층 옥개석에 각각 봉안되었다.[383] 1628년에 조성한 불상은 총 23존이다
(그림 37).

　수종사 탑에서 발견된 불상 가운데 가장 주목되는 불상은1628년(인
조 6)에 조성된 사실이 기록된 비로자나불상이다. 이 불상은 수종사 석
탑의 중대석에서 수습되었는데, 1628년에 제작된 불보살상 가운데 유
일하게 상하 2단으로 된 대좌를 갖추고 있다. 비로자나불상의 밑면에는

---

[383] 박아연(2011), 「1628년 仁穆大妃 발원 水鍾寺 金銅佛像群 研究」, 『강좌미술사』 37, 151쪽.

그림 37. 수종사 오층석탑 봉안 불상군, 1628년

그림 38. 남양주 수종사 오층석탑 내 비로자나불상과 명문, 1628년, 불교중앙박물관 제공, 필자 재편집

조성 연도, 발원 주체, 발원 내용, 조각승이 5줄로 점각(點刻)되어 있다(그림 38).

수종사 비로자나불상 밑면에 기록된 명문 내용은 다음과 같다.

崇禎元年戊辰昭聖
貞懿大王大妃發願
鑄像二十三尊容安于
寶塔後貽濟衆爾
畵員 性仁

　　　　　　　　　1부 조선시대 왕실 발원 불상의 시대 구분

수종사 비로자나불상 밑면의 명문 내용을 해석하면 다음과 같다.

> 숭정 원년 무진년(1628, 인조 6)에
> 소성정의대왕대비가 발원하여
> 23존의 모습을 상으로 주조하여
> 보탑에 봉안하니 후세에 전하여 중생을 구제하여 주옵소서.
> 화원 성인(性仁)[384]

수종사 비로자나불상에 기록된 내용은 매우 간략하다. 1628년(인조 6년)에 정의대왕대비(貞懿大王大妃, 인목대비)가 발원하여 23존의 불상을 주조해 탑에 안치했고, 화원 성인(性仁)이 불상을 제작했음을 밝히고 있는 것이다. 조각승 성인은 1622년 광해군 비 유씨가 발원한 지장암 비로자나불상 조성에도 참여했다. 수조각승 현진(玄眞)은 17명의 조각승들과 함께 이 불상을 제작했는데, 성인은 이때 8위 보조 조각승으로 참여했던 것이다.

수종사 탑에서 발견된 불상군은 1493년(성종 24)에 납입된 것과 1628년(인조 6년)에 납입된 것으로 구분된다. 이 가운데 1493년에 납입된 불상은 조선 전반기 불상에서 살펴보았듯이 불상 조성과 중수에 성종의 후궁과 자녀들이 대거 참여했다. 이에 비해 1628년에 23존을 주조해 탑안에 봉안한 불사에는 인목대비만이 언급되어 있다. 비로자나불상 밑면에 기록된 '昭聖貞懿大王大妃(소성정의대왕대비)'는 당시 인목대비의 상황이 잘 집약되어 있다.

---

[384] 국립중앙박물관(2015), 『발원, 간절한 바람을 담다 - 불교미술의 후원자들』, 304쪽.

인목대비의 '인목(仁穆)'은 사후 내려진 존시(尊諡)이다.[385] 선조의 계비 인목대비는 선조 37년(1604) 10월에는 '소성(昭聖)'이라는 존호를 받았고,[386] 광해군 즉위년(1608년)에는 '정의(貞懿)'라는 존호가 올려졌다.[387] 그리고 광해군 2년(1610) 4월에 '소성정의(昭聖貞懿)'라는 존호가 추가되고 교서가 반포되었다.[388] 인목대비는 광해군을 폐하고 인조가 왕위를 계승케 한 교지를 반포했는데, 이때에 '소성정의왕대비(昭聖貞懿王大妃)'라고 하였다.[389] 인목대비가 왕대비에서 대왕대비로 진봉된 것은 1624년(인조 2) 9월이고,[390] '명렬(明烈)'이라는 존호가 올려진 것은 한 달 뒤인 10월이었다.[391] 그러나 1628년(인조 6)에 수종사 불탑에 봉안할 불상을 조성하면서는 '소성정의' 존호만 사용하였다.

인목대비는 19세에 선조의 계비가 되어 영창대군(永昌大君, 1606-1614)을 낳았다. 하지만 1608년에 광해군이 즉위한 후, 1613년(광해군 5) 계축옥사로 아버지 김제남(金悌南)과 아들 영창대군을 잃고 폐서인이 되었다. 1618년(광해군 10)에는 그의 딸 정명공주와 함께 서궁에 갇혀 비운의 삶을 살았으며, 1623년 인조반정 이후 복위되었다. 광해군에 의한 핍박으로 한 많은 삶을 살 수밖에 없었던 그녀에게 불교는 커다란 의지처였다. 불교의 힘을 빌어 죽은 아버지와 아들의 극락왕생을 발원하고 살

---

385 『조선왕조실록』 인조 10년(1632) 9월 5일자 기록.

386 『조선왕조실록』 선조 37년(1604) 10월 19일자 기록.

387 『조선왕조실록』 광해군 즉위년(1608) 8월 24일자 기록.

388 『조선왕조실록』 광해군 2년(1610) 4월 19일자 기록.

389 『조선왕조실록』 광해군 15년(1623) 3월 14일자 기록.

390 『조선왕조실록』 인조 2년(1624) 9월 7일자 기록.

391 『조선왕조실록』 인조 2년(1624) 10월 7일자 기록; 김한신(2022), 「仁祖 즉위 이후 권력장악과 인목대비의 위상」, 『동양학』 86, 84쪽.

아남은 사람들이 장수하기를 바랐던 것으로 짐작된다.[392]

그렇다면 인목대비는 왜 수종사에 23존에 달하는 불상을 조성하게 되었을까. 비로자나불상에는 간략하게 '중생을 위해서'라고만 기록되어 있을 뿐이다. 수종사 탑에 불상이 봉안되기 1년 전인 1627년에는 대외적으로 정묘호란으로 인해 왕실이 어수선한 상태였고, 1628년 1월에는 민대(閔懟)와 광해군 비 유씨의 친정 조카인 유효립(柳孝立, 1579-1628) 등이 선조의 아들 인성군(1588-1628)을 옹립하려는 역모 사건이 일어났다. 인목대비는 역모 사건에 자신이 언급되자 인성군의 처벌을 강력하게 요구하였다. 광해군 때 영창대군을 왕으로 옹립하려는 움직임 때문에 혹독한 시련을 겪었던 인목대비는 인성군 역모 사건에 생존의 위협을 느꼈을 것이다. 안팎의 여러 상황은 인목대비로 하여금 수종사 탑에 불상을 안치할 불사를 계획하게 했을 것으로 여겨진다. 인목대비가 수종사와 어떤 인연이 있었는지는 명확하지 않다. 그러나 1628년(인조 6)에 그녀가 불상을 봉안한 이후 1629년(인조 7)에 수종사에 내원당(內願堂) 신설이 추진된 사실[393]로 보아 17세기까지 수종사는 왕실과 깊은 관련이 있었던 것으로 추정된다.[394]

인목대비가 조성 발원한 수종사 불상의 미소 띤 얼굴은 조선 전기 불상의 근엄한 모습이나 조선 후기 불상의 경직된 이미지와는 다르다.

---

392 이현주(2021), 「17세기 전기 왕실 여인들의 불사(佛事)연구 – 장열왕후와 인목대비를 중심으로」, 『미술사학보』 56, 166-171쪽.

393 『승정원일기』 인조 7년(1629) 7월 12일자 기록. 『승정원일기』에 의하면 광주 운길산 수종사에 내원당을 신설하려고 한 사실이 확인되며, 이때 인목대비가 관련되어 있음을 알 수 있다.

394 박아연(2011), 앞 논문, 157쪽.

이 불상들은 머리가 신체에 비해 유난히 크고 어깨와 하체는 좁고 낮아 신체 비례의 균형이 맞지 않는 어린아이 같은 모습을 하고 있다. 이 같은 형상의 불상을 조성한 이유는 가슴에 묻어 둔 영창대군의 모습을 불보살상에 반영하기 위해서가 아닐까 하는 생각을 갖게 한다.

1628년에 조성된 수종사 금동불상군은 모두 10cm 내외의 소형불로, 자세·상호(相好)·착의법 등이 유사하다. 수종사 오층석탑 발견 불상군은 17세기 대형 불상들이 조성되기 이전에 왕실과 깊은 관련을 맺고 있다는 점, 탑 안에 봉안하기 위해 작은 크기로 조성한 불상이지만 왕실 발원이라는 점에서 중요하다.

인목대비가 발원한 수종사 탑 봉안 불상이 조성되었던 17세기 전반기는 불사(佛事)의 양상이 이전 시기와는 달랐다. 가장 뚜렷한 변화는 발원층의 변화이다. 기존의 발원 주체가 왕실 혹은 양반 위주의 지배층이었다면, 이 시기의 발원 주체는 승려 내지 평민층으로 확대되었다. 따라서 불상의 재질 역시 많은 재정을 필요로 하는 금동보다는 흙과 나무가 선호되었고, 전후 복구 차원에서 크기가 대형화되는 경향을 보인다.[395] 그러나 1628년 인목대비 발원 금동불상군의 경우 왕실 발원 불사가 대폭 줄어든 시점에 조성되었다. 또한 소형의 금동불을 다량으로 제작해 탑 안에 봉안했다는 점 등에서 같은 시기 불상들과 다른 양상을 보인다.[396]

395 심주완(2002), 「壬辰倭亂 이후의 大形塑造佛相에 관한 研究」, 『미술사학연구』 233·234, 95-138쪽.

396 박아연(2011), 앞 논문, 152-153쪽.

1부 조선시대 왕실 발원 불상의 시대 구분

4

구례 화엄사 목조비로자나삼신불상

구례 화엄사 대웅전에는 비로자나불·노사나불·석가불로 구성된 비로
자나삼신불상이 봉안되어 있다(그림 39). 화엄사 대웅전 목조비로자나삼
신불상 가운데 우존(右尊) 석가불상과 좌존(左尊) 노사나불상의 복장에
서는 불상조성기인 「시주질(施主秩)」이 발견되었다. 이 자료는 2015년
(석가불상)과 2020년(노사나불상)에 수습된 것으로, 2021년 불교중앙박물
관에서 개최한 〈지리산 대화엄사〉 특별전을 통해 처음으로 공개되었다.

필자는 2020년 7월 화엄사 대웅전 노사나불상 복장 조사 때 참여해
복장물을 수습하고 정리해 논문으로 발표했다.[397] 구체적인 내용은 제2
부 제3장에서 다루었기 때문에 여기서는 간단히 서술하고자 한다.

---

397 유근자(2021), 「화엄사 대웅전 비로자나삼신불좌상의 시주질 분석」, 『지리산 대화엄사』,
불교중앙박물관, 339-365쪽; 유근자(2021), 「화엄사 목조비로자나삼신불좌상의 조성기
「施主秩」 분석」, 『미술자료』 100, 112-138쪽.

그림 39(상). 화엄사 목조비로자나삼신불상, 1634년
그림 40(하). 화엄사 노사나불상 시주질 부분, 1635년, (사)사찰문화재보존연구소 제공

　　화엄사 비로자나삼신불상의 조성기인 「시주질」에는 화엄사 비로자
나삼신불상이 1634년(인조 12)에 조성되어 1635년(인조 13)에 대웅전에
모셔진 사실이 기록되어 있다(그림 40). 또한 불상 시주자로 왕실 인물이
참여하고 있는 점이 확인되었다. 화엄사 석가불상과 노사나불상 「시주
질」에는 불상 조성의 목적, 제작 시기, 봉안 연도 및 봉안처, 존명(尊名),
소임자(所任者), 조각승(彫刻僧), 시주 물목(施主物目), 시주자(施主者) 등이
기록되어 있다. 이 밖에도 당시 화엄사 승려들까지 수록하고 있는 점에

　　　　　　　　1부 조선시대 왕실 발원 불상의 시대 구분

서 「시주질」은 약 400여 년 전 화엄사 중창 불사 당시의 상황을 오늘날에 소상하게 알려 주는 타임캡슐(time capsule) 같은 것이다.

노사나불상과 석가불상의 「시주질」 및 노사나불상의 대좌 묵서 기록에 의하면, 1634년(인조 12) 3월에 화엄사 비로자나삼신불상을 조성하기 시작해 8월에 완성한 후, 1635년(인조 13) 가을에 대웅전에 봉안한 사실을 확인할 수 있다. 화엄사 비로자나삼신불상의 제작 시기를 1634년으로 특정할 수 있게 된 점은 매우 중요한 의미를 갖는다. 그동안은 중관 해안(中觀海眼)이 1636년(인조 14)에 저술한 『호남도구례현지리산대화엄사사적(湖南道求禮縣智異山大華嚴寺事蹟)』에 의존해 비로자나삼신불상의 조성 시기를 1636년으로 추정해 왔다. 그러나 「시주질」 자료로 인해 화엄사 비로자나삼신불상의 제작 시기를 1634년으로 특정할 수 있게 되었기 때문이다.

화엄사 노사나불상과 석가불상의 「시주질」은 벽암 각성의 역할을 잘 알 수 있는 자료이기도 하다. 벽암 각성은 1630년(인조 8)에 화엄사 동오층석탑을 중수할 때는 '대공덕주(大功德主)'였고, 1634년(인조 12) 삼신불상을 조성할 때도 '판거사(辦擧事)' 또는 '대공덕주(大功德主)'였으며, 1653년(효종 4) 영산회 괘불탱을 조성할 때 역시 주도적인 역할을 맡는 등 17세기 화엄사 중창 불사에 가장 중추적인 역할을 한 인물이다.

화엄사 노사나불상과 석가불상의 「시주질」은 벽암 각성과 왕실과의 관계를 밝힐 수 있는 자료라는 점에서도 매우 중요하다. 노사나불상과 석가불상의 「시주질」은 불상의 조성과 관련하여 왕실 인물인 선조의 아들 의창군 이광(義昌君 李珖)과(그림 41) 사위 신익성(申翊聖), 인조의 아들 소현세자(昭顯世子) 등이 구체적으로 기록된 최초의 자료이기 때문이다(그림 42).

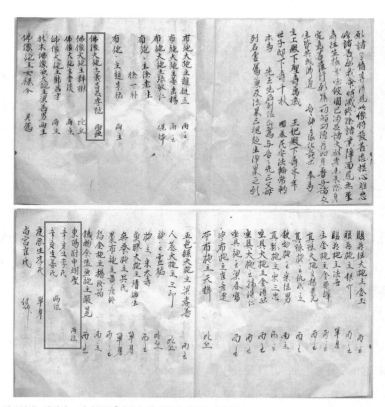

그림 41(상). 화엄사 노사나불상 「시주질」에 기록된 의창군 이광 부부
그림 42(하). 화엄사 노사나불상 「시주질」에 기록된 동양위 신익성 부부와 소현세자 부부

화엄사 노사나불상과 석가불상의 「시주질」은 비로자나삼신불상의 조성 연도, 벽암 각성과 왕실의 관계 및 벽암 각성의 역할 등 17세기 비로자나삼신불상의 조성에 관한 자세한 정보를 담고 있어 미술사뿐만 아니라 향후 화엄사의 역사 연구에도 중요한 자료적 가치가 있다. 또한 왕실 인물인 의창군 이광과 신익성이 벽암 각성과 함께 불사에 동참한 구체적인 기록이라는 점에서 주목되는 자료이다.

1부 조선시대 왕실 발원 불상의 시대 구분

5

완주 송광사 소조석가여래삼불좌상

완주 송광사는 17세기에 현재의 사역에 개창(開創)에 가까운 대대적인
건축 불사(佛事)를 진행하였다. 송광사의 17세기 불사는 정묘호란(1627
년)과 병자호란(1636년)이 발발한 혼란한 시기로, 인조 때가 중심이었
고 효종의 치세 때까지 지속되었다. 1622년(광해군 14)에 시작된 불사는
1656년(효종 7) 나한전 석가여래삼존상과 십육나한상·오백나한상이 조
성되면서 일단락되었다. 완주 송광사 불사와 밀접한 관련을 맺은 승려
는 벽암 각성인데, 그는 임진왜란 때부터 의승군으로 활동했다. 1624년
(인조 2)에는 팔도도총섭의 지위에 있으면서 전쟁으로 소실된 사찰들의
중건에 앞장섰다.

　특히 그는 남승(南僧)으로 일컬어졌던 것에서 알 수 있듯이, 순천 송
광사, 구례 화엄사, 하동 쌍계사, 완주 송광사, 보은 법주사의 불사에 주
도적인 역할을 했다. 이들 사찰들은 17세기 2대 문파를 형성했던 부휴

그림 43(좌). 완주 송광사 대웅전 소조석가여래삼불좌상, 1641년, 주수완 제공
그림 44(우). 완주 송광사 소조석가여래삼불좌상 후령통 3점, (사)사찰문화재보존연구소 제공

계 승려들이 머물던 곳으로, 부휴계 문파를 형성하는 데 벽암 각성이 중
요한 역할을 했던 것을 알 수 있다. 벽암 각성의 문도는 1636년 〈송광사
개창비〉 건립을 통해 부휴계 문파의 기초를 마련하기 시작했으며, 벽암
각성의 제자 백곡 처능(白谷處能, 1617-1680)에 의해 자리 잡게 되었다.

완주 송광사 대웅전에는 석가불상·약사불상·아미타불상으로 구성된
삼세불상이 봉안되어 있다. 이 불상은 17세기에 조성된 소조불상 가운데
가장 큰 대형 불상에 속한다(그림 43). 1993년 대웅전의 불상을 조사하는
과정에서 후령통을 비롯한 복장 유물과 불상 조성발원문이 발견되었다.
부여 무량사 소조아미타삼존불상(540cm)과 함께 조선시대를 대표하는 가
장 거대한 소조불상(565cm)이다. 송광사 대웅전 소조석가여래삼불좌상의
복장에서는 3점의 불상조성기와 3점의 후령통 등이 수습되었다(그림 44).

완주 송광사 소조석가여래삼불좌상에서 수습된 불상조성기는 조성
당시의 불사 상황이 구체적으로 기록되어 있다. 특히 발원 내용 중에서 청
에 인질로 잡혀간 소현세자와 봉림대군의 조속한 귀국을 바라고 있는 점

1부 조선시대 왕실 발원 불상의 시대 구분

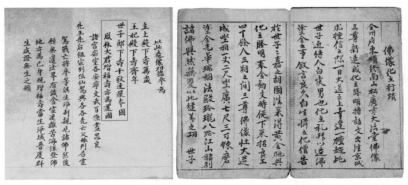

그림 45(좌). 완주 송광사 소조석가여래삼불좌상 조성발원문, 1641년, (사)사찰문화재보존연구소 제공
그림 46(우). 불상화주행적, 1725년, 출처: 서울대학교 규장각한국학연구원

이 주목된다(그림 45). 또한 전쟁으로 인해 목숨을 잃은 장졸들의 극락왕생
을 염원하고 있는 점에서 당시 시대 상황을 잘 읽을 수 있다.

완주 송광사 소조석가여래삼불좌상 조성과 소현세자와의 관계는 서
울대학교 규장각한국학연구원에 소장된 자료를 통해 좀 더 명확해졌다.
이에 대한 구체적인 내용은 제2부 제4장에서 별도의 논문으로 다루고
있기 때문에, 여기서는 간략하게만 서술한다.

서울대학교 규장각한국학연구원에 소장된 자료는 「송광사법당초
창상층화주덕림(松廣寺法堂初創上層化主德林)」으로 시작되는 필사본으로,
1725년(영조 1)에 작성되었다. 이 자료는 송광사 중창 이래 법당 이하 여
러 전각·불상·법구 및 부속 암자의 조영을 주도한 화주를 기록한 「화주
록(化主錄)」, 「법당중창상량문(法堂重創上樑文)」, 「불상화주행적(佛像化主行
蹟)」 등 세 편으로 이루어져 있다.[398] 이 가운데 소현세자가 완주 송광사

398 한지만(2017), 「조선 후기 선종사원 완주 송광사 가람구성의 의미」, 『보조사상』 47, 174쪽.

대웅전 불상 조성에 시주한 내용을 기록하고 있는 것은 「불상화주행적」
이다(그림 46).

「불상화주행적」에는 소현세자를 모시는 백실남(白實男)으로부터 청
에서 가져온 금을 보시받은 이야기가 구체적으로 서술되어 있다. 완주
송광사 대웅전 소조석가여래삼불좌상을 새로 조성하고자 승려 승명(勝
明)은 권선문을 가지고 경성으로 갔다. 그곳에서 승명은 세자를 가까이
에서 모시는 백실남을 만나 불상 조성과 개금에 관한 일을 이야기했다.
그러자 백실남이 세자에게 이 일을 알렸고, 소현세자는 청에서 가지고
온 금을 승명에게 전해 주었다. 승명은 그것을 가지고 송광사로 내려와
양공 40여 명을 불러 3개월에 걸쳐 삼불상을 조성했다고 한다.

소현세자는 청에 인질로 잡혀갔으나 1640년에서 1642년에 인조의
병문안을 위해 잠시 귀국했다.[399] 송광사 승려 승명이 경성에 가서 백실
남으로부터 소현세자가 청에서 가지고 온 금을 시주받은 것은 소현세
자가 잠시 귀국한 시기와 맞물려 신빙성이 있는 자료로 여겨진다.

1634년(인조 12)에 구례 화엄사 목조비로자나삼신불상을 조성할 때,
의창군 이광, 신익성, 소현세자는 시주자로 동참했다. 이때 불사를 주도
한 승려는 벽암 각성이었다. 7년 후 1641년(인조 19)에 완주 송광사를 개
창에 가깝게 중창할 때도 벽암 각성이 주도적인 역할을 했다. 그는 불상
을 조성할 때 화엄사 비로자나삼신불상 조성 때와 마찬가지로 대공덕
주(大功德主) 소임을 맡았다. 화엄사와 달리 불상조성기에는 의창군 이
광과 신익성은 등장하지 않는다. 다만 「불상화주행적」을 통해 소현세자

---

399 이훈상(2012), 「17세기 중반 순천 송광사 목조관음보살좌상의 조성과 늙은 나인 노예성의
발원 – 내인(內人)노예성의 발원문을 통하여 본 17세기 조선의 정치사와 나인의 생애사」,
『호남문화연구』 51, 229쪽.

그림 47. 의창군 이광이 쓴 완주 송광사 대웅전 현판, 주수완 제공

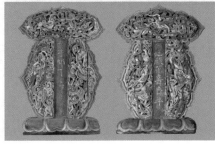

그림 48. 완주 송광사 삼전패 가운데 세자와 왕비의 전패, 순치(順治) 연간(1644-1661)

의 시주 사실을 확인할 수 있다. 그러나 의창군 이광과 신익성 역시 17세기 송광사 중창과 밀접한 관련이 있다. 〈송광사개창비〉(1636년)의 비문은 신익성이 지었고, 글씨는 의창군 이광이 썼기 때문이다. 완주 송광사 대웅전 현판도 의창군 이광의 글씨이다(그림 47).

송광사와 왕실의 관계는 현재 대웅전 소조석가여래삼불좌상 앞에 놓인 2m가 넘는 삼전패(三殿牌)를 통해서도 알 수 있다(그림 48). 송광사 삼전패는 순치(順治) 연간(1644-1661)에 제작되어, 1792년(정조 16, 乾隆 57)에 중수되었다.⁴⁰⁰ 조선시대 의식집에서는 석가여래·약사여래·아미타여래[무량수불]를 왕·왕비·세자를 축원할 때 원불(願佛)로 대응시키고 있다. 즉, 무량수불[아미타불] 앞에는 주상전하수만세(主上殿下壽萬歲) 전

---

400 임영애(1999), 「완주 송광사 목패와 17세기 조선시대 불교」, 『강좌미술사』 13, 168-173쪽.

패를, 약사여래 앞에는 왕비전하수제년(王妃殿下壽齊年) 전패를, 석가여래 앞에는 세자저하수천추(世子邸下壽千秋) 전패를 놓고 삼전하가 오래 살기를 축원하였다.[401]

서울 봉은사에는 조선 왕실의 열성(列聖) 위판(位版, 位牌)이 봉안되어 있었다. 재(齋)를 지낼 때, 불상은 남면으로 설치하고 열성의 위패는 북면으로 설치해 재를 올렸다. 그러자 송준길은 효종에게 봉은사에서 이러한 행위를 하고 있는 것에 대해 문책할 것을 건의했고, 효종은 정결한 곳에 위판을 묻어 안치하도록 했다.[402] 현종 역시 1661년에 자수원과 인수원을 폐지하고는 자수원에 있던 열성의 위판을 봉은사의 예에 따라 정결한 곳에 파묻게 했다.[403] 이를 통해 각 사찰에서는 왕실의 안녕을 축원하는 전패와 세상을 떠난 이들을 위한 위판[위패]이 함께 존재했음을 알 수 있다.

송광사 석가여래삼불상을 조성한 수조각승은 청헌이다. 그는 1626년 법주사 비로자나삼불상 조성에 조각승 현진과 함께 2위로 참여한 이후, 1634년 구례 화엄사 대웅전 삼신불상을 비롯해 1639년 하동 쌍계사 불상, 1641년 완주 송광사 석가여래삼불상, 1643년 진주 응석사 석가여래삼불상 조성에 수조각승으로 참여했다. 그는 승일 및 법령과 함께 일군의 조각승을 이끌고 있었는데, 17세기 대형의 소조불상 조성에 참여한 조각승으로 주목된다.

---

401 『天地冥陽水陸齋儀梵音刪補集』卷中「祝上作法節次」'願佛祝壽'. "無量壽佛 無量壽佛 主上殿下壽萬歲 衆和 無量壽佛. 藥師如來 藥師如來 王妃殿下壽齊年 衆和 藥師如來. 釋迦如來 釋迦如來 世子邸下壽千秋 衆和 釋迦如來"[동국대학교 불교학술원 https://kabc. dongguk.edu]; 이용윤(2008),「삼세불의 형식과 개념 변화」,『동악미술사학』9, 96쪽.

402 『조선왕조실록』 효종 8년(1657) 12월 13일자 기록.

403 『조선왕조실록』 현종 2년(1661) 1월 5일자 기록.

6

오대산 상원사 목조제석천상 중수

오대산 상원사 문수전에는 문수동자상(1466년), 문수보살상(1661년), 동
자상 등과 함께 목조제석천상이 봉안되어 있다(그림 49). 상원사 목조제
석천상은 문수동자상과 함께 1466년(세조 12)에 조성되어 1645년(인조
23)과 1862년(철종 13)에 개채·중수된 것으로 알려져 있다. 제석천상 복
장에서 수습된 복장 전적은 15세기에 간행되었고, 후령통 내부에 납입
되었던 것으로 추정되는 오보병의 물목(物目)과 납입 방식은 16세기에
왕실에서 발원한 불상과 매우 비슷하다.[404] 복장 유물을 통해 16세기에
중수된 사실을 짐작할 수 있다.

상원사 목조제석천상에 대해서는 제2부 제2장에서 자세히 다루고
있기 때문에 여기서는 간략하게만 서술하고자 한다. 상원사 목조제석

---

404 유근자(2021), 「오대산 상원사 문수전 목조제석천상의 연구」, 『선문화연구』 30, 251-304쪽.

그림 49. 상원사 목조제석천상, 1466년 조성,
1645년 중수, 월정사성보박물관 제공

천상이 1466년 상원사 문수동자상과 함께 조성된 것으로 추정되는 이
유는 크게 두 가지를 들 수 있다. 첫째는 상원사 문수동자상 조성발원문
(1466년)에 여러 존상과 함께 제석천왕[天帝釋王]을 조성했다는 기록이
있는 점이다. 둘째는 상원사 목조제석천상 양식이 상원사 문수동자상과
유사한 면이 많고, 15세기의 양식 특징을 갖고 있기 때문이다.

상원사 목조제석천상 양식이 15세기 특징을 나타내고 있기 때문에
복장에서 발견된 원문(願文, 1645년)은 중수발원문으로 추정된다. 상원사
목조제석천상의 원문은 한 장의 한지에 묵서되어 있는데 상하 대칭으
로 내용이 기록된 점이 특이하다(그림 50). 조선시대 불상에 관한 기록인
조성기 가운데 유례가 없는 매우 특이한 구조로 되어 있다.

상원사 목조제석천상이 중수된 사실은 이경석이 지은 「상원사중수
기(上院寺重修記)」를 통해서도 어느 정도 짐작이 가능하다. 「상원사중수
기」에는 1644-1645년에 7존의 불보살상을 중수했다는 기록이 있기 때
문이다. 또한 발원문(1645년)에 기록된 양공(良工)은 조각승이 아니라 화

　　　　　　　1부 조선시대 왕실 발원 불상의 시대 구분

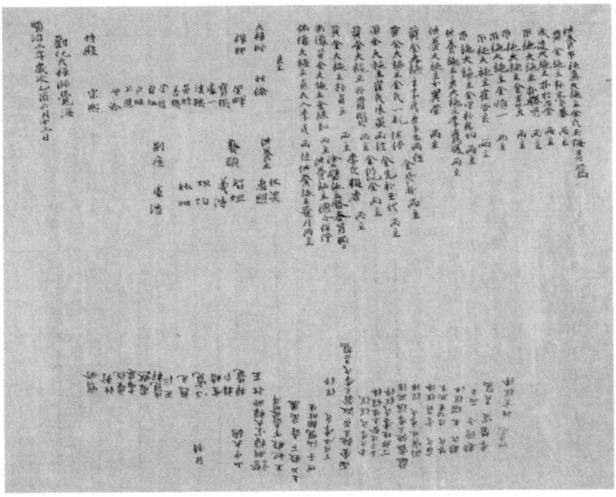

그림 50. 상원사 목조제석천상 원문,
1645년, 월정사성보박물
관 제공

승이라는 점도 상원사 목조제석천상이 1645년에 처음 조성된 것이 아
니라 중수되었다는 사실을 뒷받침한다.

상원사 목조제석천상 중수원문에는 왕실과의 관계를 살필 수 있는
내용이 기록되어 있다. 그것은 소현세자의 극락왕생을 발원하는 내용을
비롯해 왕실 인물들이 다수 시주자로 참여했다는 것이다. 즉 중수발원
문의 '世子仙駕願往生(세자선가원왕생)'과 '面金施主 貞淑翁主李氏靈駕
(면금시주 정숙옹주이씨영가)'에서 왕실 인물과 관련된 사실이 확인된다.

상원사 목조제석천상이 중수된 것은 1645년 6월 13일이고 소현세
자가 세상을 떠난 것은 1645년 4월 26일이다.[405] 상원사 목조제석천상
을 중수할 때 면금을 시주한 정숙옹주(1587-1627)는 선조와 인빈 김씨의
3녀이다. 1627년(인조 5)에 이미 사망했기 때문에 영가로 기록되었다. 정
숙옹주의 남편은 신익성(1588-1644)으로 1599년(선조 32)에 정숙옹주와 혼

---

405 『조선왕조실록』 인조 23년(1645) 4월 26일자 기록.

인했다. 오대산 상원사 문수동자상과 강릉 보현사 노문수보살상이 1599년에 중수된 것은 이들의 혼인과 관련이 있을 가능성도 있다. 정숙옹주와 신익성은 17세기에 상원사와 긴밀한 관계를 유지하고 있기 때문이다.[406]

상원사 목조제석천상을 중수하는 데 소현세자와 민회빈 강씨 소생의 딸 3명이 동참했다. 즉, 3녀 경숙군주(1637-1655), 4녀 경녕군주(1642-1682), 5녀 경순군주(1643-1697) 등이다. 장녀와 차녀는 1645년 이전에 세상을 떠났기 때문에 참여하지 못했다. 소현세자의 어린 딸들이 상원사 목조제석천상 중수에 동참한 것은 청에서 귀국한 지 얼마 되지 않아 갑자기 돌아가신 아버지 소현세자가 극락 왕생하기를 기원하기 위해서였다.

「상원사중수기」를 지은 이경석은 소현세자와 인연이 깊다. 소현세자가 청에 볼모로 잡혀가 있을 때 심양으로 가서 소현세자의 시강을 도왔고, 신익성 등과 함께 볼모 생활을 했기 때문이다. 신익성 역시 소현세자와 관계가 돈독했다. 정묘호란 때 소현세자가 분조를 이끌고 전주로 남하할 때 배종관 21명 가운데 한 명으로 동행했고, 화엄사 대웅전 목조비로자나불상(1634년)을 조성할 때도 시주자로 함께 동참했다. 완주 송광사가 17세기에 개창에 버금가는 중창을 할 때도 신익성, 의창군 이광, 소현세자는 깊게 관여되어 있었던 것이다.

상원사 목조제석천상이 중수된 1645년 6월은 정숙옹주와 신익성이 이미 사망한 뒤이다. 그럼에도 불구하고 소현세자의 명복을 빌기 위한 불사에 정숙옹주 영가가 면금 시주자로 동참하고 있는 것은 이러한 관계가 영향을 미친 것으로 보인다. 즉 정숙옹주 부부의 자손들이 상원사와 인연이 깊은 정숙옹주를 대신해 시주한 것으로 짐작된다.

---

406 유근자(2021), 앞 논문, 275-277쪽.

7

서울 봉은사 석가여래삼불좌상

봉은사의 전신은 견성암 또는 견성사였다. 광평대군의 재암으로 출발한 견성암(사)은 성종이 1494년(성종 25)에 승하한 후 이곳에 선릉(宣陵)이 조성되자, 정현왕후에 의해 1498년(연산군 4)에 선릉 근처로 옮겨지면서 선릉의 능침사찰이 되었다. 성종 비 정현왕후는 견성사를 크게 중창하고 봉은사로 개칭하였다. 이후 경기도 고양에 있던 중종의 정릉(靖陵)이 1562년(명종 17) 선릉 동쪽 기슭인 지금의 자리로 천장될 때,[407] 문정왕후는 선릉 근처에 있던 봉은사를 현재의 위치로 옮겨 중창했다.[408] 봉은사는 이후에도 선릉과 정릉의 능사(陵寺)로서, 두부를 공급하는 조포사(造

---

407 『조선왕조실록』 명종 20년(1565년) 4월 26일자 기록.
408 權相老 編(1979), 『韓國寺刹全書』 上, 동국대학교 출판부, 530쪽.

泡寺)로서 기능했다.[409]

봉은사는 연산군과 중종 이후 명종 때는 허응당 보우(虛應堂普雨, 1515-1565)를 중심으로 불교 중흥의 중심지가 되었다. 봉은사에서 부활한 승과(僧科) 고시를 시행한 결과 조선 후기 문파를 형성한 청허 휴정과 그의 제자 사명 유정이 주석했고, 부휴 선수의 제자 벽암 각성 역시 봉은사에 머물렀다. 조선 전기에 봉은사는 왕실의 원당으로 종교적 기능을 수행했으며, 명종 때는 선종 본산으로 선종 판사가 주석하면서 불교 행정 및 승풍 진작을 주도했다.[410]

1563년(명종 18)에는 명종과 안순왕후의 소생인 순회세자(1551-1563)가 사망하자 그의 위패를 모시기 위해 강선전(降仙殿)이 건립되었다.[411] 봉은사는 선릉과 정릉의 능침사로서 지위가 박탈된 이후에도 순회세자의 원당으로 존재했다. 1592년(선조 15) 순회세자 빈 윤씨가 세상을 떠나자 세자빈의 위패도 강선전에 함께 봉안되었다.[412] 조선 왕실의 신위를 모두 땅에 묻어 버린 후에도[413] 순회세자의 신위(神位)는 1782년(정조 6)까지 봉은사에 전해지고 있었다.[414]

봉은사 대웅전에는 1651년(효종 2)에 조성된 아미타불상과 약사불상, 그리고 17세기에 조성된 석가불상이 현존하고 있다.[415] 목조석가여래

---

409 오경후(2017), 「조선시대 봉은사의 불교적 위상과 문화가치」, 『정토학연구』 28, 379-380쪽.

410 오경후(2017), 앞 논문, 377쪽.

411 權相老 編(1979), 앞 책, 530쪽.

412 탁효정(2018), 「조선시대 봉은사 수륙재의 역사적 전개」, 『동양고전연구』 73, 143-144쪽.

413 『조선왕조실록』 효종 8년(1657년) 12월 13일자 기록; 현종 2년(1661) 1월 5일자 기록.

414 『조선왕조실록』 정조 6년(1782) 6월 2일자 기록.

415 문명대(2008), 「봉은사 대웅전 목(木) 삼세불상(三世佛像)의 도상특징」, 『봉은사: 奉恩寺의 寺院構造와 文化』, 한국미술사연구소·봉은사, 54-75쪽; 심주완(2008), 「조선시대 三世

그림 51. 서울 봉은사 목조석가여래삼불좌상, 아미타불상(1651년)(좌), 석가불상(17세기 후반)(중), 약사불상(1651년)(우), 1765년 개금

삼불상 가운데 좌우 불상은 1651년(효종 2)에 제작되었고, 본존 석가불상은 확실한 조성 시기는 알 수 없지만 17세기에 조성된 것으로 보인다. 세 불상은 1765년(영조 41)에 개금·중수되었다(그림 51).

봉은사는 성종과 성종의 계비 정현왕후의 능인 선릉과 중종의 능인 정릉의 능침사찰이었기 때문에 왕실과 관련이 깊다. 대웅전에 봉안된 목조석가여래삼불좌상 역시 조선 왕실과 관련이 있다. 1651년에 조성된 아미타불상과 약사불상 조성에는 왕실 인물로 나인(內人)의 시주가 주목된다. 두 불상 조성에 참여한 '辛丑生 盧氏內人周(신축생 노씨 나인주)'는 송광사 관음보살상(1661년)을 조성한 '內人 辛丑生 盧氏禮成(나인 신축생 노씨예성)'과 동일 인물로 여겨지기 때문이다. 또한 개금중수기(1765년, 1912년)에 인수사·자수사의 불상이라는 구전(口傳)이 있어 특히 주목된다.

佛像의 연구」,『미술사학연구』259, 7-8쪽.

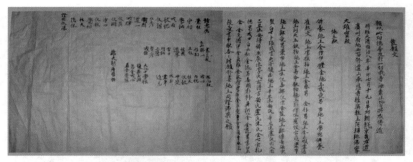

봉은사 목조석가여래삼불좌상에 대한 기록은 조성발원문(1651년) 1점, 개금중수발원문(1725년) 2점, 개금중수발원문(1912년, 1954년) 2점 총 5점이 전하고 있다.

1) 조성발원문(1651년)

조성발원문의 내용은 다음과 같다(그림 52).

> 願文
> 願以此功德普及扵一切我等汝衆生皆共成佛道
> 時維大淸順治八年辛卯七月十九日畢功朝鮮旺[416]京畿左道
> 廣州府地西面修道山奉恩寺極樂敎主阿彌陀佛安于
> 大雄寶殿[417]

施主秩

供養施主 金信伊 體金施主 成愛男 布施施主 學熙 供養

崔起文 施主李挨孙 施主金春男 金补男 施主金云 喉靈通

施主刘天立 鉄物施主 全壽命 鐵物施主 朴信旺 應俊 宝應

裹布

施主 鄭愛男 裹布施主 朱仅善 韓仅宗 食塩施主 鄭得竜 張実

賢 白士卜 張成吉 惠澄 腹莊施主 辛丑生安氏 辛丑生盧氏

內人周

己丑生安得憐 庚辰生李氏 玄得吉 安氏 盧氏 朱氏 金七宝孔

德男 成田 白云和 金逸 吳善明 朴补 吳訥叱金 金㐬男 李伊

正

金 金氏德伊 金莫难 金敬信 李伯 金云竜 曺金伊同 曺承云

段愛吉 申献 各各結願 修喜施主 同證佛果之願

諸老德

覺性 守初 學訥 戒雨 敬悅 仅諟 双彦 明照 道一 戒輝 仅英

仅湖 淨心 仅欽 覺初 性天 隱休

證明 仅淳

畫員秩

良工 勝一 離幻 卫[418]仅 性照 道岑 雷日 明訥 三應 㷱彦 戒

哲

---

416 '國'의 이체자.

417 "원컨대 이 공덕이 널리 모두에 보급되어 나와 너, 모든 중생들이 모두 성불하기를 기원합
니다. 순치 8년(효종 2, 1651) 7월 19일에 조성을 마쳐 조선국 경기좌도 광주부 서면 수도
산 봉은사 극락교주 아미타불을 대웅보전에 봉안합니다"[문명대 편(2008), 『봉은사: 奉恩
寺의 寺院構造와 文化』, (사)한국미술사연구소·봉은사, 56-57쪽].

418 '卫'는 '衛'의 간체자.

緣化秩
戒心 双悅 性天 仅敬 冲湜 太玉 靈車 進元
大化士 學禪
腹莊 圭洞
烏金 戒心
眞金 處能
都大別座 圓悟

　　봉은사 목조석가여래삼불좌상 조성발원문(1651년)에는 제작 당시
봉안처가 '朝鮮國 京畿左道 廣州府地 西面 修道山 奉恩寺 大雄寶殿'
이라고 구체적으로 기록되어 있다. 봉은사는 1636년 병자호란 때 대부
분 소실되었고, 방 몇 칸만이 남아 있었다. 그 뒤 선화대사 경림(敬林)이
1637년(인조 15)에 크게 중창했다.[419] 대웅전에 봉안된 삼세불상 가운데
좌존(左尊) 약사불상과 우존(右尊) 아미타불상은 순치(順治) 8년(1651, 효
종 2)에 조성되었기 때문에, 1637년(인조 15) 중창 이후에 조성된 것이다.
　　봉은사 약사불상과 아미타불상은 구분이 어려울 정도로 외형이 같
다. 오른쪽 어깨에 걸쳐진 대의 끝단이 약간 다를 뿐 전체적인 모습이
매우 유사하다. 두 불상을 조성한 수조각승은 승일(勝一)이다. 그는 2위
이환(離幻), 3위 위의(卫仅), 4위 성조(性照), 5위 도잠(道岑), 6위 뇌일(雷日),
7위 명눌(明訥), 8위 삼응(三應), 9위 초언(楚彦), 10위 계철(戒哲) 등 보조

419『大覺登階集』卷2「奉恩寺重修記」[동국대학교 불교학술원 https://kabc.dongguk.edu]; 權
　　相老 編(1979),『韓國寺刹全書』上卷, 동국대학교 출판부, 531쪽.

조각승 10명과 함께 봉은사 약사불상과 아미타불상을 조성했다.

수조각승 승일은 17세기에 유파를 형성했던 현진·청헌파에 속했던 조각승으로 추정된다. 조각승 승일은 1622년(광해군 13)에 조성되어 인수사·자수사에 봉안되었던 지장암 비로자나불상, 칠보사 석가불상, 선찰사 석가불상을 조성하는 데 참여했다. 지장암 비로자나불상 조성발원문에는 야장(冶匠)으로, 선찰사 석가불상 조성발원문에는 17위 보조 조각승으로 기록되어 있다. 이 불상을 주도한 수조각승은 현진(玄眞)이었다.

봉은사 약사불상과 아미타불상을 조성한 조각승 승일(勝一, 勝日)의 활동은 1622년부터 1670년까지 확인되고 있다(표 4).[420] 광해군 비 유씨가 발원한 인수사·자수사 봉안 불상에 보조 조각승으로 참여한 후, 1646년(인조 24) 구례 천은사 아미타불상을 수조각승으로 조성하기 시작했다. 봉은사 약사불상과 아미타불상은 승일이 수조각승으로 세 번째 조성한 불상이다.

표 4. 조각승 승일의 활동

	불상명	조성 연도	조각승	역할
1	서울 지장암 비로자나불상	1622	현진(玄眞), 응원(應元), 수연(守衍), 옥명(玉明), 법령(法玲), 명은(明訔), 청허(淸虛), 성인(性仁), 보희(普熙), 인균(印均), 경현(敬玄), 지수(志修), 태감(太鑑), 야장(冶匠) 성옥(性玉), 승일(勝一), 밀연(密衍), 의인(義仁)	야장 2위
2	경주 선찰사 석가불상	1622	현진(玄眞), 옥명(玉明), 수연(守衍), 응원(應元), 법령(法玲), 명은(明訔), 청허(淸虛), 성인(性仁), 보희(宝熙), 인균(印均), 경현(敬玄), 지수(志守), 태감(太鑑), 밀연(密衍), 의인(義仁), 성옥(性玉), 승일(勝一)	17위

420 이분희(2006), 「조각승 勝一派 불상조각의 연구」, 『강좌미술사』 26(1), 83-112쪽; 송은석(2010), 「조각승 勝日과 勝日派의 造像 활동」, 『선학』 26, 411-446쪽.

	불상명	조성 연도	조각승	역할
3	대구 동화사 목조아미타 삼존상	1629	현진(玄眞), 승일(勝一), 천민(天敏), 철행(哲行), 철의(哲義)	2위
4	창녕 관룡사 목조석가여래 삼불상	1630	현진(玄眞), 승일(勝一), 천민(天敏), 수영(守英), 탄행(坦行), 철의(哲義)	2위
5	영광 불갑사 목조석가여래 삼불상	1635	무염(無染), 승일(勝一), 도우(道祐), 성수(性修), 쌍조(双照), 신회(信會), 운일(云一), 신견(信見), 상안(尙安), 유성(有性)	2위
6	명적암 아미타불상 (영남대박물관 소장)	1639	현진(玄眞), 승일(勝一), 영찬(靈瓚), 희현(熙玄), 처영(處英), 영식(靈湜)	2위
7	하동 쌍계사 3불4보살상	1639	청헌(淸憲), 승일(勝日), 법현(法玄), 영색(英賾), 현윤(賢允), 응혜(應惠), 희장(希藏), 상안(尙安), 학해(學海), 나흠(懶欽), 영식(靈湜)	2위
8	구례 천은사 아미타불상	1646	승일(勝日), 희장(熙藏), 태원(太元), 성조(性照), 계찬(戒贊), 천학(天学), 보해(寶海)	1위
9	강진 정수사 석가·약사불상	1648	승일(勝日), 성조(性照), 계찬(戒贊), 지안(智安), 경옥(敬玉), 천학(天學), 계명(戒明)	1위
10	서울 봉은사 약사·아미타불상	1651	승일(勝一), 이환(離幻), 위의(卫仅), 성조(性照), 도잠(道岑), 뇌일(雷日), 명눌(明訥), 삼응(三應), 초언(楚彦), 계철(戒哲)	1위
11	무주 북고사 목조아미타불상	1657	승일(勝一), 처영(處英), 도잠(道岑)	1위
12	서울 청룡사 석조지장보살상 (원 소장 용밀사)	1660	승일(勝一), 성조(性照), 명신(明信), 원일(源一), 일훈(一薰), 현민(玄敏)	1위
13	칠곡 송림사 지지보살상	1665	승일(勝一), 성조(性照), 정륜(淨倫), 지수(智秀), 삼응(三應), 처영(處英), 보열(寶悅), 행정(行淨), 일훈(一薰), 처경(處瓊), 상명(尙明), 자규(自圭), 용이(龍伊)	1위
14	김천 직지사 비로자나삼존상	1668	승일(勝一), 삼응(三應), 보열(宝悅), 금문(金文), 문언(文彦)	1위
15	김천 고방사 아미타삼존상	1670	승일(勝日), 성조(性照), 자규(自圭), ㅁㅁ(ㅁㅁ), 사원(思遠), 사능(士能)	1위

〈표 4〉에서 보다시피 승일은 보조 조각승으로 활동할 때 17세기에 유파를 형성한 현진, 청헌, 무염의 아래에서 불상 조성에 참여했다. 승일이 수조각승으로 제작한 불상은 그가 청헌 아래 2위로 참여한 하동 쌍계사 석가·약사, 관음·대세지·일광·월광보살상(1639년)의 양식 특징

1부 조선시대 왕실 발원 불상의 시대 구분

과 가장 유사하다. 특히 오른손을 높이 올려 설법인을 짓는 것과 달리 무릎 위에 손을 둔 것은 조각승 청헌에서 시작되었다. 이 표현법은 이후 17세기 중후반에 조각승 승일과 희장이 크게 성행시켰다.[421]

봉은사 약사불상과 아미타불상 조성발원문에서 가장 주목되는 것은 왕실과 관계된 시주자이다. '시주질(施主秩)'에 기록된 인물 가운데 왕실과 관련된 인물은 복장 시주자인 '辛丑生 盧氏 內人周(신축생 노씨 나인 주)'이다. 앞에서도 언급했다시피 신축생 나인 노씨는 1662년(현종 3)에 송광사 관음보살상을 조성한 나인 노예성과 동일 인물로 추정된다.

봉은사 약사불상과 아미타불상을 조성하는 데 참여한 승려 가운데 '諸老德(제노덕)'에는 각성(覺性)과 수초(守初)가 기록되어 있다. 승려 각성은 1622년(광해군 14) 광해군 비 유씨가 인수사·자수사 불상을 조성할 때 증명을 맡은 인물로, 왕실 발원 불사와 관련이 깊다. 승려 수초는 1662년 (현종 3) 송광사 관음보살상을 조성할 때 주도적인 역할을 했다. 또한 「봉은사중수기」를 지은 처능(處能)도 진금(眞金) 시주자로 기록되어 있다.

2) 개금중수발원문(1765년)

1765년(영조 41)에 작성된 개금중수발원문은 2점이 수습되었다. 2점의 내용은 거의 유사하기 때문에 1점만 소개하면 다음과 같다(그림 53).

---

421 송은석(2010), 앞 논문, 416-417쪽.

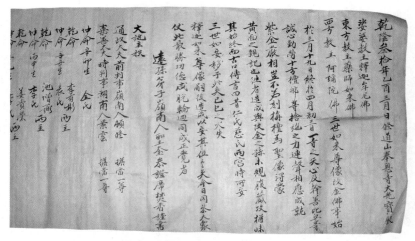

그림 53. 봉은사 목조석가여래삼불좌상 개금중수발원문, 1765년, 심주완 제공

원문은 다음과 같다.

乾隆叁拾年乙酉三月日修道山奉恩寺大光寶殿
娑婆敎主釋迦牟尼佛
東方敎主藥師如來佛
西方敎主阿彌陀佛　三世如來尊像改金佛事始
扵三月十九日終扵四月初三日一寺之矢心及幹善比丘等
誠心勤勞十方檀那荢捨施之力連聲相應成就
紫金嚴相豈不爲刻栴檀爲聖像淂蒙
黃面之親記也往者造成與改金之跡未視腹藏故猶昧
其始終而古口傳言曰昔仁氏慈氏兩宮時所安
三世如來安移于此矣己巳之火失
釋迦如來尊像嗣後造成以安其位云云矣今日同參大衆

伏此最勝功德咸脫輪廻同成正覺者
遠孫弟子嶺南人聖奎糸證席焚香謹書
大施主秩
通政大夫前判事嶺南人頓修 擔當一尊
嘉善大夫時判事湖南人景雲 擔當一尊

坤命 辛卯生 金氏
乾命 李有彬
　　　　　　　　　兩主
坤命 辛丑生 表氏
乾命 池增弼
　　　　　　　　　兩主
坤命 丙申生 李氏
乾命 姜貴榮
　　　　　　　　　兩主
坤命 辛巳生 李氏

緣化秩		寺中秩	
證明比丘	亮勒	公員	比丘彩欽
	位尙	有司	比丘德英
持殿比丘	法能	掌務	比丘若擽
誦呪比丘	到淑	助使	比丘宗燁
	大悅		
	奉察		
	緇侃		
	卓賢		
良工比丘	肯柔		
	震穎		
	雪訓		

清淑
國善
演尙
守謐
最敏
再捻
淨念
尙訓
惟策
供養主比丘 贊英
宗侃
德英
泰仁
頓闊
宏活
秋談
淨桶比丘　　錦丹
斗淸
性談
頓淨
德華
坦什
同參化主比丘　德鵬
比丘尼　文華
比丘尼　祖明
同緣化主比丘尼　思信
大功德都化主比丘　最祥

```
大都比丘 處禪

鍾頭比丘        軌一
              妙謙

別佐比丘        肯察
              善旭
```

해석은 다음과 같다.

건륭 30년(영조 41, 1765) 3월에 수도산 봉은사 대광보전의 사바교
주 석가모니불, 동방교주 약사여래불, 서방교주 아미타불 등 삼세
여래존상 개금 불사를 3월 19일에 시작해서 4월 초 3일에 마쳤습
니다. 같은 절에서 마음으로 맹세하고 불사를 주관한 스님[간선비
구] 등이 정성으로 부지런히 노력하고 시방의 시주[단월]들이 보시
하며 서로 상응해서 금불상을 성취했습니다.

어찌 전단향나무를 조각해서 성상(聖像)을 만들거나 석가불상을
조성한 기록이 있겠습니까. 옛날에 조성과 개금한 자취와 복장한
내용이 없는 까닭으로 그 시종(始終)을 알 수 없습니다. 그러나 옛
구전에 仁氏[인수궁]·慈氏[자수궁] 양궁(兩宮)에서 봉안한 삼세불
상을 이곳으로 옮겨 봉안하였다고 전합니다.

기사년(1689년)에 불이 나서 석가여래존상이 소실되었고, 뒤를 이
어서 [새로] 석가불상을 조성해서 봉안했다고 말하고 있습니다. 오

늘 동참한 대중들이 이 최승공덕으로 모두 윤회를 벗어나 함께
정각을 이루기를 기원합니다.
세대가 먼 제자 영남인 성규가 증명으로 참석해 향을 피워 삼가
쏩니다.[422] (이하 생략)

봉은사 개금중수발원문에는 대웅전에 봉안한 석가여래삼불상의 존상
명칭을 기록하고 있는 점에서 주목된다. 조선 후기에 유행한 석가·약사
·아미타로 구성된 삼불상을 '삼세여래(三世如來)'로 규정하고 있는 것이
다. 즉, '사바교주 석가모니불, 동방교주 약사여래불, 서방교주 아미타
불'을 '삼세여래존상'이라고 명확히 밝히고 있다.[423]

봉은사 삼세불상의 봉안 장소는 개금중수발원문(1765년)에서는 '대
광명전(大光明殿)'이라 했고, 약사불상과 아미타불상 조성발원문(1651년)
에서는 '대웅보전(大雄寶殿)'이라고 했다. 두 기록을 통해 '대웅보전'에서
'대광명전'으로 불전명이 변경되었음을 알 수 있다.

봉은사 개금중수발원문에서 주목되는 내용은 옛 구전(口傳)에 인수
궁과 자수궁에서 봉안한 삼세불상을 봉은사로 옮겨서 봉안했다는 사실
이다. 선왕의 후궁이 머물던 인수궁과 자수궁은 중종 때를 지나며 여승
이 머무르는 사찰로 변화되었다.[424] 현종 때는 인수원과 자수원이라는

---

422 문명대 편(2008), 앞 책, 58쪽.

423 석가·약사·아미타로 구성된 조선시대 삼불상에 대해서는 삼불(三佛)·삼세불(三世佛)·삼
방불(三方佛)·삼계불(三界佛)이라는 다양한 설이 있지만, 조선시대 복장 기록에 의하면
삼세불로 지칭되고 있다. 이처럼 다양한 삼불 도상에 관해서는 심주완의 박사논문에 체계
적으로 정리되어 있다[심주완(2021), 「동아시아 삼불상 도상 연구」, 고려대학교 박사학위
논문, 15-49쪽].

424 『조선왕조실록』 중종 11년(1516) 2월 12일자 기록.

명칭이 구체적으로 사용되었는데,[425] 두 니원(尼院)을 폐지했다는『조선
왕조실록』의 기록을 통해서도 이 같은 사실이 확인된다.

삼세불상 가운데 석가불상은 1689년(숙종 15) 화재로 소실된 후 다시
조성했다고 밝히고 있다. 봉은사가 1689년에 화재로 소실된 일은 월저
도안(月渚道安, 1638-1715)이 지은「봉은사법당불상권문(奉恩寺法堂佛像勸
文)」에서도 찾을 수 있다. 이 권선문은 삼세상 가운데 약사불상과 아미
타불상 등 두 존상은 있기 때문에 석가불상을 조성하기 위해 시주를 권
하는 글임을 알 수 있다.[426]

옛 구전에 인수·자수원에 봉안한 삼세불상을 봉은사로 옮겨 봉안
했다고 하는 구절을 살펴볼 필요가 있다. 앞에서 지장암 비로자나불상
에서 살펴보았듯이, 1622년에 광해군 비 유씨는 11존에 달하는 불보살
상을 조성해 인수사와 자수사에 봉안했다. 11존상은 비로자나불상 2
존, 석가여래상 3존, 노사나여래상 2존, 미타여래상 2존, 관음보살상 1
존, 대세지보살상 1존 등이다. 11존 가운데 비로자나불상 1존과 석가불
상 2존은 서울 지장암과 칠보사 그리고 안동 선찰사에 소장된 사실이
이미 학계에 소개되었다. 3존상을 제외한 8존의 행방은 현재로서는 잘
알 수 없다.

봉은사 삼세불상을 인수궁과 자수궁에서 옮겨 왔다는 구전과 관련
해『조선왕조실록』의 다음 기록이 주목된다.

425『조선왕조실록』현종대왕 행장.

426『月渚堂大師集』下「奉恩寺法堂佛像勸文」. "吁 不幸 己巳年秋 八人一窺 三佛兩存 僧處
班荊 鳥獸怊悵 而四走云云」[동국대학교 불교학술원 https://kabc.dongguk.edu].

우참찬 송준길이 고향에서 입경하니 상이 흥정당에서 인견하고 매우 지극하게 위로하였다. …… 양 니원(尼院)을 혁파한 것을 하례하였으며, 자수원(慈壽院)의 옛터에 북학(北學)을 창건하고, 헐어 낸 목재와 기와는 봉은사(奉恩寺)에 주지 말 것을 청하니, 상이 따랐다. 그 뒤에 예조가 아뢰기를, "북학을 신설하는 데는 학관(學官)을 차출하는 외에 노복을 나누어 주고 유생을 먹여 주어야 하는 등의 일을 미리 헤아려야 거행할 수 있습니다. 해당되는 각 관아로 하여금 품의하여 조처하게 하소서." 하였는데, 구애되는 일이 많아 끝내 시행되지 않았다.[427]

앞의 기록에 의하면 자수원을 헐고 이곳에 북학을 설치했으며, 자수원의 목재와 기와를 봉은사에 주지 말 것을 송준길이 현종에게 요청하고 있음을 알 수 있다. 이 내용은 목재와 기와는 봉은사로 옮겨지지 않았지만, 불당에 모셨던 불상의 일부는 봉은사로 옮겨졌을 가능성을 시사한다. 만약 자수원의 불상 가운데 봉은사로 옮겨진 불상이 있었다면 석가불상이었을 가능성이 높다. 조선시대 대웅보전에는 주로 석가불·약사불·아미타불로 구성된 삼세불상이 봉안되었기 때문이다.

봉은사 대웅전 삼세불상은 1912년과 1954년에도 개금·중수되었다. 그런데 1912년 개금중수발원문에도 1765년 개금·중수 때와 마찬가지로 인수궁과 자수궁에서 보시한 조소(彫塑)라는 구전이 있었다는 기록이 보인다.[428] 이로 보아 봉은사에서는 대웅전 삼세불상이 인수궁·자수

---

427 『조선왕조실록』 현종 2년(1661) 2월 12일자 기록.

428 (재)대한불교조계종유지재단 문화유산발굴조사단(2004), 『수도산 봉은사 지표조사보고

1부 조선시대 왕실 발원 불상의 시대 구분

궁과 관련이 있는 것으로 1912년까지 인식하고 있었음을 알 수 있다.

봉은사 삼세불상을 개금·중수할 때 참여한 양공(良工)으로는 1위 궁유(肯柔), 2위 진영(震穎), 3위 설훈(雪訓), 4위 청숙(淸淑), 5위 국선(國善), 6위 연상(演尙), 7위 수밀(守謐), 8위 최민(最敏), 9위 재총(再捻), 10위 정념(淨念), 11위 상훈(尙訓), 12위 유책(惟策) 등 총 12명이 참여했다. 봉은사 삼세불상 중수에 참여한 조각승 가운데 2위 진영은 서울 옥수동 미타사 관세음보살상(1769년)을 조성할 때는 수조각승이었다. 이때 7위 수밀, 11위 상훈도 진영과 함께 미타사 관세음보살상을 조성했다. 서울 옥수동 미타사 관세음보살상은 영조와 영빈 이씨 소생의 화완옹주(1738-1808)와 낙천군의 처 달성군부인 서씨가 대시주자로 참여해 조성했다.[429]

봉은사 삼세불상을 개금·중수하는 데 참여한 장인 가운데 4위 청숙과 7위 수밀은 영조의 원릉(元陵)을 조성하는 데도 참여했다.[430] 즉, 왕실의 능묘 조성에 불교계에서 활동한 승려들이 참여하고 있는 것이다. 승려 장인들은 왕실의 능묘 조성에 동원될 경우 건축, 단청, 석물 제작에 주로 참여했다.

봉은사 삼세불상 개금·중수에 참여한 승려 가운데 화주로 참여한 '同緣化主比丘尼思信(동연화주비구니사신)'이 주목된다. 비구니 사신은 서울 옥수동 미타사 아미타불상과 대세지보살상 개금중수문(1744년)과

서』, 대한불교조계종 수도산 봉은사, 257쪽.

429 유근자(2021), 「서울 옥수동 미타사 아미타삼존불좌상의 복장 유물 분석과 양식 특징」, 『불교문예연구』 17, 366-367쪽.

430 『英祖元陵山陵都監儀軌』 「造成所儀軌」 匠人秩 畵僧. "德輝 普元 法連 慧淸 淸淑 守蜜 彩珠 敬還 弘儀 啓春 戒圓 漢戒 弘演 靈印 定淳 偉性 永宇 宇謙 印宗 信悟 幻奉 致修 途俊" [서울대학교 규장각한국학연구원 http://kyujanggak.snu.ac.kr].

아미타불상·관음보살상·미타원문 조성발원문(1757년)에도 화주로 등장하고 있기 때문이다. 미타사의 1744년(영조 20) 불상 중수와 1757년(영조 33) 불상 조성에는 왕실 인물들이 참여하고 있다.[431] 서울 옥수동 미타사 불상 중수 및 조성과 봉은사 삼세불상 개금·중수에 화주로 동참한 비구니 사신은 왕실과 관련이 깊은 비구니로 추정된다. 미타사와 봉은사는 모두 왕실과 관련된 사찰이기 때문이다.

---

431 유근자(2021), 앞 논문, 361 -364쪽.

1부 조선시대 왕실 발원 불상의 시대 구분

8

순천 송광사 관음보살상과 석가불상

순천 송광사 관음전(그림 54)과 영산전에는 1662년(현종 3)에 조성된 목조관음보살상(그림 55)과 목조석가불상이 봉안되어 있다. 두 존상은 소현세자를 모셨던 상궁으로 추정되는 노예성(盧禮成)이 자신의 무병장수와 소현세자의 3자인 경안군(1644-1665)의 안녕을 기원하기 위해 조성한 것이다.[432] 관음전의 관음보살상이 세상의 주목을 받게 된 것은 2009년 11월 2일 개금 불사를 위해 복장을 열게 되면서이다. 관음보살상의 복장에서 수습된 복장 유물은 전적 8종 17책, 다라니 2종 423매, 후령통, 유리, 의류, 직물 등 총 456점이다.[433] 관음보살상의 조성과 관련된 기록

---

432 정은우(2013), 「1662年 松廣寺 觀音殿 木造觀音菩薩坐像과 彫刻僧 慧熙」, 『문화사학』 39, 5-23쪽.

433 엄기표(2012), 「順天 松廣寺 木造觀音菩薩坐像 腹藏物 調査와 意義」, 『문화사학』 37, 127-155쪽.

그림 54. 순천 송광사 관음전

은 3점인데, 한지에 묵서된 조성발원문, 저고리 안쪽과 배자에 기록된
기록 등이다.

1) 관음보살상 조성발원문

순천 송광사 관음전 관음보살상 조성과 관련된 기록은 3점이 전한다.
명주에 묵서된 조성기 1점, 저고리에 쓰인 조성발원문 1점, 배자에 쓰인
시주자명 1점 등이다. 조성과 관련된 내용은 저고리 안감에 기록된 발
원문과 배자에 기록된 원문, 그리고 시주자와 불상 조성에 참여한 승려
와 조각승을 기록한 조성기가 있다. 2009년 사람들의 이목을 집중시킨
것은 고종의 무병장수를 기원하기 위해 건립된 송광사 관음전 주불인

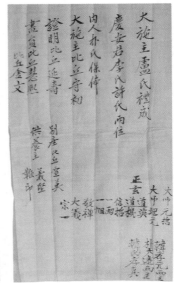

그림 55(좌). 순천 송광사 관음전 관음보살상, 1662년
그림 56(우). 순천 송광사 관음보살상 조성기, 1662년, 손영문 제공

관음보살상이 비운으로 세상을 떠난 소현세자의 세 번째 아들 경안군
을 위해 궁중 나인 노예성이 1662년에 조성했다는 발원문 내용이었다.

(1) 조성기(1662년)

명주에 묵서된 조성기로 크기는 가로 22cm, 세로 41cm이다(그림 56). 내
용은 다음과 같다.

> 大施主 盧氏禮成
> 慶安君 李氏許氏兩位
> 內人朴氏保体

大施主 比丘守初
證明 比丘延壽
畵員 比丘慧熙
　　比丘金文
別座 比丘雪英
供養主 義堅
　　　鞭人
大師 元哲
大師 坦元
正玄
　　道英
　　道機
　　信哲
　　一雨
　　一旭
　　敬禪
　　大義
　　宗一
韓孝元两主
朴大建两主
韓氏孝真

(2) 저고리에 기록된 조성발원문, 1662년

순천 송광사 목조관음보살상 심초록색 저고리 안쪽 면 흰색 명주 안감
중앙에는 묵서로 조성발원문이 쓰여 있다(그림 57). 또한 안쪽 좌우 면에

그림 57. 순천 송광사 관음
보살상 저고리에
쓰인 조성발원문,
1662년, 손영문
제공

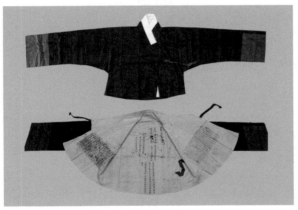

그림 58. 순천 송광사 관음
보살상 저고리 조
성발원문과 주서
다라니, 1662년,
손영문 제공

는 주서 다라니가 찍혀 있다(그림 58). 이 저고리는 노예성이 시주한 것
으로 추정된다.[434]

원문은 다음과 같다.

---

434 이은주·이명은(2012), 「順天 松廣寺 木造観音菩薩坐像 腹藏 服飾에 관한 考察」, 『문화사
학』 37, 170-178쪽.

観音造像發願文
返聞 頓悟圓通
観音佛賜観音號
上同慈力下同悲
三十二應徧塵刹
許氏
李氏 慶安君兩位 壽命長遠
庚子生 朴氏盧氏壽命長遠
尹氏保体壽命長遠
是以內人辛丑生盧氏禮成深發大願康
熙元年壬寅正月日敬造観音菩薩像願
以此功德普及於一切我等與衆生皆共成
佛道

해석은 다음과 같다.

관음조상(観音造像) 발원문
성품을 돌이켜 듣고 또 들어 원만한 지혜를 깨우시니
관음불께서 관음이라 이름 주셨네.
위로는 자애의 힘 아래로는 비애(悲愛)를 [부처님과] 똑같이 갖춰
서른두 가지 응신(應身)으로 무수한 세상에 나타나시네.

경안군 이씨와 부인 허씨 두 분의 수명이 길고 오래기를,
경자생 박씨와 노씨의 수명이 길고 오래기를,

그림 59. 순천 송광사 관음보살상 복장 배자 명문, 손영문 제공

윤씨의 수명이 길고 오래기를 기원합니다.

이를 위해 신축생 나인 노예성이 큰 서원을 발하여
강희 원년인 임인년(1662, 현종 3) 정월 일에
관음보살상을 삼가 조성하오니, 원컨대 이 공덕이 널리 일체중생에게
두루 미쳐, 우리와 중생이 모두 함께 불도를 이루길 바라옵니다.[435]

(3) 배자 명문

순천 송광사 관음보살상 복장에서 수습된 초록색 배자의 안감은 분홍
색인데, 안감 위에 묵서로 시주자가 기록되어 있다. 배자 안쪽면에는 저
고리와 마찬가지로 주서 다라니가 찍혀 있다(그림 59). 묵서 내용처럼 이

---

435 국립중앙박물관(2021), 『조선의 승려 장인』, 378쪽.

배자의 주인공은 유씨로 추정된다.[436]

刘氏保体
壽命長遠

송광사 관음보살상의 조성 목적은 저고리에 기록된 조성발원문에 잘
드러나 있다. 저고리 명문에는 관음보살상의 조성 목적, 조성 주체, 조
성 연도 등이 구체적으로 기록되어 있다. 조성 목적은 왕실 인물과 나인
들의 수명 장수를 기원하기 위함이었다. 즉, 소현세자의 3자 경안군 부
부, 경자생(1600년) 박씨와 노씨, 그리고 윤씨의 수명 장수를 기원하고
있는 것이다. 조성 주체는 신축생(1601년) 나인 노예성이고, 조성 연도는
1662년(현종 3, 康熙 원년)이다.

이에 비해 명주에 기록된 조성기에는 시주자를 대시주자와 일반 시
주자로 구분했고, 관음보살상 조성 때 소임을 맡은 승려들이 기록되어
있다. 대시주자는 노예성, 경안군 부부, 나인 박씨, 승려 수초 등이다. 대
시주자로 기록된 노예성, 경안군 부부, 나인 박씨 등은 저고리 명문에서
수명 장수를 기원했던 이들이다. 대시주자로 기록된 승려 수초는 1651
년(효종 2)에 서울 봉은사 대웅전 석가여래삼불좌상 가운데 약사불상과
아미타불상을 조성할 때 벽암 각성과 함께 참여했던 승려이다. 이때 시
주자로 나인 노예성이 참여했기 때문에, 이들은 송광사 관음보살상을

---

436 이은주·이명은(2012), 앞 논문, 178-179쪽.

조성하기 이전부터 인연이 있었던 것을 알 수 있다.

　서울 봉은사 약사불상과 아미타불상 조성에 수초와 함께 동참한 벽암 각성은 1661년에 입적했기 때문에 송광사 관음보살상 조성에는 수초만 대시주자로 참여했다. 승려 수초는 백곡 처능과 함께 벽암 각성의 대표적인 제자이다. 백곡 처능은 문장에 뛰어났고, 취미 수초는 도덕으로 명성이 높았다. 처능은 『백곡집(白谷集)』[437]을, 수초는 『취미집(翠微集)』[438]을 남겼다. 취미 수초는 세종 때 충신 성삼문의 후예이다.[439]

　취미 수초는 벽암 각성의 제자로 40대 이후 함경도로 주석처를 옮겨 함흥의 삼장사(三藏寺)에서 입적했고, 그의 승탑은 삼장사와 안변 석왕사 그리고 순천 송광사에 건립되었다. 그는 문인 김육(金堉, 1580-1658), 이식(李植, 1584-1647), 장유(張維, 1587-1638) 등과 교유하며 명성을 떨쳤다.[440] 김육은 소현세자가 청나라 심양에 볼모로 잡혀갔을 때 소현세자를 수행했으며, 이식은 청과의 화의를 반대해 선양에 잡혀갔다가 탈출했다. 장유는 효종 비 인선왕후의 아버지로 최명길과 함께 청과의 강화를 주장했다.

　취미 수초는 벽암 각성이 주도한 불상 조성에 참여했다. 대표적인 예로는 소현세자 부부가 시주자로 동참한 화엄사 대웅전 목조비로자나삼신불상(1634년), 도갑사 명부전 지장삼존상과 시왕상(1646년 추정), 서울 봉은사 약사불상과 아미타불상(1651년) 등을 들 수 있다. 이 외에 벽

---

437 『大覺登階集』을 말하며 1683년에 간행되었다.

438 『翠微大師詩集』을 말하며, 1667년 순천 송광사에서 간행되었다.

439 다카하시 도루 지음, 이윤석·다지마 데쓰오 옮김(2020), 『경성제국대학 교수가 쓴 조선시대 불교통사』, 민속원, 599쪽.

440 김용태(2010), 『조선 후기 불교사 연구』, 신구문화사, 155쪽.

암 각성이 입적한 후에는 진도 쌍계사 석가삼존상(1665년)[441]과 화순 쌍봉사 지장삼존상과 시왕상(1667년) 조성 등에 동참했다.

조선시대 왕실 인물 가운데 타고난 명대로 살지 못하고 세상을 떠난 대표적인 인물로 소현세자가 있다. 그는 1636년(인조 14) 병자호란으로 청나라에 볼모로 잡혀간 후, 새로운 문물을 접하고 청나라에 대해 우호적인 입장을 취했다. 이로 인해 굴욕적인 삼전도의 항복을 한 아버지 인조와 갈등을 겪었고, 1645년(인조 23) 귀국 후 갑자기 사망했다.

소현세자는 아내 민회빈 강씨(1611-1646)와의 사이에 3남 5녀를 두었지만 그의 아들들은 일찍 세상을 떠났다. 소현세자 사후 인조는 둘째 아들 봉림대군(1619-1659, 효종 재위 기간 1649-1659)을 세자로 책봉하였고,[442] 민회빈 강씨는 1646년(인조 24) 인조의 밥에 독을 넣은 혐의로 사약을 받고 죽었다.[443] 이 사건으로 그의 어린 아들들은 제주도로 유배되어, 1648년(인조 26) 9월에 첫째 아들 석철(石鐵)이 장독(瘴毒)으로 죽었고,[444] 같은 해 12월에 둘째 아들 석린(石麟) 역시 병으로 죽게 되었다.[445] 셋째 아들 석견(石堅)은 두 형이 죽은 후 1649년(인조 27)에 경상도 남해현에 이배되었다가 다시 함양군으로 옮겨졌다.[446] 석견은 1651년(효종 2)에는 강화도로 이배되었고, 마지막으로 교동도로 옮겨졌다가,[447] 1656

441 최인선(2015), 「珍島 雙溪寺 大雄殿 三尊佛像과 彫刻僧 熙藏」, 『문화사학』 44, 203-231쪽.

442 『조선왕조실록』 인조 23년(1645) 9월 27일자 기록.

443 『조선왕조실록』 인조 24년(1646) 3월 15일자 기록.

444 『조선왕조실록』 인조 26년(1648) 9월 18일자 기록.

445 『조선왕조실록』 인조 26년(1648) 12월 23일자 기록.

446 『조선왕조실록』 효종 즉위년(1649) 6월 22일자 기록.

447 『승정원일기』 효종 1년(1650) 7월 8일자 기록; 이훈상(2012), 「17세기 중반 순천 송광사 목조관음보살좌상의 조성과 늙은 나인 노예성의 발원 - 內人 노예성의 발원문을 통하여

년(효종 7)에 유배에서 풀려나게 되었다.[448]

소현세자의 3자 이석견은 1659년(효종 10)에 경안군(慶安君)에 봉해졌다.[449] 그러나 오래 살지 못하고 22세 때인 1665년(현종 6)에 세상을 떠나고 말았다.[450] 네 살 때 형들과 함께 제주도로 유배되었으니 그의 인생이 순탄치 않았음을 짐작할 수 있다.

송광사 관음보살상이 조성된 것은 1662년(현종 3) 1월이지만 조성이 시작된 것은 1661년일 것이다. 1661년은 경안군이 분성군부인 허씨(1645-1723)와 혼인한 해였다.[451] 경안군은 어린 나이에 부모를 잃고 궁중 나인들에 의해 양육되었을 것이며, 그녀들이 어머니 역할을 했을 것이다. 관음보살상을 발원한 노예성은 아마도 경안군보다는 아버지 소현세자나 어머니 강씨와 밀접한 연관이 있는 인물이었을 가능성이 높다. 혼인을 한 경안군이 오랜 유배 생활로 인해 얻은 몸과 마음의 병에서 하루 빨리 치유되어 만수무강하기를 간절히 바랬을 것이다. 또한 자식 없이 사는 나이든 궁중의 나인들 역시 아무 탈 없이 평안하게 노후를 보내기를 간절히 기원하고 또 기원했을 것이다.

송광사 관음전 관음보살상은 1662년 당시 왕실의 상황과 송광사의 모습을 유추하게 한다는 점에서 주목된다(그림 60). 궁중 나인 노예성과 박씨, 소현세자의 아들 경안군 부부, 당시 송광사에서 중추적인 역할을 했던 취미 수초 등이 대표적인 시주자이다. 이외에도 관음보살상 조성

본 17세기 조선의 정치사와 나인의 생애사」,『호남문화연구』51, 232쪽.

448 『조선왕조실록』 효종 7년(1656) 윤 5월 14일자 기록.

449 『조선왕조실록』 효종 10년(1659) 윤 3월 4일자 기록.

450 『조선왕조실록』 현종 6년(1665) 9월 18일자 기록.

451 이훈상(2012), 앞 논문, 235-236쪽.

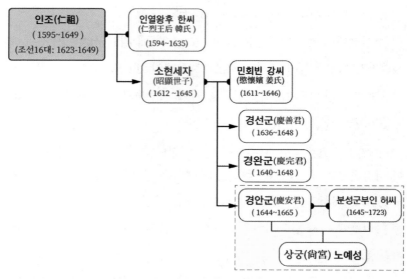

```
┌─────────────────┐      ┌─────────────────┐
│   인조(仁祖)      │  ┌──→│  인열왕후 한씨    │
│  (1595~1649)    │──┤   │ (仁烈王后 韓氏)   │
│(조선16대:1623-1649)│  │   │  (1594~1635)   │
└─────────────────┘  │   └─────────────────┘
                     │   ┌─────────────────┐      ┌─────────────────┐
                     └──→│   소현세자       │  ┌──→│  민회빈 강씨      │
                         │  (昭顯世子)      │──┤   │ (愍懷嬪 姜氏)    │
                         │  (1612~1645)    │  │   │  (1611~1646)   │
                         └─────────────────┘  │   └─────────────────┘
                                              │   ┌─────────────────┐
                                              ├──→│  경선군(慶善君)   │
                                              │   │  (1636~1648)   │
                                              │   └─────────────────┘
                                              │   ┌─────────────────┐
                                              ├──→│  경완군(慶完君)   │
                                              │   │  (1640~1648)   │
                                              │   └─────────────────┘
                                              │   ┌─────────────────┐   ┌─────────────────┐
                                              └──→│  경안군(慶安君)   │──→│  분성군부인 허씨   │
                                                  │  (1644~1665)   │   │  (1645~1723)   │
                                                  └─────────────────┘   └─────────────────┘
                                                           └──────────┬──────────┘
                                                              ┌─────────────────┐
                                                              │  상궁(尙宮) 노예성  │
                                                              └─────────────────┘
```

그림 60. 순천 송광사 관음보살상 조성에 시주자로 참여한 왕실 인물

에 참여한 승려로는 고흥 능가사 창건주인 벽천 정현(碧川正玄), 원철, 탄
원 등 벽암 각성 문도들이 주축을 이루고 있다. 송광사 승탑원에 취미
수초를 비롯해 벽암 각성의 승탑이 있는 것은 조선 후기 송광사가 이들
문도들에 의해 유지되었다는 사실을 입증한다.[452]

　　순천 송광사는 왕실과 관련이 깊다. 이는 1754년(영조 30)에 영조의
생모를 위한 원당(願堂)이, 1886년(고종 23)에는 고종, 민비, 세자의 탄생
을 축원하는 축성전(祝聖殿)이 건립된 것에서도 찾을 수 있다. 현 관음전
은 1902년에 건립된 성수전(聖壽殿)으로, 1957년에 성수전 앞에 있던 관
음전을 헐고 관음보살상을 성수전으로 옮긴 후 관음전으로 부르게 되

---

452 이종수(2016), 「18세기 불교계의 동향과 송광사의 위상」, 『보조사상』 45, 104-135쪽.

그림 61. 순천 송광사 관음전에 그려진 벽화

었다.[453] 17세기 소현세자의 아들 경안군과 관련된 관음보살상이 20세기 초 고종 황제의 전패를 모셨던 성수전으로 옮겨지게 된 것이다. 관음전 내부 벽화는 기로소(耆老所)의 나이 든 관리들이 고종의 기로소 입소를 축하하는 모습인데, 관음전의 보살상이 이곳으로 옮겨지면서 마치 관세음보살상을 향해 예를 갖춘 모습으로 변화되었다(그림 61).

여러 관리들의 인사를 받고 있는 관세음보살상은 크기가 93.5cm로 유리장 안에 모셔져 있다(그림 62). 화려하고 큰 보관에는 중앙에 아미타불이 작게 표현되어 있다. 순천 송광사 관음보살상의 가장 큰 특징은 두 정강이의 표현법이다. 사천왕이 무릎 아래에 각반(脚絆)을 차고 있는 것처럼 표현된 것은 17세기에 충청도와 전라도 일대에서 활약한 조각승 혜희 작품에서 나타나는 특징이다. 이는 1655년(효종 6) 조각승 혜희가

---

453 정은우(2013), 앞 논문, 6-7쪽. 각주 1 참조.

그림 62. 순천 송광사 관음전 관음보살상, 1662년

금문과 함께 조성한 법주사 원통보전 관음보살상에도 표현되었다. 이러한 표현은 임진왜란과 병자호란 이후 제작된 관음보살상에 집중적으로 나타나며, 자비의 상징으로 유행한 관음보살상에 호국 사상이 연결되어 나타난 것으로 추정된다.[454] 즉, 왜란과 호란 때 승려들이 전쟁에 참여해 의승군으로 활동한 것과 연관된 것으로 보인다.

2) 영산전 석가불상

순천 송광사 영산전에 봉안된 목조석가불상은 2015년 11월 17일에 개금·중수하면서 복장이 개봉되었다. 석가불상 복장에서는 조성발원문을

---

454 정은우(2006), 「17세기 조각가 혜희(惠熙)와 불상의 특징」, 『미술사의 정립과 확산: 항산 안휘준 교수 정년퇴임 기념논문집』 2권, 사회평론, 170-173쪽.

비롯해, 후령통·전적류·직물 등이 수습되었다. 조성발원문에 의해 관
음전 관음보살상과 함께 1662년(현종 3)에 제작된 사실이 밝혀졌다(그림
63). 영산전 석가불상 조성발원문의 크기는 가로 19cm, 세로 41cm로 비
단에 묵서되어 있다.[455] 바탕 천이 얇아 현재 손상이 된 상태이다. 조성
발원문의 원문은 다음과 같다.

大師 元哲 坦元 一雨 宗一
慈深苦海悲濟生靈 是以歲康熙壬寅正月
日比丘智應內人盧氏禮成等敬造靈山敎主
釋迦牟尼佛 願以此切德普及扵一切我等
        與衆生皆共成佛道
證明 守初 延壽

---

455 강선정·박윤미(2016), 「송광사 영산전 석가모니불 복장직물에 관한 연구」, 『한복문화』
19(4), 202-204쪽.

畫負 天信 德敏
供养主 義堅 鞭印

해석은 다음과 같다.

대사 원철, 탄원, 일우, 종일
깊고 자비로운 마음으로 고해에서 고통받는 생령(生靈)을 구제하
고자
1662년 정월에 비구 지응과 나인 노예성 등이
공경히 영산교주 석가모니불을 조성합니다.
이 공덕이 두루 미치어 나를 비롯한 중생이 함께 성불하여지이다.
증명 수초, 연수
화원 천신, 덕민
공양주 의견, 편인[456]

송광사 영산전 석가불상(그림 64)은 관음전 관음보살상과 함께 1662년
(현종 3)에 조성되었다. 관음보살상 조성을 주도한 노예성은 승려 지응
(智應)과 함께 영산교주 석가모니불을 제작했다. 지응은 벽암 각성이 대
공덕주로 참여한 구례 화엄사 오층석탑 중수(1630년)와 화엄사 대웅전
비로자나삼신불상(1634년) 조성에도 참여했다. 또한 칠곡 송림사 시왕상

---

456 강선정·박윤미(2016), 앞 논문, 202쪽.

(1665년) 조성에도 시주자로 동참했다.

영산전 석가불상 조성에 참여한 증명과 공양주를 비롯해 원철·탄원
·일우·종일 등은 관음전 관음보살상 조성에도 동참했다. 단지 승려 수
초는 관음전 관음보살상 조성에는 대시주자로, 영산전 석가불상 제작
에는 증명으로 동참했다. 관음전 관음보살상과 영산전 석가불상의 가장
큰 차이는 조각승이 다르다는 점이다. 전자는 혜희와 금문이 담당했고,
후자는 천신과 덕민이 맡아서 진행했다.

영산전 석가불상을 조성한 목적은 '고해에서 고통받는 생령(生靈)을
구제하기 위함'임을 밝히고 있다. 노예성이 관음전 관음보살상을 조성
한 목적이 불상 조성에 참여한 이들의 장수를 기원하고 있는 반면, 영산
전 석가불상을 조성한 목적은 생령(生靈)을 구제하기 위한 영가천도였
음을 알 수 있다. 아마도 노예성 또는 승려 지웅 주변 인물 가운데 천도
할 대상이 있었던 것으로 짐작된다.

9

구례 화엄사 각황전 불상

화엄사 각황전(그림 65) 중앙 불단에는 석가여래·다보여래·아미타여래와 문수·보현·관음·지적보살 등 3불4보살상이 봉안되어 있다(그림 66). 이 존상들은 1703년(숙종 29)에 왕실 인물을 비롯한 인근 사찰 승려들의 시주에 의해 조성되었다. 화엄사 각황전처럼 3불4보살로 구성된 존상의 구도는 공주 갑사 소조석가여래삼불좌상 및 4보살상(1617년)과 하동 쌍계사 목조석가여래삼불상 및 4보살상(1639년) 등이 있다. 공주 갑사와 하동 쌍계사는 벽암 각성 문도와 깊은 관련이 있기 때문에, 1702년 화엄사 각황전을 중건하고 2층 불전에 어울리는 3불 4보살상을 봉안한 것으로 여겨진다.

조선 후기 석가여래삼불상은 석가여래·약사여래·아미타여래로 구성된 횡적 삼세불상이 주류를 차지하는데, 화엄사 각황전의 경우에는 약사여래 대신에 다보여래가 포함되어 있다. 조선시대 의식집인『오종범음집(五種梵音集)』(1661년)에서는 법화거불(法華擧佛)만 정리되어, 석가

그림 65. 구례 화엄사 각황전 전경

그림 66. 구례 화엄사 각황전 내부 불상, 1703년

여래는 영산교주 석가모니불(靈山敎主釋迦牟尼佛)로, 석가여래의 진리를 찬탄했던 다보불은 증청묘법 다보여래(證聽妙法多寶如來)로, 서방정토의 아미타불은 천도 받을 영가를 극락으로 인도한다는 의미의 극락도사 아미타불(極樂導師阿彌陀佛)로 세 여래가 권청되었다.

　화엄사 각황전 칠존 불상은 '법화거불'만을 거불 절차로 삼고 있는 영산회 의식집인 『오종범음집』을 도상적 근거로 삼은 것이다. 즉, 화엄사 각황전 석가여래·아미타여래·다보여래의 도상 구성은 영산회 의식집을 근거로 삼아 조성한 것이다.[457] 『오종범음집』은 조선시대 괘불 조

---

457 오진희(2006), 「조각승 색난파와 화엄사 각황전 칠존불상」, 『강좌미술사』 26(1), 120쪽.

성에도 지대한 영향을 미쳤다. 괘불을 야외에 걸고 영산재를 설행하는데 『오종범음집』이 도상적 근거를 제공했던 것이다. 화엄사에서도 각황전 존상을 조성하고 나서 수륙 삼일재(三日齋)를 경건히 설행했다.[458] 이 같은 사실로 보아 각황전 존상 역시 『오종범음집』의 영향으로 조성된 것임을 알 수 있다.

화엄사 각황전 불상 조성에 관한 기록은 재복장되어 실물은 볼 수 없다. 조성에 관한 자료는 두 가지이다. 첫째는 '강희42년계미시월초사일삼여래사보살조성연기겸발원문(康熙四十二年癸未十月初四日三如來四菩薩造成緣起兼發願文)'으로 왕실 인물들이 동참한 기록이다. 둘째는 '불상대시주원문(佛像大施主願文)'으로 당시 인근 사찰에서 시주한 내역과 불상 조성에 참여한 조각승들을 기록하고 있는 자료이다.

1) 삼여래사보살조성연기겸발원문
(三如來四菩薩造成緣起兼發願文)

원문은 다음과 같다.

康熙四十二年癸未十月初四日三如來四菩薩造成緣起兼發
願文
全羅南道 求禮地東智異山 禪敎兩宗大華嚴寺 有梁新羅眞

---

458 『無用堂集』下「慶尙道梁山通度寺聖骨靈塔及湖南求禮華嚴寺丈六重修慶讚疏」.

興王代初創之伽藍 斤歷三代五度脩營建 于萬歷壬辰兵燹
之後 癈爲丘墟三紀有餘 崇禎三年庚午 碧巖和尙 継創古
寺 迄復舊貫而 猶未西位丈六殿 且侍時緣而未期和尙化去
及 西位丈六殿也 過七十餘年 至于康熙己卯 贈弘覺登階性
能 自嶺南醴泉地 鶴駕山而來 継碧巖未了之績 經營大殿二
層七間 改額曰覺皇宝殿 並成圓通閣三間 自己卯春至壬午
之冬 閱四載而訖功

又明年癸未傚像工命 僧繇備三十二匠 泊激三山鵬髠十大
德 同入金剛壇結宝手印 常行禮懺 三昧光中 造成靈山敎主
釋迦如來 極樂敎主阿彌陀如來 證聽妙法多宝如來 大智文
殊菩薩 大行普賢菩薩 大悲觀音菩薩 大聖智積菩薩

此三如來四菩薩之睟容 以安殿龕 焚香稽首 發大誓願云
我念無始劫 苦海久沈眼 今行出人中 佛前佛後難 性身雖非
相郎相以 求眞 釋尊開妙法三周引三根 過去多宝佛 塔中證
眞詮 西方無量壽 偏燐此界人 四聖爲主伴 現示果後因 我
慾見佛故 造成妙嚴身 螺髻含宝月 毫光照三千 目似靑蓮葉
容如紫金山 珠瓔眞宝冠 莊嚴水月顔 妙餙金輪手 提甁躡紅
蓮 誰知於此日 七佛現世間 天地皆歡喜 人靈共欣然 請久
住於世 哀愍救苦輪

我以此功德 不求人天福 世世得出家 生生在佛前 速發菩
提心 自他二利圓 結願諸檀越 像工及助緣 禮拜供養者 現
世壽福全 今生師父母 累劫衆寃親 現前八部衆 土地護法神
同入願海中 當登涅槃天 諸佛垂加被 令我願無邊
願以此功德祝聖壽
主上殿下辛丑生李氏 至道通明於四方 玉歷退長於萬歲 王
妃殿下丁卯生金氏坤 儀靜肅於閨闈 金枝葉茂於丹坼 仁現
王后丁未生閔氏仙駕神 昇忉利之上界親摩耶之聖后 世子

邸下戊辰生李氏 濬業清於鳳閣鶴等永配於冥椿 寧嬪己酉
生金氏 生前無病長壽 死後親見諸佛之願 王子母庚戌生淑
嬪崔氏 現增福壽子孫昌盛 親王子甲戌生延福君閣下 灾崩
逐流而不返 壽錄興天疆長 壬子生明嬪朴氏尊靈 直往蓮臺
蒙佛授記 二王子李氏仁壽 無病長壽 福祿增崇 昭儀劉氏
一生灾害不濠侵 誕生貴子之大願
輔國崇祿大夫 領敦寧府事兼領經筵事 五衛都摠府都摠管
驪陽府院君 文貞公閔氏尊靈 贈大匡輔國 崇綠大夫 義政府
領議政兼經筵事 弘文館 藝文館 春秋館 觀像監事 行通政
大夫 守江原道觀察使 兼巡察使 閔氏尊靈 資憲大夫 兵曹
判書兼弘文館大提學 藝文館大提學 知成均館事 同知經筵
館 春秋館事 吳氏尊靈 夫人黃氏保體願與亡子輪林洪重益
更逢於佛會中 中訓大夫 藝文館 翰林兼春秋館記事官 世子
侍講院 設書洪重益兩位尊靈 中訓大夫 弘文館脩撰兼經筵
館 檢討官 春秋館 記事官 崔昌大 通政大夫 承政院 左承
旨兼知製敎經筵館 參贊官 春秋館 脩撰官 洪壽疇兩位保體
通訓大夫 戶曹正郎 洪氏兩位保體
通訓大夫 司憲府 持平兼兵曹正郎 慶尙左道 灾傷敬差官
李彥經兩位保體
尙宮李氏貴暎 現增安安之壽 當登樂樂之鄉
尙宮卞氏戒業 願我來世 轉女成男 見佛聞法
尙宮壬午生韓氏 福壽增崇 終至佛果
尙宮朴氏老淨 壽延難老福勝金谷 捨邪歸正終證菩提
尙宮劉氏性烈 因今生造佛之功 願來世見佛之容
尙宮金氏孝烈 灾珍佛生 禎祥踏至
尙宮趙氏淨生 作時元鼎 爲國太山
尙宮宋氏烈伊 壽山不搖 福海長清

尙宮金氏從淨 回入眞乘 得成正覺

庚子生魯氏孝心 智行雙運 果證圓極

甲戌生金氏孝烈 灾厄頓除 福壽連長

丙戌生劉氏今生 壽福增崇 來世轉女成男

丁亥生鄭氏英烈 灾厄頓除 福壽延長

辛巳生朴氏貴丹 官灾永消 壽福增長

戊戌生吳氏愛烈 轉女成男 見佛聞法

丙申生趙氏度生 今生無灾害□□□正果

甲午生朴氏孝定 現世壽福增崇 後生見佛授記

己丑生金氏順烈 灾消福興

癸卯生金氏英定 官灾永消 願生蓮坊

丁未生池氏順烈 今生壽福全 來世往西方

辛卯生劉氏善業 灾崩雪散 福芽繁興

甲辰生李氏宿千 灾雪散 百福雲興

丙申生金氏貞烈 灾去福來

庚戌生李氏此降 增福壽

壬辰生此兒 現增福壽

乙未生李氏義貞 願生蓮華國

壬辰生金氏異宿 今生無病 來世見佛

乙酉生金氏薦花 現增福壽 當生淨土

丁亥生金氏貴丹 種佛因緣 不失人道

乙未生朴氏貞伊 灾害不侵一生安過

丙子生李氏宿烈 善芽增長 不退菩提

丁亥生李氏終業 速發菩提心 永離女身願

戊子生孫氏起濟 福彌堅壽增高

癸未生一烈 身無灾害福壽增長

己亥生金氏香德 灾害頓除

辛酉生哲芽 福壽延長 灾萌永消

己丑生金氏自德 種善雖尠 永離女身

丙戌生姜氏願貴 今生富貴 後世見佛

申氏次烈 厄消福興

朝散大夫朴以願 灾消福增

鄭次旡 灾厄頓除 時時安樂

朴氏玉井 家患永際 子孫昌盛

金氏淨難 今生無病增福 後世見佛聞法

해석은 다음과 같다.

강희 42년 계미 10월 14일 3여래 4보살상 조성 연기 및 발원문
전라남도 구례 동쪽 지리산 선교양종 대화엄사는 신라 진흥왕 때
초창된 가람입니다. 삼대에 걸쳐 다섯 번 수축해 만력(萬曆) 임진왜
란 때 불탄 후 폐허가 된 지 3년 쯤 지난 1630년(인조 8)에 벽암 화
상이 옛절을 중창했습니다. 복구가 거의 되었는데 서쪽 장육전은
다 마치지 못하고 시절 인연을 기다려야 했습니다. 얼마 안 있어
벽암 화상이 돌아가셨습니다. 서쪽 장육전은 70여 년이 지난 후
강희 기묘년(1699)에 이르러 홍각등계 성능(性能)이 영남 예천 땅
학가산으로부터 와서 벽암 화상이 마치지 못한 공적을 계승했습
니다. 대전(大殿) 2층 7칸을 경영하고 편액을 고쳐 각황보전이라
했으며, 이때 원통각 3칸을 완성했습니다. 1699년(숙종 25) 봄부터
1702년(숙종 28) 겨울에 이르기까지 4년에 걸쳐 이룬 것입니다.

1부 조선시대 왕실 발원 불상의 시대 구분

또한 그 다음 해인 1703년(숙종 29)에 미처 만들지 못한 불상을 만들도록 승려들에게 명했습니다. 32장인을 갖추고 삼산(三山)의 10명 대덕을 맞이해 함께 금강단(金剛壇)에 들어 수인을 결하고 예참을 행해 삼매광 가운데 영산교주 석가여래, 극락교주 아미타여래, 증청묘법(證聽妙法) 다보여래, 대지(大智)문수보살, 대행(大行)보현보살, 대비(大悲)관세음보살, 대성(大聖)지적보살 등을 조성했습니다. 이 3여래4보살의 모습을 불전에 봉안해 분향하고는 머리를 조아려 큰 서원(誓願)을 발하며 아룁니다.

내가 무시겁(無始劫)을 염(念)했더니 고해의 심안(沈眼)이 오래되었고 지금 세상에 사람 가운데 나가보니 부처님의 앞뒤가 어렵습니다. 성신(性身)은 비록 상(相)이 아니지만 상에 즉하면 진리를 구하게 되나니 석존이 묘법을 열어 삼주(三周)로 삼근(三根)을 이끕니다. 과거 다보불이 탑 가운데서 진리를 증명하고, 서방 무량수불이 이 세계 사람을 불쌍하게 여겼습니다. 사성(四聖)이 주가 되어 과보 후의 인(因)을 나타내 보입니다. 내가 부처님을 친견하고자 한 까닭으로 묘엄신(妙嚴身)을 조성하고 소라 상투[螺髻]에 보배달을 함축하고 백호(白毫)의 광명이 삼천대천세계를 비춥니다. 눈은 푸른 연꽃잎 같고 얼굴은 자금산과 같으며 구슬은 보관 그대로이며, 장엄한 얼굴, 묘한 금륜의 손, 제병(提甁, 납작한 원형의 그릇으로 몸에 짧은 목이 한 개 달려있는 자라 모양의 병)이 홍련을 밟고 있습니다. 누가 알겠습니까. 이 날에 칠불이 세상에 나타난 것을. 천지가 모두 환희하고 사람과 신령이 모두 흔연(欣然)해 오래 세상에 머물러 애민히 여겨 고통의 윤회를 구제하기를 간청합니다.

내 이 공덕으로 인천(人天)의 복을 구하지 않고 세세생생 출가해 부처님 앞에서 속히 보리심을 내게 하며, 나와 남이 모두 이롭게 되고 결원(結願)한 모든 단월(檀越), 장인(匠人), 조연자, 예배공양 자들이 현세에 수복(壽福)이 오로지 온전하기를 바랍니다. 금생의 스승과 부모, 누겁(累劫)의 모든 친지, 현전(現前)의 팔부중, 토지의 호법신이 함께 바다 가운데 들고, 마땅히 열반천(涅槃天)에 오르 고, 제불(諸佛)의 가피 입기를 이제 내가 끝없이 바랍니다.

원컨대 이 공덕으로 성수(聖壽)를 축원합니다.

주상전하 신축생 이씨께서는 지극한 도가 사방에 통명(通明)하고 임금의 열정이 만세에 연장되기를, 왕비전하 정묘생 김씨께서는 궁중에서 정숙한 위의와 단욕에서 금지옥엽으로 번성하기를, 인 현왕후 정미생 민씨 선가(仙駕)께서는 도리천에 올라 마야 성후(聖 后)를 친견하기를, 세자저하 무진생 이씨께서는 봉황각·학 등에 서 맑게 하고 명춘(冥椿)에 길이 배필을 만나기를, 영빈 기유생 김 씨는 생전에 무병장수하고 사후에는 모든 부처님을 친견하기를 원합니다.

왕자의 어머니 경술생 숙빈 최씨께서는 복과 수명을 증진하고 자 손이 창성하기를, 친왕자 갑술생 연잉군(延仍君) 합하께서는 재난 이 물살을 가르며 돌아오지 않고 수명은 홍천강장(興天彊長) 하기 를, 임자생 명빈 박씨의 존령(尊影)께서는 구품연대로 바로 가서 부처님의 수기(授記)를 받기를, 제2왕자 이씨 인수(仁壽)께서는 무 병장수하고 복록이 더욱 융성하기를, 소의 유씨께서는 일생에 재 해를 입지 않고 귀한 자식 얻기를 발원합니다.

보국숭록대부 영돈녕부사 겸 영경연사 오위도총부 도총관 여양

부원군 문정공 민씨 존령,[459] 증 대광보국 숭록대부 의정부 영의
정 겸 경연사 홍문관·예문관·춘추관 관상감사 행 통정대부 수 강
원도관찰사 겸 순찰사 민씨 존령, 자헌대부 병조판서 겸 홍문관
대제학 예문관 대제학 지성균관사 동지경연관 춘추관사 오씨 존
령, 부인 황씨와 망자 윤림(輪林), 홍중익(洪重益)이 다시 불회(佛會)
중에 만나기를 기원합니다.

중훈대부 예문관 한림 겸 춘추관 기사관 세자시강원 설서(說書) 홍
중익 부부 존령, 중훈대부 홍문관 수찬 겸 경영관 검토관 춘추관 기
사관 최창대, 통정대부 승정원 좌승지 겸 지제교경연관 참찬관 춘
추관 수찬관 홍수주 부부, 통훈대부 홍조정랑 홍씨 부부, 통훈대부
사헌부 지평 겸 병조정랑 경상좌도 재상(灾傷) 경차관 이언경 부부

상궁 이씨 귀영(貴暎)께서는 평안한 수명이 더욱 늘어나고 즐겁고
즐거운 고향에 오르기를,

상궁 변씨 계업(戒業)께서는 다음 생에 여자몸을 버리고 남자로
태어나 부처님을 만나 불법 듣기를,

상궁 임오생 한씨께서는 복과 수명이 더욱 늘어나고 목숨을 마칠
때는 불과(佛果)에 이르기를,

상궁 박씨 노정(老淨)께서는 더욱 수명이 길어지고 나이들어 복이
금곡(金谷)을 능가하고 삿됨을 버리고 바름으로 돌아가 마침내 깨
달음 얻기를,

상궁 유씨 성열(性烈)께서는 이 생에 부처님을 조성한 공덕으로

---

459 민유중(1630-1687)은 인현왕후 아버지로, 그의 졸기는 『조선왕조실록』 숙종 13년(1687)
6월 29일자 기록에 전한다.

내세에는 부처님 모습 보기를,

상궁 김씨 효열(孝烈)께서는 진귀한 생을 받고 상서로움에 이르기를,

상궁 조씨 정생(淨生)께서는 원정(元鼎)을 만들 때 나라를 태산같이 만들기를,

상궁 송씨 열이(烈伊)께서는 수명의 산이 흔들리지 않고 복의 바다가 길이 맑기를,

상궁 김씨 종정(從淨)께서는 진리의 수레에 들어서 정각을 이루기를 기원합니다.

경자생 노씨 효심(孝心)께서는 지혜의 행이 함께 움직이고 인과의 증명이 두루 지극하기를,

갑술생 김씨 효열(孝烈)께서는 재액(災厄)이 모두 없어지고 복과 수명이 길어지기를,

병술생 유씨 금생(今生)께서는 수복이 더욱 융성하고 내세에는 여자 몸을 버리고 남자 되기를,

정해생 정씨 영렬(英烈)께서 재액이 모두 없어지고 복과 수명이 길어지기를,

신사생 박씨 귀단(貴丹)께서는 관재(官災)가 영원히 소멸하고 수복이 증장되기를,

무술생 오씨 애열(愛烈)께서는 여자 몸을 바꾸어 남자 몸을 이루어 부처님을 만나 불법 듣기를,

병신생 조씨 도생(度生)께서는 금생에 재해가 없어지고 □ □ □ 정과(正果) 얻기를,

갑오생 박씨 효정(孝定)께서는 현세에 수복이 더욱 융성해지고 내

생에는 부처님을 친견해 수기(授記) 받기를,

기축생 김씨 순열(順烈)께서는 재액이 소멸되고 복이 흥하기를,

계묘생 김씨 영정(英定)께서는 관재(官災)가 영원히 소멸되고 극락에 태어나기를,

정묘생 지씨 순열(順烈)께서는 금생에 수복이 오로지하고 내세에는 서방극락에 왕생하기를,

신묘생 유씨 선업(善業)께서는 재액이 붕괴되어 눈처럼 흩어지고 복의 싹이 번성하게 일어나기를,

갑진생 이씨 숙천(宿千)께서는 재앙이 눈처럼 흩어지고 수많은 복이 구름처럼 일어나기를,

갑신생 김씨 정열(貞烈)께서는 재액이 제거되고 복이 오기를,

경술생 이씨 차강(此降)께서는 수복이 더욱 증진되기를,

임신생 차(此兒)께서는 복과 수명이 증진되기를,

을미생 이씨 의정(義貞)께서는 극락에 태어나기를 기원합니다.

임진생 김씨 이숙(異宿)께서는 금생에 무병하고 내세에는 부처님 친견하기를,

을유생 김씨 천화(薦花)께서는 복과 수명이 증장되고 마땅히 정토에 태어나기를,

정해생 김씨 귀단(貴丹)께서 부처님의 인연을 심고 사람의 도리 잃지 않기를,

을미생 박씨 정이(貞伊)께서 재해가 침범하지 못하고 일생을 평안하게 보내기를,

병자생 이씨 숙열(宿烈)께서는 선의 싹을 증장하고 진리가 후퇴하지 않기를,

정해생 이씨 종업(終業)께서는 보리심을 속히 발하고 여자의 몸을 영원히 벗어나기를 바랍니다.

무자생 손씨 기제(起濟)께서는 복은 더욱 견고하고 목숨은 더 길어지기를,

계미생 일렬(一烈)께서는 몸에는 재액이 없고 복과 수명이 연장되기를,

기해생 김씨 향덕(香德)께서는 재해가 빨리 없어지기를,

신유생 철아(哲芽)께서는 복과 수명이 연장되고 재앙의 씨앗이 영원히 소멸되기를,

기축생 김씨 자덕(自德)께서는 선한 씨앗은 비록 적어도 영원히 여자 몸 벗어나기를,

병술생 강씨 원귀(願貴)께서는 금생에는 부귀하고 내세에는 부처님 뵙기를,

신씨 차열(次烈)께서는 재액이 소멸되고 복이 흥하기를,

조산대부(朝散大夫) 박이원(朴以願)께서는 재앙이 소멸되고 복이 증진되기를,

정차돌(鄭次乭)께서는 재액이 순식간에 없어지고 언제나 안락하기를,

박씨 옥정(玉井)께서는 집안의 근심이 영원히 없어지고 자손이 창성하기를,

김씨 정란(淨難)께서는 금생에 무병하고 복이 날로 증장되고 내세에는 부처님을 뵙고 법 듣기를 기원합니다. [460]

---

460 문화재청(2009), 『華嚴寺 覺皇殿 實測調査報告書』, 127-129쪽.

1부 조선시대 왕실 발원 불상의 시대 구분

2) 불상대시주원문(佛像大施主願文)(1703년)

원문은 다음과 같다.

佛像大施主願文

康熙四十二年癸未 全羅左道 順天地 興國寺 弟子海鑑 施
穀百石 捨錢二百兩 餘諸雜物一一稱 是詣於求禮地 智異山
大華嚴寺 弘覺登階桂坡道人性能 化士緣化耶 造成三如來
四菩薩之中 佛弟子海鑑與隨喜諸檀越 同願發心 敬造于靈
山敎主釋迦如來大尊像一軀 焚香稽首發願云 伏念弟子海
鑑宿有微善幸得人身 釋尊已滅 慈氏未降前後 相望二際莫
及肆竭淨財造佛像 形特展如在之誠敢異

冥通之感不求人天福 報有漏因果 生生世世在在處處 正信
出家 生不染世塵 童眞出家 勤修定慧 現世父母 累劫寃親
同我發心 隨喜諸檀越 同願種智

佛像大施主 大興寺 法壇施穀百五十碩 今生福基命位各願
昌隆 來世智種靈苗令希增秀之願 造成

阿彌陀尊像

佛像大施主 谷城泰安寺比丘學諶 施畓七斗 泰仁地 水溺寺
比丘呂岑 捨錢二百兩 與諸隨喜施主 現增福壽 當生極樂之
願 造成多寶如來尊像

佛像大施主 權義洞施租三十五碩 現增福壽 當生淨刹之願
造成觀音菩薩尊像

佛像大施主 河東雙溪寺比丘智圓 施畓四斗 順天地 興國寺
比丘晶林 施畓四斗 同願生極樂之願 造成文殊菩薩尊像

佛像大施主 河東雙溪寺比丘學玄 施錢二十五兩 居士應祖

捨錢二十兩 同願爲父母 往生蓮華之界成普賢菩薩尊像

佛像大施主 東北瑜摩寺比丘性和 捨租三十碩 願生安養之

願 造成智積菩薩尊像

佛像大施主 順天 興國寺比丘振遠 施租四十五碩 金麗秀

施租十石 同願現增福壽 當生淨利 造成觀音尊像

洛陽城中尙宮甲申生李氏貴英 捨錢文五十兩 現世官災 口

舌永消 來生願生安養之願 造成阿彌陀尊像 觀音菩薩尊像

大勢至菩薩尊像 願佛三尊像

樂安澄光寺比丘兩閑 施租二十碩 爲師往生連華之界供養助

本寺比丘 希密 施租二十石 黃金價助

造釋迦 觀音像 八影山沙門 色難

造多寶 文殊像 曹溪山沙門 沖玉

造彌陀像 稜伽山 沙門一機

造普賢像 雄遠

造觀音像 秋朋

造智積像 秋平

順瑗」 幸坦」 勝梅」 初卞」 覺初」 道還」 道堅」 德

希」 法融」 大裕」 進聰」 定惠」 進一」 善覺」 澄

海」 瑞行」 仁陟」 夏天」

해석은 다음과 같다.

불상대시주원문

강희 42년(1703) 계미년 전라남도 순천 땅 흥국사 제자 해감(海鑑)

　　　　　1부 조선시대 왕실 발원 불상의 시대 구분

이 곡식 1백석과 돈 2백냥, 여러 가지 잡물을 구례 지리산 대화엄사에 보시했습니다. 홍각등계 계파 도인 성능(性能)이 화사(化士)로서 연화(緣化)해서 3여래4보살을 조성했습니다. 불제자 해감은 모든 신도들과 함께 기뻐하고 발원해 영산교주 석가여래 1존상을 삼가 조성합니다. 향을 사르고 머리를 조아려 발원하면서 말하기를 제자 해감은 숙세로 작은 선행을 해 다행히 사람 몸을 받았습니다. 석존께서 입멸하시고 미륵불이 오시기 전후로 서로 마주보며 정재(淨財)를 다하여 불상을 조성했고, 형상은 특별히 있는 것처럼 정성을 다해 전개했습니다. 명통(冥通)의 느낌으로 인천의 복을 구하지 않고 유루(有漏)의 인과를 받고자 합니다. 언제 어디에서나 바른 믿음으로 출가하고, 속세에 물들지 않고 동진 출가해 정(定)과 혜(慧)를 힘써 닦으며, 현세부모와 누겁에 걸친 원수지고 친한 이가 나와 함께 발심해서 모든 단월(檀越)들과 함께 기쁘게 지혜를 심고자 기원합니다.

불상 대시주인 대흥사 법단(法壇)이 곡식 150석을 보시해 현생에서 복과 지위가 제각기 창성하기를 바라며, 내세에는 지혜의 종자와 영묘(靈苗)가 더욱 늘어나기를 기원하며 아미타삼존상을 조성합니다.

불상대시주인 곡성 태안사 비구 학심(學諶)은 논 7두락을 보시하고, 태인 땅 수익사 비구 여잠(呂岑)은 돈 2백냥을 희사했습니다. 이와 더불어 모든 기뻐하는 시주자는 복과 수명이 증진되어 마땅히 극락에 왕생하는 소원으로 다보여래 존상을 조성합니다.

불상대시주 권의형(權義洞)이 벼 35석을 보시했는데 복과 수명을 증진시키고 극락에 왕생하기 위해 관음보살존상을 조성합니다.

불상 대시주자 하동 쌍계사 비구 지원(智나)은 논 4두락을 보시했고, 순천 흥국사 비구 효림(晶林)이 논 4두락을 보시해, 함께 극락에 태어나기를 바라며 문수보살상을 조성합니다.

불상대시주 하동 쌍계사 비구 학현(學玄)이 돈 25냥을 보시했고, 거사 응조(應祖)가 돈 20냥을 희사해 부모가 연화세계에 왕생하기를 함께 기원하며 보현보살존상을 조성합니다.

불상대시주 동북 땅 유마사 비구 성화(性和)가 벼 30석을 희사해 안양세계에 태어나기를 바라며 지적보살존상을 조성합니다.

불상대시주 순천 흥국사 비구 진원(振遠)이 벼 45석을 시주하고, 김여수(金麗秀)는 벼 10석을 보시해 복과 수명이 증진되어 정토에 태어나기를 함께 발원하며 관음존상을 조성합니다.

낙양성(洛陽城)의 상궁 갑신생 이씨 귀영(貴英)은 돈 50냥을 희사해 현생의 관재(官災)와 구설(口舌)이 영원히 소멸되고 내생에는 안양에 태어나기를 발원해 아미타존상, 관음보살존상, 대세지보살존상 등 원불삼존상을 조성합니다.

낙안 징광사 비구 양한(兩閑)은 벼 20석을 시주해 스승이 연화세계 왕생하도록 공양하고, 본사 비구 희밀(希密)이 벼 20석을 시주합니다.

석가불상과 관음보살상은 팔영산 사문 색난(色難)이 조성했고
다보불상과 문수보살상은 조계산 사문 충옥(沖玉)이 조성했으며
아미타불상은 능가산 사문 일기(一機)가 조성했습니다.

보현보살상은 웅원(雄遠)이 조성했고
관음보살상은 추붕(秋朋) 조성했으며
지적보살상은 추평(秋平) 조성했습니다.

순원, 행탄, 승매, 초변, 각초, 도환, 도견, 덕희, 법융, 대유, 진총, 정혜, 진일, 선각, 징해, 서행, 인척, 하천[461]

3) 분석

(1) 삼여래사보살조성연기겸발원문(三如來四菩薩造成緣起兼發願文)

화엄사 각황전 3여래4보살상과 관련된 복장 기록은 '삼여래사보살조성연기겸발원문(三如來四菩薩造成緣起兼發願文)'(이하 '불상 조성발원문(1703년)'으로 칭함)과 '불상대시주원문(佛像大施主願文)'이다. 전자는 왕실 인물들이 불상 조성에 참여한 기록이고, 후자는 시주한 승려와 조각승에 관한 자료이다.

불상 조성발원문(1703년)은 장육전 건립 및 불상 조성에 관한 내용이 자세히 기록되어 있다. 특히 장육전(각황전)에 봉안한 각 존상의 명칭을 구체적으로 밝히고 있는 점이 주목된다. 각 존상의 명칭은 영산교주 석가여래, 극락교주 아미타여래, 증청묘법(證聽妙法) 다보여래, 대지 문수보살, 대행 보현보살, 대비 관세음보살, 대성 지적보살 등이다(그림 67). 발원의 내용 마지막에는 왕실의 성수(聖壽)를 축원하고 있다.

화엄사 각황전 불상 조성에 참여한 왕실 인물로는 숙종을 비롯한 왕비와 후궁, 세자와 왕자가 모두 동참했다. 숙종의 비 가운데 이미 작고한 인경왕후 김씨(1661-1680)와 희빈 장씨(1659-1701)는 참여하지 않았다. 그러나 제1계비 인현왕후 민씨(1667-1701)와 명빈 박씨(?-1703)는 이

---

[461] 문화재청(2009), 앞 책, 129-130쪽.

그림 67. 화엄사 각황전 불상, 왼쪽부터 관음보살상 · 아미타여래상 · 보현보살상 · 석가여래상 · 문수보살상 · 다보여래상 · 지적보살상, 1703년

미 세상을 떠났음에도 왕실에서는 이들의 영가천도를 기원했다. 숙종
의 후궁으로는 숙빈 최씨(1670-1718), 영빈 김씨(1669-1735), 소의 유씨(?-
1707) 등이 참여했다. 그리고 세자, 제1왕자 연잉군, 제2왕자 연령군 등
이 모두 동참했다(그림 68).

왕실 인물을 축원한 후에는 인현왕후 민씨와 관련된 인물들이 기
록되어 있다. 인현왕후의 부친 민유중(閔維重, 1630-1687)과 조부 민광훈
(閔光勳, 1595-1659)의 영가천도를 발원했다. 그 다음으로는 오두인(吳斗
寅, 1624-1689)의 영가천도를 기원했다. 오두인은 인현왕후 민씨가 1689
년(숙종 15)에 폐서인이 되자 왕비의 폐위를 반대하다가 유배되었고,[462]
유배 중에 사망했다.[463] 오두인은 현종의 3녀 명안공주(1665-1687)의 시
부로, 상주 황씨와의 사이에서 태어난 해창위 오태주(1668-1716)가 그
의 아들이다. 오두인의 사위 최창대(崔昌大, 1669-1720)도 시주자로 참여
했다.

---

[462] 『조선왕조실록』 숙종 15년(1689) 4월 25일자 기록.
[463] 『조선왕조실록』 숙종 15년(1689) 5월 7일자 기록.

　　　　　　　　　　1부 조선시대 왕실 발원 불상의 시대 구분

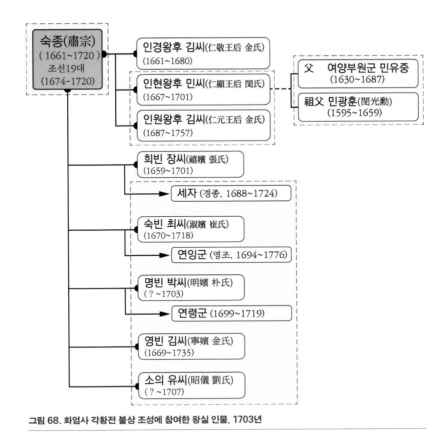

숙종(肅宗)
(1661~1720)
조선19대
(1674-1720)

인경왕후 김씨(仁敬王后 金氏)
(1661~1680)

인현왕후 민씨(仁顯王后 閔氏)
(1667~1701)

父   여양부원군 민유중
(1630~1687)

祖父 민광훈(閔光勳)
(1595~1659)

인원왕후 김씨(仁元王后 金氏)
(1687~1757)

희빈 장씨(禧嬪 張氏)
(1659~1701)

세자 (경종, 1688~1724)

숙빈 최씨(淑嬪 崔氏)
(1670~1718)

연잉군 (영조, 1694~1776)

명빈 박씨(明嬪 朴氏)
(? ~1703)

연령군 (1699~1719)

영빈 김씨(寧嬪 金氏)
(1669~1735)

소의 유씨(昭儀 劉氏)
(? ~1707)

그림 68. 화엄사 각황전 불상 조성에 참여한 왕실 인물, 1703년

인현왕후 민씨는 6세에 어머니 은성부부인 송씨가 세상을 떠나자, 둘째 고모 집에서 양육되기도 했다.[464] 둘째 고모는 선조의 딸 정명공주 와 홍주원(洪柱元, 1606-1672)의 3자인 홍만형(洪萬衡, 1633-1670)과 혼인 했다. 화엄사 각황전 중건과 불상 조성에 시주자로 참여한 홍중익(洪重 益,1668-?)은 홍주원의 4자인 홍만희(洪萬熙, 1635-1670)의 아들이다. 홍중

---

464 『조선왕조실록』 숙종 27년(1701) 11월 23일자 기록.

익의 처가는 동양위 신익성 가문인 평산 신씨 출신이다. 홍중익의 장인
은 신익성의 조카 신정(申晸)이다. 신정의 6자 신석화(申錫華)는 인현왕
후의 제부로 민유중의 3녀와 혼인했다. 이 같은 사실을 통해 홍중익 역
시 인현왕비 민씨와 관련 있는 인물임을 알 수 있다.

화엄사 각황전 불상 조성발원문(1703년)에 등장하는 인현왕후 민씨
관련 인물을 정리하면 〈표 5〉와 같다.

표 5. 불상 조성발원문(1703년)에 기록된 인현왕후 민씨 관련 인물

	연기 및 조성발원문 기록	인명	비고
1	보국숭록대부 영돈녕부사 겸 영경연사 오위도총부 도총관 여양부원군 문정공 민씨 존령	민유중(閔維重, 1630-1687)	인현왕후 부친
2	증 대광보국 숭록대부 의정부 영의정 겸 경연사 홍문관·예문관· 춘추관 관상감사 행 통정대부 수 강원도관찰사 겸 순찰사 민씨 존령	민광훈(閔光勳, 1595-1659)	인현왕후 조부
3	자헌대부 병조판서 겸 홍문관 대제학 예문관 대제학 지 성균관사 동지경연관 춘추관사 오씨 존령	오두인(吳斗寅, 1624-1689)	인현왕후 민씨 폐위 반대로 유배 중 사망 명안공주의 시부 부마 오태주 부친
4	부인 황씨와 망자 윤림(輪林)	정경부인 상주 황씨와 아들	오두인 부인, 오태주 모친
5	중훈대부 예문관 한림 겸 춘추관 기사관 세자시강원 설서(說書) 홍중익 부부 존령	홍중익(1668-?)	조부 홍주원(정명공주 남편) 장인 신정
6	중훈대부 홍문관 수찬 겸 경영관 검토관 춘추관 기사관 최창대	최창대(崔昌大, 1669-1720)	오두인 사위
7	통정대부 승정원 좌승지 겸 지제교경연관 참찬관 춘추관 수찬관 홍수주 부부	홍수주(洪受疇, 1642-1704)	숙종 때 관리
8	통훈대부 호조정랑 홍씨 부부	?	미상
9	통훈대부 사헌부 지평 겸 병조정랑 경상좌도 재상 경차관 이언경 부부	이언경(李彦經, 1653-1710)	세종 서자 영해군(寧海君)의 후손

　　　　　　　　1부 조선시대 왕실 발원 불상의 시대 구분

화엄사 각황전 불상 조성발원문(1703년)에는 숙종을 비롯한 왕실 인물과 인현왕후 민씨 관련 인물 다음으로 상궁과 상궁으로 추정되는 인물들이 수록되어 있다. 이들을 정리하면 〈표 6〉과 같다.

표 6. 불상 조성발원문(1703년)에 기록된 시주자

번호	시주자명	출생 연도	번호	시주자명	출생 연도
1	상궁 이귀영(李貴暎)		23	병신생 김정열(金貞烈)	1656(효종 7)
2	상궁 변계업(卞戒業)		24	경술생 이차강(李此降)	1670(현종 11)
3	상궁 임오생 한씨(韓氏)	1642(인조 20)	25	임진생 차아(此兒)	1652(효종 3)
4	상궁 박노정(朴老淨)		26	을미생 이의정(李義貞)	1655(효종 6)
5	상궁 유성열(劉性烈)		27	임진생 김이숙(金異宿)	1652(효종 3)
6	상궁 김효열(金孝烈)		28	을유생 김천화(金薦花)	1645(인조 23)
7	상궁 조정생(趙淨生)		29	정해생 김귀단(金貴丹)	1647(인조 25)
8	상궁 송열이(宋烈伊)		30	을미생 박정이(朴貞伊)	1655(효종 6)
9	상궁 김종정(金從淨)		31	병자생 이숙열(李宿烈)	1636(인조 14)
10	경자생 노효심(魯孝心)	1660(현종 1)	32	정해생 이종업(李終業)	1647(인조 25)
11	갑술생 김효열(金孝烈)	1634(인조 12)	33	무자생 손기제(孫起濟)	1648(인조 26)
12	병술생 유금생(劉今生)	1646(인조 23)	34	계미생 일렬(一烈)	1643(인조 21
13	정해생 정영렬(鄭英烈)	1647(인조 24)	35	기해생 김향덕(金香德)	1659(효종 10)
14	신사생 박귀단(朴貴丹)	1641(인조 19)	36	신유생 철아(哲芽)	1681(숙종 7)
15	무술생 오애열(吳愛烈)	1658(효종 9)	37	기축생 김자덕(金自德)	1649(인조 27)
16	병신생 조도생(趙度生)	1656(효종 7)	38	병술생 강원귀(姜願貴)	1646(인조 24)
17	갑오생 박효정(朴孝定)	1654(효종 5)	39	신차열(申次烈)	
18	기축생 김순열(金順烈)	1649(인조 27)	40	조산대부(朝散大夫) 박이원(朴以願)	
19	계묘생 김영정(金英定)	1663(현종 4)	41	정차돌(鄭次乭)	
20	정미생 지순열(池順烈)	1667(현종 8)	42	박옥정(朴玉井)	
21	신묘생 유선업(劉善業)	1651(효종 2)	43	김정난(金淨難)	
22	갑진생 이숙천(李宿千)	1664(현종 5)			

〈표 6〉에서 보다시피 43명 가운데 상궁은 9명이고 나머지 인물은 궁에서 일하던 궁관(宮官)으로 짐작된다. 『경국대전』「이전」내명부 품계에 의하면 궁관(宮官)은 정5품 상궁(尙宮)과 상의(尙儀)부터 종9품 주변징(奏變徵)·주징(主徵)·주우(奏羽)·주변궁(奏變宮)까지 다양하게 존재했음을 알 수 있다. 화엄사 각황전 불상 조성발원문(1703년)은 궁에서 왕실업무에 종사한 다양한 궁관들이 사찰 불사에 시주자로 동참한 사실을 알려 주는 자료이다.

화엄사 각황전 불상 조성에 시주자로 참여한 궁중 나인들은 인조·효종·현종·숙종 때 궁에서 활동한 인물들이다. 이들은 갑술생(1634년)부터 신유생(1681년)까지 연령층이 다양하지만, 효종과 현종 때 활동한 40~50대 궁녀들이 대부분이다. 화엄사 각황전 불상 조성발원문(1703년)은 18세기 초 왕과 왕실을 보필하던 궁녀들의 종교 생활을 엿볼 수 있는 자료라는 점에서 중요한 의미를 갖는다.

화엄사 각황전 불상 조성발원문(1703년)의 원문 자료는 현재로서는 접할 수 없다. 그러나 각황전 중건 상량문을 통해 그 단서를 찾을 수 있다. 화엄사 각황전 중건 상량문의 명칭은 「조선국전라도구례현지리산대화엄사장육전중건상량문(朝鮮國全羅道求禮縣智異山大華嚴寺丈六殿重建上樑文)」으로 1701년(숙종 27)에 채팽윤(蔡彭胤, 1669-1731)이 썼다. 중건 상량문의 앞면에는 화엄사 각황전 중건에 대한 내용이 기록되어 있고(그림 69), 뒷면에는 왕실 및 각황전 건립에 참여한 이들에 대한 축원과 시주자가 구체적으로 기록되어 있다(그림 70).

화엄사 각황전 불상 조성발원문(1703년)과 상량문(1701년)의 가장 큰차이는 왕실 축원 부분에서 숙종의 제2계비 인원왕후 김씨(1687-1757)가 전자에는 기록되어 있고, 후자에는 생략되었다는 점이다. 인원왕후

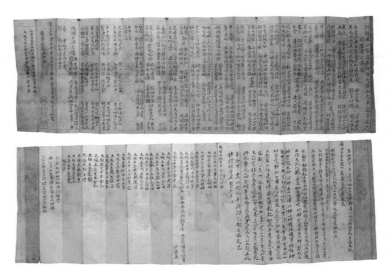

그림 69(상). 구례 화엄사 각황전 중건 상량문 앞면, 1701년, 화엄사성보박물관 제공
그림 70(하). 구례 화엄사 각황전 중건 상량문 뒷면, 1701년, 화엄사성보박물관 제공

김씨는 1702년(숙종 28)에 왕비에 책봉되었기 때문에 각황전 상량문에
는 등장하지 않는다.

화엄사 각황전 건립의 대시주자는 숙빈 최씨와 연잉군이다. 이는 상
량문 앞면 말미에 "원당 대시주 연잉군 친왕자 갑술생 이씨 수명이 길
어지고[願堂大施主 延礽君 親王子 甲戌生 李氏 壽命長], 조성 대시주 친왕자모
경술생 최씨 수명이 길어지기[成造大施主 親王子母 庚戌生 崔氏 壽命長]"를
축원하는 내용을 통해 확인된다. 상량문 뒷면에는 연잉군과 그의 어머
니 숙빈 최씨가 시주자 첫머리에 기록되어 있다.

화엄사 각황전 중건 상량문에 등장하는 시주자는 불상 조성발원문
(1703년)의 시주자와 중복된다. 상량문과 불상조성발원문에 등장하는 시
주자를 정리하면 〈표 7〉과 같다.

표 7. 각황전 상량문과 불상 조성발원문에 기록된 시주자

	각황전 상량문(1701년)	각황전 불상 조성발원문(1703년)	인물
1	원당 대시주 갑술생 이씨	친왕자 갑술생 연잉군(親王子甲戌生延仍君)	연잉군
2	대시주 경술생 최씨	왕자모 경술생 숙빈 최씨(王子母庚戌生淑嬪崔氏)	숙빈 최씨
3	대시주 기묘생 이씨	이왕자 이씨 인수(二王子李氏仁壽)	연령군
4	대시주 기유생 김씨	영빈 기유생 김씨(寧嬪己酉生金氏)	영빈 김씨
5	대시주 갑신생 이귀영(李貴榮)	상궁 이귀영(李貴暎)	이귀영
6	대시주 병술생 변계업(卞戒業)	상궁 변계업(卞戒業)	변계업
7	대시주 임신생 조정생(趙淨生)	상궁 조정생(趙淨生)	조정생
8	중훈대부 홍중익(洪重益)	홍중익 양위 존령(洪重益兩位尊靈)	홍중익
9	대시주 임오생 김효열(金孝悅)	상궁 김효열(金孝烈)	김효열
10	대시주 갑신생 박노정(朴老淨)	상궁 박노정(朴老淨)	박노정
11	대시주 병술생 유씨(劉氏) 보체	병술생 유금생(劉今生)	유금생
12	대시주 정해생 정씨(鄭氏) 보체	정해생 정영렬(鄭英烈)	정영렬
13	대시주 계유생 장씨(張氏) 보체		
14	대시주 을유생 전씨(全氏) 보체		
15	대시주 임술생 유씨(劉氏)보체	상궁 유성열(劉性烈)	유성열
16	대시주 병신생 조도생(趙道生)	병신생 조도생(趙度生)	조도생
17	대시주 갑오생 박효정(朴孝定)	갑오생 박효정(朴孝定)	박효정
18	대시주 계묘생 이씨 보체	계묘생 김영정(金英定)	김영정
19	대시주 오좌수 사빈(吳座首士賓)		오사빈
20	대시주 왕도감 진옥(王都監眞玉)		왕진옥
21	대시주 갑술생 김씨	갑술생 김효열(金孝烈)	김효열
22	대시주 기축생 김씨	기축생 김자덕(金自德)	김자덕
23	대시주 병신생 김씨	병신생 김정렬(金貞烈)	김정렬
24	대시주 김산난(金散難)	김정난(金淨難)	김산난
25	대시주 박옥정(朴玉淨)	박옥정(朴玉井)	박옥정
26	대시주 임종업(林從業)		임종업
27	대시주 경자생 노씨(盧氏)	경자생 노효심(魯孝心)	노효심
28	대시주 정해생 김씨(金氏)	정해생 김귀단(金貴丹)	김귀단

1부 조선시대 왕실 발원 불상의 시대 구분

〈표 7〉에 기록된 바와 같이 각황전 상량문에 기록된 대시주자(大施主者) 28명 가운데 23명이 불상 조성발원문의 시주자와 중복되고 있다. 이 가운데 세자 시강원 설서(說書)였던 홍중익은 각황전 중건 상량문(1701년)에는 대시주자로 생존해 있었지만, 불상조성발원문(1703년)에는 '존령(尊靈)'으로 기록되어 사망했음을 알 수 있다.

화엄사 각황전 불상 조성발원문(1703년)에 시주자로 기록된 상궁 가운데 김종정(金從淨)은 서울 옥수동 미타사 아미타불상(1707년) 조성에 대시주자로 참여했다.[465] 또한 상궁 박노정, 상궁 변계업, 상궁 조정생, 박귀단, 이숙열, 이숙천 등 6명은 봉원사 지장삼존상과 시왕상(1704년) 조성에 대시주자로 동참했다.[466] 화엄사 각황전 불상(1703년)과 봉원사 명부전 존상(1704년)은 인현왕후 민씨의 영가천도와 관련된 존상이기 때문에 대시주자가 중복되어 있다.

화엄사 각황전 불상 조성에 참여한 상궁 김종정은 숙종의 후궁 소의 유씨와 관련된 궁관으로 추정된다. 상궁 김종정은 소의 유씨의 명복을 빌기 위해 조성한 서울 옥수동 미타사 아미타불상 조성에 상궁 김귀업(金貴業)과 대시주자로 참여하고 있기 때문이다.

(2) 불상대시주원문(佛像大施主願文)(1703년)

불상대시주원문(1703년)에는 전라도 지역 사찰의 승려들이 화엄사 각황전 불상을 조성하는데 시주한 물목(物目)과 함께 발원 내용 그리고 조각

---

465 유근자(2021), 「서울 옥수동 미타사 아미타삼존불좌상의 복장 유물 분석과 양식 특징」, 『불교문예연구』 17, 344쪽.

466 유근자(2021), 「봉원사 명부전 존상(1704년)의 복장 유물과 발원문 분석」, 『보조사상』 61, 197쪽.

승이 기록되어 있다. 불상대시주원문(1703년)에서 특히 주목되는 것은 시주자로 참여한 승려와 재가자들의 시주물목과 금액, 발원 내용, 존상 명이 기록되어 있는 점이다. 이것을 정리하면 〈표 8〉과 같다.

표 8. 화엄사 각황전 각 존상 시주자와 조각승

존명	시주자	시주물목	조각승
석가여래상	흥국사 해감(海鑑)	곡식 1백석, 돈 2백냥, 여러 가지 잡물	색난(色難)
아미타여래상	대흥사 법단(法壇)	곡식 150석	일기(一機)
다보여래상	태안사 학심(學諶)	논 7두락	충옥(沖玉)
	수익사 여잠(呂岑)	돈 200냥	
문수보살상	쌍계사 지원(智圓)	논 4두락	충옥(沖玉)
	흥국사 효림(晶林)	논 4두락	
보현보살상	쌍계사 학현(學玄)	돈 25냥	웅원(雄遠)
	거사 응조(應祖)	돈 20냥	
관음보살상	권의형(權義泂)	벼 35석	색난(色難) 추붕(秋朋)
	흥국사 진원(振遠)	벼 45석	
	김여수(金麗秀)	벼 10석	
지적보살상	유마사 성화(性和)	벼 30석	추평(秋平)

　　여수 흥국사 해감은 석가여래상을 조성하는 데 곡식 1백석, 돈 200 냥, 여러 가지 잡물을 시주했고, 팔영산 사문 조각승 색난(色難)은 석가 여래상을 조성했다(그림 71).

　　대흥사 승려 법단(法壇)은 화엄사 각황전 아미타삼존상을 조성하는 데 곡석 150석을 시주했고, 능가산 사문 조각승 일기(一機)는 아미타불 상을 조성했다(그림 72).

　　태안사 학심(學諶)과 수익사 여잠(呂岑)은 다보여래상을 조성하는 데 논 7두락과 돈 200냥을 시주했고, 조계산 사문 조각승 충옥(沖玉)은 다 보여래상을 조성했다(그림 73).

　　　　　　　　1부 조선시대 왕실 발원 불상의 시대 구분

시주자 및 시주물목	
흥국사 해감(海鑑)	
곡식 100석, 돈 200냥, 잡물	

〈석가여래상〉　　　　조각승 : 색난(色難)

시주자 및 시주물목
대흥사 법단(法壇)
곡식 150석

〈아미타여래상〉　　　조각승 : 일기(一機)

시주자 및 시주물목	
태안사 학심(學諶)	수익사 여잠(呂岑)
논 7두락	돈 200냥

〈다보여래상〉　　　　조각승 : 충옥(沖玉)

그림 71(상). 화엄사 각황전 석가여래상 시주자 및 시주물목, 조각승
그림 72(중). 화엄사 각황전 아미타여래상 시주자 및 시주물목, 조각승
그림 73(하). 화엄사 각황전 다보여래상 시주자 및 시주물목, 조각승

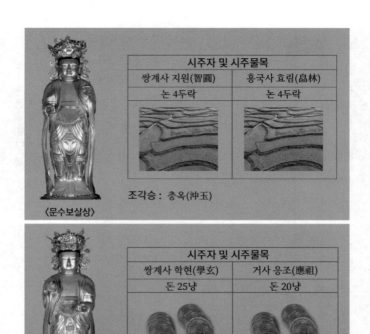

시주자 및 시주물목	
쌍계사 지원(智圓)	흥국사 효림(皛林)
논 4두락	논 4두락

조각승 : 충옥(沖玉)

〈문수보살상〉

시주자 및 시주물목	
쌍계사 학현(學玄)	거사 응조(應祖)
돈 25냥	돈 20냥

조각승 : 웅원(雄遠)

〈보현보살상〉

그림 74(상). 화엄사 각황전 문수보살상 시주자 및 시주물목, 조각승
그림 75(하). 화엄사 각황전 보현보살상 시주자 및 시주물목, 조각승

쌍계사 승려 지원(智圓)과 흥국사 승려 효림(皛林)은 문수보살상을 조성하는 데 각각 논 4두락씩 시주했고, 조계산 사문 조각승 충옥(沖玉)은 문수보살상을 조성했다(그림 74).

쌍계사 승려 학현(學玄)과 거사 응조(應祖)는 보현보살상을 조성하는 데 돈 25냥과 20냥을 시주했고, 조각승 웅원(雄遠)은 보현보살상을 조성했다(그림 75).

1부 조선시대 왕실 발원 불상의 시대 구분

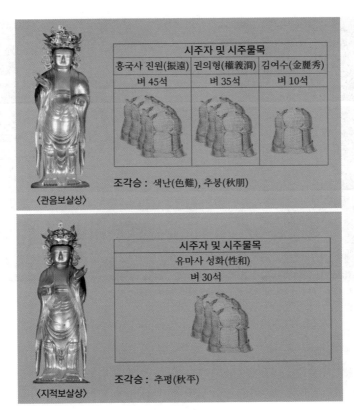

시주자 및 시주물목		
홍국사 진원(振遠)	권의형(權義洞)	김여수(金麗秀)
벼 45석	벼 35석	벼 10석

조각승 : 색난(色難), 추붕(秋朋)

〈관음보살상〉

시주자 및 시주물목
유마사 성화(性和)
벼 30석

조각승 : 추평(秋平)

〈지적보살상〉

그림 76(상). 화엄사 각황전 관음보살상 시주자 및 시주물목, 조각승
그림 77(하). 화엄사 각황전 지적보살상 시주자 및 시주물목, 조각승

홍국사 승려 진원(振遠), 권의형(權義洞), 김여수(金麗秀) 등은 관음보
살상을 조성하는 데 벼 45석, 35석, 10석 등을 시주했고, 팔영산 사문 조
각승 색난(色難)과 추붕(秋朋)은 관음보살상을 조성했다(그림 76).

유마사 승려 성화(性和)는 지적보살상을 조성하는 데 벼 30석을 시
주했고, 조각승 추평(秋平)은 지적보살상을 조성했다(그림 77).

이 외에도 상궁 이귀영이 50냥을 시주해 현생의 관재(官災)와 구설

(口舌)이 소멸하고 안양에 태어나기를 발원하면서 아미타삼존상을 조성했다. 또한 낙안 징광사 승려 양한(兩閑)과 화엄사 승려 희밀(希密)은 각각 벼 20석을 시주했다.

앞에서 살펴보았듯이 화엄사 각황전은 숙종의 2자 연잉군의 원당(願堂)으로, 연잉군은 그의 어머니 숙빈 최씨와 함께 대시주를 했다. 각황전 내부에는 왕실의 원당임을 상징하는 삼전하 축원문구가 쓰여 있다(그림 78). 화엄사 각황전 불상 조성에도 연잉군과 숙빈 최씨가 시주자로 참여했다. 각황전 불상 조성 목적은 1701년에 승하한 숙종의 제1 계비 인현왕후 민씨의 영가천도, 그리고 그녀와 연관된 이들의 극락왕생 발원과 깊게 연관되어 있다.

10

서울 봉원사
목조지장보살삼존상과 시왕상

서울 봉원사 명부전에는 지장삼존상과 시왕상 그리고 명부 권속 등이 봉안되어 있다(그림 79). 봉원사 명부전 존상은 1704년(숙종 30)에 양평 용문사에서 조성되어 1858년(철종 9)에 옮겨온 것이다. 조선 전기부터 대표적인 왕실 원찰이었던 양평 용문사가 18세기 초 명부전 존상을 조성한 이유는 인현왕후 민씨의 영가천도와 관련된 것으로 짐작된다. 구체적인 내용은 제2부 제5장에서 자세히 다루었기 때문에 여기서는 간략하게만 서술하고자 한다.

봉원사 명부전 존상의 조각승은 화엄사 각황전 3불4보살상(1703년)을 조성한 조각승 색난(色難)이었다. 화엄사 각황전 불상이 인현왕후 민씨의 영가천도와 관련이 있는 것은 앞에서 살펴보았다. 봉원사 명부전 존상 조성에 참여한 대시주자는 왕과 왕실을 위해 활동한 궁녀들이었

그림 79. 서울 봉원사 지장삼존상, 1704년

다(그림 80). 이들 가운데 화엄사 각황전 불상 제작에 참여한 인물은 박
노정·변계업·조정생·박귀단·이숙열·이숙천 등 6명이다. 6명 중 박노
정·변계업·박귀단 등은 화엄사 각황전 불상 조성발원문(1703년)에는 상
궁으로 기록되어 있다.

　　인현왕후 민씨는 1701년(숙종 27) 8월에 승하했다.⁴⁶⁷ 동년 11월 2일
에 화엄사 각황전 중건 상량문에는 인현왕후의 명복을 빌고 있는 내용
이 수록되었다. 1703년(숙종 29) 10월 4일에 작성된 각황전 불상 조성발
원문에도 인현왕후의 극락왕생을 기원하는 내용이 기록되었다. 서울 봉
원사 명부전으로 이안된 양평 용문사 명부전 존상이 1704년(숙종 30)에
조성된 점이 주목된다. 이 해는 인현왕후가 승하한 지 3년이 되는 해이
기 때문이다.

---

467 『조선왕조실록』 숙종 27년(1701) 8월 14일자 기록.

　　　　　　　　　　　1부 조선시대 왕실 발원 불상의 시대 구분

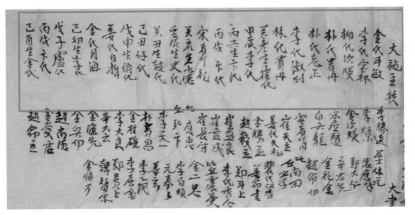

그림 80. 봉원사 도명존자상 조성발원문에 기록된 대시주질, 1704년

또한 봉원사 명부전 존상을 제작한 조각승 색난과 조성에 대시주자로 참여한 궁중 나인은 1년 전인 1703년 화엄사 각황전 불상 조성에도 조각승과 시주자로 동참했다. 숙종 때 행해진 왕실 관련 불사 가운데 화엄사 각황전 불상(1703년)과 봉원사 명부전 존상(1704년)은 조각승과 시주자가 중복되었고, 인현왕후 민씨의 영가천도를 위해 조성되었다는 공통점이 있다.

11

서울 옥수동 미타사 아미타불상

서울 옥수동 미타사는 조선 후기부터 비구니 수행사찰로 잘 알려져 있다. 미타사 주불전은 극락전으로, 불단에는 아미타불상·관음보살상·대세지보살상으로 구성된 아미타삼존상이 모셔져 있다(그림 81). 미타사 아미타삼존상은 2020년 8월 복장 조사를 통해 조성에 관한 자료가 발견되어 학계에 소개되었다.[468]

미타사 아미타삼존상은 본존 아미타불상, 좌협시 관음보살상, 우협시 대세지보살상의 제작 시기가 각기 다른 점이 특징이다. 본존 목조아미타불상은 1707년(숙종 33)에 상궁 김귀업과 비구니 법찬의 발원으로 조성되었고, 1744년·1768년·1917년 등 세 차례에 개금·중수된 사실

---

468 유근자(2021), 「서울 옥수동 미타사 아미타삼존불좌상의 복장 유물 분석과 양식 특징」, 『불교문예연구』 17, 341-384쪽.

그림 81. 서울 옥수동 미타사 아미타삼존상

그림 82. 미타사 아미타불상 중수발원문에 기록된 아미타불상과
대세지보살상 개금 내용, 1744년

이 확인되었다. 좌협시 건칠관음보살상은 1769년(영조 45)에 조성되어 1917년과 1970년에 개금·중수되었다. 우협시 목조대세지보살상은 16세기에 조성되어 본존 아미타불상과 마찬가지로 1744년·1768년·1917년에 중수되었다. 미타사 아미타삼존상은 1769년에 관음보살상이 조성된 후 한 세트가 되어 현재까지 전해져 오고 있다.

미타사 아미타불상은 조성발원문에 따르면 1707년 제작 당시에는 석가불상으로 조성되었다. 석가불상의 대표 수인인 항마촉지인을 통해

서 조성 당시 석가불상으로 제작된 사실이 확인된다. 1744년(영조 20) 개
금·중수 때 '아미타불과 대세지보살'을 개금한다는 내용이 중수발원문
에 기록되었다. 이를 통해 이때부터는 아미타불상으로 인식하고 있음을
알 수 있다(그림 82).

미타사 아미타불상이 조성된 1707년(숙종 33)은 숙종의 후궁 소의 유
씨(?-1707)가 사망한 해이다. 소의 유씨는 궁인(宮人)이었다가 1698년(숙
종 24)에 숙원(淑媛)으로 책봉되었다.[469] 1년 뒤인 1699년(숙종 25)에는 숙
의(淑儀)로 승급되었고,[470] 1702년(숙종 28)에는 소의(昭儀)에 봉작되었
다.[471] 소의 유씨는 숙의에서 소의로 승급된 후 1703년(숙종 29) 화엄사
각황전 불상 조성에 시주자로 참여했다.

화엄사 각황전 불상 조성 때 소의 유씨가 발원한 내용은 "일생에 재
해를 입지 않고 귀한 자식 얻는 대원[昭儀劉氏 一生灾害不濠侵 誕生貴子之大
願]"이었다. 그러나 불행히도 소의 유씨는 자식을 갖지 못하고 1707년에
세상을 떠났다.[472] 조선시대에는 소생 없이 세상을 떠난 후궁들은 환관
과 궁녀들이 제사를 지냈다. 소의 유씨는 후손 없이 세상을 떠났기 때문
에 그녀를 모셨던 상궁 김귀업(金貴業)과 상궁 김종정(金從淨) 그리고 비
구니 법찬(法贊)이 극락왕생을 기원했던 것으로 추정된다.[473]

소의 유씨가 사망하자 상궁 김귀업은 남양주 흥국사 약사불상을 개
금했고, 비구니 법찬은 미타사 아미타불상을 조성했다. 서울 옥수동 미

---

469 『조선왕조실록』 숙종 24년(1698) 8월 2일자 기록.

470 『조선왕조실록』 숙종 25년(1699) 10월 23일자 기록.

471 『조선왕조실록』 숙종 28년(1702) 10월 18일자 기록.

472 『승정원일기』 숙종 33년(1707) 4월 8일자 기록.

473 유근자(2021), 앞 논문, 356-358쪽.

1부 조선시대 왕실 발원 불상의 시대 구분

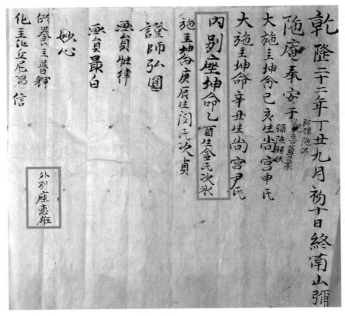

그림 83. 미타사 아미타불·관세음보살·미타원불 조성발원문, 1757년

타사는 왕실 인물 가운데 소생 없이 세상을 떠난 왕실 인물과 관련이 깊다. 이 같은 관계는 미타사 극락전 아미타삼존상 조성 또는 중수와 관련된 기록에서도 찾을 수 있다.

첫째는 아미타불상 밑면에서 수습된 조성발원문(1757년)이다. 이 자료는 아미타불상과는 관련 없는 아미타불·관세음보살·미타원불에 관한 것으로, 현재는 없어진 불상의 조성발원문이다. 불상 조성발원문에는 대시주자로 상궁 신씨와 상궁 윤씨가, 내별좌(內別座)로 기유생 김차빙(金次氷)이, 시주자로 경진생 민차정(閔次貞)이 기록되어 있다(그림 83). 이들은 모두 왕실을 보좌하던 궁녀로 보인다.

1757년(영조 33) 불상 조성발원문에는 내별좌(內別座)와 외별좌(外別座)가 기록된 점이 주목된다. 별좌(別座)는 전좌(典座)라고도 하며, 선원 대중의 좌구와 침구 그리고 음식 등을 관장하는 소임을 말한다. 내별좌는 궁인 김차빙이, 외별좌는 승려 혜웅(惠雄)이 맡고 있다. 내별좌 소임을 맡은 김차빙은 왕실인물들이 불상을 조성하는 데 필요한 일들을 담당했던 것으로 짐작된다. 그 이유는 1757년에는 숙종의 제2계비 인원왕후 김씨(1687-1757)와 영조의 정비 정성왕후 서씨(1693-1757)가 각각 3월과 2월에 사망했기 때문이다. 이들은 소생이 없었기 때문에 궁중의 나인들이 이들의 극락왕생을 위해 1757년 5월 10일에 아미타불·관음보살·미타원불을 조성한 것으로 추정된다.[474]

둘째는 미타사 관음보살상 조성발원문(1769년)이다. 미타사 관음보살상 조성에 동참한 대시주자는 영조와 영빈 이씨(1696-1764) 소생인 화완옹주(1738-1808)와 낙천군 처 달성군부인 서씨(1718-1784)이다. 화완옹주와 달성군부인은 후사를 이을 자식이 없어 모두 양자로 대를 이은 인물들이다.

이 두 가지 사실을 통해 미타사가 왕실 인물 가운데 후손 없이 사망한 이들의 영가천도와 관련 깊은 사찰임을 알 수 있다. 따라서 1707년에 조성된 아미타불상은 후손 없이 사망한 숙종의 후궁 소의 유씨를 위해 조성한 불상임을 알 수 있다. 미타사 조성발원문 앞에는 상궁 계유생 김귀업이 왕실의 안녕을 축원했다. 이때 숙종, 인원왕후 김씨, 세자, 세자빈 심씨, 연잉군, 연령군, 영빈 김씨, 숙빈 최씨 등이 모두 동참하고 있는 것을 통해, 소의 유씨의 영가천도가 목적이었음을 알 수 있다.

---

474 유근자(2021), 앞 논문, 364쪽.

1부 조선시대 왕실 발원 불상의 시대 구분

12

맺음말

앞에서 살펴본 조선 후반기 제1기 왕실과 관련된 불상의 특징은 몇 가지로 요약할 수 있다.

첫째, 왕실 발원 불상의 시주자가 조성발원문에 구체적으로 기록되어 있다는 점이다. 시주자는 왕, 왕비, 후궁, 세자, 왕자, 옹주 부마, 세자의 딸, 상궁(나인) 등이다. 1622년에 조성된 지장암 비로자나불상, 칠보사 석가불상, 경주 선찰사 석가불상 등은 광해군 비 유씨가 조성했다. 수종사 불상군(1628년)은 선조 비 인목대비가 대시주자이다. 화엄사 비로자나삼신불상(1634년)은 의창군 이광, 신익성, 소현세자 부부, 궁중 나인 등 왕실의 왕자, 부마, 세자 등이 시주자로 참여해 조성되었다. 완주 송광사 석가여래삼불좌상(1641년)은 소현세자가 청에서 가져온 황금을 시주해서 조성했다. 오대산 상원사 제석천상(1466년 조성, 1645년 중수)을 중수하는 데는 정숙옹주 영가와 소현세자 딸들이 시주자로 동참했다.

궁중 나인 노예성은 서울 봉은사 약사불상·아미타불상(1651년)과 순천 송광사 관음보살상·석가불상(1662년) 조성에 시주자로 참여했다. 화엄사 각황전 불상(1703년), 봉원사 명부전 존상(1704년), 서울 옥수동 미타사 아미타불상(1707년) 조성에는 숙종을 비롯한 왕실 인물과 궁중 나인들이 시주자로 참여했다. 조선 후반기 제1기 불상 가운데 화엄사 각황전 불상 조성에는 가장 많은 왕실 관련 인물들이 동참했다.

둘째, 불상 조성의 목적을 살필 수 있다는 점이다. 왕실 관련 불상의 조성 목적은 왕실의 안녕과 망자의 천도였다. 지장암 비로자나불상, 칠보사 석가불상, 경주 선찰사 석가불상(1622년)은 광해군 비 유씨가 왕실의 안녕과 돌아가신 친정 부모 및 형제의 극락 왕생을 기원하며 조성했다. 수종사 불상군(1628년)은 인목대비가 불운하게 생을 마감한 아들 영창대군과 아버지 김제남 및 친정 식구들의 영가천도를 위해 조성했던 것으로 짐작된다.

화엄사 비로자나삼신불상의 조성발원문(1634년)은 모든 중생들이 화엄사 대웅전 삼신불상을 친견하고 보리심을 내어 선행을 닦을 것, 그리고 왕실의 안녕 및 조종 영가의 극락왕생을 발원했다. 완주 송광사 석가여래삼불좌상(1641년) 역시 왕실의 안녕과 세상을 떠난 왕실 인물들의 극락왕생, 소현세자와 봉림대군의 빠른 귀국, 왜란과 호란으로 인한 전몰 장병 및 의승군으로 참여한 승려들의 영가천도에 대한 발원을 담고 있다.

오대산 상원사 목조제석천상 중수(1645년)는 소현세자의 극락왕생을 위해 실시되었다. 순천 송광사 관음보살상과 석가불상(1662년)은 나인 노예성이 소현세자의 3자인 경안군의 안녕과 자신들의 수명 장수를 기원하며 조성했다. 구례 화엄사 불상(1703년)은 인현왕후 민씨의 극락왕

1부 조선시대 왕실 발원 불상의 시대 구분

생과 함께 인현왕후와 관련된 인물들의 영가천도를 목적으로 조성되었다. 이때 참여한 많은 왕실 인물과 궁중 나인, 승려, 재가자들은 각자의 소원을 바라면서 불상 조성에 참여했다.

봉원사 명부전 존상(1704년)은 원 봉안처인 양평 용문사에서 인현왕후 민씨의 3주기를 맞아 영가천도를 목적으로 조성한 것으로 보인다. 서울 옥수동 미타사 아미타불상(1706년)은 숙종의 후궁 소의 유씨의 영가천도와 관련되어 있다.

앞에서 살펴본 바와 같이 왕실에서 주도적으로 조성한 불상 가운데 조성 또는 중수발원문에 구체적으로 영가천도 대상의 극락왕생을 발원하고 있는 것은 지장암 비로자나불상(1622년), 오대산 상원사 제석천상 중수(1645년), 화엄사 각황사 불상군(1703년) 등이다. 나머지는 불상을 조성한 인물의 당시 주변 상황과 시주자의 분석을 통해 해석한 것이다.

셋째, 조선 후반기 제1기 왕실 발원 불상은 당시 시대 상황을 잘 반영하고 있다는 점이다. 광해군 비 유씨가 왕실의 안녕과 영가들의 극락왕생 그리고 청나라 및 왜와의 전쟁이 종식되기를 발원한 점이라든지, 인목대비가 그녀에게 닥친 정치적 불운을 불심(佛心)으로 극복하고자 한 점 등은 불상 조성의 배경을 이해하는 데 중요한 단서를 제공한다. 완주 송광사 삼세불상(1641년)은 조선시대 소조불상 가운데 가장 큰 불상군이다. 병자호란(1636년) 이후 청에 볼모로 잡혀간 소현세자와 봉림대군의 조속한 환국과 전쟁으로 피해를 입은 장졸들의 명복을 기원하고 있다. 또한 완주 송광사 불상 조성을 위해 소현세자의 시주를 받았다는 새로운 기록의 발견은 17세기 전반기의 왕실과 불교계의 관계를 잘 보여 주고 있다.

또한 정치의 중심에서 소외되어 언제 정적으로부터 목숨을 잃을지 모르는 경안군을 위해, 나인 노예성이 관음보살상을 조성하고 있는 점역시 당시 시대 상황을 엿볼 수 있게 하는 중요한 자료이다. 이 외에도 완주 송광사 석가여래삼불상(1641년) 조성에 소현세자가 청에서 가져온금을 보시한 점 등도 당시 시대 상황을 엿볼 수 있게 한다.

넷째, 조선시대 후궁들의 거주처이면서 사찰 기능을 했던 자수사와 인수사의 17세기 불사를 고찰할 수 있다는 점이다. 광해군 비 유씨가 조성한 11존상은 인수사와 자수사에 봉안하기 위해 제작된 것이다. 그러나 자수사와 인수사가 1661년(효종 2)에 폐지된 후, 이곳의 존상은 각지로 분산되었다. 그 가운데 지장암 비로자나불상과 칠보사 석가불상은 현종과 명성왕후 김씨 소생의 명선공주와 명혜공주의 원찰인 성남 봉국사 대광명전으로 이안(移安)되었다. 안동 선찰사 석가불상이 이곳으로 옮겨진 확실한 이유는 현재로서는 명확하지 않다.

또한 자수사와 인수사 불상 가운데 일부는 서울 봉은사로 이안된 것으로 추정된다. 봉은사 석가여래삼불상의 중수발원문(1765년)에는 자수사와 인수사에 봉안된 불상이 봉은사로 옮겨졌다는 구전이 기록되어 있기 때문이다. 실제『조선왕조실록』에는 자수사의 기와와 목재를 봉은사에 주지 말라는 내용이 남아 있어, 불상을 비롯한 불기(佛器) 등이 봉은사로 옮겨졌을 가능성을 시사한다. 선왕의 후궁들이 머물며 수행했던 인수사와 자수사가 현종 때 폐지되면서, 이곳의 불상은 왕실의 또다른 원찰로 이동되었던 것이다.

다섯째, 숙종과 관련된 불상의 조성이 두드러진다는 점이다. 숙종(1661-1720, 재위 1674-1720)은 조선의 왕 가운데 영조 다음으로 장기간 재위했는데, 숙종과 관련된 불상은 구례 각황전 3불4보살상(1703년), 봉원사 명부전 존상(1704년), 서울 옥수동 미타사 아미타불상(1707년) 등이다. 특히 화엄사 각황전의 3불4보살상은 왕실 발원 불상이기 때문에 18세기 초를 장식하는 대형 불상이라는 점에서 주목된다. 17세기 이후 18세기에 접어들면서 대형 불상 조성은 급격히 감소하고, 불교의식과 관련되어 불화가 주로 조성되었다. 이러한 시대 상황 속에서 화엄사 각황전에 봉안된 대형 불상은 왕실의 시주였기 때문에 가능했던 것이다.

여섯째, 숙종과 관련된 불상 조성에 연잉군과 숙빈 최씨가 왕실 인물로서 참여하고 있다는 점이다. 특히 화엄사 각황전은 영조가 왕자 시절에 원당(願堂) 대시주자로, 어머니 숙빈 최씨가 조성(造成) 대시주자로 동참한 사실이 상량문(1701년)을 통해 확인되었다. 각황전 불상 조성발원문(1703년)을 통해서도 이들이 불상 조성에 참여했음을 알 수 있다. 왕자 시절부터 불사에 적극적이었던 연잉군은 왕이 된 후에는 개금 불사에도 참여했다. 이는 조선 후반기 제2기에서 살펴보고자 한다.

일곱째, 숙종 때 불상 조성은 숙종의 제1계비 인현왕후 민씨 및 소의 유씨와 깊게 관련되어 있다는 것이다. 화엄사 각황전 불상군과 봉원사 명부전 존상은 인현왕후의 영가천도를 위한 것이었고, 서울 옥수동 미타사 아미타불상은 소의 유씨의 영가천도를 위한 것이었다. 18세기 초 왕실 발원 불상은 숙종의 왕비와 후궁의 영가천도와 밀접하게 관련을 맺고 있다.

여덟 째, 조선 전반기 왕실 발원 불상 조성에는 승려 수미와 신미가 주도적인 역할을 한 반면, 조선 후반기 제1기 왕실 발원 불상 조성에는 벽암 각성의 역할이 두드러진다는 점이다. 벽암 각성은 광해군 비 유씨가 조성한 지장암 비로자나불상, 칠보사 석가불상, 선찰사 석가불상을 조성하는 데 증명을 맡았다. 의창군 이광, 신익성, 소현세자 등이 시주자로 참여한 화엄사 비로자나삼신불상(1634년)과 완주 송광사 석가여래삼불상(1641년)을 조성할 때 벽암 각성은 대공덕주(大功德主) 소임을 맡아 주도했다. 봉은사 약사불상과 아미타불상(1651년)을 조성할 때도 벽암 각성은 노덕(老德)으로 부휴 선수계 승려들과 함께 참여했다.

순천 송광사 관음보살상과 석가불상(1662년) 조성은 벽암 각성이 입적한 이후이기 때문에 그의 제자 수초가 주도했다. 이를 통해 17세기 왕실 발원 불상 조성을 주도한 승려들이 벽암 각성과 취미 수초 등 부휴 선수계 승려들이었음을 알 수 있다. 이러한 흐름은 숙종 때에도 지속되었다. 화엄사 각황전 불상 조성을 주도한 승려는 바로 벽암 각성의 손제자인 계파 성능(桂坡聖能, 생몰년 미상)이었다.

계파 성능은 연잉군과 숙빈 최씨를 비롯한 왕실 관계자의 시주를 받아 1699년(숙종 25)부터 1702년(숙종 28)까지 화엄사 각황전을 중건하였고, 1703년(숙종 29)에는 각황전 불상을 조성했다. 그 후 1711년(숙종 37)에는 숙종에 의해 북한산성 초대 팔도도총섭으로 임명되었다. 광해군·인조·효종 시대의 왕실 불사와 긴밀한 관계를 형성했던 벽암 각성의 영향은 숙종 때 손제자인 계파 성능으로 계승되었던 것이다.

3장

조선 후반기
제2기(1725-1910)
왕실 발원 불상

1

머리말

조선 후반기 제2기는 1725년 영조 즉위부터 일제에 강제 병합된1910
년까지로 설정했다. 이 시기에는 불상의 개금·중수 불사에 왕실 인물
이 많이 참여했다. 새로 조성된 불상으로는 서울 봉은사 사천왕상(1746
년), 인제 백담사 아미타불상(1748년), 서울 옥수동 미타사 관음보살상
(1769년), 수원 용주사 석가여래삼불상(1790년), 서울 흥천사 석조약사불
상(1829년) 등을 들 수 있다. 조선 후반기 제2기에 개금·중수 불사에 가
장 적극적으로 참여한 왕은 영조(1694-1776, 재위 1724-1776)이다.

영조는 서울 신촌 봉원사를 옮겨 지었고, 대구 파계사 관음보살상을
1740년(영조 16)에 중수했다. 남양주 불암사 석가불상 중수(1743년), 서울
사자암 아미타불상 중수(1744년), 보은 법주사 비로자나삼신불상 중수
(1747년)가 영조 때 이루어졌다. 특히 영조가 상의(上衣) 1점을 하사한 파
계사 관음보살상 중수(1740년)를 전후해 파계사 관음보살상 중수를 주

1부 조선시대 왕실 발원 불상의 시대 구분

도한 화승 혜식(慧湜)은 여러 점의 불화와 불상을 조성했다. 이와 유사한 불사로는 백담사 아미타불상 조성(1748년)을 들 수 있다.

파계사 관음보살상 중수와 백담사 아미타불상 조성 때 화승 혜식과 조각승 인성(印性)은 여러 점의 불상과 불화를 조성했다는 점에서 공통점을 보이고 있다. 또한 두 불상 시주자로는 '을축생 안시개(安是介, 安時介)'와 '경오생 이경애(李敬愛)'가 있는데, 이들은 왕실과 관련된 궁인(宮人)으로 추정된다. 두 존상의 중수와 조성은 영조 때 이루어졌다. 이 외 고종 때는 서울 미타사 금보암 금동관음보살상을 중수(1862년)하는 데 신정왕후 조씨와 그 일가가 동참했다.

조선 후반기 제2기에는 정조(1752-1800, 재위 1776-1800)의 용주사 창건과 석가여래삼불좌상 조성(1790년), 순조(1790-1834, 재위 1800-1834)의 비 순원왕후 김씨(1789-1857)의 흥천사 석조약사여래좌상 조성(1829년) 등이 대표적이다. 조선 후반기 제2기에 조성되거나 개금·중수된 왕실 발원 불상은 〈표 1〉과 같다.

표 1. 조선 후반기 제2기 왕실 발원 불상

	명칭	연도	발원 주체 및 왕실 인물	출처
1	대구 파계사 관음보살상	1447 중수	신빈 김씨 외	중수발원문
		1637 중수		중수발원문
		1740 중수	영조	중수발원문
2	남양주 불암사 석가불상	17세기 조성		
		1743 중수	화평옹주, 박명원 부부	중수발원문
3	서울 사자암 아미타불상	17세기 조성		
		1744 중수	달성군부인 서씨 외	중수발원문
4	서울 봉은사 사천왕상	1746년	능성군 부부	조성발원문

	명칭	연도	발원 주체 및 왕실 인물	출처
5	보은 법주사 비로자나삼신불상	1622 조성		조성발원문
		1747 중수	사도세자 부부	중수발원문
6	인제 백담사 아미타불상	1748	궁인 안시개, 이경애	조성발원문
7	서울 옥수동 미타사 관음보살상	1769	화완옹주, 달성군부인 서씨	조성발원문
8	화성 용주사 석가삼불상	1790	정조	원문 외
9	서울 흥천사 약사불상	1829	순원왕후	조성발원문
10	서울 옥수동 미타사 금보암 금동 관음보살상	조선 전기 조성		
		1862 중수	신정왕후, 효정왕후	중수발원문

1부 조선시대 왕실 발원 불상의 시대 구분

2

대구 파계사 건칠관음보살상 중수

대구 파계사 건칠관음보살상은 조선 전기에 조성되어 1447년(세종 29)에 1차 중수되었다. 1637년(인조 15)에 2차, 1740년(영조 16)에 3차 중수되었다. 이 가운데 1740년(영조 16) 개금·중수 때 추가된 영조의 도포가 가장 주목된다. 영조의 도포에는 건륭(乾隆) 5년에 영조의 상의(上衣) 1령(領)을 넣는다는 묵서명이 있다(그림 1). 조선시대 왕실에서 발원한 불상에 옷이 납입된 경우는 1466년(세조 12)에 조성된 상원사 문수동 자상과 1662년(현종 3)에 조성된 순천 송광사 목조관음보살좌상이 대표적이다.

대구 파계사 건칠관음보살상의 중수발원문은 한지에 묵서되어 있으며, 가로는 180cm이고 세로는 50cm이다(그림 2).

파계사 관음보살상 중수발원문의 내용은 다음과 같다.

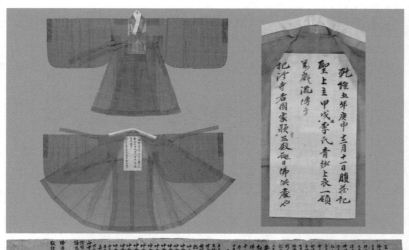

그림 1(상). 대구 파계사 건칠관음보살상 복장에서 발견된 영조의 도포, 1740년, 국립중앙박물관 제공
그림 2(하). 대구 파계사 건칠관음보살상 중수발원문, 1740년, 동국대학교 불교학술원 제공

發願文

盖把溪寺者新羅初創建不知幾百年自正統十二年丁卯六月日
佛像重修而至後多年歷計則一百九十八年又自崇禎十年丁丑
六月日古佛像重修而至後多年歷計則一百十五年又自三重創乾
隆五年庚申九月日大法堂改金佛像及羅漢重修新造像主佛
三尊各菴諸房幀佛各具尊像一千佛名至十二月回向于又曰把
溪寺段自壬辰年爲始 上潛邸教是時三殿誕日每年三次式
佛供願堂之處也更爲辛亥年分自於義宮如此辭緣入啓因爲
啓下願堂而九月十三日誕日主上殿下甲戌生李氏保体萬歲歲

1부 조선시대 왕실 발원 불상의 시대 구분

繼繼

繩之十二月初七日誕日王妃殿下壬申生徐氏保体齋年年壽齋年

正月二十一日誕日 世子邸下乙卯生李氏保体萬歲歲鳳閣千秋

聖上至青沙上衣一領願佛服藏中而萬歲流傳伏願今日道場同

修淨業證明諸師良工侍者檀越緣化見聞隨喜結緣同參四事十

方施主等承此造像及塗金重修畫像造成功德臨命終時無除障碍

七日已前預知時至心不顛到身無痛苦遇善知識敎稱佛名願阿彌

陀佛與諸聖衆現在其前放大光明携手迎接自見其身乘金

剛臺隨從佛後如禪指傾往生彼國到彼土已見佛聞法悟無生忍

究竟至於不退轉地願與十方法界衆生一時同得阿縟多羅三貌

三菩提唯願阿彌陀佛慈悲證明發願已歸命礼三寶

都畫員慧湜平生所願畫佛菩薩各具尊像名

數抄記 乾隆伍年庚申二月日自比安玉蓮寺造成

佛像畫等一千位點眼而因爲六月日義城高雲寺畫佛等合一

千九百位回向點眼而又因爲九月日大丘八公山把溪寺畫佛

等大法堂佛像改金羅漢主佛三尊新造像改重修冥府

十王改重修諸菴幀佛一千五十位至十二月日點眼回向而

檀越秩

主上殿下甲戌生李氏保体

王妃殿下壬申生徐氏保体

世子邸下乙卯生李氏保体

暎嬪房丙子生李氏保体

乾命乙巳生朴氏保体

坤命丁未生李氏保体

坤命丁丑生李氏保体

坤命乙丑生安氏是介保体

坤命辛酉生金氏保体

坤命庚午生李氏保体

坤命癸亥生崔氏保体

坤命丙寅生千氏保体

坤命乙亥生朱氏保体

坤命乙巳生高氏保体

坤命丙寅生金氏保体

坤命丁卯生崔氏保体

申彦守

　　　　　兩主保体

宋氏重現

坤命壬戌生南氏保体

嘉善大夫行僉使尹弼殷兩主保体

比丘癸酉生冠瓊保体

比丘大施主 萬順靈駕往生西方之願

比丘嘉善大夫致冷靈駕

宋宗甲兩主保体

仇致三兩主保体

仇希甲兩主保体

折衡蘇進清兩主保体

通政金守平兩主保体

金氏㐲女保体

比丘快欽保体

比丘冠日保体

比丘惠和保体

比丘利原保体

比丘尙澤灵駕

山中助緣 齋 深觀靜慮

證明 採白

誦呪 體真」思冶」守元」

佛尊 快淑」性順」

敬請良工. 慧湜」察奇」明俊」偉順」性清」天真」證戒」玉蓮」
　　　善海」厚心」義謙」震賛」自還」

化主秩 偉澄」朗演」快淑」應希」

供養主 鶴淳」就澄」最性」惠和」

淨桶 宗澤

負木 玉淨」仲信」仇順奉」

別坐 快海

三剛 尊禪」德基」會震」

都監 六明

僧統 冠瓊

有功 六海」處士 信建」比丘 鵬峻」比丘 萬善」比丘 汝揔」

本寺秩 山中大德

比丘方律」乙瓊」廣雲」心日」学能」自閑」克賛」義輝」義殊」
淨賛」快揔」快欽」再寬」德和」冠百」尊禅」會玄」利玄」戒
覚」會閑」會嚴」會式」會埜」曇和」德清」震英」胤鵬」緣和」
道衍」震叔」震玉」體裕」文哲」彦清」呂揔」鵬峻」就伯」碩
默」方惠」國冶」偉白」埜眼」德雄」尊善」德海」會旭」德欽」
進覚」胤清」震悟」胤英」埋希」胤式」德守」震琦」冠日」思
後」英悟」偉全」偉根」圓淨」石輝」性輝」汗鵬」漢埜」太甘」
胤揔」德宝」守学」胤日」世興」弼安」守衍」體学」國屹」普
性」汝詳」快希」再埋」渭詳」

파계사 관음보살상 중수발원문의 해석은 다음과 같다.

발원문

무릇 파계사는 신라 초에 창건된 사찰로 그 뒤 몇백 년이 흘렀는지 알 수 없다. 정통(正統) 12년인 정묘년(1447, 세종 29) 6월 일에 불상을 중수한 뒤로 여러 해가 지났으니, 그 햇수를 계산해 보면 198년이 된다. 또 숭정(崇禎) 10년인 정축년(1637, 인조 15) 6월 일에 오래된 불상을 중수한 뒤로 여러 해가 지났으니, 그 햇수를 계산해 보면 115년이 된다. 또한 세 번째 중창으로 건륭 5년인 경신년(1740, 영조 16) 9월 일부터 대법당의 불상을 개금하고 나한을 중수하며 주불 삼존을 새로 조성했고, 각 암자와 여러 방사(房舍)에 걸개그림[幀佛]으로 천불의 존상을 갖추어 12월에 이르러 회향했다.

또 이르길, 파계사는 주상께서 왕위에 오르기 전 잠저하시던 때인 임진년(1712, 숙종 38)부터 세 분 전하의 탄신일이면 해마다 세 차례씩 불공을 드리던 원당(願堂)이었다고 한다. 신해년(1731, 영조 7)에는 어의궁(於義宮)에서 이와 같은 사연을 입계(入啓, 임금에게 상주하는 글을 올림)했으며, 이에 따라 임금께서 원당으로 윤허했다고 한다.

9월 13일이 탄신일이신 주상전하 갑술생 이씨[영조] 보체께서는 계계승승 이어지며 수명이 만세를 누리시길 바라옵고, 12월 초이레가 탄신일이신 왕비전하 임신생 서씨[정성왕후] 보체께서는 수명이 나란히 주상과 같으시기를 바라오며, 정월 21일이 탄신일이신 세자저하 을묘생 이씨[사도세자] 보체께서는 오래오래 수명이 천추(千秋)를 누리시길 바라옵니다. 성상(聖上)의 청사(靑紗) 웃옷[上衣] 한 벌을 원불(願佛)의 복장에 넣으니 만세토록 전해지소서. 엎드려 바라옵건대, 오늘 도량에서 함께 정업(淨業)을 닦은 여러 증명법사, 양공과 시자(侍子)들, 단월(檀越, 施主)과 연화(緣化)들, 보고 들으며 함께 기뻐한 이들, 인연을 맺어 동참한 분들, 그리고 곳곳에서 사사[四事, 수행에 필요한 네 가지 물건으로 음식·의복·좌구(坐具)·탕약]를 시주한 모든 분이, 불상을 조성하고 금을 입히며 중수한 공덕과 화상(畵像)을 조성한 공덕으로 목숨이 다할 때에 온갖 장애가 사라지고 7일 전에 미리 때가 왔음을 알아 마음에 혼란이 없고 몸에 고통이 없으며, 선지식을 만나 부처의 이름 듣기를 바라옵니다. 원컨대 아미타불과 여러 성중(聖衆, 성자의 무리, 극락세계에 있는 모든 보살)이 그 앞에 나타난 큰 빛을 뿌리며 손을 잡고 맞이하여 몸이 금강대에 올라서 부처의 뒤를 따라 손가락 한 번 튕기는 사이에 극락세계에 왕생하기를 바라옵니다.

저 극락국토에 이르러서는 부처를 뵙고 진리의 가르침을 들어 무생법인(無生法忍)을 깨달으며, 구경에는 물러남이 없는 불퇴전의 경지에 오르게 하소서. 원컨대 시방법계의 중생과 더불어 위없는 깨달음인 아뇩다라삼모삼보리를 얻기를 소망하오니, 바라건대 아미타불께서는 자비로 증명하소서. 이렇게 발원해 마치고 목숨 들어 삼보에 귀의하며 예를 올리나이다.

도화원 혜식(慧湜)이 평생 소원인 불보살을 그리고 존상을 갖춘 일과 횟수를 가려 적은 기록

건륭 5년인 경신년(1740, 영조 16) 2월에 비안(比安) 옥련사(玉蓮寺)에서 불상을 조성하고 불화 등 1,000위를 그려서 점안했다. 이어서 6월에는 의성 고운사에서 불화 1,900위를 그려서 점안하고 회향했다. 또 이어서 9월에는 대구 팔공산 파계사에서 불화 등을 그리고, 대법당 불상을 개금했으며, 나한전 주불 삼존상을 새로 조성했고, 명부전 시왕상을 중수했으며, 여러 암자의 불화 1,050위

를 12월에 이르러 점안하고 회향했다.[475]

단월질(檀越秩)

주상전하 갑술생 이씨 보체(主上殿下甲戌生李氏保体)

왕비전하 임신생 서씨 보체(王妃殿下壬申生徐氏保体)

세자저하 을묘생 이씨 보체(世子邸下乙卯生李氏保体)

영빈방 병자생 이씨 보체(暎嬪房丙子生李氏保体)

건명 을사생 박씨 보체(乾命乙巳生朴氏保体)

곤명 정미생 이씨 보체(坤命丁未生李氏保体)

곤명 정축생 이씨 보체(坤命丁丑生李氏保体)

곤명 을축생 안씨시개 보체(坤命乙丑生安氏是介保体)

곤명 신유생 김씨 보체(坤命辛酉生金氏保体)

곤명 경오생 이씨 보체(坤命庚午生李氏保体)

곤명 계해생 최씨 보체(坤命癸亥生崔氏保体)

곤명 병인생 천씨 보체(坤命丙寅生千氏保体)

곤명 을해생 주씨 보체(坤命乙亥生朱氏保体)

곤명 을사생 고씨 보체(坤命乙巳生高氏保体)

곤명 병인생 김씨 보체(坤命丙寅生金氏保体)

곤명 정묘생 최씨 보체(坤命丁卯生崔氏保体)

곤명 임술생 남씨 보체(坤命壬戌生南氏保体)

신언수 송씨중현 양주 보체(申彦守 宋氏重現两主保体)

가선대부 행 첨사 윤필은 양주 보체(嘉善大夫行僉使尹弼殷两主保体)

---

475 국립중앙박물관(2021), 『조선의 승려 장인』, 358쪽.

비구 계유생 관경 보체(比丘癸酉生冠瓊保体)

비구 대시주 만순 영가 왕생서방지원(比丘大施主 萬順靈駕往生西方之願)

비구 가선대부 치협 영가(比丘嘉善大夫致冾靈駕)

송종갑 양주 보체(宋宗甲两主保体)

구치삼 양주 보체(仇致三两主保体)

구희갑 양주 보체(仇希甲两主保体)

절충 소진청 양주 보체(折衝蘇進淸两主保体)

통정 김수평 양주 보체(通政金守平两主保体)

김씨 만녀 보체(金氏㐬女保体)

비구 쾌흠 보체(比丘快欽保体)

비구 관일 보체(比丘冠日保体)

비구 혜화 보체(比丘惠和保体)

비구 이원 보체(比丘利原保体)

비구 상택 영가(比丘尙澤灵駕)

(이하 생략)

파계사 중수발원문(1740년)에는 파계사가 숙종 때부터 본격적으로 왕실의 원당으로 기능했던 사실이 기록되어 있다. 그러나 조선 전반기에서 살펴보았듯이 파계사 관음보살상은 1447년(세종 29)에 세종의 후궁 신빈 김씨, 영응대군, 영해군 등에 의해 중수되었다. 이를 통해 파계사가 조선 전기부터 왕실 원당이었음을 알 수 있다. 파계사 관음보살상 중수발원문(1740년)에서 가장 주목되는 것은 영조가 개금·중수 불사에 직접 참여했다는 점이다. 영조는 관음보살상을 중수하기 이전에도 파계사와 인연이 깊었다. 즉, 11세(1705년) 때는 자응전(慈應殿) 편액을 파계사에 하사했고, 1707년(숙종 33)에는 영산회상도를 발원해 조성했다.[476] 영조가 파계사 관음보살상을 중수할 때 하사한 도포에는 묵서가 있는데 그 내용은 다음과 같다.

乾隆五年庚申十二月十一日腹藏記
聖上甲戌生李氏青紗上衣一領萬歲流傳于
把溪寺者國家願堂三殿誕日佛供處也

해석은 다음과 같다.

건륭 5년(1740, 영조 16) 경신 12월 11일 복장기
성상께서는 갑술년(1694, 숙종 20)에 태어나셨으며 성은 이씨이신데 청사(青紗) 상의(上衣) 1령(領)을 파계사에 영원히 유전하는 것은 국가의 원당으로 삼전(三殿)의 탄일(誕日)에 불공을 드린 곳이기 때문이다.[477]

영조가 하사한 도포 기록에서 알 수 있듯이, 파계사는 삼전하의 탄생을 축원하는 국가의 원당 역할을 하고 있었다. 영조가 파계사 관음보살상 중수에 직접 참여한 사실은 중수발원문을 통해서도 확인된다. 파계사

---

476 장희정(2004), 「延祏君發願 把溪寺 釋迦牟尼佛畵의 考察」, 『동악미술사학』 5, 125-144쪽.
477 국립중앙박물관(2015), 『발원, 간절한 바람을 담다: 불교미술의 후원자들』, 294-295쪽.

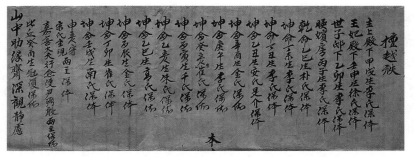
그림 3. 대구 파계사 건칠관음보살상 중수발원문의 단월질, 1740년, 동국대학교 불교학술원 제공

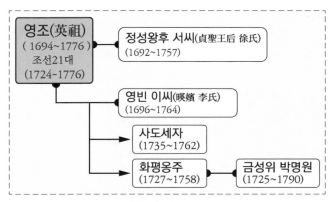
그림 4. 대구 파계사 관음보살 중수에 참여한 왕실 인물, 1740년

관음보살상 중수발원문(1740년)의 앞 부분에는 관음보살상의 중수 내력
이 기록되어 있다. 이어서 시주자를 기록한 단월질(檀越秩), 소임자를 기
록한 연화질(緣化秩), 화주를 맡은 인물을 기록한 화주질(化主秩), 파계사
에 주석한 승려들을 기록한 본사질(本寺秩)로 구성되어 있다.

이 가운데 파계사 관음보살상 중수에 참여한 왕실 인물은 단월질(그
림 3)에 기록되어 있다. 단월질에 기록된 인물은 총 34명인데 이 가운
데 승려는 8명이다. 왕실 인물로는 영조, 정성왕후, 사도세자, 영빈 이

씨,[478] 화평옹주 부부 등이다(그림 4).

파계사 관음보살상 중수에 참여한 시주자들을 정리하면 〈표 2〉와 같다. 시주자 가운데 '곤명 ○○생 ○씨'로 기록된 여성은 왕실을 보필하는 궁녀로 추정된다. 파계사 관음보살상 중수에 참여한 궁녀는 11명으로 1725년생(15세)부터 1681년생(39세)까지 다양하다. 그런데 2명을 제외하고는 30대로, 이들이 시주자의 대부분을 차지하고 있다. 특히 을축생(1684년) 안시개와 경오생(1690년) 이씨는 백담사 아미타불상(1748년) 조성에도 참여하고 있다.

표 2. 대구 파계사 관음보살상 단월질, 1740년

	발원문	분석	비고
1	주상전하 갑술생 이씨	영조(1694-1776)	왕
2	왕비전하 임신생 서씨	정성왕후 서씨(1692-1757)	왕비
3	세자저하 을묘생 이씨	사도세자(1735-1762)	세자
4	세자저하 을묘생 이씨	영빈 이씨(1696-1764)	후궁
5	건명 을사생 박씨	박명원(1725-1790)	부마
6	곤명 정미생 이씨	화평옹주(1727-1748)	옹주
7	곤명 정축생 이씨	1697년생	궁녀 추정
8	곤명 을축생 안씨시개	1685년생	궁녀 추정
9	곤명 신유생 김씨	1681년생	궁녀 추정
10	곤명 경오생 이씨	1690년생	궁녀 추정
11	곤명 계해생 최씨	1683년생	궁녀 추정
12	곤명 병인생 천씨	1686년생	궁녀 추정
13	곤명 을해생 주씨	1695년생	궁녀 추정
14	곤명 을사생 고씨	1725년생	궁녀 추정

---

478 이미선(2015), 「영조 후궁 暎嬪李氏의 생애와 위상 – 壬午 大處分을 중심으로」, 『역사와 담론』76, 121-159쪽.

1부 조선시대 왕실 발원 불상의 시대 구분

	발원문	분석	비고
15	곤명 병인생 김씨	1686년생	궁녀 추정
16	곤명 정묘생 최씨	1687년생	궁녀 추정
17	곤명 임술생 남씨	1682년생	궁녀 추정
18	신언수, 송중현 부부		
19	가선대부 행 첨사 윤필은		
20	비구 계유생 관경		비구
21	만순 영가		비구
22	치협 영가		비구
23	송종갑 부부		
24	구치삼 부부		
25	구희갑 부부		
26	절충 소진청 부부		
27	통정 김수평 부부		
28	김맏녀		
29	쾌흠		비구
30	관일		비구
31	혜화		비구
32	이원		비구
33	상택 영가		비구

파계사 관음보살상 중수에 참여한 화승은 1위 혜식(慧湜), 2위 찰기(察奇), 3위 명준(明俊), 4위 위순(偉順), 5위 성청(性清), 6위 천진(天真), 7위 증계(證戒), 8위 옥련(玉蓮), 9위 선해(善海), 10위 후심(厚心), 11위 의겸(義謙), 12위 진찬(震贊), 13위 자환(自還) 등이다. 파계사 관음보살상 중수를 주도한 도화원 혜식은 가야산 화승으로 다양한 유파와의 협업을 총괄했다. 2위 찰기는 경상도 운부사 화승이다.[479]

---

479 정명희(2017), 「18세기 경북 의성의 불교회화와 제작자 – 밀기(密機), 치삭(稚朔), 혜식

도화원 혜식은 파계사 관음보살상 중수를 전후해 여러 불사를 주관
했다. 이것을 정리하면 〈표 3〉과 같다.

표 3. 파계사 관음보살상 중수발원문에 기록된 1740년 화승 혜식의 활동

	연도	월	불사 내용
1	1740	2	비안 옥련사 불상 조성
			옥련사 불화 1,000위 조성
2	1740	6	의성 고운사 불화 1,900위 조성
3	1740	9	파계사 불화 조성
			관음보살상 개금
			나한전 삼존상 조성
			명부전 시왕상 중수
4	1740	12	파계사 암자 불화 1,050위 조성

〈표 3〉에 정리한 바와 같이 화승 혜식이 1740년 파계사 관음보살상
중수를 기점으로 다수의 불상과 불화를 조성한 것과 유사한 불사로는
백담사 아미타불상(1748년) 조성을 들 수 있다. 이에 대해서는 백담사 아
미타불상에서 다루고자 한다.

(慧湜)의 불사(佛事)를 중심으로」, 『불교미술사학』, 262-268쪽; 김창균(2013), 「佛畵僧 慧
湜의 畵蹟과 表現技法에 대한 考察」, 『강좌미술사』 41, 11-38쪽.

3

남양주 불암사 목조석가불상 중수

불암사 목조석가불상은 복장에 조성기가 남아 있지 않지만 17세기 전
반에 조각승 현진이 조성한 것으로 추정된다. 불상의 크기는 86.5cm이
며, 불암사 대웅전 주불로 봉안되어 있다(그림 5). 불상 밑면에는 중수발
원문(1743년)이 부착되어 있어 개금·중수 시기를 알 수 있다(그림 6). 또
한 규모도 비교적 큰 편이며 보존 상태도 양호하다.

불암사 석가불상의 중수발원문은 한지에 묵서되어 있으며, 크기는 세
로 27.5cm, 가로 47.5cm이다. 중수발원문의 내용은 다음과 같다(그림 7).

乾隆八年癸亥八月初十日釋迦如來尊像改金
都大施主錦城尉乙巳生朴氏自家
和平翁主丁未生李氏兩位保體
奉爲

그림 5(좌). 남양주 불암사 목조석가불상, 17세기 조성, 1743년 중수
그림 6(우). 남양주 불암사 목조석가불상 중수발원문, 1743년

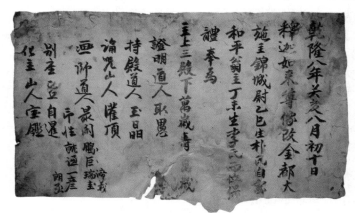

그림 7. 남양주 불암사 목조석가불상 중수발원문, 1743년

主上三殿下萬歲壽萬歲
證明 道人取愚
持殿 道人玉晶
誦呪 山人灌頂

1부 조선시대 왕실 발원 불상의 시대 구분

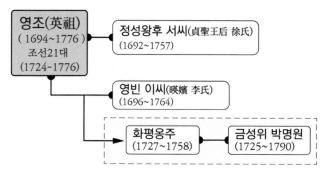

그림 8. 남양주 불암사 석가불상 중수에 참여한 화평옹주 부부, 1743년

畵師 道人最閑 鵬巨 諦義 瑞圭
　　　印性 就涵 一彦 朗凾
別座 比丘自暹
化主 山人寶鑑

　　남양주 불암사 석가불상 중수발원문에는 개금 불사에 영조와 영빈 이씨의 장녀 화평옹주(1727-1748) 와 금성위 박명원(1725-1790) 부부가 대시주자로 참여하고 있다(그림 8). 개금을 한 화원은 최한(最閑)을 수화 승(首畵僧)으로, 2위 붕거(鵬巨), 3위 체의(諦義), 4위 서규(瑞圭), 5위 인성 (印性), 6위 취함(就涵), 7위 일언(一彦), 8위 낭함(朗凾)이 참여했다. 수화 승 최한이 조성한 불상은 잘 알려져 있지 않지만, 화원 가운데 6위 인성 은 17세기 후반부터 18세기 중반까지 활동한 조각승으로 왕실 발원 불 상의 조성 및 중수와 관계를 맺고 있다.

조각승 인성은 1667년(현종 8)에 조각승 운혜가 화순 쌍봉사 목조지장보살좌상과 시왕상을 조성할 때 동참했다. 이후 1740년(영조 16)에 수조각승으로 서울 도선사 목조아미타삼존불상을, 1748년(영조 24)에 수조각승으로 강원도 백담사 목조아미타불상을 조성했다. 인성은 1753(영조 29)년에는 숙빈 상시봉원(上諡封園) 조성소 화승으로 활동한 이력이 있다.[480] 이런 인연으로 18세기 중반에 왕실 발원 불상을 조성했고, 당시 화평옹주 부부가 주도한 불암사 석가불상 개금불사에 참여한 것으로 추정된다.

---

480 『[淑嬪]上諡封園都監儀軌』「工匠秩」(1753년). "畫僧 净玄 海玉 處淡 雪云(以上南漢僧) 得善 義日 印性 文晟 斗察(以上北漢僧)"[서울대학교 규장각한국학연구원 https://kyudb. snu.ac.kr/book/text.do]. 1753년(영조 29)에 영조의 생모 숙빈 최씨에게 화경(和敬)이라는 시호를 추증하고, 무덤을 조성하는 과정에 승려들이 동원되었다. 이때 동원된 화승(畫僧)은 9명인데, 4명은 남한산성에 소속되었고 5명은 북한산성에 소속되었다. 조각승 인성은 1953년 당시 북한산성에 소속되어 있었다.

4

서울 사자암 목조아미타불상 중수

서울 사자암 목조아미타불상(그림 9)은 17세기에 조성되어 1720년(숙종
46)과 1744년(영조 20)에 중수되었다. 이 불상은 크기가 101.8cm로, 17
세기에 활발하게 활동한 조각승 현진 작으로 추정된다.

사자암 목조아미타불상은 1744년(영조 20)에 숙종의 3자 연령군(延齡
君)과 그의 양자 낙천군(洛川君), 그리고 낙천군의 처 달성군부인 서씨와
관련이 있다. 달성군부인 서씨는 시부인 연령군이 극락왕생해 아미타불
을 친견하고, 일찍 세상을 떠난 남편 낙천군과 부부의 인연이 지속되기
를 발원했다.[481]

달성군부인 서씨와 함께 개금·중수에 참여한 왕실 인물로는 황금을

---

481 유근자(2017), 『조선시대 불상의 복장기록 연구』, 불광출판사, 540쪽. "肅宗大王第三子延
齡君仙駕往生極樂世界親見阿彌陀佛」恒間茄麥仙子音之慈誨次願」延齡君子洛川君夫
人自家戊戌生徐氏之所願者重續夫婦」未盡之恨緣以経借老之大願".

그림 9. 서울 사자암 목조아미타불좌상, 17세기 조성, 1726·1744년 중수, 출처: (재)불교문화재연구소

시주한 3인을 들 수 있다(그림 10). 정묘생(1687년) 최예영(崔禮英), 경자생 (1720년) 김귀빈(金貴彬), 상궁 갑인생(1674년) 이씨(李氏) 등이다. 상궁 갑인 생 이씨와 함께 황금을 시주한 최예영과 김귀빈 역시 궁녀로 추정된다.

사자암 아미타불상을 1744년(영조 20)에 중수한 조각승은 1위 인성(印 性), 2위 취겸(聚謙), 3위 체의(諦儀), 4위 광예(胱隷) 등이다. 이 가운데 인 성, 취겸, 체의 등은 동년 5월 28일에 서울 옥수동 미타사 아미타불상과 대세지보살상을 중수했다.[482] 수조각승 인성은 1748년(영조 24)에는 백

---

[482] 유근자(2021), 「서울 옥수동 아미타삼존불좌상의 복장 유물 분석과 양식 특징」, 『불교문예 연구』 17, 361-362쪽.

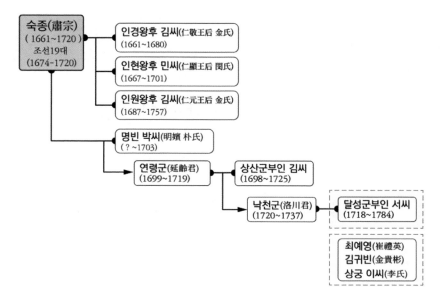

그림 10. 서울 사자암 아미타불상 중수에 참여한 왕실 인물, 1744년

담사 아미타불상을 조성했다. 조각승 인성은 '명현화사(名現畵師)'로 불릴 만큼 당대 이름 높은 조각승이었다.

5

서울 봉은사 목조사천왕상

서울 봉은사 일주문 역할을 하는 진여문(眞如門)에는 사천왕상이 봉안되어 있다(그림 11). 봉은사 사천왕상은 나무로 조성되었고 각 상의 크기는 206~212cm이다. 제작 시기는 1746년(영조 22)으로 현재까지 알려진 조선시대 사천왕 조각 가운데 조성 연도가 가장 늦다. 18세기 후반이 되면 사천왕상은 조각보다는 회화로 조성되었다.

봉은사 사천왕상은 현재의 위치로 옮겨지기 전에는 1942년에 건축된 천왕문에 모셔져 있었다. 1988년에 범왕루를 신축하면서 새롭게 일주문 역할을 하는 진여문을 짓고, 이곳에 사천왕상을 봉안하게 된 것이다. 봉은사 사천왕상은 2001년에 개채(改彩)를 준비하는 과정에서 1존의 복장이 개봉되어 있는 것이 발견되었다. 이로 인해 나머지 3존의 복장을 조사하게 되었다. 이때 조성발원문 3점, 후령통 3점, 진언종자자(眞言種子字) 수(數) 점, 명주옷 편 등이 수습되었다.[483]

1부 조선시대 왕실 발원 불상의 시대 구분

그림 11. 서울 봉은사 사천왕상, 1746년

　봉은사 사천왕상의 복장에서 수습된 조성발원문은 3점이다. 한지에 묵서되어 있었는데, 2점은 거의 같은 크기[49.3×61.3cm, 49.6×61.3cm]이고, 나머지 1점은 약간 다르다[28.1×67.3cm]. 그러나 발원문의 내용은 크게 차이가 없기 때문에[484] 여기서는 1점만 소개하고자 한다. 봉은사 사천왕상 조성발원문의 내용은 다음과 같다.

願以此功德普及於一切我等如衆生皆共成佛道
施主秩
體木大施主 幼學 洪氏」　金氏」　兩主」

---

483 대한불교조계종 봉은사 · 불교조형연구소(2002), 『수도산 봉은사 사천왕상 보고서』; 이기선(2003), 「수도산 봉은사 사천왕상의 복장물」, 『회당학보』 8, 136-169쪽.

484 이기선(2003), 앞 논문, 139-147쪽.

綾昌君 李氏両位」
上宮 朴氏弼愛」　李氏二分」　韓有良両主」　朴東煥 両
主」　嚴氏令節」　李東樑両主」　宋俠詮」　鄭仁達」

時任秩
禪宗判事 天云
公員 通政 明信
首僧 法蓮
有司 嘉善 尙眼

寺中秩
老德 通政 能悟
前判事 嘉善 翠成
前判事 嘉善 翠凝
前判事 嘉善 聖聰
持殿 處悟

緣化秩
證明 道人 最一
誦呪 亮功
首畫員 嘉善 呂燦」　嘉善 愼察」　嘉善 性賢」　戒學」　淨
　　　　日」　海雲」　敏輝」　智言」　萬根」
供養主 天信」　尙謙」
冶匠 李春先
來往 尙軒
大都監 法淳
別座 亮皓」　靈元」

```
化主秩
法淳」  秀敏」  碩雷」  德鵬」  靈元」  尙軒」  尙謙」  孟
仡」  再忍」  善旭」  道涵」  思瓊」  弘俊」  明察」  竺
默」  一能」  承學」  翠成」  善言」  尙眼」  汗湜」  法
蓮」  肯林」  儀淨」  忍策」  覺心」
```

봉은사 사천왕상 조성발원문은 발원 내용, 시주자를 기록한 시주질
(施主秩), 당시 봉은사 운영과 관련된 승려를 기록한 시임질(時任秩), 당시
봉은사에 주석한 승려를 기록한 사중질(寺中秩), 사천왕상 조성을 맡은
소임자를 기록한 연화질(緣化秩), 사천왕상 조성에 필요한 재원을 마련
한 승려를 기록한 화주질(化主秩)로 구성되어 있다. 이 가운데 시주자와
조성을 담당한 승려 장인(匠人)이 가장 주목된다.

봉은사 사천왕상 조성발원문 앞 부분에 먼저 시주자가 기록되어 있
다. 사천왕상을 조성하는 데 필요한 재목을 시주한 인물은 유학(幼學) 홍
씨와 김씨 부부이다. 이들에 대해서는 자세히 알 수 없지만, 가장 먼저
기록된 것으로 보아 대시주자였음을 알 수 있다. 봉은사는 조선 전기부
터 왕실의 원찰이었기 때문에, 사천왕상 조성에도 왕실의 종친인 능창
군(綾昌君) 부부가 시주자로 참여했다.

봉은사 사천왕상 조성에 시주자로 참여한 능창군은 정원군(定遠君,
1580-1620)의 아들 능창군 이전(綾昌君 李佺, 1599-1615)과 혼동되기도 한
다. 그러나 봉은사 사천왕상 시주자로 동참한 능창군은 선조의 7자 인
성군(仁城君, 1588-1628)의 증손자인 능창군 이숙(李橚, ?-1768)이다.

능창군 이숙은 조선 후기 종친으로, 1726년(영조 2)에 함평군(咸平君)

· 함양군(咸陽君) · 양평군(陽平君) · 여선군(驪善君) 등과 함께 가자(加資)되었다.[485] 그 뒤 1739년(영조 15) 종실로서 왕대비 인원왕후 김씨(仁元王后金氏)의 존호를 주청하였다.[486] 같은 해 동지 겸 사은사로 부사 이광덕(李匡德) · 이광운(李光運) · 윤광신(尹光莘) 등과 함께 청나라에 다녀왔다.[487] 동년 11월에 영조는『명사(明史)』전질을 구해올 것을 명했다.[488] 능창군 일행은 1740년 4월에 영조로부터 원역(遠役)의 노고를 치하받았다. 이때 영조가『명사』의 구입 여부를 묻자 능창군은 반포하기 전이어서 사 올 수는 없었지만 역관이 사 왔다고 답변했다.[489]

1743년(영조 19)에는 동지사로 임명된 장계군(長溪君)이 병으로 갈 수 없게 되자 이를 대신해 다녀왔다.[490] 1748년(영조 24)에는『국조어첩(國朝御牒)』의 교정당상(校正堂上)이 되어 이의 개정에 참여했다.[491] 1751년에는 동지사로 부사 신사건(申思健), 서장관 심발(沈墢) 등과 세 번째로 청나라에 다녀왔다.[492]

1753년(영조 29)에는 종묘의 신위(神位)에 올리는 천신(薦新)과 왕에게 올리는 어공(御供)에 사용되는 뱅어[白魚]와 게[生蟹]를 바치던 어부 1백 50명이 모두 균역청에 예속되었으니 이들에게 방책을 마련해 줄 것을 건

485『조선왕조실록』영조 2년(1726) 8월 26일자 기록. 능창군 이숙의 생애는『한국민족문화대백과』의 내용을 바탕으로『조선왕조실록』의 기록과 대조해 재작성했다.

486『조선왕조실록』영조 15년(1739) 3월 14일자 기록.

487『조선왕조실록』영조 15년(1739) 7월 2일자 기록.

488『조선왕조실록』영조 15년(1739) 11월 3일자 기록.

489『조선왕조실록』영조 16년(1740) 4월 4일자 기록.

490『조선왕조실록』영조 19년(1743) 7월 20일자 기록.

491『조선왕조실록』영조 24년(1748) 3월 20일자 기록.

492『조선왕조실록』영조 27년(1751) 6월 18일자 기록.

1부 조선시대 왕실 발원 불상의 시대 구분

의했다.⁴⁹³ 또한 종실(宗室)이 궁핍하게 되어 강교(江郊)에 거주하는 자들이 가난을 감당하기 어려운 실정을 알리고 긍휼책을 강구해 줄 것을 건의해 이를 시행하게 했다.⁴⁹⁴ 같은 해 영의정 이천보(李天輔)의 상소에 따라 선조(先朝)의 종신(宗臣)으로 서평군·낙창군 등과 함께 가자되었다.⁴⁹⁵

1757년(영조 33)에 능창군은 인원왕후에게 진연(進宴)할 것을 영조에게 청했다.⁴⁹⁶ 1760년(영조 36)에는 능창군이 글을 올려『선원보략(璿源譜略)』의 발문에 일관성이 없음을 아뢰었다.⁴⁹⁷ 능창군은 종실(宗室)을 대표해 여러 차례 영조에게 진연례(進宴禮)를 행할 것을 상소했지만 그때마다 영조는 거절했다.⁴⁹⁸ 능창군은 1768년(영조 44)에 사망했다.⁴⁹⁹

능창군 부부와 함께 봉은사 사천왕상 조성에 참여한 왕실 관련 인물로는 상궁 박필애와 상궁 이이분을 들 수 있다(그림 12). 능창군은 졸기(卒記)에 '높은 품계의 종반(宗班)이 거의 없었다[崇品宗班殆空]'라고 나오는 것으로 보아 세력을 가진 종친은 아니었던 것으로 짐작된다.

봉은사 사천왕상은 왕실 종친인 능창군 부부와 상궁 등이 대시주자로 참여해 조성한 것으로, 18세기 사천왕 조성을 살필 수 있다는 점에서 중요하다. 또한 조선 전기부터 사천왕의 지물로 활용되었던 비파, 검, 용, 여의주, 보당, 보탑 또는 보서(寶鼠)가 봉원사 사천왕상에도 계승되

493『조선왕조실록』영조 29년(1753) 1월 27일자 기록.

494『조선왕조실록』영조 29년(1753) 2월 8일자 기록.

495『조선왕조실록』영조 29년(1753) 12월 13일자 기록.

496『조선왕조실록』영조 33년(1757) 1월 16일자 기록.

497『조선왕조실록』영조 36년(1760) 5월 16일자 기록.

498『조선왕조실록』영조 38(1762년) 1월 5일자, 9월 9일자, 11월 10일자, 영조 40년(1764) 9월 4일자, 영조 41년(1765) 8월 29일자, 9월 14일자, 9월 28일자 기록.

499『조선왕조실록』영조 44년(1768) 10월 30일자 기록.

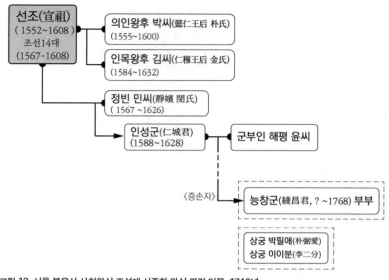

그림 12. 서울 봉은사 사천왕상 조성에 시주한 왕실 관련 인물, 1746년

고 있다는 점이 눈에 띈다.

　조선시대 사천왕상의 가장 큰 변화는 지물이다. 고려시대까지 사천왕의 지물은 확실하게 구분되지 않았지만 북방 다문천왕의 지물만은 보탑이 자리 잡았다. 그리고 중국 거용관(居庸關) 운대(雲臺)에 새겨진 사천왕상(1345년)은 동방 지국천왕은 비파를, 남방 증장천왕은 보검을, 서방 광목천왕은 용과 보주를, 북방 다문천왕은 보당과 보서를 지물로 들고 있다. 거용관 사천왕상은 경전에 근거를 둔 사천왕 도상이다.[500] 그러나

---

500 『藥師琉璃光王七佛本願功德經念誦儀軌供養法』. "東方持國大天王 其身白色持琵琶 …… 南方增長大天王 其身靑色執寶劍 …… 西方廣目大天王 其身紅色執羂索 …… 北方多聞大天王 其身綠色執寶叉"; 『修藥師儀軌布壇法』. "東門中持國天王 白色二手持琵琶 南門中增長天王 藍色持劍 西門中廣目天王 紅色持蛇索 北門中多聞天王 黃色持寶鼠". 두 경전에서

그림 13. 『제불보살묘상명호경주(諸佛菩薩妙相名號經呪)』의 사천왕 도상, 1431년, 출처: 『中國佛敎版畫全集』 第7卷

조선시대의 사천왕은 거용관 사천왕상과 다른 양상을 보이기 시작했다.

조선시대에는 동방 지국천왕은 검, 남방 증장천왕은 용과 여의주, 서방 광목천왕은 보탑·보당(寶幢)·삼차극·보서(寶鼠), 북방 다문천왕은 비파를 든 도상으로 변화되었다. 이러한 지물 변화의 근거는 명 선덕 6년(1431년)에 간행된 『제불보살묘상명호경주(諸佛菩薩妙相名號經呪)』에서 찾을 수 있다(그림 13). 봉은사 사천왕도 기본적으로는 이러한 변화된 사천왕상 도상을 계승하면서도 일부에서는 도상의 변화를 시도했다.

봉은사 동방 지국천왕은 두 손으로 검(劍)을 누르고 있고, 남방 증장천왕은 오른손으로는 용을 잡고 왼손으로는 여의봉을 들고 있다. 조선후기 남방 천왕이 용과 여의주를 들고 있는 것과는 달리, 화염문이 있는 여의봉을 들어 변화를 준 것이다. 또한 화려한 보관을 쓴 다른 사천왕과 달리 투구를 쓰고 있는 점도 특이하다. 서방 광목천왕은 왼손으로 삼지창이 달린 당(幢)을 들었고, 왼손으로는 허리띠를 잡고 있다. 이 도상은 왼손으로 보서(寶鼠)를 잡고 있는 『제불보살묘상명호경주』 사천왕 도상

동방 지국천왕이 비파를 들고, 남방 증장천왕이 보검을 든 것은 동일하다. 그러나 서방 광목천왕과 북방 다문천왕의 지물은 약간 차이가 있다. 서방 광목천왕의 지물은 전자에서는 새끼줄[羂索]을 언급했고, 후자는 뱀 모양의 새끼줄[蛇索]을 든 것으로 표현했다. 북방 다문천왕은 전자에서는 보차를 언급했고, 후자는 보서(寶鼠)를 든 것으로 표현했다.

을 변형한 것으로 남방 증장천왕처럼 변화를 준 것이다.

북방 다문천왕이 비파의 울림통을 위로 향하게 들고 있는 모습도 특이하다. 조선 후기 북방 다문천왕이 든 비파는 목이 위로 향하게 들고 있기 때문이다. 비파의 형태 역시 목이 구부려진 당비파와 달리 향비파처럼 목이 직선으로 이루어져 있다. 그러나 향비파가 5줄인 것과 달리, 봉은사 북방 다문천왕 비파는 4줄로 된 것이 당비파와 같다.

비파를 든 봉은사 북방 다문천왕 도상은 안성 칠장사 소조사천왕상과 비교된다(그림 14). 안성 칠장사 소조사천왕상은 천왕문 장여와 도리의 묵서 자료를 통해 1683년(숙종 9)에 조성되어 1712년(숙종 38)에 현 위치로 옮겨졌음을 알 수 있다. 또한 남방 증장천왕의 대좌 묵서를 통해 1888년(고종 25)에 중수된 사실이 알려졌다. 북방 다문천왕이 들고 있는 비파의 형태는 왕실 원찰인 서울 봉은사 북방 다문천왕과 유사하다. 그러나 비파의 울림통을 아래로 향하게 들고 있는 점은 봉은사와 다르다.

또한 서방 광목천왕이 오른손으로 보당을 들고 왼손을 허리에 대고 있는 표현 역시 봉은사 서방 광목천왕상과 같다(그림 15). 이 도상은 17세기에 한 손으로는 보당(寶幢)을 들고 다른 손으로는 보서(寶鼠 또는 몽구스)를 든 사천왕 도상의 변용으로 이해된다. 한 손에 보서를 든 서방 광목천왕 도상은 17세기에 조성된 순천 송광사, 구례 화엄사, 홍천 수타사, 여수 흥국사 사천왕상 등에서도 관찰된다. 칠장사와 봉은사는 왕실의 원당 또는 원찰이라는 점, 북방 다문천왕의 지물이 향비파인 점, 서방 광목천왕이 한 손을 허리에 대고 있다는 점에서 공통된 특징이 발견된다.

봉은사 사천왕상을 조성하는 데 시주자로 참여한 능창군 이숙은 1739년·1743년·1751년 세 차례에 걸쳐 중국에 사신으로 다녀왔다. 그는 왕실 종친으로서 새로운 문물을 접할 기회가 많았던 인물이다. 능창

그림 14. 안성 칠장사 북방 다
문천왕상(좌)과 동
방 지국천왕상(우),
1683년 조성, (재)불
교문화재연구소 제공

그림 15. 안성 칠장사 남방 증
장천왕상(좌)과 서방
광목천왕상(우),1683
년 조성, (재)불교문화
재연구소 제공

군이 시주한 봉은사 사천왕상이 조선 전반기 중국에서 유입된 『제불보
살묘상명호경주』의 사천왕 도상을 계승하면서도 일부 도상에서 변화를
보이고 있는 것은 이러한 능창군의 안목과도 연관되었을 가능성이 있
다. 봉은사 사천왕상은 조선 왕실 원당 사천왕상이라는 점에서 18세기
사천왕상 연구에 귀중한 자료이다.

6

보은 법주사 소조비로자나삼신불상 중수

보은 법주사 2층 대웅보전(그림 16)에는 비로자나불상·석가불상·노사나 불상으로 구성된 소조비로자나삼신불상이 모셔져 있다(그림 17). 법주사 대웅전 비로자나삼신불상의 복장 조사는 국립청주박물관에 의해 2002년 4월 22일부터 24일까지 3일간에 걸쳐 실시되었다. 이때 불상 조성과 관련된 기록으로는 조성발원문(1626년) 3점과 중수발원문(1747년) 1점이 수습되었다.[501]

　법주사 소조비로자나삼신불상은 1626년(인조 4)에 조성되어 1747년 (영조 23)에 개금·중수되었다. 조성 당시 조각승은 1위 현진(玄眞), 2위 청헌(淸憲), 3위 연묵(衍默), 4위 회묵(懷默), 5위 옥정(玉淨), 6위 도경(道冏),

---

501 윤종근(2002), 「法住寺 大雄寶殿 三身佛 腹藏調查」, 『동원학술논문집』 5, 127-136쪽; 김창균(2005), 「법주사 대웅보전 봉안 소조삼존불좌상에 대한 연구」, 『강좌미술사』 24, 61-82쪽.

그림 16(상). 법주사 대웅보전, 조선 후기
그림 17(하). 보은 법주사 소조비로자나삼신불상, 1626년 조성, 1747년 중수

7위 영색(英賾), 8위 설매(雪梅), 9위 성각(性覺), 10위 설화(雪和), 11위 혜명(惠明), 12위 천호(天浩), 13위 일영(日暎), 14위 태선(太先), 15위 영원(靈源), 16위 성혜(性惠), 17위 신윤(信允)이다(그림 18).

　법주사 소조비로자나삼신불상 중수발원문의 크기는 세로 57.2cm, 가로 159.8cm이며 한지에 묵서되어 있다. 중수발원문 앞 부분은 손상이 있고 일부는 오염되었다. 중수발원문의 내용은 다음과 같다(그림 19).

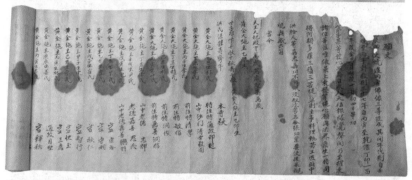

그림 18(상). 보은 법주사 비로자나불상 조성발원문에 기록된 조각승, 1626년, (재)불교문화재연구소 제공
그림 19(하). 보은 법주사 비로자나불상 중수발원문, 1747년, (재)불교문화재연구소 제공

願文」

……(결실)壬辰年火燒後丙寅佛像三尊造成其間年代則自任

……(결실)辰火燒至丙寅年計数則三十七年自丙寅至乾隆

丁卯一百

(二十)四年改金三月始役七月初四日畢功

第子某等發心不爲自求人天福報緣覺聲聞乃至權乘

諸位菩薩唯依最上乘發菩提心願與法界衆生一時同

得阿耨多羅三藐三菩提然則主事料理執勞工匠廚中

1부 조선시대 왕실 발원 불상의 시대 구분

供給人等嘉惠嘉功不可泯沒敍次芳名分張功業要使後來親

視興感云爾

當今

大王大妃殿下萬歲萬歲聖壽萬歲

黃金大施主 乙卯生

世子邸下千秋千秋壽千秋 黃金大施主 乙卯生

洪氏保體壽齊年

黃金大施主 乙巳生朴氏

黃金大施主 丁未生李氏

黃金大施主 丙子生李氏

黃金大施主 丁亥生趙氏

黃金大施主 己未生朴氏

黃金大施主 丙寅生千氏

黃金施主 丁亥生徐氏

黃金施主 壬戌生尹氏

黃金施主 戊寅生池氏

黃金施主 丁亥生丁氏

黃金施主 己丑生崔氏

黃金施主 戊子生崔氏

黃金施主 甲子生宋氏

黃金施主 己酉生李氏

黃金施主 丙寅生林氏

黃金施主 庚辰生姜氏

黃金施主 丙寅生李氏

黃金施主 乙亥生金氏

黃金施主 甲辰生金氏

黃金施主 庚辰生金氏

黃金施主 己卯生姜氏
黃金施主 丁酉生河氏
黃金施主 辛丑生朴氏
黃金施主 己亥生金氏
黃金施主 辛丑生金氏
黃金施主 壬寅生尹氏
黃金施主 壬寅生沈氏
黃金施主 季氏
黃金施主 癸卯生季氏
崇綠大夫知內侍府事 季景和
黃金大施主 兵馬節度使
沈鳳陽両主 沈鳳德両主
金德重」 宋奎徵」 池光曘」 張時漢」 金斗天」 朴次
興」 季百年」
尙州牧使 季埃両位

綠化秩」
證師 嗣祖沙門震基
諷誦 山中大德覺澄
畫貟 山人妙鏡
首書貟 山人世冠
　　　比丘廣瑊」 比丘性贊」 比丘宇平」 比丘寔演」
持殿 道人泰均」
供養主 比丘慧明」 比丘 道湜」 比丘 海悟」
負柴 比丘道式
烏金化主 比丘法信
引勸大化主 仁伯

種種助緣 比丘[502]信和」 居士 玉淳」 社堂 玉梅」
比丘尼 勤念」 太和」 比丘尼 体還」
大化主 比丘尼 太行
別座 登階 法岺

本寺秩
時住持 通政印起
山中沙门 清空敬圓
前住持 清學」 前住持 敏哲」 前住持 洞俊」 前住持 嘉善
　　　洞哲」
山中老德 忠輝
老德嘉善 思念
山中老德 嘉善鵬羽
比丘 宗冾」 比丘守湖」 比丘秋仁」 比五智行」 比丘快
玉」 比丘三應」 通政月堅」 比丘釋稔」 比丘自心」 比丘
楚明」 比丘宇琳」 比丘賛敬」 比丘幸連」 比丘 位湛」 比
丘 位成」 比丘 月海」 比丘 曇淳」 比丘 國真」 比丘 宇
森」 比丘 智尚」 比丘 位譡」 比丘 世寬」 比丘 位鑑」 比
丘 就湖」 比五 國安」 比五 戒還」 比丘 智玄」 國捴」 國
鑑」 比丘 有禅」 明順」 明哲」 沙彌 範壽」 社堂 法信」

법주사 대웅보전 비로자나삼신불상은 1592년(선조 25) 임진왜란 때 화
재로 소실되고 난 후 1626년(인조 2)에 다시 조성되었고, 124년 후인

---

502 '丘比'로 되어 있지만 방점이 있어 '比丘'로 수정했다.

1747년(영조 23) 3월부터 중수를 시작해 7월 4일에 개금을 완료했다. 중수발원문에 기록된 왕실 인물을 정리하면 〈표 4〉와 같다.

표 4. 보은 법주사 비로자나삼신불상 중수에 참여한 왕실 인물과 관리, 1747년

	발원문	분석	비고
1	대왕대비전하(大王大妃殿下)	인원왕후 김씨(1687-1757)	대비
2	세자저하(世子邸下)	사도세자(1735-1762)	세자
3	홍씨 보체(洪氏 保體)	혜경궁 홍씨(1735-1815)	세자빈
4	을사생 박씨(乙巳生 朴氏)	박명원(1725-1790)	부마
5	정미생 이씨(丁未生 李氏)	화평옹주(1727-1748)	옹주
6	병자생 이씨(丙子生 李氏)	영빈 이씨(1696-1764)	사도세자 생모
7	정해생 조씨(丁亥生 趙氏)	귀인 조씨(1707~1780)	영조 후궁
8	숭록대부 지 내시부사 이경화 (崇祿大夫 知 內侍府事 李景和)	이경화	내관
9	병마절도사(兵馬節度使) 심봉양(沈鳳陽), 심봉덕(沈鳳德) 양주(兩主)	심봉양, 심봉덕 부부	병마절도사
10	상주 목사 이협 양위(尙州 牧使 李埈 兩位)	이협 부부	목사

법주사 비로자나불상의 중수발원문에 의하면 왕실 인물로 대비인 인원왕후 김씨, 사도세자, 혜경궁 홍씨와 사도세자의 생모 영빈 이씨, 화평옹주와 박명원 부부, 후궁 귀인 조씨 등이 동참한 것이 확인된다(그림 20). 이 외에 숭록대부 지 내시부사 이경화, 병마절도사 심봉양과 심봉덕, 상주목사 이협 등 왕실과 고위 관직을 가진 사람들이 참여한 사실이 기록되어 있다. 이후 법주사에는 1764년(영조 40)에 영조의 후궁이자 사도세자의 생모인 영빈 이씨의 위패를 모시는 선희궁 원당이 세워졌다.[503]

---

503 윤종근(2002), 앞 논문, 129쪽.

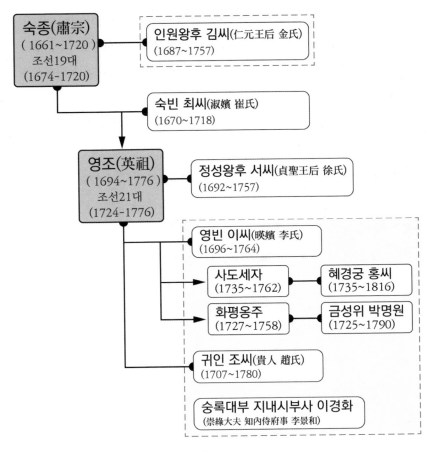

그림 20. 법주사 중수에 참여한 왕실 인물, 1747년

사도세자의 생모인 영빈 이씨는 1762년(영조 38) 사도세자가 뒤주에 갇혀 죽게 되는 상황이 닥쳤을 때 영조에게 대처분을 고했다. 이로 인해 사도세자는 뒤주에 갇혀 죽게 되었다. 영빈 이씨는 영조와 종묘사직의 안위를 우려하면서 아들을 포기하고, 아들을 대신할 사람으로 세손을

지목했던 것이다.[504] 사도세자의 생모 영빈 이씨는 1747년(영조 23)에 아들 내외, 화평옹주 부부와 함께 법주사 비로자나삼신불상을 중수했다. 이들은 1740년(영조 16)에 영조가 상의를 하사한 대구 파계사 관음보살상 중수 때도 동참했다.

보은 법주사 비로자나불상 중수는 왕실 인물이 참여한 불사이지만 18세기에 새롭게 부상하는 거사(居士)와 사당(社堂)이 시주자로 동참하고 있다. 거사 옥순(玉淳)과 사당 옥매(玉梅)는 조연으로 참여했다. 그런데 사당 법신(法信)은 산중 노덕질 아래에 승려들과 함께 기록되어 있는 것으로 보아 법주사에 승려들과 함께 거주하고 있었던 것으로 추정된다. 보은 법주사 비로자나불상 중수발원문은 18세기 불사의 새로운 시주 층 변화를 알려 준다는 점에서도 중요하다.

---

504 김세서리아(2020), 「조선 왕실 여성의 가족 감정과 젠더 권력 – 소혜왕후와 영빈이씨의 경우를 중심으로」, 『동양철학』 54, 47-52쪽.

인제 백담사 목조아미타불상

인제 백담사 목조아미타불상은 1748년(영조 24)에 조성되었고, 크기는 87cm이다. 백담사 극락보전의 주불로 봉안되어 있는데, 1992년에 복장 조사가 이루어졌다. 복장물로는 불상신조성회향발원문(佛像新造成回向發願文) 1점, 다라니서입회향발원문(陀羅尼書入回向發願文) 1점, 한글 발원문 2점 등 불상 조성과 관련된 발원문이 총 4점 수습되었다. 이 외에도 회장저고리 등이 함께 발견되었다(그림 21).[505] 인제 백담사 아미타불상은 1992년 조사 후, 1993년에 조선 후기 불상 가운데 처음으로 보물로 지정되었다.

인제 백담사 아미타불상의 조성발원문 가운데 불상신조성회향발원

---

[505] 문명대(1993), 「백담사 목아미타불좌상(百潭寺木阿彌陀佛坐像)」, 『강좌미술사』 5, 83-88 쪽.

그림 21. 백담사 아미타불상과 복장물, 복장물 출처: 문화재청

문(佛像新造成回向發願文)을 중심으로 살펴보고자 한다. 이 문서는 세로 39cm, 가로 177.5cm로 한지에 묵서되어 있다. 내용은 다음과 같다.

朝鮮國江原道嶺西平康縣雲磨山寶月寺佛像新造成回向發願文
歸命十方調御師演揚清淨微妙法三乘四果脫解僧願賜慈悲哀攝受伏念
弟子聖訥自違眞性枉入迷流隨生死而漂沉逐聲色而貪染十纏十使積成有

1부 조선시대 왕실 발원 불상의 시대 구분

漏之因六根六塵妄作無邊之罪沉淪苦海漂溺邪途着我耽人
舉枉措直累生

業障一切愆尤仰三寶之慈悲瀝一心而懺悔玆者至于本寺舊
像雖存蠹損

殆盡衆欲改新無人尸事弟子聖訥爲人首倡半千京洛一筇飄
然幾處檀家

曰施〻則縁會而合三尊金財毀言而得豈非使之陰隲者耶鳳池
臺畔兩紅

蓮坤命乙丑生安氏時介坤命庚午生李氏敬愛今受女報佛法
中有多饒益

誠心可量哉五體投地盡誠而求之者轉女爲男接引紫金臺之
願大方家 乾

命戊戌生趙載補坤命庚子生林氏兩位門無克家之子美掌何
物頒出已財懇禱

求之者一夕夢熊令得呼 爺之禰比丘玉珠略聚已財經營他事
矣於此大佛事

豈不動心哉無餘而施之翹伫而求之者念佛三昧往生淨土之
願與同志化主

聖修廣懷思惠致一等千村萬落受軟而誘之使迷途者指其正
路大者二十

金次者十餘至於一二金其他分文尺布何足擧論敬造 釋迦文
佛一位藥師

尊佛一位阿彌陀佛二位觀音菩薩一位上壇後佛幀二部中壇
三藏幀一

部冥府幀二部帝釋幀三部天龍幀一部而彌陀一位後佛幀一
部 冥

府幀一部奉安于本寺白蓮社觀音一位帝釋幀一部移安于京

畿楊
州地三角山太古寺冥府幀一部帝釋幀一部 移安于本道鐵原
地寶
盖山安養菴三尊像上壇後佛幀一部三藏幀一部帝釋幀一部
天
龍一部奉安于本寺而始役於戊辰之夏五月畢功於其年之秋
七月所
願能仁極拔善友提携出煩惱之深淵到菩提之彼岸此世福基
命位
各願昌隆來生智種靈苗同希增秀生達中國長遇明師正信出
家童
眞入道六根通利三業純和不染世緣常修梵行執持禁戒塵業
不侵嚴
護威儀蜎飛無損不逢八難不缺四緣般若智現前菩提心不退
修習正法了
悟大乘開六度行門越三祇劫海建法幢于處ゝ破疑網于重ゝ降
伏衆魔紹隆三寶
承事十方諸佛無有疲勞修學一切法門悉皆通達廣作福慧普
利塵沙得
六種神通圓一生佛果然後願他方此界逐類隨形應現色身演
揚玅(妙)法泥
犂苦趣餓鬼途中或放大光明或現諸神變其有見我相乃至聞
我名皆
發菩提心永出輪廻苦火鑊氷河之地變成香林飲銅食鐵之徒
化生淨
土披毛戴角負債含寃盡破辛酸咸霑利樂疾疫世而現爲藥草
救療沉

痾飢饉時而化作稻粱済諸貧餒但有利益無不興崇次願累世
冤親
現存眷属出四生汨没捨萬劫受纏等與含生齊成佛道虛空有
盡
我願無窮情與無情同圓種智奉祝
至行純德英謨毅烈大王殿下壽萬歲 惠敬王妃殿下聖壽
齊年 世子邸下聖壽千秋 道主方伯洪鳳祚 本邑太守兪
彦述 現登一品當生淨土
證師 曹溪宗清虛五世孫喚惺門人虎巖堂大禪師體淨
虎岩門人萬化堂大禪師圓悟
大功德主 喚惺門人華月堂聖訥
乾隆十三年歲次戊辰七月日
誦呪 翠岩大士勝慧」靈谷大士永愚」蓮谷大士善壽」混虛
　　大士坦霞」
念佛道人 普眼
持殿 弼戒
良工 印性」緇俊」肯柔」再懲」靈源」聚鵲」敏悟」義尚」
　　弘信」最淑」最白」脱穎」信玄」思玉」開慧」
化主 平峯大士聖修」文谷大士思惠」比丘 廣懷」致一」
都監 國一
別座 普文
典座 覺機
供養主 淂聡」信堅」義讚」奉献」
淨桶 一嚴
冶匠 李貴建
負木 崔興伊
施主秩

坤命乙丑生安氏時介」坤命庚午生李氏敬愛」乾命戊戌生趙
載補」坤命庚子生林氏兩主」坤命乙丑生趙氏大進」比丘玉
珠」比丘一英」比丘戒彬」乾命全昌遇兩主」乾命金相福兩
主」乾命閔永賛兩主」坤命金氏」坤命崔氏」坤命戊子生李
氏」坤命林氏」坤命鄭氏」坤命崔氏」坤命金氏」乾命李氏
」坤命李氏 兩主」坤命趙氏」坤命李氏」坤命李氏」乾命
金氏」坤命李氏兩主」坤命李氏」坤命尹氏」坤命朴氏」金
一占兩主」金氏三貞」坤命尹氏」坤命朴氏」坤命鄭氏」張
戶郎」坤命崔氏」坤命皮氏」

書記 義仁

首僧 再明

公員 希運

主張 太昊

三綱」元氏一介」張富貴」閔氏受進」韓禹重」朴有眼」朴
　　厚根」比丘快建」金鼎漢」文俊伊兩主」李二民」李
　　起民」韓自仁」崔二元」金成河」金星圭」閔鎭采」
　　金千彬」閔永奎」金必漢」李時華」全有沢」全斗君」
　　金永同」金武安」朴必得」安萬大」全德禧」李德松」
　　坤命李氏」乾命朴氏 兩主」坤命吳氏」坤命張氏」坤
　　命金氏」姜守封兩主」坤命宋氏」趙太興兩主」

백담사 극락보전은 정면 5칸의 불전으로, 중앙 불단에는 1748년(영조
24)에 조성된 아미타불상이 있고, 좌우로는 새로 모신 두 보살상이 있다.
18세기에 조성된 백담사 극락보전 아미타불상은 크기가 87cm로, 17세
기에 조성된 3~5m에 이르는 불상과 비교하면 작다. 18세기의 시대 상

황으로 인해 경제력이 위축된 사찰은 작은 크기의 불상만을 간신히 만들 수 있었던 것이다.

백담사 아미타불상에서 발견된 조성발원문은 한문과 한글로 기록되어 있는 점이 특징이다. 또한 삼회장저고리 안쪽 면에도 한글로 시주자의 이름이 쓰여 있어, 당시의 한글 연구와 복식 연구에 중요한 자료이다. 저고리에 시주자의 이름을 기록하고 있는 것은 순천 송광사 관음보살상 복장에서 발견된 저고리와도 상통한다.

백담사 아미타불상 조성발원문에는 영조와 정성왕후 서씨(1693-1757), 그리고 세자의 무병장수를 기원하는 내용이 있다. 또한 당시 강원도 관찰사였던 홍봉조(洪鳳祚)와 평강 태수였던 유언술(兪彦述)도 관직이 오르고, 살아서 정토를 맞기를 발원했다. 만(卍)자가 새겨진 노랑 삼회장저고리는 궁중에서 사용했거나 왕실과 관계된 사람의 것으로 추측된다. 18세기 불상이 많지 않은 상황에서, 왕실과 밀접한 연관이 있는 백담사 아미타불상은 당시 불상 가운데 빼어난 작품으로 18세기 불교조각을 연구하는 데 기준작이 된다.

백담사 아미타불상은 1748년에 강원도 평강 운마산 보월사(寶月寺)에서 승려 성눌(聖訥, 1689-1762)이 조성한 것이다. 백담사로 언제 이안되었는지는 정확히 알 수 없지만, 불상이 봉안되었던 평강 보월사와 보월사 백련사(白蓮社)[백련암]가 18세기 말 19세기 초에 폐사된 이후 옮겨진 것으로 추정된다.[506]

평강 지역은 현재 북한에 속하며, 철원군과 인접해 있는 곳이다. 보

---

[506] 최수민(2020), 「조선 후기 강원지역 鞭羊門中의 佛事와 百潭寺 阿彌陀如來坐像」, 이화여자대학교 석사학위논문, 75쪽, 각주 167 참조.

월사는 1666년(현종 7)에 중창되었는데, 후삼국시대 궁예의 태봉 때 건립된 절로 알려져 있다. 보월사가 위치한 운마산은 동쪽으로는 금강산이 있고 남쪽으로는 보개산이 있다. 절이 오래되어 퇴락되고 단지 4개의 방만 남아 있다가, 1666년에 중건된 것이다. 1666년에 승려 대지(大智)가 여러 승려와 의논해 사찰을 중건했고 서산·사명·편양·동산·풍담·명진·무영·춘파·우화 등 서산 이하 편양 문파 고승들의 진영을 봉안해 문파 의식을 강조했다. 1681년(숙종 7)에는 〈보월사중수비〉를 건립했다.[507]

백담사 아미타불상을 조성하는 데 주도적인 역할을 한 화월당 성눌은 14세에 보월사로 출가해 승려 옥심(玉心) 문하에서 수학했다. 그는 백담사 아미타불상을 조성할 때 공덕주로 활동했는데, 환성 지안(喚醒志安, 1664-1729)의 문인(門人)이다.[508] 보개산·운마산·오성산 등을 왕래하면서 30년 가까이 강의를 계속하다가 보월사로 돌아왔다.[509]

불상을 조성한 조각승은 18세기에 왕성한 활동을 펼쳤던 인성(印性)이 2위 치준(緇俊), 3위 긍준(肯柔), 4위 재징(再懲), 5위 영원(靈源), 6위 취작(聚鵲), 7위 민오(敏悟), 8위 의상(義尙), 9위 홍신(弘信), 10위 최숙(最淑), 11위 최백(最白), 12위 탈영(脫穎), 13위 신현(信玄), 14위 사옥(思玉), 15위 개혜(開慧) 등 총 15명의 조각승과 함께 불상을 조성했다.

1m가 되지 않는 작은 불상 조성에 많은 조각승이 동참했던 이유는

---

507 「寶月寺重修碑」(1681년)[국립문화재연구원 한국금석문 https://portal.nrich.go.kr/kor].

508 이종수(2019), 「조선후기 환성 지안의 통도사 주석과 문도의 유풍 계승」, 『남도문화연구』 36, 7-34쪽; 김용태(2019), 「환성 지안의 宗統 계승과 禪敎 융합」, 『남도문화연구』 36, 35-58쪽.

509 『保晩齋集』 卷11 「華月堂大師浮屠碑」[한국고전종합DB https://db.itkc.or.kr].

불상 조성발원문에서 찾을 수 있다. 1748년(영조 24)에 아미타불상을 조상할 때, 보월사에서는 총 23점의 여러 불·보살상과 불화를 조성했기 때문이다. 이때 조성된 불상과 불화는 보월사, 보월사 백련사(白蓮社), 양주 삼각산 태고사, 철원 보개산 안양암 등에 나누어 봉안했다. 현재 인제 백담사 극락보전에 봉안된 아미타불상이 1748년에 운마산 보월사에서 조성될 당시 제작된 불상과 불화 목록은 〈표 5〉와 같다.

표 5. 1748년에 인제 백담사 아미타불상과 함께 조성된 불상과 불화 목록

존명	수량	봉안 장소	비고
석가불상	1	본사 백련사(白蓮社)	봉안(奉安)
약사불상	1	본사 백련사(白蓮社)	봉안(奉安)
아미타불상	2	본사 백련사(白蓮社)	봉안(奉安)
관음보살상	1	본사 백련사(白蓮社)	봉안(奉安)
상단 후불탱	1	본사 백련사(白蓮社)	봉안(奉安)
중단 삼장탱	1	본사 백련사(白蓮社)	봉안(奉安)
명부탱	2	본사 백련사(白蓮社)	봉안(奉安)
제석탱	3	본사 백련사(白蓮社)	봉안(奉安)
천룡탱	1	본사 백련사(白蓮社)	봉안(奉安)
미타1위 후불탱	1	본사 백련사(白蓮社)	봉안(奉安)
명부탱	1	본사 백련사(白蓮社)	봉안(奉安)
관음보살상	1	양주 삼각산 태고사	이안(移安)
제석탱	1	양주 삼각산 태고사	이안(移安)
명부탱	1	철원 보개산 안양암	이안(移安)
제석탱	1	철원 보개산 안양암	이안(移安)
삼존상 상단 후불탱	1	보월사	봉안(奉安)
삼장탱	1	보월사	봉안(奉安)
제석탱	1	보월사	봉안(奉安)
천룡탱	1	보월사	봉안(奉安)
총	23		

그림 22. 백담사 아미타불상(좌), 봉국사 석가불상(중), 화암사 불상(우)

〈표 5〉에서 보다시피 평강 보월사에서 조성되어 보월사 백련사[白蓮社]에 봉안되었던 존상은 총 5존이다. 석가불상 1존, 약사불상 1존, 아미타불상 2존, 관음보살상 1존 등이다. 보월사 백련사에 봉안한 석가불상·약사불상·아미타불상은 조선 후기에 유행한 삼세불상이다. 보월사에서 1748년에 조성된 석가불상·약사불상·아미타불상 가운데 우존 아미타불상이 현재 백담사 극락보전 아미타불상이고, 좌존 약사불상은 고성 화암사 불상이며, 본존 석가불상은 서울 봉국사 만월보전 석가불상이라는 견해가 발표되었다(그림 22).**510**

인제 백담사, 고성 화암사, 서울 봉국사의 세 불상이 1748년(영조 24)에 동일 장소에 봉안되었을 것이라는 견해는 양식 특징과 복장 유물과의 비교를 통해 주장되었다. 특히 백담사 아미타불상과 서울 봉국사 석가불상에서 발견된 복장 유물 가운데 한글 발원문에 기록된 인물이 중

---

510 최수민(2020), 앞 논문, 75-94쪽.

1부 조선시대 왕실 발원 불상의 시대 구분

복된 것이 주목을 받았다. 즉, 안시개와 이경애가 두 불상의 한글 발원문에 모두 기록되어 있으므로, 동일 장소에 봉안되었을 가능성이 있다는 주장이다.[511] 그러나 봉국사 석가불상은 두 불상과 양식적 차이가 있어, 이에 대해서는 향후 좀 더 세밀한 분석이 필요하다.

인제 백담사 아미타불상처럼 여러 사찰의 존상을 한 곳에서 조성한 예로는 1740년(영조 16)에 도봉산 원통암에서 아미타존상과 대세지보살상을 조성한 경우와, 파계사 관음보살상을 중수하면서 혜식이 여러 불상과 불화를 제작한 경우가 있다. 도봉산 원통암에서 조성한 존상은 삼각산 진관암에 봉안했다가, 현재는 북한산 도선사로 옮겨졌다.[512] 도선사 아미타불상과 대세지보살상 역시 조각승 인성이 조성한 것이어서, 그가 한 곳에 머물며 인근 사찰의 불상을 조성했던 사실을 짐작할 수 있다.

인제 백담사 아미타불상 조성발원문 '시주질(施主秩)' 첫머리에는 을축생(1685년생) 안시개(安時介)와 경오생(1690년생) 이경애(李敬愛)가 기록되어 있다. 이외에 을축생 조대진(趙大進)과 무자생(1708년생) 이씨를 제외한 '곤명 ○씨'로 기록된 17명의 여성이 있다. 이들 역시 왕실과 관련된 궁녀들로 추정된다. 안시개와 이경애는 대구 파계사 관음보살상 중수(1740년)에도 동참하였다.

---

511 최수민(2020), 앞 논문, 91-93쪽.

512 문명대(2003), 「인성파 목불상의 조성과 도선사 목아미타삼존불상의 고찰」, 『성보』 5, 6-11쪽; 이숙희(2015), 「북한산 도선사의 조선후기 불교조각」, 『인문과학연구』 20, 61-67쪽.

8

서울 옥수동 미타사 관음보살상

서울 옥수동 미타사 극락전에는 아미타삼존상이 봉안되어 있는데, 좌협시 관음보살상은 1769년(영조 45)에 조성되었다(그림 23). 미타사 아미타삼존상은 각기 조성 연도가 다른데, 삼존상 가운데 관음보살상의 제작 시기가 가장 늦다. 옥수동 미타사 관음보살상 조성발원문은 한지에 묵서되어 있으며, 크기는 세로 47.8cm, 가로 59cm이다.

미타사 관음보살상에 대해서는 제2부 제6장에서 자세히 다루고 있기 때문에, 여기서는 왕실 관련 시주자만 간략히 살펴보고자 한다. 미타사 관음보살상 조성에 참여한 왕실 인물은 영조와 영빈 이씨의 2녀인 화완옹주(1738-1808)와 낙천군 부인 서씨, 그리고 인권 시주를 담당한 상궁 김씨와 경자생(1720년생) 김씨 등이다(그림 24).

화완옹주는 어려서부터 영조의 사랑을 받은 옹주로, 1749년(영조 28)에 정치달(1732-1757)과 혼인했다. 화완옹주의 남편과 어린 딸은 화완옹

그림 23. 서울 미타사 관음보살상, 1769년, 주수완 제공

주가 미타사 관음보살상을 조성한 1769년(영조 45) 이전인 1757년(영조 33)에 모두 사망했다. 1764년(영조 40)에 화완옹주는 정석달의 아들 정후 겸(1749-1776)을 양자로 맞았다. 화완옹주는 사도세자와 대립하면서 그를 뒤주에 갇혀 죽게 하는 데 어느 정도 역할을 했고, 정조가 즉위하기 전에 정후겸과 함께 홍인한과 결탁해 정조를 핍박했다. 이러한 사건으로 화완옹주는 정조가 즉위하자 '정치달의 처[鄭妻]'로 불리며 서인으로

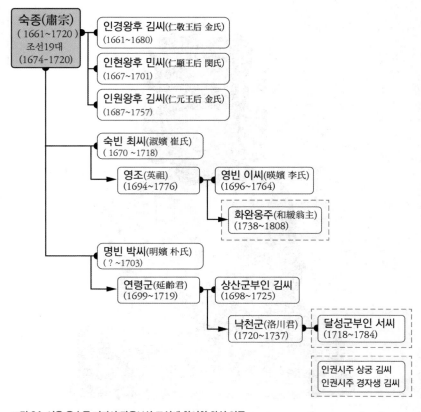

숙종(肅宗)
(1661~1720)
조선19대
(1674-1720)

인경왕후 김씨(仁敬王后 金氏)
(1661~1680)

인현왕후 민씨(仁顯王后 閔氏)
(1667~1701)

인원왕후 김씨(仁元王后 金氏)
(1687~1757)

숙빈 최씨(淑嬪 崔氏)
(1670 ~1718)

영조(英祖)
(1694~1776)

영빈 이씨(暎嬪 李氏)
(1696~1764)

화완옹주(和緩翁主)
(1738~1808)

명빈 박씨(明嬪 朴氏)
(? ~1703)

연령군(延齡君)
(1699~1719)

상산군부인 김씨
(1698~1725)

낙천군(洛川君)
(1720~1737)

달성군부인 서씨
(1718~1784)

인권시주 상궁 김씨
인권시주 경자생 김씨

그림 24. 서울 옥수동 미타사 관음보살 조성에 참여한 왕실 인물

강등되었고, 양자 정후겸은 1776년(정조 즉위년)에 사사되었다.[513]

---

513 박주(2015), 「조선후기 영조의 딸 화완옹주의 생애와 정치적 향배」, 『여성과 역사』 22, 133-160쪽; 이미선(2015), 「1749년(영조 25) 和緩翁主와 부마 鄭致達의 가례」, 『한국사학보』 58, 217-225쪽.

9

화성 용주사 목조석가여래삼불상

화성 용주사 대웅전에는 석가불상·약사불상·아미타불상으로 구성된
삼세불상이 봉안되어 있다. 이 불상은 1790년(정조 14)에 조성된 것으로,
석가불상의 크기는 106.5cm, 약사불상의 크기는 103.5cm, 아미타불상
의 크기는 103.3cm이다(그림 25).

　용주사 삼세불상에 관한 자료로는 「원문(願文)」(1790년), 「용주사불복
장봉안문(龍珠寺佛腹藏奉安文)」(1790년), 「본사제반서화조작등제인방함(本
寺諸般書畵造作等諸人芳啣)」(1825년) 등을 들 수 있다. 이 가운데 「원문」은 왕
실에서 용주사에 하사한 물품 내역, 삼세불상 제작 기간과 불상 및 불화
제작에 참여한 인물 명단, 당시 왕실 구성원의 안녕을 기원하고 있다.[514]

---

514 고은정(2018), 「정조(正祖)의 용주사(龍珠寺) 창건과 불교 미술」, 서울대학교 석사학위논
　　문, 31쪽.

그림 25. 용주사 석가여래삼불좌상, 1790년, 국립중앙박물관 제공

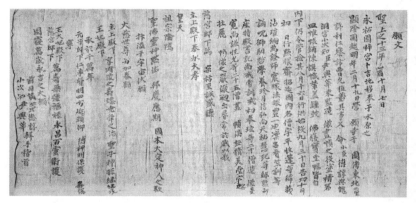

그림 26. 용주사 불상 조성발원문 복사본, 1790년, 출처: 국립중앙박물관

「원문」은 대웅보전 닫집에서 발견되었고, 용주사 창건 때 제작된 불
상과 불화에 관한 정보를 포괄적으로 다루고 있다. 현재는 복사본만 남
아있다(그림 26).

「원문」의 내용은 다음과 같다.

願文
聖上之十三年己酉十月七日
永祐園梓宮卜吉地移奉于水原之
顯隆園越明年二月十九日營 願寺于 園傍東北二里許
利仁察訪曹允植董其事又 命小臣德諄與龍
洞宮小次知臣尹興莘來監造 像畫幀之役塗褙器
皿帷帳鋪陳旗幟輩盖鍾鼓 佛腹寶坐幅皆自
內下仍令管檢其八月十六日行供始役九月三十日告功十月
初 日行點眼齋招延國內名僧宇平性蓬等獮義
沾璀絢爲證師震環法眼豊一廸凜呂贇竺訓等
爲誦呪獅馹哲學養珍月信弘尙天祐慧玘等都監別
座持殿書記尙戒雪訓戒初奉玹等二十僧造 像旻
寬尙謙性允等二十五僧畫 幀俱極精美堂宇之
壯麗 幀像之嚴儼迴出尋常於戲以我
慈宮邸下爲 宗祊至誠盛德
主上殿下奉承大孝
皇天
祖宗陰隲
聖佛靈神默佑 邦慶應期 國本大定神人之歡
抃溢于宇宙伏願
大慈世尊另加眷顧
主上殿下 王妃殿下 享岡陵之壽臻堯舜之治聖子神孫継継承
承於千萬年
元子邸下仁孝賢明四方延頸仰 德神明保護 壽福
寧
王大妃殿 下慈宮邸下 萬壽無疆福祿永昌百靈衛護
園寢萬歲永吉之大願
前司謁黃德諄 小次知尹興莘 拜手稽首

「원문」을 해석하면 다음과 같다.

　　성상(정조)의 13년(1789)인 기유년 10월 7일에 영우원의 재궁을 점쳐 길지로 옮겼는데 수원에 있는 현륭원입니다. 다음 해 2월 19일에 이르러 현륭원 근처 동북 2리(8㎞)에 원찰을 짓기 시작했습니다. 이인찰방(利仁察訪) 조윤식(曹允植)에게 그 일을 감독하게 했습니다. 또 소신(小臣) 황덕순(黃德諄)과 용동궁 소차지(小次知) 신 윤흥신(尹興莘)에게 명령해서 불상을 만들고 탱화를 그리는 일을 위로하고 감독하게 했습니다. 도배지와 그릇, 휘장과 장막, 방석, 깃발, 가마덮개, 범종과 법고, 불복장을 싸거나 불상의 자리에 까는 직물은 모두 궁궐에서 하사했습니다. 곧 그 일을 관리하도록 했습니다.

　　동년 8월 16일에 불상을 조성하는 공사가 잘 되기를 바라며 부처에게 음식을 공양하는 일을 시작했고, 9월 30일에 일이 완성되었습니다. 10월 11일에 점안식을 거행했는데, 국내의 이름난 승려인 우평(宇平)·성봉(性蓬)·등린(等獜)·의첨(義沾)·최현(璀絢)을 불러들여 증사(證師)로 삼았고, 진환(震環)·법안(法眼)·풍일(豊一)·적늠(迪凜)·여찬(呂贊)·축훈(쓰訓) 등을 송경 법사로 삼았습니다. 사일(獅馹)·철학(哲學)·양진(養珍)·월신(月信)·홍상(弘尙)·천우(天祐)·혜기(慧玘) 등을 각각 도감과 별좌, 지전, 서기로 삼았습니다. 상계(尙戒)·설훈(雪訓)·계초(戒初)·봉현(奉玹) 등 20명의 승려는 불상을 만들고, 민관(旻寬)·상겸(尙謙)·성윤(性允) 등 25명의 승려는 탱화를 그렸습니다.

　　모두 정치함과 아름다움을 다했고, 건물의 장엄과 화려함, 탱화와 불상의 큰 위엄은 빛이 나서 보통을 뛰어 넘었습니다. 아아! 우리 자궁저하로 하여금 종묘에 제사를 지내게 했습니다. 정성을 다하

　　　　　1부 조선시대 왕실 발원 불상의 시대 구분

여 덕을 풍성히 지닌 주상전하는 지극히 효도한 하늘과 여러 대에 걸쳐 계속된 임금의 뜻을 받들어 이었습니다. 겉으로 드러나지 않게 성인과 부처, 영험한 신들이 말없이 나라를 돕고 경사스러운 일이 때에 맞게 응하도록 했습니다. 나라의 근본을 잘 정한 신과 인간이 매우 기뻐하여 손뼉을 치는 소리가 전세계에 더할 나위 없이 넘쳐났습니다.

엎드려 대자대비한 부처님께서 특별히 더 돌보아 주시기 바랍니다. 생각하건대 주상전하와 효의왕후는 산등성이와 같이 길게 수명을 누리고, 요순 때와 같이 태평성대의 정치에 이르고 성스럽고 신이한 자손들이 천만년 동안 계속 대를 이었으면 합니다.

원자저하(훗날 순조)는 어질고 효성스럽고 현명하여 사방에서 목을 길게 빼고 몹시 기다리고 우러러 덕스러운 천지신명이 목숨과 복·강녕(康寧)을 돌보아 지켜 주셨으면 합니다.

왕대비전하와 자궁저하는 아무 탈 없이 오래오래 살고 행복이 영원히 번창하고 모든 영혼이 능침(陵寢)을 지키고 만세토록 영원히 길하기를 매우 바랍니다.

전 사알(司謁) 황덕순과 소차지 윤흥신이 두 손을 겹쳐서 땅에 엎고 그 손 위에 머리를 조아려 공손히 절을 합니다.[515]

「원문」에는 불상을 조성한 조각승과 불사의 소임을 맡은 승려에 관한 정보가 있다. 즉, 1790년 8월 16일에 불상을 조성하기 시작해 9월 30일에 마무리 짓고, 10월 11일에 점안식을 거행했다는 것이다. 이때 불사

---

515 국립중앙박물관(2016), 『화성 용주사』, 325쪽.

의 증명으로는 우평·성봉·등린·의첨·최현 등 5명을 삼았다. 이 가운데 의첨은 불상의 복장 원문을 지었다. 또한 송주(誦呪)는 진환·법안·풍일·적늠·여찬·축훈 등 6명이 담당했고, 사일·철학·양진·월신·홍상·천우·혜기 등이 각각 도감, 별좌, 지전, 서기 소임을 맡았다. 조각승으로는 상계·설훈·계초·봉현 등 20명이 동원되었고, 불화승으로는 민관·상겸·성윤 등 25명의 승려가 참여했다.

용주사 불상에 관한 또다른 자료로는 증명으로 참여한 인악 의첨(仁嶽義沾, 1746-1796)이 지은 「용주사불복장봉안문(龍珠寺佛腹藏奉安文)」이 있다. 그 내용은 다음과 같다.

> 龍珠寺佛腹藏奉安文
> 伏以聖恩極隆 便蕃金彩絹縑錢穀之錫賚 法相酷肖 交錯如來
> 菩薩神祇之形儀 自天成之 不日竣也 伏願主上殿下 將南山
> 爲壽睿籌 何止千斯百斯案 東方永寧寶籙 直至於萬於億 王
> 妃殿下 懿範徽音爲赫赫 上帝答以劭齡 聖子神孫之繩繩 下
> 民欽其熙運 元子邸下 膺期而生 續邦家四百年命脉 世德而
> 壽 屬蒼生億萬姓依歸 大妃殿下 慈宮邸下 宇宙垂名 人稱萬
> 古女中堯舜 岡陵齊壽 自致第一天下安寧 顯隆園仙駕 卜吉
> 地而移玄宮 宜無餘憾 傍諸天而資淨福 豈有後艱 須摩提國
> 中 當踐大覺之位 覩史多天上 宜受列眞之朝 先王先王后列
> 位仙駕 鳳輦鸞驂之並驅 遙指蓮花世界 寶柯珍禽之交響 穩
> 聽金仙法門 受賜至此 感恩何極 仰冀玄鑑 俯照丹忱[516]

516『仁嶽集』卷2「龍珠錄」'龍珠寺佛腹藏奉安文'[동국대학교 불교학술원 https://kabc.dongguk.edu].

「용주사불복장봉안문」을 해석하면 다음과 같다.

용주사 부처님 복장에 봉안하는 글

삼가 생각건대 성은이 지극히 높아 많은 금과 채색 비단과 돈과 곡식을 내려주시니 법상에는 여러 여래와 보살과 신령들의 위의가 매우 어울립니다. 하늘이 이 일을 이루어 주시니 짧은 시일에 준공을 보게 되었습니다. 삼가 주상전하께서는 장차 남산 같은 수를 누리시기를 바라오니 운수가 어찌 백 년 천 년에 그치겠습니까? 우리나라의 영원한 안녕을 살피옵건대 국운이 틀림없이 만 년 억 년에 이를 것입니다.

왕비 전하께서는 훌륭한 범절과 덕행이 빛나시니 상제께서 수로써 화답하실 것이며 성스럽고 신령스런 자손이 대대로 이어가니 백성들이 밝은 국운을 우러러 흠모하기를 바라옵니다.

왕자저하께서 때마침 탄생하시어 국가의 4백년 명맥을 이으시니 누대의 덕을 힘입어 장수하시고 억만 창생들이 의지하기를 바라옵니다.

대비 전하와 세자빈 저하는 온 세상에 이름을 드리워 사람들이 만고의 여자 가운데 요순이라고 칭송받으시니 산 같은 수를 누릴 것이며 천하에서 가장 태평한 세월이 저절로 이루어지기를 바라옵니다.

헌릉원의 선가는 길지를 가려 무덤을 옮겼으니 마땅히 여한이 없을 것입니다. 곁에는 하늘의 신장이 있어 맑은 복을 주시리니 어찌 어려움이 있을 수 있겠습니까? 서방 정토 가운데 대각의 자리에 오르시고 도솔천에 오르시어 늘어선 진인(眞人)의 조회 받으시기를 바라옵니다.

또한 선왕과 선왕후의 여러 선가들도 봉황과 난새로 장식한 수레를 타고 연화세계를 멀리 가리키며 진귀한 나무에 진귀한 새가 우는 울림소리 속에서 부처님의 법문을 편안히 들을 수 있기를 바라옵니다.

내려 주심이 이와 같으니 은혜에 감격함이 끝이 없습니다. 우러러 지극한 마음을 살펴주시기를 바라옵고

굽어 지극한 정성을 비추어 주시옵소서.[517]

용주사 창건 때 제작된 불상과 불화와 관련된 인물을 구체적으로 기록한 문서는 「본사제반서화조작등제인방함(本寺諸般書畵造作等題人芳啣)」이다. 그 내용은 다음과 같다.

本寺諸般書畵造作等諸人芳啣
恩重經石板鐵板自內下嘉慶七年六月二十二日奉安 法華經
十件 自全羅道順天松廣寺來引勸僧寶鏡 大雄殿 寶榻後佛
幀三世如來體幀畵員延豊縣監金弘道 三藏幀畵員敏寬 下
壇幀畵員尙謙等 七星閣七星如來四方七星幀畵員敬玉演弘
雪順等 大雄殿丹靑都邊手承傳嘉善敏寬 天保樓都邊手畵
員 江原道三陟靈隱寺八定 極樂大願觀音菩薩造成雕刻畵
員觀虛堂雪訓 西方阿彌陀佛造成雕刻畵員全羅道智異山波

517 인악대사 지음, 전일주·구본섭 번역(2009), 『(팔공산 동화사의 고승)인악대사문집』, 대한불교조계종 동화사, 111-112쪽.

1부 조선시대 왕실 발원 불상의 시대 구분

根寺通政奉玹 東方藥師如來造成雕刻畵員江原道杆城乾鳳
寺通政尙桂 釋迦如來造成雕刻畵員全羅道井邑內藏寺承傳
通政大夫戒初 僧堂都片手平安道香山普賢寺僧義陟 七星
閣都邊手竹山七長寺僧雪岑 仙(禪)堂都邊手江原道杆城乾
鳳寺僧雲朋 樓片手慶尙道永川銀海寺嘉善大夫南漢捻攝快
性 誦經法師瀛波堂豐一 通政大夫竺訓 嘉善大夫宇榮 鐘頭
衍定 證師咸鏡道安邊郡釋王寺雷黙堂等獜 誦經法師影城
堂養珍 證師慶尙道仁岳堂義沾 京畿華藏寺華岳堂最善承
傳通政 證師江原道杆城乾鳳寺大雲堂宇平 通州龍貢寺退
庵堂性蓬承傳通政 佛像造成時僧都監資憲大夫獅馹 正憲
大夫哲學 佛像造成時啓下都監通政大夫黃德順 嘉善大夫
吳興尹 別座通政大夫弘尙518

「본사제반서화조작등제인방함」을 해석하면 다음과 같다.

용주사의 온갖 서화를 조성한 여러 사람의 명단
은중경 석판과 철판은 궁중에서 하사해 가경 7년(1802) 6월 22일
에 봉안했고, 법화경 10건은 전라도 순천 송광사에서 인권승 보
경이 가져왔다. 대웅전 보탑(寶榻)과 후불탱 삼세여래체탱의 화원
은 연풍현감 김홍도이다. 삼장탱을 그린 화원은 민관이며 하단탱
(감로도)의 화원은 상겸 등이다. 칠성각 칠성여래 사방칠성탱의 화

518 權相老 編(1979),『韓國寺刹全書』下, 동국대학교 출판부, 883-884쪽.

원은 경옥·연홍·설순 등이다. 대웅전 단청 도편수는 물려받은 가선대부 민관이며, 천보루 도편수이자 단청을 그린 화원 승려는 강원도 삼척 영은사의 팔정이다.

극락대원전 관음보살상을 조성한 화원은 관허당 설훈이다. 서방아미타불상을 조각한 화원은 전라도 지리산 파근사의 통정대부 봉현이다. 동방약사여래를 조성한 화원은 강원도 간성 건봉사의 통정대부 상계이다. 석가여래를 조성한 화원은 전라도 정읍 내장사의 물려받은 통정대부 계초이다.

승당의 도편수는 평안도 묘향산 보현사의 승려 의척이며, 칠성각 도편수는 죽산 칠장사의 승려 설잠이다. 선당 도편수는 강원도 간성 건봉사의 승려 운봉이며 누각의 편수는 경상도 영천 은해사의 가선대부 남한총섭 쾌성이다.

송경법사는 영파당 풍일과 통정대부 축훈, 가선대부 우영이다. 종두는 연정, 증사는 함경도 안변군 석왕사의 뇌묵당 등린이다. 송경법사는 영성당 양진이고, 증사는 경상도 인악당 의첨, 경기 화장사 화악당 최선인데 물려받은 통정대부이다. 증사는 강원도 간성 건봉사의 대운당 우평과 통주 용공사의 퇴암당 성봉인데 물려받은 통정대부이다.

불상을 조성할 때 승려 도감은 자헌대부 사일과 정헌대부 철학이다. 불상을 조성할 때 조정으로부터 임명을 받은 도감은 통정대부 황덕순과 가선대부 오흥윤이다. 별좌는 통정대부 홍상이다.[519]

---

519 국립중앙박물관(2016), 『화성 용주사』, 321쪽.

용주사 불상에 관한 자료 가운데 가장 구체적인 사항을 기록하고 있는 것은 「본사제반서화조작등제인방함」이다. 이 자료에는 용주사에 봉안한 불상과 조각승을 자세히 전하고 있다. 극락대원전 관음보살상은 관허당 설훈이 조성했다. 대웅전 아미타불상은 지리산 파근사 승려 봉현이, 동방약사불상은 간성 건봉사 승려 상계가, 석가불상은 정읍 내장사 승려 계초가 조성한 사실을 밝히고 있다.

경기도 화성에 위치한 용주사는 대한불교조계종 제2교구 본사로 효행의 본산이라 일컬어지는 절이다. 용주사는 효심이 깊었던 정조대왕(1752-1800)이 아버지 사도세자(1735-1762)를 위한 능침사찰로 창건한 사찰이기 때문에 '효의 사찰'이라는 이름을 얻었다. 용이 여의주를 물고 승천하는 꿈을 꾼 정조는 아버지의 능침 사찰을 용주사(龍珠寺)로 정했다.

용주사는 억불숭유 정책을 내세운 조선시대에 오대산 상원사와 함께 명실상부한 왕실의 원찰이었다. 정조가 사도세자로 잘 알려진 아버지 장헌세자의 무덤을 이장한 것을 계기로, 짧은 공사 기간을 거쳐 1790년(정조 14)에 건립되었다. 용주사는 왕실의 원찰이자 왕의 능침을 관리하고 명복을 비는 재를 지내는 능사(陵寺)의 역할을 수행하는 사찰로서 전체 조영을 계획해 새롭게 창건한 절이라는 점에서 의의가 크다.

정조대왕이 살았던 18세기 조선은 임진왜란과 병자호란을 겪은 사대부 중심 사회에 대한 대대적인 혁신을 필요로 하였다. 정조는 개혁에 대한 사회적 요구를 강력하게 실현시키고자 왕권 강화 정책을 펴 나갔고, 그 명분을 효에서 찾았다. 그는 비극적으로 세상을 떠난 아버지 사도세자를 위해 양주 배봉산에 있던 묘를 경기도 수원 화성 근처 현륭원(융릉)으로 옮기고, 여러 차례 능행(陵行)을 갔다. 또한『대부모은중경』과『오륜행실도』를 간행했다.

이러한 일련의 정책은 한편으로는 효라는 대의명분을 강조하여 보
수적인 세력이 왕권 강화에 반발하지 못하도록 견제하기 위한 것이었
고, 다른 한편으로는 정조 자신의 정통성과 아버지에 대한 효심을 반영
한 것이었다.[520]

정조는 능행 때마다 용주사를 찾았을 것이다. 용주사를 세운 지 6년
후인 1795년(정조 19)에 정조는 부처께 손수 복을 비는 〈어제화산용주사
봉불기복게(御製花山龍珠寺奉佛祈福偈)〉(그림 27)를 지었다. 성리학을 지배
이념으로 한 조선시대에 국왕이 부처께 복을 비는 게를 짓고 이를 책으
로 간행한 것은 정조가 유일하다. 그는 〈기복게〉에서 자신을 소자(小子)
로 지칭해, 게를 지어 바치는 대상이 부처인지 아버지인지를 모호하게
했다. 부모가 길러 주신 은혜가 있으니 부모를 공양하는 것이 은혜에 보

---

[520] 김준혁(2020), 「정조시대 龍珠寺 創建과 정치적 활용」, 『지방사와 지방문화』 23(2), 7-39쪽.

1부 조선시대 왕실 발원 불상의 시대 구분

답하는 복전(福田)이라고 하면서, 게를 작성하는 목적이 돌아가신 아버지를 공양하고자 하는 것임을 밝히고 있다.[521]

용주사 삼세불상의 가장 큰 특징은 삼불상의 모습이 각기 다르다는 점이다. 그 이유는 삼불상을 조성한 조각승이 달랐기 때문이다. 대웅보전 닫집에서 발견된 「원문」과 「본사제반서화조작등제인방함」에는 조각승에 관한 정보가 담겨 있는데, 전자에는 불상 조성에 상계(尙戒)·설훈(雪訓)[522]·계초(戒初)·봉현(奉玹) 등 20명의 조각승이 참여했다고 기록되어 있다. 후자에는 본존인 석가불상은 정읍 내장사 계초가, 아미타불상은 지리산 파근사 봉현이, 약사불상은 간성 건봉사 조각승 상계가 조성했다고 기록되어 있다. 「본사제반서화조작등제인방함」에는 조각승의 거주지에 관한 내용까지 구체적으로 언급되어 있다.

석가불상을 조성한 조각승 계초와 아미타불상을 제작한 조각승 봉현은 전라도 지역에서 활발하게 활동했던 상정(尙淨)을 계승한 유파로 생각된다. 용주사 삼세불상은 왕실 주도로 단기간에 완료해야 했던 불사였기 때문에 강원도와 전라도 등 전국에서 활동한 조각승들이 참여했던 것이다.[523] 「원문」에 의하면 불상은 8월16일부터 조성하기 시작해 9월30일에 완성했고, 10월 초에 점안식을 거행했다고 한다. 용주사 삼세불상은 세 명의 수조각승이 개성적인 조형 감각으로 각자의 기량을 발휘한 당대 최고의 불상이다.

---

521 국립중앙박물관(2016), 「內賜 佛書와 量案」, 『화성 용주사』, 167-17쪽.

522 최학(2012), 「조선후기 화승 관허당 설훈(寬虛堂 雪訓) 연구」, 『강좌미술사』 39, 189-212쪽; 최선일(2015), 「가평 현등사 금동지장보살좌상과 설훈」, 『인문과학연구』 44, 389-409쪽.

523 최선일(2003), 「용주사 대웅보전 목조석가삼존불상과 조각승 - 戒初比丘를 중심으로」, 『동악미술사학』 4, 73-87쪽.

10

서울 미타사 금보암
금동관음보살좌상 중수

서울 옥수동 미타사 금보암에는 조선 초에 조성된 금동관음보살상이
봉안되어 있다(그림 28). 관음보살상 밑면에는 개금중수발원문이 부착되
어 있었다. 개금중수발원문은 1862년(철종 13, 同治 원년)에 작성되었으며,
한지에 붉은 글씨로 쓰여 있다(그림 29).

미타사 금보암 관음보살상 중수발원문 내용은 다음과 같다.

○○○觀音願文
經云應無所主以生其心此心卽是今畨化主比丘尼
處錦義沾䓁菩提之心也敬請良工今月初八日
神供二十日畢功奉 安于終南山彌陀寺白
蓮菴而願以此功德普及於一切我等與衆生當

그림 28. 서울 미타사 금보암 금동관음보살좌상,
조선 초, 1862년 중수, 주수완 제공

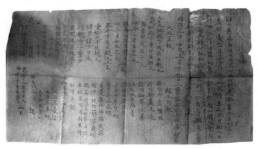

그림 29. 서울 미타사 금보암 금동관음
보살상 중수발원문, 1862년,
심주완 제공

生極樂國同見無量壽皆共成佛道
同治元年壬戌三月十九日三寶弟子比丘永善謹書

大施主秩
大王大妃殿下戊辰生趙氏
王大妃殿下辛卯生洪氏
尙宮甲戌生千氏
坤命乙酉生李氏

乾命乙巳生趙氏 兩主
坤命癸卯生李氏
乾命丁亥生趙氏 兩主
童女戊午生趙氏
信男信女白衣
檀越童子童女
見聞隨喜結緣等
都監 河月瑞念
鐘頭 比丘度欣」比丘永祥」
供司 比丘德演」 漢平」 應憲」
淨桶 信士法園

緣化所秩
證明 印虛惟性
證明 松巖大遠
證明 桐菴永善
誦呪 比丘尙善
持殿 明鏡亘照
金魚 中峯慧皓
片手 金谷永環」 宥運 法仁 玅諶 戒眞」 瑨燁 珉性 基奭 應
　　碩」 聰崙 宥喜 世童 斗燁」 奉鑑 道性 斗欽 戒順」
　　和演 道誼」
化主 比丘尼 處錦」 比丘尼 義沾」 比丘尼 奉珉」 童女 보
　　동이」
供司 比丘尼 永諿
乾命 乙酉生方氏
坤命 甲申生崔氏 兩主

　　　　　　　　　1부 조선시대 왕실 발원 불상의 시대 구분

그림 30. 서울 미타사 금보암 금동관음보살상 중수발원문의 대시주질, 1862년, 심주완 제공

미타사 금보암 관음보살상 중수하는 데 왕실에서는 신정왕후 조씨 (1809-1890)와 효정왕후 홍씨(1831-1904)가 대시주자로 참여했다(그림 30). 이 보살상의 개금·중수는 중봉 혜호가 맡았고 금곡 영환이 2위로 동참했다. 오대산 상원사 제석천상도 1862년에 중수되었는데 금곡 영환이 수화승을 맡고 있다.[524]

신정왕후 조씨와 함께 미타사 금보암 관음보살상 중수에 참여한 풍양 조씨 가의 인물로는 조영하(趙寧夏, 1845-1884) 부부를 들 수 있다. 조영하는 신정왕후의 남동생 조병기(趙秉夔, 1821-1858)의 양자로, 풍양 조씨 분암(墳庵)인 남양주 견성암 산령각 석가삼존십육나한도(1882년)를 조성하는 데도 시주했다. 조영하는 신정왕후 조씨가 안동 김씨와 세력 다툼을 할 때 중심적인 역할을 했던 인물이다.[525] 신정왕후 조씨는 서울 미타사 근처인 쌍호정 사저에서 탄생했기 때문에, 미타사 금보암 관음 보살상 중수하는 데 친정 조카와 함께 참여한 것으로 추정된다.

---

524 유근자(2021), 「오대산 상원사 문수전 목조제석천상의 연구」, 『선문화연구』 30, 281-282쪽.
525 유근자(2021), 「풍양 조씨 분암(墳庵)과 남양주 견성암의 불상」, 『한국불교학』 100, 176쪽.

11

서울 흥천사 약사불상

흥천사 석조약사불상은 1829년(순조 29)에 조성된 사실이 복장 조사를 통해 밝혀졌다. 함께 봉안되어 있는 석조아미타불상과 석조지장보살상은 약사불화의 화기 및 양식 비교를 통해 1829-1847년 사이에 조성된 것으로 밝혀진 바 있다(그림 31).[526] 그러나 아미타불상과 지장보살상 역시 약사불상과 함께 조성된 것으로 분석하고자 한다.

필자는 2016년에 흥천사 약사불상의 복장 조사를 했다. 조사 결과 석조약사불상 밑면에서 조성발원문(1829년) 1점과 개분원문(改粉願文, 1853년, 1871년) 2점이 겹쳐진 채로 부착되어 있는 것을 확인했다. 불상에서 분리된 후에도 3점의 조성발원문과 중수발원문은 서로 중첩되어 있어 보존 처리가 필요했다. 흥천사 약사불상 밑면에서 수습된 3점의 자

---

526 유근자(2017), 「흥천사의 조선후기 불교조각」, 『강좌미술사』 49, 82쪽.

그림 31. 흥천사 노전 지장보살상(좌), 석조약사불상(중), 석조아미타불상(우), 주수완 제공

료는 보존 처리 후에야 비로소 원문을 조사할 수 있었다.

흥천사 약사불상에 대해서는 제2부 제8장에서 다루었기 때문에 여기서는 시주자만 서술하고자 한다. 흥천사 석조약사불상은 순조(1790-1834, 재위 1800-1834)의 비 순원왕후 김씨(純元王后 金氏, 1789-1857)가 발원해 조성했다. 순조와 순원왕후 소생의 장녀 명온공주(明溫公主, 1810-1832)와 동녕위 김현근(金賢根, 1810-1868) 부부, 아버지 김조순(金祖淳, 1765-1832), 상궁 서씨 등이 시주자로 참여했다.

12

맺음말

조선 후반기 제2기에도 영조, 정조, 그리고 순조 비 순원왕후에 의한 왕실의 불사가 지속되었다. 이들은 조선왕조에서 강력한 왕권을 유지했거나, 왕실에서 가장 높은 위치에 있었던 인물들이다. 국왕과 왕비에 의한 사찰의 창건과 불상의 조성 그리고 왕실과 관련된 원찰의 고불(古佛) 중수가 이 시기에 있었다.

조선 후반기 제2기의 왕실 발원 불상은 다음과 같은 특징을 갖고 있다. 첫째 국왕에 의한 불상의 중수가 이루어진 점이다. 영조는 왕위에 오르기 전 매년 삼전하의 탄신일에 축원을 하는 원당으로 파계사를 지정하였다. 영조는 1740년(영조 16) 파계사 관음보살상 중수 때 청색 비단 상의 1벌을 불복장으로 시주했다. 이때 정성왕후, 사도세자, 영빈 이씨, 화평옹주 부부가 동참했다.

영조는 화평옹주의 극락왕생을 위해 영조의 장손이며 정조의 동복

1부 조선시대 왕실 발원 불상의 시대 구분

형인 의소(懿昭, 1750-1752) 세자의 원당이었던 봉원사를 1748년(영조 24)에 현재의 위치로 옮겨 지었다. 이때 사찰에 땅과 봉원사 현판 친필을 하사했다. 조선의 왕은 표면적으로는 불사에 적극적이지 않았지만, 조선 전기의 세조 그리고 조선 후기의 영조와 정조는 적극적이었다. 왕권을 강화하고자 했던 왕들은 유학자들의 비판에 동요되지 않고 불사에 동참한 것으로 여겨진다.

둘째, 국왕에 의한 불상 조성이 직접 이루어진 점이다. 정조는 아버지 사도세자의 능을 화성으로 옮기고 능침사찰로 용주사를 창건했다. 용주사의 주불로는 석가불상·약사불상·아미타불상으로 구성된 삼세불상을 1790년(정조 14)에 조성했다. 18세기에 접어들면서 불상 조성은 전반적으로 쇠퇴했지만, 용주사 삼세불상은 국왕이 직접 발원한 불상이라는 점에서 중요하다. 용주사 삼세불상은 당대 최고의 조각승들이 참여하여 조성한 18세기 말 대표적인 왕실 불사였던 것이다.

셋째, 왕비가 왕실의 안녕과 병 치유를 위해 흥천사의 약사불상을 조성한 점이다. 흥천사 약사불상은 순조·효명세자·세손의 치병을 위해 순원왕후가 아버지 김조순과 함께 조성했다. 약사불상과 함께 봉안된 지장보살상과 아미타불상은 1828년(순조 28)에 사망한 순원왕후의 어머니 청양부부인 심씨와 1829년(순조 29)에 요절한 영온옹주의 극락왕생과 영가천도를 발원한 것으로 추정된다.

넷째, 영조와 영빈 이씨 소생인 사도세자와 혜경궁 홍씨, 화평옹주와 박명원 부부에 의한 불상의 중수 불사가 주목된다. 영조의 후궁 영빈 이씨, 그의 아들 부부인 사도세자와 혜경궁 홍씨, 딸 부부인 화평옹주와 박명원은 1747년(영조 23)에 보은 법주사 비로자나삼불좌상을 개금·중수했다. 화평옹주와 금성위 박명원 부부는 17세기 조각승 현진 작으로 추정되는 양주 불암사 석가불상을 1743년(영조 19)에 개금·중수했다.

다섯째, 왕실 종친의 시주와 내탕금 등으로 새롭게 불상이 조성된 점 역시 주목된다. 조선 후반기 제2기에 왕실과 관련된 불상으로 서울 봉은사 사천왕상(1746년), 인제 백담사 아미타불상(1748년), 서울 미타사 관음보살상(1769년) 등이 있다. 서울 봉은사 사천왕상은 1746년(영조 22)에 조성되었는데, 선조의 7남 인성군의 증손자인 능창군 부부가 시주자로 참여했다. 1748년(영조 24)에 조성된 인제 백담사의 아미타불상은 복장에서 저고리가 발견되었고, 영조·정성왕후·사도세자 등의 장수를 기원하며 조성되었다. 상궁으로 추정되는 여성들이 대시주자로 참여했다. 서울 미타사 관음보살상(1769년)을 조성하는 데 참여한 왕실 인물은 화완옹주와 달성군부인 서씨 등이다. 낙천군 부인 달성군부인 서씨는 서울 사자암 아미타불상을 중수(1744년)하는 데도 대시주자로 참여했다.

조선 후반기 제2기에는 새로 불상을 조성하지 않고 각처의 사찰에서 영험하다고 소문난 존상을 도성 근처의 원찰로 이안해 봉안하는 경우가 눈에 띈다. 대표적으로 1877년(광무 3)에 왕실의 안녕과 황손들의 무병장수 및 극락왕생을 위해 황해도 배천 강서사의 지장삼존상과 명부 권속을 화계사로 이운한 것을 들 수 있다. 이때 신정왕후(1808-1890)가 주도적인 역할을 하였다. 또 다른 예로는 1907년에 순종의 즉위를 기념해 완주 묘련암 관음보살상(1645년 작)을 양주 불암사로 이안한 것을 들 수 있다.

고종·순조·영친왕 등을 위한 사찰의 불사에는 구한말 관료였던 강재희(姜在喜, 1860-1931)의 역할이 크다. 그는 서울 수국사와 불암사의 불화를 조성하고 불상 개금을 주도했으며 1천여 권에 달하는 불경도 간행

1부 조선시대 왕실 발원 불상의 시대 구분

했다.[527] 강재희의 아들 강윤회는 인수사와 자수사에 봉안되었던 지장암 비로자나불상을 광주 봉국사에서 옮겨온 인물이다.

---

[527] 이상백(2016), 「강재희(姜在喜)의 불서 간행에 대한 고찰」, 『불교학보』 77, 253-281쪽.

조선시대 왕실 발원 불상의
복장 유물과 조성·중수발원문의 분석

1장

강릉 보현사
목조문수보살좌상의
복장 유물과
중수발원문의 분석

1

머리말

강릉 보현사(普賢寺)의 목조문수보살좌상은 현재 부속 전각인 보현당 (만월당)에 주불로 봉안되어 있으며, 사찰에서는 보현사의 절 이름과 연 관시켜 보현보살상으로 신앙해 오고 있다.[01] 이 보살상은 2011년에 대 한불교조계종 총무원 문화부에서 복장 조사를 한 후 복장 유물과 함께 2015년 3월 6일에 시도유형문화재 제173호로 지정되었다.

보현사 목조문수보살좌상[02]의 복장 유물은 2018년에 재조사를 하 였는데, 후령통을 감싼 황초폭자 안에서 청색 비단에 홍서(紅書)된 중수

---

01 1932년에 조선총독부에 보고된 보현사 사찰재산 목록에는 목조보살좌상에 관한 내용은 없지만[『조선총독부관보』 1932년 1월 22일자 기록], 사찰에서는 오래전부터 보현보살상 으로 모셔 오고 있다.

02 이 보살상은 2021년 12월 22일에 '강릉 보현사 목조문수보살좌상'으로 보물로 지정되었기 때문에 이 명칭을 사용하고자 한다.

발원문(1599년, 선조 32)이 수습되었다. 보현사 목조문수보살좌상의 중수 발원문은 오대산 상원사 목조문수동자좌상(1466년, 세조 12)의 중수발원 문과 거의 같다. 상원사 목조문수동자좌상의 중수발원문은 1984년 복 장 조사를 통해 이미 밝혀진 바 있다.[03] 오대산 상원사 목조문수동자좌 상은 1466년에 세조의 딸 의숙공주(懿淑公主, 1441-1477)와 정현조(鄭顯 祖, 1440-1504) 부부가 조성하였고, 1599년에 중수되었다. 상원사 목조문 수동자좌상 중수발원문에는 "童子文殊一尊 老文殊一尊"이라는 내용이 있고, 보현사 목조문수보살좌상의 중수발원문에는 "老文殊佛像一尊 童 子文殊像一尊"으로 기록되어 있다.

일찍이 학계에 소개된 상원사 목조문수동자좌상의 중수발원문과 최 근에 발견된 보현사 목조문수보살좌상의 중수발원문 내용 가운데 주목 을 끄는 것은 바로 '童子文殊'와 '老文殊'에 대한 기록이다. 따라서 본 논문에서는 2018년에 조사된 보현사 목조문수보살좌상의 복장 유물을 소개하고, 그동안 학계에서 주목하지 않았던 '동자문수'와 '노문수'가 기록된 중수발원문의 내용을 분석하고자 한다. 또한 상원사 목조문수동 자좌상과의 복장 유물 비교를 통해 보현사 목조문수보살좌상의 금속제 후령통과 황초폭자의 제작 시기와 주체, 1599년에 납입한 것으로 추정 되는 천으로 만든 후령통 관련 유물 등을 고찰하고자 한다. 마지막으로 두 보살상 중수에 참여한 승려들의 활동을 문헌 기록, 불상조성기, 불서 의 간기(刊記) 등을 통해 분석하고자 한다.

상원사는 세조의 원찰로 중창되었고 세조의 딸 의숙공주 부부가 목

---

03 문화재관리국(1984), 『上院寺 木彫文殊童子坐像 調查報告書』; 박상국(1984), 「上院寺 文 殊童子像 腹藏發願文과 腹藏典籍에 대해서」, 『한국불교학』 9, 79-100쪽; 홍윤식(1984), 「朝鮮初期 上院寺文殊童子像에 대하여」, 『고고미술』 164, 9-22쪽.

조문수동자좌상을 조성하였기 때문에 1599년의 상원사 목조문수동자 좌상과 보현사 목조문수보살좌상의 중수도 왕실과 관련된 것으로 짐작된다. 1599년은 선조(1552-1608, 재위 1567-1608)와 인빈 김씨(仁嬪 金氏, 1555-1613) 사이의 3녀인 정숙옹주(貞淑翁主, 1587-1627)가 동양위 신익성 (東陽尉 申翊聖, 1588-1644)과 혼인한 해이기 때문에 이와 관련된 불사일 가능성이 있다. 정숙옹주 영가는 1645년(인조 23)에 상원사 목조제석천 상을 중수할 때 시주자로 참여하였고, 그녀의 남편 신익성 역시 상원사 의 승려와 교유하고 있기 때문이다.

2

보현사 목조문수보살좌상의 현상 및 특징

보현사는 강원도 강릉시 성산면 보광리 보현길 396에 위치하고 있으며, 대한불교조계종 제4교구인 월정사의 말사이다. 보현사의 창건에 대해서는 정확히 알 수 없지만 650년에 자장율사에 의해 창건된 것으로 전해지고 있다. 2005년 강원문화재연구소에서 사찰 동측의 식당 및 선원 예정 부지를 발굴 조사한 결과, 10세기 경에 제작된 것으로 보이는 해무리굽 청자편과 금동풍탁 11점, 그리고 조선시대의 분청사기와 백자편 등이 다수 출토되었다.[04] 보현사는 강릉 지역에 큰 세력을 형성했던 굴산산문의 2조 낭원대사(朗圓大師, 834-930)[05]가 주석하고 입적한 사찰이

---

04 강원문화재연구소·보현사(2007), 『江陵 普賢寺 食堂 禪院 新築敷地內 遺蹟』, 104-109쪽.

05 홍성익(2015), 「신라말 江原地域 禪宗의 전래와 정착과정 − 考古資料 檢討를 겸하여」, 『신라사학보』 33, 233쪽.

그림 1. 강릉 보현사 낭원대사탑비와 탑, 고려 초

기 때문에 굴산사(崛山寺)와 함께 강릉 지역의 대표적인 사찰이었다. 이를 입증하는 자료는 강릉 보현사 낭원대사탑과 강릉 보현사 낭원대사탑비(940년)를 들 수 있다(그림 1).

보현사의 주불전은 대웅보전으로 불전에는 1691년(숙종 17)에 조성된 석조아미타삼존상이 봉안되어 있다(그림 2). 대웅전은 석가여래상을 주존으로 봉안한 불전인데, 아미타삼존상을 봉안했음에도 대웅보전으로 한 것은 20세기에 개칭된 것으로 보인다. 「보현사중수기(普賢寺重修記)」(1860년, 철종 11)에 의하면 승려 화곡이 보현사 법당을 중수할 당시에는 법당 안의 불상을 아미타불상으로 인식하고 있기 때문이다.[06] 보

---

06 「普賢寺重修記」(1860년). "曾有鏡波禹鴻 …… 一自乙酉 鬱攸之後 風花有盛衰之理 空門爲寂滅之墟 如來佛像無庇雨之地 阿陀甁鉢 若浮雲之散".

　　　　2부 조선시대 왕실 발원 불상의 복장 유물과 조성·중수발원문의 분석

그림 2. 보현사 대웅전과 아미타삼존상, 1691년

현사 대웅보전의 삼존상이 아미타불상임을 알 수 있는 자료로는 「미타
계첩(彌陀稧帖)」(1719년, 오죽헌시립박물관 소장)[07]과 「보현사중수기」(1860년)
등을 들 수 있다.

　1794년(정조 18)에 보현사에서 주조된 범종은 현재 월정사 강릉포교
당인 관음사에 소장되어 있다. 사찰 입구에는 조선 후기에 건립된 승탑
20기가 현존하고 있어, 이 시기 번창했던 보현사의 규모를 짐작할 수 있
다. 보현사의 창건에 대한 기록은 1788년(정조 12)에 강릉 부사 맹지대(孟

07　이규대(1998), 「江陵 國師城隍祭와 鄕村社會의 變化 – 鄕吏層의 彌陀契를 中心으로」,
　　『역사민속학』 7, 117-122쪽; 임호민(2015), 「조선시대 향촌조직 결성의 양상과 추이 고
　　찰 – 강릉지방의 사례를 중심으로」, 『강원사학』 27, 93-121쪽; 전제훈(2019), 「朝鮮 小氷
　　期 彌陀生命思想 연구 – 강릉 보현사 미타계를 중심으로」, 『원불교사상과 종교문화』 79,
　　177-213쪽. 「미타계첩」은 보현사 향도(香徒) 조직인 미타계의 계첩으로, 「彌陀稧座目」
　　(1719), 「彌陀稧員四祖列錄」(1908), 「彌陀稧僊案」(1908년) 등 3책으로 구성되었다. 보현
　　사 미타계의 목적은 죽은 사람들의 혼을 달래는 망혼재(亡魂齋)인데, "계원들이 쌀을 내고
　　콩을 거두어 보현사의 승사(僧舍)에 비축해 망혼재를 지내는 재원으로 삼아 널리 은혜를
　　베풀고자 함이다."라는 글을 통해 미타왕생을 목적으로 하고 있음을 알 수 있다. 「미타계서
　　문」(1719)에 의하면 "명주 관내 대관령 동쪽에 산과 물이 좋은 언덕에 이르러서 고을 서쪽
　　30리에 자리 잡은 만월산 아래 한 사찰을 개척하고 불상을 모셨다."는 기록이 있고, "우리
　　고을 사람들이 대부분 미타를 존숭하여 한결같은 마음으로 보시하는 단월이 되었다."는 사
　　실을 통해 현재 보현사 대웅전의 석조아미타삼존상이 미타계의 원불(願佛)로 조성되었음
　　을 알 수 있다.

至大)가 편찬한『임영지(臨瀛誌)』「사찰(寺刹)」조에서 찾을 수 있다. 이에 의하면 "문수보살과 보현보살이 돌로 된 배를 타고 바다를 넘어 보현사로 왔으며 한송사와 더불어 일시에 세워졌다."[08]고 기록되어 있다.『임영지』의 기록은 보현사가 예로부터 보현보살과 문수보살을 모신 사찰이었음을 알려준다.

보현사는 1825년(순조 25)에 경파(鏡波)·우홍(禹鴻) 스님이 중창하였지만 곧 폐허가 되었고, 그 후 불·보살상이 비를 피할 수 없게 되어 우바새 몇 명이 초막을 짓고 지냈다. 그 후 화곡(華谷) 스님이 제자들과 함께 부사 유후조(柳厚祚, 1798-1876)의 지원과 신도 최대기(崔大紀)의 시주에 힘입어 1855년 2월에 불사를 시작해 그해 8월에 마무리하였다.[09]

보현사 목조문수보살좌상은 전체 높이 70cm, 무릎 폭 42.5cm의 중형 보살상으로 보관과 대좌는 새로 조성한 것이다(그림 3). 두 어깨가 좁고 상체가 긴 세장형의 불신(佛身)으로 고개를 앞으로 내밀고 있다. 고려 말 조선 초에 조성된 존상에 비해 고개를 지나치게 앞으로 숙이고 있는 것은 동자문수상의 '동자'와 대비되는 개념으로 '노승'의 이미지를 한 노문수보살상으로 표현하려고 한 의도로 짐작된다. 상호는 길고 갸름한 형태이며 눈꼬리는 위로 치켜 올라가 있다. 백호공(白毫孔)은 커다랗고 긴 코의 콧방울은 입체적이며, 입은 작고 턱 아래에는 이중 턱이 표현되

08 『臨瀛誌』「寺刹」. "文殊普賢石舟越海而來盖與寒松寺一時並立也".

09 「普賢寺重修記」(1860년). "一自乙酉 鬱攸之後 風花有盛衰之理 空門爲寂滅之墟 如來佛像無庇雨之地 阿陀瓶鉢 若浮雲之散 孰料靈眞窟宅 返爲空曠世界也 優婆若干人 遂搆草廬 僅經三紀 上雨旁風 非一木之可支 而華谷上人餘一二高足悉心經紀 然 事大力綿 區劃無策矣 何幸柳侯厚祚來守是邦 公退之餘 好遊山水 一登此寺 顧瞻容嗟 華谷之控告 乞憐期於重建 故俯矜其訴 拔列指揮 一瓦之覆 一石之運 官令先資民力 是賴且大 崔君大紀 雖無半山之許捨 特憐福地之荒廢 多般惜劃 實蒙腆念 始役於乙卯二月 訖功御同年孟秋六朔之間 一新其成".

그림 3. 보현사 목조문수보살좌상, 고려 말 조선 초

___

었다. 목에는 삼도가 균등하게 표현되어 있다.

　머리 위의 보계(寶髻)는 별도로 조성해 삽입하였고, 보계의 정면에는 보계를 묶은 장식을 표현하였다. 보관을 쓴 머리 안쪽은 소발(素髮)로, 보관 아래 정면의 발제선(髮際線)과 측면은 반원형으로, 머리 뒷면은 좌우 대칭으로 머리카락을 표현하였다. 보현사 목조문수보살좌상의 보계 아래 높이 솟은 반원형의 민머리(그림 4)는 1466년 작으로 추정되는 상원사 목조제석천상(그림 5)[10] 보다는 약간 높고, 1199년 경에 조성된 안동 봉정사 목조관음보살상(그림 6)의 민머리보다는 상당히 높다. 보계 아래 민머리의 표현 방식은 상원사 목조제석천상과 좀 더 유사한 것을 알 수 있다.

　귀 앞으로 흘러내린 머리카락은 귓불 위에서 두 가닥으로 뒤로 넘겨져 뒷면의 머리카락과 연결되었다. 귓불을 따라 아래로 내려온 보발(寶

___

10　유근자(2021), 「오대산 상원사 문수전 목조제석천상의 연구」, 『선문화연구』 30, 251-304쪽.

그림 4. 강릉 보현사
목조문수보살좌상,
고려 말 조선 초

그림 5. 상원사 목조제석천상,
1466년 추정, 월정사
성보박물관 제공

그림 6. 안동 봉정사 목조관
음보살좌상, 1199년,
출처: 문화재청

髮)은 어깨 위에서 매듭을 지어 좌우로 흘러내리는 것이 일반적인 보살
상의 머리카락 표현인데, 보현사 목조문수보살좌상의 보발은 중수 때
제거한 것으로 추정된다. 이와 유사한 표현으로는 경주 기림사 건칠보
살반가상(1501년)을 들 수 있다. 고려 말 조선 초기에 제작된 보살상의 경
우 머리카락은 어깨 위까지 내려오고 전신에 장신구를 표현하는 것이 일
반적인 데 비해, 보현사 목조문수보살좌상은 이 같은 표현을 모두 생략
하였다. 귀에는 귀걸이를 하고 있는 것으로 보아 몸에도 장신구를 착용
하였을 것으로 짐작되지만, 후대에 수리하면서 제거했을 가능성도 있다.
　착의법은 두 어깨를 덮는 부견의(覆肩衣)11 위에 대의(大衣)를 걸친

11　어깨를 덮는 옷에 대해 편삼(偏衫)과 부견의(覆肩衣)로 보는 학설이 있는데, 필자는 부견

그림 7. 보현사 목조문수보살좌상 뒷면(좌)과 흑석사 아미타불상 뒷면(우)

변형 우견편단식이다. 대의 자락은 오른 어깨를 감싸고 오른 겨드랑이를 지나 다시 왼쪽 어깨 뒤로 넘겨졌는데, 등 뒤 중앙 부근까지 대의의 끝자락이 내려오고 있다. 영주 흑석사 목조아미타불상(1458년)의 등 뒤 대의 자락보다도 길이가 짧은 것을 확인할 수 있다(그림 7). 두 어깨를 덮은 부견의(覆肩衣) 자락은 대의 속으로 삽입되었으며, 넓게 열린 가슴 아래의 승각기 끝단은 2단의 가로 주름으로 표현되었다. 승각기 끝단 아래에 표현된 군의(裙衣)를 묶은 띠 매듭은 대칭적으로 조각하여 처리한 점이 주목된다. 왼쪽 어깨 위에는 대의를 고정시킨 금속형 구뉴(鉤紐, 그

의로 보는 설이 타당하다고 여겨 송은석의 논문을 참고하였다. 송은석(2020), 「慶州 南山 三陵溪 第2寺址 石造佛坐像의 服制와 着衣法」, 『미술사학』 41, 7-37쪽.

그림 8(좌). 보현사 목조문수보살좌상의 구뉴, 고려 말 조선 초
그림 9(우). 지장보살도의 구뉴, 고려(14세기), 일본 네즈미술관(根津美術館), (사)한국미술사연구소 제공

림 8)[12]가 있는데 이 같은 구뉴는 13-14세기에 조성된 고려 불화 속 수
행자 모습을 한 지장보살상(그림 9)을 비롯해 조선 전기 지장보살상에서
도 지속적으로 표현되었다. 양감이 풍부한 가슴의 표현은 청양 운장암
금동보살좌상(14세기), 조선 초에 제작된 문경 대승사 금동관음보살좌
상, 상원사 목조문수동자상(1466년), 양양 낙산사 건칠관음보살좌상 등
에서도 나타나고 있다.[13]

---

[12] 송은석(2020), 위의 논문, 28-29쪽.

[13] 조선 전기의 불교조각에 대한 연구로는 다음의 것을 참조할 수 있다. 문명대(2003), 「조선
전반기 조각사론」, 『高麗·朝鮮 佛敎彫刻史 硏究』, 예경, 306-327쪽; 최소림(2000), 「흑석
사 목조아미타불좌상 연구 : 15세기 불상 양식의 일이해」, 『강좌미술사』 15, 77-100쪽; 허
형욱(2004), 「전라남도 순천시 매곡동 석탑 발견 성화사년(1468)명 청동불감과 금동아미
타삼존불좌상」, 『미술자료』 70·71, 147-164쪽; 문현순(2005), 「1450-1460년대 紀年銘
아미타삼존불에 대한 고찰」, 『불교미술사학』 3, 128-156쪽; 송은석(2005), 「통도사성보박
물관 소장 금은제아미타삼존불좌상 연구」, 『불교미술사학』 3, 100-126쪽; 박아연(2011),

2부 조선시대 왕실 발원 불상의 복장 유물과 조성·중수발원문의 분석

그림 10. 순천 매곡동 탑 봉안 금동아미타삼존상 1468년, 출처: 문화재청

    보현사 목조문수보살좌상의 두 손은 별도로 조성한 것으로 오른손은 쉽게 삽입할 수 있도록 되어 있다. 오른손은 무릎 위에 놓아 4지를 구부리고 있으며, 왼손은 가슴 높이로 들어 3지와 4지를 구부리고 있다. 왼손을 위로 들고 있는 것으로 보아 우측에 봉안되었을 가능성도 있다. 고려 말에 제작된 구례 천은사 금동불감 내부의 비로자나삼존불상을 비롯해 조선 초 양산 통도사 은제 도금 아미타삼존상(1450년), 순천 매곡동 탑 봉안 금동아미타여래삼존좌상(1468년, 그림 10) 등 조선시대 대부분의

「1493년 水鐘寺 석탑 봉안 왕실발원 불상군 연구」,『미술사학연구』269, 5-37쪽; 유대호(2013),「조선 전기 지장보살상 연구」,『미술사학연구』279·280, 93-118쪽; 이분희(2014),「朝鮮 15世紀 塔內 奉安 佛像의 考察」,『미술사학연구』283·284, 5-30쪽; 손태호(2020),『조선 불상의 탄생 - 조선 전기 목·건칠불상 연구』, 한국학술정보; 유대호(2021),「조선 전기 도갑사 불상군의 특징과 제작 배경: 국립중앙박물관 유리건판 사진을 중심으로」,『미술사연구』40, 163-189쪽.

그림 11. 상원사 목조문수동자좌상(좌)과 보현사 목조문수보살좌상(우)

삼존 구도에서 좌우 협시상은 손을 대칭으로 들고 있다. 상원사 목조문
수동자좌상은 오른손을 들고 있고 보현사 목조문수보살좌상은 왼손을
들고 있어, 좌우 대칭으로 배치되었을 가능성이 있다(그림 11).

보현사 목조문수보살좌상의 두 다리 위 옷 주름은 율동감 있게 표현
되었으며, 결가부좌한 오른발 끝은 옷자락이 덮고 있다. 두 무릎 아래에
좌우 대칭으로 표현된 옷 주름은 순천 매곡동 탑 봉안 금동아미타여래
삼존상의 좌우 보살상(1468년, 그림 10)과 비교하면 보다 더 부드럽게 표
현되었다. 불상 내부는 천을 덧붙인 다음 도금한 흔적이 남아 있으며(그
림 12), 불상 밑면의 복장공은 인위적으로 자른 것으로 후대에 덧댄 목재
로 추정된다(그림 13). 그 이유는 천을 덧대어 도금한 흔적이 있는 내부

2부 조선시대 왕실 발원 불상의 복장 유물과 조성·중수발원문의 분석

그림 12. 보현사 목조문수보살좌상 내부 도금 상태

그림 13. 보현사 목조문수보살좌상 밑면

와 밑면의 목재가 확연히 다르고, 조선시대 불상의 경우 배면과 밑면에 대부분 복장공이 있는데 보현사 목조문수보살좌상의 경우 밑면에 복장공이 없기 때문이다. 조성 당시에 만든 배면의 복장공은 육안으로도 확인이 가능하다.

보현사 목조문수보살좌상의 세장한 상체 표현, 눈꼬리가 위로 올라간 두 눈, 큼직한 백호, 가늘고 긴 코와 콧방울의 입체적 표현, 작은 입술, 가늘고 섬세한 손의 표현은 1458년(세조 4)에 조성된 흑석사 목조아미타불좌상(그림 14)과 유사하다. 또한 보관 아래 민머리의 반원형 머리 표현, 양감이 풍부한 이중 턱 등은 조선 초에 제작된 상원사 목조제석천상과도 친연성이 보인다. 보현사 목조문수보살좌상과 상원사 목조문수

그림 14. 흑석사 목조아미타불좌상, 1458년, 불교중
앙박물관 제공

동자좌상(1466년)은 쌍으로 표현된 존상에서 볼 수 있는 대칭의 수인을
하고 있다. 그러나 상원사 목조문수동자좌상은 상체가 보현사 목조문
수보살좌상에 비해 건장하며 전반적으로 생기와 활력이 넘치는 모습을
하고 있는 반면, 보현사 목조문수보살좌상은 고개를 앞으로 내밀고 있
으며 세장한 상체의 표현으로 인해 노승의 이미지가 강하다.

　　보현사 목조문수보살좌상의 왼쪽 어깨에 표현된 가사를 고정하는
구뉴(鉤紐)는 고려 말 승려를 모델로 한 지장보살상에서도 나타나는 것
으로 노승의 이미지와도 어울린다. 보현사 목조문수보살좌상은 고려 말
의 조각상에서 나타나는 특징도 갖고 있지만, 보관 아래에 높게 솟은 민
머리의 표현 방식은 고려 후기의 보살상보다는 조선 전기의 상에 가깝
다. 따라서 보현사 목조문수보살좌상의 제작 시기는 고려 말에서 조선
초로 추정되고, 복장 유물과 중수발원문은 1466년과 1599년 두 차례에
걸쳐 납입된 것으로 여겨진다.

3

보현사 목조문수보살좌상 복장 유물

1) 보현사 목조문수보살좌상 복장 유물의 현황

강릉 보현사 목조문수보살좌상의 1차 복장 조사는 2011년에 실시되었고(그림 15), 2018년 조사는 후령통을 중심으로 이루어졌다. 2018년 조사에서는 미개봉 상태에 있던 황초폭자를 개봉하였는데, 이때 후령통을 감싸고 있던 중수발원문(1599년)이 수습되었다. 보현사 목조문수보살좌상의 중수발원문은 상원사 목조문수동자좌상과 같은 해에 작성된 것으로, 1599년(선조 32)에 두 존상이 중수된 사실이 기록되어 있다(그림 16).

2018년 조사에서는 후령통을 감싼 황초폭자의 안쪽 면에 '北 臣 王 妃尹氏'가 주서(朱書)된 사실과 보현사 목조문수보살좌상의 후령통을 개봉하여 오보병과 다라니를 확인하였다. 그러나 금속제 후령통 내부의 오색 천으로 싸여 있는 오보병은 미개봉 상태로 두었다. 두 차례에 걸쳐 조사된 보현사 목조문수보살좌상의 복장 유물은 〈표 1, 2〉와 같다.

그림 15. 2011년 조사된 보현사 목조문수보살좌상의 복장 유물 일부, 대한불교조계종문화부 제공

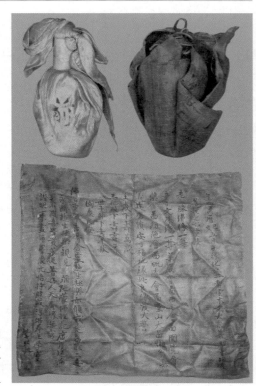

그림 16. 보현사 목조문수보살좌상의 미개봉된 후령통, 개봉 후 중수 발원문에 싸인 후령통, 중수발 원문, 2018년 10월 촬영

표 1. 2011년에 조사된 보현사 목조문수보살좌상의 복장 유물

	명칭	연도	수량	크기(cm)
1	일체여래심비밀전신사리보협인다라니 (一切如來心祕密全身舍利寶篋印陀羅尼)	1292	3점	36.2×42.5
2	묘법연화경(妙法蓮華經) 권3·4	1470	1책	34.9×22.3
3	묘법연화경 요해(妙法蓮華經要解) 서-권 2		1책	30.2×18.5
4	묘법연화경 권3		1책	23×15.4
5	묘법연화경 요해 서-권2		1책	36.4×21.2
6	천수천안관자재보살광대원만무애대비심대다라니 (千手千眼觀自在菩薩廣大圓滿無碍大悲心大陀羅尼)		1권	44.6×840.0
7	복장물 감싼 종이		1	길이 54.5
8	황초폭자에 싸인 후령통	1466 추정	1	
9	무공주(無孔珠)	1599 추정	1	
10	천으로 된 오보병(五寶瓶, 청색)	1599 추정	1	
11	천으로 된 오보병(五寶瓶, 백색)	1599 추정	1	
12	천으로 된 오보병(五寶瓶, 흑색)	1599 추정	1	
13	천으로 된 오보병(五寶瓶, 청색)	1599 추정	1	
14	천으로 된 오보병(五寶瓶, 녹색)	1599 추정	1	

표 2. 2018년에 조사된 보현사 목조문수보살좌상의 복장 유물

	명칭	연도	수량	크기(cm)
1	중수기	1599	1	34.5×34.5
2	금속제 후령통	1466 추정	1	몸체 5.5, 지름 2.5
3	황초폭자	1466 추정	1	
4	사방경(四方鏡)	1466 추정	1	
5	팔엽개(八葉蓋)	1466 추정	1	지름 2.5
6	후령통 내부 오보병(황, 중앙)	1466 추정	1	3.5
7	후령통 내부 오보병(청, 동)	1466 추정	1	3.0
8	후령통 내부 오보병(홍, 남)	1466 추정	1	3.5
9	후령통 내부 오보병(백, 서)	1466 추정	1	3.5
10	후령통 내부 오보병(흑, 북)	1466 추정	1	3.5
11	관세음보살보협수진언(觀世音菩薩寶篋手眞言)	1466 추정	1	길이 22.0
12	범자 다라니(황색)	1466 추정	1	길이 22.0

2) 보현사 목조문수보살좌상 복장 유물의 특징

(1) 후령통과 오보병

보현사 목조문수보살좌상 복장 유물의 가장 큰 특징은 조성 시기가 다른 복장이 납입된 것이다. 불상의 조성 시기는 고려 말 조선 초로 추정되기 때문에 후령통은 1466년 1차 중수와 1599년 2차 중수 때의 것으로 추정된다. 보현사 목조문수보살좌상처럼 이중으로 후령통이 납입된 예로는 서울 옥수동 미타사 극락전 아미타삼존상 가운데 목조아미타불좌상(1707년)을 들 수 있다. 미타사 아미타삼존상은 조성 시기가 각기 다른데, 본존인 목조아미타불좌상은 1707년에 숙종의 후궁 소의 유씨(昭儀 劉氏, ?-1707)의 명복을 빌기 위해 조성된 것으로, 왕실 인물과 관련된 불상이다.[14] 미타사 목조아미타불좌상의 금속제 후령통은 1707년(숙종 33) 조성 때 납입된 것이고, 1744년(영조 20) 중수 때 납입된 것은 한지에 싸여 있어 보현사 목조문수보살좌상의 복장 납입법과 유사하다. 보현사 목조문수보살좌상도 왕실과 관련된 것으로, 조선시대 왕실 발원 불상의 조성과 중수 때의 복장 납입법을 살피는 데 중요한 자료이다.

황초폭자에 싸인 금속제 후령통은 중수발원문(1599년)을 제외하면 1466년 1차 중수 때 납입된 것으로, 1599년 2차 중수 때 납입된 것과는 구별된다. 1599년 중수 때 납입된 것으로는 별도의 천으로 된 주머니 속에 있는 청·백·흑 세 가지 색으로 된 오보병으로, 천 주머니가 후령통 역할을 하고 있다. 흑색 오보병 안에는 유리·마노·생은(生銀)·진

---

14 유근자(2021), 「서울 옥수동 미타사 아미타삼존불좌상의 복장유물 분석과 양식 특징」, 『불교문예연구』 17, 356쪽.

그림 17. 보현사 목조문수보살좌상의 복장물 중 천으로
된 오보병

주·생금(生金) 등 오보(五寶)가 납입되어 있는데, 이들 물목은 한지에 싸인 채 표면에 묵서로 물목(物目)의 명칭이 기입되어 있다(그림 17). 이처럼 물목을 한지에 싸서 명칭을 기입한 후 천으로 감싸는 납입법은 봉암사 목조아미타불상(1586년)과 상원사 목조제석천상(1466년 조성, 1645년 중수)의 복장 납입법과도 유사하여, 1599년 중수 때 납입한 것임을 알 수 있다.[15]

보현사 목조문수보살좌상의 금속제 후령통(그림 18)은 원통형으로 크기는 지름 2.5cm, 높이 5.5cm이다. 상원사 목조문수동자좌상의 후령통(그림 19) 역시 보현사 목조문수보살좌상과 마찬가지로 원통형이며 크기는 지름 4.0cm, 높이 10.8cm이다. 두 보살상의 후령통 형태는 동일하

---

15 유근자(2021), 「오대산 상원사 문수전 목조제석천상의 연구」, 264-266쪽.

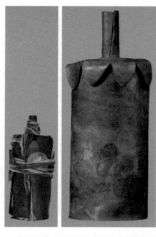
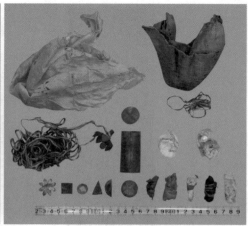

그림 18(좌). 보현사 목조문수보살좌상 후령통
그림 19(중). 상원사 목조문수동자좌상 후령통, 월정사성보박물관 제공
그림 20(우). 보현사 목조문수보살좌상 금속제 후령통 내부 물목(物目)

지만 크기는 상원사 상이 보현사 상에 비해 거의 2배 정도 크다. 상원사
목조문수동자좌상은 98cm이고, 보현사 목조문수보살좌상은 70cm이기
때문에 두 존상의 후령통 크기도 차이가 있다. 조선시대 삼존상의 경우
본존상에 비해 좌우 협시상이 작은 경우 후령통도 본존상에 비해 작기
때문에 이 같은 추론이 가능하다.

　보현사 목조문수보살좌상의 후령통 내부에는 오보병을 비롯한 8엽
연화로 된 팔엽개(八葉蓋), 오보병 상하에 놓인 원경(圓鏡) 2점, 수정주 1
점, 백색과 황색 천에 쓴 다라니 2점 등이 납입되어 있었다(그림 20). 후
령통 내부의 오보병은 개봉하지 않았다.

(2) 황초폭자(黃綃幅子)

보현사 목조문수보살좌상의 금속제 후령통을 감싸고 있던 황초폭자는

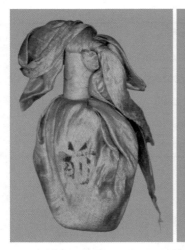

그림 21(좌). 보현사 목조문수보살좌상의 황초폭자에 싸인 후령통 앞면
그림 22(우). 보현사 목조문수보살좌상 황초폭자 안쪽 면의 '北 臣 王妃尹氏' 명문

바깥면에는 '前' 자가(그림21), 안쪽 면에는 '北 臣 王妃尹氏'가 쓰여 있
어(그림 22) 왕실과 관련된 것임을 알 수 있다. 황초폭자 안쪽 면에 기록
된 '왕비 윤씨'는 이 보살상과 관계된 인물로 추정되는데 조선시대 윤씨
성을 가진 왕비는 세조의 비 정희왕후, 성종의 비 폐비 윤씨와 정현왕
후, 중종의 비 장경왕후와 문정왕후 등이다(표 3 참조).

조선시대 왕비 가운데 상원사 중창과 관련된 인물은 세조의 비 정희
왕후 윤씨이다. 그녀는 승려 학열(學悅, ?-?)로 하여금 상원사를 중창하
는 임무를 맡기고, 경상 감사로 하여금 쌀 5백 석을 강릉부로 운반하게
하였으며, 제용감(濟用監)에서 비단과 베 1천 필을 내어 사찰을 짓는 경
비로 쓰도록 하였다.[16] 또한 정희왕후 윤씨는 채색(彩色), 쌀 5백 석, 면

16 『拭疣集』卷2「上元寺重創記」. "太王太妃殿下傳旨 僧言允當 卽啓世祖 命僧學悅 主營締

표 3. 조선시대 윤씨 성을 가진 왕비

	왕비	왕비 생몰년	왕
1	정희왕후 윤씨	1418-1483	세조(1417-1468)의 부인
2	폐비 윤씨	1455-1482	성종(1457-1495)의 제1계비
3	정현왕후 윤씨	1462-1530	성종의 제2계비
4	장경왕후 윤씨	1491-1515	중종(1488-1544)의 제1계비
5	문정왕후 윤씨	1501-1565	중종의 제2계비

포 5백 필, 정포(正布) 5백 필, 정철(正鐵) 1만5천 근을 하사하였다.[17] 성종의 계비이자 중종의 어머니인 정현왕후 윤씨 역시 호불적인 인물이지만[18] 상원사와의 직접적인 관련은 현재로서는 찾을 수 없다.

이 같은 사실로 미루어 보아 상원사와 관련된 왕실 인물 가운데 윤씨 성을 가진 왕비는 세조 비 정희왕후로 압축되기 때문에, 보현사 목조문수보살좌상은 그녀와 관련되었을 가능성이 높다. 즉, 세조의 딸 의숙공주와 그녀의 남편 정현조가 지혜로운 아들 낳기를 발원하면서 상원사 목조문수동자좌상을 조성했다면, 세조의 비 정희왕후는 남편의 병 치유와 딸 내외의 득남을 위해 1466년에 보현사 목조문수보살좌상을 중수하였을 것이다. 보현사 목조문수보살좌상의 황초폭자와 금속제 후령통은 1466년에 조성된 상원사 목조문수동자좌상의 후령통 및 후령통 내부 물목과 유사한 것으로 보아 이때 납입된 것으로 여겨진다.

之務 諭慶尙監司 舟米五百石 運于江陵 濟用監出布一千匹 以資經始".

17 「五臺山上院寺重創勸善文」(1464년). "慈聖王妃尹氏 彩色 米五百石 綿布五百匹 正布五百匹 正鉄一萬五千斤".

18 『조선왕조실록』 중종 2년(1507) 1월 7일자, 1월 11일자 기록.

그림 23. 상원사 목조문수동자좌상 복장 생명주적삼, 조선 전기(15세기), 월정사성보박물관 제공

(3) 일체여래심비밀전신사리보협인다라니

(一切如來心祕密全身舍利寶篋印陀羅尼)

보현사 목조문수보살좌상의 복장에서 '일체여래심비밀전신사리보협인다라니(이하 '보협인다라니'로 약칭)' 인경본이 3점 수습되었는데, 동일 판본으로 추정되는 것이 상원사 목조문수동자좌상 복장에서 발견된 생명주적삼의 앞뒷면에도 찍혀 있다(그림 23). '보협인다라니'는 1292년에 개판된 것으로, 동일 판본을 사용해 보현사 목조문수보살좌상에는 인경(印經)하여 납입하였고(그림 24), 상원사 목조문수동자좌상에는 생명주적삼에 직접 찍어 납입하였다(그림 25).

『일체여래심비밀전신사리보협인다라니경』은 772년에 불공에 의해 한역된 후 오월왕 전홍숙(錢弘俶, 929-988, 재위 948-978)이 8만4천의 보협인탑을 조성하고 그 안에 '보협인다라니'를 넣으면서 탑과 불상에 널리 납입되기 시작하였다.[19] '보협인다라니'는 후삼국에서 고려 초에는 우리나라에 전래된 것으로 추정되는데, 특히 고려 초 오월과의 활발한 교

---

19 문상련(2012), 「納塔經典의 시대적 變遷考」, 『불교학보』 62, 354-355쪽.

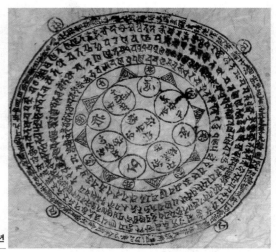

**그림 24. 보현사 목조문수보살좌상
복장 보협인다라니, 1292년**

류가 이를 뒷받침한다.[20] 조선시대에 개간된 복장 의식에 관한 경전인
『조상경(造像經)』「소입제색(所入諸色)」에 의하면 "흰 비단에 금으로 '일
체여래전신사리보협진언'을 약간 쓴다."[21]는 내용이 있다. 즉 조선시대
에는 불복장으로 '일체여래전신보협진언'을 납입하도록 규정되어 있다.

　보현사 목조문수보살좌상의 '보협인다라니'와 같은 판본은 온양민
속박물관 소장의 아미타불상(1302년)의 복장에서도 발견되었는데, 네 겹
으로 된 범자 진언의 바깥에는 한문으로 찬성사(贊成事) 염강석(廉康碩)
등과 공물색원(供物色員) 이지(李芝) 등이 함께 발원해 1292년(충렬왕 18)
에 승재색(僧齋色)에서 간행했다는 내용이 기록되어 있다.[22] 보현사 목

---

20 최성은(1992), 「羅末麗初 佛教彫刻의 對中關係에 대한 考察」, 『불교미술』 11, 108-110쪽.

21 龍泉寺, 『造像經』(1575년). "白絹金書一切如來全身舍利寶篋眞言若干".

22 남권희(1991), 「1302年 阿彌陀佛腹藏 印刷資料에 대한 書誌學的 分析」, 『1302年 阿彌陀佛
　　腹藏物의 調査研究』, 59-60쪽. "布施無窮者 贊成事 廉近侍康碩 文同 玄錫 玄琼 池環 閔

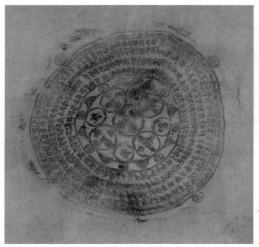

조문수보살좌상에서 발견된 '보협인다라니'와 같은 판본은 문경 대승사 금동보살좌상에서도 발견되었고,[23] 봉화 청량사 건칠약사불좌상에서도 약간 형태가 다른 '보협인다라니'(1239년)가 수습되었다.[24]

월정사 8각9층석탑의 제1층 탑신석 상면 중앙 원형 사리공에서도 『일체여래심비밀전신사리보협인다라니경』이 은제 합 속에서 수정사리 병과 함께 수습되었는데, 표제(表題)가 '전신사리경(全身舍利經)'으로 묵 서되어 있다(그림 26). 이것은 필사된 권자본(卷子本)으로, 개성 총지사에

潰 鄭子潚 供物色員 李芝 李光 悲運 以此功德 普及於一切 我等與群生 皆共成佛道 一切 如來心祕密全身舍利寶篋八葉心蓮三十七尊曼陁羅 至元二十九年四月日別僧齋色彫板".

23 문화재청(2016),「문경 대승사 금동아미타여래좌상 및 복장유물」,『문화재대관 보물 불교 조각』I, 265쪽.

24 정은우(2017),「봉화 청량사 건칠약사여래좌상의 특징과 제작 시기 검토」,『미술사연구』 32, 13쪽; 남권희(2017),「奉化 淸凉寺 乾漆藥師如來坐像의 陀羅尼와 典籍資料」,『미술 사연구』32, 46-48쪽.

그림 26. 월정사구층석탑 사리구 전신사리경, 고려, 월정사성보박물관 제공

서 1007년(목종 10)에 목판본으로 개판된 축소판으로 추정되며, 권자(卷子)의 형태에서 낱장 형태로 변화되는 고려 중기 이후에 조성된 형식이다.[25] 월정사 석탑에 『일체여래심비밀전신사리보협인다라니경』이 법신사리로 납입된 의식은, 조선 전기 상원사 목조문수동자좌상과 보현사 목조문수보살좌상의 복장 법식에도 영향을 미친 것으로 보인다. 따라서 보현사 목조문수보살좌상의 복장에서 발견된 '보협인다라니'와 상원사 목조문수동자좌상의 복장물인 생명주적삼에 찍힌 '보협인다라니'는 같은 판본을 사용하고 있어 서로 긴밀하게 연관되어 있음을 알 수 있다.

(4) 백지묵서제진언(白紙墨書諸眞言)

보현사 목조문수보살좌상에서 수습된 「백지묵서제진언」은 '천수천안관자재보살광대원만무애대비심대다라니'를 비롯한 수십 개의 대소 진언을 범자와 한자로 필사한 두루마리 문서이다. 이와 유사한 것이 상원사

---

25 송일기(2002), 「五臺山 月精寺 八角九層石塔 出土 『全身舍利經』의 考察」, 『한국도서관정보학회지』 33, 320−321쪽.

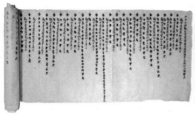
그림 27. 보현사 목조문수보살좌상의 백지묵서제진언

그림 28. 상원사 목조문수동자좌상의 백지묵서제진언, 1463년, 월정사성보박물관 제공

목조문수동자좌상에서도 발견되었다. 보현사 목조문수보살좌상의 「백지묵서제진언」은 세로 44.6×가로 840.0cm(그림 27)이며, 상원사 동자문수상의 것은 세로 41.8×가로 679.3cm(그림 28)로 보현사 본이 좀더 길다. 상원사 목조문수동자좌상의 「백지묵서제진언」은 두루마리 말미에 주서(朱書)로 1463년(세조 9)에 선종선사 내호(乃浩)가 필사하였다는 기록이 있어 조성 연도를 알 수 있지만, 마지막 여백 부분이 잘려 나가고 앞부분은 일부 결실되었다.[26]

　　보현사 목조문수보살좌상의 「백지묵서제진언」 필사본은 총 19매의 한지를 이어 붙였으며, 말미에 필사한 연도가 없어 확실한 제작 시기는 알 수 없다. 그러나 상원사 필사본에 비해 필체가 떨어지는 것으로 보아 상원사 본을 모본으로 후대에 필사한 것으로 추정된다.

26　월정사성보박물관(2004),『유물로 보는 오대산 문수신앙』, 63쪽.

보현사 목조문수보살좌상의
중수발원문 분석

1) 중수발원문의 내용

보현사 목조문수보살좌상과 상원사 목조문수동자좌상은 1599년에 동시에 중수되었는데 현재는 다른 장소에 별도로 봉안되어 있다. 이처럼 조선시대에 같은 장소에 봉안되었던 존상이 여러 곳으로 흩어진 경우는 종종 발견되고 있다. 완주 대둔산 용문사 대웅전에 봉안되었던 석가·약사·아미타 삼세불상(1677년) 가운데 아미타불상은 부산 금정사에, 약사불상은 전주 일출암에 봉안되어 있다.[27] 또한 평강 보월사에서 1748년에 조성된 5존의 불·보살상은 여러 곳으로 분산되었는데 인제

---

27 문명대(2010), 「조각승 혜희(慧熙)의 작품세계와 부산 금정사 봉안 용문사(龍門寺) 목 아미타불상의 복원적(三世佛像) 연구」, 『강좌미술사』 34, 83-108쪽.

백담사에는 아미타불상이, 서울 봉국사에는 석가불상이, 고성 화암사에는 약사불상이 봉안되어 있다.[28] 따라서 상원사 목조문수동자좌상과 보현사 목조문수보살좌상은 1599년 중수 당시에는 동일 장소에 봉안되었던 것으로 추정된다.

오대산은 일찍부터 문수신앙처로 알려져 있다. 자장은 중국 오대산에서 기도하던 중 꿈에 부처로부터 네 구절의 게송을 받았는데 범어여서 그 의미를 알 수 없었다. 그때 노승이 그것을 해설해 주고 금빛 가사한 벌, 발우 1점, 불정골(佛頂骨)을 전해 주었다. 그리고 본국에 돌아가면 동북쪽 명주 경계에 있는 오대산에 1만의 문수보살이 항상 머물고 있으니 친견하라고 하였다. 자장이 만난 노승이 바로 문수보살이었던 것이다.[29] 자장율사가 처음 중국 오대산에서 만난 문수보살은 노승의 모습이며, 동자로 나타난 문수보살은 오대산 상원사에서 세조의 병을 고쳐준 문수동자가 대표적이다.[30]

오대산에 전해 오는 설화는 동자문수와 노문수에 대한 신앙을 잘 함축하고 있다. 세조는 몸에 난 종기를 치료하기 위해 오대산 문수도량에 기도하러 상원사로 가던 중 계곡에서 혼자 목욕을 하였다. 그때 동자에게 등을 밀어 달라고 부탁하였고 목욕을 마친 세조는 동자에게 임금의 옥체를 씻었다고 말하지 말 것을 당부하였다. 동자 역시 문수보살을 만났다고 말하지 말라고 하고는 자취를 감추고 말았다. 세조는 그때 몸의 종기가 나은 것을 보고 기뻐하여 장인들에게 그 동자상을 그리게 하였

---

28 최수민(2020),「조선 후기 강원지역 鞭羊門中의 佛事와 百潭寺 阿彌陀如來坐像」, 이화여자대학교 석사학위논문, 75-94쪽.

29 『三國遺事』卷3 塔像「臺山五萬眞身」.

30 이능화(2010),「月精寺見文殊童子」,『역주 조선불교통사』5, 동국대학교 출판부, 625-628쪽.

다. 그러나 수많은 화공이 그리지 못하였는데 어느 날 누더기를 걸친 노승이 와서 세조가 보았던 동자와 꼭 같이 그렸다. 이에 세조가 온 곳을 묻자 노승은 영산회상에서 왔다고 하고는 사라지고 말았다.[31] 오대산의 세조가 친견한 두 번의 문수보살은 동자와 노승으로 이야기되고 있어 상원사 목조문수동자좌상과 보현사 목조문수보살좌상의 도상과 잘 부합하고 있다.

(1) 보현사 목조문수보살좌상의 중수발원문

皇明萬歷己亥五月日 緣化比丘智雲本寺大衆普明等同發
菩提之心重修
老文殊佛像一尊
童子文殊像一尊 華嚴會啚 西方會啚 圓覺會
藥會啚 彌陁會啚 毗盧會啚 靈山大啚 懶翁真
儀 達磨幀安于福地緣此良緣發大誓
主上殿下壽萬歲
王妃殿下壽齊年
世子邸下壽千秋
國泰民安
佛日重輝法界含靈 超生極樂亦願戒定勤修三毒
永断超生極樂親見 彌陁蒙佛授記廣度迷倫
大小隨喜皆發菩提普與人天廣緣無窮
證明一學 畫師 釋俊 元悟 持殿 戒淳 供养主 學寶
學明跋

---

31 한강지(2006), 「五臺山 上院寺 木造文殊童子坐像 硏究」, 동국대학교 석사학위논문, 19쪽.

그림 29. 보현사 목조문수보살좌상 중수발원문, 1599년

(2) 상원사 동자문수상 중수발원문

보현사 목조문수보살좌상과 상원사 목조문수동자좌상의 중수발원문에
는 명 만력(萬曆) 기해년(己亥年, 1599, 선조 32) 5월에 연화비구(緣化比丘)
지운(智雲)과 본사 대중 보명(普明) 등이 함께 보리심을 발해 중수한다는
내용이 기록되어 있다. 노문수보살상, 동자문수상, 16나한상 등 불상 18
존과 화엄회, 서방회, 원각회, 미타회, 비로회, 약사회, 영산회 2점, 달마
진영, 나옹 진영 등 불화 10점을 중수하였다는 것이다. 발원의 내용은
불법이 증장되고 법계의 영혼들이 극락에 왕생하고, 계·정을 닦아 삼
독을 여의고, 극락에서 아미타불을 친견하고 마정수기(摩頂授記)를 받아

皇明萬歷己亥五月 日 緣化比丘智雲本寺大衆普明等
同發菩提之心重修
童子文殊一尊 老文殊一尊 十六聖衆 華嚴會圖 西方會
圖 圓覺會圖 彌陁會圖 毗盧會圖 靈山會圖 靈
山會圖 達磨眞儀 懶翁眞儀 安于福地 以此良緣
大誓發願
主上殿下壽萬歲
王妃殿下壽齊年
世子邸下壽千秋 國泰民安
佛日重輝法界含靈 超生極樂亦願戒定勤修三毒永斷
超生極樂親見 彌陁磨頂授記廣度迷倫大小隨喜
皆發菩提普與人天廣緣無窮
證明一學 畫師 釋俊 元悟 持殿 戒淳 供養主 學寶

學明跋

미혹함을 널리 떨쳐 모두 보리심을 발하기를 기원하고 있다. '초생극락
(超生極樂)'을 두 번 반복하고 있어 왜란 이후 죽은 자들의 극락왕생을 기
원하고 있음을 알 수 있다. 다음으로는 불사의 소임자로 증명(證明), 화
사(畫師), 지전(持殿), 공양주(供養主), 발원문을 기록한 승려가 순서대로
총 6명이 기록되어 있다. 이를 통해 보현사 목조문수보살좌상과 상원사
목조문수동자좌상을 중수하는 데 연화(緣化)를 담당한 지운과 보명 등
총 8명이 동참하였음을 알 수 있다.

앞에서 언급한 바와 같이 보현사 목조문수보살좌상과 상원사 목조
문수동자좌상의 중수발원문(1599년)의 내용에는 미세한 차이가 있다.

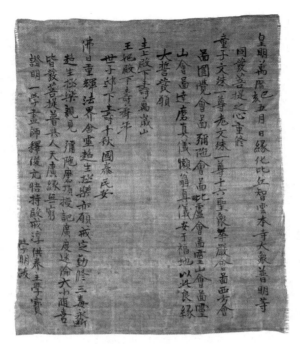

그림 30. 상원사 동자문수상 중수발원문, 1599년, 월정사성보박물관 제공

첫째, 보현사 목조문수보살좌상에서는 '노문수상(老文殊像)'이 앞에
언급되었고, 상원사 목조문수동자좌상에서는 '동자문수(童子文殊)'가 먼
저 기록되었다.

둘째, 보현사 목조문수보살좌사상의 중수발원문에는 '약사회도'가
있고, 상원사 목조문수동자좌상의 중수발원문에는 '영산회도'가 2점 기
록되어 있다.

셋째, 보현사 목조문수보살좌상의 중수발원문에는 16나한상에 관한
기록이 없는 반면, 상원사 목조문수동자좌상의 중수발원문에는 16나한
상의 중수 사실이 기록되어 있다.

넷째, 보현사 목조문수보살좌상의 중수발원문에는 나옹대사가 먼저 언급되었고, 상원사 목조문수동자좌상의 중수발원문에는 달마대사가 앞에 기록되었다. 이처럼 미세한 차이가 있지만 중수 연도, 불사를 진행한 주체, 조각승 등 두 중수발원문의 내용은 동일하다.

2) 중수발원문의 구성과 체제

보현사 목조문수보살좌상의 중수발원문은 쪽물로 염색한 비단천에 경면주사(鏡面朱砂)로 쓰여 있다. 조선 전기의 왕실 발원 불상을 비롯해 17세기 전반까지의 발원문은 대체로 『조상경』의 내용처럼 천에 주서(朱書)된 경우가 많다. 즉 조선시대 불상의 불복장에 관한 경전인 『조상경』에는 불상 조성에 관한 내용을 기록한 원문(願文)의 작성 방법에 대해 다음과 같이 기록되어 있다.

> 푸른 생명주에 붉은 글씨로 증명(證明), 제사(諸師), 재장(榟匠), 급시(給侍), 단월(檀越), 연화(緣化), 보고 듣고 기뻐하여 도운 사람[見聞隨喜], 조연(助緣) 등의 이름을 일일이 모두 써야 한다.[32]

1599년에 중수된 보현사 목조문수보살좌상의 중수발원문은 '푸른 비단에 붉은 글씨'로 작성되어 『조상경』의 법식을 충실히 따르고 있다. 보현

---

[32] 龍泉寺, 『造像經』(1575년). "青綃紅書 證明諸師榟匠給侍檀越緣化見聞隨喜助緣者 一一備書爲可也"; 태경 스님 譯著(2006), 『조상경』, 운주사, 189쪽.

사 목조문수보살좌상의 중수발원문은 조성 연도, 중수를 주도한 승려, 중수 내용, 왕실의 삼전하 축원, 발원의 내용, 불사 담당자, 조각승, 발원 문을 쓴 승려 등으로 구성되어 있다. 조선 후기 불상의 조성발원문에서 시주 물목과 시주자를 강조하고 있는 것과는 다른 체제이다. 왕실에서 발원한 불상인 경우에는 대체로 일반 속인 시주자는 참여하지 않는데, 보현사 목조문수보살좌상의 중수발원문에도 속인 시주자는 없고 승려 들만 기록되어 있다. 이로 보아 보현사 목조문수보살좌상의 중수도 왕 실 인물이 주도한 것으로 추정된다.

3) 중수발원문의 '본사(本寺)'

보현사 목조문수보살좌상의 중수발원문 첫머리에는 지운과 보명이 중 심이 되어서 중수하였는데 구체적으로 사찰명은 언급되어 있지 않고 '본사(本寺)'라고 기록되어 있다. 본사를 추정할 수 있는 단서는 상원사 목조문수동자좌상의 조성발원문(1466년)이다. 상원사 목조문수동자좌 상은 '오대산 문수사'에 봉안한다는 내용이 있기 때문에 중수발원문의 본사는 상원사일 가능성이 크다.

1984년 복장 조사 이후 상원사 목조문수동자좌상의 조성발원문에 기록된 '오대산 문수사'의 소재지에 관련하여 두 가지 해석이 주장되었 다. 홍윤식은 '오대산 문수사'의 소재지는 의문이 있지만 의숙공주 부부 가 아버지 세조의 치병을 위해 조성한 것으로 해석하였고,[33] 박상국은

---

33 홍윤식(1984), 「朝鮮初期 上院寺文殊童子像에 대하여」, 『고고미술』 164, 11쪽. 1984년 발

『삼국유사』「오대산문수사석탑기」의 내용을 근거로 '오대산 문수사'를
현재의 '오대산 상원사'가 아니라 강릉 해변가에 위치한 '강릉 문수사'로
해석하였다. 즉 의숙공주 부부가 득남(得男)을 위해 강릉 문수사에서 조
성한 문수동자상으로 파악하였다.[34] 그러나 상원사 목조문수동자좌상
발원문에 기록된 '오대산 문수사'는 대체로 상원사로 추정되고 있다.

1687년(숙종 13) 10월 오대산을 방문한 정시한의 『산중일기』에 의하
면 오대산 중대에는 상원사·진여원·보질도암[보천암]이 있었던 것으로
알려져 있다.[35] 중대에 있던 세 사찰 가운데 진여원은 환적 의천(幻寂義
天, 1603-1690)이 1661년(현종 2)에 중창하였다. 그러나 보질도암의 정확
한 위치는 현재로서는 알 수 없다. 또한 이경석(1595-1671)이 지은 「상원
사중수기(上元寺重修記)」에는 승려 각해(覺海)가 1644년(인조 22)에 상원
사를 중수하고 7존의 불상을 황금 개채한 사실이 기록되어 있다.[36] 즉
1644년에 상원사에는 적어도 7존상이 현존하고 있었기 때문에 보현사
목조문수보살좌상과 상원사 목조문수동자좌상 중수발원문에 기록된
'본사(本寺)'는 상원사로 추정된다.

표 이후 상원사 문수동자상 조성발원문의 '오대산 문수사'는 대체로 상원사와 동일 장소
로 인식되었다. 문명대(2003), 「상원사(上院寺) 목문수동자상」, 『高麗·朝鮮 佛教彫刻史研
究』, 예경, 357쪽.

34 박상국(1984), 「上院寺 文殊童子像 腹藏發願文과 腹藏典籍에 대해서」, 82-85쪽. 박상국
의 견해를 수용한 것으로는 2006년에 발표된 한강지의 논문이 있다. 한강지(2006), 「五臺
山 上院寺 木造文殊童子坐像 研究」, 동국대학교 석사학위논문, 24-33쪽.

35 정시한 저, 신대현 번역·주석(2005), 『산중일기』, 혜안, 355-357쪽. "금몽암에 갔다가 사자
암에 들러서 상원사로 갔다. …… (중략) 이 절은 중대에 있는데 안봉(案峰)이 아주 가까이
있어 보기에 좋다. 밀선 스님과 함께 진여원으로 내려갔다. 이곳은 중창한 지 얼마 되지 않
아 금벽이 휘황하다. 다시 밑에 있는 보질도암에 내려갔는데 이곳 역시 볼 만한 곳이다. 상
원사·진여원·보질도암은 모두 중대에 있다."

36 『白軒集』 卷31 「上元寺重修記」, "七軀佛像 黃金改彩".

4) 중수발원문의 승려

보현사 목조문수보살좌상과 상원사 목조문수동자좌상을 1599년에 중
수하는 데 참여한 승려는 총 8명이다. 연화는 지운(智雲)과 보명(普明),
증명은 일학(一學), 화사는 석준(釋俊)과 원오(元悟), 지전은 계순(戒淳), 공
양주는 학보(學寶), 중수발원문은 학명(學明)이 담당하였다. 이 가운데 연
화, 증명, 화사, 발문을 쓴 승려를 중심으로 간략히 살펴보고자 한다.

(1) 연화를 맡은 지운(智雲)과 보명(普明)

1599년 보현사 목조문수보살좌상과 상원사 목조문수동자좌상을 중수하
는 데 주도적 역할을 한 지운과 보명의 활동을 정리하면 〈표 4〉와 같다.

표 4. 보현사 목조문수보살좌상의 연화를 맡은 지운과 보명의 활동

인명	연도	불사 내용	역할 및 소임
지운 (智雲, 智云)	1599(선조 32)	강릉 보현사 목조문수보살좌상 중수발원문	연화(緣化)
	1610(광해군 2)	청양 운장암 금동관음보살상 중수발원문	시주(施主)
	1614(광해군 6)	구례 천은사 관음 · 대세지보살상 조성발원문	시주(施主)
보명(普明)	1599(선조 32)	보현사 목조문수보살좌상 중수발원문	연화(緣化)
	1590(선조 23)	순천 송광사 본 고봉화상선요	간선(幹善)
	1610(광해군 2)	여주 신륵사 아미타삼존상 조성발원문	시주(施主)
	1612(광해군 4)	순창 강천사 아미타불상 조성발원문	대중(大衆)
	1612(광해군 4)	진주 월명암 아미타불상(쌍계사 대승암) 조성발원문	간선(幹善)
	1612(광해군 4)	함양 상련대 관음보살상 조성발원문	간선(幹善)
	1634(인조 12)	구례 화엄사 비로자나삼신불상	대덕(大德)

보현사 목조문수보살좌상과 상원사 목조문수동자좌상 중수를 발원한 지운은 1610년에는 청양 운장암 금동관음보살상을 중수하는 데 시주자로 동참하였고, 석준(釋俊)은 수조각승으로 중수에 참여하였다.[37] 또한 그는 1614년에는 소요 태능(逍遙太能, 1562-1649)이 발원한 구례 천은사 관음·대세지보살상의 조성에도 시주자로 동참하였다.

지운과 함께 연화를 맡은 보명은 순천 송광사에서 『고봉화상선요』(1590년)를 간행하는 데 간선(幹善)을 맡았고, 여주 신륵사 아미타삼존상(1610년)과 순창 강천사 아미타불상(1612년)을 조성하는 데도 시주하였다. 진주 월명암 아미타불상과 함양 상련대 관음보살상(1612년)의 조성에는 간선(幹善)을 맡았는데 이때 부휴 선수는 대공덕주로, 벽암 각성은 공덕주로 참여하였다. 벽암 각성이 주도한 화엄사 비로자나삼신불상(1634년) 조성에도 동참하고 있어 보명은 벽암 각성과 긴밀한 관련을 맺고 있음을 알 수 있다.

(2) 증명을 맡은 일학(一學)

일학은 오대산에 머물던 고승으로 청허 휴정과 친밀한 관계를 맺은 승려이다. 조선 후기 한 문파를 형성했던 청허 휴정은 지리산, 묘향산, 금강산 등을 비롯하여 오대산에도 주석하였다.[38] 일학에 대해 청허 휴정은 "사제의 연분을 맺는 것은 한두 겹 정도의 종자(種子)가 아니요, 아승지겁 이전부터 함께 훈습해 왔기 때문임을 잘 알고 있다."[39]고 말하고

---

37 문명대(2021), 「운장암 금동관음보살상의 도상학과 수조각승 석준의 중수 연구」, 『운장암 금동관음보살상 연구』, (사)한국미술사연구소·운장암, 19-21쪽.

38 『東師列傳』「淸虛尊者傳」.

39 『淸虛堂集』卷7 「寄五臺山一學長老」. "固知師資之分 非一二劫種子 乃阿僧祇前所同熏也".

있다. 이를 통해 일학은 청허 휴정과 교류가 있던 인물임을 알 수 있다.

일학이 오대산에 머무르며 오랫동안 수행한 것은 정홍명(鄭弘溟, 1582-1650)의 글을 통해서도 확인된다. "일학 노숙(老宿)은 불문(佛門)의 종사(宗師)이다. 오대산에서 입정(入定)한 지 근 50년이나 있다가 세상을 떠났다."⁴⁰는 기록이 그것이다. 일학은 문경 봉암사 아미타불상(1586년, 그림 31)을 조성하는 데 시주자로 참여하였다(그림 32). 이 불상 역시 왕실 발원 불상으로 명종의 아들인 순회세자(1551-1563)의 아내 공회빈 윤씨(恭懷嬪 尹氏, 1553-1592)와 관련되어 있다(그림 33). 1599년 보현사와 상

---

40 『畸翁漫筆』. "一學老宿 桑門宗師也 入定五臺山 殆五十年而化去".

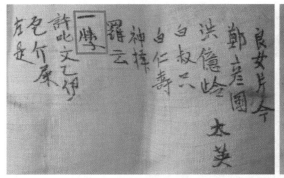

그림 32(좌). 봉암사 아미타불상 발원문에 기록된 '一学', 1586년, 손영문 제공
그림 33(우). 봉암사 아미타불상 발원문에 기록된 '德嬪尹氏', 1586년, 손영문 제공

원사 상을 중수하는 데 지전 소임을 맡았던 계순(戒淳) 역시 봉암사 아
미타불상 조성에 별좌 소임을 맡고 있다. 따라서 앞에서 언급한 바와 같
이 봉암사 아미타불상의 복장 납입법이 1599년에 보현사와 상원사 상
의 중수 때 납입한 것과 유사한 것은, 동참한 인물이 중복되어 있는 것
과 관련이 있다.

　증명을 맡은 일학이 청허 휴정과 긴밀한 관계에 있었던 사실은 사명
유정과 환적 의천의 활동을 통해서도 알 수 있다. 사명 유정은 월정사와
영감암에 머물면서 1589년에 월정사를 중건했고 1590년 단오절에 낙
성식을 거행하였다.[41] 17세기에 사명 유정의 법우인 환적 의천도 오대
산에 주석하며 상원사를 중창하였다. 따라서 상원사는 조선시대 청허
휴정계 승려들의 수행처였음을 알 수 있다.

---

41 『四溟堂大師集』 卷6 「月精寺法堂改椽疏」; 황인규(2012), 「조선중기 월정사와 상원사·적
　　멸보궁」, 『역사와 교육』 14, 153-154쪽; 한상길(2011), 「오대산 월정사의 역사와 전통」, 『선
　　학』 30, 392-396쪽.

　　　　　2부 조선시대 왕실 발원 불상의 복장 유물과 조성·중수발원문의 분석

(3) 중수발원문을 쓴 학명(學明)

학명은 중수발원문을 작성하였는데 그에 관한 자료로는 1607년에 강릉 부사를 지낸 최립(崔岦, 1539-1612)의 기록에서 찾을 수 있다. 그는 학명에 대해 "그는 소년 시절에 불도(佛道)를 동경한 나머지 출가해서 마치 매미가 껍질을 벗어 버리듯 머리를 깎고 승려의 길에 들어섰는데, 그 뒤에 시대 상황이 위태롭게 전개되자 이번에는 의리에 입각하여 격분한 나머지 석장(錫杖)을 던져 버리고 전쟁터에 뛰어들었으니, 또 얼마나 결단력이 있다고 하겠는가. 스님의 행동은 그야말로 사람의 마음을 불러일으키기에 충분한 점이 있다고 하겠다."[42]라고 평하였다. 이 내용을 통해 학명은 임진왜란이 발발하자 의승군으로 활동하였음을 알 수 있다.

편양 언기(鞭羊彦機, 1581-1644)가 보관하고 있던 청허 휴정의 친필 사본 『강서마조사가록장(江西馬祖四家錄章)』을 1643년(인조 21) 학명으로 하여금 도갑사에 전달하여 간행하고자 한 사실을 통해 그가 청허 휴정계 문도임을 알 수 있다.[43] 이 외에도 학명은 순천 송광사에서 1607년에 간행된 『정선사가록(精選四家錄)』[44]과 1608년에 간행된 보조 지눌의 『권수정혜결사문(勸修定慧結社文)』의 발문(跋文)[45]을 쓰기도 하였다.

16세기에 활동한 권호문(權好文, 1532-1587)은 승려 학명의 시축(詩軸)에 차운한 시를 통해 1587년에 유성룡(柳成龍, 1542-1607)의 서당에서 그

---

42 『簡易集』卷6 「亂後錄」. "題僧學明雲山圖卷 少年慕道 則辭家剃髮蛻如也 時危激乎義 則投錫論兵 又何銳也 上人之爲 其足起人者乎".

43 『江西馬祖四家錄章』 「江西馬祖四家錄草」.

44 『精選四家錄』(1607년) 간기. "萬曆卅五年丁未 臘月 學明書 松廣寺刊 刻思益".

45 『勸修定慧結社文』(1608년) 간기. "大明萬曆卅六年戊申六月日順天府松廣寺重刊 山人學明書".

그림 34. 삼장보살도, 1591년, 일본
엔메이지(延命寺) 소장,
(사)한국미술사연구소 제공

그림 35. 삼장보살도 화기, 1591년,
(사)한국미술사연구소 제공

를 만난 사실을 남기고 있다.[46] 이 같은 사실을 통해 학명이 의승군으로
활동하였고, 청허 휴정계 문도로 여러 유학자들과 교유하였으며, 문장
이 뛰어난 인물이었음을 알 수 있다.

(4) 중수 조각승 석준(釋俊)과 원오(元悟)

석준과 원오는 보현사 목조문수보살좌상과 상원사 목조문수동자좌상
을 1599년에 중수한 조각승이다. 석준은 1591년에 조성된 일본 오사카
엔메이지(延命寺) 소장 〈삼장보살도〉의 화기에는 '공양주'로 기록되어
있다(그림 34. 35).[47] 석준은 수조각승 각민(覺敏)이 공주 동학사 석가여래

---

46 『松巖集』卷3「次題學明僧軸 僧在柳刕書書堂丁亥」.
47 박은경(2008),『조선 전기 불화 연구』, 시공사, 541쪽.

2부 조선시대 왕실 발원 불상의 복장 유물과 조성·중수발원문의 분석

그림 36. 공주 동학사 소조석가여래삼불좌상, 1606년, (재)불교문화재연구소 제공

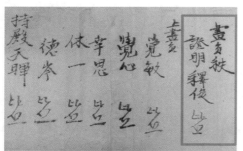

그림 37. 공주 동학사 소조아미타불상 조성
발원문에 기록된 석준, 1606년

삼불좌상(1606년)을 조성할 때는 증명을 맡고 있다(그림 36, 37).[48] 또한 고려 말에 조성된 청양 운장암 금동관음보살상을 1610년에 중수할 때는 수조각승을 맡았는데, 1599년에 보현사 목조문수보살좌상과 상원사 목조문수동자좌상의 중수를 발원한 지운도 이때 시주자로 참여하였다. 이를 통해 조각승 석준은 지운과 함께 16세기 말과 17세기 초에 주로 불상을 중수한 사실이 확인된다.

---

48 정은우(2012), 「동학사 대웅전의 목조석가여래삼불좌상과 조각승 각민」, 『한국학』 35(4), 246쪽.

그림 38. 논산 쌍계사 소조석가여래삼불좌상, 1605년

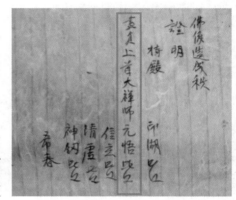

**그림 39. 논산 쌍계사 소조석가여래삼불좌상
조성발원문에 기록된 조각승 원오,
1605년, (사)한국미술사연구소 제공**

2위로 참여한 조각승 원오는 논산 쌍계사 소조석가여래삼불좌상 (1605년)을 조성하는 데 수조각승으로 활동하기 시작해 여러 작품을 남기고 있다(그림 38, 39).[49] 1605년에는 완주 위봉사 북암에서 목조보살상 4존(그림 40)과 김해 선지사 목조아미타불상을 조성하였고, 1610년에는

---

49 문명대(2011), 「석준·원오파의 성립과 논산 쌍계사 삼세불상(1605년) 및 복장의 연구」, 『강좌미술사』 36, 579-598쪽; 최선일(2011), 「17세기 전반 조각승 원오의 활동과 불상 연구」, 『17세기 彫刻僧과 佛像 硏究』, 경인문화사, 3-28쪽; 최선일(2013), 「남원 선원사 木造 地藏菩薩三尊像과 조각승 元悟」, 『미술사학』 27, 231-257쪽.

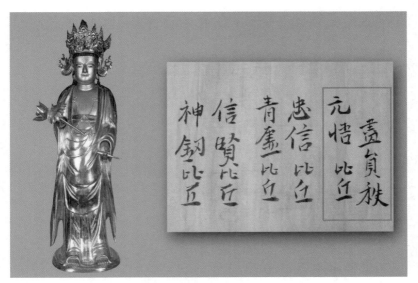

그림 40. 익산 관음사 관음보살상과 조성발원문에 기록된 조각승 원오, 1605년

완주 위봉사에서 지장삼존상과 시왕상(현 남원 선원사 봉안) 등을 제작하
였다. 석준·원오파는 17세기에 가장 먼저 유파를 형성한 현진·청헌파
의 청헌파로 계승되었다.[50]

---

50 송은석(2013), 「金堤 金山寺 조각승 淸虛의 造像 활동」, 『미술사학연구』 279·280, 204-
    209쪽.

5

맺음말

이상으로 보현사 목조문수보살좌상의 복장 유물과 중수발원문에 대해 살펴보았다. 보현사 목조문수보살좌상은 상원사 목조문수동자좌상과 함께 1599년 상원사에서 중수되었으며, 현재는 강릉 보현사와 오대산 상원사에 분산되어 있다. 본고에서는 보현사 목조문수보살좌상과 상원사 목조문수동자좌상에서 발견된 후령통(1466년)과 중수발원문(1599년)의 내용을 비교·분석하여 몇 가지 사실을 확인하였다.

중수발원문에는 상원사 목조문수동자좌상이 '동자문수(童子文殊)'로, 보현사 목조문수보살좌상이 '노문수(老文殊)'로 기록되어 있는 것을 확인하였다. 이는 현존하는 조선시대 유일의 동자문수와 노문수가 한 쌍으로 중수되었다는 점에서 주목된다. 보현사 목조문수보살좌상의 조성 시기는 고려 말에서 조선 초로 추정되며 두 차례에 걸쳐 중수되었다. 상원사 복장 유물과의 비교를 통해 1차 중수는 상원사 목조문수동자좌상

2부 조선시대 왕실 발원 불상의 복장 유물과 조성·중수발원문의 분석

이 조성된 1466년에 이루어졌고, 2차 중수는 1599년에 실시된 것으로 파악하였다. 황초폭자에 싸인 금속제 후령통은 1466년 1차 중수 때 납입된 것이고, 오색사에 묶인 별도의 남색 천으로 된 오보병은 1599년 중수 때 납입된 것으로 분석하였다. 2차 중수 때 '동자문수'와 '노문수'로 인식되었던 것이다.

보현사와 상원사의 두 존상이 1599년에 중수된 것은 왜란 직후의 일로, 연화를 맡은 지운과 보명은 부휴 선수계의 벽암 각성과 관련된 불사에도 참여하였다. 특히 중수발원문을 쓴 학명은 청허 휴정계 문도로 의승군으로 활동하였으며, 부휴 선수계의 본찰인 순천 송광사에서 간행한『정선사가록』(1607년)과『권수정혜결사문』(1608년) 등의 발문을 쓰기도 하였다.

황초폭자에 기록된 '왕비 윤씨(王妃 尹氏)'는 정희왕후 윤씨로 추정하였는데 그 이유는 상원사 중창과 관련된 왕비 가운데 윤씨 성을 가진 여성은 바로 세조 비 정희왕후이기 때문이었다. 따라서 보현사 목조문수보살좌상을 1466년에 1차로 중수할 때 시주한 왕실 인물은 바로 정희왕후임을 알 수 있다. 보현사와 상원사의 두 문수상은 '노문수'와 '동자문수'를 한 쌍으로 표현한 현존하는 우리나라 유일의 불교조각이라는 점에 큰 의미가 있다.

2장

오대산 상원사
문수전
목조제석천상

1

머리말

상원사 문수전의 목조제석천상은 1466년(세조 13)에 상원사 목조문수동
자상과 함께 조성된 조선 전기의 목조각상으로 추정된다. 상원사 목조
제석천상은 2008년 9월에 복장 조사가 이루어졌다. 이때 복장 전적으로
는『묘법연화경』권4·5(1383년),『묘법연화경』권3(1401년),『육경합부』
(1460년) 등이 수습되었으며, 이와 함께 중수발원문(1645년), 후령통 유물
(16세기 추정), 중수기(1862년), 다라니와 함께 후대에 새로 납입한 후령통
등이 발견되었다. 상원사 목조제석천상의 복장에서 수습된 발원문(1645
년)은 목조제석천상의 양식과 일치하지 않는다. 따라서 이 발원문은 조
성 시 납입한 조성발원문[51]이 아니라, 1644-1645년에 각해(覺海)선사에

---

[51] 본 논문에서는 존상의 조성과 관련된 문서는 조성발원문으로, 개금·중수와 관련된 기록은
중수발원문으로 부르고자 한다. 문서에 존상의 조성과 개금·중수 등에 관해 발원한 내용
은 없고 불사와 관련된 인물들만 기록되어 있어도 편의상 발원문으로 부르고자 한다.

2부 조선시대 왕실 발원 불상의 복장 유물과 조성·중수발원문의 분석

의한 상원사 중수 때 납입한 중수발원문으로 추정된다.

상원사 목조제석천상의 바닥면에는 또 다른 중수기(1862년, 철종 13)
가 부착되어 있었는데, '제석천왕(帝釋天王)'이라고 존상명이 기록되어
있다. 상원사 제석천상을 1862년에 중수하면서 '제석천왕'이라고 한 표
현은 조선 후기에 일반적으로 '제석'이라고 표기한 것과는 미묘한 차이
가 있다. '천(天)'과 '왕(王)'을 연결해 강조하고 있는데, 상원사 문수동자
상 조성발원문(1466년)에서도 '천제석왕(天帝釋王)'이라고 하였다.

고려시대에도 '제석천'과 '천제석'을 혼용해서 사용하였는데, '천제
석'을 사용한 자료로는 『고려사절요』(1157년),[52] 『동국이상국집』 권2 「노
무편병서(老巫篇幷書)」,[53] 『동국이상국집』 권25 「대장경을 판각할 때 군
신의 기고문[大藏刻板君臣祈告文]」,[54] 『동국이상국집』 권41 석도소(釋道疏)
「또 거란 군사를 물리치기 위해 천제석에게 재를 올리는 소[同前攘丹兵天
帝釋齋疎]」[55] 등을 들 수 있다. 즉 의종(1127-1173, 재위 1146-1170) 때 수명
을 연장하기 위해서는 천제석과 관음보살상을 조성해야 한다는 이야기,
이규보(李奎報, 1169-1241)가 무속인들이 스스로를 천제석이라고 부르는
것을 비판하는 기록, 원나라의 침입으로 국토가 황폐하게 되자 1237년
(고종 24) 경전을 간행해 외적을 물리치고자 할 때 천제석의 힘을 빌리고

---

52 『高麗史節要』卷11, 의종 장효대왕 11년(1157). "又奏日 如欲延壽 須事天帝釋及觀音菩
薩 王 多畫其像 分送中外寺院 廣設梵筵 號日祝聖法會 發州郡倉廩 以支其費 儀 乘傳巡
視 守令僧徒 皆畏苛酷 爭遺賄賂".

53 『東國李相國集』卷2 「老巫篇 幷書」. "信口自道天帝釋 釋皇本在六天上".

54 『東國李相國集』卷25 「大藏刻板君臣祈告文」. "國王諱 謹與太子公侯伯宰樞文虎百寮等
熏沐齋戒 祈告于盡虛空界十方無量諸佛菩薩及天帝釋爲首三十三天一切護法靈官 甚矣
達旦之爲患也".

55 『東國李相國集』卷41 「同前攘丹兵天帝釋齋疎」.

자 하는 내용 등에 '천제석'이 등장하고 있다.

이 외에도 1886년(고종 23) 경상도 예천 운복사(雲覆寺)에서 상원사 영산전으로 이안한 제석천상은 '제석환인(帝釋桓因)'이라고 하였다. 이 역시 조선 후기에 영산전 또는 나한전에 16나한과 함께 봉안된 제석천상 2존을 '좌제석(左帝釋), 우제석(右帝釋)'으로만 표기하던 방식과는 다르다.

조선 세조 때 의숙공주 부부가 발원해 조성한 상원사 문수동자상 조성발원문(1466년)에는 "석가여래, 약사여래, 아미타불, 문수보살, 보현보살, 미륵보살, 관음보살, 지장보살, 16응진, 천제석왕"을 조성해서 봉안했다는 내용이 기록되어 있다.[56] 1466년(세조 12)에 조성된 존상의 목록은 오대산 신앙과 관련된 것으로 여겨지며, 여기에 '천제석왕'을 봉안하였다는 내용이 주목된다. 1466년에 의숙공주 부부가 조성한 '천제석왕'이 바로 현재 상원사 문수전에 문수동자상과 함께 안치된 목조제석천상으로 추정되기 때문이다.

따라서 본고에서는 첫째, 상원사가 위치한 오대산의 오대(五臺)에서 여러 존상 가운데 제석천상이 조선시대 이전부터 어떻게 신앙되고 있는지를 살펴보고자 한다. 둘째, 상원사 목조제석천상에서 수습된 복장 전적과 후령통 관련 유물을 고찰하고자 한다. 셋째, 복장에서 수습된 1645년(인조 23) 중수발원문과 존상의 밑면에 부착된 1862년(철종 13) 중수발원문을 분석하고자 한다. 마지막으로 상원사 문수동자상(1466년)을 비롯한 같은 시기 불상과의 양식 비교를 통해 상원사 목조제석천상의 조성 시기를 밝히고자 한다.

---

56 유근자(2017), 『조선시대 불상의 복장기록 연구』, 불광출판사, 382쪽.

2

오대산 신앙과 불교 존상

오대산은 신라 자장율사(慈藏律師, 590-658)에 의해 문수진성(文殊眞聖)이 상주하는 곳으로 인식되어 우리나라의 대표적인 문수성지로 자리 잡았다. 상원사는 704년(성덕왕 4)에 신라 왕자 보천(寶川)과 효명(孝明)에 의해 개창되었고 처음에는 진여원(眞如院)으로 명명되었다. 상원사 개창에 관한 자료로는 『삼국유사』에 실린 「대산오만진신(臺山五萬眞身)」과 「명주오대산보질태자전기(溟州五臺山寶叱徒太子傳記)」 등이 있다.

이 외에 오대산에 관한 기록으로는 「대산월정사오류성중(臺山月精寺五類聖衆)」과 「오대산문수사석탑기(五臺山文殊寺石塔記)」 등이 있다. 「대산오만진신」, 「명주오대산보질태자전기」, 「대산월정사오류성중」 자료는 오대산과 월정사의 역사를 서술한 것으로, 「대산오만진신」이 주된 서술이고 「명주오대산보질태자전기」와 「대산월정사오류성중」은 이를 보완

표 1. 『삼국유사』 「대산오만진신」조의 오대산 신앙과 존상명

대(臺)	방위	색	사찰명	존상	불화	결사명	독송 경전	예참
동대	동	청	관음방	관음보살상	1만 관음보살도	원통사 (圓通社)	금강경 • 인왕반야경 • 천수주	관음경 염송
남대	남	적	지장방	지장보살상	8대보살 • 1만 지장보살도	금강사 (金剛社)	지강경 • 금강반야경	점찰경 염송
서대	서	백	미타방	무량수불상	무량수여래 • 1만 대세지보살도	수정사 (水精社)	법화경	아미타불 염송
북대	북	흑	나한당	석가여래상	석가여래 • 5백나한도	백련사 (白蓮社)	불보은경 • 열반경	열반경 염송
중대	중앙	황	진여원	문수보살상	비로자나불 • 36문수보살도	화엄사 (華嚴社)	화엄경 • 육백반야경	문수보살 염송
			화장사	비로자나 삼존상		법륜사 (法輪社)	대장경	화엄신중 염송 화엄회 개최
			하원 문수갑사			결사[社] 도회(都會)		화엄신중 염송

하는 부가적 내용을 담고 있다.[57] 이 외에도 고려 후기인 1307년에 민지 (閔漬, 1248-1326)에 의해 편찬된 『오대산사적기(1307년)』 등이 있다.

『삼국유사』 「대산오만진신」조에는 오대산 각 사찰의 명칭, 주불전과 주존불, 신앙의 형태 등이 기록되어 있다. 특히 상원사가 소재한 중대에 는 동·남·서·북대와 달리 진여원(화엄사)·보천암(화장사)·하원(문수갑사) 등 3개 사찰이 존재하고 있던 사실이 수록되어 있다(표 1).

〈표 1〉에서 보듯이 『삼국유사』 「대산오만진신」조에는 석가여래·무 량수여래·비로자여래 등 3여래상과 관음·대세지·지장·문수·보현 등

---

57 최연식(2015), 「『삼국유사』 소재 오대산 관련 항목들의 서술 양상 비교」, 『서강인문논총』 44, 113-126쪽.

5보살상을 주존으로 봉안하고, 관음보살도·8대보살과 지장보살도·아미타불회도·영산회상도·비로자나불회도 등을 안치하였음을 알 수 있다. 즉, 오대산의 오대에는 주 신앙의 대상을 조각상과 불화로 조성하여 봉안하고 그곳에서 다양한 신앙 행위를 하였다. 특징적인 것은 문수보살이 중생에게 보이는 변화신을 36가지로 그려 진여원에 봉안하였고, 보천이 수행했던 보천암은 화장사로 사찰명을 변경하여 오대산 수행결사의 본사로 삼았다는 것이다. 또한 오대산 북대에 나한당을 설치하고 석가여래상과 석가여래·500나한도를 조성하였다는 내용이 있다.

민지가 1307년에 편찬한 『오대산사적기』 「오대산 성적 및 신라 정신태자 효명태자 전기[五臺山聖跡幷淨信太子孝明太子傳記]」에도 오대산 신앙과 존상에 대해 언급하고 있다. 앞에서 언급한 『삼국유사』 「대산오만진신」조의 내용과 비슷하지만 다른 점으로는 두 가지가 있다. 첫째는 동대 만월산에 아촉여래를 위주로 한 1만 관음보살 진신이 상주한다는 것이고, 둘째는 상왕산에 석가여래를 위주로 하는 1만 미륵보살과 500 대아라한이 상주한다는 것이다. 즉 『삼국유사』 「대산오만진신」조에는 없는 동대 아촉여래와 북대 미륵보살이 추가된 것을 확인할 수 있다.

『삼국유사』 「대산오만진신」의 내용과 『오대산사적기』 「오대산 성적 및 신라 정신태자 효명태자 전기」를 주목한 이유는 오대산에 상주한다는 제불보살이 바로 1466년에 의숙공주 부부가 조성한 존상의 종류와 연관이 있기 때문이다. 상원사 문수동자상 발원문(1466년)에 기록된 존상은 앞에서도 언급했듯이 석가여래·약사여래·아미타불 등 3여래상, 문수보살·보현보살·미륵보살·관음보살·지장보살 등 5보살상, 16나한상, 천제석왕상 등이다(그림 1).

『삼국유사』 「대산오만진신」과 『오대산사적기』 「오대산 성적 및 신라

그림 1. 상원사 문수동자상 조성발원문, 1466년, 월정사성보박물관 제공

정신태자 효명태자 전기」에 수록된 존상과 상원사 문수동자상 조성발원문에 기록된 존상은 대부분 일치하지만 약간의 차이는 있다.『오대산 사적기』의 동방 '아촉여래'는 문수동자상 조성발원문에는 '약사여래'로 기록되었고,『오대산사적기』의 서방 '무량수여래'는 문수동자상 조성발원문에는 '아미타불'로 기록되었다. 조선시대에는 삼불을 봉안할 경우 석가여래·약사여래·아미타여래가 한 세트로 된 예가 많기 때문에 '무량수여래' 역시 상원사 문수동자상 조성발원문에서는 '아미타불'로 표기되었다.

　무량수여래와 함께 상주한다는 1만의 대세지보살상 대신에 문수동자상(1466년) 조성 때 보현보살상을 조성한 것은 보천암을 화장사로 고치고 이곳에 비로자나삼존상을 봉안했다는 내용을 반영한 것으로 추정된다.『오대산 사적기』의 내용처럼 북대에는 석가여래·미륵보살·500

나한이 상주한다는 내용이 있는데, 상원사에서도 1466년에는 미륵보살상과 함께 16나한상이 조성되었다.

조선시대에 16나한상과 함께 제석천상을 나한전에 봉안한 이유는 명확하게 알 수는 없지만, 간다라에서처럼 석가여래에게 설법을 청하는 〈제석굴설법〉 불전도의 영향과 함께 고려시대에는 외제석원에서 나한재가 설행되었던 것과도 연관이 있는 것으로 추정된다. 즉, 고려 의종 6년(1152),[58] 명종 3년(1173)과 7년(1177)[59]에 외제석원에서 나한재를 설행하였다.

오대산 화장사의 본존인 비로자나불상은 1466년에는 조성되지 않았다. 화장사와 하원인 문수갑사에서 밤마다 화엄신중 예참을 행했기 때문에 천신 가운데 대표적으로 제석천왕상을 1466년에 조성한 것으로 짐작된다. 제석천왕상은 보천이 오대산 신성굴로 돌아가 50년 동안 수행하였을 때 도리천의 신이 항상 법문을 들었다는 내용과도 관련이 있는 것으로 보인다. 즉 "도리천신이 삼시(三時)로 법을 듣고, 정거천의 무리가 차를 달여 바치고, 40성중이 10척 상공을 날아 항상 호위하고, 짚었던 석장(錫杖)이 날마다 삼시로 소리를 내며 방을 세 번씩 돌아다녔으므로 그것으로써 경종을 삼아 수시로 수양하였다."[60]는 내용이 그것이다. 도리천신·정거천중·40성중 가운데 도리천주인 제석천상을 신중의 대표로 표현한 것으로 추정된다.

---

58 『高麗史』世家 卷第17, 의종 6년(1152) 9월 25일자 기록. "丙辰 幸外帝釋院, 設羅漢齋".

59 『高麗史』世家 卷第19, 명종 7년(1177) 8월 26일자 기록. "癸巳 幸外帝釋院, 設羅漢齋".

60 『三國遺事』卷3 塔像「臺山五萬眞身」.

3

상원사 목조제석천상의 복장 유물 분석

2008년의 복장 조사에서 상원사 제석천상에서는 고려 말에서 조선 초에 간행된 불교 경전 3점, 1645년 중수발원문 1점, 다라니 3점, 후령통 내부에 납입되었던 오보병(五寶甁) 물목(物目), 1862년 중수발원문 1점, 1970년대에 개채(改彩) 때 납입된 반지통 등이 수습되었다(표 2).

〈표 2〉에서 알 수 있듯이 복장 전적 가운데 『법화경』 권4·5는 1382년에 목은 이색이 발문을 쓰고 1383년에 평양의 법홍산 백련암에서 간행된 것이다(그림 2). 1399년에 복각한 판본이 상원사 문수동자상의 복장에서 발견된 바 있으며,[61] 국립중앙박물관 소장본 보물 제1081호가 있다. 『법화경』 권3은 절첩본으로 1401년에 간행되었으며 전체 7권 7책 가운데 일부분이다(그림 3). 이 경전은 신총(神聰) 대사가 태조 이성계

---

61 월정사성보박물관(2002), 『월정사 성보박물관 도록』, 54쪽.

표 2. 오대산 상원사 제석천상의 복장물 목록

번호	유물명		조성 연도	크기(CM)	수량
1	묘법연화경 권4·5		1383년(우왕 9)	16.0×25.7	2권 1책
2	묘법연화경 권3		1401년(태종 1)	10.8×32.0	1권 1첩
3	육경합부		1460년(세조 6)	16.5×27.0	1책
4	원문		1645년(인조 23)	48.5×59	1매
5	인본다라니		1645년(인조 23)	54×65	2매
6	수미산 우주론 문자 다라니			16.5×23.5	1매
7	티베트문 다라니			17.8×23.0	1매
8	중수발원문		1862년(철종 13)	12.8×16.5	1매
9	후령통 물목	朱色紬	16세기 추정	15.5×19.5	1매
		綠色紬	16세기 추정	13.5×15.5	1매
		黃色紬	16세기 추정	13×30.5	1매
		내부 물목	16세기 추정		4점
		五色絲	16세기 추정		
10	후대 납입 복장물 반지통		현대		1점

그림 2(좌). 묘법연화경 권4·5, 1382년, 월정사성보박물관 제공
그림 3(우). 묘법연화경 권3, 1401년, 월정사성보박물관 제공

그림 4. 육경합부, 1460년, 월정사성보박물관 제공

의 명으로 쓴 판서본을 바탕으로 제작한 왕실본의 일종이다.

『육경합부』는 1460년 선종(禪宗) 본사에서 판각해 간행한 것으로 『금강경』, 『대불정수능엄주』, 『불설아미타경』 등만이 현존하고 있다(그림 4). 『육경합부』는 송나라 판본이나 원나라 판본을 복각한 것이 아니라 우리나라에서 독자적으로 개판한 판본으로, 조선 전기에 전국의 주요 사찰에서 30여 차례 이상 간행되었을 정도로 널리 유통되었다.[62]

앞에서 살펴본 바와 같이 상원사 목조제석천상에서 수습된 복장 전적은 고려 말에서 조선 초에 간행된 『법화경』과 『육경합부』 등이다. 특히 1401년에 판각된 절첩본 『법화경』 권3은 왕실본의 일종이기 때문에 상원사 목조제석천상 조성이 왕실과 연관되어 있음을 알 수 있다. 고려 말에서 조선 전기에 간행된 상원사 제석천상의 복장 전적은 이 존상의 조성 시기를 추정하는 데도 참고 자료가 된다.

복장 전적과 달리 상원사 목조제석천상에서 수습된 중수발원문(1645년), 다라니 3점, 후령통 관련 유물은 17세기의 중수와 관련이 있다. 중수발원문은 1645년(인조 23, 順治 2)에 작성된 것이고, 후령통은 산실되었으며, 후령통 내부에 납입되었던 물목만이 한지에 싸인 채 수습되었다. 한지에 싸인 물목은 오보(五寶)와 오약(五藥), 오곡(五穀)과 오개(五芥), 오향(五香) 2점 등 총 4점이다(그림 5). 2008년 수습 당시 후령통 내부 복장물은 수미산 우주론 문자 다라니와 티베트문 다라니가 1차로 감싸고 주색·녹색·황색 명주천으로 2차로 싸여 오색사로 묶여 있었다. 후령통은 목조제석천상과 함께 조선 전기에 조성된 이후 소실되었고, 중수 때 납입된 것으로 추정되는 후령통 내부의 물목만이 남아 있다.

---

62 송일기(2020), 「상원사 제석천상 수습 복장전적 조사보고서」.

그림 5. 상원사 목조제석천상 후령통 물목, 조선(16세기 추정), 월정사성보박물관 제공

『조상경』(1575년 용천사 본)에 의하면 후령통 내부에는 각 방위에 따라 오보·오향·오약·오황·오개 등과 이와 별도로 오곡 등을 납입하도록 규정되어 있다. 각 방위별 물목과 오곡 등 후령통에 들어가는 물목을 정리하면 〈표 3〉과 같다.

표 3. 1575년 담양 용천사본 『조상경』의 복장입물초록(腹藏入物抄錄)

	오보(五寶)	오향(五香)	오약(五藥)	오황(五黃)	오개(五芥)
동	생금(生金)	청목향(靑木香)	인삼(人心)	대황(大黃)	시라(蒔蘿)
남	진주(眞珠)	정향(丁香)	감초(甘草)	웅황(雄黃)	자개(紫芥)
서	생은(生銀)	관향(藿香)	계심(桂心)	소황(小黃)	백개(白芥)
북	유리(琉璃)	침향(沈香)	아리(阿梨)	자황(雌黃)	만청(蔓菁)
중앙	호박(琥珀)	유향(乳香)	부자(附子)	우황(牛黃)	황개(黃芥)
오곡	대맥(大麥)	직(稷, 기장)	도(稻, 벼)	녹두(菉豆)	마자(麻子, 마)

〈표 3〉의 각 방위별 물목과 상원사 목조제석천상의 후령통 물목을 비교하면 오보·오약·오향·오개·오곡 등이 남아 있는 것을 확인할 수 있다. 오보로 납입되었던 진주는 현재 별도로 노출되어 있다. 상원사 목조제석천상처럼 물목을 한지에 기록하여 감싼 후에 납입하는 방법은 16세기의 복장 납입법으로 추정된다. 상원사 제석천상의 후령통 물목과 유사한 상태로 남아 있는 것으로는 문경 봉암사 목조아미타불상(1586년)과 강릉 보현사 목조보살좌상(1599년 중수)의 복장 유물을 들 수 있다.

봉암사 아미타불상은 1586년(선조 19, 萬曆 14)에 조성된 것으로, 명종의 아들 순회세자(1551-1563)의 비 덕빈 윤씨(1552-1592)[63]가 발원해서 조성한 왕실 발원 불상으로 추정된다. 조선시대 불상의 조성문에는 왕·왕비·세자 등 삼전하를 축원하는 것이 일반적인데, 봉암사 아미타불상은 세자 대신에 덕빈 윤씨가 기록되어 있어 주목된다. 광해군은 1591년에 세자로 책봉되었기 때문에 1586년에는 세자가 존재하지 않아 왕실 인물로 덕빈 윤씨가 기록되었다.

후령통 내부의 오보병에 해당하는 유물은 남방을 상징하는 주색의 명주천에 웅황·직·감초·자개·진주·정향 등이, 중앙을 상징하는 황색 명주천에 마자·우황·호박·부자·유향·황개 등이 싸여 있다(그림 6). 봉암사 아미타불상의 시주자로 기록된 승려 일학(一學)은 상원사 문수동자상과 보현사 목조문수보살좌상의 1599년(선조 32) 중수 때 증명을 맡고 있어, 상원사 목조제석천상과 봉암사 아미타불상의 복장 유물에서도 유사성이 발견된다.

---

63 덕빈 윤씨는 소회세자 사후 공회빈 윤씨에서 '덕빈'에 봉해졌다.

그림 6. 봉암사 목조아미타불상과 후령통 물목, 1586년, 출처: 문화재청

그림 7. 보현사 목조문수보살좌상과 후령통 물목, 1599년 추정

강릉 보현사 목조보살좌상은 상원사 문수동자상과 함께 1599년에 중수되었다. 중수발원문(1599년)에 의하면 상원사 문수동자상은 '동자문수상'으로, 보현사 목조문수보살좌상은 '노문수보살상'으로 1599년에 중수하였다는 것이다. 보현사 목조문수보살좌상에는 조성 당시의 후령통과는 별도로 1599년 중수 때 납입한 것으로 추정되는 후령통 물목이 수습되었다. 후령통 물목은 명주천으로 만든 남색·백색·흑색 등의 주머니에 납입되어 있었는데, 흑색 주머니에는 오보에 해당하는 생금·진주·생은·유리·호박 등이 넣어져 있다(그림 7).

앞에서 고찰한 바와 같이 상원사 목조제석천상, 봉암사 목조아미타불상, 보현사 목조문수보살좌상 등에서는 16세기에 납입된 후령통 물목이 유사한 것을 알 수 있다. 즉, 단순히 명주천에만 싸서 후령통 안에 납입한 것과는 달리 별도의 한지에 물목의 명칭을 기입하여 넣고 있다. 강릉 보현사 목조문수보살좌상은 상원사 목조문수동자상과 함께 1599년에 중수되었고, 이때 증명을 맡은 일학(一學)은 13년 전인 1586년(선조 19)에 봉암사 목조아미타불상의 시주자로 동참하였기 때문에 상원사 목조제석천상, 봉암사 목조아미타불상, 보현사 목조문수보살좌상의 오보병 납입 방식이 비슷한 것으로 여겨진다.

상원사 목조제석천상 복장에서 수습된 다라니 가운데 수미산 우주론 문자 다라니와 티베트문 다라니는 1661년에 조성된 상원사 문수보살상의 복장에서도 여러 점 발견되었다(그림 8).[64] 상원사 문수보살상에서는 이 외에도 티베트문 다라니가 여러 점 발견된 것으로 보아, 상원사 또는 월정사에는 명에서 수입한 티베트문 다라니 경판이 존재했을 가능성이 있다. 월정사성보박물관에 소장된 명에서 유입되었거나 조선 전기에 제작된 것으로 추정되는 티베트 양식의 육수관음보살상(六手觀音菩薩像, 그림 9)이 이를 뒷받침한다.

오대산 동대의 관음암은 관음보살상과 관음보살도를 봉안하고 일찍부터『금강경』,『인왕반야경』, '천수주' 등을 염송하였다. 그리고 상원사 문수동자상(1466년) 복장에서는『오대진언』(1485년, 성종 16년)이 발견되었다.『오대진언』은 인수대비 한씨가 일반 백성들이 진언을 쉽게 익혀서 암송할 수 있도록 하기 위해 범문의 한자 대역에 다시 정음(正音)으로 음역을 붙여서 간행한 1권 1책의 목판본이다.[65]

64　월정사성보박물관(2002), 앞 책, 48-49쪽.

65　김무봉(2010),『역주 상원사중창권선문·영험약초·오대진언』, 세종대왕기념사업회, 75쪽.

그림 8. 상원사 목조제석천상의 수
미산 우주론 문자 다라니(상
좌)와 티베트문 다라니(상우),
상원사 목조문수보살좌상
(1661년)의 복장 다라니(하),
월정사성보박물관 제공

그림 9. 월정사 육수관음상, 조선 전기(15세기) 또는 명,
월정사성보박물관 제공

　　이 판본은 인수대비가 중국에서 진언집을 구하여 판각한 것으로, 관
음신앙과 관련된 진언집이라는 점에서 주목된다. 월정사 육수관음상은
이러한 오대산의 관음신앙과 관련되어 있으며 명에서 수입되었을 가능
성도 있다. 따라서 인수대비가 중국에서 『오대진언집』을 구할 당시에
티베트문 다라니와 육수관음보살상이 명으로부터 조선에 유입되어 상
원사에 전래되었을 가능성도 존재한다.

4

상원사 목조제석천상의 중수발원문 분석

1) 1645년의 중수발원문 분석

상원사 목조제석천상 내부에서는 1645년에 작성된 발원문이 수습되었고, 존상의 밑면에는 1862년의 중수발원문이 부착되어 있었다. 1645년 발원문에는 소현세자의 극락왕생과 관련된 내용을 비롯해 시주자로 왕실 인물이 동참한 사실이 주목된다. 1862년 중수기에는 존상의 명칭을 '제석천왕'이라고 밝히고 있는 점이 중요한데, 상원사 문수동자상 조성 발원문(1446년)에 '천제석왕'이라고 한 것과 연관되어 있다.

상원사 목조제석천상의 발원문(1645년)은 조선시대 불상의 발원문에서는 볼 수 없는 특이한 구조로 되어 있는데, 한 장의 한지를 접어 상하로 존상과 관련된 내용을 기록하고 있다(그림 10). 상원사 목조제석천상의 내부에서 수습된 발원문은 앞에서도 언급하였듯이 조성발원문이 아니라 중수발원문으로 추정된다.

542 2부 조선시대 왕실 발원 불상의 복장 유물과 조성·중수발원문의 분석

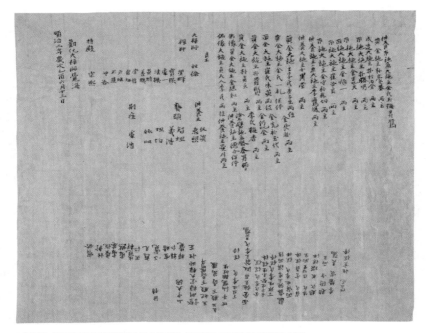

그림 10. 상원사 목조제석천상의 중수발원문, 1645년, 월정사성보박물관 제공

(1) 중수발원문의 원문

供養布施兼大施主 金氏玉梅灵駕

黃金施主 朴豪基两主

造成大施主 朴兹金两主

布施大施主 朴勝男两主

布施大施主 金悊大两主

布施大施主 金順一两主

布施大施主 崔冶良两主

布施大施主 金守补粉切两主

供養施主兼大施主 李鸞鳳兩主

供養大施主 女異堂兩主

黃金大施主 李氏庚子生兩位

黃金大施主 金氏一礼保体

面金大施主 崔氏朱英兩位

黃金大施主 朴貴賢兩主

黃金大施主 朴貞六兩主

佛像黃金大施主 金継知兩主

佛像大施主 貞夫人 李氏兩位

金長补兩主

金先补玉代兩主

金仍叱金兩主

李氏梅香兩主

塗壁施主 勝春男兩主

供養施主 德介保体

供養施主 愛月兩主

良工

大禪師 性倫

禪師 崇暉」 寶機」 處一」 法機」 英特」 善機」 崇信」
信旭」 六坦」 正暹」 冲冶」

持殿 宗熙

供養主 仅淡」 惠照」

熟頭 智坦」 義浩」 坦均」 妙吅[66]

---

66 嚴의 이체자.

別座　　處浩
寶修」　性軒」　慶悅」　處菴」　處黙」　覺祥」　正仁」　應元」
住持　　心寬
　　　　雪晴
　　　　释仁
山中大德 禪覺
證明 禪宗大禪師 性正
王妃殿下壽齊年
主上殿下壽萬世
世子仙駕願往生
丁丑年李氏保体
面金施主 貞叔翁主李氏灵駕
金氏李氏保体
壬午生癸未生保体
丁卯生李氏保体
龍露施主 李溟两位
丙寅生 李氏保体
朱氏 巨勿里两主
趙氏 永環保体
趙德守两主
李榮震 灵駕
比丘尼 性玄保体
勸化大禪師 覺海
順治二年歲次乙酉六月十三日

(2) 시주 물목과 시주자

상원사 목조제석천상의 중수발원문에는 시주 물목과 시주자, 삼전하 축원, 양공(良工), 불사 소임자와 산중 대덕, 연도 등이 기록되어 있다. 연도는 1645년(인조 23, 順治 2) 6월 13일이며, 불사를 주도한 승려는 각해이다. 증명은 대선사 성정이 맡았고 양공은 성륜을 비롯하여 숭휘·보기·처일·법기·영특·선기·숭신·신욱·육탄·정섭·충협 등 12명이다.

양공으로 기록된 이들은 조각승이라기보다는 화승으로 추정된다. 상원사 목조제석천상을 제작하는 데 12명이 동참한 것은 인원이 너무 많기 때문에 이들은 1644년에서 1645년에 상원사를 중창할 때 7존상을 중수한 장인들로 추정된다. 즉, 상원사 목조제석천상 중수발원문의 내용과 존상의 양식적 특징과는 차이가 있어 이들은 중수에 참여한 장인일 가능성이 높다.[67]

1644년에서 1646년에 걸쳐 진행된 상원사의 중창과 관련된 승려로는 각해와 반현을 들 수 있다. 각해는 1644년(인조 22)에 상원사 전각이 퇴락하자 대대적인 보수를 하였고, 반현은 1646년(인조 24)에 나한전과 해회당을 보수하였다.[68] 이경석(1595-1671)이 지은 「상원사중수기」에 의하면 승려 각해는 상원사가 퇴락하자 법당, 선당, 승당, 동서 상실과 별관, 연사, 빈일·요월 등의 요사, 종각, 수각 등 14채의 전각을 중수·단청하였고, 7존의 불상을 개금하였다고 한다.[69] 이때 개금한 7존의 불상 가

---

67 김소담(2017), 「朝鮮 後期 江原道 地域 佛像 硏究」, 동국대학교 석사학위논문, 87-97쪽.

68 황인규(2012), 「조선중기 월정사와 상원사·적멸보궁」, 『역사와 교육』 14, 164쪽.

69 『白軒集』 卷31 「上元寺重修記」. "巍然秀出者 法堂也 翼然者 禪堂也僧堂也 蔚然而雲蕗霞布者 東西上室與別觀 蓮社 賓日 邀月之寮也 以至梵唄鐘鼓之宇 湢浴齋庖之所 水閣沙門日用諸具 靡不畢備 洎于今夏 十四殿閣 丹雘炳煥 七軀佛像 黃金改彩 皆上人之功也".

운데 현재 상원사 문수전에 봉안된 문수동자상은 이경석이 남긴 시에 서도[70] 확인되기 때문에, 상원사 목조제석천상에서 발견된 1645년의 발원문은 조성발원문이 아니라 중수발원문임을 알 수 있다.

「상원사중수기」를 쓴 이경석은 1644-1645년 상원사 중창을 주도한 각해와 긴밀한 관계를 유지하였다. 이경석은 자신이 지은 「상원사중수기」 현판을 보고 시를 지어 각해선사에게 남기고 있다.[71] 이경석은 1661년에 화엄사에서 입적한 벽암 각성(1575-1660)의 비문을 지었고, 심양에 볼모로 잡혀가 있던 소현세자의 시강을 돕기 위해 심양에 간 인물이기 때문에 이들은 모두 소현세자와 연관되어 있다.

1644년에서 1645년 상원사 중창 때 상원사의 존상들을 개금·중수하였다는 내용을 뒷받침하는 것으로는 중수발원문(1645년)에 기록된 시주 물목을 들 수 있다. 중수발원문에 기록된 시주 물목은 황금, 면금, 불상 황금, 불상, 조성, 용로, 도벽, 공양 보시, 공양, 보시 등이다. 이 가운데 불상 시주와 조성 시주는 이때 새로 조성한 존상에 대한 시주를 의미하고, 도벽 시주는 중창한 건물에 대한 시주임을 알 수 있다. 이 외 항목은 신조성 불상과 기존 불상의 개금·중수에 모두 해당하는 물목이다. 이와 별도로 '용로'는 공양구인 향을 피우는 향로로 추정된다.

상원사 목조제석천상의 중수발원문(1645년)에는 왕실과 관련된 인물이 다수 포함되어 있는데 이를 정리하면 〈표 4〉와 같다.

---

70 『白軒集』 卷11 「上院寺 有文殊相 吟贈覺賢」.

71 『白軒集』 卷11. "上院見前所作重修記懸板 遂吟短律 贈覺海".

표 4. 상원사 목조제석천상 중수발원문에 등장하는 왕실 인물

	1645년 중수발원문	시주 물목	분석
1	世子仙駕願往生		• 소현세자(1612-1645)
2	丁丑年李氏保体		• 소현세자 3녀 경숙군주(1637-1655)
3	貞叔翁主李氏靈駕	面金施主	• 정숙옹주(1587-1627) • 선조와 인빈 김씨의 3녀 • 남편 동양위 신익성(1588-1644)
4	壬午生癸未生保体	面金施主	• 소현세자 4녀 경녕군주(1642-1682) • 소현세자 5녀 경순군주(1643-1697)
5	丁卯生李氏保体	面金施主	• 창성군 필(1627-1689) • 선조와 정빈 홍씨(1563-1638)의 아들 경창군의 4남 • 경창군의 서장남인 창림군 일(1629-1690)은 경창군의 이복형인 의창군의 양자임
6	李溟兩位	龍露施主	• 이명(1570-1648) 부부, 효령대군의 7대손. • 아버지 이조 정랑 이정빈, 어머니 청주 한씨 한수의 딸
7	李氏庚子生兩位	黃金大施主	• 경평군(1600-1673) 부부 • 선조와 온빈 한씨(1581-1664)의 차남
8	貞夫人 李氏兩位	佛像大施主	• 정신옹주의 아들 서경리(1599-1664)의 후처 경주 이씨(1613-1659) 부부로 추정

〈표 4〉에서 알 수 있듯이 상원사 목조제석천상 중수발원문(1645년)에서 가장 주목되는 내용은 청나라에 볼모로 잡혀갔다가 귀국하고 얼마 되지 않아 사망한 소현세자의 명복을 기원하고 있는 점이다. 따라서 상원사 목조제석천상의 중수발원문에는 소현세자(1612-1645)와 민회빈 강씨(1611-1646)의 3녀 경숙군주, 4녀 경녕군주, 5녀 경순군주 등이 참여하고 있다. 소현세자의 딸들은 아직 어린 나이이기 때문에 부인 민회빈 강씨가 딸들을 앞세워 남편의 극락왕생을 발원하고 있는 것으로 짐작된다.

소현세자에 관한 기록으로는 규장각에 소장된 『소현동궁일기(1652-1636)』, 『소현분조일기(1627)』, 『심양일기(1637-1644)』, 『(을유)소현동궁일기(1645)』등을 들 수 있다.[72] 소현세자는 1623년 인조반정으로 14세(1625년)에 세자에 책봉되었고 16세(1627년)에 정묘호란이 일어나자 전주로 분조(分朝)를 이끌었다. 25세(1636년)에 청 태종이 침입하여 1637년 인조가 삼전도에서 항복하자 볼모로 심양에 끌려가 1644년 11월 26일에야 귀국길에 올랐다. 소현세자는 귀국 길의 노독(路毒), 평소의 질병과 더불어 학질로 1645년 4월 26일 창덕궁 환경당에서 죽음을 맞이하였다.[73] 소현세자의 애책문(哀册文)은 김육이 지었고 지문(誌文)은 이식이 지었다.[74]

소현세자가 심양에서 질병을 앓은 원인은 심양의 기후 풍토가 맞지 않은 영향도 있지만 가장 큰 이유는 청과 조선 사이에서 세자가 처한 어려움 때문이었다.[75] 소현세자의 죽음에 대해 초기 연구에서는 독살설이 우세했지만[76] 최근에는 병사설에 대한 연구도 발표되었다.[77] 또한 기존 연구에서 주목하지 않았던 『승정원일기』의 내용을 해석해 만주라는 환경적 요인 및 조선과 청 사이에서 양쪽의 눈치를 보아야 했던 심리적 압박감에서 병들었고, 그 결과로 사망했다는 설이 제기되었다. 즉, 소현세자는 청에서 환국하기 훨씬 전부터 이미 질병에 시달리고 있었고, 귀국 후에도 질병이 악화되었다가 호전되는 악순환을 계속하다 세상을 떠났다

---

72 김문식(2006), 「소현세자의 분조와 외교 활동」, 『문헌과 해석』 37, 52쪽.

73 나종면(2008), 「소현세자의 죽음과 장례절차」, 『동방학』 14, 199쪽.

74 김남윤(2008), 「『昭顯乙酉東宮日記』로 본 昭顯世子의 죽음」, 『규장각』 32, 10쪽.

75 김남윤(2006), 「昭顯東宮日記」, 『규장각』 29, 56쪽.

76 김용덕(1964), 「소현세자 연구」, 『사학연구』 18, 433-490쪽.

77 김남기(2006), 「昭顯東宮日記」, 『규장각』 29; 김남윤(2006), 「『瀋陽日記』와 昭顯世子의 볼모살이」, 『규장각』 29; 김종덕(2007), 「소현세자 병증과 치료에 대한 연구」, 『규장각』 31; 김남윤(2008), 「『昭顯乙酉東宮日記』로 본 昭顯世子의 죽음」, 『규장각』 32; 나종면(2008), 「소현세자의 죽음과 장례절차」, 『동방학』 14 등.

는 것이다.[78] 소현세자의 장례 절차는 급서한 4월 26일부터 윤 6월 13일 세자시강원을 파하는 날까지의 기록을 통해 알 수 있다. 원소도감도청(園所都監都廳)으로 차출된 신익전(申翊全, 1605-1660)은 인조와 귀인 조씨(?-1651)의 소생 숭선군 이징(崇善君 李澂, 1639-1690)의 장인이자, 선조의 부마 신익성의 동생으로, 인조의 계비 장렬왕후의 언니를 부인으로 맞는 등 왕실과 인척 관계에 있었다.[79] 따라서 이러한 인척 관계는 1645년에 상원사 목조제석천상을 중수하는 데 왕실 인물들이 동참하는 계기가 되었던 것으로 판단된다. 상원사 목조제석천상 개금·중수의 완료일이 세자시강원이 파하는 1645년 6월 13일인 것도 우연은 아닌 것으로 여겨진다.

「상원사중수기」를 지은 이경석은 1640년 이후 김신국(金藎國, 1572-1657)과 이명한(李明漢, 1595-1645) 등과 함께 심양으로 가서 소현세자의 시강을 도왔다.[80] 심양에는 이후에도 최명길(崔鳴吉, 1586-1647), 민성휘, 신익성, 김상헌, 이명한 등이 끌려와서 하옥되었다.[81] 이경석과 신익성 등은 소현세자와 심양에서 함께 볼모 생활을 했기 때문에 관계가 돈독했던 것으로 짐작된다.

상원사 목조제석천상의 중수발원문에서 가장 주목되는 왕실 인물은 선조와 인빈 김씨의 3녀인 정숙옹주이다. 정숙옹주는 이미 1627년(인조 5)에 사망하였기 때문에 면금 시주자로는 정숙옹주 영가로 기록되어 있다. 조선 후기 왕실 인물 가운데 불교계와 왕실의 매개자 역할을 한 대

---

78 신명호(2010), 「『승정원일기』를 통해 본 昭顯世子의 病症과 死因」, 『사학연구』 100, 133쪽.
79 나종면(2008), 앞 논문, 196-197쪽.
80 김문식(2006), 앞 논문, 60쪽.
81 김문식(2006), 앞 논문, 65쪽.

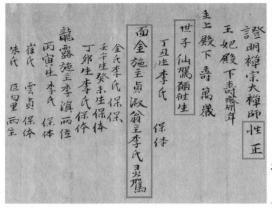

그림 11. 상원사 목조제석천상 원문
부분, 1645년, 월정사성보
박물관 제공

표적 인물은 선조와 인빈 김씨의 아들 의창군 이광과 의창군의 동복 누
이인 정숙옹주의 남편 신익성을 들 수 있다. 상원사와 관련해서 주목되
는 인물은 신익성인데, 그는 1644년 8월 2일에 사망하였으며 조선왕조
실록에는 그의 졸기(卒記)가 실려있다.[82]

1645년 상원사 불사에 1627년에 사망한 정숙옹주가 면금 시주자로
동참하고 있는 것은 상원사와 정숙옹주 부부의 관계가 지속되었음을
의미한다. 1627년 정숙옹주 사후에도 신익성은 상원사와 지속적인 관
계를 유지하였는데, 상원사에 거주하고 있던 성정(性正)선사에게 보낸
시를 통해서 알 수 있다.[83] 성정은 1645년 상원사 목조제석천상을 중수
하는 데 불사의 증명을 맡고 있는 인물이다(그림 11).

---

82 『조선왕조실록』 인조 22년(1644) 8월 2일자 기록; 『승정원일기』 인조 22년(1644) 8월 2일
자 기록.

83 『樂全堂集』 卷4 「遊金剛小記」.

신익성은 「유금강소기(遊金剛小記)」에서 금강산을 유람한 후 오대산에 갔다가 당시 오대산 관음암에서 수행 중인 성정선사를 만난 소감을 남기고 있다. 신익성이 "금강산에 살고 있는 선사들을 두루 만나 보니 성정만큼 지행(知行)이 모두 높은 이는 없었다."[84]고 평가하고 있는 것을 통해서도 성정선사와의 관계를 짐작할 수 있다. 정시한은 1687년 10월에 오대산을 방문하고 동관음대에 들렀다. 그는 이곳에서 '관음암'이라는 현판을 신익성이 썼다[東陽尉書]는 것을 발견하였다.[85] 따라서 관음암 현판 글씨를 남기고 있고, 이곳에서 수행 중인 성정선사를 만나 문답한 사실을 통해 신익성이 지속적으로 오대산의 사찰과 관계를 맺고 있음을 알 수 있다.

동양위 신익성은 정묘호란 때인 1927년 16세의 소현세자가 분조를 이끌고 전주로 남하할 때 배종관(陪從官)으로 임명한 21명 가운데 한 명으로 아버지 신흠(申欽)과 동행하였다. 소현세자가 이끄는 분조가 1627년 1월 24일 한양을 출발해 전주에서 36일간 머물다 임금이 있던 강화도로 돌아오기까지는 61일이 걸렸다.[86] 신익성은 소현세자가 심양에 볼모로 있을 때도 삼전도비(三田渡碑)의 비문을 짓는 것을 거부했다는 이유로 심양으로 압송되었지만, 소현세자의 노력으로 풀려나기도 하였다.

이렇듯 신익성과 소현세자는 인연이 깊었던 것을 알 수 있으며, 상원사 목조제석천상 개금·중수에 신익성의 처 정숙옹주의 영가가 시주자로 참여하고 있는 것은 이러한 인연이 있었기 때문에 가능했던 것으

---

84 『樂全堂集』 卷7 「贈性淨」.
85 정시한 저, 신대현 번역·주석(2005), 『산중일기』, 혜안, 358쪽.
86 성당제(2007), 「丁卯胡亂時 昭顯分朝와 世子의 役割」, 『규장각』 31, 5-6쪽.

로 짐작된다. 이 외에도 신익성의 매부는 민회빈 강씨의 오빠 강문성이었고, 사위는 강문성의 동생 강문두이었다. 따라서 상원사 목조제석천상의 중수 때 소현세자의 극락왕생을 기원하고 있는 것은 이러한 배경이 작용했던 것으로 여겨진다.

(3) 양공(良工)의 해석

상원사 목조제석천상의 발원문에 등장하는 양공은 총 12명인데 이들은 앞에서도 언급했듯이 조각승이 아니라 화승으로 추정된다. 수화승인 성륜은 '대선사'의 직위에 있었고, 2위 화승 숭휘는 '선사'의 직위를 갖고 있었다. 조선 전반기 조각승의 지위가 대선사를 비롯해 상당한 지위에 있었던 것과 달리 조선 후반기 조각승의 지위를 나타내는 기록은 그다지 발견되지 않는 점에서[87] 상원사 목조제석천상 발원문에 등장하는 화승이 상당한 지위에 있었음을 알 수 있다. 왕실 발원 불사이기 때문에 상당한 지위에 있던 화승이 수화승과 차화승으로 참여한 것으로 짐작된다.

　상원사 목조제석천상의 중수에 참여한 양공들이 화승들인 것은 1651년(효종 2)에 조성된 속초 신흥사 아미타삼존상과 지장삼존상 및 시왕상 조성에 참여한 화승에 관한 기록을 통해 확인된다. 즉, 상원사 목조제석천상의 중수에 참여한 화승 가운데 수화승 성륜, 2위 숭휘, 9위 신욱 등은 1651년에는 속초 신흥사 아미타삼존상과 지장삼존상 및 시왕상을 조성하는 데 화원으로 참여하였다. 신흥사의 아미타삼존상과 지장삼존상 등의 조성에 관한 기록에는 장인 그룹을 '조성화원질(造成畵員秩)'과 '화성화원질(畵成畵員秩)'로 구분하였다(그림 12).

87　유근자(2017), 앞 책, 218-219쪽.

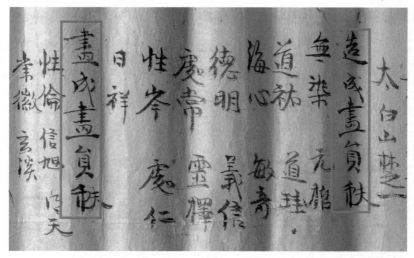

그림 12. 속초 신흥사 아미타삼존상과 지장삼존상 및 시왕상 조성발원문, 1651년, (사)한국미술사연구소 제공

　　전자는 조각승으로 수조각승 무염을 비롯해, 도우·해심·덕명·처상·성잠·원철·도규·민기·의신·영택·처인·일상 등 13명이 참여하고 있다. 이에 비해 후자는 불화를 그린 화승으로 추정되는데, 수화승 성륜을 비롯해 숭휘·신욱·현담·득천 등이 동참하였다.[88] 따라서 상원사 목조제석천상 1645년 발원문의 양공은 개금·중수에 참여한 화승 그룹으로 추정된다. 성륜은 속초 신흥사에서 1661년에 『법화경』을 간행할 때 계장·조근·영서 등과 함께 공양 시주자로도 동참하였다.[89]

　　속초 신흥사 아미타삼존상(그림 13)과 지장삼존상 및 시왕상 조성에

---

88 문명대(2015), 「벽암각성의 조형 활동과 신흥사 극락보전아미타삼존불상과 그 복장품의 연구」, 『강좌미술사』 45, 24쪽.

89 유근자(2015), 「신흥사 경판의 조성 배경과 사상 – 大顚和尙注心經·諸眞言集·佛說廣本 大歲經·僧家日用食時默言作法·大圓集 등을 중심으로」, 『강좌미술사』 45, 119쪽.

그림 13. 속초 신흥사 목조아미타삼존상, 1651년

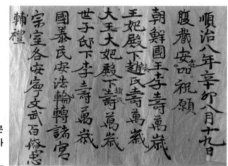

그림 14. 속초 신흥사 아미타삼존상 조성발원문
의 왕실 축원, 1651년, (사)한국미술사
연구소 제공

참여한 수조각승 무염은 주로 벽암 각성과 함께 활동하였다.[90] 신흥사
존상은 1651년(효종 2)에 조성된 것으로 왕·왕비·세자를 비롯한 삼전
하와 인조의 계비 장렬왕후 조씨(1624-1688) 등 왕실의 안녕을 축원하고
있다(그림 14). 특히 증명으로 참여한 승려는 다수인데 금강산 법조(法照)
와 등휘(登徽), 풍악산 쌍언(雙彦), 오대산 신름(頤凜),[91] 보개산 명조 도일

---

90 문명대(2015), 앞 논문, 12-33쪽.

91 신흥사 아미타삼존상 조성발원문에는 '頤凜(이름)'으로 기록되어 있지만 이는 '신름(頤

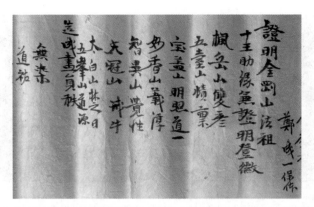

그림 15. 속초 신흥사 아미타삼존상 조성에 증명으로 참여한 승려, 1651년, (사)한국미술사연구소 제공

(明照道一), 묘향산 의순(義淳), 지리산 각성(覺性), 천관산 계우(戒牛), 태백산 초일(楚日), 오봉산 도원(道源) 등이다(그림 15). 이들은 조선 후기 불교계를 대표하던 승려로 지리산 화엄사에 거주하던 벽암 각성이 참여하고 있는 점이 주목된다.[92] 벽암 각성은 효종과 인연이 있는 속초 신흥사의 불상을 조성하는 데 조각승 무염과 함께 동참하였다.

임진왜란과 정유재란이 종식된 후 1605년(선조 38)에는 오대산에 사고가 설치되었고 영감사를 수호 사찰로 삼았다. 오대산 사고가 오대산에 설치된 원인으로는 의승군으로 활약한 사명 유정(四溟惟政, 1544-1610)의 영향이 컸던 것으로 짐작된다. 오대산에 사고가 설치되면서 월정사와 상원사는 조선 초부터 시작된 왕실과의 관계를 유지했다. 사명

凜)'의 오기로 판단되므로 '신름'으로 해석하였다. 왜냐하면 1661년 상원사 문수보살상 조성발원문에도 산중대덕으로 '신름'이 기록되어 있으며, 그는 상원사 제석천상 발원문에 증명으로 기록된 성정의 제자로 오대산에서 활약한 승려이기 때문이다.

92 유근자(2015), 앞 논문, 119쪽.

유정과 함께 의승군으로 활동한 벽암 각성도 1619년(광해군 11)에는 오대산 상원암에서 수행하였다.[93] 상원사 목조제석천상 개금·중수 때 참여한 양공 가운데 수화승 성륜(性倫), 5위 법기(實機), 9위 신욱(信旭) 등은 벽암 각성이 주도한 화엄사 대웅전 목조비로자나삼신불상 조성(1634년)에도 시주자로 참여하였다. 화엄사 목조비로자나삼신불상을 제작할 때 선조와 인빈 김씨의 4남 의창군 이광 부부와 사위 신익성, 소현세자 부부 등 왕실 인물 다수가 동참하였다.[94] 1634년(인조 12)에 화엄사 비로자나삼신불상을 조성할 때 소현세자와 인연을 맺은 벽암 각성은 1641년에는 완주 송광사 소조석가여래삼불상을 조성하면서 청에 볼모로 잡혀간 소현세자와 봉림대군이 속히 귀국할 수 있기를 발원하였다.[95] 이러한 인연으로 소현세자가 세상을 떠나자, 벽암 각성이 주도한 화엄사 비로자나삼신불상 조성에 시주자로 참여한 성륜을 비롯한 화승들은 1645년에 상원사 제석천상을 개금·중수하는 데 동참했던 것이다.

2) 1862년 중수발원문의 분석

2008년 상원사 제석천상 복장 조사 때 존상의 바닥면에는 중수발원문이 부착되어 있었다. 중앙에는 사방진언(四方眞言)과 '문수사리법인능소

---

93 황인규(2012), 「조선중기 월정사와 상원사·적멸보궁」, 『역사와 교육』 14, 162쪽.

94 유근자(2021), 「화엄사 목조비로자나삼신불좌상의 조성기 「施主秩」 분석」, 『미술자료』 100, 112-138쪽.

95 문명대(1999), 「松廣寺 大雄殿 塑造釋迦三世佛像」, 『강좌미술사』 13, 10쪽; 유근자(2019), 「17세기의 완주 송광사 불사와 벽암각성(碧巖覺性)」, 『남도문화연구』 36, 135-143쪽.

그림 16. 상원사 목조제석천상 중수기, 1862년, 월정사성보박물관 제공

정업주(文殊師利法印消定業呪)'가 주색(朱色)으로 쓰여 있고, 좌우에는 중수에 관한 내용이 기록되어 있다(그림 16).

(1) 중수발원문의 원문

帝釋天王
證明 昻隱大琳
誦呪 無住禪學
金魚 金谷永環
化主 比丘瑢燁
施主 坤命 丁丑生 林氏 現增福壽當生極樂
同治元年壬戌五月念始六月旬畢

2부 조선시대 왕실 발원 불상의 복장 유물과 조성·중수발원문의 분석

그림 17. 미타사 금보암 금동관음보살좌상(15세기)과 중수발원문(1862년), 주수완·심주완 제공

(2) 중수발원문의 분석

상원사 목조제석천상의 바닥면에 부착된 중수발원문은 존상의 명칭이 '제석천왕'으로 기록되어 존상명을 알려 주고 있다는 점에서 중요한 자료이다. 중수는 1862년(철종 13, 同治 원년) 5월에 시작되어 6월에 마무리되었다.

1862년 3월에는 조선 전기에 조성된 서울 미타사 금보암 금동관음보살좌상도 개금·중수되었는데 대시주자는 신정왕후 조씨(1809-1890)와 효정왕후 홍씨(1831-1904)였다(그림 17). 이 보살상의 개금·중수를 맡은 수화승은 중봉 혜호(中峯慧皓)이었고 금곡 영환(金谷永環)이 2위로 참여하였고, 창엽(瑲燁) 역시 동참하였다.[96]

---

[96] 정진희(2021), 「중봉당 혜호(中峰堂 慧皓)의 작품과 화맥연구」, 『선문화연구』 30, 330-

금곡 영환은 1891년(고종 17)에는 남양주 흥국사 영산전 석가삼존상 및 16나한상 등의 개금·중수에도 동참하였다.[97] 남양주 흥국사 역시 왕실 원찰로, 영산전 존상은 1891년(고종 28)에 전라도 고산 안심사 약사암에서 흥국사로 옮겨 온 것이다. 이때 금곡 영환은 수화승으로 개금·중수 불사에 참여하였다. 1862년 상원사 목조제석천상 중수 때 화주를 맡은 창엽은 남양주 흥국사 영산전 존상의 개금·개채 때는 화승으로 금곡 영환 아래 2위로 동참하였다. 상원사 목조제석천상의 1862년 중수에는 정축생 임씨만이 시주자로 동참하였다. 따라서 1862년에 실시된 상원사 목조제석천상의 중수에 참여한 화승과 화주는 19세기 왕실과 관련된 사찰의 불사에 동참한 승려들로, 19세기 왕실 발원 불사의 단면을 살펴볼 수 있다는 점에서 주목된다.

331쪽; 김경미(2020), 「금곡 영환(金谷永環) 작 봉원사(奉元寺) 약사여래회도의 연구」, 『한국학연구』 75, 56쪽.

97 김창균(2010), 「19세기 경기지역 首畵僧 金谷堂永煥·漢奉堂瑲曄 硏究」, 『강좌미술사』 34, 109-142쪽; 김경미(2020), 위의 논문, 51-59쪽.

5

상원사 목조제석천상의 양식 특징과 편년

상원사 목조제석천상은 조선 전기에 조성된 것으로 추정되며 1645년(인조 23)과 1862년(철종 13)에 개금·중수되었고, 현재는 오대산 상원사 문수전에 문수동자상(1466년)·문수보살상(1661년)·동자상 등과 함께 봉안되어 있다. 사찰에 단독으로 제석천상이 안치되어 신앙의 대상이 되고 있는 것은 오대산 상원사가 현재로서는 유일한 예로 알려져 있다. 상원사 목조제석천상은 1466년에 상원사 문수동자상과 함께 '천제석왕'을 조성했다는 상원사 문수동자상 발원문의 내용으로 보아 이때 조성된 것으로 추정된다.

조선 후기 제석천상은 나한전·영산전·응진전(당)[98] 등에 석가삼존

---

98 조선 후기 나한을 모신 전각은 나한전·영산전·응진전(당) 등 다양하지만 본고에서는 일반적인 경우는 나한전으로 통칭하고자 한다.

그림 18. 상원사 목조제석천상, 조선 전기(1466년 추정), 월정사성보박물관 제공

상·16나한상·사자상·장군상 등과 함께 불단의 좌우로 각각 1존씩 봉
안되는 경우가 일반적이었다. 기존 연구에서는 나한전에 안치된 한 쌍
의 제석천을 제석천과 범천으로 각각 달리 해석해 왔다. 그러나 나한전
존상의 조성발원문이 발견되면서 제석천·범천으로 해석해 온 것은 '좌
우 제석' 2존으로, 인왕상·금강역사상 등으로 불리던 한 쌍의 존상은
'장군(將軍)' 2존으로 조선 후기에 인식되고 있었음이 밝혀졌다.

상원사 목조제석천상은 화려한 보관을 쓰고 장신구를 걸친 채 제왕
의 모습으로 의자에 앉아 설법하는 자세를 하고 있다(그림 18). 머리카락
은 발제선(髮際線)을 따라 둥글게 표현하였고, 한 단 턱을 두어 보관을 쓸
수 있도록 처리하였다. 높게 올려 상투[寶髻]를 틀고 있는데, 나계형(螺髻
形)의 상투는 끈으로 묶여 있다. 이처럼 상투를 끈으로 묶고 있는 표현 방
식은 상원사 문수동자상에서도 나타나고 있다. 상원사 목조제석천상의

그림 19. 왼쪽부터 상원사 목조제석천상, 상원사 목조문수동자상, 청양 운장암 관음보살상의 보계 표현

상투는 소라 모양으로 형식화되었지만, 고려 말에 조성된 청양 운장암 금동보살좌상의 상투는 이에 비해 훨씬 생동감 있게 표현되었다(그림 19).

운장암 금동보살상과 상원사 문수동자상이 머리카락을 세로선으로 표현한 것과 달리 상원사 목조제석천상은 소발(素髮)로 처리하였다. 아래로 흘러내린 머리카락은 귀 뒤로 넘겨졌지만 조선 전기의 보살상처럼 어깨까지 내려뜨리지는 않았다. 이와 유사하게 머리카락을 표현한 예로는 조선 전기에 조성된 남양주 흥국사 영산전 제화갈라보살상·미륵보살상과, 1501년에 조성된 경주 기림사 건칠보살상 등을 들 수 있다.

상원사 목조제석천상의 보관은 조선 후기 나한전에 봉안된 제석천상의 보관과 비교해 화려한 편에 속한다. 이와 유사한 예로는 조선 후기에 조성된 상주 용흥사 나한전의 목조제석천상 2존을 들 수 있다. 합장을 하고 시왕상처럼 등받이가 있는 의자에 앉아 있는 상주 용흥사 목조제석천상은 같은 시기 제석천상의 보관에 비해 화려한 편이어서 상원사 제석천상과 비교된다. 그러나 상원사 제석천상의 보관은 조선 전기에 조성된 보살상의 보관과는 양식적 차이가 있어 조선 후기에 제작된 것으로 여겨진다.

그림 20(상). 상원사 문수동자상, 1466년, 월정사성보박물관 제공
그림 21(중). 운부암 금동보살좌상, 고려 말 조선 초, 출처: 문화재청
그림 22(하). 낙산사 목조관음보살좌상, 고려 말 조선 초, 출처: 문화재청

상원사 목조제석천상의 상호는 방형에 가까우며 턱에는 살집이 표
현되었다. 두 눈은 가늘고 길며 양 끝이 약간 위로 올라가 있다. 오뚝한
코는 사실적이며 입체적이어서 1586년에 조성된 봉암사 목조아미타불
상과 비교해 훨씬 자연스럽게 표현되었다. 미소를 머금은 입은 조선 전
기 불상에 표현된 작은 입보다는 약간 큰 편이다.

살집이 있는 턱, 입체적으로 표현된 코, 두 눈꼬리가 위로 올라간 표
현 등은 상원사 문수동자상(1466년)과 매우 유사하다(그림 20). 이 외에도
양감이 풍부한 상호 표현은 고려 말 조선 초기 작인 영천 운부암 금동
관음보살상(그림 21), 파계사 목조관음보살상, 낙산사 목조관음보살상(그
림 22), 문경 대승사 금동관음보살상과도 유사하다. 고려 말 조선 전기에
조성된 보살상 등과의 상호 비교를 통해 상원사 목조제석천상은 조선
전기의 특징을 갖고 있음을 알 수 있다.

상원사 목조제석천상의 귀는 상원사 문수동자상과 대구 파계사 목

그림 23. 상원사 목조제석천상, 상원사 목조문수동자상(1466년), 파계사 건칠관음보살상(1447년 중수)의
귀 표현

조관음보살좌상처럼 이륜(耳輪)를 곡선으로 얇게 하여 사실적으로 표현
하였다(그림 23). 불상의 귀 표현은 시대와 작가에 의해 특징이 나타나는
데,[99] 조선 전기 불상의 귀가 사실적인 반면 조선 후기 불상의 귀는 투
박하고 간략하게 표현되었다.[100] 귓볼에는 상원사 문수동자상과 유사한
귀걸이를 하고 있다. 대구 파계사 목조관음보살좌상처럼 띠 형태의 귀
걸이는 주로 고려시대 보살상에 나타나는 특징이다.

상원사 목조제석천상이 전신에 장신구를 걸치고 있는 것은 고려시
대 및 조선 초기 보살상의 특징이다. 앞에서 살펴본 운부암 금동보살좌
상, 파계사 목조관음보살좌상, 낙산사 목조관음보살좌상, 대승사 금동
관음보살좌상 등도 장신구를 전신에 착용하고 있다. 특히 앞가슴에 드
리운 장신구의 형태는 상원사 문수동자상의 장신구와 가장 유사하다.

---

99 송은석은 조선 후기 불상 연구에서 불상의 귀 표현을 일찍부터 주목하여 시대와 작가에 따
라 불상의 귀 표현법이 다르다는 견해를 밝혀 오고 있다.

100 조태건(2020), 「불상의 귀 표현으로 본 조선 후기 조각승의 계보별 특징」, 『미술사연구』
38, 133-158쪽.

상원사 목조제석천상은 오른손을 들고 왼손은 배 앞에 두어 설법인을 하고 있는데 조성 당시에는 지물을 가지고 있었을 가능성이 높다. 14세기에 그려진 교토 묘신지(妙心寺) 쇼타쿠인(聖澤院) 소장 〈제석천도〉와 세이카도분코 미술관(靜嘉堂文庫美術館)에 소장된 〈제석천도〉, 그리고 조선 전기 작인 에이헤이지(永平寺) 〈삼제석천도〉(1483년)의 제석천은 지물로 선견성이 그려진 부채를 들고 있다. 또한 조선 후기 작인 진주 청곡사 제석천상(1657년)은 연꽃을 지물로 들고 있는 것으로 보아 상원사 제석천상도 조성 당시에는 지물을 들고 있었을 가능성이 높다.

조선시대 제석천상의 좌법은 입상·좌상·의좌상 등으로 구분되는데 이 가운데 의좌상을 취한 경우가 가장 많다. 상원사 문수전 목조제석천상은 의자에 앉은 의좌(倚坐) 자세이다. 상원사 목조제석천상의 복식에서 가장 눈에 띄는 것은 운견(雲肩)의 착용이다. 상의(上衣) 위에 운견을 입고 그 위에 천의를 걸치고 있다. 허리에는 의대(衣帶)를 둘렀고, 하체에는 군의 위에 단상(短裳)과 요의(腰衣)를 걸치고 있다. 천의 자락은 두 무릎 위에 두 줄의 띠 모양을 이루며 표현되었다. 조선 후기 나한전의 제석천상이 상체에 대부분 운견을 두르고 있는 것은 상원사 목조제석천상과 같다.

『원사(元史)』「여복지(輿服志)」에 의하면 "운견은 사수운(四垂雲)이고 옷감은 청·녹·황색의 비단이며 색은 5색이고 금을 삽입하여 만든다."라고 하였다. 사수운은 가슴·등·두 어깨 등 네 곳에 운두(雲頭)가 똑같이 늘어져 붙여진 이름이다. 운견은 피견(披肩)과 함께 원대에 병용되다가, 청대에는 황제·황비·관리의 피령(披領)이 새로 등장하면서 여성이 주로 장식으로 착용하게 되었다.[101] 상원사 목조제석천상이 두 어깨에 천

---

101 김미자(2003), 「元의 雲肩에 관한 연구 –《集史》를 중심으로」, 『복식』 52, 127–130쪽.

그림 24(좌). 남양주 흥국사 영산전 소조제석천상, 조선 전기, (재)불교문화재연구소 제공
그림 25(중·우). 순천 송광사 응진당 제석천상, 조선(1624년), (재)불교문화재연구소 제공

의를 걸치고 있는 모습은 1473년(성종 4) 작으로 추정되는 도갑사 목조
문수·보현동자상의 천의 착의법과도 비슷하다. 도갑사의 두 상에 비해
상원사 목조제석천상의 천의 자락은 율동감 있게 표현되었다.

　상원사 목조제석천상과 비교되는 존상으로는 남양주 흥국사 영산전
의 목조제석천상(그림 24)을 들 수 있다. 흥국사 목조제석천상은 조선 전
기에 조성되어 1650년에 수조각승 혜희에 의해 중수되었다.[102] 상원사
목조제석천상과 흥국사 목조제석천상은 양감 있는 상호, 입체적이며 사
실적으로 표현된 코와 귀, 귀 뒤로 넘겨진 머리카락, 등받이가 없는 의
자에 앉아 있는 모습, 운견 위에 천의를 착용하고 있는 점 등에서 공통

---

102 정은우(2009), 「남양주 흥국사의 조선전기 목조 16나한상」, 『동악미술사학』 10, 137-160쪽.

점을 찾을 수 있다. 그러나 상원사 목조제석천상이 짧은 치마로 무릎 위를 가리고 두 다리 사이에 장신구가 표현되어 있는 반면, 흥국사 목조제석천상은 긴 띠 형태의 광다회가 표현되었다. 또한 상원사 목조제석천상은 두 손으로 설법인을 하였고, 흥국사 목조제석천상은 합장을 하고 있는 점에서 차이가 있다.

상원사 목조제석천상의 등받이 없는 의좌세는 1624년(인조 2)에 수조각승 응원에 의해 조성된 순천 송광사 응진당의 소조제석천상(그림 25)에도 계승되고 있다. 송광사 소조제석천상은 바위 위에 두 다리를 나란히 하고 앉아 있으며, 운견 위에 천의를 착용하고 있는 점은 상원사 목조제석천상과 같다. 귀 뒤로 넘겨진 머리카락은 어깨 위에 두텁게 드리워져 있고 두 손은 배 앞에 모아 한삼(汗衫)으로 손을 가리고 있다.

한삼으로 두 손을 가리고 있는 표현은 조선 후기에 제작된 지장보살상의 우협시인 무독귀왕에서도 찾을 수 있다. 제석천왕과 무독귀왕은 모두 왕으로 표현된다는 것에 공통점이 있다. 방형의 상호는 상원사 목조제석천상에 비해 양감이 감소되었으며, 특히 상원사 목조제석천상에서 사실적으로 표현된 코와 귀는 송광사 소조제석천상에서는 형식화되었다. 또한 무릎을 가리던 단상(短裳)의 길이는 짧아지고 광다회가 두 다리 사이에 세로로 표현되었다.

조선 후기 나한전의 제석천상 가운데 가장 주목되는 상은 1656년(효종 7)에 무염에 의해 조성된 완주 송광사 소조제석천상(그림 26)이다.[103] 조성발원문이 발견된 완주 송광사 나한전 존상은 17세기 나한전 존상에 대한 명칭을 확인할 수 있다는 점에서 중요하다. 앞에서도 언급하였듯

---

[103] 송은석(2017), 「完州 松廣寺 나한전의 제 존상과 조각승」, 『보조사상』 47, 217-268쪽.

그림 26. 완주 송광사 나한전 제석
천상, 1656년, (사)사찰
문화재보존연구소 제공

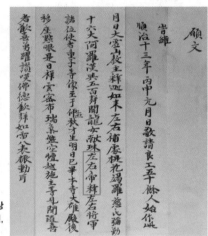

그림 27. 완주 송광사 나한전 목조석가여래삼존상
조성발원문에 기록된 '左右帝釋', 1656년,
(사)사찰문화재보존연구소 제공

이 완주 송광사 나한전 존상의 조성발원문은 범천·제석천이 아니라 '좌
우 제석(左右帝釋)'으로, 2존 제석천상이 나한전 내부 좌우에 배치되었음
을 알려 주고 있다(그림 27). 완주 송광사 제석천상은 상원사 목조제석천
상처럼 등받이가 없는 의자에 앉아 있는데, 좌우로 두 명의 권속을 거느
리고 있다.

완주 송광사 소조제석천상은 소매에 한삼을 덧대었고, 술이 달린 허

그림 28. 진주 청곡사 제석천상 2존, 1657년, (사)사찰문화재보존연구소 제공

리띠 광다회가 표현되었으며, 무릎 아래를 감싼 행전(行纏)에 쐐기형 문
양이 등장하는데, 이는 상원사 목조제석천상과는 구분되는 특징이다.
완주 송광사 소조제석천상에 보이는 한삼·광다회·행전 등의 표현은 17
세기 이후 조선 후기 나한전 제석천상에 나타나는 특징 가운데 하나로
정착되었다.

　완주 송광사 소조제석천상과 함께 17세기를 대표하는 제석천상으로
는 진주 청곡사 목조제석천상 2존(그림 28)을 들 수 있다. 이 존상은 업경
전(業鏡殿)에 시왕상 등과 함께 봉안되었다고 전한다.[104] 그러나 조선 후
기 명부전에는 제석천상이 안치된 경우가 없기 때문에 이 존상은 나한

---

104 문화재청(2017), 『문화재대관 보물 불교조각』Ⅱ, 316-318쪽.

그림 29. 진주 청곡사 제석천상, 1657년, (사)사찰문화재보존연구소 제공

전에 봉안되었을 것이다. 청곡사 목조제석천상 2존은 수조각승 인영이 7명의 보조 조각승과 함께 업경전 존상을 조성하면서 1657년(효종 8)에 제작한 것이다. 가로로 긴 둥근 상호는 어린아이 같은 인상을 주며 단구형(短軀形)의 신체도 위엄을 나타내기보다는 순진무구하다는 느낌을 주고 있다.[105] 상원사 목조제석천상과 달리 용두로 장식된 등받이가 있는 의자에 앉아 있는데 등받이 부분은 후대에 추가된 것으로 추정된다.

진주 청곡사 목조제석천상 2존은 상원사 목조제석천상처럼 화려한 보관을 쓰고 어깨를 덮는 운견과 천의를 걸치고 있으며 설법인을 짓고 있다. 조선 후기 불교조각에 나타나는 좌우 대칭적인 손 모습, 두 다리 사이에 내려뜨린 광다회, 두 무릎 아래를 동여맨 쐐기문이 표현된 행전의 착용 등은 1656년 작 완주 송광사 소조제석천상 2존과 같다. 상원사 목조제석천상과 비교해 어깨에 두른 운견은 단엽의 연꽃 형태로 간략화되었다(그림 29). 상원사 목조제석천상의 운견은 청곡사 목조제석천상

---

105 문화재청(2017), 위의 책, 308-314쪽.

그림 30. 상원사 목조제석천상(좌)과 청곡사 목조제석천상(우)의 머리 표현

과 달리 새 날개처럼 표현되었고, 다섯 가지 색으로 채색된 것은 『원사』
「여복지」에서 언급하고 있는 운견의 모습과 일치한다.

　진주 청곡사 목조제석천상 2존은 귀 뒤로 넘겨 어깨에까지 드리운
머리카락의 표현을 생략하였다. 발제선을 따라 앞에만 세로로 된 머리
카락을 표현하여 사실적으로 둥글게 표현한 상원사 목조제석천상과는
차이가 있다. 또한 상원사 목조제석천상은 보관이 흘러내리지 않도록
낮게 단을 표현한 반면, 청곡사 목조제석천상은 넓게 단을 구획지었다.
상투를 튼 보계도 뒷면에만 쌍상투 모양으로 표현하여 전반적으로 상
원사 목조제석천상에 비해 형식화되었다(그림 30).

　앞에서도 살펴보았듯이 상원사 목조제석천상은 상원사 문수전에 함
께 안치된 상원사 문수동자상(1466년)과 양식적으로 매우 유사하다(그림
31). 상원사 문수동자상의 조성발원문에 '천제석왕'을 함께 조성했다는
기록, 방형의 풍만한 상호, 위로 올라간 눈꼬리, 입체적으로 표현된 코,
몸에 두른 장신구의 문양, 부드러운 천의 주름 등에서도 공통점이 발견
된다. 또한 상원사 문수동자상의 등 뒤에서 확인되는 허리에 두른 의대

그림 31. 상원사 목조제석천상과 목조문수동자상의 정면과 뒷면 비교

의 표현법 등은 상원사 제석천상과 같다.

상원사 목조제석천상과 상원사 문수동자상은 측면에서 보면 이른바 '이중 턱'의 형태를 취하고 있다. 머리카락을 올려 묶어 상투를 튼 보계, 귀의 세부 표현, 수인의 자세와 양감이 풍부한 손의 표현 등에서도 공통된 특징을 찾을 수 있다. 균형 잡힌 상체과 두 팔에 걸쳐진 천의 자락 역시 율동적으로 표현하였고, 의상(倚像)과 좌상이라는 좌법의 차이는 있지만 전반적으로 같은 시기의 양식적 특징을 공유하고 있다(그림 32). 따라서 상원사 목조제석천상과 문수동자상은 1466년에 동시에 조성되었을 가능성이 높은 것으로 판단된다.

조선 초기 왕실 제석신앙의 일면을 고찰할 수 있는 자료로는 태조 이성계가 1394년(태조 3)에 도량고(道場庫)와 내제석원을 없애고 복흥고(福興庫)를 둔 기록을 들 수 있다.[106] 이 사실을 통해 조선 초까지 고려시대 때 설치한 내제석원이 존재했던 사실을 알 수 있다. 태종은 1401년

---

106 『조선왕조실록』 태조 3년(1394) 8월 22일자 기록. "罷道場庫 內帝釋院 置福興庫".

그림 32. 상원사 목조제석천상과 목조문수동자상 측면 비교

정월에 건성사에서 제석예참을 베풀었으며,[107] 1403년 12월에는 건성
사에서 태조의 수명 장수를 위해 제석재(帝釋齋)를 개최하였다.[108] 건성
사는 고려 때부터 제석재가 설행되던 사찰[109]이었기 때문에 조선 초까
지 제석도량의 면모를 유지했던 것으로 짐작된다. 그러나 조선 초기 제
석신앙은 장수를 기원하는 기복의 차원에 한정된다.[110]

세종 5년(1423)에 김해의 제석당, 나주의 금성당, 삼척의 태백당 등
의 신당을 조사해 동서활인원과 귀후서에 소속시키려고 한 점은 무속
화된 제석신앙의 일단을 보여준다.[111] 고려시대부터 이미 무속과 결합

107『조선왕조실록』태종 1년(1401) 1월 7일자 기록. "設帝釋禮懺于乾聖寺 水陸齋于津關寺".

108『조선왕조실록』태종 3년(1403) 12월 2일자 기록. "設帝釋齋於乾聖寺 乞命也".

109『고려사』世家 卷第 22, 1216(고종 3)년 3월 15일자 기록. "三月 戊辰 始幸乾聖寺 行帝釋
齋 又設藏經會於宣慶殿".

110 안지원(1997),「고려시대 帝釋信仰의 양상과 그 변화」,『국사관논총』78, 253쪽.

111『조선왕조실록』세종 5년(1423) 3월 3일자 기록. "禮曹啓 金海 帝釋堂 羅州 錦城堂 三陟

된 제석신앙이 존재하였기 때문에[112] 이러한 경향은 조선시대에도 지속되었던 것으로 보인다.

태종의 비 원경왕후 민씨(元敬王后 閔氏, 1365-1420)는 태종과 왕자를 위해 궁인(宮人)으로 하여금 수를 놓아 원불(願佛)을 조성하였는데 이 가운데 제석천도가 포함되어 있다.[113] 원경왕후는 천불·관음·범천·제석천을 각 1축씩 수를 놓아 왕과 왕자를 비롯해 종친부터 서민에 이르기까지 장수와 안녕을 기원하였다.[114] 태종이 1401년과 1403년에 건성사에서 제석기도를 하게 한 것과 마찬가지로 원경왕후 민씨 역시 왕실의 안녕을 기원하기 위해 〈제석천도〉를 조성한 사실을 확인할 수 있다. 이같은 조선 전기 왕실의 제석신앙을 뒷받침해 주는 대표적인 존상이 상원사 목조제석천상이다. 상원사 목조제석천상은 세조의 딸 의숙공주 부부의 발원으로 조성된 상원사 목조문수동자상과 함께 1466년에 조성되어 1645년에 중수된 것으로 추정된다.

太白堂及其他外方各官神堂 並令推刷 分屬東西活人院 歸厚所 其祀神退物 令所在官收之 納于所屬處'從之'.

112 안지원(1997), 앞 논문, 253-256쪽.

113 황인규(2011), 「조선전기 후궁의 비구니 출가와 불교신행」, 『불교학보』 57, 127쪽.

114 『陽村先生文集』 卷22 「繡成願佛跋」. "今我中宮靜妃殿下 恭爲主上殿下睿筭增延 寶曆彌固 齊年共壽 永膺天祿 親男諸邸各保壽康 宗親戚里 宰輔臣寮 下至民庶 咸蒙饒益 幽明共利之願 乃令宮人繡成千佛一軸 八難 觀音 梵王 帝釋各一軸 精妙備臻 功德最勝 眞寅敬信之心至矣 吾心之敬旣極其至 則佛心之感捷如影響 兩宮齊壽 諸邸咸康 一國與榮 萬世永賴可信矣 臣近承命 稽首敬跋".

6

맺음말

이상으로 상원사 목조제석천상의 복장 유물 및 발원문을 분석하고, 양식 특징 등을 통해 존상의 제작 시기를 조선 전기로 추정하였다. 상원사 목조제석천상의 제작 연대는 복장 조사에서 수습된 복장 전적과 1645년 중수발원문의 분석, 그리고 양식 특징을 통해 상원사 문수동자상과 함께 1466년에 조성된 것으로 보인다.

2008년 복장 조사에서 수습된 1645년의 중수발원문은 중수 때 납입된 것으로 해석하였다. 이같이 해석한 것은 1644-1645년에 각해선사에 의해 7존의 불상이 개금·중수되었다는 「상원사중수기」의 기록과, 발원문에 기록된 양공이 조각승이 아니라 화승이라는 점에서 근거를 찾았다. 또한 1656년에 조성된 완주 송광사 나한전 제석천상 2존과 1657년에 제작된 진주 청곡사 제석천상 2존과의 양식 비교를 통해서도 17세기에 조성된 것이 아니라 조선 전기에 조성된 상임을 알 수 있었다.

2부 조선시대 왕실 발원 불상의 복장 유물과 조성·중수발원문의 분석

1645년에 이루어진 상원사 제석천상을 비롯한 7존의 개금·중수는 소현세자의 명복을 기원하기 위한 목적이 있었던 것으로 파악하였다. 소현세자와 긴밀하게 관련된 신익성의 부인 정숙옹주의 영가가 면금(面金) 시주자로 참여하였고, 소현세자의 딸들이 시주자로 동참하고 있으며, 중수발원문에 '소현세자의 극락왕생'을 기원하고 있기 때문이다.

상원사 목조제석천상은 1466년에 조성된 상원사 문수동자상과 양식 특징이 유사한 점이 많다. 양감 있는 상호, 이중 턱이 표현된 얼굴, 입체적이며 사실적인 귀, 허리에 두르고 있는 의대(衣帶), 몸에 걸친 장신구, 균형 잡힌 상체, 율동감 있는 천의의 표현 등은 두 존상에서 공통으로 나타나는 양식 특징이다. 양식 특징과 함께 상원사 문수동자상의 조성발원문에 '천제석왕'을 함께 조성하였다는 기록은 상원사 문수동자상과 제석천상이 동시에 조성되었다는 사실을 뒷받침하고 있다.

또한 1862년의 중수기에 '제석천왕'으로 존명을 기록하고 있어 1466년 상원사 문수동자상에서 언급하고 있는 '천제석왕'의 명칭을 계승하고 있음을 알 수 있다. 1886년에 경상도 예천 운복사에 이운해 온 상원사 영산전의 제석천상은 '제석환인'으로 기록하고 있어 문수전 목조제석천상의 명칭과는 다르게 부르고 있는 것이 확인된다.

따라서 상원사 목조제석천상은 상원사 문수동자상을 비롯한 조선전기 불교조각의 양식 특징을 갖고 있으며, 상원사 문수동자상과 함께 1466년에 조성되었다는 '천제석왕'의 기록을 통해 1466년에 문수동자상과 함께 조성된 상으로 추정된다.

3장

화엄사
목조비로자나
삼신불좌상의
조성기「施主秩」
분석

1

머리말

화엄사 대웅전 목조비로자나삼신불좌상은 1634년(인조 12, 崇禎 7)에 수 조각승 청헌(淸憲, 淸軒)이 보조 조각승 18명과 함께 조성한 불상으로 법 신(法身) 비로자나불, 보신(報身) 노사나불, 화신(化身) 석가불상으로 구 성되어 있다(그림 1). 화엄사 삼신불상은[115] 동아시아 삼신불상 가운데 존상명, 제작 연도, 봉안 장소 등이 구체적으로 밝혀진 불상으로, 17세 기 불교조각사 연구에 기념비적 위치를 차지하고 있다.[116] 또한 한국의 노사나불상 가운데 유일한 보관형인 점도 중시되어 2021년 6월 국보로 승격되었다.

---

115 본 논문에서는 화엄사 목조비로자나삼신불좌상을 간략히 화엄사 삼신불상으로 표기하였다.

116 최근 동아시아 삼불상에 관한 논문이 발표되어 화엄사 삼신불상이 갖는 미술사적 의의가 부각 되었다[심주완(2021), 「동아시아 삼불상 도상 연구」, 고려대학교 박사학위논문, 278쪽; 최성 은(2021), 「화엄사 대웅전 목조비로자나삼신불좌상에 대한 고찰」, 『미술자료』 100, 140-171쪽].

그림 1. 화엄사 대웅전 목조비로자나삼신불좌상, 1634년

화엄사 삼신불상이 국보로 승격된 데에는 불상에 대한 조성 기록이 복장과 팔각 대좌 안쪽 면에서 발견된 것도 큰 영향을 미쳤다. 불상 조성 기록인 「施主秩」[117]은 삼신불상 가운데 노사나불상과 석가불상에서 발견되었고, 두 불상의 팔각 대좌 내부 판재(板材)에도 불상 조성 기록이 남아 있다.[118] 「施主秩」과 대좌의 묵서 기록은 2014-2015년과 2020년

---

117 화엄사 삼신불상의 조성에 관한 기록은 '시주질(施主秩)'로 문서의 1면에 기록되었기 때문에 본고에서는 '施主秩'이라는 명칭을 그대로 사용하였다. '질(秩)'은 조선시대 불상조성기에서 주로 참여자를 열거할 때 사용하였다. 화엄사 삼신불상의 경우 '施主秩'에는 불사에 참여한 인물들이 대덕질(大德秩), 본사시주질(本寺施主秩), 연화질(緣化秩), 화원질(畵員秩) 등으로 기록되어 있다. 따라서 이와 혼동될 우려가 있어 화엄사 삼신불상의 조성기인 '施主秩'은 낫표를 사용해 「施主秩」로 표기하였다.

118 노사나불상 팔각 대좌의 안쪽 면에 묵서된 기록은 (사)사찰문화재보존연구소가 2014년에 조사하는 과정에서 발견되어 2015년에 학계에 소개되었다[최인선(2015), 「珍島 雙溪寺 大雄殿 三尊佛像과 彫刻僧 熙藏」, 『문화사학』 44, 220-221쪽].

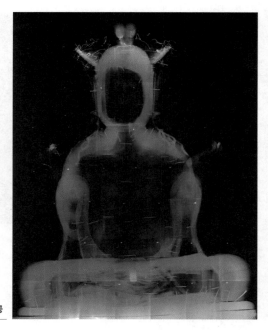

그림 2. 화엄사 노사나불상 X-ray,
(사)사찰문화재보존연구소 제공

에 실시된 두 차례 정밀 조사의 결과물이다.

화엄사 대웅전 노사나불상의 체계적인 복장 조사는 2020년 7월 10일에 실시되었다. 당시 복장 조사는 화엄사·문화재청·(사)사찰문화재보존연구소 관계자와 송일기·최성은·이수예·필자가 참여해 이루어졌다. 조사 결과 노사나불상의 복장에서 다량의 복장 전적과 「施主秩」이 수습되었다.[119] 석가불상의 「施主秩」과 복장 전적은 (사)사찰문화재보존연구소에서 2014년 11월에 실시한 불상의 기록화 사업 과정 중 2015

---

119 노사나불상과 석가불상의 복장에서 수습된 복장 유물은 불교중앙박물관에서 개최한 특별전 도록에 수록되었다[불교중앙박물관(2001), 『지리산 대화엄사』, 164-187쪽].

년 9월에 화엄사성보박물관에서 수습해 공개하지 않은 채 보관해 왔다.[120] 2020년 7월 10일에 실시한 노사나불상의 복장 조사는 2014년 기록화 과정에서 X-ray 촬영으로 복장 유물이 확인되었기 때문에 가능했다(그림 2). 두 번의 조사로 수습된 복장 유물의 현황을 파악하고 정리하는 작업은 (사)사찰문화재보존연구소와 함께 송일기·이수예·필자 등이 2020년 7월 11일에 화엄사성보박물관에서 진행했다.[121]

화엄사 두 불상의 「施主秩」 내용 가운데 가장 중요한 부분은 1634년(인조 12, 崇禎 7)에 불상을 조성한 기록과 의창군 이광(義昌君 李珖, 1589-1645)을 비롯한 왕실 인물들이 시주자로 참여한 기록이다. 특히 주목할 만한 사실은 지금까지 발견된 조선 후기 불상조성기 가운데 의창군 이광, 동양위 신익성(申翊聖, 1588-1644), 소현세자(昭顯世子, 1612-1645) 등과 같은 왕실 인물이 직접 기록된 최초의 자료라는 점이다. 또한 화엄사 삼신불상의 조성을 주도한 벽암 각성(碧巖覺性, 1575-1660)과 이들의 긴밀한 관계를 알 수 있는 자료라는 측면에서도 이 두 「施主秩」은 학술적 가치가 매우 크다.

그동안 화엄사 삼신불상의 제작 시기는 『호남도구례현지리산대화엄사사적(湖南道求禮縣智異山大華嚴寺事蹟)』(1636년, 그림 3, 이하 『화엄사사적』

---

120 노사나불상의 대좌 기록과 석가불상 「施主秩」 내용의 일부가 보고서에 간략하게 소개된 바 있다[문화재청·구례군(2005), 『구례 화엄사 목조비로자나삼신불상 보고서』, (사)사찰문화재보존연구소, 202-205쪽].

121 필자는 2020년 7월 10-11일에 실시된 화엄사 대웅전 노사나불상의 복장 조사에 참여한 후 수습된 「施主秩」을 정리 및 분석하여 2020년 8월에 중간보고서를 화엄사에 제출하였다. 이후 화엄사 삼신불상은 2021년 6월 23일에 국보로 승격되었고, 2021년 9월에는 불교중앙박물관의 "華藏, 지리산 대화엄사" 특별전에 석가불상·노사나불상의 복장 유물이 최초로 공개되었다.

그림 3. 화엄사사적 필사본(좌, 1636년)과 목판본(우, 1697년), 화엄사성보박물관 제공

으로 약칭)[122]의 기록에 의거해 1636년으로 추정하였다.[123] 이 기록에 의

하면 나묵(懶黙)과 희보(希寶)가 화주가 되어 청헌(淸憲)·영이(英頤)[124] ·

122 중관 해안(中觀海眼)이 1636년에 저술한 『湖南道求禮縣智異山大華嚴寺事蹟』은 필사본
이며 이것을 백암 성총(柏庵性聰)이 1697년에 목판본으로 간행하였다.

123 손영문(2006),「조각승 印均派 불상조각의 연구」,『강좌미술사』26, 62-64쪽; 오진희
(2007),「화엄사 대웅전 목 삼신불상의 연구」,『강좌미술사』28, 25-46쪽; 송은석(2008),
「17세기 전반 曹溪山 松廣寺와 彫刻僧 : 覺敏, 應元, 印均」,『보조사상』29, 20쪽; 송은석
(2010),「조선 후기 應元·印均派의 활동 : 應元, 印均, 三忍」,『한국문화』52, 219-249쪽;
송은석(2012),『조선 후기 불교조각사』, 사회평론, 139-140쪽.

124 17세기 조각승 英頤(영이)는 英賾(영색)으로도 표기되었다. 화엄사 노사나불상「施主秩」
에는 英賾(영색)으로, 석가불상「施主秩」과『湖南道求禮縣智異山大華嚴寺事蹟』에는 英
頤(영이)로 기록되었다. 파주 보광사 목조보살입상의 두 장의 발원문에도 영색과 영이가
다르게 표기되어 최선일은 영이는 영색을 잘못 표기한 것으로 해석하였다[최선일(2010),
「파주 보광사 대웅보전 목조보살입상과 彫刻僧 英賾」,『미술사학』24, 73-75쪽]. 그러나
화엄사 석가불상·노사나불상과 파주 보광사 보살입상의 조성기에는 英頤(영이)와 英賾

2부 조선시대 왕실 발원 불상의 복장 유물과 조성·중수발원문의 분석

인균(印均)·응원(應元) 등 조각승을 초청해 삼신불상을 조성했다[125]고 한다. 그런데 석가불상과 노사나불상에서 「施主秩」이 발견되면서 화엄사 삼신불상의 조성 연대를 1634년으로 특정할 수 있게 되었다.

본고에서는 먼저 2015년 9월과 2020년 7월에 수습된 두 불상 「施主秩」의 형식을 살펴본 후 그 내용을 분석하고자 한다. 「施主秩」의 내용 가운데 분석 대상은 시주 물목(施主物目)과 시주자(施主者), 불상 조성의 실무를 맡은 소임자(所任者), 불사를 주관한 벽암 각성, 왕실 인물 시주자 등이다. 마지막으로 두 불상의 「施主秩」과 노사나불상의 팔각 대좌 내부에 기록된 내용을 중심으로 삼신불상의 제작 시기를 검토하고자 한다. 「施主秩」과 대좌의 묵서 기록은 제작 시기 및 봉안 연도가 다르게 표기되어 있고, 2021년 6월 국보로 지정될 당시 삼신불상의 조성 연도를 1635년(인조 13)으로 공시했기 때문에[126] 이에 대한 검토가 필요하다. 따라서 본 논문에서는 두 불상의 「施主秩」과 노사나불상 팔각 대좌 내부의 묵서 기록을 분석해 불상의 제작 연도를 살펴보도록 하겠다.

(영색)이 혼용되어 나타나기 때문에 동일 조각승으로 파악하는 것이 타당하다. 조선시대 불상 연구자들도 조각승 영이와 영색을 동일 인물로 인식하고 있는 견해도 있다[송은석 (2010), 「조선후기 應元·印均派의 활동 : 應元, 印均, 三忍」, 『한국문화』 52, 223쪽; 송은석 (2013), 「미국 미술관, 박물관 소장 조선시대 불상 연구」, 『미술사와 시각문화』 12, 312쪽; 손영문(2019), 「朝鮮 後期 木造阿彌陀如來三尊 佛龕과 阿彌陀如來七尊 佛龕 考察」, 『불교미술』 30, 19-21쪽].

125 한국학문헌연구소 편(1997), 『華嚴寺誌』, 아세아문화사, 70쪽.

126 문화재청 문화유산(https://www.heritage.go.kr/heri/cul), 검색어는 '구례 화엄사 목조비로자나삼신불좌상'.

2

화엄사 목조비로자나삼신불좌상의 「施主秩」 구성과 내용

1)「施主秩」의 구성

화엄사 삼신불상 조성에 관한 기록인 「施主秩」은 조선시대의 일반적인 낱장과 두루마리 형식과 다른 선장(線裝) 방식으로 가철된 책자 형태로 되어 있다(그림 4). 17세기에 조성된 불상 가운데 완주 송광사 소조석가여래삼불상의 조성기(1641년, 그림 5)는 절첩 형식이고, 김제 금산사 석가삼존상(1650년, 현 군산 동국사 소장, 그림 6)의 조성기는 두루마리 형식이어서 17세기에는 다양한 형태의 불상조성기가 존재하고 있음을 알 수 있다.

화엄사 두 불상의 「施主秩」처럼 조성기가 가철된 예로는 공주 갑사 소조석가여래삼불좌상과 사보살입상(1617년)의 조성기(그림 7)[127]와 구

---

[127] 김광희(2018), 「갑사 대웅전 소조석가여래삼불좌상 및 사보살입상 연구」, 『미술사학연구』

그림 4. 화엄사 노사나불상 시주질, 1635년, (사)사찰문화재보존연구소 제공

그림 5. 완주 송광사 소조석가여래삼불좌상 조성기, 1641년, (사)사찰문화재보존연구소 제공

그림 6. 김제 금산사 소조석가삼존불상 조성기, 1650년, 손영문 제공

례 천은사 수도암 아미타삼존상의 조성기(1646년, 그림 8)를 들 수 있다. 갑사와 화엄사 불상의 조성기 형식이 유사한 것은 두 사찰이 화엄 10찰에 속하고, 왜란 때 승장(僧將)이 주석하였으며, 17세기에 중창되었다는 공통점이 작용한 것으로 보인다. 충청도를 대표하던 승장 영규(靈圭, ?-1592)는 갑사를 중심으로,[128] 호남을 대표하던 승장 벽암 각성은 화엄사를 중심으로 활동했기 때문에 의승군의 활동과 불상 조성이 깊게 관

300, 171-174쪽.

128 김승호(2000), 「壬亂時 僧將의 설화전승 양상 - 靈圭大師를 중심으로」, 『동악어문학』 36, 351-370쪽; 김성순(2019), 「갑사(甲寺) 사적(史蹟)을 통해 본 의병장 영규(靈圭)에 대한 두 갈래 시선」, 『불교문예연구』 14, 271-296쪽.

그림 7. 공주 갑사 관음보살상 조성기, 1617년, 손영문 제공 　　　 그림 8. 천은사 수도암 아미타불상 조성기, 1646년, 불교중앙박물관 제공

련되어 있음을 짐작할 수 있다.

　화엄사 석가불상 「施主秩」은 1책 11장 22면으로 구성되어 있고, 노사나불상 「施主秩」은 1책 19장 38면으로 구성되어 있다(표 1). 1면 표지에는 '施主秩'이라는 문서 명칭이 기록되어 있다.

표 1. 화엄사 석가불상과 노사나불상 「施主秩」의 구성

	시주질 명칭	발원문	시주 물목과 시주자	시주자	대덕질	본사 시주질	연화질 등	빈 면
석가불상	1면	없음	3-5면	6-20면	없음	없음	21면	2, 22면
노사나불상	1면	2면	3-9면	10-21, 30-34면	22-25면	27-30면	37면	35-36, 38면

2) 「施主秩」의 내용

노사나불상의 「施主秩」을 중심으로 2면의 발원 내용과 37면의 연화질 (緣化秩) 및 화원질(畵員秩)을 살펴보고, 시주와 관련된 내용은 「施主秩」의 분석에서 다루고자 한다. 노사나불상 「施主秩」 2면에 실린 발원(發

願) 내용은 다음과 같다(그림 9).

願諸有情等　得見此像時　發悉菩[129]提心　離惡修諸善　願我命
終修時　滅除諸業障　面見無量壽　往生極楽旺　彼國巳滿　是諸
大願　為未来際　身究竟菩薩行　願集一切智玏德莊卹身　普与
諸衆生　皆共成佛道　各々施主緣化比丘木　奉爲　主上殿下聖
壽萬歲　王妃殿下壽斉年　世子邸下壽千秋　國泰民安法輪常轉
亦為　先王先后列位仚駕　与各々先亡父母　列名靈駕　兼及法
界亡魂　超生浄界之願.[130]

원컨대 모든 유정들이 이 불상을 보게 되면 보리심을 일으켜서
악행을 버리고 모든 선을 닦기를 바라옵니다. 원컨대 목숨을 마칠
때 우리가 수행하면 모든 업장이 소멸되어 무량수불을 직접 뵙고
극락에 왕생하여 저 극락세계가 가득 차기를 바랍니다. 이러한 큰
서원을 세워 미래가 다하도록 이 몸은 구경의 보살행을 하오리니,
원컨대 일체의 지혜공덕장엄신을 모아서 널리 모든 중생들과 함
께 불도 이루기를 바랍니다.

각각 시주하고 연화한 비구들이 받들어 기원하오니, 주상전하 성수
는 만세하시고 왕비전하 수명은 임금과 같아지시며, 세자저하의 수
명은 천추하시고 나라와 백성은 편안하여 법륜이 항상 굴러가기를
바라옵니다. 또한 돌아가신 임금·왕비의 영가와 각각 나열된 부모

---

129 원문은 '菩悉'이지만 환치부호를 사용하여 수정하였다. 송광사성보박물관장인 고경 스님
이 교정(校正) 및 교열(校閱)을 해 주었다.

130 교감(校勘) 및 교열(校閱)은 송광사성보박물관장인 고경 스님이 해 주셨고, 노사나불상
「施主秩」에 실린 발원 내용은 해석을 위해 재편집해서 입력하였다.

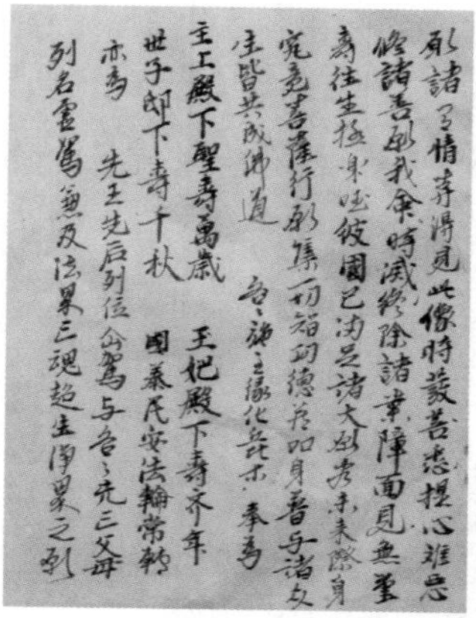

그림 9. 화엄사 노사나불상 「施主秩」 2면 발원 내용, 1635년,
(사)사찰문화재보존연구소 제공

영가와 법계의 혼령들이 극락세계에 태어나기를 바랍니다.[131]

앞에서 살펴본 것처럼 노사나불상 「施主秩」의 발원 내용은 모든 중생들
이 화엄사 대웅전의 삼신불상을 친견하고 보리심을 내어 선행(善行)을 닦
을 것을 권하고 있다. 권선(勸善)과 보살행을 강조하고 있지만 전반적인
내용은 극락왕생을 기원하고 있다. 화엄사 삼신불상의 조성을 주도한 벽
암 각성은 의승군(義僧軍)[132]으로도 활동하였기 때문에, 노사나불상 「施
主秩」에서 극락왕생을 언급하고 있는 것은 왜란으로 목숨을 잃은 이들을
위한 천도와 벽암 각성의 당시 신앙관과도 연관된 것으로 짐작된다.[133]

---

131 이종수(순천대학교) 해석.

132 불교 의승군에 관한 연구는 학계에서 일찍부터 진행되어 왔다[양은용·김덕수 편(1992),
『壬辰倭亂과 佛敎義僧軍』, 경서원 참조].

133 왜란 이후 벽암 각성의 정토에 관한 인식은 박만정(1648-1717)이 지은 『東溪集』 卷3 「智
異山白蓮臺記」에 잘 함축되어 있다.

2부 조선시대 왕실 발원 불상의 복장 유물과 조성·중수발원문의 분석

화엄사는 1597년(선조 30) 고려 말에 설치되었다가 임진왜란 이후 정유재란 때 왜군을 방어하기 위해 다시 축조된 석주진(石柱鎭)[134] 전투에서 전사한 7명의 의병장과 관련이 깊다. 당시 석주진 전투에 참여한 의병은 1597년 석주진의 수비를 강화하기 위해 화엄사에 격문(檄文)을 보내 승병 153명과 군량미 103석의 지원을 요청하였다.[135] 당시의 상황은 정조 23년(1799년) 12월 10일에 전라 감사 조종현(趙宗鉉, 1731-1800)이 구례현의 7명 의사가 순절한 실적을 탐문하여 보고한 『일성록』에도 자세히 전하고 있다.

도내의 전해 오는 선비들의 의론을 들으니 왜노의 변란에 호남에서 의사가 싸우다 죽은 데가 세 곳이 있습니다. 한 곳은 고제봉 등 5인이 순절한 금산이고, 한 곳은 임충간 등 7인이 순절한 용성(龍城)이고, 왕득인 등 7인이 순절한 석주가 또 한 곳입니다. 금산과 용성의 순절에 대해서는 이미 숭보(崇報)의 은전을 입었지만 유독이 석주의 순절만은 지금까지 민멸되었습니다. 이는 본현이 사방이 막힌 궁벽한 땅으로 석주에서 창의(倡義)하여 석주에서 순절하였고, 당시 현감도 이미 사망하여 온 경내가 텅 비어 조정에 보고할 사람이 없는 데다가 세대도 멀리 떨어져 있고 징험할 문헌이

---

134 석주성(石柱城) 또는 석주관(石柱關)이라고도 한다.

135 구례군지편찬위원회(2005), 『구례군지』, 449-451쪽; 양은용(1995), 「丁酉再亂의 석주관전투와 華嚴寺義僧軍」, 『가산학보』 4, 171쪽; 양은용(2003), 「임진왜란 이후 佛敎義僧軍의 동향 – 全州松廣寺의 開創碑 및 新出 腹藏記를 중심으로」, 『열린정신 인문학연구』 4, 126쪽; 김영붕(2011), 「求禮 石柱關七義士에 대한 追慕詩文 考察」, 『한국시가문화연구』 27, 143-147쪽; 노기욱(2013), 「이순신의 수군 정비와 명량해전」, 『지방사와 지방문화』 16, 78-79쪽; 양은용(2020), 「뇌묵 처영(雷默處英)의 의승 활동과 금산사(金山寺)」, 『한국종교』 47, 134쪽.

없기 때문이었습니다.

그런데 작년(1798년)에 본현 화엄사의 승당을 중수할 때 판각(板閣) 위의 먼지가 쌓인 상자에서 너덜너덜한 종이 한 장을 발견하였는데, 바로 왕의성과 다섯 의사가 연명해서 절의 승려에게 전한 격문(檄文)이었습니다. 그 내용에 "나라가 난리를 당한 때에 가친(家親)이 먼저 의병을 일으켜 석주에서 접전(接戰)하다가 화살이 다하고 힘이 소진한 데다 천시(天時)까지 이롭지 못하여 너무도 애통하게 돌아가시고 말았다. 그러므로 내가 의리를 좇아 잔병을 거두어 장차 임금의 은혜에 보답하고 또 아버지의 원수를 갚고자 바야흐로 석주로 나아갈 즈음에 생원 이정익, 생원 한호성, 생원 양응록, 생원 고정철, 생원 오종이 각각 노복(奴僕) 100여 명을 이끌고 왔다. 또 산과 들을 수소문하여 피난민 수백 명을 얻었지만 양식이 다 떨어지고 남은 군졸도 모두 굶주리고 있어 어찌할 수가 없는 상황이다. 너희 또한 임금의 교화를 받은 백성의 하나이니 응당 똑같이 죽고자 하는 마음이 있을 것이다. 다소의 치도(緇徒)를 이끌고 아울러 절의 곡식을 지고 와서 도와 한마음으로 나라에 충성하여 큰일을 완수한다면 매우 다행일 것이다. 정유년(1597, 선조 30) 월일 석주 의병소(義兵所)……"라고 하였습니다.

실제 사적(史蹟)인 이 격문에 근거하고 도내의 공론을 참조해 보면 서로 부합하여 충분히 징험하여 믿을 수 있었습니다. 다만 상세히 다하는 도리에서 되도록 더욱 자세한 것을 얻고자 절의 승려를 불러다가 다시 왜란 때의 사적을 찾아보게 한 결과 전사자의 성명을 열거하여 써 놓은 책자 하나를 발견하였습니다. 그 책자에 끼여 있는 종이 중에서 종이 한 장을 또 얻었는데, 첫머리

2부 조선시대 왕실 발원 불상의 복장 유물과 조성·중수발원문의 분석

에 "정유일기(丁酉日記)"라고 써 놓고 그 아래에 "군량 103섬을 석
주 대장소에 운반하였다[軍糧一百三石運下石柱大將所]."라는 13자 및
"승군 153명(僧軍一百五十三名)"과 "여러 의사가 거기에서 함께 죽
었다[諸義士同死於中]."라는 15자가 있었고, 중간의 한 글자는 좀이
먹어 알아볼 수 없었습니다. 말단에 "정유년 11월(丁酉十一月)"이
라고 써 놓았는데 연월의 상세함은 또 격문에 없는 것이었습니다.
앞의 격문은 의병을 일으킨 것에 대한 실제 사적이고, 뒤의 일기
또한 순절한 것을 적은 명확한 증거입니다.[136]

앞의 기록은 정유재란 당시 화엄사 승려 153명이 석주관 전투에 군량미
를 운반하고 의사 6인과 함께 전사한 사실에 관한 것이다. 이처럼 구례 지
역의 의병과 화엄사의 승려들이 석주관 전투에서 함께 활동하였기 때문
에 화엄사 석가불상과 노사나불상의 「施主秩」에 등장하는 속인 시주자들
은 구례 지역에 거주하는 인물들이 상당수 포함되었을 것으로 추정된다.

두 불상 「施主秩」의 21면과 37면에는 지리산 화엄사 법당의 상주불(常
住佛)로 비로불·노사나불·석가불을 모신다는 내용과 함께 1634년(인조
12) 3월에 불사를 시작해 다음 해 가을에 마치고 불상을 대웅전에 봉안한
다고 기록되어 있다(그림 10). 노사나불상 「施主秩」 37면에는 이 외에도 불
상 조성에 소임을 맡은 승려들이 기록되어 있는데 그 내용은 다음과 같다.

화엄사 대웅전 삼신불상 조성의 증명을 맡은 승려는 희언(熙彦, 希彦)
과 문열(文悅)이다. 불상을 조성한 장인은 수조각승 청헌을 비롯해 총 18
명이 참여했는데 두 불상 「施主秩」의 화원질(畵員秩)에는 조각승들의 순

---

136 『日省錄』 정조 23년(1799) 12월 10일자 기록.

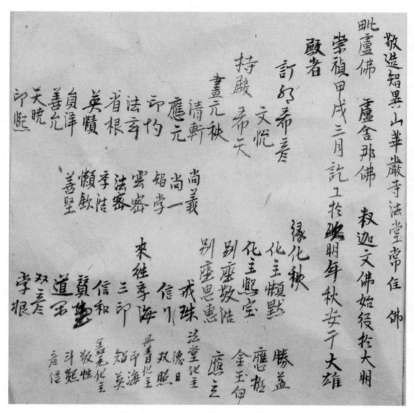

敬造智異山華嚴寺法堂常住 佛

毗盧佛　盧舍那佛　釋迦文佛始役扵大明

崇禎甲戌三月訖工特□明年秋安于大雄

殿者

訂的希彦　文悅

持殿希天

畫元秋　清軒

省法亭　應元
英贇　印竹
負澤　尚一　尚義
善元　昭学
天曉　懶□　雲審　法審
印□　孝浩　善堅

緣化秋

化主懶黙

化主照宝　勝盖

別座敬浩　應提

別座思惠　金玉句

來雄　戒珠　法堂化主

孝海　信己　德日　應主
道玉□　三印　信和　双照

賢□　彦□信　昭英　牧牲化主　斗□化主

孝根　双□□　孝海

学根

그림 10. 화엄사 노사나불상 「施主秩」 37면, 1635년, (사)사찰문화재보존연구소 제공

위가 약간 다르게 표기되어 있다(표 2). 10위까지는 순서가 같지만 11위
부터 18위까지는 순위가 달라 노사나불상과 석가불상 조성에 참여한
조각승의 활동에 차이가 있음을 알 수 있다.

　두 불상 「施主秩」에는 불상 조성에 필요한 비용을 조달한 화주(化主)
역할이 분담되어 있다. 즉, 불상 조성 화주는 나묵(懶黙)과 희보(熙宝), 법
당(法堂) 화주는 덕일(德日)과 쌍조(双照), 단청(丹青) 화주는 인해(印海)와

敬造智異山華嚴寺法堂常住 佛

毗盧佛 盧舍那佛 釋迦文佛始役扵大明

崇禎甲戌三月訖工扵次明年秋安于大雄

殿者

證明 希彦	緣化秩
文悅	化主 懶黙　　勝益
持殿 希天	化主 熙宝　　應哲
畫元秩	別座 敬浩　　金玉伊
清軒 尚義	別座 思惠　　應立
應元 尚一	戒珠　　　法堂化主
印均 智学	信行　　　德日
法玄 雲密	來倛 孝海　　双照
省根 法密	三印　　　丹青化主
英頤 孝浩	信和　　　印海
貟泽 懶欽	贅圭　　　智英
善允 善堅	道閑　　　盖瓦化主
天曉	双彦　　　敬性
印熙	学根　　　斗熙
	彦信

표 2. 노사나불상과 석가불상 「施主秩」에 기록된 조각승의 순위

존명	1	2	3	4	5	6	7	8	9	10	11	12	13	14	15	16	17	18
노나사불상	청헌淸軒	응원應元	인균印均	법현法玄	성근省根	영색英頤	원택貟泽	선윤善允	천효天曉	인희印熙	상의尚義	상일尚一	지학智学	운밀雲密	법밀法密	학호孝浩	나흠懶欽	선견善堅
석가불상	청헌淸憲	응원應元	인균印均	법현法現	성근省根	영색英頤	원택貟泽	선윤善允	천효天曉	인희印希	선견善見	나흠懶欽	학호学浩	법밀法密	운밀雲密	지학智学	상일尚日	상의尚仅

표 3. 「施主秩」(1635년)과 『화엄사사적』(1636년)에 기록된 화주(化主)

	불상(佛像) 화주	법당(法堂) 화주	단청(丹靑) 화주	단청(丹靑) 대화주	개와(蓋瓦) 화주	화불(畵佛) 화주	주종(鑄鐘) 화주
「施主秩」(1635년)	나묵, 희보	덕일, 쌍조	인해, 지영	×	경성, 두희, 언신	×	×
『華嚴寺事蹟』(1636년)	나묵, 희보	인해, 덕일, 지영, 사인	사순, 승안, 설한, 묘엄	전판사 계원, 계우, 상징, 지엄, 홍준	진조, 두희, 경오, 언신	인화, 보원	응조, 태현

지영(智英), 개와(蓋瓦) 화주는 경성(敬性)·두희(斗熙)·언신(彦信) 등이 담당해 총 9명이 참여하였다. 두 불상 「施主秩」에 기록된 화주는 중관 해안이 1636년에 저술한 『화엄사사적』의 기록과 대부분 일치하지만 약간의 차이는 있다. 즉, 불상 화주는 「施主秩」과 『화엄사사적』의 내용이 같지만, 법당·단청·개와 화주는 두 기록에 차이가 있다. 「施主秩」에는 법당·단청·개와 화주로 9명이 기록되어 있지만, 『화엄사사적』에는 불상·법당·번와·주종·화불·단청 대화사로 총 21명이 기록되어 있다(표 3).[137]

이 외에도 사찰에서 대중의 좌구(坐具) 등과 공양간의 모든 일을 감독하여 음식을 마련하는 별좌(別座)[138]는 경호(敬浩)·사혜(思惠)·계주(戒珠)·신행(信行) 등 4명이다. 사찰과 시주자 사이를 왕래하며 후원 물품을 구하는 소임인 것으로 추정되는 내왕(來往)[139]은 학해(孝海)·삼인(三印)·신화(信和)·찬규(贊圭)·도한(道閑)·쌍언(双彦)·학근(学根)·승익(勝益)·응철(應哲)·김옥이(金玉伊)·응립(應立) 등 11명이다.

---

137 한국학문헌연구소 편(1997), 앞 책, 70쪽.

138 이종수·허상호(2020), 「17~18세기 불화의 『畵記』 분석과 용어 考察」, 『불교미술』 21, 145쪽.

139 이종수·허상호(2020), 위의 논문, 146쪽.

3

화엄사 목조비로자나삼신불좌상의 「施主秩」 분석

1) 시주 물목과 시주자

화엄사 두 불상의 「施主秩」 앞 부분에는 시주 물목과 대시주자 및 시주자가 기록되어 있다. 시주 물목이 기록된 시주자는 승려와 속인으로 구분된다. 두 불상의 속인 시주자가 차이가 있는 것은 석가불상에서는 단신(單身)으로 표기된 반면, 노사나불상에는 부부를 의미하는 양위(兩位) 또는 양주(兩主)로 표현되었기 때문이다(표 4).

시주 물목은 크게 불상, 칠과 관련된 재료로 황금·오금 및 상호를 개금하기 위한 면금(面金) 등이 있고, 불상 제작에 필요한 재목·저포·철물 등이 있다. 재목은 불상 제작용 목재이고, 철물은 불상을 결구하는 데 사용한 쇠못 용이며, 저포는 개금하기 전에 불상을 감싸는 데 사용한 재료이다.

표 4. 석가불상과 노사나불상 「施主秩」의 시주 물목과 시주자

번호	분류	시주 물목	석가불상 시주자		노사나불상 시주자	
			승려	일반인	승려	일반인
1	불상	불상(佛像)	2	9	2	10
2	개금	황금(黃金)	2	7	2	15
3		금(金)	·	1	·	·
4		면금(面金)	·	7	1	12
5		오금(烏金)	·	3	2	8
6	눈	개안(開眼)	·	1	·	1
7	재료	재목(材木)	·	2	·	3
8		저포(苧布)	1	2	1	4
9		철물(鐵物)	·	6	·	12
10	비용	보시(布施)	·	5	·	9
11		공양(供養)	·	3	·	8
12		시주(施主)	1	1	1	1
13		식염(食鹽)	·	1	·	2
14	공양물	용로(龍露)	·	1	·	·
15		용루(龍淚)	·	1	·	2
16		좌구(坐具)	·	3	·	6
17	복장물	후령통(喉鈴筒)	·	1	·	2
18		과포(裹布)	·	1	·	·
19		복장경(腹藏經)	·	5	·	12
20		복장(腹藏)	1	4	1	5
21		생금(生金)	·	1	·	1
22		유리(琉璃)	·	1	·	1
23		인삼(人蔘)	1	·	·	·
24		진주(眞珠)	·	2	·	4
25		용뇌(龍腦)	·	1	·	4
26		오색사(五色絲)	1	1	·	·
27	채색	대청(大靑)	1	2	1	4
28		중청(中靑)	1	2	1	7
29		하엽(荷葉)	·	1	·	2
30		주홍(朱紅)	·	2	·	·
31		황단(黃丹)	·	1	·	·
32		진분(眞粉)	·	2	·	4
33		어교(魚膠)	·	1	·	1
총			11	81	12	146

2부 조선시대 왕실 발원 불상의 복장 유물과 조성·중수발원문의 분석

불상 제작에 사용되는 비용에 관한 시주로는 보시·공양·시주·식염 등이 있고, 공양하는 데 사용한 향로로 추정되는 용로(龍露) 또는 용루(龍淚)와 좌구(坐具) 등이 있다. 좌구는 좌대(座臺)를 의미하는 것으로, 좌구 시주자는 3명(또는 3쌍의 부부)인데 아마도 비로자나불상·노사나불상·석가불상 등 3존이기 때문에 3명(또는 3쌍의 부부)이 각각 1존씩 좌구를 시주한 것으로 짐작된다.

복장물 관련 물목으로는 후령통, 황초폭자로 추정되는 과포(裹布), 후령통 안에 오보(五寶)로 납입된 유리·인삼·진주·용뇌, 후령통을 묶는 오색사(五色絲), 복장경(腹藏經), 복장(腹藏) 등이 있다. 개금 후에 머리카락·눈썹·수염·입술 등을 그리는 데 사용된 물목으로는 대청·중청·하엽·주홍·황단·진분 등이 있으며, 어교는 안료와 목재를 접착시키는 용도로 사용되었다.

화엄사 석가불상과 노사나불상의 시주 물목 가운데 개안(開眼) 시주가 주목된다. 개안 시주는 불상의 눈을 시주한 것을 의미하는데, 고려시대의 불상은 별도로 불상의 눈을 삽입했기 때문에 조선시대에도 그 전통 일부가 계승된 것으로 여겨진다. 조선시대 불상 가운데 개안 시주가 기록된 불상으로는 강진 정수사 아미타불상(1561년), 경산 경흥사 석가삼존상(1644년), 대구 보성선원 석가삼존상(1647년, 원 봉안처 거창 견암사), 고흥 금탑사 아미타삼존상(1651년), 속초 신흥사 아미타삼존상과 지장보살상(1651년) 중수(1720년), 서울 지장암 석가불상(1653년, 원 봉안처 고흥 불대사), 순천 동화사 석가여래삼불좌상(1657년), 고흥 금탑사 지장삼존상과 시왕상(1659년) 등이 있다. 17세기 불상 가운데 주로 전라도 지역의 불상에서 찾아볼 수 있다.

화엄사 석가불상과 노사나불상에서는 후령통이 수습되었는데 후령

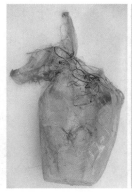

그림 11. 화엄사 대웅전 석가불상
(좌)과 노사나불상(우)의
황초폭자, (사)사찰문화
재보존연구소 제공

통을 감싼 황초폭자는 이중인 것으로 추정된다. 수습된 황초폭자는 조선 후기의 일반적인 투박한 천과는 달리 얇은 천이어서 안쪽을 감싼 것으로 추정된다. 조선시대 황초폭자 가운데 내외 이중으로 된 예로는 해인사 비로자나불상(1490년 중수)과 서울 옥수동 미타사 아미타불상(1707년)을 들 수 있다.[140] 2015년에 수습된 석가불상의 황초폭자는 오색사까지 비교적 잘 남아 있는 편이지만, 노사나불상의 황초폭자는 파편만 수습되었다(그림 11). 또한 상태가 양호한 석가불상의 황초폭자에는 사방주(四方呪)가 쓰여 있다.

후령통에 납입된 오보(五寶) 물목 가운데 생금·진주·유리 등이 있고, 오약(五藥)에 해당하는 것으로는 인삼과 용뇌(龍腦)가 있다.[141] 2015

---

140 유근자(2021), 「서울 옥수동 미타사 아미타삼존불좌상의 복장유물 분석과 양식 특징」, 『불교문예연구』17, 370-371쪽.

141 『조상경(造像經)』「복장입물초록(腹藏入物抄錄)」(1575년 용천사 본)에는 오약으로 인심(人心)·감초(甘草)·계심(桂心)·아리(阿梨)·부자(附子) 등이 있는데, 화엄사 석가불상과 노사나불상의 시주 물목에 있는 인삼과 용뇌는 명칭은 다르지만 오약으로 추정된다.

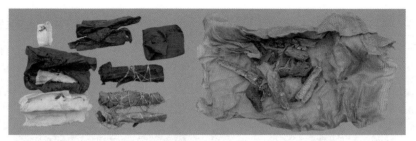

그림 12. 화엄사 대웅전 석가불상 후령통 내부 물목, (사)사찰문화재보존연구소 제공

그림 13. 화엄사 대웅전 석가불상 후령통, 1635년, (사)사찰문화재보존연구소 제공

년에 수습된 석가불상의 후령통 내부에 납입된 물목은 이미 개봉되어 확인이 가능하다(그림 12).

석가불상과 노사나불상의 후령통 시주자는 이승담(李承聃)으로 그는 용뇌도 함께 시주하였다. 석가불상「施主秩」에는 단신으로, 노사나불상「施主秩」에는 부부로 표기되었다. 후령통의 높이는 15cm이고 지름은 6.5cm이다. 석가불상의 후령통을 중심으로 살펴보면 뚜껑 위에는 8엽의 연화를 배치한 후 그 위에 원형의 판을 얹어 고정시키고 있다. 후혈(喉穴)은 적색 천으로 감싼 후 오색사로 묶고 있다. 후령통은 뚜껑과 몸체가 분리되었고 몸체 입구에는 뚜껑과 같은 소재의 금속으로 원형 띠를 두르고 있다. 뚜껑 안쪽은 은색을 띠고 있어 가공이 용이하고 산화에 강한 주

그림 14. 화엄사 석가불상 후령통 표면의 사방 진언, 1935년, (사)사찰문화재보존연구소 제공

그림 15. 화엄사 노사나불상 후령통 표면의 사방 진언, 1635년, (사)사찰문화재보존연구소 제공

석(Sn)이 주성분인 금속을 사용하고 있는 것으로 추정된다(그림 13).

석가불상과 노사나불상의 후령통 표면에는 사방주가 방위에 따라 다른 색으로 쓰여 있다. 이것은 담양 용천사 본 『조상경』(1575년)의 「소입제색(所入諸色)」에 따른 것으로 보인다(그림 14, 15). 즉, 동방 청(靑), 남방 홍(紅), 서방 백(白), 북방 흑(黑) 색으로 비단에 범자를 써서 후령통 안에 넣는다는 기록과 일치하기 때문이다. 화엄사 석가불상과 노사나불

그림 16. 화엄사 대웅전 노
사나불상 복장경 시
주자 박금동 부부와
정이남 부부

상 후령통의 제작 시기는 「施主秩」과 마찬가지로 1634년(인조 12)에 불
상을 조성한 후 1635년(인조 13)에 납입한 것으로 판단하였다.

화엄사 석가불상과 노사나불상에서는 복장용으로 인정되어 납입
된 경전이 다수 수습되었다. 석가불상의 복장용 경전 시주자는 김유만
(金有萬)·명이(命伊)·금옥(金玉)·은개(金玉)·정이남(鄭二南) 등 5명이고,
노사나불상의 복장 경전 시주자는 장천억(張千億)·정이남(鄭二男)·명이
(命伊)·박금동(朴金소)·금옥(金玉) 부부 등 10명이다. 석가불상 「施主秩」
에 복장경 시주자로 기록된 김유만과 은개는 노사나불상 「施主秩」에는
'복장(腹藏) 대시주 또는 시주'로만 기록되어 있다.

복장경 시주자는 석가불상의 「施主秩」에는 단신으로 표기되었고,
노사나불상 「施主秩」에는 부부로 표시된 점이 다르다. 이 가운데 노사
나불상에서 수습된 복장용으로 인정된 법화경에는 정이남(鄭二男)과 박
금동[朴金伊同][142]이 복장경 시주자로 기록되어 있다(그림 16).

---

142 노사나불상 「施主秩」의 '朴金소'과 복장에서 수습된 법화경에 필사된 '朴金伊同'은 동일
    인물을 다르게 표기한 것이다.

2) 소임자와 시주자

노사나불상 「施主秩」에 기록된 승려는 대덕질(大德秩) 228명, 본사시주질(本寺施主秩) 176명, 연화질(緣化秩) 26명, 화원질(畵員秩) 18명, 시주자(施主者) 164명으로 총 612명이다. 석가불상 「施主秩」에 수록된 승려는 총 600명으로 노사나불상과 비교해 12명이 적다.[143] 노사나불상 「施主秩」에는 승려 612명과 속인 818명 등 총 1,430명이 기록되어 있고, 석가불상 「施主秩」에는 승려 600명과 속인 728명 등 총 1,328명이 수록되어 있다(표 5).

표 5. 노사나불상과 석가불상 「施主秩」에 기록된 참여자의 분석

	역할 및 소임		노사나불상		석가불상	
			승려	속인	승려	속인
1	대덕질(大德秩)		228	·	·	·
	본사시주질(本寺施主秩)		176	·	·	·
2		증명(證明)	2	·	2	·
3		지전(持殿)	1	·	1	·
4		화주(化主)	2	·	2	·
5	연화질(緣化秩)	별좌(別座)	4	·	4	·
6		내왕(來往)	10	1	10	1
7		법당화주(法堂化主)	2	·	2	·
8		단청화주(丹靑化主)	2	·	2	·
9		개와화주(蓋瓦化主)	3	·	3	·
10	화원질(畵員秩)	화원(畵員)	18	·	18	·
		비구	163	·	555	·
		비구니	1	·	1	·
		왕실 인물	·	7	·	7
11	시주자(施主者)	상궁	·	17	·	15
		왕실 관련 여성으로 추정된 인물	·	24	·	22
		부부	·	122	·	6
		단신	·	647	·	677
			612	818	600	728
	참여자 수		1,430		1,328	

---

143 노사나불상과 석가불상의 「施主秩」에 기록된 참여한 승려 가운데 중복되어 표기된 예가 다수 발견되지만 본고에서는 시주질에 기록된 전체 동참자를 비교하였다.

〈표 5〉에서 보다시피 시주자로 참여한 속인은 왕실 관련 인물과 일 반인으로 구분된다. 왕실 인물로는 의창군 이광 부부, 신익성 부부,[144] 소현세자 부부, 경진생 이씨 등 7명이 기록되어 있다. 선조의 아들 의창 군과 부마 신익성이 참여했으며, 인조의 아들 소현세자 부부가 동참한 것이 주목된다.[145] 경진생 이씨도 왕실 인물로 추정된다. 왕실과 관련된 또 다른 인물로는 상궁을 들 수 있는데 모두 17명이 참여했고, 상궁의 나이는 정묘생(1567년)부터 병진생(1616년)까지 다양하다.

노사나불상과 석가불상 「施主秩」 분석을 통해 당시 화엄사에서 수 행 중이던 승려 수를 어느 정도 추정할 수 있다. 화엄사 노사나불상 「施 主秩」의 본사시주질(本寺施主秩)에 기록된 승려는 176명이고, 대덕질(大 德秩)에는 228명이 수록되어 있다. 본사시주질과 대덕질의 승려 가운데 중복된 인물이 137명이니 적어도 200여 명이 넘는 승려가 화엄사에 주 석하고 있음을 알 수 있다.

3) 대공덕주 벽암 각성의 역할

벽암 각성은 17세기 화엄사의 재건 불사를 주도한 승려로 선조·광해군 ·인조·효종 등 왕실과도 교류했다. 그는 왜란과 호란으로 국가가 위기

---

144 신익성의 아내 정숙옹주(1587-1627)는 1627년에 사망하였음에도 노사나불상과 석가불 상 「施主秩」에는 부부로 표기되어 있다.

145 소현세자는 임자생(1612년)인데 부인 민회빈 강씨와 같은 신해생(1611년)으로 표기되어 있다. 노사나불상 「施主秩」에는 "辛亥生 李氏, 辛亥生 姜氏 兩位"로 표기되어 있고, 석가 불상 「施主秩」에는 "辛亥生李氏 兩位"로만 기록되어 있다.

에 처하자 의승군(義僧軍)으로 활동했고 보은 법주사, 구례 화엄사, 하동 쌍계사, 완주 송광사, 합천 해인사 등을 17세기에 재건하는 데 주도적인 역할을 했다. 벽암 각성은 사찰을 재건하면서 불상과 불화의 조성 그리고 경전 간행에도 적극적으로 참여했다.[146]

벽암 각성이 17세기에 재건한 구례 화엄사, 하동 쌍계사, 완주 송광사 대웅전에는 조선 후기를 대표하는 비로자나불·노사나불·석가불로 구성된 삼신불상과 석가불·약사불·아미타불로 구성된 삼세불상이 봉안되어 있다. 구례 화엄사 대웅전 삼신불상(1634년), 하동 쌍계사 대웅전 삼세불상과 4보살상(1639년), 완주 송광사 대웅전 삼세불상(1641년) 등은 벽암 각성의 주도하에 수조각승 청헌이 여러 보조 조각승들과 함께 조성했다. 벽암 각성은 화엄사 삼신불상을 조성한 조각승 청헌을 비롯해 현진(玄眞)·무염(無染)·해심(海心) 등과도 밀접하게 교류하며 불상 조성을 주도하였다(그림 17).[147]

벽암 각성은 1632년(인조 10)부터 화엄사 재건을 주도한 것으로 알려져 왔지만[148] 그의 활동은 1630년(인조 8)부터 시작되었다. 즉, 1630년에 화엄사 동서오층석탑을 중수했고(그림 18), 1634년(인조 12)에는 화엄사 삼신불상을 조성했으며, 1653년(효종 4)에는 화엄사 영산회 괘불탱(그림 19)[149]을 제작했다. 화엄사에는 벽암 각성의 사리를 봉안한 승탑(그림 20),

---

146 벽암 각성과 불교미술문화재 조성을 집중적으로 고찰한 학술대회는 2018년 (사)한국미술사연구소에서 개최되었다. 이때 발표된 논문 대부분은 『강좌미술사』 52(2019) 특집호에 실려 있다.

147 유근자(2017), 『조선시대 불상과 복장기록 연구』, 불광출판사, 141-147쪽; 문명대(2019), 「벽암 각성의 조형 활동과 불상 조성」, 『강좌미술사』 52, 15-33쪽.

148 『大覺登階集』 卷 2 「賜報恩闡敎圓照國一都大禪師行狀」

149 김정희(2019), 「碧巖 覺性과 華嚴寺 靈山會掛佛圖」, 『강좌미술사』 52, 99-141쪽.

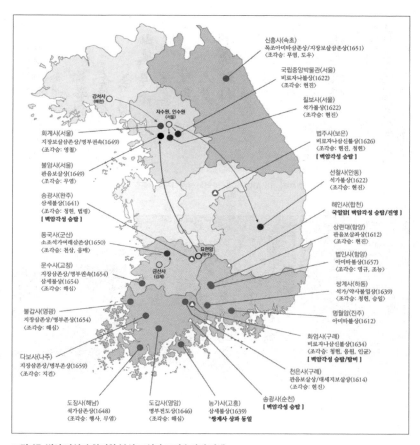

신흥사(속초)
목조아미타삼존상/지장보살삼존상(1651)
〈조각승: 무염, 도우〉

국립중앙박물관(서울)
비로자나불상(1622)
〈조각승: 현진〉

칠보사(서울)
석가불상(1622)
〈조각승: 현진〉

법주사(보은)
비로자나삼신불상(1626)
〈조각승: 현진, 청현〉
【 벽암각성 승탑 】

선찰사(안동)
석가불상(1622)
〈조각승: 현진〉

해인사(합천)
국일암 벽암각성 승탑/진영 】

상련대(함양)
관음보살좌상(1612)
〈조각승: 현진〉

법인사(함양)
아미타불상(1657)
〈조각승: 영규, 조능〉

쌍계사(하동)
석가/약사불입상(1639)
〈조각승: 청헌, 승일〉

명월암(진주)
아미타불상(1612)

화엄사(구례)
비로자나삼신불상(1634)
〈조각승: 청헌, 응원, 인균〉
【 벽암각성 승탑/탑비 】

천은사(구례)
관음보살상/대세지보살상(1614)
〈조각승: 현진〉

송광사(순천)
【 벽암각성 승탑 】

강서사
(배천)

자수원, 인수원
(서울)

화계사(서울)
지장보살삼존상/명부권속(1649)
〈조각승: 영철〉

불암사(서울)
관음보살상(1649)
〈조각승: 무염〉

송광사(완주)
삼세불상(1641)
〈조각승: 청헌, 법령〉
【 벽암각성 승탑 】

동국사(군산)
소조석가여래삼존상(1650)
〈조각승: 천상, 응매〉

문수사(고창)
지장삼존상/명부권속(1654)
삼세불상(1654)
〈조각승: 해심〉

불갑사(영광)
지장삼존상/명부존상(1654)
〈조각승: 해심〉

다보사(나주)
지장삼존상/명부존상(1659)
〈조각승: 지견〉

묘련암
(완주)

금산사
(김제)

도장사(해남)
석가삼존상(1648)
〈조각승: 행사, 무염〉

도갑사(영암)
명부권도상(1646)
〈조각승: 해심〉

능가사(고흥)
삼세불상(1639)
"쌍계사 삼과 동일"

그림 17. 벽암 각성이 참여한 불상 조성과 조각승과의 관계

그의 행장을 기록한 탑비(그림 21), 왕실로부터 하사받은 교지·가사·발우(그림 22) 등이 남아 있다. 그는 1660년(현종 1) 화엄사에서 입적하였다.

벽암 각성이 화엄사 삼신불상을 조성하는 데 맡은 직임은 '판거사(辦擧事)'이다. 벽암 각성은 노사나불상의 대좌 묵서에 일을 주관한 사람이라는 뜻으로 '판거사 각성(辦舉事 覺性)'으로 기록되어 있다. 또한 석가

그림 18. 화엄사 동오층석탑 중수기, 1630년 추정, 화엄사성보박물관 제공

그림 19(좌). 화엄사 영산회괘불탱 화기, 1653년, (사)사찰문화재보존연구소 제공
그림 20(중). 화엄사 벽암 각성 승탑, 1660년
그림 21(우). 벽암 각성 탑비, 1663년

그림 22. 벽암 각성 교지,1626년,
화엄사성보박물관 제공

2부 조선시대 왕실 발원 불상의 복장 유물과 조성·중수발원문의 분석

불상 「施主秩」에는 '대공덕주 사보은천교원조 국일대선사 팔도도총섭 각성(大功德主賜報恩闡教圓照國一都大禪師八道都摠攝覺性)'으로, 노사나불상 「施主秩」에는 '대덕질(大德秩)' 첫머리에 기록되어 있다.

조선시대 불상의 발원문에서 조성에 필요한 비용의 보시를 권하는 직임은 대부분 화주(化主)로 표기되었다. 불상 발원문에 나타난 화주의 명칭은 화주 이외에도 화사(化士)·간선(幹善)·간선대화주(幹善大化主)· 간선대화사(幹善大化士)·간선도인(幹善道人)·간선도인대화사(幹善道人大化士)·간선화사(幹善化士)·대화사(大化師)·대화주(大化主)·공덕주(功德主)·대공덕주(大功德主)·대공덕주권화(大功德主勸化)·대공덕화사(大功德化士)·자비대공덕주(慈悲大功德主)·도화주(都化主)·대도화사(大都化士)·권화사(勸化士) 등 다양하다.[150]

화엄사 비로자나삼신불상(1634년)처럼 화주 대신 '공덕주' 또는 '대공덕주'로 표기한 경우는 조선 초에 조성된 영덕 장육사 관음보살상(1395년)에서부터 18세기 후반 안양 삼막사 마애삼존상(1763년)까지 지속적으로 보인다. 그러나 17세기에 조성된 불상의 발원문에 주로 나타나고 있다. 벽암 각성이 주도한 화엄사 삼신불상(1634년)과 완주 송광사 삼세불상(1641년)에서는 벽암 각성을 대공덕주로 지칭하였다.

조선시대 불상조성기에 등장하는 대공덕주(大功德主)는 '불상 조성에 필요한 비용의 권선(勸善)을 주관한 이'라는 의미와 함께 '시주를 많이 한 이'라는 의미도 갖고 있다. 왕실에서 발원한 불상인 견성암 약사삼존상(1456년)이 대표적이다.[151] 견성암 약사삼존상 발원문에 의하면

---

150 유근자(2017), 앞 책, 150쪽.

151 장충식(1978), 「景泰七年銘 佛像腹藏品에 對하여」, 『考古美術』 138·139, 42-50쪽; 유대

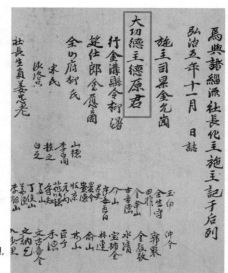

**그림 23. 김제 금산사 5층석탑 중수기, 1492년,
불교중앙박물관 제공**

대공덕주로 왕실에서 참여한 인물들을 열거하였고, 별도로 불사를 주관
한 대공덕주로 수미(守眉)를 기록하였다. 또한 금산사 오층석탑 중수기
(1492년)에는 대공덕주로 세조의 서자 덕원군(德源君, 1449-1498)이 등장
하고 있다(그림 23).[152]

  화엄사 노사나불상 대좌에 기록된 '판거사(辦擧事)'는 천은사 관세
음·대세지보살상의 발원문에는 '판거(辦擧)'로(그림 24),[153] 부여 무량사

호(2021),「조선 전기 도갑사 불상군의 특징과 제작 배경: 국립중앙박물관 유리건판 사진
을 중심으로」,『미술사연구』40, 180-184쪽.

152 이분희(2013),「金山寺 五層石塔 舍利莊嚴具 考察 – 탑 안에 봉안된 불상을 중심으로」,
『동악미술사학』15, 119-123쪽.

153 유근자(2017), 앞 책, 402쪽.

그림 24. 화엄사 대웅전 노사나불상 대좌 묵서 기록(좌, 1634년)과 천은사 관세음·대세지보살상 조성발원문
(우, 1614년)

아미타삼존상(1633년) 조성기에는 '판사(辦事)'로[154] 기록되어 있다. 천은
사 관세음·대세지보살상은 소요 태능이 영원(靈源)과 함께 조성한 불상
으로, 소요 태능은 '판거'로 영원은 '간선대화주'로 참여하였다. 벽암 각
성이 주도한 화엄사 삼신불상 조성에 소요 태능은 '대덕질'(노사나불상)
과 '대선사(석가불상)'로 기록되어 있고, 영원은 '본사시주질'에 속해 있
다. 이를 통해 두 승려가 1634년(인조 12) 삼신불상 조성 당시 화엄사에
머물고 있음을 알 수 있다. 소요 태능이 주도한 천은사 아미타삼존상 조
성에 벽암 각성은 스승 부휴 선수와 함께 참여하였다.

　따라서 천은사(1614년), 무량사(1633년), 화엄사(1634년)의 예에서 보
듯이 불사를 주관했다는 의미의 '판거(辦擧)'는 17세기에 한시적으로 사

---

154 유근자(2017), 앞 책, 415쪽.

그림 25. 화엄사 대웅전

그림 26. 화엄사 대웅전 안 비로자나삼신불상,
　　　　1634년, (사)사찰문화재보존연구소
　　　　제공

용되었음을 알 수 있다.

　화엄사 삼신불상이 봉안된 불전은 대웅전이다(그림 25). 대웅전에는
주불(主佛)로 석가불상을 모시는 것이 상례이다. 그러나 화엄사는 대웅
전 안에 삼신불상을 봉안하였다(그림 26). 비로자나불상이 주불인 경우
불전 명칭은 대적광전(大寂光殿) 또는 대광명전(大光明殿)이라고 해야 한
다. 왕실 인물이 시주자로 참여한 대형 불사임에도 불구하고 불전 명칭
과 주불이 일치하지 않는 선택을 한 이유는 명확하지 않다. 그러나 당시
상황과 관련해 두 가지 추론이 가능하다.

　첫째는 화엄사의 주불전이었던 장육전 재건이 늦어졌기 때문이다.
화엄사의 주불전은 현 각황전의 전신인 장육전(丈六殿)이었다. 장육전에
는 화엄경을 돌에 새겨 봉안하였고 화엄 10찰에 속하는 사찰이었기 때
문에 주불은 비로자나불상을 봉안하였을 것이다. 그러나 정유재란 때

그림 27. 화엄사 각황전, 1702년

소실된 장육전은 1702년(숙종 28)에 완공되었다. 숙종이 각황전(覺皇殿)
편액을 내려 이때부터 장육전을 각황전으로 부르게 되었다(그림 27). 이
런 사정으로 1630년(인조 8)에 건축된 불전은 대웅전으로 하고, 불전 내
부에는 화엄종 사찰에서 주불로 모신 비로자나불을 중심으로 좌우에
노사나불과 석가불로 구성된 삼신불상을 봉안한 것으로 짐작된다.

　두 번째는 화엄사 중건 불사를 주도한 벽암 각성의 인식이 반영된
것으로 추정된다. 벽암 각성은 1394년(태조 3)에 창건된 영변 석왕사 보
광전을 1644년(인조 22)에 중수하고 대웅전으로 개칭하였다.[155] 벽암 각
성이 재건을 주도한 구례 화엄사, 하동 쌍계사, 완주 송광사, 보은 법주

---

155 『櫟山集』卷下「釋王寺大雄殿重修記」. "夫此殿之創 在於 洪武二十七年甲戌 實聖祖創業
　　之第三年 而號曰普光殿 崇禎紀元之十七年甲申 碧巖大德重建 改號曰大雄殿".

사 등의 주불전은 대웅전이다. 특히 보은 법주사도 비로자나삼신불상을 봉안하고 화엄사처럼 대웅전이라고 한 것은 당시의 불교계의 상황을 반영하였을 가능성이 높다.

화엄사 삼신불상은 화엄사 〈벽암각성탑비〉(1663년)의 내용처럼 '항마군(降魔軍)의 수장'인 벽암 각성이 정유재란으로 초토화된 화엄사를 재건하면서,[156] 의승군으로 함께 활동했던 많은 제자 및 동료들과 함께 조성한 것이다. 화엄사 대웅전에 삼신불상을 봉안한 것은 화엄사가 화엄 10찰[157]이었기 때문이다.

4) 왕실 인물 시주자

벽암 각성과 의창군 이광, 신익성, 소현 세자 등은 화엄사 삼신불상이 조성된 1634년(인조 12)부터 서로 긴밀하게 연관되어 있다. 화엄사 석가불상 「施主秩」 첫머리에 의창군 이광이 불상 대시주자로 기록된 것은 그가 화엄사 삼신불상 조성과 깊게 연관되어 있음을 의미한다(그림 28). 의창군 이광과 화엄사와의 관계는 대웅전과 일주문의 현판 글씨를 통해

---

156 김용태(2009), 「조선후기 華嚴寺의 역사와 浮休系 전통」, 『지방사와 지방문화』 12, 385－387쪽.

157 화엄10찰은 『삼국유사』와 최치원이 지은 「당대천복사고사주번경대덕법장화상전(唐大薦福寺故寺主翻經大德法藏和尙傳)」(904년)에 전한다. 『삼국유사』에는 부석사·비마라사·해인사·옥천사·범어사·화엄사 등 여섯 사찰이 기록되었고, 「법장화상전(法藏和尙傳)」에는 마리사·화엄사·부석사·해인사·보광사·보원사·갑사·화산사·범어사·옥천사·국신사·청담사 등 12개 사찰이 수록되었다. 화엄사는 두 기록에 모두 포함되어 있다. 화엄십찰의 성립 시기는 해인사가 창건된 802년 이후부터 904년 사이로 9세기 말 경에는 형성된 것으로 추정된다[정병삼(2012), 「8세기 화엄교학과 화엄사찰」, 『한국사상과 문화』 64, 144쪽].

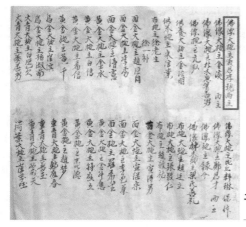

그림 28. 석가불상 시주질의 불상 대시주자 의창군 이광

이미 알려져 있다.[158] 의창군은 1636년(인조 14)에 화엄사 '대웅전(大雄殿)' 현판(그림 29)과 일주문 '지리산 화엄사(智異山華嚴寺)' 현판(그림 30)의 글씨를 직접 쓴 인물이다. 또한 화엄사에는 1630년(인조 8)에 의창군이 선조의 어필을 모아 간행하고 발문을 쓴 『선묘어필(宣廟御筆)』[159]이 남아 있어 선조와 화엄사가 특별한 관계에 있었음을 알 수 있다.

화엄사 두 불상의 「施主秩」 가운데 가장 주목되는 것은 의창군 이광 및 신익성, 소현세자 부부를 비롯한 많은 왕실 인물들이 시주자로 참여한 사실을 기록하고 있는 점이다(그림 31). 이후에도 화엄사 영산회 괘불탱(1653년) 조성에는 효종의 차녀 숙안공주(淑安公主, 1636-1697)와 남편 홍득기(洪得箕, 1635-1673)가 시주자로 동참했는데 이 불사를 주도한 인

---

158 이강근(2019), 「17세기 碧巖 覺性의 海印寺·華嚴寺 再建에 관한 연구」, 『강좌미술사』52, 86쪽.

159 이완우(2013), 「조선 후기 列聖御筆의 刊行과 廣布」, 『장서각』30, 154-156쪽.

그림 29. 구례 화엄사 대웅전 현판, 1636년   그림 30. 화엄사 일주문 현판, 1636년

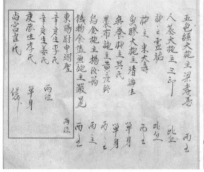

그림 31. 화엄사 노사나불상 시주질에 기록된 왕실 관련 인물, 1635년

물이 바로 벽암 각성이었다(그림 32).[160] 벽암 각성의 문도인 계파 성능
(桂坡聖能, ?-?)이 주도한 각황전 건축(1699-1702년)과 3불4보살상(1703년)
조성에도 숙종을 비롯한 왕실 인물들이 참여해[161] 화엄사는 벽암 각성
이후 18세기까지 왕실의 후원이 지속되었다.

　벽암 각성(그림 33)과 소현세자의 관계는 1634년(인조 12) 화엄사 삼

---

160 김정희(2019), 앞 논문, 116-120쪽.

161 오진희(2006),「조각승 색난파와 화엄사 각황전 칠존불상」,『강좌미술사』26, 114-119쪽.

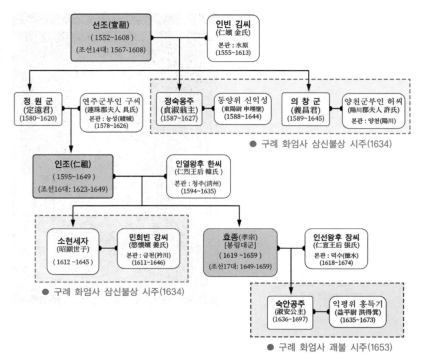

그림 32. 구례 화엄사 삼신불상과 영산회 괘불탱 조성에 참여한 왕실의 시주자

신불상 조성에서부터 시작되어 1641년(인조 19) 완주 송광사 삼세불상의 조성으로 이어졌다. 완주 송광사 삼세불상 조성기는 청에 볼모로 잡혀간 소현세자와 봉림대군의 조속한 귀국을 기원하고 있으며,[162] 승명(勝明)이 잠시 귀국한 소현세자가 청에서 가져온 금을 시주받은 사실이 「불상화주행적(佛像化主行蹟)」에 기록되어 있다.[163] 이를 통해 벽암 각성

---

162 문명대(1999), 「松廣寺 大雄殿 塑造釋迦三世佛像」, 『강좌미술사』 13, 8-10쪽.
163 유근자(2019), 「17세기의 완주 송광사 불사와 벽암 각성(碧巖覺性)」, 『남도문화연구』 36,

그림 33. 벽암 각성 진영, 조선 후기, 국일암 소장, 불교중앙박물관 제공

과 소현세자가 화엄사 삼신불상을 조성하면서 맺은 관계가 완주 송광사 삼세불상의 조성으로 연결되고 있는 것이 확인된다.

　벽암 각성과 직접적인 관련은 없지만 1634년(인조 12) 화엄사 삼신불상 조성에 참여한 승려 가운데 일부는 1645년(인조 23)에 사망한 소현세자의 극락왕생을 발원하며 중수한 오대산 상원사 제석천상 불사에도 동참하고 있다. 특히 1645년 상원사 제석천상을 중수하는 데 권화(勸化)를 맡은 각해(覺海)는 1641년(인조 19) 완주 송광사 삼세불상 조성 때 노덕(老德)으로 화불(畵佛) 화주를 맡은 15명 가운데 한 명이다. 화엄사 삼신불상 조성에 참여한 승려 가운데 묘엄(妙嚴)과 의호(義浩)는 상원사 목

141-143쪽.

　　　　2부 조선시대 왕실 발원 불상의 복장 유물과 조성·중수발원문의 분석

조제석천상을 조성하는 데 숙두(熟頭) 소임을 맡았고, 법기(法機)·성륜(性倫)·신욱(信旭)·처일(處一) 등 4명은 개채·중수하는 데 화승으로 참여하고 있다. 특히 성륜은 대선사 직위로 수화승으로 참여하고 있어 왕실 인물들이 참여한 두 사찰 간의 교류를 고찰할 수 있다.

이 외에 소현세자 부부와 함께 화엄사 삼신불상 조성에 참여한 신익성의 후손들이 정숙옹주 영가를 이 불사의 면금 시주자로 동참하게 하였다. 또한 소현세자의 어린 딸들은 시주자로 참여하였다.[164]

소현세자와 민회빈 강씨의 3자인 경안군 이회(慶安君 李檜, 1644-1665) 부부가 상궁 노예성(盧禮成)과 함께 1662년(현종 3)에 순천 송광사 관음보살상[165]을 조성한 것도 벽암 각성과 소현세자의 관계가 그들 사후에도 지속되고 있음을 짐작하게 한다. 순천 송광사가 부휴 선수계의 법맥이 이어지는 사찰이고, 벽암 각성이 송광사를 중창하는 데 지대한 역할을 하였으며, 그의 승탑이 승탑원에 남아 있는 것을 통해 이 같은 사실을 추론할 수 있다.

조선 후기 벽암 각성과 왕실의 긴밀한 관계는 선조·광해군·인조·효종 때까지 지속되었다. 선조의 아들과 사위 부부를 비롯해 1625년(인조 3)에 왕세자로 책봉된 소현세자가 부인 민회빈 강씨(愍懷嬪 姜氏, 1611-1646)와 함께 화엄사 삼신불상 조성에 참여한 것은, 왜란과 호란 때 승장(僧將)이었던 벽암 각성과 의승군의 활동이 지대한 영향으로 작용하였을 것이다. 다음 왕위를 계승할 세자가 불사에 직접적으로 참여한 경우가 드문

---

164 유근자(2021), 앞 논문, 273-275쪽.

165 정은우(2013), 「1662年 松廣寺 觀音殿 木造觀音菩薩坐像과 彫刻僧 慧熙」, 『문화사학』 39, 5-23쪽; 엄기표(2012), 「順天 松廣寺 木造觀音菩薩坐像 腹藏物 調査와 意義」, 『문화사학』 37, 127-155쪽.

그림 34. 신익성 초상, 17세기, 종이에 채색, 개인 소장,
불교중앙박물관 제공

조선시대에 소현세자 부부가 화엄사 삼신불상 조성에 참여한 것은, 조선
시대 불교사 연구에도 중요한 의미를 갖는 것으로 여겨진다.

신익성(그림 34)과 벽암 각성의 관계는 1642년(인조 20) 8월에 그가 백
운루(白雲樓)에서 쓴 「서도중결의후(書圖中決疑後)」를 통해 짐작할 수 있
다. 벽암 각성이 저술한 『선원도중결의(禪源圖中決疑)』는 1648년(인조 26)
에 해인사에서 간행되었다. 신익성 쓴 「서도중결의후」는 이 책 속에 삽
입되어 있다.[166] 화엄사 삼신불상 조성에 신익성이 참여한 데에는 이처
럼 벽암 각성과의 관계가 크게 작용하였던 것이다.

---

[166] 서수정(2018), 「새로 발견한 벽암 각성의 『선원도중결의(禪源圖中決疑)』 간행 배경과 그
내용」, 『불교학연구』 55, 193-194쪽.

4

화엄사 목조비로자나삼신불좌상의
제작 시기

화엄사 삼신불상의 제작 연도는 1634년(인조 12)으로 두 불상의 「施主
秩」과 노사나불상의 대좌 묵서 기록을 통해 확인된다. 노사나불상 대좌
에는 "공경히 지리산 화엄사 법당 상주불로 비로불·사나불·석가문불을
조성했으니, 대명(大明) 숭정(崇禎) 7년 갑술년(1634) 3월에 공사를 시작
해 동년 8월에 마치고 대웅전에 봉안했다."[167]는 내용이 기록되어 있다
(그림 35).

　노사나불상의 대좌 기록과 달리 노사나불상 「施主秩」에는 "공경히
지리산 화엄사 법당 상주불인 비로불·노사나불·석가문불을 조성했으

---

167 "敬造智異山」華嚴寺法堂」常住佛」毘盧佛」舍那佛」釋迦文佛始役」扵」大明崇禎七年」
甲戌三月日訖」工扵同年八月」日安于大雄」殿者"(교감 및 교열 고경 스님).

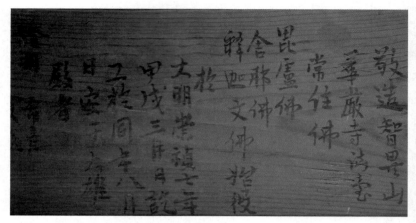

그림 35. 화엄사 대웅전 노사나불상 대좌 묵서 기록, 1634년

니, 숭정 7년 갑술년(1634) 3월에 공사를 시작해, 다음 해 가을에 공사를
마치고 대웅전에 안치했다."[168](그림 36)고 기록되어 있고, 석가불상「施
主秩」에는 "숭정 7년 갑술년(1634) 3월에 공사를 시작해 다음 해인 을해
년(1635년) 가을에 공사를 마치고, 상주 삼보인 비로불·노사나불·석가
문불을 지리산 화엄사 대웅전에 봉안했다."[169]고 기록되어 있다(그림 37).

앞에서 언급한 대좌의 묵서 기록과 두 불상「施主秩」에는 화엄사 삼
신불상의 제작 시기가 1634년 3월로 동일하게 표기되었다. 그러나 대
웅전에 봉안한 시기는 1634년(인조 12)과 1635년(인조 13)으로 다르게 기
록되어 있다.

---

168 "敬造智異山華嚴寺法堂常住 佛」毗盧佛 盧舍那佛 釋迦文佛始役扵大明」崇禎甲戌三月
訖工扵次明年秋安于大雄」殿者"(교감 및 교열 고경 스님).

169 "崇禎七年甲戌三月日始役扵次明年乙亥秋訖工扵常住三宝」毗盧佛 盧舍那佛 釋迦文佛
智異山華嚴寺大雄殿」安于者"(교감 및 교열 고경 스님).

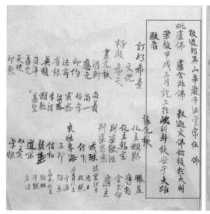
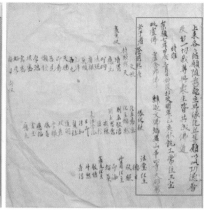

그림 36. 화엄사 노사나불상 「施主秩」 37면, 1635년   그림 37. 화엄사 석가불상 「施主秩」 21면, 1635년

화엄사 대웅전은 1630년(인조 8)에서 1636년(인조 14)에 걸쳐 벽암 각
성 주도로 그의 문도들에 의해 완성되었다. 이때 불상·불화·단청 등 불
전 내부도 장엄되었고 범종도 조성되었다.[170] 두 불상 「施主秩」 연화질
(緣化秩)에는 화엄사 삼신불상의 화주로 나묵(懶黙)과 희보(希宝)가 기록
되어 있다. 불상 화주와 별도로 법당(法堂)·단청(丹靑)·개와(蓋瓦) 화주
도 기록되어 있다. 법당·단청·개와는 불상을 봉안한 대웅전에 관한 것
이므로 1634년(인조 12)에 불상을 조성해 완공된 대웅전 안에서 점안식
을 거행한 해가 바로 1635년이었음을 의미한다. 조선시대 불상을 조성
하는 데 소요된 기간은 대략 3개월에서 6개월이기 때문에, 노사나불상
의 대좌 기록처럼 1634년 3월에 조성하기 시작해 8월에 불상을 완성해
대웅전에 봉안했다고 보는 것이 타당하다.

---

170 한국학문헌연구소 편(1997), 앞 책, 69-71쪽; 이강근(1997), 앞 논문, 100쪽.

화엄사 삼신불상 가운데 노사나불상의 대좌 기록과 비교할 수 있는 것으로는 고창 선운사 대웅전 비로자나삼불상의 대좌 기록을 들 수 있다. 선운사 비로자나삼불상의 불상 대좌에는 1633년(인조 11) 2월에 불상을 조성하기 시작해 완성한 후, 1634년(인조 12) 3월에 도금을 마치고 4월 22일에 법당에 봉안한다[171]는 내용이 기록되어 있다. 1633년에 불상을 완성하고 개금한 후 법당에 봉안한 것은 1년 뒤인 것으로 해석된다.[172] 선운사 비로자나삼불상과 마찬가지로 화엄사 삼신불상은 1634년 3월에 불상을 조성하기 시작해 8월에 완성했고, 1635년 가을에 대웅전에 봉안한 것이다.

---

171 "崇禎六季癸酉」二月日始役爲定毘」盧佛藥師如來」阿彌陀佛木三尊七月」日白像初點眼爲止」明春甲戌之季佛像三」尊烏黃金之永畢其」此四月卄二日法堂安移」佛像"[이기선(2000), 「高敞 禪雲寺에서 새로 발견된 造像 資料」, 『역사와 실학』 14, 362-363쪽].

172 문명대(2008), 「선운사 대웅보전 무염(無染) 작 비로자나삼불상(毘盧遮那三佛像)」, 『강좌미술사』 30, 356쪽.

　　　　2부 조선시대 왕실 발원 불상의 복장 유물과 조성·중수발원문의 분석

5

맺음말

이상으로 화엄사 노사나불상과 석가불상의 조성기인 「施主秩」의 구성과 내용을 살펴보았고, 「施主秩」의 분석은 시주 물목과 시주자, 소임자와 시주자, 대공덕주 벽암 각성의 역할, 왕실 인물의 시주자 등을 중심으로 고찰했다. 또한 화엄사 삼신불상의 제작 시기는 노사나불상의 대좌 묵서 자료 및 두 불상의 「施主秩」을 토대로 삼신불상은 1634년(인조 12)에 조성되었고, 「施主秩」은 1635년(인조 13)에 작성되어 복장에 납입된 후 점안식을 거행한 것으로 해석했다.

화엄사 두 불상의 「施主秩」은 17세기 불상 조성기의 일반적인 낱장 또는 두루마리 형식과 다르게, 선장(線裝) 방식으로 가철(假綴)된 책자 형식으로 되어 있다. 노사나불상의 「施主秩」은 1책 19장 38면으로, 석가불상의 「施主秩」은 1책 11장 22면으로 구성되어 있다.

「施主秩」의 내용은 불상 조성의 목적, 제작 시기, 봉안(奉安) 연도 및 봉안처(奉安處), 존명(尊名), 소임자(所任者), 조각승(彫刻僧), 시주 물목(施主物目), 시주자(施主者) 등을 담고 있다. 이 밖에도 당시 화엄사에 주석하고 있던 승려들까지 수록하고 있는 점에서 「施主秩」은 약 400여 년 전 화엄사 중창 불사 당시의 상황을 오늘날에 소상하게 알려 주는 타임캡슐(time capsule) 같은 것이다.

두 불상의 「施主秩」 및 노사나불상의 대좌 기록에 의하면, 1634년(인조 12) 3월에 화엄사 삼신불상을 조성하기 시작해 8월에 완성한 후, 1635년(인조 13) 가을에 대웅전에 봉안한 사실을 확인할 수 있다. 화엄사 삼신불상의 제작 시기를 1634년으로 특정할 수 있게 된 점은 매우 중요한 의미를 갖는다. 그동안 중관 해안(中觀海眼)이 1636년(인조 14)에 저술한 『화엄사사적』에 의존해 대웅전 비로자나삼신불상의 조성 시기를 1636년으로 추정해 왔는데, 「施主秩」의 발견으로 제작 시기를 1634년으로 특정할 수 있게 되었기 때문이다.

화엄사 두 불상의 「施主秩」은 벽암 각성의 역할을 잘 알 수 있는 자료이기도 하다. 벽암 각성은 1630년(인조 8)에 화엄사 동오층석탑을 중수할 때는 '대공덕주(大功德主)'였고, 1634년(인조 12) 삼신불상을 조성할 때는 '판거사(辦擧事)' 또는 '대공덕주(大功德主)'였다. 1653년(효종 4) 영산회 괘불탱을 조성할 때도 주도적인 역할을 맡는 등 17세기 화엄사 중창 불사에 가장 중추적인 인물이다.

화엄사 두 불상의 「施主秩」은 벽암 각성과 왕실과의 관계를 밝힐 수 있는 자료라는 점에서도 매우 중요하다. 두 불상의 「施主秩」은 불상의 조성과 관련해 왕실 인물인 선조의 아들 의창군 이광과 사위 신익성, 인조의 아들 소현세자 등이 구체적으로 기록된 최초의 자료이기 때문이다. 화엄사 두 불상의 「施主秩」은 삼신불상의 조성 연도, 벽암 각성과 왕실의 관계 및 그의 역할 등, 17세기 화엄사 삼신불상의 조성에 관한 구체적 정보를 담고 있어 미술사뿐만 아니라 향후 화엄사의 역사 연구에도 중요한 자료적 가치가 있다.

4장

완주 송광사
소조석가
여래삼불상의
조성과
벽암 각성(碧巖覺性)

1

머리말

전북 완주군 소양면에 위치한 송광사는 대한불교조계종 제17교구 금산
사 말사로 종남산 동남록 끝자락에 위치하고 있다. 송광사의 창건에 대
해서는 신라 보조국사 체징(體澄, 804-880)에 의한 창건설,[173] 고려 말 보
조국사 지눌(知訥, 1158-1210)에 의한 창건설,[174] 조선 1622년(광해군 14)

---

[173] 신라 보조국사 체징의 완주 송광사 창건설은 대웅전 해체 수리 때 발견된 1857년의 「송광
사대웅전중건상량문」에 언급되어 있다("伊昔斤羅 普照初創 歷覽勝地 粧占名區"). 1640
년에 기록된 지장보살 조성발원문인 「경진년칠월일서방산송광사시왕조성홀공기」에서는
"昔牧牛子新羅之大聖 窮尋名勝之地 乃淂地囊也 奇哉白頭之一脈 南流作奇靈之嶽 名曰
西方山 寺之得名 松廣"이라고 하여 고려 말 보조 지눌과 신라 말 보조 체징을 혼동하고
있다.

[174] 『無竟集』 卷 1 「全州終南山松廣寺事蹟詞序」[무경 자수 지음·김재희 옮김(2013), 『무경
집』, 동국대학교 출판부, 356쪽]. "이 총림은 호남의 큰 사찰이니 터를 잡은 지 오래되어 고
려 말에 창건되었다(惟此貧婆 湖南鉅刹 卜銓歲久 刱設葉末)".

2부 조선시대 왕실 발원 불상의 복장 유물과 조성·중수발원문의 분석

에 개창되었다는 설[175] 등 세 가지로 압축된다.

현재 송광사의 역사를 알 수 있는 자료는 모두 조선시대에 집성된 것으로, 가장 이른 것은 1636년(인조 14)에 건립된 〈송광사개창비〉이다. 이 외에 「경진년칠월일서방산송광사시왕조성흘공기(庚辰年七月日西方山松廣寺十王造成訖功記)」(1640년), 「불상조성시주목록(佛像造成施主目錄)」(1641년), 「대영산십육성중오백성문조성회원문(大靈山十六聖衆五百聲聞造成回願文)」(1656년), 「석조조성기(石槽造成記)」(1670년), 「호계교중수유공기(虎溪橋重修有功記)」(1681년), 「삼전패중수기(三殿牌重修記)」(1792년), 「전가경십구년갑술법당중수동참기(前嘉慶十九年甲戌法堂重修同參記)」(1814년), 「송광사대웅전중건상량문(松廣寺大雄殿重建上樑文)」(1857년) 등이 있다.

이들 자료 외에 1725년(영조 1)에 기록된 것으로 추정되는 새로운 문서가 발견되었다.[176] 현재 서울대학교 규장각한국학연구원에 소장된 「송광사법당초창상층화주덕림(松廣寺法堂初創上層化主德林)」[177]이 그것으로 2013년 필자가 발굴한 자료이다.[178] 이 자료는 송광사의 역사를 새롭게 인식하는 계기가 되었는데,[179] 1622년(광해군 14) 송광사가 불사를 시작한 시

---

175 〈송광사개창비(1636년)〉의 '개창(開創)'이라는 기록은 1622년에 송광사가 개창되었다는 설의 근거가 되었다.

176 이 문서의 작성 시기에 대해 처음으로 분석을 시도한 연구로는 한지만의 논문이 있다[한지만(2017), 「조선 후기 선종사원 완주 송광사 가람구성의 의미」, 『보조사상』 47, 174-176쪽].

177 청구기호: 가람古 294.3551-So58/ 책권수: 1帖(7折 16面)/ 편저자: 미상/ 판본사항: 필사본/ 크기: 23×14.8cm

178 이 사업은 문화재청·완주군청·송광사에 의해 발주된 것으로 (사)한국미술사연구소가 수행하였다. 2013년 9월 23일부터 2014년 3월 22일까지 진행되었으며, 사업 결과물인 『완주 송광사 대웅전 주변 종합정비계획 수립 보고서』는 2016년 5월에 발간되었다. 이 보고서에는 송광사에 관한 역사적인 자료를 최대한 수집하여 부록으로 실어 두었다.

179 이 자료는 2016년 12월 16일 동양미술사학회와 완주 송광사가 주최한 "조선불교사에 우뚝 선 호남의 중심사찰 완주 송광사의 역사와 문화를 본다"라는 주제로 개최된 학술대회에

기부터 1725년(영조 1)까지 조영된 당시 사찰의 불사 상황을 기록하고 있다.

서울대학교 규장각한국학연구원에 소장된 자료는 「법당초창상층화주덕림(法堂初創上層化主德林)」, 「법당중창상량문(法堂重創上樑文)」, 「불상화주행적(佛像化主行蹟)」 등 세 부분으로 구성되어 있다. 이 가운데 「법당중창상량문」에서 새로운 사실이 발견되었다. 1622년 2월 23일 청량산 원암사(圓巖寺)에 화재가 발생하자 이곳에 거주하던 승려들이 보조국사가 표시해두었던 송광사의 옛터에 1622년부터 불사를 시작해, 1631년(인조 9) 7월 12일에 상량했다는 내용이 그것이다. 이 자료의 발굴로 왜란 이후 1622년에 송광사가 '개창(開創)'에 가까운 불사를 시작한 원인에 대한 연구가 본격적으로 시작되었다.[180] 고려 말 보조국사와 완주 송광사의 관련은 1636년(인조 14)에 건립된 〈송광사개창비〉와 1725년(영조 1)에 작성된 「법당중창상량문」 등에 공통으로 보이는 내용이다. 이것은 아마도 17세기 청허휴정(淸虛休靜, 1520-1604)계와 부휴 선수(浮休善修, 1543-1615)계 문파의 성립으로 부휴계 문파를 선양하는 과정에서 나타난 현상으로 추정된다.

서 소개되었고, 이때 발표된 자료는 『보조사상』 47집(2017. 12)에 '완주 송광사의 역사와 문화' 특집으로 실려 있다[최연식(2017), 「완주 송광사의 창건 배경 및 조선후기 불교 문파와의 관계」; 한지만(2017), 「조선후기 선종사원 완주 송광사 가람구성의 의미」; 송은석(2017), 「완주 송광사 나한전의 제 존상과 조각승」; 엄기표(2017), 「완주 송광사 석조미술의 특징과 의의」].

완주 송광사에 관한 조사·연구는 1990년대에 두 차례에 걸쳐 이루어졌는데 1996년 교원대학교 박물관에 의한 조사·연구 결과물[정영호(1996), 『完州 松廣寺』, 한국교원대학교 박물관]과, 1999년 (사)한국미술사연구소에 의한 연구가 있다. (사)한국미술사연구소에 의해 조사·연구된 자료는 『강좌미술사』 13집 '全州 松廣寺' 특집호에 총 8편의 논문이 실려 있다[문명대(1999), 「松廣寺 大雄殿 塑造釋迦三世佛像」; 박도화(1999), 「송광사 오백나한전의 나한상」; 김정희(1999), 「송광사 명부전의 도상 연구」; 노명신(1999), 「송광사 사천왕상에 대한 고찰」; 이강근(1999), 「완주 송광사의 창건과 17세기의 개창역」; 전경미(1999), 「송광사 승탑의 연구」; 김창균(1999), 「송광사 범종 양식의 연구」; 임영애(1999), 「완주 송광사 목패와 17세기 조선시대 불교」].

180 최연식(2017), 앞 논문, 133-167쪽.

그림 1. 완주 송광사 대웅전 소조석가여래삼불좌상, 1641년

완주 송광사의 17세기 불사 주체는 기존의 자료를 중심으로 분석하면 크게 임진·정유왜란 때 의승장으로 활약했던 벽암 각성(碧巖覺性, 1575-1660)을 중심으로 한 응호(應護)를 비롯한 그의 문도들과 원암사에 수행 중이던 승려들로 구분된다. 선조의 아들 의창군 이광(義昌君 李珖, 1589-1645)과 사위 동양위 신익성(申翊聖, 1588-1644)을 비롯해 인조의 아들 소현세자(昭顯世子, 1612-1645) 등 왕실의 인물들도 17세기의 송광사 불사와 관련되어 있다.

송광사 대웅전에 봉안된 소조석가여래삼불상은 석가여래·약사여래·아미타여래로 구성되어 있는데(그림 1), 부여 무량사 소조아미타불상(540cm)과 함께 조선시대를 대표하는 가장 거대한 소조불상(565cm)이다. 불상의 복장에서는 세 불상의 조성기와 『묘법연화경』을 비롯한 불경류, 후령통(喉鈴筒) 등이 수습되었다. 완주 송광사 소조석가여래삼불상의 후령통은 조선시대 불상의 복장에서 발견된 후령통 가운데 크기가 가장 큰 편에 속한다(그림 2).

불상조성기에 의하면 숭정 14년(1641, 인조 19) 6월 29일 왕과 왕비의

그림 2. 완주 송광사 소조석가여래삼불좌상
후령통, (사)사찰문화재보존연구소 제공

만수무강을 축원하고, 병자호란으로 청나라에 볼모로 잡혀가 있던 소
현세자와 봉림대군의 조속한 환국을 기원하면서 만들었음을 알 수 있
다.[181] 또한 명과 청의 연호를 함께 사용하고 있는 것은 당시의 혼란한
시대 상황을 반영한 것이다.

따라서 본고에서는 첫째, 「법당중창상량문」(1725년)을 통해 원암사
화재를 계기로 이곳에 거주하던 승려들이 1622년에 송광사를 중창했다
는 기록과 〈송광사개창비〉(1636년) 및 〈안심사사적비〉(1759년)의 비교를
통해 당시 송광사의 위상을 규명하고자 한다.

둘째, 「법당초창상층화주덕림」 자료와 〈송광사개창비〉를 중심으로
17세기 완주 송광사의 불사 주도 세력에 대해 살펴보고자 한다.

셋째, 선조(1552-1608, 재위 1567-1608)의 부마인 신익성, 선조의 아들 의
창군 이광, 인조(1595-1649, 재위 1623-1649)의 아들 소현세자와 봉림대군(鳳
林大君, 1619-1659, 재위 1649-1659) 등 왕실 인물들과 당시 불교계의 가교
및 송광사 중창과 관련이 있는 벽암 각성의 활동을 고찰하고자 한다.

---

[181] 문명대(1999), 앞 논문, 7-26쪽.

2부 조선시대 왕실 발원 불상의 복장 유물과 조성·중수발원문의 분석

2

청량산 원암사의 화재와
완주 송광사의 중창

서울대학교 규장각한국학연구원에 소장된 필사본 자료는 1725년(영조 1) 당시 송광사 각 건물의 초창 및 중수 때의 화주(化主)와 목수 등 불사에 관련된 인물들을 수록한 것이다. 절첩 형식으로 된 이 자료의 표지는 흑색으로 제목이 없기 때문에, 맨 처음 시작되는 구절을 중심으로 「송광사법당초창상층화주덕림」으로 부르고 있다. 본문 총 30면 가운데 첫 부분인 「송광사법당초창상층화주덕림」(그림 3)이 20면, 「법당중창상량문」(그림 4)이 6면, 「불상화주행적」(그림 5)이 4면을 차지하고 있다. 「송광사법당초창상층화주덕림」은 송광사 전체 불사에 관한 내용을 기록하고 있고, 「법당중창상량문」은 송광사의 개창과 대웅전의 중창에 관한 내용을, 「불상화주행적」은 대웅전 소조석가여래삼불상의 화주에 대한 내용을 싣고 있다.

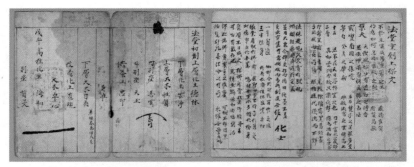

그림 3. 법당초창상층화주덕림, 1725년, 출처: 서울　　　그림 4. 법당중창상량문, 1725년, 출처: 서울대학교
대학교 규장각한국학연구원　　　　　　　　　　규장각한국학연구원

이 가운데 「법당중창상량문」의 다음과 같은 내용이 주목된다.

처음 창건한 것은 천계 임술년(1622년, 광해군 14) 2월 23일이다. 한
낮에 청량산 원암사에 원인 모를 불이 일어나 모두 다 소진되고
난 후, [원암사에] 거주하고 있는 모든 승려들이 일제히 송광사의
옛터라고 하고 보조국사가 사방에 돌을 쌓아둔 곳이라고 하였다.
모두 내려와서 인연을 모아 법당을 만드니 10년이 지난 신미년
(1631년, 인조 9) 7월 12일에 상량을 하기에 이르렀다.[182]

앞의 내용은 완주 송광사가 1622년(광해군 14)에 새롭게 불사를 시작한
동기를 기록하고 있는 것으로, 근처 청량산 원암사에 거주하던 승려들

---

[182] 「松廣寺法堂重創」 "初起刱建 天啓壬戌二月二十三日 淸凉山圓巖寺 白晝無緣出火 盡爲
燒燼之後 所居諸僧 一大着名 松廣舊基 稱曰普照國師 四方纍巖之處 皆以下來 結慕法堂
卽時開起 退計十年 辛未七月十二日 上樑"(송광사 주지 법진 스님 해석).

　2부 조선시대 왕실 발원 불상의 복장 유물과 조성·중수발원문의 분석

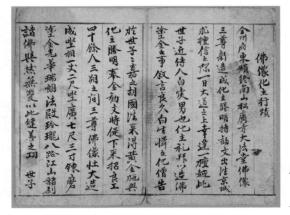

그림 5. 불상화주행적, 1725년,
출처: 서울대학교 규장각
한국학연구원

이 주체임을 밝히고 있다. 그런데 여기서 또 하나 주목되는 사실은 현재의 송광사가 위치한 곳을 원암사 승려들은 '송광사의 옛터'로 인식하고 있었다는 점이다. 이전에 존재했던 송광사가 폐사된 후 한 무더기 돌을 쌓아 놓은 터만 남아 있었는데, 원암사 승려들은 이를 보조국사가 돌을 쌓아 놓은 곳으로 이해하고 있었다.[183] 이러한 사실로 미루어 볼 때, 1622년에 시작된 송광사의 불사는 기존의 학설과 같이 송광사의 개창(開創)으로 보기보다는 송광사의 중창으로 보는 것이 더 타당하다고 판단된다. 완주 송광사의 17세기 중창을 개창, 즉 초창으로 해석하여 사찰

---

183 〈송광사개창비〉(1636년)에도 "옛날 고려의 보조국사가 전주의 종남산을 지나다가 한 신령한 샘물을 마시고는 기이하게 여겼다. 장차 절을 지으려고 길지를 골라 빈터에 구덩이를 파고 마침내 네 모퉁이에 돌을 쌓아 메웠다. 승평부의 조계동으로 옮겨 가서 송광사를 지었고 그 의발을 남겼다. 문도를 불러 이르기를, '종남산에 돌을 메워두었는데 뒤에 반드시 고승이 도량을 열어서 없어지지 않을 터가 될 것이라'고 하였다(高麗普照國師過全州之終南山歇一霧泉而異之將營實坊龜食坎原遂疊石四隅而塡之移錫昇平府之曹溪洞作松廣寺留其衣鉢詔其徒曰終南塡石後必有大惠開場爲不拔之地)."는 기록이 있어 1725년의 기록과 대동소이함을 알 수 있다.

창건의 중심 인물로 벽암 각성과 그의 문도들을 주목한 연구가 있다.[184]

원암사의 창건 시기에 대해서는 무경 자수(無竟子秀, 1664-1737)가 지은 「청량산원암사명부전기(淸涼山圓巖寺冥府殿記)」에서 찾을 수 있다. 이에 의하면 원암사는 신라 때 자장율사에 의해 창건되었고 임진왜란이 발발한 1592년(선조 25)에 소실된 후 중창된 것으로 추정된다. 명부전은 1690년(숙종 16)에 승려 현주(玄珠)에 의해 중건되었다.[185] 따라서 원암사는 1690년 이전에 다시 중창되었음을 알 수 있다.

『신증동국여지승람』 제33권 전주부(全州府) 「불우(佛宇)」에는 귀신사·서고사·남고사·천룡사·경복사·임천사·사대사·흑석사·원암사·봉서사·대원사 등 11개의 사찰이 기록되어 있다. 이 가운데 "원암사는 청량산에 있다."[186]는 사실이 수록되어 있다. 또한 이곳은 서산대사 휴정(休靜, 1520-1604)이 어린 시절에 공부했다[187]고 전해진다.[188] 그는 박상(朴祥, 1474-1530)을 따라 완산으로 내려와 청량산 원암사에서 수행했던 것이다.

『여지도서(輿地圖書)』(1757-1765년)에는 원암사가 청량산에 있으며 부 동북 40리에 위치해 있고, 송광사는 종남산에 있으며 부 동쪽 30리에 있다[189]고 기록되어 있다. 또한 18세기에 제작된 『비변사인방안지도(備邊司印方眼地圖)』에도 소양면에 위봉사·송광사·원암사가 위치하고 있음

---

184 이강근(1999), 「完州 松廣寺의 建築과 17세기의 開創役」, 『강좌미술사』 13, 105-109쪽.

185 무경 자수 지음·김재희 옮김(2013), 앞 책, 285-286쪽.

186 『新增東國輿地勝覽』 卷33 全羅道 全州府 佛宇. "圓巖寺 在淸涼山".

187 『西域中華海東佛祖源流』 卷2 「西山休靜」. "朴祥出宰完山 師亦隨去 讀書 淸涼山 圓巖寺 期年 朴祥還京師 師但持筆硯 遠入智異山 依能仁大師 落髮於圓通庵 參芙蓉大師傳心焉".

188 최연식(2017), 앞 논문, 145쪽.

189 『輿地圖書』. "圓巖寺在淸涼山自官門四十里 …… 松廣寺在終南山自官門三十里".

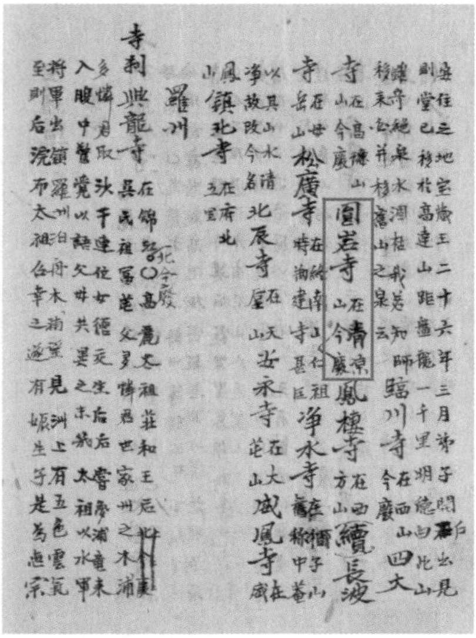

그림 6. 『범우고(梵宇攷)』 全羅道 全州 寺刹, 출처:
서울대학교 규장각한국학원구원

을 알 수 있다.

그러나 1799년(정조 23)에 편찬된 『범우고(梵宇攷)』에는 원암사가 폐
사된 것으로 표기되어 있어(그림 6) 1622년 화재 후 재건되었지만 18세
기 말에 이르러서는 폐사된 것으로 추정된다. 18세기 초에 송광사에서
활동했던 무경 자수의 행장에는 "임진년(1712년) 가을에 청량산 원암사
의 요청으로 배우는 사람들이 거의 100명에 달했다. 여기에서 종남산으
로 가셨다."[190]는 내용이 있다. 이를 통해 18세기 초까지 송광사와 원암
사는 서로 긴밀한 관계를 유지하고 있음을 알 수 있다.

---

190 『無竟集』 卷3 「無竟堂大師行狀」. "至壬辰秋 赴淸凉山 圓岩寺之請 學衆盛且盈百 自此徃
于終南".

〈송광사개창비〉(1636년)와 〈안심사사적비〉 (1759년)로 본 17세기의 완주 송광사

1622년(광해군 14)에 송광사가 중창된 것이 원암사의 화재와 관련이 있다면, 고산(高山) 대둔산에 있던 안심사(安心寺)는 18세기까지 송광사와 긴밀한 관계였던 것으로 추정된다. 안심사와 송광사 간의 유대 관계를 주목하는 이유는 〈송광사개창비〉(그림 7)의 건립 연대 때문이다. 이에 대해서는 이미 최연식이 〈송광사개창비〉 뒷면에 새겨진 '겸순찰사남공선 (兼巡察使南公銑)'이라는 내용에 주목해, 남선(南銑, 1582-1654)이 전라 감사로 재임한 시기는 1642년(인조 20) 윤 11월 5일부터 1644년(인조 22) 1월 5일까지이기 때문에 1636년에 〈송광사개창비〉가 건립되었다는 것에 대해 의문을 제시한 바 있다.[191]

---

191 최연식(2017), 앞 논문, 153-154쪽, 각주 32.

그림 7. 송광사개창비, 1636년

1636년(인조 14) 병자호란이 발발하자 남선은 남한산성에서 인조를 호위하였는데 〈송광사개창비〉를 쓴 신익성도 그곳에 있었다. 남선과 신익성의 교유는 신익성 주변 인물과 남선과의 관계를 통해서도 유추할 수 있다. 남선이 안악 군수로 떠날 때 효종 비 인선왕후 장씨(仁宣王后 張氏, 1618-1674)의 아버지인 장유(張維, 1587-1638)는 그를 보내는 아쉬움을 표현했다. 장유 역시 신익성을 비롯한 승려들과 교유가 있었다. 장유는 1647년(인조 25)에는 「해남대흥사청허당휴정대사비문(海南大興寺淸虛堂休靜大師碑文)」을 지었다. 또한 김육(金堉, 1580-1658)의 "호남의 감사로 있는 남선(南銑)은 나와 뜻이 같은 선비로 나를 위해서 이 책을 간행하였다."192는 기록을 통해, 남선이 신익성과 교유했던 인물들과 친밀한 관계를 유

---

192 『潛谷遺稿』卷9 「類苑叢寶序」. 김육은 남선이 1643년에 호남 감사로 있었다고 했는데 공식 직함은 전라 감사이다[『조선왕조실록』 인조 20년(1642년) 윤 11월 5일자 기록. "以金堉爲副提學 南銑爲全羅監司 宋時吉爲同副承旨 林爲持平 洪命一爲應敎 申濡爲校理 朴宗阜爲修撰"].

지했던 것을 짐작할 수 있다.

따라서 남선은 〈송광사개창비〉가 건립된 1636년(인조 14)에는 황해 감사를 맡고 있었기 때문에,[193] 〈송광사개창비〉의 음기는 남선이 전라 감사로 재직한 1642년 이후에 쓰여진 것으로 추정된다. 이와 유사한 예로는 〈안심사사적비〉를 들 수 있다. 〈안심사사적비〉는 1658년(효종 9)과 1759년(영조 35) 4월 두 차례에 걸쳐 각기 다른 사람이 지은 기문과 1759년 5월에 작성된 음기로 구성되어 있다.

〈송광사개창비〉 앞면의 신익성이 지은 '전주부송광사개창지비(全州府松廣寺開創之碑)'의 내용과, 뒷면의 '사호선종대가람사(賜號禪宗大伽藍寺)'의 내용이 같은 시기에 작성되지 않은 것으로 추정하는 이유는 두 가지이다. 첫째는 벽암 각성을 송광사로 모시기 전에 무주 적상산 사고에 머물렀다는 기록을 통해 찾을 수 있다. 벽암 각성에게 도총섭을 제수하고 적상산성에 거주하게 한 것은 1639년(인조 17)[194]이며, 1640년(인조 18)에는 전라 감사 원두표(元斗杓, 1593-1664)가 적상산성은 사람들이 살기 불편하니 벽암 각성을 삼남도총섭(三南都摠攝)으로 삼아 인신(印信)을 지급해 주고, 문도들을 거느리고 성 안에 살게 해 달라고 요청하였다.[195] 벽

---

193 남선은 1634년 7월 27일 황해 감사에 임명되었고[『조선왕조실록』 인조 12년(1634) 7월 27일자 기록. "南銑爲黃海監司"], 1637년 2월 9일에는 평안 감사로 제수되었다[『조선왕조실록』 인조 15년(1637) 2월 9일자 기록. "南銑爲平安監司"]. 그렇기 때문에 〈송광사개창비〉가 건립된 1636년에는 황해 감사로 재직 중이었다.

194 『조선왕조실록』 인조 17년(1639) 10월 8일자 기록. "備局啓請 修治茂朱縣 赤裳山城 以本縣及錦山 龍潭 鎭安 長水 雲峯 珍山等七邑 分屬本城 略如笠巖舊規 令僧覺性稱以都摠攝 恒住城中 無事則守護 有事則協守 上從之 卽巡檢使朴潢之議也".

195 『조선왕조실록』 인조 19년(1640) 5월 21일자 기록. "全羅監司元斗杓馳啓曰 赤裳山城山勢高峻 人居不便 若不募入僧徒 無以守護 請以僧人覺性 稱以三南都摠攝 給與印信 使之率門徒 住着城中 答曰 稱以本道摠攝 以便守護".

암 각성이 적상산성의 임무를 부여받은 것은 1639년(인조 17) 10월 이후이기 때문에 〈송광사개창비〉의 "지금 세상에 사자전승은 벽암대사만한 이가 없으니 …… 대사는 조정의 명을 받아 막 적상산(赤裳山)에 머물렀다."고 한 기록은 잘못된 것이다.

둘째는 〈송광사개창비〉를 신익성에게 요청한 백곡 처능(白谷處能, 1617-1680)에 관한 내용이다. 그는 1617년(광해군 9) 생인데 15세에 출가하여 속리산에서 수도하다가 17·8세에 서울로 가게 되었다. 그리고 신익성 문하에서 약 4년 동안(1633-1636) 수학하였다.[196] 〈송광사개창비〉를 요청했던 백곡 처능을 신익성은 '처능사미(處能沙彌)'로 칭하고 있는데[197], 뒷면의 음기에는 벽암 문파 제자로 '선사 처능(禪師處能)'으로 기록되어 있다. 1636년(인조 14)은 그가 만 20세가 되는 해이기 때문에 선사로 칭하기에는 이르다. 또한 〈송광사개창비〉 앞면에는 '숭정병자청명(崇禎丙子淸明)'으로, 뒷면에는 '숭정병자시월일건(崇禎丙子十月日建)'으로 표기되어 1636년 4월과 10월에 건립된 것으로 기록되어 있다. 따라서 향후 〈송광사개창비〉의 1636년 건립 연대에 대해서는 좀 더 세밀한 고찰이 요구된다.

조선 후기 송광사 승려들의 활동은 〈안심사사적기〉를 통해 유추할 수 있다. 조선 초부터 왕실과 밀접한 관계를 가지며 조선 후기까지 상당히 큰 세력을 형성했던 안심사는 〈안심사사적비〉를 1759년에 건립하였다. 그러나 1658년 기문(記文)은 우의정 김석주(金錫冑, 1634-1684)가 작

---

196 김용조(1979), 「白谷處能의 諫廢釋敎疏에 關한 硏究」, 『한국불교학』 4, 97쪽.

197 〈송광사개창비〉. "處能沙彌裹足千里謁余淮上徵辭載珉以永厥垂能嘗從余受魯論通其義跳入禪門已數年矣在渠門中亦負盛名余不細其出此入彼廉其跡而」叙之". '사미'는 조선시대에 승려를 지칭할 때 일반적으로 사용된 것으로 특히 유학자의 입장에서 승려를 '사미'로 지칭하였을 가능성이 있다. 현재 불가에서 사용하는 사미계를 수지한 '사미'와 다른 의미로도 사용되었다.

성하였다. 1759년 기문은 당시 한성 부윤 유최기(兪最基, 1689-1768)가 담당하였고, 글씨는 이조 판서 홍계희(洪啟禧, 1703-1771)가 썼다.[198]

〈안심사사적비〉를 1658년에 쓴 김석주는 선조의 부마였던 신익성의 외조부였고, 대동법을 실현시킨 김육은 그의 조부였다. 또한 현종의 정비인 명성왕후 김씨(明聖王后 金氏, 1642-1684)의 사촌이면서 숙종의 외종숙(5촌)으로 당시 외척을 대표하는 인물이기도 하였다. 안심사는 세조가 부역을 면제한다는 친필을 내렸던 것으로 보아 그와 관련된 사찰이었음을 알 수 있다.[199] 〈안심사사적비〉 역시 백곡 처능이 안심사 주지 명능(明能)의 부탁으로 김석주에게 의뢰하였다. 백곡 처능은 안심사에 오랫동안 주석하였고, 〈송광사개창비〉를 신익성에게 부탁한 이도 그였다. 이를 통해 백곡 처능이 김석주와 신익성 등 왕실 인물들과 교유하고 있던 승려였음을 알 수 있다.

안심사와 송광사의 승려들이 서로 긴밀하게 관련된 사실은 승려 신열(信悅)을 통해 추정할 수 있다. 그는 1707년(숙종 33)에 송광사 대웅전을 3창했으며, 1710년(숙종 36)에는 안심사의 5창을 주도하였다. 또한 송광사에 거주했던 무경 자수의 제자인 선월 축집(船月竺什)은 1759년(영조 35) 5월에 〈안심사사적비〉의 음기를 작성하였다. 이처럼 완주 송광사와 안심사에 거주했던 승려들은 같은 문중으로 두 사찰의 불사는 동일 인물들에 의해 이루어지고 있다. 송광사와 안심사 불사에 함께 등장하

---

198 도윤수·김문식(2016), 「'안심사사적비'를 통해 본 18세기 완주 안심사 건축 검토」, 『한국건축역사학회 2016년 추계학술발표대회 논문집』, 103쪽.

199 1790년(정조 14)에 고산(高山) 안심사의 승려 계영(誡瓔)이 어서각(御書閣)을 수호하게 해 달라고 요청하였다(『일성록』 정조 14년 2월 14일자)는 기록을 통해 어서각에는 세조의 친필이 봉안되어 있었던 사실을 알 수 있다.

표 1. 송광사와 안심사 불사에 공동 참여한 승려

승려명	사찰명	역할	연도	출처
수천(守天)	송광사	각암(各庵) 화주	1636	송광사개창비
	안심사	안심사 4창	1601	안심사사적비
신열(信悅)	송광사	법당 중창	1706	법당초창상층화주덕림
		비각 화주		법당초창상층화주덕림
		송광사 3창	1707	송광사대웅전중건상량문
	안심사	안심사 5창	1710	안심사사적비
회경(懷瓊)	송광사	무경 자수 행장		무경집
	안심사	사적비 건립 참여	1759	안심사사적비
지탄(智坦)	송광사	해동불조원류 간행 시주자	1764	서역중화해동불조원류 간기
	안심사	사적비 건립 시주자	1759	안심사사적비

는 승려를 정리하면 〈표 1〉과 같다.

1686년(숙종 12)에 지리산 지역을 유람했던 정시한(丁時翰, 1625-1707)은 6월 13일에 함양 금류동암에 머물렀다. 이때 전주 송광사 쌍계암(雙溪庵) 종장 회련(懷璉)과 고산 대둔산 안심사 승려가 방문하였는데 희안 스님도 함께 왔다.[200] 쌍계암은 1725년(영조 1)에 작성된 「송광사법당초창상층화주덕림」에도 기록[201]되어 있으며, 무경 자수와 그의 스승인 추계 유문(秋溪有文, 1614-1689)이 머문 곳이기도 하다. 이 같은 사실은 송광사의 부속 암자 가운데 쌍계암이 차지하는 비중이 컸던 것을 짐작케 한다. 또한 안심사 승려와 송광사 승려가 정시한을 함께 방문하고 있는 사실에서도 두 사찰 간의 유대 관계를 유추할 수 있다.

〈송광사개창비〉와 〈안심사사적비〉 건립에 중요한 역할을 했던 인물

---

200 정시한 저·신대현 번역·주석(2005), 『산중일기』, 혜안, 112쪽.

201 「松廣寺法堂初創上層化主德林」 15면.

표 2. 〈송광사개창비〉와 〈안심사사적비〉 건립에 참여한 인물

역할	송광사개창비	안심사사적비
사적비 발원	명공(明公)	명능(明能)
사적비 의뢰	처능(處能)	처능(處能)
사적비 지은이	신익성(1588-1644)	김석주(1634-1684)
사적비 글씨	의창군 이광(1589-1645)	홍계희(1703-1771)
사적비 전서	신익성	유척기(1691-1767)
사적비 기록	이취반(?-?)	유최기(1689-1768)

은 백곡 처능과 명능(明能) 또는 명공(明公)인데, 명공과 명능은 동일 인물로 추정된다. 〈송광사개창비〉 음기에는 '종남산인 명공'이 찾아와 비문을 써 주기를 청하고 있는데,[202] 그는 송광사의 시왕·정문·명부전·개와(蓋瓦)·비(碑)의 대공덕주로도 기록되어 있다. 〈송광사개창비〉를 건립하는 데 명공의 역할이 지대했음을 짐작할 수 있다.

　〈안심사사적비〉에는 명능(明能)이 등장하고 있는데, 그는 안심사 주지로서 어렸을 적부터 안심사에서 성장했다.[203] 또한 백곡 처능으로 하여금 김석주에게 글을 청하도록 요청하였다.[204] 이러한 사실을 통해 송광사와 안심사는 벽암 각성 문도들이 거주했던 사찰임을 알 수 있다. 〈송광사개창비〉와 〈안심사사적비〉 건립에 중요한 역할을 했던 인물을 정리하면 〈표 2〉와 같다.

---

[202] 〈송광사개창비〉. "終南山人明公來語余曰我松廣寺自經營甫閱十署而大殿之魁偉絶特求之域內未有擬者至扵金堂以下東西齋寮連甍比簷不啻千窓萬戶凡諸法器稱此以備落成之會殆無虛歲上」爲君祝壽下與生靈同福然爲一方歸仰之所".

[203] 〈안심사사적비〉. "有浮屠處能師者自湖南來訪余京師且以主安心寺者明能之言爲請曰能也少居于高山之安心寺寺剙建旣久又頗有故蹟可記今且具石以待如得子一言以叙幸孰大焉余辭而不獲遂留師而詢其說師言".

[204] 〈안심사사적비〉. "按原碑有曰剙寺者祖球乞文者處能而寔受明能之意盖兩能也".

　　2부 조선시대 왕실 발원 불상의 복장 유물과 조성·중수발원문의 분석

4

조선 왕실 인물과
완주 송광사의 17세기 불사

17세기에 개창에 가까운 송광사 중창 불사를 담당한 승려들은 사찰의 위상을 높이고 보다 안정적으로 운영하기 위하여 당시 명망이 높던 벽암 각성을 모시기로 결정하고, 그에게 찾아가 송광사에 주석하기를 청하였다. 이때 비로소 송광사를 중창한 승려들과 벽암 각성이 관계를 맺게 되었다.[205] 그러나 완주 송광사의 17세기 불사에는 지역 유지와 왕실 인물 등이 참여하였고, 이들의 매개자 역할을 한 인물이 벽암 각성이었다. 소현세자와 봉림대군의 귀국을 바라며 1641년(인조 19)에 송광사 소조석가여래삼불상을 조성한 것, 〈송광사개창비〉를 선조의 사위인 동양위 신익성이 지은 것, 대웅전 현판 글씨를 선조의 아들 의창군이 쓴 것

---

205 최연식(2017), 앞 논문, 138-139쪽.

이 이를 뒷받침한다.

　벽암 각성은 오대산 상원사에 머물기도 하였다. 〈송광사개창비〉를 쓴 신익성 역시 오대산 상원사의 중창을 위해 이곳을 방문하였다. 1645년(인조 23)에 중수된 상원사 제석천상은 같은 해에 세상을 떠난 소현세자의 명복을 기원하고 있고, 면금(面金) 시주자로 신익성의 부인 정숙옹주(貞淑翁主, 1587-1627)의 영가(靈駕)가 동참하고 있다.[206] 또한 봉림대군이 효종에 즉위하자 벽암 각성이 설악산 신흥사 불상 조성의 증명으로 참여하고 있는 사실에서도 왕실과의 밀접한 연관 관계를 엿볼 수 있다.[207]

1) 신익성(申翊聖, 1588-1644)

17세기 왕실 관련 인물 가운데 불교와 인연이 돈독했던 인물은 동양위 신익성이다.[208] 그는 선조의 부마로 정숙옹주의 남편이며, 선조의 서자인 의창군 이광은 그의 처남이다. 신익성이 살았던 17세기 초는 국내적으로는 광해군의 혼조(昏朝)와 인조반정(1623년)이 있었고, 대외적으로 병자호란과 명청 교체라는 동북아 국제정세의 변화가 두드러진 시대였다.[209]

---

206 유근자(2017), 『조선시대 불상의 복장기록 연구』, 불광출판사, 431쪽; 유근자(2021), 「오대산 상원사 문수전 목조제석천상의 연구」, 『선문화연구』 30, 267-277쪽.

207 손신영(2015), 「설악산 신흥사 극락보전에 대한 연구」, 『강좌미술사』 45, 82-87쪽; 유경희(2015), 「LA카운티미술관 〈神興寺 靈山會上圖〉」, 『강좌미술사』 45, 69-70쪽.

208 자는 군석(君奭), 호는 낙전당(樂全堂)·동준거사(東淡居士)이며 본관은 평산(平山)이다. 1588년(선조 21)에 서울에서 출생했으며 아버지는 신흠(申欽, 1566-1628)이고 어머니는 이제신(李濟臣)의 딸이다. 12세 때인 1599년(선조 32)에 선조의 3녀 정숙옹주와 혼인해 동양위에 봉해졌다.

209 김은정(2007), 「東陽尉 申翊聖의 駙馬로서의 삶과 문화활동」, 『열상고전연구』 26, 217쪽.

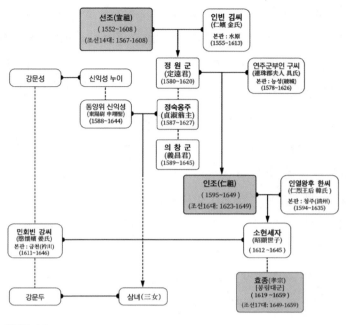

선조(宣祖)
(1552~1608)
(조선14대: 1567-1608)

인빈 김씨
(仁嬪 金氏)
본관 : 水原
(1555~1613)

강문성

신익성 누이

정 원 군
(定遠君)
(1580~1620)

연주군부인 구씨
(連珠郡夫人 具氏)
본관 : 능성(綾城)
(1578~1626)

동양위 신익성
(東陽尉 申翊聖)
(1588~1644)

정숙옹주
(貞淑翁主)
(1587~1627)

의 창 군
(義昌君)
(1589~1645)

인조(仁祖)
(1595~1649)
(조선16대: 1623-1649)

인열왕후 한씨
(仁烈王后 韓氏)
본관 : 청주(淸州)
(1594~1635)

민회빈 강씨
(愍懷嬪 姜氏)
본관 : 금천(衿川)
(1611~1646)

소현세자
(昭顯世子)
(1612~1645)

강문두

삼녀(三女)

효종(孝宗)
[봉림대군]
(1619~1659)
(조선17대: 1649-1659)

그림 8. 신익성 가계도

신익성은 불교에도 관심이 있어 젊은 시절부터 승려와 교분이 깊었
다. 이러한 성향은 신익성 한 개인에게 국한된 것이 아니라 불교와 도교
에 대한 사회 전체의 의식이 변한 결과였다. 특히 임진왜란 때 승병(僧
兵)을 이끌었던 서산대사 휴정(休靜, 1520-1604)과 사명당 유정(惟政, 1544-
1610)의 활약으로 승려에 대한 인식이 변화되었던 것도 한 이유였다. 또
한 그는 부마라는 신분 덕분에 상대적으로 한가롭고 경제적인 여유가
있어 명산대천을 유람하며 승려들과 교분을 쌓았다.[210]

---

210 김은정(2002), 「낙전당 신익성의 문학 연구」, 서울대학교 박사학위논문, 32쪽.

신익성은 자신뿐만 아니라 그의 가문 역시 왕실과 혼인 관계를 맺고 있었다(그림 8). 소현세자의 부인 민회빈 강씨(愍懷嬪 姜氏, 1611-1646)의 오빠인 강문성(姜文星)은 그의 매형이었고, 강문성의 동생인 강문두(姜文斗)는 사위였다. 동생 신익전(申翊全, 1605-1660)은 인조의 서장남으로 귀인 조씨(貴人 趙氏, ?-1651) 소생인 숭선군(崇善君, 1639-1690)의 장인이었다. 즉 신익성은 인조 및 소현세자의 처가와 긴밀한 관계를 맺고 있었다. 선조와 그의 후궁 인빈 김씨(仁嬪 金氏, 1555-1613) 사이에는 4남 5녀가 있었는데, 3남인 정원군(定遠君, 1580-1620)의 아들이 인조이다. 신익성은 인조에게 고모부가 되지만 인조의 아들인 소현세자와는 사돈 관계가 된다.

신익성은 조선 후기 불교계의 두 문파를 형성했던 청허계 및 부휴계와도 친밀한 관계를 유지하였다. 청허당 휴정의 비문과 운곡 충휘(沖徽, ?-1613) 문집의 발문을 짓는 등 불교 교단과 교유하였다. 그의 외손자이자 현종의 사촌 처남인 김석주가 쓴 「백곡집서(白谷集序)」에 의하면 신익성은 백곡 처능을 1633년부터 1636년까지 4년 동안 가르쳤다[211]고 한다. 신익성은 또 광해군 때 봉은사에 와 있던 벽암 각성과도 친하게 지내 훗날 백곡 처능이 벽암 각성의 문하로 출가하는 계기를 마련하기

---

211 『大覺登階集』「白谷集序」, "대사는 나이 17·18세 즈음에 속리산을 떠나 서울로 올라와서 여러 이름난 대신과 학식 있는 선비들의 문을 방문하면서 자신이 지은 시문을 폐백 삼아 바쳤다. …… 당시 나의 외조부 낙전당 신공(신익성)은 조정에 있는 것을 좋아하지 않아 회상(淮上, 경기도 광주)에서 은거 생활을 한 적이 있었다. 대사는 곧바로 경전을 가지고 스님임에도 불구하고 신공의 넷째 아들인 춘소공과 함께 아침저녁으로 곁에서 신공을 모셨다. 붓이나 벼루 등을 준비하는 잔일을 하면서 4년을 지냈지만 여전히 게을리하지 않았다(始師年十七八 自離岳 走至京師 踔諸名卿學士之門 出詩文以爲贄…時我外王考樂全申公 不樂在朝 嘗屏處於淮上 師輒持經卷 攝緗而從之 與公之季子春沼公 朝夕左右 供筆硯之役 關四寒暑 猶不怠)."

도 하였다.[212] 〈송광사개창비〉를 신익성에게 부탁한 이는 앞에서도 살펴보았듯이 백곡 처능이었는데, 그는 17세기 부휴계 문도의 비 건립에도 직간접적으로 관여하였다.[213]

신익성은 벽암 각성과 각별한 관계를 맺었다. 벽암 각성은 1612년 (광해군 4)에 스승 부휴 선수(浮休善修, 1543-1615)가 광승(狂僧)의 무고로 투옥되자 그에 연루되어 옥에 갇히게 되었다. 이후 방면되어 봉은사에 머물게 되었는데, 이때 가장 친밀하게 교유했던 이가 바로 신익성이었다. 신익성은 "의현(義賢)·진일(眞一)·성수(性修)·희안(希安)은 모두 당대의 고승으로서 각성 장로(覺性長老)의 수제자이다."라고 말하고 있다.[214] 이를 통해 신익성이 벽암 각성뿐만 아니라 그의 제자들과도 교유하고 있음을 알 수 있다.

신익성이 벽암 각성의 대표 제자로 언급한 승려 가운데 진일은 구례 화엄사의 〈벽암대사비〉(1663년)와 〈송광사개창비〉(1636년)에 등장한다. 또한 1639년(인조 17)에 조성된 고흥 능가사 삼세불상(원 소장처 하동 쌍계사)에 벽암 각성과 함께 '통정대부전강원총섭진일(通政大夫前江原摠攝眞一)'로 기록되어 있다. 1646년(인조 24) 구례 천은사 아미타불상 조성에는 '선사열록(禪師列錄)'에 '도총섭진일비구(都摠攝眞一比丘)'로, 1654년에 조성된 영광 불갑사 지장삼존상과 명부 권속 조성 발원문에는 벽암 각성과 함께 마지막으로 '가선대부도총섭진일(嘉善大夫都摠攝眞一)'로 기록되어 있다.

---

212 이강근(1999), 앞 논문, 106쪽.

213 손성필(2017), 「17세기 浮休系 僧徒의 碑 건립과 門派 정체성의 형성」, 『조선시대사학보』 83, 143-148쪽.

214 『樂全堂集』 卷1 「四僧行」. "四僧 卽義賢 眞一 性修 希安 俱當世宗師 覺性長老上足弟子也".

성수(性修)는 조각승으로 1649년(인조 27) 완주 묘련암 관음보살상 조성에 대선사 각성의 지도 하에 수조각승 무염의 두 번째 조각승으로 참여하였다. 1650년(효종 1) 대전 비래사 비로자나불상(전 안심사 조성)과 무주 관음사 관음보살상 조성에도 수조각승 무염의 차조각승으로 동참 하였다. 1657년(효종 8) 무주 북고사 아미타불상 조성에는 산중대덕으로 참여하였다.

신익성은 "진일과 희안은 말솜씨가 좋으며[一也安也句語好] 성수는 염 불을 잘하고 글은 의현일세[修能念誦文卽賢]."215라고 이야기하고 있다. 이 가운데 희안은 글씨에도 능했던 것으로 보인다. 1622년(광해군 14)에 조성된 국립중앙박물관 소장 목조비로자나불상의 발원문에 보이는 '사 경희안(寫経希安)'이라는 기록216은 희안이 사경을 담당했음을 보여 주 기 때문이다.

또한 신익성은 "지금 시의 종장(宗匠) 가운데 동악[이안눌] 선생보다 뛰어난 자는 없다. 선생은 평소 시승(詩僧)을 좋아하여 그의 문하에서 교 유한 승려들이 매우 많았는데, 그중에 희안공(希安公)보다 시와 글씨에 솜씨가 뛰어난 승려는 없다. 그 시도(詩道)를 누구에게서 배운 것인지는 모르겠지만 동악을 본받은 자라 할 수 있고, 그 필법을 누구에게서 배운 것인지는 모르겠지만 설암(雪菴)을 본받은 자라 할 수 있다."217라고 말하

215 『樂全堂集』 卷1 「四僧行」.

216 문명대(2007), 「17세기 전반기 조각승 玄眞派의 성립과 지장암 목 비로자나불좌상의 연 구」, 『강좌미술사』 29, 355-380쪽.

217 『樂全堂集』 卷5 「贈希安序」. "今之以詩執牛耳者 無過於東嶽先生 先生雅喜韻釋 釋子之 游其門者甚多 而工詩若筆 亦無過於安公 其詩道吾不知所師法 法東嶽者也 其筆意吾不 知所師法 法雪菴者也".

고 있다. 아마도 희안은 당대에 서예가로도 활동했던 것으로 짐작된다.

신익성과 불교 승려들의 교유는 다음 글에도 잘 집약되어 있다.

> 나는 평소 승려들과 노닐기를 즐거워하였는데 승려들 가운데 조
> 금 지식이 있는 자들도 그때마다 와서 자리를 함께 하였다. 세상
> 에서 노숙(老宿)과 명사(名師)로 일컬어지는 의영(義瑩)·법견(法
> 堅)·성정(性淨)·응상(應祥)·해안(海眼)·각성(覺性)·언기(彦機) 등은
> 모두 나와 평소 알고 지낸 자들이다. 이미 세상을 떠난 사람은 논
> 할 필요 없이 세상에 남아 있는 자로 말하자면, 응상의 덕성과 기
> 량, 해안의 재주와 지식, 각성의 뛰어난 기지, 언기의 고아한 지조
> 등은 모두 그 이름을 저버리지 않았고, 성정선사로 말하자면 불가
> 의 뛰어난 인물로 수준이 그 이름 이상이었다.[218]

이처럼 신익성은 벽암 각성을 비롯한 부휴계와 송운의 제자인 응상 등
의 청허계와 두루 교유하고 있었다. 신익성이 전주와 관련을 맺게 된 것
은 1627년(인조 5) 정묘호란 때 전주에 이르러 당시 사정을 차자로 올린
것에서도 짐작해 볼 수 있다.[219]

〈송광사개창비〉에 등장하는 전주 부윤 신익량(申翊亮, 1590-1650)은
신익성의 사촌 동생으로, 그의 부친 남원 부사 신감(申鑑, 1560-1631)과
동생 신익륭(申翊隆, ?-1657)은 정묘호란 당시 군사를 일으켜 지리산 승

---

218 『樂全堂集』 卷5 「贈守能上人序」. "余平生喜與山人衲子游 山人衲子稍有知識 亦輒來參
世所稱老宿名師義瑩 法堅 性淨 應祥 海眼 覺性 彦機皆余所素雅也 無論其歸寂 以在世
者言之 祥之德器 眼之才識 性之警發 機之雅操 皆不負其名".

219 『樂全堂集』 卷4 「全州作」.

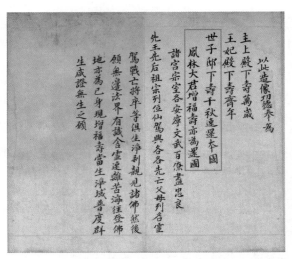

先王先后祖宗列位仙駕興各各先亡父母列各靈
駕戰亡將卒等俱生淨刹親見諸佛然後
願無邊法界有識含靈速離苦海往登佛
地亦為己身現增福壽當生淨域普度群
生成證無生之碩

諸宮宗室各安寧文武百僚盡忠良
鳳林大君增福壽亦為邦國
世子郎下壽千秋連璧本國
王妃殿下壽齊年
主上殿下壽萬歲
以此造像功德奉為

그림 9. 송광사 소조석가여래삼불상의 조성기 부분, 1641년, (사)사찰문화재보존연구소 제공

병을 이끌고 참전했던 인물이었다. 호란 당시에 신씨 일가가 왕실의 외
척으로서 전주와 남원 지방의 목민관으로 있으면서 거병하는 호국적 기
개를 보인 사실은 왕실 일가가 가진 호국불교의 한 단면을 보여 준다.[220]
　이처럼 완주 송광사는 선조 때 신익성 가문과 밀접한 관련이 있음
을 알 수 있다. 그렇기 때문에 1641년(인조 19)에 조성된 송광사 대웅전
소조석가여래삼불상의 발원문은 소현세자와 봉림대군이 하루빨리 귀
국하기를 기원하고 있다(그림 9).[221] 또한 신익성의 부친 신흠(申欽, 1566-
1628)은 정묘호란 때 소현세자와 함께 전주로 내려왔기 때문에 그때 이
미 완주 송광사와 깊은 인연을 맺은 것으로 추정된다.

---

220 이강근(1999), 앞 논문, 107쪽.

221 문명대(1999), 「松廣寺 大雄殿 塑造釋迦三世佛像」, 『강좌미술사』 13, 9-10쪽.

2) 의창군 이광(李玒, 1589-1645)

의창군은 완주 송광사 대웅전 현판과 1636년에 건립된 〈송광사개창비〉의 글씨를 썼다. 의창군의 부인은 불교에 깊은 조예가 있던 허균(許筠, 1569-1618)의 형 허성(許筬, 1548-1612)의 딸이었다. 허균은 서산대사에게 글을 보내 선(禪)에 대해 물었고, 사명 유정과 논쟁했으며, 중관 해안(中觀海眼, 1567-?)에게 보낸 간찰(簡札)에서는 선에 대해 상대에게 가르치는 듯한 어투를 쓰고 있다.[222] 당대 대표적인 문인 사대부인 허균이 불교계 인사와 관련을 맺고 있는 것을 통해서 의창군 이광도 친불교적인 행보를 했을 것으로 짐작된다.[223]

〈송광사개창비〉 건립에 관여된 의창군과 신익성과의 관계는 「죽은 아내 정숙옹주에 대한 제문」에 잘 드러나 있다.

> 열아(說兒)와 종아(終兒)는 옹주의 아우인 의창군(義昌君)이 데려 갔다오. 의창군의 높은 의리와 그 부인의 어짊으로 자신의 자식 이상으로 보살피고 길러 줄 것이니 훌륭하게 자라기를 바랄 수 있게 되었소. 그러니 지하에서도 품고 있는 걱정을 풀 수 있을 것 이오.[224]

의창군은 손위 누이 정숙옹주가 1627년(인조 5)에 사망하자 그의 어린

---

222 김상일(2011), 「광해군대 문인 사대부의 불교 인식과 승려와의 시적 교유」, 『한국선학』 30, 459쪽.

223 이강근(1999), 앞 논문, 106쪽.

224 『樂全堂集』卷15 「祭亡室貞淑翁主文」.

딸들을 양육하기 위해 데려갔다. 이를 통해서도 신익성과 의창군의 유대 관계를 짐작할 수 있다.

3) 소현세자(昭顯世子, 1612-1645)

인조와 인열왕후 한씨(仁烈王后 韓氏, 1594-1636)의 맏아들로 태어난 소현세자는 1625년(인조 3)에 14세의 나이로 세자가 되었다. 1627년(인조 5)에 정묘호란이 일어나자 분조(分朝)[225]를 이끌고 전주로 내려가 전쟁을 독려하였고, 1636년(인조 14)에 병자호란이 발발하자 인조와 함께 남한산성에 들어가 항전하였다. 인조가 삼전도에서 항복하던 날 소현세자는 청의 인질이 되었고 심양에서 8년 동안 머물면서 조선과 청을 연결하는 외교활동을 하였다.[226]

소현세자와 완주 송광사의 관계는 1641년(인조 19)에 조성된 소조석가여래삼불상에서 찾을 수 있다. 그는 1627년 1월 24일 분조를 이끌고 서울을 출발하였다. 후금군이 의주를 침략한 것이 1627년 1월 13일이었고 이 소식이 조정에 알려진 것이 1월 17일이었다. 소현세자와 함께 분조를 이끌고 동행한 관리는 도체찰사 이원익을 비롯해 신흠·한준겸·심열·최관·이명준·이성구·이식·유비·정홍명 등이었다. 소현세자는

---

225 분조는 전쟁과 같은 국가의 비상 시국에 조정을 둘로 나누어 세자가 이끄는 작은 정부를 말한다. 조선시대에는 두 차례의 분조가 있었는데 1592년 임진왜란 때 광해군의 분조가 있었고, 1627년 정묘호란 때 소현세자의 분조가 있었다[조경 지음·권오영 옮김(2014), 『용주일기』, 용주연구회, 17쪽].

226 김문식(2006), 「소현세자의 분조와 외교활동」, 『문헌과 해석』 37, 56쪽.

수원·직산·공주·여산을 거쳐 2월 6일에 전주에 도착했고 3월 13일까지 이곳에서 분조를 이끌었다. 그는 전주에서 무군사(撫軍司)를 설치한 다음 군량과 의병을 모집하고 무사를 선발해 전장으로 올려 보냈다. 전주에서 벌인 소현세자의 분조 활동은 문서로 작성되어 강화도에 있는 인조에게 보고되었다. 3월 3일에 후금군은 조선과 화약을 맺고 철군하였고 소현세자는 전주를 출발해 강화도로 가서 5월 5일에 왕대비와 왕비를 모시고 서울로 환궁하였다.[227]

완주 송광사 대웅전 소조석가여래삼불상 조성기에서 소현세자와 봉림대군이 속히 청나라에서 돌아오기를 기원하고 있는 것은 소현세자와 벽암 각성과의 관계에서 비롯되었다. 벽암 각성이 주도한 1634년(인조 12) 구례 화엄사 비로자나삼신불상 조성에 소현세자 부부가 시주자로 의창군 이광, 신익성과 함께 동참하였기 때문이다.[228]

소현세자는 완주 송광사 소조석가여래삼불좌상을 조성하는 데 황금을 시주한 왕실 인물로 참여하였다. 이 사실을 입증하는 자료는 서울대학교 규장각한국학연구원이 소장한 「불상화주행적(佛像化主行蹟)」이다. 이 자료에 의하면 소현세자가 청에서 가져온 황금을 송광사 대웅전 소조석가여래삼불상 조성에 시주하였다는 것이다. 소현세자가 황금을 시주한 것은 1640년(인조 18)에 일시 귀국했을 때 이루어진 일로 추정된다. 청에 볼모로 잡혀간 소현세자는 모후인 인열왕후 한씨(1594-1635)의 대상(大喪)이 있던 1637년(인조 15)에는 귀국하지 못하였고, 1639년(인조

---

227 김문식(2006), 앞 논문, 53-54쪽.

228 유근자(2021), 「화엄사 목조비로자나삼신불좌상의 조성기 「施主秩」 분석」, 『미술자료』 100, 129-131쪽.

17) 인조의 병환이 깊어지자 인평대군(麟坪大君, 1622-1658)과 원손이 그를 대신하여 심양에 억류되는 조건으로 1640년(인조 18)에 잠시 귀국할 수 있었다.

1640년에 일시 귀국한 소현세자를 모시던 백실남(白實男)은 화주 승명(勝明)의 권선으로 소현세자의 시주를 받았다. 그 내용은 다음과 같다.

> 전주부 동록 종남산 송광사 대법당 불상 삼존을 새로 조성하는 일을 맡은 화주 승명(勝明)이 권문(勸文)을 가지고 경성(京城)에 가서 단신(檀信)을 구할 때, 하루는 큰길을 가다가 한 단월(檀越)을 만났는데 이는 세자의 근시인(近侍人) 백실남(白実男)이었다. 화주가 예배를 하고 불상을 만들고 도금하는 일을 한참 동안 이야기했다. 백실남이 그것을 가상하게 여겨 승려를 대신해 세자에게 고하니, 세자가 그를 기쁘게 여겨 청나라를 왕래하면서 얻은 황금을 시주했다. 화주 승명은 금과 권선문을 가지고 서둘러 내려와, 우수한 장인 40여 명을 불러 석 달 동안 삼존불상을 장대하게 조성하였다.[229]

앞의 「불상화주행적」을 통해 완주 송광사 소조석가여래삼불상을 조성하는 데 소현세자가 시주자로 참여하였음을 알 수 있다.

---

229 「佛像化主行蹟」. "全州府東領終南山松廣寺大法堂佛像」三尊新造成化主勝明持勸文出發京城」求檀信之際一日大道之上幸逢一檀越此」世子近侍人白実男也化主禮拜以造佛」塗金之事敍言良久白生憐之化僧告」於世子 〃 嘉之胡國往來得黃金施興」化主勝明奉金勸文時捉下來招良工」四十餘人三朔之間三尊佛像壯大造." [번역문은 한지만(2017), 앞 논문, 178-179쪽].

소현세자는 1643년(인조 21) 6월에 장인 강석기(姜碩期, 1580-1643)가 사망했을 때에도 귀국할 수 없었고, 1644년(인조 22) 1월이 되어서야 두 번째로 귀국할 수 있었다. 불교와 교유가 깊었던 이경석(李景奭, 1595-1671)은 김신국·이명한과 함께 1640년(인조 18) 이후 심양으로 가서 소현세자의 시강원(侍講院) 관리가 되었다. 이후 심양에는 최명길·민성휘·신익성·김상헌·이명한이 잡혀 와 갇히게 되었다. 소현세자 주변 인물 가운데 신익성이 송광사와 인연이 깊었고 소현세자 또한 불상을 조성하는 데 시주하였기 때문에, 불상의 조성기에는 소현세자와 봉림대군의 조속한 귀환에 대한 염원이 담기게 된 것이다.

5

17세기 완주 송광사의 불사와 벽암 각성의 역할

1592년(선조 25) 임진왜란이 발발하자 관군은 왜군이 부산포에 상륙한 지 보름 만에 무기력하게 수도 한양을 내주었다. 이와 달리 의승군은 국가 방위에 최선을 다하고 있었다.[230] 청허 휴정과 그의 제자 의엄(義嚴)·유정·처영 등이 주로 북쪽에서 전투에 임했다면, 부휴 선수와 그의 제자 벽암 각성은 남쪽에서 승군을 이끌고 수군(水軍)의 일원으로 활약했다. 이순신 장군 휘하의 수인(守仁)과 의능(義能) 같은 의승장의 활약상도 적지 않았다. 임진왜란을 겪으면서 의승군은 주요 전투에 참여하였고 산성 축조와 군량 보급 등을 담당하였다. 또한 『조선왕조실록』과 같

---

230 김상일(2011), 「광해군대 문인 사대부의 불교 인식과 승려와의 시적 교유」, 『한국선학』 30, 441쪽.

2부 조선시대 왕실 발원 불상의 복장 유물과 조성·중수발원문의 분석

은 국가 기록물 및 문화유산 수호에 앞장서는 등 전란에서 적지 않은 역할을 하였다. 선조에 의해 팔도도총섭에 제수된 청허 휴정은 평안도 순안 법흥사에서 전국 사찰에 격문의 띄워 5천 명의 의승군이 궐기하게 하였다. 황해도의 의엄(義嚴), 관동의 사명 유정(四溟惟政), 호남의 뇌묵 처영(雷默處英, ?-?)을 비롯해 충청도에서는 기허 영규(騎虛靈奎, ?-1592)가 8백 명의 의승군을 모집하였다.[231]

의승군의 활동은 임진왜란(1592년)과 정유재란(1597년)을 거쳐 정묘호란(1627년)과 병자호란(1636년)까지 이어졌다. 1627년(인조 5) 발발한 정묘호란 때는 사명 유정의 문손 허백 명조(虛白明照, 1593-1661)가 팔도의승도대장(八道義僧都大將)으로 4천여 의승군을 일으켜 평안도 안주 방어전에 참여하였고, 병자호란 때는 군량 보급을 담당하였다. 병자호란이 1636년 12월에 발발하자 조선군이 추위와 배고픔에 시달리면서 농성전을 펼치는 와중에 남한산성 내에 있던 승려 두청(斗淸)이 인조의 명으로 청과의 협상을 위해 적진을 오갔다. 인조가 항복한 후에는 묘향산 승려 독보(獨步)가 바닷길로 비밀리에 명에 가서 조선의 상황을 보고하고 청을 협공하자는 자문을 받아 왔다. 이때 벽암 각성은 화엄사에 있으면서 승군 3천 명을 모아 항마군을 조직하고 출정하였다. 그러나 도중에 이미 청에 항복했다는 소식을 전해 듣고 되돌아왔다.[232]

남한산성 의승군을 이끈 초대 팔도도총섭 벽암 각성은 부휴 선수의 적전(嫡傳)으로 무주 적상산성 사고 수호 임무를 주관하는 규정도총섭

---

231 김용태(2016), 「조선 중기 의승군 전통에 대한 재고 : 호국불교의 조선적 발현」, 『동국사학』 61, 97-99쪽.
232 김용태(2016), 위의 논문, 106쪽.

(糾正都攝攝)을 맡기도 하였다. 또 전란으로 불탄 지리산 화엄사, 쌍계사, 완주 송광사, 보은 법주사 등 호남과 호서의 거찰을 중창하는 데 주도적인 역할을 하였다. 이러한 대규모 불사가 가능했던 것은 남한산성 팔도도총섭이 당대 조선불교를 대표하는 위상을 가졌기 때문이다. 벽암 각성은 남한산성 축조의 공을 인정받아 인조로부터 '보은천교원조국일도 대선사(報恩闡敎圓照國一都大禪師)'의 시호와 의발을 하사받았다.233

효종은 대군 시절 평안도 안주에서 화엄의 요체를 벽암 각성에게 물어본 일이 있었다. 이러한 인연으로 효종은 즉위 직후인 1650년(효종 1)에 벽암 각성이 주석하던 화엄사를 '선종대가람(禪宗大伽藍)'으로 지정하였다.234 효종과의 이 같은 인연은 벽암 각성으로 하여금 효종과 밀접한 관련이 있는 속초 신흥사 극락전 아미타삼존상과 명부전의 지장삼존상 및 명부전 권속을 1651년(효종 2)에 조성할 때 참여하게 하였다.

벽암 각성이 활동한 17세기는 사대부와 불교 승려의 교유가 활발하였던 시기로, 의승군(義僧軍)과 시승(詩僧)의 등장으로 문인 사대부와의 교유가 시작되었다. 선조와 광해군 대에 승려들과 교유했던 대표적인 인물로는 유몽인(柳夢寅, 1559-1623)을 들 수 있다. 유몽인이 만났던 벽암 각성은 1600년(선조 33)부터 지리산 칠불사에서 강석(講席)을 열어 후학을 지도하고 있었다. 이때 벽암 각성은 37세였지만 시와 글씨로 이미 유명했다. 벽암 각성의 행장에도 시와 글씨에 대한 언급이 있다. 특히 초서와 예서를 잘 썼고 필체가 힘차고 아름다워 왕희지(王羲之, 303-361)의

---

233 현재 화엄사성보박물관에는 인조로부터 하사받은 교지(敎旨), 가사, 발우 등이 소장되어 있다.

234 김용태(2016), 앞 논문, 108쪽.

필법이 있었다[235]고 하였다.

조선 후기 불교계의 두 문파는 청허 휴정으로 대표되는 청허계와 부휴 선수로 대표되는 부휴계로 구분되는데, 벽암 각성은 바로 후자인 부휴계를 대표하는 종장이다. 부휴 선수는 반정으로 축출된 광해군의 신임을 받았는데, 광해군은 세자를 위해 건립한 봉인사(奉印寺)의 재의(齋儀)를 부휴 선수가 주관하게 하였다. 또한 그가 입적하자 홍각등계(弘覺登階)라는 호를 하사하였다. 광해군과 부휴 대사와의 관계는 그의 문집인 『부휴당대사집(浮休堂大師集)』에 실린 광해군의 장인 유자신(柳自新, 1541-1612)의 100일 천도재에 관한 글을 통해서도 알 수 있다.[236]

청허계가 17세기 전반에 다수의 고승비 건립과 문집 간행을 통해 선사(先師)를 현창하고 정통성을 확보하고 있던 것과 달리, 부휴계는 17세기 전반에 이러한 정통성을 천명한 사례가 적다. 그 이유는 사형인 휴정에 비해 나이가 20세 이상 적은 선수가 문도를 늦게 양성했던 것과, 선수의 문도인 벽암 각성이 팔도도총섭 등의 최고위 승직을 역임하면서 그 영향력을 확대해 갔던 것 때문이라고 추정된다.[237] 상대적으로 부휴계가 여러 사적비를 건립한 사실이 주목되는데, 그 시작이 바로 1636년에 건립한 〈송광사개창비〉이다. 이 비의 건립은 부휴계 문도 최초의 사적비 건립 사례라는 점에서 중요한 의미가 있다.[238]

벽암 각성과 관련하여 17세기에 종남산 송광사에서 이루어진 불사

---

235 『大覺登階集』卷2 「賜報恩闡敎圓照國一都大禪師行狀」, "又善草隷 筆勢遒媚 有右軍法".

236 『浮休堂大師集』卷5 「文陽府院君百日疏」.

237 손성필(2017), 앞 논문, 134쪽.

238 손성필(2017), 앞 논문, 136쪽.

그림 10. 〈송광사개창비〉의 벽암문제(碧巖門弟)

의 주체에 관해 살펴볼 필요가 있다. 17세기 송광사 중창 불사의 주체로는 앞에서도 언급했던 벽암 문도들이 주목된다. 〈송광사개창비〉 음기(그림 10)에는 31명의 벽암 문제(碧巖門弟)가 기록되어 있다. 이 가운데 12명은 화엄사에서 벽암 각성과 함께 머물고 있던 제자로 기존 연구에서는 이들을 17세기 송광사 개창 불사를 주도한 세력으로 이해하였다.[239] 최근 연구에서도 일단의 승려들에 의해 송광사가 중창되자 벽암 각성의 제자들이 그와 함께 송광사로 옮겨 왔을 가능성이 있는 것으로 해석하였다.[240] 이 가운데 벽암 각성의 수법제자인 백곡 처능이 벽암의 문도로 송

239 이강근(1999), 앞 논문, 107-108쪽.
240 최연식(2017), 앞 논문, 149-156쪽.

광사 창건에 참여하고 있는 사실은 〈송광사개창비〉를 통해 확인된다.

다음으로는 서울대학교 규장각한국학연구원이 소장하고 있는 「송광사법당초창상층화주덕림」을 통해 17세기 송광사 중창 불사의 주체로 응호 등 원암사에서 수행 중이던 승려들을 주목할 수 있다. 즉 "산인(山人)인 응호(應浩)·승명(勝明)·운정(雲淨)·덕림(德林)·득순(得淳)·홍신(弘信) 등"(〈송광사개창비〉)은 1622년(광해군 14)부터 1631년(인조 9)까지 송광사 옛터에 사찰을 복원한 원암사 승려들이었을 가능성이 높다.

"응호 등은 벽암 각성의 강석 밑에서 뽑혀 수행하였고 힘을 다한 이들이다."는 내용과, "대덕 응호와 여러 사람들이 보조의 뜻을 이루어 수백 년 후에 절을 조영하였다. 벽암의 문하로 달려가 법의 자루를 전수받았는데, 벽암 각성의 설법을 마치 훈계와 명령을 듣는 것처럼 했고 죄를 용서받는 것처럼 계율을 받았다."(〈송광사개창비〉)는 기록을 통해, 기존에 송광사에 있던 승려들이 공식적으로는 벽암 각성의 문도가 되었음을 알 수 있다.[241] 따라서 벽암 각성의 문하에서 수학한 응호 등의 승려들은 전주부 인근의 원암사에 모여 살다가, 원암사가 화재로 전소되자 송광사의 옛터에 송광사를 복원하였다는 추정도 가능하다.

벽암 각성은 〈송광사개창비〉를 비롯해 1641년 대웅전 소조석가여래삼불상(그림 11, 12)과 1656년(효종 7) 나한전 석가삼존상과 나한상 조성(그림 13, 14)에도 참여하였다. 원암사가 화재로 소실되자 이곳에 모여 수행하던 승려들은 1622년(광해군 14) 송광사의 옛터에 개창에 가까운 불사를 하였다. 이때 벽암 각성을 증명 법사로 모셔온 이후 이들은 대부분 벽암 각성의 문하에서 수학하였다. 이로 인해 송광사 나한전을 신축

---

241 최연식(2017), 앞 논문, 154쪽.

그림 11(좌). 완주 송광사 대웅전 소조석가여래삼불좌상, 1641년, 주수완 제공
그림 12(우). 송광사 소조석가여래삼불상 조성기 부분, 1641년, (사)사찰문화재보존연구소 제공

그림 13(좌). 완주 송광사 나한전 존상, 1656년, 주수완 제공
그림 14(우). 송광사 나한전 석가삼존상 및 16·500나한 조성기 부분, 1656년, (사)사찰문화재보존연구소 제공

하고 내부에 봉안할 존상을 조성한 1656년까지 송광사에서 진행한 불
사에는 벽암 각성이 대공덕주 또는 증명으로 동참하게 되었다. 이 같은
사실을 통해 완주 송광사가 왜란과 호란을 겪으면서 왕실과 밀접한 관련
을 맺을 수 있었던 것은 벽암 각성 때문이었음을 짐작할 수 있다.

　벽암 각성은 당대 최고의 고승으로 왕실과 관련이 깊었다. 이는
1622년(광해군 14) 광해군의 비 폐비 유씨(柳氏, 1576-1623)가 자수원·인

　　　　2부 조선시대 왕실 발원 불상의 복장 유물과 조성·중수발원문의 분석

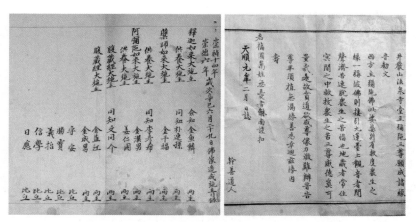

그림 15(좌). 완주 송광사 소조석가여래삼불상 조성기 부분, 1641년, (사)사찰문화재보존연구소 제공
그림 16(우). 영주 흑석사 아미타불상 보권문 앞부분, 1458년, 불교중앙박물관 제공

수원 불상을 조성할 때 벽암 각성을 모시고 불사를 진행했던 사실에서
도 알 수 있다.[242]

송광사 소조석가여래삼불상의 조성발원문은 절첩 형식으로 되어 있
는데(그림 15), 상하에 붉은 선을 두르고 묵서한 방식은 조선 전기 왕실
발원 불상인 1458년(세조 4)에 조성된 영주 흑석사 목조아미타불상의 보
권문(그림 16)과 유사하다. 17세기 완주 송광사 불사는 선조의 부마였던
신익성과 아들 의창군, 그리고 인조의 아들 소현세자 등의 후원과 함께
이들과 긴밀한 관계를 유지한 벽암 각성 때문에 가능하였다.

벽암 각성이 대공덕주로 참여한 1641년(인조 19) 송광사 소조석가여
래삼불상 조성은 전쟁으로 목숨을 잃은 수많은 장졸들을 위한 것이기

---

242 문명대(2007), 「17세기 전반기 조각승 玄眞派의 성립과 지장암 목 비로자나불좌상의 연
　　구」, 『강좌미술사』 29, 355-380쪽.

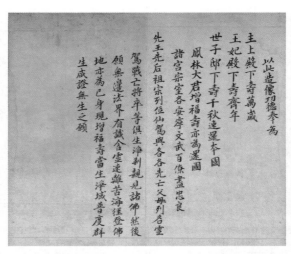

以此造像功德奉為

主上殿下壽萬歲
王妃殿下壽齊年
世子邸下壽千秋遠墨本國
鳳林大君增福壽亦為選國
諸宮宗室各安寧文武百僚盡忠良
先王先后祖宗列位仙駕興各各先亡父母列各靈
駕戰亡將卒等俱生淨刹親見諸佛然後
願無邊法界有識含靈遠離苦海往登佛
地亦為己身現增福壽當生淨域普度群
生咸證無生之碩

그림 17. 완주 송광사 소조석가여래삼불상 조성기 부분, 1641년, (사)사찰문화재보존연구소 제공

도 하였다. "전쟁으로 목숨을 잃은 장졸 등이 함께 정토에 태어나 여러 부처님을 친견한 연후에 원컨대 한량없이 많은 법계에 사는 온갖 의식 있는 중생도 고해를 멀리 떠나 곧바로 불지에 오르기를 바랍니다[戰亡將卒等 俱生淨刹親見諸佛 然後願無邊法界 有識含靈 遠離苦海 徑登佛地].”는 조성기의 내용이 그것이다(그림 17). 전쟁으로 목숨을 잃은 장졸에는 의승군으로 참여했던 많은 승려들도 포함되었을 것이다. 의승군을 이끌던 수장으로 활약했던 벽암 각성은 송광사 소조석가여래삼불상을 조성하면서 국가의 안녕과 함께 전쟁에서 목숨을 잃은 동료들의 극락왕생을 발원하였던 것이다. 대웅전 소조석가여래삼불상보다 먼저 지장삼존상(그림 18)과 시왕상 등 명부 권속을 1640년(인조 18)에 송광사에 조성한 것도 이 같은 이유로 추정된다.

완주 송광사는 17세기에 현재의 사역(寺域)에 개창에 가까운 대대적인 건축 불사를 진행하였다. 1622년(광해군 14)에 시작된 불사는 1656년(효종

그림 18. 완주 송광사 지장삼존상, 1640년

그림 19. 완주 송광사 나한전 석가삼존상, 1656년, (사)사찰문화재보존연구소 제공

7) 나한전 석가삼존상(그림 19)과 16·500나한상이 조성되면서 어느 정도
일단락되었다. 17세기 완주 송광사 불사가 진행된 가장 중요한 시기는 인
조 때로, 정묘호란(1627년)과 병자호란(1636년)이 발발한 혼란한 때였다.

6

맺음말

임진왜란 때부터 의승군으로 활약했던 벽암 각성은 팔도도총섭의 지위에 있으면서 전쟁으로 소실된 사찰의 중건에 앞장섰다. 특히 그는 남승(南僧)으로 일컬어졌던 것에서 알 수 있듯이 순천 송광사, 구례 화엄사, 하동 쌍계사, 완주 송광사, 보은 법주사의 불사에 적극적이었다. 이들 사찰들은 17세기 부휴계 승려들이 머물던 사찰들로 부휴계 문파를 형성하는 데 벽암 각성의 역할이 컸던 것을 짐작케 한다.

벽암 각성의 활동 영역은 남쪽에만 한정된 것은 아니었고 때로는 오대산으로, 때로는 금강산으로 확장되었다.[243] 다른 사찰들은 기존의 건물을 중건하는 정도의 불사가 이루어졌지만, 완주 송광사는 초창에 버

---

243 고영섭(2019), 「벽암 각성의 생애와 사상 - 李景奭 撰 「華嚴寺 碧巖堂 覺性大師碑文」을 중심으로」, 『강좌미술사』 52, 35-73쪽.

금가는 새로운 중창 불사가 이루어졌다. 벽암 각성 문도는 1636년 〈송광사개창비〉 건립을 통해 부휴계 문파의 기초를 다지기 시작했으며, 그러한 경향은 벽암 각성의 제자 백곡 처능에 의해 자리 잡게 되었다.

본고에서는 1622년에 송광사 중창이 시작된 계기가 인근 청량사 원암사의 화재 때문이라는 사실을 새로 발견된 서울대학교 규장각한국학연구원 소장 자료를 중심으로 다루었다. 또한 인조 때 이루어진 송광사 불사의 시주자로 왕실과의 관계를 중점적으로 살펴보았다. 왕실 인물 가운데 화엄사 대웅전 비로자나불상 조성과 관련 있는 선조의 아들 의창군 이광과 사위 신익성 그리고 인조의 아들 소현세자 등이 벽암 각성을 매개로 송광사 불사에도 참여하고 있음을 확인하였다.

5장

봉원사 명부전
존상(1704년)의
복장 유물과
발원문 분석

1

머리말

봉원사 명부전 존상은 1704년(숙종 30)에 조각승 색난(色難)이 보조 조각
승 17명과 함께 조성한 것으로 1858년(철종 9)에 양평 용문사에서 옮겨
온 것이다. 지장삼존상을 비롯한 총 21존은 봉원사 명부전에 봉안되었
고 목조동자상 10존과 석조동자상 2존은 수장고에 별도로 보관되어 있
다. 따라서 봉원사 명부전 관련 존상은 총 33존이 현존하고 있다.[244] 이
가운데 30존은 조각승 색난이 1704년에 조성한 것이고, 나머지 목조동
자상 1존과 석조동자상 2존은 후대에 제작한 것으로 추정된다.

봉원사 명부전 존상이 조성된 18세기 전반은 의승군(義僧軍)의 활약
으로 왜란과 호란 당시 피해를 입은 불교계가 사찰의 중수와 중창을 활

---

244 일제 강점기 때 작성된 사찰재산목록에도 地藏菩薩 1, 道明尊者 1, 無毒鬼王 1, 大王 10,
判官 2, 錄使 2, 使者 2, 乞靈神 2, 童子 12 등 총 33존이 기록되어 있다[『조선총독부관보』
(제1811호) 1934년 1월 24일자 기록].

2부 조선시대 왕실 발원 불상의 복장 유물과 조성·중수발원문의 분석

발하게 진행하던 시기였다. 즉, 18세기 중후반 사찰의 중창 불사가 소강
상태에 접어들기 직전의 상황이었던 것이다. 18세기 전반의 사찰 중창
불사 가운데 대표적인 예로는 화엄사 각황전의 중건과 불상 조성을 들
수 있다.

화엄사 각황전의 중건은 왕실 후원으로 1699년(숙종 25)에 시작되어
1702년(숙종 28)에 마무리되었다.[245] 각황전이 준공된 1년 뒤인 1703년
(숙종 29)에는 각황전 내부에 봉안할 석가여래·다보여래·아미타여래 3
불상과 문수보살·보현보살·관음보살·지적보살 4보살상이 완성되었
다.[246] 화엄사 각황전 불상은 여러 명의 조각승이 역할을 분담해 각 존
상을 제작했는데, 불상 조성을 주도한 조각승 색난(色難)이 주불인 석가
불상과 관음보살상을 조성하였다. 조각승 색난은 화엄사 각황전 존상의
조성을 마치고 다음 해인 1704년(숙종 30)에 봉원사 명부전 존상을 제작
하였다.

16세기 후반과 17세기 전반 왜란과 호란으로 수행에 전념해야 할
승려들은 '호국(護國)이 최승호법(最勝護法)'임을 알고 국가수호를 위해
참전하였다.[247] 또한 의승군으로 참전한 전쟁이 종식된 이후에는 사찰
의 중수 불사에 적극적으로 참여하였다.[248] 이러한 영향으로 17세기는
현세이익적인 나한신앙을 대표하는 나한전[영산전, 응진당, 응진전]과 전쟁

---

245 이강근(1997), 「華嚴寺 佛殿의 再建과 莊嚴에 관한 硏究」, 『불교미술』14, 89-100쪽.

246 오진희(2006), 「조각승 색난파와 화엄사 각황전 칠존불상」, 『강좌미술사』26, 113-138쪽.

247 양은용(2003), 「임진왜란 이후 佛敎義僧軍의 동향 -全州 松廣寺의 開創碑 및 新出 腹藏
記를 중심으로」, 『열린정신 인문학연구』4, 128쪽; 양은용(2020), 「뇌묵 처영(雷默處英)의
의승 활동과 금산사(金山寺)」, 『한국종교』47, 121-122쪽.

248 양은용(2003), 앞 논문, 127-139쪽.

으로 목숨을 잃은 자들의 천도를 위한 명부전 건립이 활발하였다. 나한전과 명부전은 다른 불전과 달리 20존이 넘는 여러 존상이 봉안되기 때문에 조각승 역시 집단을 이루어 동참하였다.

조선시대 명부전 존상에 관한 연구는 대부분 17세기 작품에 집중되어 있으며 주로 개별 작품의 조각승과 양식 특징에 관한 연구가 대부분이다. 그러나 최근에는 조선 후기 명부전 존상을 개별 작품이 아니라 조각승의 계보라는 관점에서 종합적으로 분석한 논문이 발표되었다.[249] 또한 조각승과 양식 중심에서 범위를 확대해, 17세기에 명부전 존상이 활발하게 제작된 배경으로 생전예수재의 성행과 승려 문집 가운데 천도재 관련 내용을 분석한 연구도 진행되었다.[250] 봉원사 명부전 존상을 조성한 조각승 색난에 대한 연구는 그의 계보에 관한 것을 시작으로[251] 화엄사 각황전 존상을 비롯하여 명부전 존상 등에 관한 연구[252] 등이 있다.

우리나라에 현존하는 가장 오래된 명부전 존상은 1565년(명종 20)에 조각승 향엄(香嚴)이 조성한 목포 달성사 존상[253]이다. 목포 달성사 명부전 존상은 지장보살·도명존자·무독귀왕으로 구성된 지장삼존상, 망자가 생전에 지은 죄를 심판하는 시왕(十王), 시왕의 판결을 기다리는

249 유대호(2021), 「조선시대 명부 존상 연구」, 홍익대학교 미술사학과 박사학위논문.

250 유근자(2019), 「양주 靑蓮寺의 豫修齋와 조선후기 명부전 도상」, 『동국사학』 66, 167-226쪽.

251 최선일(2000), 「조선후기 전라도 조각승 색난과 그 계보」, 『미술사연구』 14, 35-62쪽.

252 오진희(2006), 앞 논문, 113-138쪽; 최선일(2010), 「八影山沙門 造妙工 色難의 삶과 藝術」, 『팔영산 능가사와 조각승 색난』, 양사재, 1-42쪽; 조태건(2013), 「17세기 후반 조각승 색난 단응 시왕상 연구」, 『동악미술사학』 15, 219-243쪽; 최성은(2016), 「보성 開興寺 목조관음보살좌상을 통해 본 조선후기 조각승 色難」, 『한국사학보』 62, 99-135쪽; 유대호(2021), 앞 논문, 232-244쪽.

253 송은석(2016), 「목포 달성사 명부전 존상의 조성과 중수 : 향엄(香嚴), 진열(進悅)」, 『미술사와 시각문화』 18, 6-39쪽.

판관(判官), 망혼(亡魂)을 데리고 오는 사자(使者) 등 총 19존이 현존하고 있다. 이를 통해 이미 16세기에 조선시대 명부전 존상의 체계가 갖추어져 있음을 알 수 있다. 즉, 독립적으로 성립되었던 '명부의 구제자인 지장보살'을 중심으로 한 지장신앙과, '명부의 심판관인 시왕'을 위주로 한 시왕신앙이 사후 세계와 연관되어 있다는 공통점이 있다. 이로 인해 지장삼존상과 시왕상 및 명부 권속은 조선시대 명부전 존상으로 결합되었다.[254]

조선시대 지장신앙에 기초한 지장삼존상과 시왕신앙에 바탕을 둔 시왕과 명부 권속은 명부전의 존상으로 자리 잡았다. 명부전 존상의 소의 경전인『지장보살본원경』과『예수시왕생칠경(預修十王生七經)』은 17세기 이전에 이미 활발하게 간행되었다.[255] 이 외에도 16세기에는 산 사람들이 미리 복을 닦는 예수신앙(預修信仰)과 죽은 자를 위한 천도신앙이 결합된 생전예수재와 관련된『예수시왕생칠재의찬요(預修十王生七齋儀纂要)』(1566년)가 간행되었다.

목포 달성사 명부전 존상은『예수시왕생칠재의찬요』가 간행되기 1년 전에 제작되었기 때문에 16세기에는 이미 지장신앙과 명부신앙이 결합된 명부전 건립이 정착되었음을 알 수 있다. 이후 17세기에는 지옥중생 구제와 관련된 지장신앙과 염라대왕을 비롯한 시왕과 관련된 시왕신앙에 관한 미술이 유행하였다.[256] 조선 후기 명부전에는 한 공간에

---

254 구미래(2010),「지장보살의 상주공간과 천도재에 투영된 상징성」,『삶 그 후』, 불교중앙박물관, 224쪽.

255 오경후(2020),「조선시대 생전예수재 문헌의 유통과 그 설행」,『불교문예연구』16, 237－270쪽; 이종수(2019),「조선시대 생전예수재의 설행과 의미」,『불교학연구』61, 53-61쪽.

256 유근자(2019), 앞 논문, 169쪽.

지장보살·도명존자·무독귀왕으로 구성된 지장삼존상, 좌우로 각각 5존씩 배치된 시왕상, 좌우로 각 2존씩 배치된 판관상·귀왕상·사자상·장군상, 동자상 2-10존 등 총 23-30존이 봉안되었다. 이처럼 여러 존상을 배치하였기 때문에 명부전 존상 조성에는 여러 명의 조각승이 집단으로 참여하였다. 봉원사 명부전 존상 역시 수조각승 색난이 보조 조각승 17명과 함께 조성한 것이다.

불상의 복장은 불상에 생명력을 불어넣는 종교 행위의 산물이기 때문에 특별한 경우가 아니면 개봉하지 않는 비밀스런 영역이다. 그렇기 때문에 불복장에 관한 연구는 제약 요소가 많은 분야이다. 그럼에도 불구하고 불복장에 관한 연구는 그동안 다양한 방면에서 진행되어 왔다. 불교학, 서지학, 복식사, 복장 의식 등을 비롯하여 미술사 분야에서도 2000년대 이후 불복장과 관련된 연구가 축적되어 왔다.

필자는 조선시대 불상의 복장 기록을 분석한 연구서[257]를 발간한 2017년 이후에도 복장 조사를 통해 수습한 복장 유물과 불상조성기에 대한 연구를 지속해 오고 있다.[258] 앞에서도 언급하였듯이 복장 유물은 일반인이 접하기 어려운 부분이기 때문에 복장 조사자가 좀 더 체계적으로 정리하여 학계에 소개할 필요가 있다.

따라서 본고에서는 2019년 7월에 조사된 봉원사 명부전 복장 유물

---

257 유근자(2017), 『조선시대 불상의 복장기록 연구』, 불광출판사.

258 유근자(2017), 위의 책, 75-115쪽; 유근자(2021), 「서울 옥수동 미타사 아미타삼존불좌상의 복장 유물 분석과 양식 특징」, 『불교문예연구』 17, 339-384쪽; 유근자(2021), 「오대산 상원사 영산전 존상의 복장 기록 연구」, 『국학연구』 45, 191-229쪽; 유근자(2021), 「화엄사 대웅전 비로자나삼신불좌상의 시주질 분석」, 『지리산 대화엄사』, 339-365쪽; 유근자(2021), 「화엄사 목조비로자나삼신불좌상의 조성기「施主秩」분석」, 『미술자료』 100, 112-138쪽; 유근자(2021), 「광양 백운산의 17세기 불상 복장기록 연구」, 『남도문화연구』 43, 77-117쪽.

을 소개하고 분석할 것이다.

첫째, 복장 유물의 현황을 살펴보고 이 가운데 목제 후령통과 후령통을 감싼 청초폭자(靑綃幅子)를 중심으로 고찰하고자 한다.

둘째, 복장 조사에서 수습한 조성발원문과 도명존자상이 들고 있는 경전함에 기록된 묵서 기록을 분석하고자 한다.

셋째, 전라도 지역에서 주로 활동하였던 조각승 색난이 경기도 양평 용문사 명부전 존상을 조성하게 된 원인을 살펴보고자 한다.

마지막으로 양평 용문사에서 1704년(숙종 30)에 조성된 명부전 존상이 1858년(철종 9)에 봉원사로 이운된 원인을 왕실과의 관계를 통해 찾아보고자 한다.

2

봉원사 명부전 존상의 복장 유물

현재 봉원사 명부전(그림 1)에는 지장보살삼존상 3존, 시왕상 10존, 귀왕상·판관상·사자상·장군상 각 2존 등 총 21존이 봉안되어 있으며, 동자상 10존은 수장고에 별도로 보관되어 있다. 중앙 불단을 중심으로 지장삼존상이 배치되었고 좌우로 시왕상·판관상·귀왕상·사자상·장군상 등이 좌우 대칭으로 배열되었다. 현재 명부전 각 존상 사이에 배치된 동자상은 새로 복제한 것이다(그림 2).

봉원사 명부전 존상은 왜란과 호란 이후 불교조각의 황금기였던 17세기의 존상과 비교해도 크기가 장대한 편이다(그림 3). 가장 큰 존상은 201.8cm의 무독귀왕상이고, 가장 작은 존상은 57.5cm의 목조동자상이다. 지장보살좌상의 크기는 129cm, 시왕상의 크기는 160~177.9cm, 귀왕상·판관상·사자상의 크기는 151.2~167.8cm, 장군상의 크기는 190cm, 동자상의 크기는 57.5~65.6cm이다(그림 4).

2부 조선시대 왕실 발원 불상의 복장 유물과 조성·중수발원문의 분석

그림 1(상). 봉원사 명부전 전경, 주수완 제공
그림 2(하). 봉원사 명부전 안 존상 배치, 1704년, 주수완 제공

조각승 색난이 수조각승으로 조성한 명부전 존상은 4건이 알려져 있다. 광주 도림사(1680년), 고성 운흥사(1683년), 김해 은하사(1687년), 서울 봉원사 명부전 존상(1704년) 등으로, 3건은 17세기에 조성되었고 1건은 18세기 초에 제작되었다. 이 가운데 봉원사 명부전 존상은 가장 늦게 조성되었지만 크기는 가장 장대하다.

그림 3(상). 봉원사 명부전 지장삼존상, 1704년
그림 4(하). 봉원사 동자상, 주수완 제공

봉원사 명부전 존상의 복장 조사는 총 6존을 중심으로 2019년 7월 30일과 31일에 걸쳐 진행하였다. 지장보살상·도명존자상·무독귀왕상·귀왕상·판관상·사자상 등이다. 귀왕상·판관상·사자상은 현재 명부전 존상의 배치에서 지장보살상을 중심으로 왼쪽에 위치한 존상이다.

봉원사 명부전 존상은 2019년 7월 조사 이전에 이미 대부분 도굴로 복장이 개봉된 상태였다. 사찰에서 별도로 보관하고 있는 후령통 2점은 1998년 도굴 이후 수습된 것이다. 봉원사 명부전 존상의 복장이 2019년 이전에 개봉된 사실은 지장보살상 내부에서 조성발원문 2점과 후령통 2점이 함께 발견된 것에서도 확인되었다.

2019년 7월 봉원사 명부전 존상의 복장 조사에서는 조성발원문(1704년) 3점, 후령통 6점, 『묘법연화경』 1권, 『부모은중경』 1권, 『수륙무차평등재의촬요』 1권, 『법화경』 일부, 명주 저고리, 명주천, 주서 다라니 등이 수습되었다. 복장 조사를 한 각 존상의 목 부분에는 『법화경』이 삽입되어 있는데 이 가운데 지장보살상에서만 수습하였다.[259]

조성발원문은 지장보살상에서 2점, 무독귀왕상에서 1점이 수습되었다. 지장보살상에서 수습된 조성발원문 2점과 후령통 2점 가운데 1점씩은 좌협시인 도명존자상의 것이다. 도명존자상에서는 손상된 명주 저고리 1점과 녹색 명주천만이 수습되었다.

봉원사 명부전 존상에서 수습된 후령통은 총 8점이다. 지장보살상에서 2점, 도명존자상에서 1점, 판관상에서 3점이 2019년 복장 조사에서 수습되었고, 나머지 2점은 1998년에 사찰에서 수습해 별도로 보관해 오던 것이다. 봉원사 명부전 존상에서 수습된 복장 유물을 정리하면 〈표 1〉과 같다.

불상 복장으로 납입된 후령통은 불복장의 가장 핵심이 되는 부분이다. 이와 관련된 물목으로는 후령통을 감싸는 사방주(四方呪)가 있는 황초폭자와 사방경(四方鏡)이 있고, 후령통 내부에는 오보(五寶)·오약(五藥)·오곡(五穀)·다라니 등을 비롯한 금강저·번·산개 등이 들어간 오보병이 있다.[260] 조선시대 불복장으로 납입된 후령통은 대부분 금속으로 제작된 원통형이고, 대구 보성선원 석가삼존상의 경우처럼 드물게 합

---

259 지장보살상을 제외한 나머지 존상은 꺼내기 어려운 구조로 되어 있어 2019년 조사에서는 그대로 두었다.

260 이선용(2009), 「佛腹藏物 구성형식에 관한 연구」, 『미술사학연구』 261, 82-83쪽.

표 1. 봉원사 명부전 복장 유물 목록

	유물 명칭	연대	크기(CM)	수량	재질
지장보살상	조성발원문①	1704	105×42	1	종이
	조성발원문②	1704	106×43	1	종이
	후령통①	조선 후기	6.5×12	1	나무
	후령통②	조선 후기	3.8×9.3	1	나무
	묘법연화경 권5-1	조선 후기		1	종이
도명존자상	명주 저고리	조선	158×50	1	천
	녹색 명주천	조선	135×35	1	천
무독귀왕상	조성발원문	1704	105×42	1	종이
	후령통	조선 후기	4.5×7.5	1	나무
	주서 다라니	조선	56×42	10	종이
	공지(空紙)	조선		17	종이
판관상	후령통①	조선 후기	4.5×17.3	1	나무
	후령통②	조선 후기	4×9	1	나무
	후령통③	조선 후기	3×8.7	1	금속
	불설부모은중경	1546	19.5×30.9	1	종이
	수륙무차평등재의촬요	조선	17.6×28.7	1	종이
	법화경 일부	조선 전기	22×31.8	1	종이
	경전 표지	조선 전기	15.3×25	1	종이, 천
1998년 수습유물	후령통①	조선 후기	높이 18.5	1	나무
	후령통②	조선 후기	4.5×9.0	1	나무

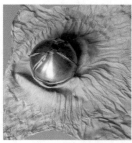  

그림 5. 대구 보성선원 석가삼존상 후령통, 1647년, 한북 스님 제공

그림 6. 봉원사 지장보살상 목제 후령통(좌)과 판관상(우) 후령통 3점

형태도 있다(그림 5).

이와 달리 봉원사 명부전 존상의 후령통은 판관상에서 수습된 원통형의 금속제 후령통 1점을 제외하고는 모두 나무로 제작되었다. 목제 후령통은 원통형 몸체와 뚜껑으로 구성되었다. 뚜껑은 표주박 형태이고 중앙에는 오보병을 연결하는 오색사(五色絲)를 안으로 삽입하기 위한 후혈(喉穴)이 뚫려 있다(그림 6). 지장보살상과 무독귀왕에서는 목제 후령통이 3점 발견되었고, 판관상에서는 목제 후령통 2점과 금속제 후령통 1점이 수습되었다. 이처럼 한 존상에서 여러 점의 후령통이 발견된 것은 복장이 여러 번 개봉되었음을 의미한다.

봉원사 명부전의 지장보살상·무독귀왕상·판관상에서 수습된 사리호 형태의 목제 후령통은 현재까지 알려진 것 가운데 유일하다. 고려시대 후령통은 은제와 목제로 제작된 것이 알려져 있다. 은합(銀盒)으로 조성된 예로는 온양민속박물관 소장 아미타불상(1302년)과 장곡사 금동약사불상(1346년)이 있다. 목제 후령통으로는 서산 문수사 금동아미타불상(1346년) 목

그림 7(좌). 서산 문수사 목조아미타불상 복장 목합, 1346년, 출처: 수덕사성보박물관
그림 8(우). 자운사 아미타불상 목제 후령통, 고려 말, 출처: 수덕사성보박물관

합(木盒, 그림 7)과 광주 자운사 목조아미타불상의 목제 통(그림 8)이 있다.[261]

조선 전기에 조성된 경주 왕룡사원 목조아미타불상(1466년)의 복장에서도 나무에 도금한 사리합(舍利盒)이 발견되었다. 이 사리합은 녹색·주색·청색 등 3겹의 명주천에 싸여 있다. 뚜껑과 몸체로 구성된 둥근 형태이며, 크기는 2.1×2cm이다. 사리합 내부에서는 사리 4과가 청색 비단천에 싸인 채 수습되었다(그림 9). 이 외에 불상 중수발원문(1712년)이 감싸고 있는 종이로 만든 후령통은 중수 때 납입한 것으로 추정된다.[262]

봉원사 명부전 존상의 목제 후령통은 재료 면에서는 고려시대와 조선 초에 조성된 불상 후령통과 같지만 형태 면에서는 차이가 있다. 몸체가 원형인 것은 유사하지만 뚜껑의 형태는 다르다. 즉 고려 말 조선 초

---

261 이선용(2009), 위의 논문, 84-85쪽.
262 문명대(2007), 『왕룡사원의 조선전반기 불상조각』, 57쪽.

　　　　　　　　　2부 조선시대 왕실 발원 불상의 복장 유물과 조성·중수발원문의 분석

그림 9. 경주 왕룡사원 목조아미타불상 목제 사리합과 복장 유물, (사)한국미술사연구소 제공

에 나무로 만든 것은 뚜껑에 후혈이 없는 단순한 사리합 형태이다. 이에 비해 봉원사 명부전 존상의 목제 후령통 뚜껑은 표주박 모양을 하고 있다. 또한 중앙에 구멍을 뚫어 오색사가 통 안의 오보병과 연결되도록 하였다. 이 같은 표현은 조선시대 금속제 원통형 후령통 뚜껑에 달린 대롱 형태의 후혈(喉穴)과 같다.

황초폭자는 모든 물목을 넣은 후령통을 감싸는 일종의 포장재로, 고려시대와 조선시대에는 대부분 황색 직물을 사용하였다.[263] 봉원사 명부전 존상에서 나온 후령통 가운데 황색의 황초폭자에 싸인 것은 지장보살상에서 수습한 목제 후령통 1점 뿐이고 나머지 후령통은 모두 청초폭자에 싸여 있다. 봉원사 명부전 존상의 청초폭자에 싸인 후령통은 불복장으로 납입된 고려시대와 조선시대의 후령통이 대부분 황초폭자에

---

263 이선용(2009), 앞 논문, 93쪽.

그림 10. 서울 옥수동 미타사
목조대세지보살상과
후령통, 16세기 추정

감싸여 있는 것과는 다르다. 봉원사 후령통처럼 청색 계열의 청초폭자가 사용된 예로는 16세기에 제작된 서울 옥수동 미타사 목조대세지보살상의 후령통을 들 수 있다(그림 10).[264] 봉원사 판관상의 금속제 원통형 후령통도 청초폭자에 싸여 있다.

봉원사 명부전 존상에서 발견된 조성발원문에는 1704년(숙종 30)에 조각승 색난에 의해 제작된 사실이 기록되어 있다(그림 11). 봉원사 명부전 존상 전체에 대한 복장 조사를 실시하지는 않았지만 지장삼존상의 복장은 대부분 훼손되어 있었다. 앞에서 살펴본 바와 같이 봉원사 명부전 존상의 후령통은 재료와 후령통을 감싼 천이 조선시대의 일반적인 후령통과는 차이가 있다. 현재까지 봉원사 목제 후령통과 유사한 예가 발견된 적이 없기 때문에 단정할 수는 없다. 그러나 1858년(철종 9)에 양평 용문사에서 봉원사로 명부전 존상을 이안하였을 때 후령통을 새로

---

264 유근자(2021), 「서울 옥수동 미타사 아미타삼존불좌상의 복장 유물 분석과 양식 특징」, 『불교문예연구』 17, 378–379쪽.

2부 조선시대 왕실 발원 불상의 복장 유물과 조성·중수발원문의 분석

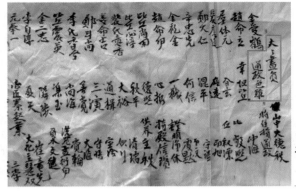

조성하여 납입하였을 가능성도 있다.

그렇지만 경주 왕룡사원의 목조아미타불상(1466년, 그림 12)에서 보다시피 목제 도금 사리합이 금속제 후령통 대신 불상 내부에 납입된 예가 있고, 1712년(숙종 38) 중수 때는 종이로 만든 후령통을 별도로 납입하였다. 즉, 왕룡사원 아미타불상은 1466년(세조 12) 조성 당시에는 목제 후령통을 납입하였고, 1712년(숙종 38) 중수 때는 지제(紙製) 후령통을 추가하였다. 그러나 봉원사 명부전 존상의 복장에는 도굴로 목제와 금속제 후령통이 뒤섞여 있어 현재로서는 목제 후령통 납입 시기를 단정하기 어렵다.

단지 목제 후령통의 내부 물목 납입법이『조상경』의 내용과 어느 정도 일치하고, 고려 말 조선 초의 뚜껑에 후혈이 없는 사리합 형태와 달리 뚜껑에 후혈이 있다. 이런 점으로 미루어 보아 봉원사 명부전 존상 내부에서 수습된 목제 후령통은 조성 당시 또는 중수 때 납입된 것으로 보인다. 목제 후령통을 사용한 점은 명부전 존상의 조성과 중수가 왕실과 관련이 있기 때문에 고려 말 조선 전기에 사용한 목제를 선택하였던 것으로 추정된다.

그림 12(좌). 경주 왕룡사원 목조아미타
불상, 1466년, (사)사찰문화재
보존연구소 제공
그림 13(우). 경주 왕룡사원 목조아미타
불상 조성발원문 일부,
(사)한국미술사연구소 제공

　　봉원사 명부전 존상의 원 봉안처인 양평 용문사는 세조와 인연이 있
다. 이곳에서 세조는 왕자 시절인 1446년(세종 28)에 어머니 소헌왕후 심
씨(昭憲王后 沈氏, 1395-1446)의 명복을 빌기 위해 불사를 하였다.[265] 왕위
에 오른 후에는 범종을 조성하였고 백팔불주(百八佛珠)를 하사하였다.[266]
조선 후기에 정약용(丁若鏞, 1762-1836)이 용문사를 방문한 후 '세조가 남
긴 은주발이 남아 있다[光陵內賜餘銀盌]'[267]는 시를 남긴 것으로 볼 때, 용
문사가 조선 후기까지 세조와 관련된 사찰로 인식되고 있음을 알 수 있
다. 이 외에도 용문사의 명부전 존상을 1858년(철종 9) 봉원사로 옮길 당
시 봉원사 승려들은 명부전 존상이 세조 때 조성된 것으로 인식하고 있
었다.[268]

---

265 『조선왕조실록』 문종 1년(1451) 4월 12일자 기록. "龍門佛事 非予爲之 首陽自丙寅大故以
　　後 欲爲此擧者久矣".

266 『記言』 卷28 下篇 「彌智山記」. "龍門最大伽藍 惠莊時 大鑄佛鐘於龍門 佛事甚嚴 賜佛珠
　　百八 藏三寶".

267 『與猶堂全書』 卷7 「龍門寺」. "龍門寶刹委殘墟 客到山空響木魚 古殿照黃平仲葉 荒臺寒
　　碧武侯蔬 光陵內賜餘銀盌 麗代宗風見玉除 安得擺開妻子戀 雪天留讀聖人書".

268 「奉元寺冥府殿新建及十王改彩又地藏改金與各幀洛成記」(1859년)」. "昔者則世祖大王所

용문사는 세조와 관련된 왕실 원찰이고 봉원사는 영조의 장손인 의소세자(懿昭世子, 1750-1752)의 원당(願堂) 역할을 하였기 때문에, 봉원사 명부전 존상의 1704년(숙종 30)과 1858년(철종 9)의 복장 납입법은 왕실 원찰 또는 원당의 불상 복장 납입법을 계승하였을 것이다. 봉원사 명부전 존상의 목제 후령통과 청초폭자는 조선시대 불상의 일반적인 복장물과는 다르고, 왕실에서 발원한 옥수동 미타사 아미타삼존상의 복장 납입법과 유사한 면이 있다. 특히 미타사 아미타삼존상 가운데 본존상은 1707년(숙종 33)에 숙종의 후궁 소의 유씨(昭儀 劉氏, ?-1707)의 명복을 빌기 위해 조성한 것으로[269] 제작 시기도 봉원사 명부전 존상과 3년밖에 차이가 나지 않는다. 왕룡사원 목조아미타불상(1466년) 역시 세조·예종·효령대군 등 왕실 인물이 발원자로 참여하고 있기 때문에(그림 13)[270] 봉원사 명부전 존상의 목제 후령통과 청초폭자의 사용은 왕실 발원 존상의 복장 납입법과 관련되었을 가능성이 높다는 것이다.

봉원사 후령통의 제작 시기를 추정하기 위해 8점의 후령통 가운데 지장보살상에서 수습한 황초폭자에 싸인 목제 후령통을 개봉하였다. 후령통의 표면에는 금속제 사방경(四方鏡)이 오색사(五色絲)에 묶여 있고, 표면에는 방위에 상관없이 주색(朱色)으로 쓴 사방주(四方呪)가 있다. 구례 화엄사 비로자나삼신불상(1634년) 가운데 석가불상과 노사나불상의 금속제 후령통에 방위별로 색깔을 달리하는 사방주가 쓰여진 것과는

成之日 冥府勝會 奉安于龍門寺也". 화계사로 이운된 황해도 배천 강서사의 명부전 존상도 세조 때 조성되었다는 설이 존재하기 때문에, 용문사 명부전 존상의 세조 조성설 역시 관용적인 표현일 가능성이 높다.

269 유근자(2021), 「서울 옥수동 미타사 아미타삼존불좌상의 복장 유물 분석과 양식 특징」, 『불교문예연구』 17, 356-359쪽.

270 문명대(2007), 앞 책, 28쪽.

그림 14. 봉원사 지장보살상 목제 후령통 내부 복장 납입 상태 및 물목

다르다.[271] 후령통 내부에는 팔엽 연화(금속) → 오보병 → 백·주·녹·백색 천→ 백색 천에 쓴 진심종자 → 주색 천 → 원경(금속)→청색 천에 쓴 오륜종자 → 수정 등이 납입되어 있었다(그림 14).

이처럼 후령통 내부 물목을 차례대로 납입한 것은 『조상경』에 기록된 조선시대 후령통 납입법과도 유사하다. 따라서 봉원사 지장보살상의 목제 후령통의 표면에 배치된 사방경과 사방주의 형태, 후혈이 있는 표주박 형태의 뚜껑, 후령통 내부 물목의 납입법 등을 통해 후령통의 제작 시기는 조선 후기로 추정된다.

---

271 유근자(2021), 「화엄사 대웅전 비로자나삼신불좌상의 시주질 분석」, 『지리산 대화엄사』, 345쪽.

2부 조선시대 왕실 발원 불상의 복장 유물과 조성·중수발원문의 분석

3

봉원사 명부전 존상의 조성발원문 분석

1) 지장보살상 조성발원문

봉원사 명부전 존상 가운데 조성발원문은 지장보살상에서 2점, 무독귀
상에서 1점이 접힌 상태로 수습되었다. 지장보살상에서 수습된 2점 가
운데 1점은 도명존자상의 것이다(그림 15). 조성발원문 3점의 크기는 세
로 42×가로 105cm이고, 2매의 한지를 이어서 묵서하였다. 3점의 조성
발원문은 크기, 내용, 형식 등이 동일하기 때문에 지장보살상에서 수습
된 것을 중심으로 살펴보고자 한다.

 봉원사 지장보살삼존상의 조성발원문은 발원문 명칭, 발원 내용, 대시
주, 조각승, 불사 소임을 맡은 승려 등으로 구성되어 있다. 발원문 명칭과
내용은 1단으로 조성발원문 앞 부분에 배치되었고, 대시주질(大施主秩)·대
화원(大畵員)·산중중덕질(山中中德秩)은 5단으로 구성되었다. 조성발원문
의 명칭은 '유명해회성상조성발원문(幽冥海會聖像造成發願文)'으로 명부 세

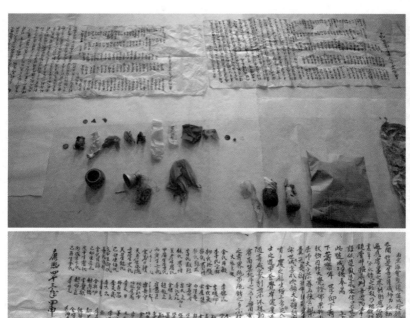

그림 15(상). 봉원사 명부전 목조지장보살좌상 복장 유물, 2019년 7월 30일 촬영
그림 16(하). 봉원사 지장보살상 조성발원문, 1704년

계 존상임이 명칭에 잘 드러나 있다. 다음으로는 상을 조성한 발원 내용이 1단으로 기록되었고, 이어서 '대시주질(大施主秩)', '대화원(大畵員)', '산중 대덕질(山中大德秩)', 조성 연도 등이 순서대로 배치되어 있다(그림 16).

(1) 조성발원문의 원문

봉원사 지장보살상 조성발원문의 원문 내용은 다음과 같다.

幽冥海會聖像造成發願文
恭聞 如是菩薩威神力沙劫說難盡普現無邊之身遍應塵
墨之界栍²⁷²衡應化跡實報酬其曰糾察有作之業平分水鏡
之形故乃地獄門前垂淚極沉淪而脈〻業鏡臺畔振威判
惡而章〻可謂苦海㨾冥天日月謹依遺敎造威
容信曰不世之麗質濟人之慈容也夫以此造成功德奉
爲 主上殿下壽萬歲 王妃殿下壽齊年 世子邸
下壽千秋先王先后列聖企駕丈妙曰扵大覺證
佛果扵上乘亦爲各〻記付先亡父母恩師法師大小法眷
五族六親水²⁷³法性圓明根塵願淨直拋番哭長御白牛經」
到兜吏天宮受諸快楽超生極楽世界成菩提次願大小檀」
越与緣化比丘水身無〻妄之灾家有有慶福生增三常
楽死入九蓮臺長生法家勳修開士之道早登覺岸還
度迷淪然後影法界含灵見聞隨喜咸蒙利益水沐殊
勳之影也哉扵乎各者実之寅南箕北斗之各〻無用実〻
由名顯功以文纘用之智用之專畧施布施銭之多小忟其名御開
列于仍垂千載不泯也

大施主秩			大〃畫負	山中大德秩	
金氏斗敏	李勝远	金柱雄	通政色難	時住持	冲海
李氏宝杯	李憬伊	裵應年	幸坦	比丘	印旭
柳氏次暎	金次英	鄭大仁	暮玄		印文
朴氏貴丹	宋應賛	辛忠先	雄遠		釟凛
朴氏路正	白陸竜	金礼金	混平		虜黙

---

272 '權'의 이체자.

273 '等'의 이체자.

李氏淑烈	安者斤同	趙命伊	何信	證明	浄休
林氏貴丹	崔天立	金礼金	心哲	持殿	信瓚
癸亥生崔氏	金勝立	趙命伊	一機	供养主	清瑞
甲辰生李氏	姜氏天礼 兩主	比丘尙閑	秋平		妙刂
丙寅生卞氏	趙敬立	比丘必淳	大裕		宝冶
丙戌生卞氏	崔益良	裵氏仅向	通揖		守悟
宋氏者斤禮	崔益成	姜命吉	三演		大海
癸亥生水德	崔長守	鄭斗上	善覚		覚輪
壬辰生史氏	比丘弘卜	李氏香今	尙海	洗器	衍伊
癸丑生趙氏	比丘應惠	比丘震英	準玉	運柴	文捷
己丑生仔氏	李天日	金二忠	璘陟		崔竜先
戊申生俞氏	朴貞昌	李自淳	夏天	大化主	慧双
姜氏自哲	李大良	元奉一	冶匠 秦起業		三学
金氏月海	辛太云	姜玄伊	木手 通政虞律		心眼
己卯生李氏	金海先	李乙伊	太詳		心正
戊子生盧氏	金具伊	魚氏	諦令		玉浄
丙戌生卞氏	趙尚德	李屈金	意益		妙洞
己酉生金氏	金愛鶴	都貴尙	來往一閑比丘		心印
	趙命立	韓贊宗			宝敏
	居士体元	金順萬		居士	仅奉
		洪尙真			佼命
				舍堂	九花
				大〃別座	清凜

康熙四十三年甲申季夏晦日

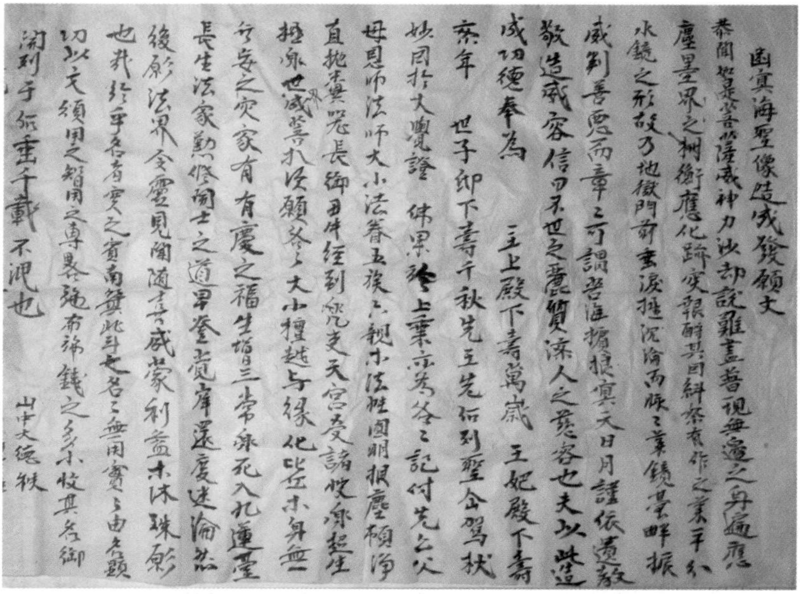

그림 17. 봉원사 지장보살상 조성발원문의 발원 내용

(2) 조성발원문의 해석문

조성발원문 가운데 앞 부분의 내용을 해석하면 다음과 같다(그림 17).

공경히 들으니, 이 보살님의 위신력은 항사겁의 언설로도 이루 다 표현하기 어렵다고 합니다. 가이없는 몸을 널리 나투시고, 번뇌세계에 두루 응화하시어, 근기에 맞게 교화하시고 실제에 맞게 보답하십니다. 중생이 지은 업을 규찰하시고 물거울에 모습을 공평히 비추시기 때문에, 지옥문 앞에서 지극히 고통스런 눈물을 흘려도 묵묵히 바라보기만 하고, 업경대 옆에서 위엄스럽게 악을 심판함이 웅장하니, 고해 바다에서 하늘의 해와 달을 진동시킨다고 하겠습니다. 삼가 남기신 가르침에 따라 공경히 위엄있는 용모를 조성하오니, 진실로 세상에 없던 아름다운 재질이요 중생을 구제하는 자비로운 모습입니다.

이 보살상을 조성하는 공덕으로 주상전하의 수명은 만세에 이르시고 왕비전하의 수명은 전하와 같아지며 세자저하의 수명은 천년에 이르시옵소서. 선왕선후 열성의 영가들은 부처님의 오묘한 가르침을 인하여 상승의 부처님 과보를 증득하소서. 또한 각각 이름을 올린 선망 부모, 은사, 법사, 대소법의 권속, 오족육친들도 법성이 두루 밝아지고 육근·육진이 몰록 깨끗해져 곧장 번기(?)를 던지고 길이 백우거(白牛車)를 타서 도리천궁에 이르러 모든 쾌락을 받으시고 극락세계에 태어나서 보리도를 이루소서.

다음으로 크고 작은 단월과 연화 비구들도 몸에는 무망의 재앙도 없고 가정에는 경복이 있어서 태어날 적에는 삼상락이 증대되고 죽어서는 구련대에 들어가며 길이 부처님 집에 태어나 보살도를 닦아서 빨리 깨달음의 언덕에 오르고 미혹한 세계를 건너기를 기원합니다. 그런 연후에 모든 세계의 중생이 보고 듣고 기뻐하여 이익을 함께 누리고 똑같이 훈습하기를 기원합니다.

오호라. 이름은 실제에서 보면 객이어서 유명무실한 이름은 그 실제가 없지만 실제는 이름을 통해서 공을 드러내는 것이니, 글로써 사용하는 지혜의 오롯함과 보시한 돈의 많고 적음을 알리는 것이 필요한 것입니다. 이에 그 이름을 아래에 나열하여 천년이 지나도록 없어지지 않도록 하고자 합니다.[274]

---

274 이종수(순천대학교) 해석.

그림 18. 봉원사 무독귀왕상의 지물과 묵서 기록, 1858년

2) 무독귀왕상의 묵서 자료

봉원사 무독귀왕상은 두 손으로 경전함을 지물로 들고 있는데 밑면에는
1858년(철종 9, 咸豊 8)에 봉원사에 봉안한다는 내용이 기록되어 있다(그
림 18). 무독귀왕이 들고 있는 지물의 크기는 16×14×19cm이며, 19세
기에 조성된 불화 속 무독귀왕이 들고 있는 지물과 형태가 거의 같다.
　무독귀왕이 들고 있는 지물 바닥면의 기록은 다음과 같다.

　　咸豊八年戊」午年○[275]月二十八」日造成于」三角山奉」元寺」
　　함풍 8년 무오년(1858년) ○월 28일에 조성하여 삼각산 봉원사에
　　봉안합니다.

---

275 판독 불능.

이 기록을 통해 무독귀왕상의 지물이 양평 용문사에서 봉원사로 옮겨 봉안할 당시 새롭게 조성되었다는 사실을 알 수 있다. 용문사에서 봉원사로 명부전 존상을 이운한 것이 함풍 8년 4월이고, 명부전 존상을 봉안할 시왕전이 완성된 것이 7월[276]이기 때문에, 손상으로 판독이 불가능한 'ㅇ月二十八日'의 'ㅇ月'은 4월에서 7월 사이로 추정된다.

3) 지장보살상의 조성발원문 분석

봉원사 지장삼존상의 조성발원문은 대원본존(大願本尊) 지장보살이 갖고 있는 중생 구제 원력을 언급하고, 명부전 존상을 조성한 공덕으로 불사에 참여한 모든 이들이 도리천궁에 이르러 모든 쾌락을 누리고 극락세계에 왕생하기를 바라고 있다. 또한 명부전 존상 조성에 참여한 이들의 이름을 기록하여 천년이 지나도록 없어지지 않기를 기원하고 있다. 봉원사 명부전 존상 조성발원문의 명칭은 '유명세계의 성스러운 상을 조성하는 발원문(幽冥海會聖像造成發願文)'이라고 하여 존상의 성격을 확연히 드러내고 있다. 봉원사 명부전 존상에 참여한 인물은 시주자, 조각승, 불사 소임자 등 크게 세 부분으로 구성되어 있다. 조성발원문에 등장하는 인물을 분석하면 〈표 2〉와 같다.

---

276 「奉元寺冥府殿新建及十王改彩又地藏改金與各幀洛成記」(1859년). "今也則奉元寺衆所議之夕 聖位移安於此道場 時唯咸豐八年四月懸燈之朝也 …… 何以彷彿於祇園精舍耶 同年七月望午也".

표 2. 봉원사 명부전 존상의 조성에 참여한 인물 분석

역할	구분	인원	비고
대시주질(大施主秩)	속인	23	왕실 관계 인물로 추정
시주(施主)	승려	5	
	속인	44	
	거사(居士)	1	
대대화원(大大畵員)	조각승	17	
	야장(冶匠)	1	속인
	목수(木手)	4	승려
산중대덕질(山中大德秩)	주지(住持)	1	
	비구(比丘)	4	
	증명(證明)	1	
	지전(持殿)	1	
	공양주(供養主)	6	
	세기(洗器)	1	속인
	운시(運柴)	2	속인
	대화주(大化主)	11	승려 8, 거사 2, 사당 1
	대별좌(大別座)	1	
	내왕(來往)	1	
합계	총	125	
	승려	49	
	속인	76	

〈표 2〉에서 보듯이 봉원사 명부전 존상의 조성에 참여한 125명은 크게 승려와 속인으로 구분된다. 즉, 승려는 49명이고 속인은 76명이다. 속인 가운데 18세기부터 사찰 불사에 적극적이었던 거사(居士)와 사당(舍堂) 이 4명 동참하였다.

봉원사 명부전 존상의 조성발원문(1704년)에는 17세기에 보이지 않 던 새로운 역할이 등장하는데 '세기(洗器)'가 바로 그것이다(그림 19). 이

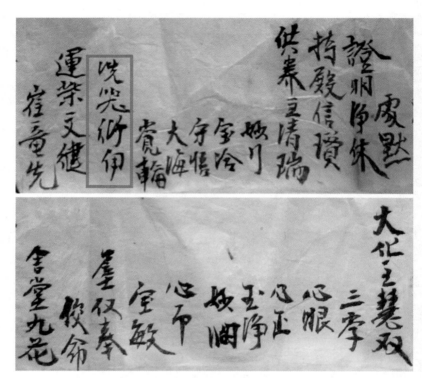

그림 19(상). 봉원사 지장보살상 조성발원문에 기록된 '세기(洗器)'
그림 20(하). 봉원사 지장보살상 조성발원문에 기록된 '대화주(大化主)'

소임이 기록된 예가 조선시대 불상조성기에는 등장하지 않지만, 18세기에 새롭게 등장하는 도량 및 화장실을 청소하고 휘장(揮帳)을 갈아주며 물을 긷는 소임인 '정통(淨桶)'[277]과 유사한 것으로 추정된다. 또한 봉원사 명부전 존상 조성에 필요한 비용을 책임지는 화주는 '대화주(大化主)'로 총 11명인데, 승려 8명, 거사(居士) 2명, 사당(舍堂) 1명으로 구성

---

277 이종수·허상호(2010), 「17~18세기 불화의 『畵記』 분석과 용어 考察」, 『불교미술』 21, 146쪽.

되어 있다(그림 20). 봉원사 명부전 존상은 존상의 수가 많고, 규모도 17세기 명부전 존상에 비해 작지 않기 때문에 많은 비용이 필요하여 화주역시 11명이 맡고 있다.

4) 시주자 거사(居士)와 사당(舍堂)

봉원사 명부전 존상이 조성된 18세기는 새로운 시주 계층으로 거사(居士)와 사당(舍堂)이 급부상한다. 불교에서는 출가하지 않고 가정에 있으면서 불교에 귀의한 남자를 거사라고 하고 여자를 사당이라고 한다. 18세기에 활동이 활발해지는 거사와 사당은 시주자뿐만 아니라 조연(助緣), 화주, 조각승, 본사 거주자, 야장 등 역할이 다양하다.[278] 봉원사 명부전 존상을 조성하는 데 거사 체원(体元)은 대시주자로 참여하였다. 거사 의봉(仅奉)과 교명(佼命) 그리고 사당 구화(九花)는 대화주로 동참하였다.

  18세기에 새로운 시주 계층으로 급부상한 거사와 사당이 당시 지배층에게 어떻게 인식되고 있었는지는 17세기에 작성된 「관부문서(官府文書)」를 통해 알 수 있다. 이 문서는 29×157cm 크기로 1652년(효종 3)에 작성되었고 담양 용흥사에 소장되어 있다(그림 21).[279] 17세기 조선의 통치자들은 승려들을 고승(高僧), 선승(善僧), 범승(凡僧)으로 구분하고, 고승과 선승은 보호하되 범승 가운데 죄를 범한 자는 법률로 다스리고자 하였다.[280]

278 유근자(2017), 앞 책, 272-291쪽.

279 현재 이 자료는 동국대학교 불교학술원 불교기록문화유산아카이브에서 제공하고 있다. 동국대학교 불교학술원 https://kabc.dongguk.edu, 검색어는 '官府文書'.

280 이종수(2013), 「1652년 官府文書를 통해 본 효종대 불교정책 연구」, 『한국불교학』 67,

그림 21. 순치 9년 관부문서 세부, 1652년, 용흥
사 소장, 동국대학교 불교학술원 제공

그림 22. 순치 9년 관부문서에 수록된 거사와 사
당, 1652년, 용흥사 소장, 동국대학교 불
교학술원 제공

　「관부문서」에 의하면 거사와 사당은 승려가 아님에도 불구하고 경
계의 대상인 4부류 가운데 마지막 부류로 다루어지고 있다. 4부류는 보
통 승려로서 죄를 짓는 부류[凡僧作罪類], 의관의 계율을 따르지 않는 부
류[不從衣冠戒類], 제멋대로 폐단을 일으키는 승속의 부류[橫行作弊僧俗
類], 거사 사당패의 완악한 부류[居士社堂頑悖類, 그림 22]로 구분된다. 이
가운데 '거사 사당패의 완악한 부류'는 다시 6부류로 세분된다.

　「관부문서」(1652년)에 이미 거사와 사당이 경계의 대상으로 분류되
어 있는 것은 이들의 활동이 조선 전기부터 끊임없이 지속되고 있는 것
을 의미한다.[281] 「관부문서」 내용 가운데 세 번째 '화주라고 칭하면서 물

321-349쪽.

281 진나라(2004), 「조선전기 사장의 성격과 기능 – 불교신앙활동을 중심으로」, 『한국사상사
학』 22, 77-114쪽.

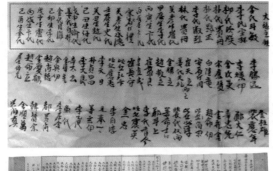

그림 23. 봉원사 지장보살상 조성발
원문의 대시주질(大施主秩),
1704년

그림 24. 화엄사 장육전 중건 상량
문 뒷면, 1701년, 화엄사
성보박물관 제공

건을 얻어 사사로이 먹는 자'와 네 번째 '불당에 모여 세상일을 업으로
삼는 탐욕스러운 자' 부분은 특히 불사(佛事)와 관련된 내용이다. 이를
통해 알 수 있듯이 18세기 이후에는 거사와 사당의 역할이 다방면에 걸
쳐 활발해지는 것을 알 수 있으며, 봉원사 명부전 존상의 조성발원문에
등장한 거사와 사당은 이러한 시대 상황을 반영하고 있다.

5) 왕실 인물 시주자

봉원사 명부전 존상의 조성발원문 대시주질(大施主秩)에는 왕실과 관계
된 인물들이 등장하고 있다. 대시주질 첫단에 있는 사람들로 2단과 3단
시주자와 달리 'O氏OO' 'OO生 O氏'로 기록되어 있다(그림 23). 이들
은 1701년(숙종 27)에 작성된 「조선국전라도구례현지리산대화엄사장육

표 3. 봉원사 명부존상, 화엄사 각황전, 각황전 불상 조성에 참여한 왕실 인물

봉원사 명부전 존상 발원문 (1703년)	화엄사 장육전 중건 상량문 (1701년)	화엄사 각황전 불상발원문 (1703년)
朴氏貴丹		辛巳生朴氏貴丹
朴氏路正	大施主申甲生朴老淨	尙宮朴老淨
甲辰生李氏	大施主甲生李貴榮	尙宮李氏貴暎
丙戌生卜氏	大施主丙戌生卜戒業	尙宮卜氏戒業
己酉生金氏	大施主己酉生金氏	

전중건상량문(朝鮮國全羅道求禮縣智異山大華嚴寺丈六殿重建上梁文)」에 기록
된 왕실 관계 인물들과 중복된다(그림 24).

〈표 3〉에서 알수 있는 것처럼 박귀단, 박노정, 갑신생 이씨, 병술
생 변씨, 기유생 김씨 등은 왕실과 관계된 인물임을 알 수 있다. 이들은
대부분 상궁(尙宮)으로 인현왕후 민씨(仁顯王后 閔氏, 1667-1701)와 관련
된 인물로 추정된다. 화엄사 각황전 건축과 불상 조성은 연잉군(延仍君,
1694-1776, 영조 재위 1724-1776)과 그의 어머니 숙빈 최씨(淑嬪 崔氏, 1670-
1718)의 원당(願堂) 및 인현왕후 민씨의 극락왕생을 목적[282]으로 중건되
었다. 원당으로서의 각황전은 연잉군과 숙빈 최씨의 수명장수를 기원하
였던 것이다.[283]

화엄사 각황전 건축과 불상 조성이 영조와 어머니 숙빈 최씨의 원당
이면서 숙종의 제1계비 인현왕후 민씨 천도와 관련된 사실은, 이 불사
에 참여한 왕실 인물 가운데 상당수가 인현왕후 민씨와 관련된 인물임

---

[282] 「朝鮮國全羅道求禮縣智異山大華嚴寺丈六殿重建上梁文」(1701년) 앞면. "明顯王后丁未
生閔氏仙駕上生兜率之天堂受諸快樂".

[283] 「朝鮮國全羅道求禮縣智異山大華嚴寺丈六殿重建上梁文」(1701년) 앞면. "願堂大施主延
祁君親王子甲戌生李氏壽命長」 造成大施主親王子母庚戌生崔氏壽命長".

을 시사한다. 특히 봉원사 명부전 존상은 1704년(숙종 30)년 6월 28일에 봉안되었는데, 이 해는 1701년(숙종 27) 음력 8월 14일에 세상을 떠난 인현왕후 민씨의 3년상이 끝나는 때이다. 따라서 인현왕후 민씨를 시봉하였던 상궁들이 왕실 원찰이었던 양평 용문사 명부전 존상을 조성해 그녀의 극락왕생을 발원한 것으로 추정된다.

6) 조각승 색난(色難)

봉원사 명부전 존상의 조성에 참여한 장인은 조각승 17명, 야장(冶匠) 1명, 목수(木手) 4명 등 총 22명이다. 이 가운데 야장만 속인이고 나머지는 모두 승려이다. 봉원사 명부전 존상에서 가장 주목되는 것은 17세기 후반부터 18세기 전반에 전라도 능가사의 조각승으로 주로 전라도와 경상도에서 활동한 색난이 16명의 보조 조각승과 함께 경기 지역으로 이동하여 조성하였다는 점이다. 봉원사 명부전 존상 조성발원문의 내용 가운데 조성에 참여한 장인을 열거하는 항목을 '대대화원(大大畵員)'으로 기록하고 있는 점 역시 눈에 띈다. 동 시기 다른 불상조성기에는 잘 보이지 않는 '대대화원'이라는 표현은 조각승 색난의 지위가 상당한 위치에 있었음을 암시한다. 그는 1687년(숙종 13) 김해 은하사 명부전 존상을 조성할 때부터 정3품 당상관에 해당하는 통정대부(通政大夫)로 기록되기 때문이다(그림 25).

봉원사 명부전 존상을 조성한 수조각승 색난의 행적은 1662년(현종 3) 화순 유마사 목조약사여래좌상(현 전주 학소암 소장) 조성에 4위 조각승으로 참여한 이래 1730년(영조 6) 옥과 관음사 대은암 범종(현 곡성 서산사

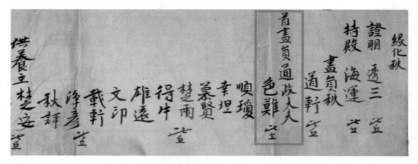

그림 25. 김해 은하사 지장보살상 조성발원문에 기록된 조각승 색난, 1687년, 손영문 제공

그림 26. 곡성 서산사 범종과 시주자 색난, 1730년, 불교중앙박물관 제공

소장, 그림 26)의 시주 활동까지 알려져 있다. 이로써 색난이 17세기 후반 부터 18세기 전반에 걸쳐 주로 전라도 지역에서 활동한 인물임이 확인 되었다. [284]

　색난이 수조각승으로 활동한 흔적은 1680년(숙종 6) 광주 덕림사 지장

---

[284] 최선일(2000), 「조선후기 전라도 조각승 색난과 그 계보」, 『미술사연구』 14, 35-62쪽; 오진 희(2006), 앞 논문, 113-138쪽; 조태건(2013), 「17세기 후반 조각승 색난 단응 시왕상 연 구」, 『동악미술사학』 15, 219-243쪽.

삼존상과 명부존상을 시작으로 주로 전라도와 경상도 지역에서 나타나고 있다. 색난은 1703년(숙종 29) 구례 화엄사 각황전 3불4보살상 조성발원문의 기록을 통해 고흥 능가사를 중심으로 활동한 조각승임이 밝혀졌다.[285] 색난은 불상 조성뿐만 아니라 경전을 간행하는 데도 시주자로 참여했다. 백암 성총(栢庵性聰, 1631-1700)이 임자도에 정박한 배에서 명나라 평림섭 거사가 교간(校刊)한『화엄경소초』등 190권을 발견해 1690년 순천 낙안 징광사에서 간행할 때 색난은 시주자로 동참했다. 또한 색난은 능가사에서 판각한『선문염송설화』조성에도 대시주자로 참여했다.

색난이 조성한 불상은 대부분 목조불상으로 크기가 37~355cm로 다양하지만 주로 100cm를 전후한 크기로 제작되었다.[286] 색난이 수조각승으로서 조성한 불교조각 가운데 현재 조성 연도가 밝혀진 것은 1680년 작 광주 덕림사 지장보살삼존상을 비롯한 명부전 존상부터 1709년 작 고흥 송광암 목조대세지보살좌상까지이다(표 4).

〈표 4〉에서 알 수 있듯이 색난이 조성한 불상 가운데 화엄사 각황전 존상(그림 27) 다음으로 봉원사 명부전 존상에 참여한 조각승이 가장 많다. 봉원사 명부전 존상은 1704년(숙종 30) 조각승 색난이 16명의 보조 조각승들과 공동으로 조성한 것으로 현존하는 색난 작 명부전 존상 가운데 가장 크다. 1703년(숙종 29) 구례 화엄사 각황전 3불4보살상 조성에 버금가는 규모였다. 17세기 후반에서 18세기 전반에 걸쳐 전라도에서 왕성한 활동을 했던 부휴 선수계 문파인 조각승 색난의 작품이 서울

---

285 오진희(2006), 앞 논문, 113-138쪽.

286 최선일(2010),「八影山沙門 造妙工 色難의 삶과 藝術」,『팔영산 능가사와 조각승 색난』, 양사재, 26쪽.

표 4. 조각승 색난이 조성한 불교조각 목록

	명칭	연도	수조각승	색난	참여조각승
1	전주 학소암 약사여래좌상 (원 소장처 화순 유마사)	1662	인균(印均)	4위	4
2	광주 덕림사 지장삼존상과 명부존상	1680	수공(首工) 색난(色難)	1위	11
3	송광사성보박물관 소장 보성 개흥사 관음보살상	1680	색난(色難)	1위	2
4	서울 지장암 석조 가섭상과 아난상 (원 소장처 능가사 능인전)	1683	양공(良工) 색난(色難)	1위	2
5	고성 운흥사 지장삼존상과 명부존상	1683	색난(色難)	1위	12
6	강진 옥련사 석가여래상	1684	상공(上工) 색난(色難)	1위	9
7	고흥 능가사 석가여래삼존상과 16나한상	1685	수(首) 색난(色難)	1위	10
8	김해 은하사 지장삼존상과 명부존상	1687	수화원(首畵員) 통정대부(通政大夫) 색난(色難)	1위	12
9	일본 교토 고려미술관 아미타삼존불감	1689	교장(巧匠) 통정대부(通政大夫) 색난(色難)	1위	3
10	구례 천은사 석가삼존상과 16나한상	1694	색난(色難)	1위	8
11	화순 쌍봉사 아미타삼존상	1694	도인(道人) 색난(色難)	1위	7
12	미국 메트로폴리탄미술관 가섭존자상 영암 축성암 나반존자상	1700	색난(色難)	1위	5
13	해남 대흥사 석가삼존상과 16나한상	1701	색난(色難)	1위	7
14	서울 경국사 관음보살상	1703	상공(上工) 통정(通政) 색난(色難)	1위	7
15	구례 화엄사 각황전 3불4보살상	1703	팔영산(八影山) 사문(沙門) 색난(色難)	1위	23
16	서울 봉원사 지장삼존상과 명부존상	1704	통정(通政) 색난(色難)	1위	18
17	고흥 능가사 여래좌상	1707	조묘공(彫妙工) 통정대부(通政大夫) 색난(色難)	1위	9
18	고흥 금탑사 송광암 대세지보살상	1709	조상편수(造像片手) 통정(通政) 색난(色難)	1위	10

2부 조선시대 왕실 발원 불상의 복장 유물과 조성·중수발원문의 분석

그림 27. 구례 화엄사 각황전 3불4보살상, 1703년

에서 발견되었다는 점은 중요한 의미를 시사한다.

　17세기 이후 각 지방의 승려들이 경기도로 이동한 데에는 의승역(義僧役)의 시행이 영향을 미쳤다. 즉, 임진왜란이라는 국가 위기 상황에서 조직된 승군이 그 효용성을 인정받으면서, 승군(僧軍) 및 승려의 노동력을 적극적으로 활용하는 방안이 불교 시책으로 채택되었다. 병자호란 이후 남한산성의 사찰에는 승군 138명이 상주하였고, 경상도·전라도·충청도의 삼남 지방과 경기도·강원도·황해도에서 승군 356명이 선발되어 매년 6차례 2개월씩 교대로 입번(入番)하였다. 남한산성에 이어 18세기에는 승군이 재차 동원되어 북한산성과 성내에 사찰이 조영되었다. 17세기 전반 남한산성의 팔도도총섭을 맡았던 벽암 각성의 손제자인 화엄사 출신 계파 성능(桂坡聖能, ?-?, 그림 28)이 1711년(숙종 37)에 북한산성의 초대 팔도도총섭으로 임명되었다.[287]

　조각승 색난의 활동이 경기 지역으로 확대된 데에는 화엄사 각황전

---

[287] 김용태(2015), 「조선후기 남한산성의 조영과 승군의 활용」, 『한국사상과 문화』 78, 197-201쪽.

불사를 주도한 계파 성능과 관련된 것으로 보인다. 계파 성능은 연잉군
과 숙빈 최씨를 비롯한 왕실 관계자의 시주를 받아 1699년(숙종 25)부터
1702년(숙종 28)까지 화엄사 각황전을 중건하였고, 1703년(숙종 29)에는
불전 안 3불4보살상을 조성하였다(그림 29). 색난은 이때 조각승으로 불
상 제작에 참여하였다. 색난이 1704년(숙종 30) 양평 용문사에서 불상을
조성한 데에는 이러한 배경이 영향을 미친 것으로 보인다.

　이 외에도 앞에서 살펴본 바와 같이 인현왕후 민씨의 극락왕생과 관
련되어 있다. 봉원사 명부전 존상이 양평 용문사에서 조성된 해가 인현
왕후 민씨의 3년상이 끝나는 해인 1704년이고, 자손이 없는 그녀를 위
해 상궁들이 대시주자로 참여해서 조성하였던 것이다. 후손 없이 세상을
떠난 왕비나 후궁의 경우 생전에 모셨던 상궁이 불상을 조성하거나 개금

그림 29. 화엄사 각황전 불상, 1703년, (사)사찰문화재보존연구소 제공

을 해 극락왕생을 발원한 예가 있기 때문이다. 대표적으로 숙종의 후궁 소의 유씨가 세상을 떠나자 상궁 김귀업이 남양주 흥국사 약사여래상을 개금하고 옥수동 미타사 아미타불상 조성에 참여한 것을 들 수 있다.[288]

봉원사 명부전 존상 조성에 참여한 17명의 조각승 색난(1위)·행탄(2위)·일기(8위)·추평(9위)·대유(10위)·인척(16위)·하천(17위) 등 8명은 화엄사 각황전 3불4보살상 제작에도 참여하였다(표 5). 팔영산 조각승 색난은 석가불상과 관음보살상을, 능가산 조각승 일기는 아미타불상을, 추평은 지적보살상을 조성하였다. 이 외에 봉원사 명부전 존상 조성에

---

288 유근자, 「서울 옥수동 미타사 아미타삼존불좌상의 복장 유물 분석과 양식 특징」, 『불교문예연구』 17, 356-358쪽.

표 5. 봉원사 명부전 존상과 화엄사 각황전 존상 조성에 참여한 조각승

	봉원사 명부전 존상(1704년)	화엄사 각황전 3불4보살상(1703년)
색난(色難)	1위	석가, 관음보살상
행탄(幸坦)	2위	○
모현(慕玄)	3위	
웅원(雄遠)	4위	
혼평(混平)	5위	
하신(何信)	6위	
심철(心哲)	7위	
일기(一機)	8위	아미타불상
추평(秋平)	9위	지적보살상
대유(大裕)	10위	○
통읍(通揖)	11위	
삼연(三演)	12위	
선각(善覺)	13위	○
상해(尚海)	14위	
준옥(準玉)	15위	
인척(璘陟)	16위	○
하천(夏天)	17위	○

는 참여하지 않은 조계산 조각승 충옥은 다보불과 문수보살상을, 웅원은 보현보살상을, 추붕은 색난과 함께 관음보살상을 제작하였다.

이같은 사실을 통해 화엄사 각황전 불상은 팔영산 색난, 능가산 일기, 조계산 충옥이 이끄는 조각승 집단에 의한 공동 작업이었음을 알 수 있다. 이 가운데 조각승 색난이 이끄는 조각승들이 그와 함께 양평 용문사로 이동해 현 봉원사 명부전 존상을 조성한 것이다.

조각승 색난이 조성한 교토 고려미술관 소장 아미타삼존불감의 후령통은 청초폭자에 감싸여 있다(그림 30, 31). 교토 고려미술관 아미타삼

그림 30. 아미타삼존불감, 1689년, 교토 고려미술관 소장

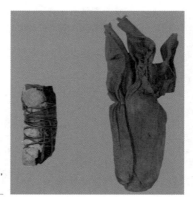

그림 31. 아미타삼존불감의 청초폭자와 오보병, 1689년,
교토 고려미술관 소장

존불감은 색난이 2위 득우(得牛), 3위 웅원(雄远)과 함께 1689년(숙종 15)
에 조성한 것이다(그림 32).²⁸⁹ 웅원은 색난이 봉원사 명부전 존상을 제작

---

289 교토 고려미술관 소장 아미타삼존불감은 2011년 6월 25일에 (사)한국미술사연구소에서

그림 32. 아미타삼존불감 조성발원문의 조각승, 1689년, 교토 고려미술관 소장

할 때는 4위로 동참하였다. 고려미술관 아미타삼존불감과 봉원사 명부
전 존상의 후령통을 감싼 청초폭자는 17세기 후반과 18세기 초 조각승
색난이 조성한 불상에서 발견되고 있다. 따라서 향후 조각승 색난이 제
작한 불상의 복장 유물을 체계적으로 비교하고 분석하는 데 봉원사 명
부전 존상의 복장 조사는 중요한 의미를 갖는다.

조사하였다. 이 조사는 정부(교육과학기술부) 재원으로 한국연구재단(토대기초연구지원
다년과제 G00007)의 연구비 지원으로 이루어졌고, 연구책임자는 문명대 교수[(사)한국미
술사연구소 소장]였다. 필자는 이때 공동연구원으로 참여하였다. 이 자리를 빌어 고려미술
관 관계자와 현지 조사에 함께 참여한 분들께 감사드린다.

4

봉원사 명부전 존상의 이운(移運)

봉원사는 조선 후기에 왕실의 원당 역할을 하였던 사찰이다. 1858년(철종 9)에 양평 용문사 명부전 존상이 봉원사로 옮겨진 데에는 이 사찰과 왕실의 관계가 작용한 것으로 보인다. 19세기부터 20세기 초까지 지방에 있던 왕실 원당 또는 원찰에서 존상이 이운된 대표적인 예로는 서울 화계사, 서울 흥천사, 남양주 흥국사, 고성 건봉사, 오대산 상원사 등을 들 수 있다.[290] 이 가운데 서울 화계사 명부전 존상은 1877년(고종 14)에 신정왕후 조씨(神貞王后 趙氏, 1809-1890)의 후원으로 세조의 원찰이었던 황해도 배천 강서사에서 옮겨 온 것이다.[291]

봉원사의 창건에서 17세기까지의 역사는 「경기도양주군삼각산봉원

---

290 유근자(2021), 「오대산 상원사 영산전 존상의 복장 기록 연구」, 『국학연구』 45, 215-218쪽.
291 유근자(2014), 「화계사 불교미술의 성격과 시주자」, 『한국불교사연구』 4, 251-260쪽.

사사적기(京畿道楊州郡三角山奉元寺事蹟記)」(1665년)²⁹²에 기록되어 있다.
이에 의하면 봉원사는 889년(진성여왕 3) 도선국사(道詵國師, 827-898)에
의해 반야사[암]로 창건되었고, 고려 공민왕 때 태고 보우(太古普愚, 1301-
1383)에 의해 중건되었다. 조선시대에는 태조 때에 삼존불을 조성하여
원각사에서 이곳으로 옮겨 봉안하였고,²⁹³ 1396년(태조 5)에는 태조 이
성계의 어진을 모시면서 왕실의 원찰이 되었다. 1592년(선조 25) 임진왜
란 때 소실되었고 그 후 지인(智仁)대사가 중창하였다. 1651년(효종 2)에
화재로 법전(法殿)과 동서에 있던 건물이 소실되자 극령(克齡)과 휴엄(休
嚴) 등이 모연해서 중건하였다.²⁹⁴

    1748년(영조 24)에 영조가 직접 사찰의 부지를 하사하자 찬즙(贊
汁)·증암(證岩) 등이 중심이 되어 현재의 위치로 사찰을 이건하였다.
1749년(영조 25)에는 영조가 '봉원사(奉元寺)' 현판을 하사하면서 반야
사에서 봉원사로 사찰명이 변경되었다.²⁹⁵ 1752년(영조 28)에 영조의
장손 의소세자(懿昭世子, 1750-1752)가 사망하자 영조는 봉원사를 의소
묘의 원찰로 삼았다. 봉원사에 현존하는 〈의소재각(懿昭齋閣)〉 현판(그

---

292 權相老 編(1979),『韓國寺刹全書』上, 동국대학교 출판부, 540쪽; 안진호 편찬, 이철교 해제
(1994), 「서울 및 近郊 寺刹誌(원제:奉恩寺本末寺誌)·제2편 京山의 사찰」,『多寶』10, 46-48쪽.

293 「京畿道楊州郡三角山奉元寺事蹟記」(1665년)에는 태조 때 삼존불을 조성하였는데 만덕
의 모습을 갖추었음을 알고 원각사에서 이 암자(봉원사의 전신인 반야암)로 옮겨 봉안하
였다고 한다. 원각사는 1465년(세조 11)에 창건되었기 때문에 태조 때 조성된 삼존불은 원
각사에 소장되어 오다가 봉원사로 옮겨진 것으로 추정된다. "我太祖朝 造佛三尊 知其有萬
德之像 遂自圓覺寺 移安于此庵"[안진호 편찬, 이철교 해제(1994), 앞 책, 47쪽].

294 안진호 편찬, 이철교 해제(1994), 앞 책, 38쪽.

295 「京畿道楊州郡三角山奉元寺事蹟記」(1665년) 뒤에는 새롭게 다음과 같은 사실이 추가되
어 있다. "乾隆十三年(1748년) 英廟朝卽位之 二十四年 戊辰 九月日 本庵主管贊大師 古
依牒報禮曹 而因此傳敎 內鞍峴下洪寶德洞同一岡麓賜牌 移建本庵丑坐未向 新建寺之以
後 己巳之春御筆賜額曰奉元寺也"[안진호 편찬, 이철교 해제(1994), 앞 책, 48쪽].

그림 33. 慈昭齋閣, 조선 후기

림 30)[296]은 영조의 친필로 전해지고 있어 왕실 원당으로서 봉원사의 위
치를 짐작할 수 있다.[297] 영조에 의해 현 위치로 이건된 봉원사는 그 후
'새로 지은 절'이라는 뜻에서 '새절[新寺]'로도 불리게 되었다.

영조가 봉원사와 인연을 맺게 된 것은 영조와 영빈 이씨(暎嬪 李氏,
1696-1764) 사이에서 태어난 화평옹주(和平翁主, 1727-1748)의 죽음과도
관련이 있다. 이는 화평옹주가 죽은 1748년(영조 24)에 영조가 이건할 봉
원사 부지를 하사하였고, 1주기가 되는 해에 봉원사 현판의 친필을 하
사한 것을 통해 알 수 있다.

1788년(정조 12)에는 봉원사에 팔도승풍규정소(八道僧風糾正所)가 설치
되었고, 1855년(철종 6)에는 은파(銀坡)와 퇴암(退菴) 화상이 법당을 중건
하였다.[298] 1858년(철종 9) 4월에는 성월(惺月)과 은파 화상이 양평 용문사
의 지장삼존상 및 시왕상 등을 봉원사로 옮겨 왔다. 그리고 7월에는 시왕

---

296 이 현판은 칠성각을 수리할 때 불단 아래에서 발견되었다. 크기는 78.5×36cm이며 현재
봉원사 수장고에 보관되어 있다.

297 탁효정(2012), 「『廟殿宮陵園墓造泡寺調』를 통해 본 조선후기 능침사의 실태」, 『조선시대
사학보』 61, 204쪽.

298 「奉元寺大法堂新重建記」(1855년); 안진호 편찬, 이철교 해제(1994), 앞 책, 38쪽, 48쪽.

전을 건립하고 존상들을 개금하였으며 불화를 새로 조성하여 봉안하였다.[299] 이후 1939년에는 주지 김영암(金英庵)이 명부전을 수리하였다.

1858년(철종 9)에 양평 용문사에서 봉원사로 명부전 존상을 이운하고 시왕전을 건립하여 봉안한 것은 순원왕후 김씨(純元王后 金氏, 1789-1857)의 1주기와 관련된 것일 수 있다. 정조는 세손 시절부터 영조와 함께 의소세손의 위패를 봉안한 의소묘에 행차하였으며[300] 영조 사후에도 지속적으로 의소묘를 참배했다.[301] 화평옹주와 의소세자는 영조가 총애하던 왕실 인물이었고 영조는 두 사람의 묘에 들러 애도하였다. 의소세자의 동생이었던 정조는 의소묘 관리에 관심을 두었고 이후에도 왕실의 관심은 지속되었다.

정조의 며느리이자 순조의 부인인 순원왕후가 승하하고 1주기가 되는 해인 1858년(철종 9)에 의소묘의 원당인 봉원사에 시왕전을 건립하고 명부전 존상을 봉안한 후, 그녀의 영가천도를 기원했을 가능성이 높다. 봉원사 명부전의 30존상을 왕실 원찰인 양평 용문사에서 옮겨 오는 일은 쉬운 일이 아니었을 것이다. 19세기에 지방의 왕실 원찰에서 경기 및 서울에 소재한 왕실 원찰로 존상을 이안한 경우는 대부분 왕실과 관계된 불사였기 때문에 가능하였다. 따라서 양평 용문사에서 서울 봉원사로 명부전 존상을 이운한 것 역시 왕실의 불사였던 것으로 추정된다.

---

299 「奉元寺冥府殿新建及十王改彩又地藏改金與各幀洛成記」(1859년); 안진호 편찬, 이철교 해제(1994), 앞 책, 48쪽.

300 『조선왕조실록』 영조 45년(1769) 2월 15일자 기록; 영조 49년(1773) 4월 28일자 기록; 영조 51년(1775) 12월 12일자 기록; 영조 52년(1776) 1월 30일자 기록.

301 『조선왕조실록』 정조 1년(1777) 7월 17일자 기록; 정조 10년(1786) 9월 6일자 기록; 정조 14년(1790년) 3월 15일자 기록; 정조 19년(1795) 10월 11일자 기록.

5

맺음말

이상으로 봉원사 명부전 존상의 복장 유물, 불상 조성에 관한 조성발원문, 무독귀왕이 들고 있는 경전함 밑면의 묵서 기록, 명부전 존상의 이운(移運) 등을 살펴보았다. 복장 유물은 주로 목제 후령통 7점과 금속제 후령통 1점 그리고 후령통을 감싼 청초폭자를 중점적으로 고찰하였다. 조선시대 불상의 복장에서 목제 후령통이 발견된 경우는 매우 드문 편인데 조선 전기에 조성된 경주 왕룡사원 목조아미타불상(1466년)에서 사리를 넣은 사리함으로 발견된 예가 있다. 또한 고려 말에 제작된 서산 문수사 목조아미타불상(1346년)과 광주 자운사 목조아미타불상에서 목제 후령통이 발견된 바 있다. 이에서 보듯 목제 후령통은 주로 고려 말에서 조선 초 불상의 복장에서 확인되었다.

봉원사 명부전 존상의 후령통은 고려 말 조선 초에 조성된 불상의 후령통과 같이 목제로 만들어졌다. 하지만 봉원사 명부전 존상의 후령통은 조선 후기의 일반적인 금속제 후령통처럼 후령통 덮개 중앙의 후혈을 통해 오색사가 통 안의 오보병과 연결되는 구조를 갖고 있으며, 납입법 또한 조선 후기의 후령통과 유사하다. 이를 근거로 하여 봉원사 명부전 존상 목제 후령통의 제작 시기를 조선 후기로 추정하였다.

봉원사 명부전 존상의 후령통은 2점을 제외하면 황초폭자가 아니라 청초폭자에 감싸여 있다. 이것은 조선시대의 후령통이 주로 황초폭자로 감싸여 있는 것과 대비된다. 즉, 봉원사 명부전 존상의 목제 후령통과 이것을 감싼 청초폭자는 조선시대의 일반적인 원통형의 금속제 후령통 및 황초폭자와는 차이가 있다. 왕실 관련 불상 가운데 청초폭자를 사용한 예로는 서울 옥수동 미타사의 대세지보살상이 있다. 두 존상은 왕실에서 발원한 불상으로 청초폭자를 사용하고 있다는 점에서 공통점이 있다.

봉원사 명부전 존상의 조성발원문은 지장보살상과 도명존자상에서 총 3점이 수습되었다. 하지만 동일한 크기와 내용으로 구성되어 있어 본고에서는 지장보살상의 조성발원문 1점만 분석하였다. 조성발원문의 내용 가운데 주목되는 것은 18세기에 새로운 시주 층으로 부상하는 거사와 사당이 시주자와 대화주로 참여한 사실이다. 이 외에도 새로운 소임으로 사찰의 청소를 담당하는 정통(淨桶)과 유사한 세기(洗器)가 등장하고 있는 것도 주목된다. 이것은 발견된 예가 없어 단정하기 어렵지만 '그릇을 씻는다'는 의미로 봉원사 명부전 존상이 인형왕후 민씨의 영가천도를 목적으로 한 불사로 여기지기 때문에 천도 의식과 관련된 소임일 가능성도 있다.

봉원사 명부전 존상의 조성에는 조각승 17명, 야장 1명, 목수 4명 등 총 22명이 참여하였다. 이 불사는 30존에 달하는 장대한 크기의 존상을 조성하는 대규모 불사였다. 1704년(숙종 30)에 양평 용문사에서 명부전 존상을 조성한 수조각승 색난은 고흥 능가사의 승려로 주로 전라도 지역에서 활동하였다. 그런데 그가 경기 지역으로 활동 영역을 확대한 것은 화엄사 각황전을 중건한 계파 성능과의 관계에서 비롯된 것으로 여겨진다.

1711년(숙종 37) 4월에 축성을 시작한 북한산성은 동년 10월에 완공되었는데 이 공사의 책임자는 팔도도총섭으로 임명된 계파 성능이었다. 그는 숙종 등 왕실의 후원으로 화엄사 각황전을 중건하고 3불4보살상 (1703년)을 조성하였다. 이때 불상 조성에 참여한 대표 조각승이 색난이었고, 불사를 주도한 승려는 계파 성능이었으며, 불사 후원자는 연잉군과 숙빈 최씨를 비롯한 왕실 인물들이었다. 따라서 화엄사 각황전 불상을 조성한 1년 후인 1704년에 조각승 색난이 양평 용문사에서 명부전 존상을 조성한 것은 이 같은 당시 관계 속에서 가능하였다.

마지막으로 1858년(철종 9)에 명부전 존상이 양평 용문사에서 서울 봉원사로 이운된 것은 순원왕후의 1주기와 관련된 것으로 파악하였다.

6장

서울 옥수동 미타사
아미타삼존불좌상의
복장 유물 분석과
양식 특징

1

머리말

미타사는 서울시 성동구 독서당로 40길 21에 위치한 사찰로 주불전인 극락전에는 조성 연도와 양식이 서로 다른 아미타불상[302]·관세음보살상·대세지보살상으로 구성된 아미타삼존상이 봉안되어 있다(그림 1). 본고는 극락전 아미타삼존상의 복장 유물과 조성 시기를 분석한 것으로, 2020년 8월에 이루어진 복장 조사를 통해 수습한 자료를 중심으로 작성한 것이다.[303] 미타사 아미타삼존상은 조선 후기 왕실과 관련된 불상으로 왕실과 비구니 사찰과의 관계를 규명하는 데도 중요하다.

---

[302] 미타사 극락전 아미타불상은 1707년 조성 당시에는 석가여래상으로 제작되었지만 1744년부터 미타사에서 아미타불상으로 봉안하였기 때문에 본고에서는 아미타불상으로 부르고자 한다.

[303] 2020년 8월 미타사 아미타삼존상 복장 조사 때 협조해 주신 미타사 주지 상덕 스님을 비롯한 사중 스님들께 감사드리며 아미타삼존상 및 복장 유물은 주수완 교수가 촬영한 것임을 밝혀둔다.

그림 1. 미타사 극락전 아미타삼존상, 조선 후기, 주수완 제공

　미타사 아미타삼존상 가운데 목조아미타불상의 복장에서는 조성발원문(1707년) 1점과 중수발원문 2점(1744·1917년)이 발견되었고, 바닥면에서는 아미타불상과 관련이 없는 또 다른 조성발원문(1757년) 1점이 수습되었다. 건칠관세음보살상의 복장에서는 조성발원문(1769년) 1점이 수습되었다. 미타사 아미타삼존상의 복장 기록을 분석한 결과 목조아미타불상은 1707년(숙종 33)에 조성되어 1744년(영조 20)·1768년(영조 44)·1917년 등 세 차례에 걸쳐 중수되었고, 건칠관세음보살상은 1769년(영조 45)에 조성되어 1917년과 1970년에 중수된 사실을 확인하였다. 목조대세지보살상은 1744년(영조 20)과 1917년에 중수된 사실만 밝혀졌다. 미타사 아미타삼존상이 현재의 모습을 갖추게 된 것은 건칠관세음보살상이 조성된 1769년(영조 45)이다.

　본고에서는 미타사 아미타삼존상의 복장 유물 현황과 복장 기록인 조성발원문 및 중수발원문의 내용을 분석하고, 조성 시기가 각기 다른 미타사 극락전 아미타삼존상의 양식 특징을 살펴보고자 한다.

2

미타사 아미타삼존불좌상의
복장 유물 현황

미타사 극락전 목조아미타불상에서는 조성발원문(1707년·1757년) 2점, 중수발원문(1744년·1917년) 2점, 후령통 1점, 복장 전적이 수습되었다. 복장 전적으로는 1459년(세조 5)에 발간된 『월인석보(月印釋譜)』 권7·8·9·10 등이 수습되었다. 이 외에 『법화경』 권4·5·6·7과 『부모은중경』 1권 등이 발견되었다.

목조대세지보살상에서는 후령통 1점, 다라니 2점, 1459년(세조 5)에 발간된 『월인석보』 권8·10, 『법화경』 6점 등이 수습되었다.

건칠관세음보살상에서는 조성발원문 1점(1769년), 후령통 2점(1769년·1970년), 주서 다라니 137매, 유리잔(1970년), 보석류(1970년) 등이 발견되었다. 미타사 아미타삼존상에서는 조성발원문 3점, 중수발원문 2점, 후령통 4점, 복장 전적과 다라니 등이 수습되었다.

1) 목조아미타불상의 복장 유물

미타사 목조아미타불상의 밑면에는 주서(朱書) 다라니가 부착되어 있었고, 안쪽에는 1917년에 개금·중수를 기록한 원문(願文)이 봉투 안에 들어 있었다. 이 외에 밑면에서 수습된 1917년 개금·중수 원문 안에는 별도의 조성발원문(1757년)이 삽입되어 있었다. 이 발원문은 미타사 목조아미타불상과 관계없는 다른 불상에 관한 것으로, 1917년 이전에 목조아미타불상의 밑면에 부착해 놓았던 것으로 추정된다.

미타사 아미타불상 복장 내부에서는 조성발원문(1707년) 및 복장 전적과 개금·중수 때 납입한 것으로 보이는 한지에 싸인 복장 유물이 함께 수습되었다. 후령통 내부의 물목을 조사한 후 필자는 수습된 후령통 복장 유물의 크기뿐만 아니라 무게도 측정하였다. 이것을 정리한 것이 〈표 1〉이다.

표 1. 아미타불상 복장물 목록

	분류		유물 명칭	조성연도	크기(cm) 세로×가로)	수량 (張數)	재질
1	발원문		조성발원문	1707	25.1×147.5	1	종이
2			개금원문	1744	46.3×61.5	1	종이
3			조성발원문	1757	24×26	1	종이
4			개금원문	1917	26.5×1,512	1	종이
			개금원문 봉투	1917	29×28.8	1	종이
5	후령통	외부	후령통	1707	전고 9.33, 지름 3.44, 무게 32.22g	1	금속
6			외 황초폭자	1707		1	천
7			내 황초폭자	1707		1	천
8			오색사	1707		3	실
9			방경(동)	1707	1.95×1.98, 무게 0.35g	1	금속
10			삼각경(남)	1707	1.47×1.31×1.61, 무게 0.23g	1	금속

	분류		유물 명칭	조성연도	크기(cm) 세로×가로)	수량(張數)	재질
11	후령통	외부	원경(서)	1707	지름 2.66, 무게 0.70g	1	금속
12			반월경(북)	1707	1.05×1.71, 지름 0.39g	1	금속
13		내부	양면경	1707	지금 2.95, 무게 0.86g	1	금속
14			팔엽 연화	1707	지름 2.32, 무게 1.19g	1	금속
15			오보병(동)	1707	높이 2.23, 무게 1.55g	1	금속
16			오보병(남)	1707	높이 2.09, 무게 1.51g	1	금속
17			오보병(서)	1707	높이 2.15, 무게 1.71g	1	금속
18			오보병(북)	1707	높이 2.03, 무게 1.60g	1	금속
19			오보병(중앙)	1707	높이 2.11, 무게 1.56g	1	금속
20			주서 다라니 ①	1707	25×45.5	1	종이
21			주서 다라니 ②	1707	25×47	1	종이
22	한지에 싸인 복장물		금사(金絲)			1	금속 종이
23			대흥사명 묵서	1744 추정	44×70.5	1	종이
24			정향명 묵서		9×11	1	종이
25	복장전적		월인석보 권7	1459	31.5×21.9	61	종이
26			월인석보 권8	1459	31×21.5	57	종이
27			월인석보 권9	1459	29.5×21.2	65	종이
28			월인석보 권10	1459	29.7×21.8	87	종이
29			법화경 권4	조선	27×16.7	26	종이
30			법화경 권4	조선	23.8×16.8	2매	종이
31			법화경 권5	조선	27×17	57	종이
32			법화경 권5	조선	28.7×16.5	6	종이
33			법화경 권6	조선	27×16.7	28	종이
34			법화경 권6	조선	29.5×17.5	18	종이
35			법화경 권7	조선	27×16.8	2	종이
36			법화경 권7	조선	30×17.7	51	종이
37			부모은중경	조선	26.8×16.5	12	종이

(1) 목조아미타불상 조성발원문

목조아미타불상의 조성발원문(그림 2)은 1707년(숙종 33, 康熙 46)에 작성되었고, 크기는 세로 25.1×가로 147.5cm이며, 한지에 주서되어 있다. 조성발원문의 내용은 다음과 같다.

그림 2. 목조아미타불좌상 조성발원문 앞부분, 1707년

一生發願東方滿月世界十二大願藥師
琉璃光如來改金大施主尙宮癸酉生金
氏貴業等奉爲
主上殿下萬歲萬歲聖壽萬歲
王妃殿下金枝欝欝玉葉垂垂
世子邸下壽量增躍福辰益輝
嬪宮沈氏夢懷日月脇誕生知
延礽君李氏甲戌生
延齡君李氏己卯生
寧嬪己酉生金氏
淑嬪庚戌生崔氏
諸宮宗室各安寧
文武百僚盡忠良
國泰民安法輪轉
虔誠發願藥師改金兼供养布施³⁰⁴末醬食

---

304 원문에는 '施布'로 기록하고 글자 옆에 방점을 표시했기 때문에 '布施'로 수정해서 기록하였다.

塩都大施主尙宮癸酉生金氏貴業保体終生

至死永無灾殃先亡父母祖上離苦得樂亦願以

此功德法界含灵皆蒙利益俱成正覺

尙宮乙酉生金氏從淨保体

一生發願釋迦如來造像大施主比丘尼法賛保体

黃金泥金大施主林碩興兩主保体壽命長

坤命壬子生崔氏保体壽命長遠

泥金施主金昆伊丁未生金氏兩主保体壽命長遠

烏金施主李廷植金氏兩主保体壽命長遠

金滿廷兩主保体李東馥兩主保体

金興拝兩主保体李成業保体

李榮瓚保体李氏愛淑保体

喉領筒施主 比丘尼玄覺保体

烏金施主 高次碩己亥生韓氏兩主保体

比丘尼善寬保体	比丘尼道惠保体
比丘尼義俊保体	比丘尼妙嘗保体
比丘尼義性保体	比丘尼尙玄保体
緣化秩	比丘尼淸輝保体
證明 智霡	比丘尼道義保体
法蘭	比丘尼守原保体
画員 嘉善釋密	比丘尼弘仁保体
嘉善覺暹	比丘尼道惠保体
比丘希安	比丘尼戒行保体
供养主 比丘廣特	
比丘幸譆	
別座 比丘世暎	

化主 嘉善德澄
本寺秩
主長 比丘靈信
老德 比丘竺蓮
　　　比丘靈密
通政 比丘勝克
持殿 比丘應玄
通政 比丘守卓
通政 比丘信行
嘉善 比丘世遠
五月三宝 贊印
六月三宝 明瓚
　　　比丘自益
前摠攝嘉善 性聰
　　　比丘希運
　　　比丘學均
　　　比丘清淑
　　　比丘智深
　　　比丘敬元
　　　比丘懷演
前判事 比丘明瑞
　　　　比丘性輝
時維康熙四十六年歲次丁亥五月初十日
始役六月二十日點眼告厥成功水落山興國
寺藥師改金新造釋迦如來安于
京城外蓬萊山霞溪寺

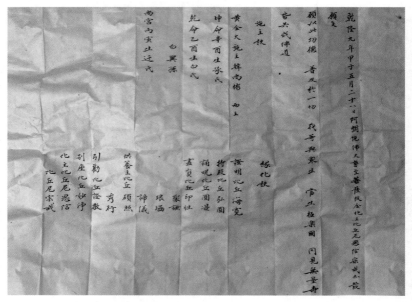

그림 3. 미타사 목조아미타불상 중수발원문, 1744년

(2) 목조아미타불좌상의 중수발원문

목조아미타불상의 중수발원문(그림 3)은 1744년(영조 20, 乾隆 9)에 작성되었으며, 크기는 세로 46.3×가로 61.5cm이다. 한지에 묵서되어 있으며, 원문의 내용은 다음과 같다.

乾隆九年甲子五月二十八日阿彌陀佛大勢至菩薩改金
化主比丘尼思信宗戒木發
願文

2부 조선시대 왕실 발원 불상의 복장 유물과 조성·중수발원문의 분석

願以此功德 普及於一切 我等與衆生 當生極樂國
同見無量壽

施主秩   緣化秩
黃金大施主 韓尚彬兩主   證明 比丘海寬
坤命辛酉生承氏   持殿 比丘弘圓
乾命乙酉生白氏   誦呪 比丘圓湜
        白興孫   畵員 比丘印性
尙宮丙寅生迕氏   聚謙
                                    琅玿
                                    諦儀
                               供養主 比丘碩照
                                    秀行
                               引勸 比丘證敎
                               別座 比丘妙淨
                               化主 比丘尼思信
                                    比丘尼宗戒

(3) 아미타불 · 관음보살 · 미타원불 조성발원문

아미타불상·관음보살상·미타원불 조성발원문(그림 4)은 현재 미타사 아
미타삼존상과는 관계없는 별도의 발원문으로 1757년(영조 33, 乾隆 22)에
작성되었다. 크기는 세로24×가로26.2cm이고, 한지에 묵서되어 있다.
조성발원문의 내용은 다음과 같다.

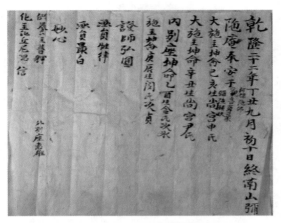

그림 4. 미타사 아미타불 · 관음보살상 · 미타원불 조성발원문, 1757년

乾隆二十二年丁丑九月初十日終南山彌

陀庵奉安于 阿彌陀佛

　　　　　觀音尊像

　　　　　彌陀願佛

大施主 坤命 己亥生 尚宮申氏

大施主 坤命 辛丑生 尚宮尹氏

內別座 坤命 己酉生 金氏次氷

施主 坤命 庚辰生 閔氏次貞

證師 弘圓

画員 性律

画員 最白

妙心

供養主 普輝　　　　　　　　外別座 惠雄

化主 比丘尼 思信

2부 조선시대 왕실 발원 불상의 복장 유물과 조성 · 중수발원문의 분석

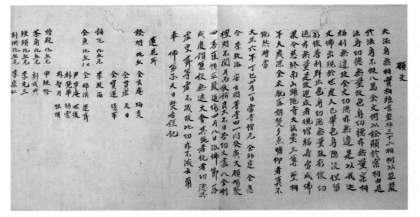

그림 5. 미타사 아미타삼존상 중수발원문 1면, 1917년(大正 6)

(4) 아미타삼존상의 중수발원문

아미타삼존상의 중수발원문(그림 5)은 1917년(大正 6)에 작성되었으며, 크기는 세로 26.5×가로 1,512cm이다. 한지에 묵서되어 있으며, 원문의 내용은 다음과 같다.

願文

夫法自無相實相难言若非三十二相何以莊嚴

於法身不假八萬金文何以詮顯於宗相由是

法身功德無量故色身功德亦無量宗相

福利無邊故金文功德亦無邊是以我迦

文佛出現於世度人已畢色身隱沒但留

影像普利群生色身功德無量故影像功

德亦無量是故造成者現證福壽當成佛

果今慈終南山彌陀寺大法堂三尊聖相
年久歲深金衣脫落朝焚夕点瞻仰者莫不
慨然時當
大正六年丁巳四月一日當寺僧尼全玅定 金應
合 李致海 安玄國䓁寺內一同發廣大願鳩聚
檀財不閏月而敬請良工不日告功又畵八金剛
四菩薩幀莊嚴道場四月八日浴佛節落
成慶讚兼設無遮大會其施者化者功德與
虛空齊䓁虛不滅故此功亦不滅云爾
奉 佛弟子天日焚香謹記
緣化所
證明 比丘 金玄庵 炳變
　　　　全貫虛 天日
　　　　金寶蓮 璟華
誦呪 比丘尼 李治海
金魚 比丘 片手 全錦溟 運霽
　　　　　尹草庵 世復
　　　　　朴梵華 禎雲
　　　　　朴智月 性侑
持殿 比丘尼 申經修
茶角 比丘尼 劉戒典
鐘頭 比丘尼 李光三

```
別供 比丘尼 李宗仁
供司 比丘尼 金善雄
         林寶允
別座 比丘尼 朴圓滿
         林頓亨
都監 比丘尼 金應合
監督 比丘尼 孟玄愚 悳祚
化主 比丘尼 全玅定
         金應合
         李治海
         權大思
         安玄國
         朴圓滿
同參施主錄本寺秩 …… 이하 생략
```

2) 건칠관세음보살상의 복장 유물

미타사 건칠관세음보살상의 복장에서는 조성발원문(1769년) 1점과 중수
발원문(1970년) 1점이 발견되었다. 또한 1769년(영조 45) 조성 당시의 후
령통과 1970년에 별도로 납입된 유리로 만든 후령통 등 2점이 추가로
발견된 것이 주목된다. 미타사 건칠관세음보살상의 복장 유물은 1970
년에 납입한 다라니가 대부분이다(표 2).

표 2. 관세음보살상 복장물 목록

	분류	유물 명칭	조성연도	크기(CM) 세로×가로	수량(張數)	재질
1	발원문	조성발원문	1769	59×48	1	한지
2	금속제 후령통	후령통	1769	높이 7.4, 지름 5.5, 무게 42.01g	1	주석, 납
3	금속제 후령통 외부	황초폭자	1769	50×43	1	천
4		황색종이	1769	28×43	1	종이
5		홍색천	1769	18×16	1	비단
6		백색천	1769	19×15	1	비단
7		청색천	1769	16.5×15.5	1	비단
8		무공주(無孔珠)	1769	1.15×1.35	1	수정
9	금속제 후령통 내부	오보병(중앙)	1769	높이 6.18, 지름 2.1	1	은
10		오보병(동)	1769	높이 5.0, 지름 1.7		
11		오보병(남)	1769	높이 5.0, 지름 1.7		
12		오보병(서)	1769	높이 5.6 지름 1.1		
13		오보병(북)	1769	높이 5.0, 지름 1.7		
14	유리 후령통	후령통	1970	높이 7 밑변 4.40×4.40 몸통 4.6×4.6	1	유리
15	유리 후령통 외부	황지폭자(黃紙幅子)	1970	43×43	1	종이
16		다라니	1970	21×32	1	종이
17		시주자 묵서 자료 ①	1970	14.5×27.5	1	종이
18		시주자 묵서자료 ②	1970	10×5	1	종이
19		시주자 묵서자료 ③	1970	10×5	1	종이
20		금	1970		2	금
21		호박		1.72×1.52	1	호박
22	유리잔	유리잔	1970	지름 9, 밑면 3.3	1	유리
23		유리잔 시주발원문	1970	22×20.8	1	종이
24		시주자 묵서자료 ①	1970	8×8	1	종이
25		시주자 묵서자료 ②	1970	8×8	1	종이
26		시주자 묵서자료 ③	1970	10.5×22	1	종이
27		주서 다라니	1970		1	종이
28		진심종자개개서 다라니	1970	23.5×24	1	종이
29		녹색천	1970	22×36.5	1	비단
30		사리	1970		3	
31		보석 1	1970		8	
32		보석 2	1970		7	
33	다라니	보협진언 다라니		40.5×70	1	종이
34		다라니		33.5×60	2	종이
35		다라니		38×45	135	종이
36	천	천(다라니에 싸인)		16.5×22.5	1	비단

그림 6. 미타사 건칠관세음보살상 황초폭자와 후령통

그림 7. 미타사 관세음보살상 후령통의 물목 납입 상태

  건칠관세음보살상에서 수습된 복장물 가운데 1769년에 조성된 것
은 조성발원문 1점과 후령통 1점으로, 후령통은 주서 다라니에 싸인 채
발견되었다(그림 6). 황초폭자가 감싸고 있던 후령통은 색한지와 4색의
천으로 다시 싸여 있었다. 오보병에 연결된 오색사가 통과하는 원통형
의 후혈(喉穴)이 있는 덮개 대신에 8엽 연화로 되어 있는 건칠관세음보
살상의 후령통은 조선 후기에 조성된 매우 드문 형태의 예이다.
  후령통은 납과 주석이 합금된 것으로 추정되며 방위를 상징하는 사
방경(四方鏡) 대신에 붉은 글씨로 동남서북을 기입하였다. 후령통 안에
는 금속제 오보병(五寶瓶)이 있고 그 안에 오보를 납입하였다. 후령통 바
닥에서는 수정제 무공사리(無孔舍利)와 오보병 덮개 등이 발견되었다.

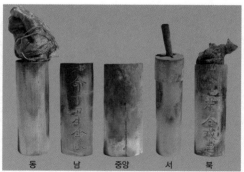

**그림 8. 미타사 건칠관세음보살상 후령통
내부 오보병, 1769년**

동　남　중앙　서　북

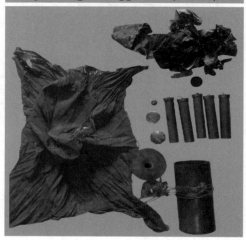

**그림 9. 부산 금정사 목조아미타불상 후
령통 유물, 1677년, (사)한국미술
사연구소 제공**

서(西) 금속제 오보병은 흰색 천에 싸여 있었고 나머지 금속제 통 내부에
는 천으로 감싼 오보가 납입되어 있었다(그림 7). 중앙 오보병과 서 오보
병은 은제로 추정되며 동·남·북 오보병은 금동제이다(그림 8). 미타사 관
음보살상처럼 후령통 안에 금속제 오보병이 납입된 예로는 조각승 혜희
가 조성한 부산 금정사 목조아미타불상(1677년)(그림 9)을 들 수 있다.[305]

---

[305] 문명대(2010), 「조각승 혜희(慧熙)의 작품세계와 부산 금정사 봉안 용문사(龍門寺) 목 아

　　　2부 조선시대 왕실 발원 불상의 복장 유물과 조성·중수발원문의 분석

중앙·남·북 오보병에는 시주자명이 새겨져 있는데, 이 가운데 중앙 오보병에는 시주자명과 함께 1769년(영조 45, 乾隆 34)에 제작되었다는 기록이 있어 주목된다. 또한 후령통 바깥 면에 배치되었던 사방경이 오보병 안에 오보와 함께 납입되어 있는 점 역시 특이하다. 중앙 오보병에는 오보병의 조성 연도를 비롯해 시주자 8명의 성별과 사주(四柱)가 기록되어 있다.[306]

조선시대 불상 조성에 참여한 시주자의 경우 이름만 기록된 예가 대부분이고, 예외적으로 왕실 인물과 관련된 시주자를 기록할 때는 생년을 함께 기록하기도 하였다. 그러나 미타사 건칠관세음보살상의 경우처럼 생년·월·일·시까지 표기한 경우는 매우 드문 예이다. 남·북 오보병 시주자는 생년과 이름만이 새겨져 있다.[307] 조선시대 후령통 내부에 금속으로 오보병을 제작해 납입한 경우가 드문 점에서 미타사 건칠관세음보살상의 금속제 오보병은 조선 후기 후령통 내부 물목 연구에 자료적 가치가 크다.

건칠관세음보살상의 조성발원문(그림 10)은 1769년(영조 45, 乾隆 34)에 작성되었으며, 크기는 세로 47.8×가로 59cm이다. 한지에 묵서되어 있으며, 발원문의 내용은 다음과 같다.

미타불상의 복원적(三世佛像) 연구」,『강좌미술사』 34, 92쪽.

306 건칠관세음보살상 중앙 오보병의 명문(1769년). "乾隆三十四年月日」坤命丙寅生八月十三日丑時」乾命戊戌生閏八月十五日寅時」坤命庚寅生二月十九日子時」乾命庚申生十月十一日亥時」坤命丙辰生十月初五日亥時」乾命癸酉生四月十八日酉時」乾命己卯生閏六月初四日子時」乾命戊子生六月二二日未時」".

307 건칠관세음보살상 남 오보병 명문. "坤命丁丑生金氏"; 북 오보병 명문. "坤命乙丑生金戒惠".

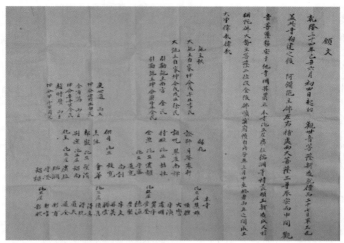

그림 10. 미타사 건칠관세음보살상 조성발원문, 1769년

願文

乾隆三十四年己丑六月初四日起始　觀世音菩薩新造脫像而
二十七日畢工也

盖此寺刱建之後　阿彌陀主佛左右補處兩大菩薩三尊奉安而
中間觀

音菩薩移安于他寺闕其累年本寺比丘尼廣位瑞潤等特發願王
新造成又於

彌陀佛大勢至菩薩二位改金後佛幀冥府幀自戊子年三月中重
修者兩年之間成工

大事偉哉偉哉

施主秩		緣化		本寺
大施主 自家 坤命 戊午生 李氏		證師 月菴處軒		比丘尼 慧雄
大施主 自家 坤命 戊戌生 徐氏		誦呪 翠友尙禪		順聰

引勸施主 尙宮 金氏	持殿　比丘喆性	大嵓
引勸施主 坤命 庚子生 金氏	金魚　比丘震隸	守演
庚世通　　兩主	比丘守密	處明
坤命 壬戌生 白氏	道寬	翼宇
金有萬　　兩主	尙訓　比丘尼	夢奎
坤命 辛丑生 金氏	供司　比丘致寬	德涵
趙時贊　　兩主	來往　會華	夢堅
坤命 甲午生 周氏	都監　比丘聖涓	宇文
	別座 比丘尼智尙	再英
	化主 比丘尼廣位	勝雲
	瑞潤　比丘尼	頓眞
	守澄	得眞
	智樞	得玧
		道天
		道全
		彩有
		彩言
		比丘尼 彩欣

3) 목조대세지보살상의 복장 유물

미타사 목조대세지보살상의 복장에서는 후령통 1점, 『월인석보』권
8·10, 『법화경』, 천 일부가 수습되었다(표 3). 수습된 복장물 가운데 여러
가지 색깔의 천은 목조아미타불상에서 수습된 것과 같은 종류의 것으로

1744년(영조 20) 개금·중수 때 납입된 것으로 추정된다. 후령통은 주서 다라니에 1차로 싸인 후 다시 2겹의 주서 다라니에 싸여 있었다. 안쪽 2 매의 다라니는 다라니명과 다라니가 표기되어 있는데, 오황(五黃)·오개 자(五芥子)·오색채번(五色彩幡)·오색사(五色絲)·오시화(五時花)·오보리엽 (五菩提葉)·오길상초(五吉祥草)·오산개(五傘蓋) 등에 관한 것이다.

미타사 목조대세지보살상 청초폭자(靑綃幅子)에 싸인 후령통 바깥에 는 수정병이 오색사로 묶여 있었다. 동일한 수정병이 목조아미타불상의 복장에 별도로 납입된 천과 함께 발견된 것으로 보아 1744년 개금·중

표 3. 미타사 대세지보살상 복장물 목록

	분류	유물 명칭	조성연도	크기(CM) 세로×가로	수량(張數)	재질
1	후령통	후령통	1744 이전	높이 5.05, 지름 2.63	1	금속
2	후령통 외부	방경(동)	1744 이전	1.66×1.70	1	금속
3		삼각경(남)	1744 이전	1.99×1.90×1.97	1	금속
4		원경(서)	1744 이전	지름 1.53	1	금속
5		반월경(북)	1744 이전	지름 1.54	1	금속
11		수정병	1744 이후	2×3.8	1	수정
6	후령통 내부	팔엽 연화	1744 이전	지름 3.32	1	금속
7		양면경	1744 이전	지름 3.39	1	금속
8		주서 다라니 ①	1744 이전	48×57	1	종이
9		주서 다라니 ②	1744 이전	26×44.5	1	종이
10		주서 다라니 ③	1744 이전	24.5×53	1	종이
12	다라니	다라니 1	1744 이후	111×60	1	종이
13		다라니 2	1744 이후	111×60	1	종이
14	복장전적	월인석보 권8·10	1459	32.5×22	16	종이
15		법화경 권1		24×16.5	3	종이
16		법화경 권4		27×16.7	19	종이
17		법화경 권5		29.5×18.6	완책	종이
18		법화경 권5·6		29.5×17.5	34	종이
19		법화경 권6		26.5×16.5	27	종이
20		법화경 권7		26.5×16.5	4	종이

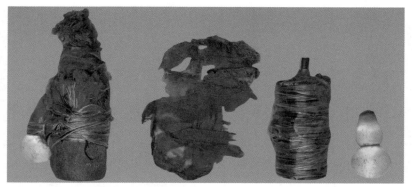

그림 11. 미타사 목조대세지보살상 후령통과 청초폭자

그림 12. 미타사 목조대세지보살상의 후령통 물목

수 때 추가된 것으로 추정된다. 청초폭자는 심하게 부식되어 있었으며, 몸체를 묶은 오색사를 풀자 수정병·후령통·청초폭자가 분리되었다. 후령통은 오색사가 전체를 감싸고 있었고, 청초폭자에 주서된 글자 가운데 증명(證明)과 화원(畵員)만이 판독되었다(그림 11).

미타사 목조대세지보살상 오색사 안 후령통 표면에는 사방경이 부착되었고, 후혈을 통해 오색사는 후령통 내부의 오보병과 연결되어 있었다. 오보병 안쪽에는 양면경 → 팔엽 연화 → 오보병 → 오륜종자·진심종자·문수사리법인소재정업주·대불정능엄신주 다라니가 납입되어 있었다. 목조대세지보살상 후령통 관련 유물은 수정병, 청초폭자, 후령통, 사방경, 팔엽 연화, 양면경, 오보병, 오륜종자 다라니 등이다(그림 12).

3

미타사 아미타삼존불좌상의 복장 기록 분석

1) 목조아미타불상의 조성발원문(1707년) 분석

(1) 조성 목적과 시주자

미타사 극락전 목조아미타불상의 복장에서 수습된 조성과 개금 및 중수에 관한 자료는 총 4점이다. 조성발원문은 1707년(숙종 33, 康熙 46)에 작성된 것으로 주된 내용은 1633년생 상궁 김귀업(金貴業)이 남양주 흥국사 약사여래상을 개금하였고, 비구니 법찬(法贊)이 새로 석가여래상을 조성해 경성 바깥 봉래산 쌍계사에 봉안하였다는 것이다. 조성발원문의 내용을 통해 미타사 극락전 목조아미타불상은 1707년 조성 당시에는 석가여래상으로 조성되었다는 것을 알 수 있다. 이 같은 사실은 항마촉지인을 결하고 있는 수인을 통해서도 확인된다.[308]

---

[308] 조선시대 석가여래상은 대부분 우견편단을 하고 항마촉지인을 결한 경우가 대부분이다.

미타사 극락전 목조아미타불상은 숙종의 후궁 소의 유씨(昭儀 劉氏, ?-1707)[309]의 명복을 빌기 위해 제작된 것이다. 소의 유씨는 궁인(宮人)이 었다가 1698년(숙종 24)에 숙원(淑媛)으로 책봉되었다. 이때 후궁의 전택 매입금이 6천 금에 달해 식자들이 근심하고 한탄하였다.[310] 1699년(숙종 25)에는 숙의(淑儀)로 진급되었고,[311] 1702년(숙종 28)에는 소의(昭儀)에 봉해졌다.[312] 소의 유씨는 1707년(숙종 33) 음력 4월 8일에 사망하여[313] 6월 10일에 장사지냈다.[314] 소의 유씨의 묘소는 진관(津寬)에 있었는데 매년 한식에 묘소에서 한 번만 제사를 지냈다.[315] 소의 유씨의 묘소는 1767 년(영조 43)에 건립된 묘표(墓標)와 함께 1940년에 서삼릉 경내로 이전되

그러나 미타사 아미타불상처럼 노출된 오른팔을 부견의로 덮은 변형 우견편단 형식도 존 재하는데, 부안 내소사 대웅전 석가불좌상(1633년), 고창 선운사 영산전 석가여래상(18세 기 조성), 나주 대성사 석가여래상(1957년) 등이 있다. 그러나 이러한 경우는 매우 드문 형 식이기 때문에 미타사 목조아미타불상이 항마촉지인을 하고 있는 것은 후대에 수리되었을 가능성도 존재한다.

309 「조선국전라도구례현지리산대화엄사장육전중건상량문(朝鮮國全羅道求禮縣大華嚴寺丈 六殿重建上梁文)」(1701년) 시주자 명단에 "大施主 壬戌生 劉氏 保体"라는 기록이 있 어 소의 유씨로 해석할 수도 있지만, 이 인물은 궁인으로 추정된다.

310 『조선왕조실록』 숙종 24년(1698) 8월 2일자 기록. "命封宮人劉氏爲淑媛 仍命戶部 輸送田 庄買得價銀四千兩 用度添補豆一百石 宮房價銀二千兩 蓋是時國儲蕩竭 民生顚連 而後 宮田宅之價 多至六千金, 識者憂歎"

311 『조선왕조실록』 숙종 25년(1699) 10월 23일자 기록. "陞貴人崔氏爲淑嬪 淑媛劉氏 朴氏 爲淑儀 用端宗大王復位慶也".

312 『조선왕조실록』 숙종 28년(1699) 10월 18일자 기록. "傳曰 貴人金氏爲寧嬪 貴人朴氏爲 禵嬪 淑儀 劉氏爲昭儀".

313 『승정원일기』 숙종 33년(1707) 4월 8일자 기록. "禮曹啓曰 傳曰 卒昭儀禮葬事 卽爲擧行 祭需依例輸送事 分付該曹事 命下矣 禮葬等事 依聖教卽速擧行 而弔祭依例擧行 何如 傳 曰 允".

314 『승정원일기』 숙종 33년(1707) 6월 10일자 기록. "傳曰 卒劉昭儀墓所役事 因役軍數少 雨 勢如此 尙未畢役 禮葬官及加定官 勿爲徑先復命 問于禮葬官加定官 役軍待其畢役後復 命事分付事 發關分付于京畿監營".

315 『조선왕조실록』 정조 22년(1798) 9월 7일자 기록. "昭儀 劉氏墓在津寬 一只祭每年寒食墓所".

그림 13. 서삼릉 후궁 묘역 내 소의 유씨 묘와 묘표, 출처: 문화재청

았다(그림 13).

소의 유씨는 후손이 없었기 때문에 후궁으로 책봉될 때 숙종으로부터 받은 사가(私家)에서 환관과 궁녀들의 봉공(奉供)을 받았다.[316] 그러나 정조가 즉위한 1776년 이후에는 후사 없이 사망한 왕자·공주·후궁의 제사를 받들고 있던 수진궁(壽進宮)으로 그녀의 신주(神主)가 옮겨졌다.[317] 소의 유씨가 후손 없이 1707년(숙종 33)에 사망하자 그녀를 모셨던 상궁 김귀업이 남양주 흥국사 약사여래상을 개금하였고, 비구니 법찬이 석가여래상을 조성한 것이다.

조성발원문 앞부분에는 계유생 상궁 김귀업이 약사여래상 개금을

---

316 위키피디아[https://ko.wikipedia.org/wiki], 검색 일자는 2021년 3월 30일.
317 『조선왕조실록』 정조 22년(1798) 9월 7일자 기록.

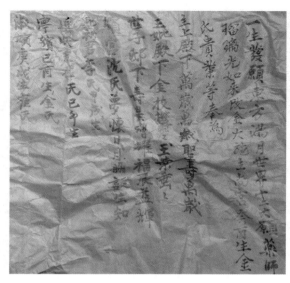

그림 14. 미타사 목조아미타불
상 조성발원문 일부,
1707년

발원했다는 내용과 함께 숙종과 인원왕후 김씨(仁元王后 金氏, 1687-1757)
를 비롯해 세자와 세자빈 심씨(沈氏, 1686-1718), 숙종의 아들 연잉군(延
礽君, 1694-1776)과 연령군(延齡君, 1699-1719), 숙종의 후궁 영빈 김씨(寧嬪
金氏, 1669-1735)와 숙빈 최씨(淑嬪 崔氏, 1670-1718) 등 왕실 인물이 기록
되어 있다(그림 14). 이를 통해 남양주 흥국사 약사여래상 개금과 미타사
아미타불상의 조성에는 왕실 인물들이 연관된 것을 확인할 수 있다.

　남양주 흥국사는 선조가 1568년(선조 1)에 아버지 덕흥대원군(德興大
院君, 1530-1559)의 원당으로 삼은 사찰이다. 현재 흥국사 만월보전에는 석
조약사여래좌상이 모셔져 있다(그림 15). 상궁 김귀업이 1707년(숙종 33)
에 개금을 한 남양주 흥국사 약사여래상은 현재 만월보전에 봉안된 석조
약사여래좌상으로 추정된다. 흥국사는 1790년(정조 14)에 봉은사·봉선
사·용주사·백련사 등과 함께 국가에서 임명하는 관리들이 머무르면서

그림 15. 남양주 흥국사 만월보전과 석조약사여래좌상

왕실의 안녕을 기원하는 오규정소(五紏正所)의 한 사찰로 채택[318]되었는데, 이를 통해서도 왕실 원찰로서의 기능이 지속된 사실을 알 수 있다.

남양주 흥국사 약사여래상 개금과 미타사 목조아미타불상의 조성은 1707년 5월 10일에 시작되어 6월 20일에 완성되었다. 한편 소의 유씨는 같은 해 4월 8일에 사망하였고 6월 10일에 장사를 지냈다. 미타사 목조아미타불상은 소의 유씨의 사망 및 장례와 중복되는 시기에 왕실 인물들이 참여하여 조성되었기 때문에, 소의 유씨의 극락왕생 기원과 관련되어 있음을 알 수 있다.

미타사 목조아미타불상과 같이 숙종을 비롯한 왕실 인물들이 불상 조성에 참여한 예로는 1703년(숙종 29)에 조성한 구례 화엄사 각황전의 3불4보살상을 들 수 있다. 1701년(숙종 27)에 숙종의 비 인현왕후 민씨

---

318 한국민족문화대백과[http://encykorea.aks.ac.kr]

　　　　　　2부 조선시대 왕실 발원 불상의 복장 유물과 조성·중수발원문의 분석

(仁顯王后 閔氏, 1667-1701)가 세상을 떠나자, 숙종과 왕실 인물들은 화엄사 각황전의 석가여래·다보여래·아미타여래·문수보살·보현보살·관음보살·지적보살 등을 조성해 왕비의 극락왕생을 발원하였다.[319] 화엄사 각황전 존상의 조성발원문에는 소의 유씨가 귀한 자식을 얻기를 바란다는 내용이 포함되어 있다.[320]

화엄사 각황전 3불4보살상의 조성발원문은 재복장하였기 때문에 원문을 확인할 수 없다. 「조선국전라도구례현지리산대화엄사장육전중건상량문(朝鮮國全羅道求禮縣大華嚴寺丈六殿重建上梁文)」의 앞면 끝에는 각황전이 영조가 왕자였던 시절에 원당(願堂)으로 건립된 것임을 보여 주는 기록이 있다(그림 16). 그 내용은 "원당대시주 연잉군 친왕자 갑술생 이씨 수명장(願堂大施主延礽君親王子甲戌生李氏壽命長)", "조성대시주 친왕자모 경술생 최씨 수명장(造成大施主親王子母庚戌生崔氏壽命長)"이다. 이 내용을 통해 알 수 있듯이 왕실 인물 가운데 연잉군과 어머니 최씨가 각황전을 조성하는 데 대시주자로 참여한 사실을 알 수 있다.

1707년(숙종 33)에 미타사 목조아미타불상을 조성한 조각승은 석밀(釋密)·각섬(覺暹)·희안(希安) 등 3명이다(그림 17). 이 가운데 수조각승 석밀과 2위 각섬은 종2품인 가선(嘉善)의 품계를 갖고 있다. 이를 통해 왕실에서 발원한 불상 조성에는 지위가 높은 조각승이 참여하고 있는 사실이 확인된다. 이들의 활동에 대해서는 현재까지는 알려진 바가 없어 미타사 목조아미타불상이 유일한 작품이다.

---

319 오진희(2006), 「조각승 色難派와 華嚴寺 覺皇殿 七尊佛像」, 『강좌미술사』 26, 113-138쪽.

320 유근자(2017), 『조선시대 불상의 복장기록 연구』, 불광출판사, 524쪽. "淑嬪劉氏 一生灾害 不侵侵誕生 貴子之大願".

그림 16(좌). 화엄사 장육전 중건 상량문의 일부, 1701년, 화엄사성보박물관 제공
그림 17(우). 미타사 아미타불상 조성발원문에 기록된 조각승, 1769년

(2) 조성발원문(1707년)의 봉래산과 쌍계사

미타사 목조아미타불상의 조성발원문(1707년)에는 새로 석가여래상을
조성하여 경성 외 봉래산 쌍계사에 봉안했다는 내용이 기록되어 있다
(그림 18). 현재 미타사가 위치하고 있는 독서당로는 책을 읽을 수 있도
록 휴가를 주는 제도였던 사가독서(賜暇讀書)를 위한 독서당(讀書堂)에서
유래하였다. 1492년(성종 23)에 지금의 마포 한강변의 귀후서(歸厚署) 뒤
언덕에 있던 사찰에 세운 것[321]이 남호독서당(南湖讀書堂)이고, 1517년
(중종 12)에 현재의 독서당로인 두모포에 설치한 것이 동호독서당(東湖讀
書堂)이다.

　동호에 있던 독서당은 1517년(중종 12)에 두모포 월송암 근처에 세워
졌는데, 독서당 주변에는 제안대군 이현(齊安大君 李琄, 1499-1525)의 정자
인 유하정(流霞亭), 연산군 때 세워진 황화정, 선조 때 건축된 몽뢰정 등

---

321 『燃藜室記述 別集』 卷7 「官職典故」 '讀書堂'.

그림 18(좌). 미타사 목조아미타불상 조성발원문에 기록된 봉안 장소, 1707년
그림 19(우). 〈광여도〉 속 독서당, 18세기, 출처: 서울대학교 규장각 한국학연구원

이 유명하였다.[322] 18세기에 그려진 〈광여도〉 '도성도'를 보면 독서당이 응봉 아래에 위치하고 있었음을 알 수 있다. 독서당은 동빙고와 유하정 근처에 있었으며 두모포와도 멀지 않았다(그림 19).

예부터 도교에서 이상적인 장소로 여겼던 봉래산은 조선시대 유학자들에게 독서하기 적합한 곳으로 인식되어 왔다. 이와 관련된 자료로 "동호의 독서당은 도가의 봉래산이다[東湖讀書堂道家蓬萊山]."[323]라는 구절을 예로 들 수 있다. 또한 호당(湖堂)의 독서당을 봉산관(蓬山館)[324]이라고 한 것을 통해서도 조선시대에 독서당은 경치가 좋은 신선이 살고 있던 곳으로 인식된 사실을 알 수 있다. 따라서 미타사 극락전 목조아미타불상의 조성발원문(1707년)에 기록된 '봉래산'은 바로 응봉 아래 위치

---

322 박은순(1996), 「16世紀 讀書堂契會圖 硏究 - 風水的 實景山水畵에 대하여」, 『미술사학연구』 212, 54쪽.

323 『鵝溪遺稿』 「鵝溪 李相國 年譜」.

324 『鶴峯全集』 「鶴峯逸稿」 卷1.

한 독서당이 있던 곳으로 추정된다.

미타사가 위치한 곳이 봉래산이라는 추정은 1897년(광무 1)의 미타사 칠성전 불사에 관한 기록에서도 찾을 수 있다. 「종남산칠성전개금중수여탱화불사기(終南山七星殿改金重修與幀畵佛事記)」의 "산 위의 흰 구름이 기이한 봉우리를 만드는데 봉래산의 만이천 봉우리를 방불케 한다[山上白雲造作奇峰彷彿蓬萊萬二之峰也]."는 내용이 그것이다.[325] 미타사 뒷산의 구름을 금강산 일만이천 봉우리에 비유하고 있는 것을 통해서도 이곳이 봉래산으로 인식되고 있던 것을 확인할 수 있다.

미타사 목조아미타불상 발원문에 기록된 쌍계사의 위치는 단정지을 수 없지만 미타사의 전신 또는 이전의 월송암을 가리키는 것으로 추정된다. "독서당은 1517년(중종 12)에 두모포 월송암 서쪽 기슭에 건축하였다."[326]는 윤현의 「문회당기」의 내용을 참조하면, 독서당 근처에는 월송암이 위치하고 있음을 알 수 있다. 미타사의 사명(寺名)을 추정할 수 있는 가장 이른 시기의 자료로는 미타사 아미타불상·관세음보살상·미타원불 조성발원문(1757년)이 있다. 이 자료에는 '종남산 미타암'으로 기록되어 있다(그림 20).

이 사실을 통해 독서당 근처에 위치했던 월송암이 미타사의 전신이라고 한다면, 미타사의 사찰 명칭은 월송암(1517년) → 쌍계사(1707년) → 미타암(1757년)으로 변경된 것으로 추정할 수 있다. 김정호가 제작한 〈대동여지도〉(1861년)에는 두모포에 있는 사찰이 '니사(尼舍)'로만 표시되어 있다(그림 21).

---

325 安本震湖 編(1943), 『終南山 彌陀寺 略誌』, 彌陀寺, 8쪽.
326 『燃藜室記述 別集』 卷7 「官職典故」 '讀書堂'.

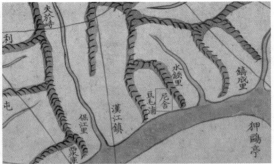

그림 20(좌). 미타사 아미타불상·관세음보살상·미타원불 조성발원문, 1757년
그림 21(우). 〈대동여지도〉의 미타사, 1861년. 출처: 서울대학교 규장각한국학연구원

2) 목조아미타불상의 중수발원문(1744년) 분석

1744년(영조 20)에 작성된 목조아미타불상의 중수발원문에는 1744년 5
월 28일에 비구니 사신(思信)과 종계(宗戒) 등이 목조아미타불상과 목조
대세지보살상을 개금·중수한 사실이 기록되어 있다. 개금과 중수를 한
목적은 모든 중생의 극락왕생과 성불을 기원하기 위함이었다. 이를 통
해 1744년(영조 20) 개금·중수하면서는 석가여래상이 아니라 아미타불
상으로 인식되고 있던 사실을 알 수 있다.

미타사 목조아미타불상 중수발원문의 시주질(施主秩)에는 황금을 시
주한 한상빈 부부를 비롯해 상궁이 시주자로 기록되어 있다. 연화질에
는 증명·지전·송주·화원·공양주·인권은 비구가 맡은 사실이 기록되
어 있다. 이와 달리 화주는 비구니가 담당하고 있다.

미타사 목조아미타불상의 개금·중수를 담당한 화원은 인성(印性)·
취겸(聚謙)·낭함(琅瑊)·체의(諦儀) 등 4명이다. 이들은 같은 해인 1744년

10월 7일에는 서울 상도동 사자암의 아미타불상을 개금·중수하였다.

미타사 목조아미타불상과 목조대세지보살상의 개금·중수를 담당한 인성은 18세기를 대표하는 조각승이다. 그는 주로 왕실 원찰의 불상을 조성하거나 개금·중수하는 불사에 참여하였다.

첫 번째 불상으로는 서울 도선사 아미타불상과 대세지보살상(그림 22)을 들 수 있다. 이 두 존상은 1740년(영조 16)에 도봉산 원통암에서 조성하여 국행수륙재를 거행한 대표적인 왕실 원찰인 삼각산 진관암에 봉안했던 불상이다.[327]

두 번째로는 17세기에 조성된 서울 상도동 사자암 아미타불상의 개금·중수에 참여하였다. 이 불상이 1744년 10월에 개금·중수될 때 대시주자는 달성군부인 서씨(達城郡夫人 徐氏, 1718-1784)였다. 그녀는 숙종의 아들 연령군 이훤(延齡君 李昍, 1699-1719)의 양자인 낙천군 이온(洛川君 李縕1720-1737)의 부인이다. 달성군부인 서씨는 사자암 아미타불상을 개금·중수하면서 숙종의 3자인 연령군의 극락왕생과 남편 낙천군과의 인연이 다음 생에도 지속되기를 발원하였다.[328]

세 번째는 1744년 5월 미타사 목조아미타불상과 목조대세지보살상 개금·중수에 참여하였다. 미타사와 사자암의 개금·중수 불사에 왕실과 사찰 간의 매개자 역할을 한 상궁들이 시주자로 동참한 사실을 통해, 조각승 인성이 왕실 불사와 관련이 깊은 인물이라는 것을 알 수 있다.

---

327 문명대(2003), 「印性派 木佛像의 조성과 道詵寺 木阿彌陀三尊佛像의 고찰」, 『성보』 5, 5-16쪽; 이숙희(2015), 「북한산 도선사의 조선 후기 불교조각」, 『인문과학연구』 20, 61-67쪽.

328 유근자(2017), 앞 책, 540쪽. "肅宗大王第三子延岭君仙駕徃生極樂世界親見阿彌陀佛」恒間茄麥仙子音之慈誨次願」延岭君子洛川君夫人自家戊戌生徐氏之所願者重續夫婦」未盡之恨緣以経借老之大願次餘".

그림 22. 도선사 목조아미타불상(좌)과 목조대세지보살상(우), 1740년, 출처: (재)불교문화재연구소

　네 번째로는 1748년에 조성한 강원도 인제 백담사 아미타불상(그림 23)을 들 수 있다. 이 불상의 원 소재지는 현재 북한 지역인 강원도 평강현 운달산 보월사이다. 조성 목적에는 영조, 정성왕후 서씨, 사도세자의 안녕을 기원하는 내용이 포함되어 있다. 조각승 인성은 보조 조각승 14명과 함께 백담사 아미타불상을 조성하였다.[329]

　다섯 번째, 조각승 인성은 왕실의 원찰인 남양주 불암사 목조석가여래좌상을 1743년(영조 19)에 개금·중수하는 데도 참여하였다(그림 24).[330]

---

329 문명대(1993), 「백담사 목아미타불좌상」, 『강좌미술사』 5, 83-88쪽.

330 고승희(2017), 「作風 및 「改金記」를 통해본 남양주 불암사 목조석가불좌상의 편년 연구」, 『동아시아불교문화』 31, 413-432쪽.

그림 23. 인제 백담사 목조아미타불상, 1748년

그림 24. 남양주 불암사 목조석가여래좌상(좌)과 중수기(우), 1743년

2부 조선시대 왕실 발원 불상의 복장 유물과 조성·중수발원문의 분석

3) 아미타불상·관세음보살상·미타원불의
   조성발원문(1757년) 분석

1757년(영조 33) 조성발원문은 목조아미타불상의 대좌 밑면에 부착되어 있던 2종류의 원문 가운데 하나로, 아미타삼존상의 중수발원문(1917년) 안쪽에 별도로 납입되어 있었다. 따라서 1757년 조성발원문은 현재 미타사 목조아미타불상과는 관계가 없고, 1757년에 별도로 조성된 존상의 것으로 짐작된다.

1757년 조성발원문이 미타사에 봉안되었던 다른 존상의 발원문이었던 사실은 아미타불상·대세지보살상 중수발원문(1744년)과의 비교를 통해 확인된다. 즉, 두 기록에 등장하는 인물이 중복되어 있는데, 1744년(영조 20) 개금 때 지전(持殿)을 맡았던 비구 홍원(弘圓)은 1757년(영조 33)에는 증명을 맡고 있다. 또한 비구니 사신(思信)은 1744년에는 비구니 계종(戒宗)과 함께 화주를 맡았는데, 1757년에는 단독으로 화주를 담당하였다.

1757년의 조성발원문에는 아미타불·관음존상·미타원불을 조성하였다는 내용이 기록되어 있는데, 이 존상을 조성한 목적은 당시 왕실의 두 여인과 관계된 것으로 추정된다. 1757년에는 숙종의 2계비 인원왕후 김씨(仁元王后 金氏, 1687-1757)가 3월 26일에, 영조의 정비 정성왕후 서씨(貞聖王后 徐氏, 1693-1757)가 2월 15일에 세상을 떠났다. 즉, 이들은 각각 3월과 2월에 이 세상을 하직하였다. 인원왕후 김씨와 정성왕후 서씨는 후손이 없어 이들과 인연 있는 왕실 인물이 1757년(영조 33)에 미타사에 아미타삼존상을 봉안하였던 것으로 추정된다. 특히 미타원불(彌陀願佛)을 조성하고 있는 것을 통해 극락왕생 발원과 연관된 사실을 알 수 있다.

미타사의 목조아미타불상은 소생이 없는 숙종 후궁 소의 유씨의 극락왕생을 위해 1707년(숙종 33)에 조성되었다. 1744년(영조 20)에도 역시 후손이 없는 달성군부인 서씨가 개금·중수에 참여하였다. 이를 통해 미타사는 왕실 인물 가운데 자손 없이 세상을 떠난 이들의 극락왕생을 기원하는 사찰로 기능하고 있었던 것을 알 수 있다.

1757년 아미타불·관음존상·미타원불 조성에 참여한 수조각승은 성율(性律)이며, 2위 조각승은 최백(最白), 3위 조각승은 묘심(妙心)이다. 2위 조각승 최백은 1748년(영조 24) 백담사 아미타불상 조성에 수조각승 인성 아래 11위 조각승으로 참여하였다. 그는 1623년(광해군 15, 인조 1)에 조성된 전등사 대웅전 석가여래삼불좌상을 1751년(영조 27)에 개금·중수할 때 수화승을 맡아 진행하였다. 1755년(영조 31)에는 『인빈상시봉원도감의궤』를 작성하는 데 참여했다. 또한 영릉(英陵)의 능침사찰인 여주 신륵사 삼장보살도를 조성하는 데 7위 화승으로 참여하였다. 이를 통해 최백은 조각승이면서 화승으로 왕실 발원 불사에 동참한 사실을 확인할 수 있다.

4) 아미타삼존상의 중수발원문(1917년) 분석

아미타삼존상 중수발원문(1917년)의 중요 내용은 첫째 면과 마지막 면에 있고, 나머지 면에는 시주자와 시주 금액이 기록되어 있다. 중수발원문의 체제는 발원 내용, 개금 연도, 연화소(緣化所), 시주질, 시주자와 시주 금액, 땅을 시주한 내역 등으로 구성되어 있다.

1917년에 개금·중수를 하게 된 것은 오랜 세월로 인해 존상이 손상되었기 때문이다. 이때 8금강도와 4보살탱을 함께 조성하였다. 화주는 미타사 비구니 전묘정(全妙定)·김응합(金應合)·이치해(李致海)·안정국(安玄國) 등이 맡았다. 불사 기간은 4월 1일에 시작해 4월 8일에 낙성식을 거행한 것으로 보아 짧게 진행한 사실을 알 수 있다. 증명은 현암 병변(玄庵炳変)·관허 천일(貫虛天日)·보련 경화(寶蓮璟華) 등 3인이 맡았는데 관허 천일은 중수발원문을 쓰기도 하였다.

개금 불사는 수화승 금명 운제(錦溟運霽)가 2위 초암 세복(草庵世復), 3위 범화 정운(梵華禎雲), 4위 지월 성유(智月性侑) 등과 함께 진행하였다. 1917년 시주질에는 당시 미타사에 거주하고 있던 비구니들의 시주 금액과 개운사 승려들을 비롯해 탑동 미타사 비구니들도 동참한 사실이 기록되어 있다.

미타사는 중심 불전인 극락전을 중심으로 여러 암자로 구성되어 있다. 현재까지도 미타사는 각 암자별로 독립적인 운영을 하고 있다. 1917년 개금·중수 때도 미타사는 소속 암자별로 시주자와 시주 금액을 별도로 중수발원문에 기록하고 있다. 당시 각 암자를 대표하는 승려는 전묘정·안현국·이치해·김응합·박원만·순업·김보암·경화·임돈형·정정안·보양·선윤 등이었다.

중수발원문 마지막 면에는 시주자 숫자와 시주 총액 그리고 화주 전묘정, 주지 김응합·이치해·안현국 등의 법명 뒤에 인장이 찍혀 있다(그림 25).

1917년의 중수발원문을 분석하면 개금·중수 때 시주자로 참여한 인물은 911명이고, 시주 총액은 1,207원 39전이다. 개운사 법무 맹현우(孟玄愚)의 감독으로 총 1,207원 39전 가운데 불사 비용으로 509원 26전 5리가 사용되었다. 나머지 698원 12전 5리 가운데 600원은 불량답(佛糧畓)을 구입하는 데 지불하였고, 98원 12전 5리는 사찰의 수리와 대지 측

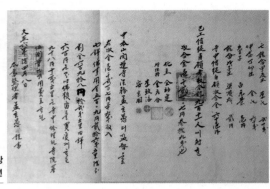

표 4. 1917년 미타사 개금 불사 참여자, 시주 금액, 사용처

항 목	인원수 및 금액
시주자 수	911명
총 금액	1,207원 39전
불사 비용	509원 26전 5리
불량답 구입비	600원
사찰 수리 및 대지 측량비	98원 12전 5리

량비로 사용하였다(표 4). 이 외 별도로 미타사 비구니들과 신도들은 불
량답(佛糧畓)과 불량전(佛糧田) 등을 시주하였다.

5) 건칠관세음보살상의 조성발원문(1769년) 분석

미타사 건칠관세음보살상의 조성발원문 앞 부분에는 조성 연도, 존상
명, 발원 내용 등이 기록되어 있다. 1769년(영조 45) 6월 4일에 불상을 조
성하기 시작해 6월 27일에 마쳤으며, 미타사에 봉안했던 관세음보살상

그림 26. 미타사 건칠관세음보살상 조성발원문의
대시주자, 1769년

이 다른 사찰로 옮겨진 지 여러 해가 되었기 때문에 새로 관세음보살상
을 조성했다는 것이다. 이 내용은 1757년에 미타사에 아미타불·관음
보살·미타원불을 조성해 봉안했다는 목조아미타불상 밑면에서 발견된
조성발원문의 기록을 뒷받침해 준다.

1769년에는 비구니 광위(廣位)·서활(瑞瀾)·수징(守澄)·지추(智樞)의
주도로 관음보살상을 조성하였다. 관세음보살상을 조성하기 1년 전인
1768년(영조 44)에는 아미타불상·대세지보살상을 개금하였고, 후불탱
과 명부탱(冥府幀)을 중수하였다.

1769년에 조성된 미타사 건칠관세음보살상이 왕실과 관련된 사실
은 시주질을 통해서 확인된다. 대시주자는 영조와 영빈 이씨(暎嬪 李氏,
1696-1764) 소생인 화완옹주(和緩翁主, 1738-1808)와 낙천군의 처 달성군
부인 서씨이다(그림 26). 시주를 담당한 인권(引勸) 시주는 상궁 김씨가
맡고 있는 것을 통해서도 왕실과 관계된 사실을 알 수 있다.

화완옹주는 조선 후기 왕실 인물 가운데 불사에 적극적으로 참여하였다. 1769년(영조 45)에는 불국사 〈영산회상도〉 제작에 시주자로 동참하였고,[331] 1766년(영조 42)에는 법주사 〈괘불탱〉 조성에도 어머니 영빈 이씨와 함께 참여하였다. 법주사 괘불탱은 영빈 이씨의 사후에 조성되었다. 그러나 원당이 1765년(영조 41)에 법주사에 건립되면서, 그녀의 사후에도 시주가 지속되었던 예이다.[332] 이 같은 예는 남양주 봉인사 〈풍담대사취우부도비〉(1769년)에서도 확인된다. 화완옹주는 풍담대사비를 건립하는 데 여러 상궁들과 함께 참여했고, 이미 세상을 떠난 어머니 영빈 이씨를 위해 시주질(施主秩) 첫머리에 그녀를 기록하고 있다.[333]

1769년에 미타사 건칠관세음보살상을 조성한 조각승은 예전과 달리 '금어(金魚)'로 지칭되었다(그림 27). 조선시대 조각승과 화승을 일컫는 가장 일반적인 용어는 '화원(畵員)'이었다. 미타사 관세음보살상을 조성한 수조각승 진영(震隷)은 2위 수밀(守密), 3위 도관(道寬), 4위 상훈(尙訓) 등과 함께 작업하였다. 진영은 봉은사 목조석가여래삼불좌상을 1765년(영조 41) 개금·중수할 때 긍유(肯柔) 아래 2위로 참여했다. 이때 미타사 건칠관세음보살상 조성에 4위로 동참한 상훈은 11위로 참여해 진영과 함께 작업한 바 있다.[334]

3위로 참여한 도관은 1736년(영조 12) 제천 백련사 아미타불상과 강천사 대세지보살상을 조성하는 데 수조각승 정행(正幸) 아래 2위 조각승

---

331 이용윤(2018), 「18세기 후반 불국사 대웅전 중창불사와 후불벽 불화의 조성」, 『미술사학보』 50, 238-239쪽.

332 이장존·경유진·이종수·서민석(2019), 「보은 법주사 〈괘불탱〉의 미술사적 특징과 채색 안료의 과학적 분석 연구」, 『문화재』 52-4, 229-231쪽.

333 김용태(2017), 「18세기 풍암 취우의 부휴계 법맥과 교학 계보」, 『한국불교사연구』 12, 196쪽; 손신영(2019), 「봉인사세존사리탑의 이주 내력과 조형」, 『한국불교사연구』 16, 109쪽.

334 유근자(2017), 앞 책, 450쪽.

그림 27. 미타사 건칠관세음보살상 조성발원문의 금어(金魚), 1769년

으로 활동하였다.[335]

　　1769년(영조 45) 미타사에 거주하면서 건칠관세음보살상 조성에 참여한 비구니는 별좌 1명, 화주 4명 외에 총 20명이다. 19세기 이전 미타사에 관한 문헌 자료는 거의 없다. 그런데 복장조사로 발견된 미타사 건칠관세음보살상의 조성발원문은 1769년이라는 조성 연도와 당시 미타사에 거주하고 있던 비구니들의 면모를 고찰할 수 있다는 점에서 큰 의미가 있다.

---

335 김춘실(2009), 「충청북도 제천·단양 지역의 朝鮮 後期 木造佛像」, 『미술사연구』 23, 266-268쪽; 유근자(2017), 앞 책, 544쪽.

4

미타사 아미타삼존불좌상의
양식 특징과 편년

1) 미타사 목조아미타불좌상

미타사 아미타삼존상은 조선시대 불상 가운데 조성 연도 및 조각승이 다른 특이한 예에 속한다. 본존인 목조아미타불상은 앞에서도 언급하였듯이 1707년(숙종 33) 조성 당시에는 석가여래상으로 조성되었다. 높이는 66cm이며 무릎 폭은 51cm로, 1m가 되지 않는 중소형 불상에 속한다(그림 28). 조선 후기 석가여래상은 곡성 도림사 석가여래좌상(1700년)처럼 변형 우견편단의 착의법으로 오른팔을 노출시킨 항마촉지인을 한 경우가 대부분이다. 그러나 미타사 목조아미타불상은 부견의(覆肩衣)[336]

---

[336] 우리나라 불상의 착의법에 관해서는 현재까지 여러 논의가 진행되어 오고 있다. 특히 오른쪽 어깨와 팔을 덮고 있는 불의(佛衣)에 대해 편삼(偏衫)과 부견의(覆肩衣)라는 견해로 크게 양분되어 있다. 이에 대해서는 최근에 발표된 송은석의 논문에 자세히 정리되어 있다

그림 28. 미타사 극락전 목조아미타불상, 1707년 조성, 1744·1768·1917년 개금·중수

그림 29. 곡성 도림사 석가여래상(1700년)(좌), 미타사 아미타불상(1707년)(중), 고흥 송광암 아미타불상
(1709년)(우)

를 착용하여 오른팔을 노출시키지 않고 별도로 손을 조성해 손목에 삽
입하였다. 고흥 송광암 아미타불상(1709년)과 수인은 다르지만 착의법은
매우 유사하다(그림 29).

미타사 목조아미타불상의 상호는 양감이 있는 방형에 가까운 모습
인데, 가늘고 긴 눈은 양 끝이 위로 약간 치켜 올라가 있다. 콧방울을 도

[송은석(2021), 「慶州 南山 三陵溪 第2寺址 石造佛坐像의 服制와 着衣法」, 『미술사학』
41, 7-37쪽]. 필자는 송은석의 견해에 따라 편삼이 아니라 부견의로 이해하고자 한다.

그림 30. 거제 세진암 아미타불상, 1703년, (재)불교문화재연구소 제공

그림 31. 미타사 목조아미타불상(1707년)(좌)과 논산 수국사 석조지장보살상(1657년)(우) 뒷면 옷 주름 비교

식적으로 처리한 코의 표현법은 18세기 불상에서 일반적으로 나타나는 특징이다. 이는 곡성 도림사 석가여래좌상(1700년), 거제 세진암 목조아미타삼존상(1703년), 영광 불갑사 석가여래삼존상(1706년), 익산 혜봉원 석가여래좌상(1712년) 등에서도 공통적으로 나타나고 있다.

미타사 목조아미타불상의 상호 가운데 귀 이슬[耳珠 또는 耳柱]이 뾰족한 형태로 도드라지게 표현된 점이 주목된다. 이와 유사하게 표현된 불상으로는 1703년(숙종 29)에 조성된 거제 세진암 아미타삼존상이 있다(그림 30). 거제 세진암 아미타불상의 나발, 중앙 계주 및 정상 계주의 표현 역시 미타사 목조아미타불상과 유사하여, 이같은 표현은 17세기부터 정착한 시대 양식임을 알 수 있다.

미타사 목조아미타불상의 왼쪽 등 뒤로 대의 자락이 한 줄의 띠 모양을 하고 사선으로 흘러내리고 있는 것은 17세기의 일반적인 경향과는 다른 표현법이다. 그러나 17세기 불상 가운데 이와 유사한 표현법을

2부 조선시대 왕실 발원 불상의 복장 유물과 조성·중수발원문의 분석

그림 32. 곡성 도림사 석가여래좌상(1700년)(좌), 익산 혜봉원 석가여래좌상(1712년)(중), 안양 삼막사 지장
보살좌상(1753년)(우), (재)불교문화재연구소 제공

한 존상으로는 서희(瑞熙)가 조성한 논산 수국사 석조지장보살상(1657년,
그림 31)을 들 수 있다. 논산 수국사 석조지장보살좌상의 대의 자락과 비
교해 미타사 목조아미타불상의 대의 자락은 좀 더 형식화되었다.

미타사 목조아미타불상은 전체적으로 상체는 세장한 편이며 무릎은
높고 넓은 편이다. 미타사 목조아미타불상처럼 긴 상체와 높게 표현된
무릎의 양 끝이 직각을 이루며 내려오는 표현법은 곡성 도림사 석가여
래좌상(1700년)에서부터 나타나고 있다. 1712년(숙종 38) 익산 혜봉원 석
가여래좌상에도 이와 유사한 표현이 보이며, 1753년(영조 29) 삼막사 지
장보살상으로 계승되었다(그림 32). 미타사 목조아미타불상처럼 무릎 끝
이 각지게 표현된 것은 18세기 불교조각에서 나타나는 또 다른 특징 가
운데 하나로 추정된다.

조선 후기 후령통은 대부분 한 장의 황초폭자에 싸인 채 납입되는
것이 일반적인데, 왕실에서 발원한 미타사 목조아미타불상의 후령통은
내외 이중으로 싸여 있다(그림 33). 미타사 목조아미타불상의 후령통처
럼 이중의 황초폭자로 싸인 후령통의 예로는 1490년(성종 21)에 중수된

그림 33. 미타사 목조아미타불상의 후령
통과 황초폭자, 1707년

그림 34. 해인사 법보전 비로자나불상 후령통과 황초폭자,
1490년, 해인사성보박물관 제공

해인사 법보전과 대적광전의 비로자나불상 후령통(그림 34)[337]과, 1634
년(인조 12)에 조성된 화엄사 대웅전 석가여래상과 노사나불상의 후령
통을 들 수 있다. 해인사 법보전과 대적광전 비로자나불상은 1490년(성
종 21)에 중수되었다. 이때 인수대비 한씨(仁粹大妃 韓氏, 1437-1504), 인혜
대비 한씨(仁惠大妃 韓氏, 14452-1499), 정현왕후 윤씨(貞顯王后 尹氏, 1462-
1530)가 대시주자로 참여하였다.[338]

화엄사 석가여래상과 노사나불상의 복장에서는 불상 조성과 관련
된 기록인 「시주질(施主秩)」이 발견되었다. 이에 의하면 선조의 서자 의
창군 이광(義昌君 李珖, 1589-1645)과 부마 신익성(申翊聖, 1588-1644), 소현
세자(昭顯世子, 1612-1645) 등 왕실 인물들이 참여하고 있다.[339] 화엄사 석

---

337 박윤미(2014), 「해인사 비로자나불복장 섬유류 유물에 관한 고찰」, 『복식』64(5), 142-143쪽.

338 손영문(2011), 「海印寺 法寶殿 및 大寂光殿 木造毗盧遮那佛像의 硏究」, 『미술사학연구』
270, 18-19쪽.

339 유근자(2021), 「화엄사 목조비로자나삼신불좌상의 조성기 「施主秩」 분석」, 『미술자료』
100, 129-130; 유근자(2019), 앞 논문, 135-143쪽.

그림 35. 미타사 목조아미타불상 후령통 내부의
오보병, 1707년

가여래상과 노사나불상의 후령통은 외황초폭자는 없어졌고 내황초폭
자만 남아 있다. 미타사 목조아미타불상은 15세기부터 왕실 발원 불상
에서 나타나는 이중의 황초폭자로 후령통을 감싸는 전통이 18세기까지
계승되고 있음을 입증하는 자료라는 점에서 중요하다.

미타사 목조아미타불상의 복장물 가운데 후령통 내부 오보병의 물
목 역시 특이한 예에 속한다. 조선 후기 오보병은 오방위를 상징하는
청·홍·백·흑·황색의 비단천으로 오곡·오보·오향·오약 등을 넣어 오
색사로 감싼 후 후령통 내부에 납입되었다. 미타사 목조아미타불상의
후령통에서는 금속제 오보병이 오곡·오보·오향·오약 등과 함께 천 속
에 싸여 있었다. 표면은 각 방위에 따라 청·홍·백·흑·황색이 칠해져 있
었으며 형태는 관음보살상의 지물인 정병과 유사하였다(그림 35). 크기
는 2.03cm-2.23cm이며, 무게는 1.51g-1.71g이다.

미타사 목조아미타불상 후령통 내부의 금속제 오보병과 형태는 다
르지만 같은 의미로 납입된 오보병으로는 13세기경에 조성된 국립중앙

그림 36(좌). 목조관음보살좌상, 고려(13세기), 국립중앙박물관 소장, 출처: 국립중앙박물관
그림 37(중·우). 목조관음보살좌상 오보병, 고려(13세기), 출처: 국립중앙박물관

박물관 소장 목조관음보살좌상(그림 36) 복장에서 발견된 것이 있다. 이 보살상의 후령통 내부에서 발견된 오보병은 목제로 조성된 것으로, 형태는 고려청자 가운데 매병(梅甁)과 비슷하다(그림 37).[340] 후령통 내부에 오보병이 실제 병의 형태로 남아 있는 예는 희소하다. 그렇기 때문에 미타사 목조아미타불상 후령통의 오보병은 13세기의 복장 납입법이 18세기까지 계승된 사실을 입증하는 자료로 중요한 가치가 있다.

미타사 목조아미타불상 복장에서 1459년(세조 5)에 간행된 『월인석보』 권 7·8·9·10이 수습된 것 역시 주목된다(그림 38). 『월인석보』는 『월인천강지곡』과 『석보상절』을 합한 것이다. 세조는 1459년(세조 5)에 의

---

[340] 국립중앙박물관(2014), 「목조관음보살좌상(덕수953) 조사 보고」, 『국립중앙박물관 소장 불교조각 조사보고』 I, 83~94쪽.

그림 38. 월인석보, 1459년

경세자(懿敬世子, 1438-1457)가 사망하자 아버지 세종대왕과 아들의 명
복을 빌기 위해 두 책의 내용을 증보·수정하여 간행했다. 『월인석보』가
미타사 목조아미타불상과 목조대세지보살상에서 발견된 것은 왕실에
서 발원한 불상이었기 때문에 가능했던 것이다.

　미타사 목조아미타불상은 1707년(숙종 33)에 조성된 후 1744년(영조
20)과 1768년(영조 44)에 개금·중수되었는데, 왕실과 관련된 인물들은
이 불사에도 지속적으로 시주하고 있다. 미타사 목조아미타불상은 1707
년이라는 조성 연도와 조선 후기에 왕실에서 발원한 불상이라는 점에서
18세기 초 불교조각을 연구하는 데 자료적 가치가 있다.

그림 39. 미타사 건칠관세음보살상, 1769년 조성, 1917·1970년 개금·중수

2) 미타사 건칠관세음보살상

좌협시 건칠관세음보살상(그림 39)은 1769년(영조 45)에 조성되었는데, 미타사 아미타삼존상 가운데 조성 시기가 가장 늦다. 건칠관세음보살상은 높이 55.5cm, 무릎 폭 42cm의 중소형으로 건칠기법으로 제작되었다. 수조각승 진영이 수밀·도관·상훈 등 3명과 함께 조성한 이 불상은 1917년과 1970년에 개금·중수되었다.

건칠관세음보살상의 상호는 방형에 가까우며 눈썹과 눈 사이의 간격이 넓은 편이다. 보관에는 현대의 쇠못이 박혀 있어 근래에 수리된 흔적이 남아 있다. 보관 중앙에는 화불이 표현되어 있고, 화염문과 화문이 보관을 장식하였다. 왼손을 들어 설법인을 한 수인은 본존을 중심으로 좌우 대칭을 이루는 조선시대 삼존상에서 일반적으로 나타나는 표현법이다.

왼쪽 어깨 위에 넘겨진 대의의 옷 주름은 등 뒤에서 연꽃잎 모양으로 처리되었다. 17-18세기 불상에서 일반적으로 나타나는 왼쪽 어깨

앞의 y자 음각선은 사라지고 없다. 본존 목조아미타불상에 비해 어깨가
넓은 편이며 머리도 앞으로 내밀고 있다. 손은 신체에 비해 크고 두 무
릎 앞의 부채살처럼 퍼진 대칭적인 옷 주름 역시 형식화되었다.

　미타사 건칠관세음보살상의 특징은 코의 표현에서 찾을 수 있다. 넓
은 이마에 비해 이목구비가 중앙으로 몰려 있는 듯한 인상을 주는데, 이
와 유사한 불상으로는 도선사 목조아미타불상과 대세지보살상(1740년),
그리고 서울 원통사 목조관세음보살상을 들 수 있다. 그러나 미타사 불
상을 조성한 수조각승 진영이 2위로 참여해 1765년(영조 41)에 개금·중
수한 봉은사 목조석가여래상, 3위 도관이 1736년(영조 12)에 조성에 참
여한 제천 백련사 목조아미타불상(그림 40) 및 목조대세지보살상의 코
모양과는 다른 모습이다.

　미타사 건칠관세음보살상에서는 후령통이 2점 수습되었다. 이 가운
데 1970년 개금·중수 때 납입된 후령통은 방형의 갈색 유리병으로 제

그림 41(좌). 미타사 건칠관세음보살상 후령통, 1769년
그림 42(우). 목조관세음보살상 후령통, 13세기, 국립중앙박물관 소장, 출처: 국립중앙박물관

작되었다. 1769년 조성 당시에 납입된 후령통은 형태가 독특하다. 이 후
령통은 후혈(喉穴)이 있는 원통형 관 모양의 덮개와 몸체로 구성된 조선
후기의 일반적인 금속제 후령통과는 달리, 덮개가 없는 8엽의 연화 모
양으로 제작되었다(그림 41).

　이러한 형태의 선구적인 예로는 13세기 중엽에 제작된 것으로 추정
되는 국립중앙박물관 소장 목조관음보살좌상의 후령통(그림 42)이 있다.
국립중앙박물관 소장 관음보살상 후령통은 몸체가 원통형이고, 미타사
건칠관세음보살상 후령통과 달리 연화가 4엽으로 표현되었다. 미타사
건칠관세음보살상의 8엽 연꽃잎 형태의 후령통과 유사한 것으로는 조
선 후기에 제작되어 현재 여수 흥국사 의승수군유물관에 소장된 후령
통이 있다.

그림 43. 미타사 목조대세지보살상, 17세기 이전, 1744·1768·1917년 개금·중수

미타사 건칠관세음보살상 후령통의 형태와 더불어 후령통 내부에 납입된 오보병도 주목된다. 앞에서도 살펴보았듯이 중앙 오보병에는 건륭 34년(1769)에 조성되었다는 내용과 시주자 8명이 기록되어 있다. 남방과 북방 오보병에도 시주자가 각각 1명씩 새겨져 있다. 조선시대 불상 가운데 금속제 오보병을 별도로 조성해 후령통 내부에 납입한 예는 현재로서 매우 드문 편이다. 따라서 미타사 건칠관세음보살상의 후령통과 금속제 오보병은 조선 후기 후령통과 오보병 연구에 자료적 가치가 매우 크다.

3) 미타사 목조대세지보살상

미타사 목조대세지보살상(그림 43)은 높이 54cm, 무릎 폭 42cm 크기의 중소형 불상으로, 정확한 조성 연도는 알 수 없지만 1744년 이전에 조성된 것으로 추정된다. 미타사 아미타삼존상 가운데 조성 연도가 가장 이른 것으로, 17세기 이전에 제작된 것으로 보인다. 미타사 목조대세지

그림 44. 주린지(十輪寺) 오불회도 가운데 석가불상, 1467년, 일본 오사카시립박물관 소장

보살상은 본존 아미타불상과 좌협시 건칠관세음보살상에 비해 상호가
갸름하고 긴 편이다. 보관의 중앙에는 대세지보살상의 상징인 목이 긴
보병(寶甁)이 있다.

1707년(숙종 33)에 조성된 본존인 목조아미타불상과 1769년(영조 45)
에 제작된 좌협시 건칠관세음보살상은 코끝이 밋밋하게 처리된 반면,
목조대세지보살상의 콧방울은 입체적으로 표현되었다. 코 역시 목조아
미타불상과 건칠관세음보살상에 비해 긴 편이다. 미타사 대세지보살상
의 상호처럼 긴 코에 콧방울을 입체적으로 표현한 기법은 15-16세기

그림 45. 강진 정수사 목조아미타불상(1581년)(좌), 석가불상(1648년)(중), 약사불상(1648년)(우), 출처: 문화재청

불교조각과 불화의 여래상 및 보살상 상호에 나타나는 특징이다. 불교 조각보다 표현이 자유로웠던 불화에서는 부처와 보살의 존상에서 대부분 콧방울이 표현된다.

미타사 대세지보살상의 코 표현과 유사한 것으로는 16세기 불화 가운데 1551년 작 〈약사불회도〉(일본 地藏寺 소장), 1558년 작 〈지장시왕도〉(일본 七寺 소장), 1565년 작 〈약사삼존도〉(국립중앙박물관 소장), 1583년 작 〈천장보살도〉(일본 安國寺 소장)를 들 수 있다. 이 불화의 존상들은 콧등에서 코끝 부분까지를 연속해서 그렸으나 콧방울의 윤곽을 형식적으로 겹쳐 그린 모습이 특이하다.[341] 16세기 불화 속 존상의 코 표현은 1467년에 조성된 일본 주린지(十輪寺) 〈오불회도〉 속 존상의 코 표현을 계승한 것이다(그림 44).

---

[341] 박은경(2008), 『조선 전기 불화 연구』, 시공아트, 181–182쪽.

16세기 불상에서도 미타사 대세지보살상의 코와 비슷한 유형을 찾을 수 있는데, 강진 정수사 소조아미타불상이 대표적이다(그림 45). 강진 정수사 석가여래삼불좌상 가운데 소조아미타불상은 1561년(명종 16)에 조성되었고, 목조 석가여래좌상과 목조 약사여래좌상은 1648년(인조 26)에 제작되었다.[342] 정수사 소조아미타불상(1561년)은 석가여래좌상 및 약사여래좌상과 비교해 얼굴 및 코가 유난히 긴 것을 발견할 수 있다.

　　미타사 대세지보살상의 좁은 어깨와 긴 상체, 가슴 앞을 가리고 있는 일직선의 승각기와 자연스럽게 표현된 주름, 오른쪽 어깨를 덮고 내려온 부견의 자락이 대의 속으로 부드럽게 삽입된 모습, 두 무릎 사이에 대칭을 이루며 볼륨감 있게 표현된 옷 주름, 직각을 이루지 않고 원을 그리면서 부드럽게 처리된 무릎 등은 17세기 이전의 불상에 나타나는 특징이다. 또한 왼쪽 어깨에 단을 이루며 뒤로 넘겨진 대의 자락은 17세기 불상의 경우 등을 3분의 1 정도 덮고 있는 데 비해, 미타사 대세지보살상은 왼쪽 어깨만 덮고 있다. 따라서 미타사 극락전 대세지보살상은 전체적인 양식으로 보아 17세기 이전에 조성된 조각상으로 추정된다.

　　미타사 목조대세지보살상의 후령통 납입법은 목조아미타불상과 건칠관세음보살상에 비해 시대가 앞서는 것으로 추정된다. 청초폭자에 싸인 후령통에 묶여 있는 수정병은 중수할 때 오색사로 고정한 것으로 보인다(그림 46). 이 수정병은 목조아미타불상의 복장에서도 동일한 것이 수습되었기 때문에 1744년(영조 20) 또는 1768년(영조 44) 개금·중수 때 납입된 것으로 추정된다. 청초폭자는 심하게 부식되어 있었으며, 청초폭자 속 후령통은 전체적으로 오색사가 감싸고 있었다. 이 같은 후령통

---

342 문화재청(2017), 『문화재대관 보물 불교조각』 Ⅱ, 14쪽.

그림 46(좌). 미타사 목조대세지보살상 후령통
그림 47(우). 해인사 법보전 비로자나불상 오보병, 1490년, 손영문 제공

의 표현법은 1490년(성종 21)에 인수대비·인혜대비·정현왕후에 의해 중수된 해인사 법보전 및 대적광전 비로자나불상의 오보병(그림 47) 납입법[343]과 매우 비슷하다.

---

343 법보종찰 해인사·문화재청(2008), 『해인사 대적광전·법보전 비로자나불 복장유물 조사보고서』, 15쪽.

5

맺음말

이상으로 미타사 아미타삼존불상의 복장 유물의 현상과 복장 기록 등을 분석하였고, 불상의 양식 특징에 대해 살펴보았다. 미타사 아미타삼존불상은 조성 시기가 각기 다른 불상들로서, 왕실 인물들이 시주자로 참여하여 조성된 불상이라는 점이 주목된다. 또한 조선 후기 궁과 멀지 않은 곳에 위치한 비구니 사찰과 왕실 인물들과의 관계를 규명하는 데도 미타사 아미타삼존상의 복장에서 조사된 조성발원문과 중수발원문이 중요하다는 사실을 확인하였다.

본고에서는 복장 유물 가운데 후령통 내부 물목인 오보병에 대해 주목하였다. 후령통 내부 물목은 그동안 조사된 경우가 드물어 연구 대상에서 제외되었기 때문이다. 특히 1769년(영조 45)에 조성된 건칠관세음보살상에서는 조성 시기가 기록된 금속제 오보병이 처음으로 발견되어 주목할 만한 가치가 있다. 또한 조선 후기 불상 가운데 미타사 아미타삼존상처럼 조성 및 개금·중수에 관한 복장 기록이 여러 점 발견된 경우는 매우 드물다. 이러한 점에서 미타사 아미타삼존상에서 발견된 복장 기록은 조선 후기 왕실 발원 불상의 개금·중수 과정을 이해하는 데 귀중한 자료가 된다.

필자가 주목한 미타사 아미타삼존상의 후령통 내부 물목에 관한 연구는 조선시대 불복장 의식에 관한 내용을 담고 있는 『조상경』의 내용을 고찰하는 데도 자료로서의 가치가 크다. 그동안 『조상경』의 복장 납입법이 실제로 불상의 복장에 어떻게 적용되었고, 시대에 따른 변화는 어떠했는지에 대한 연구는 미비하였다. 따라서 미타사 목조아미타불상의 1707년(숙종 33) 후령통, 대세지보살상의 1744년(영조20) 또는 1768년(영조 44) 후령통, 건칠관세음보살상의 1769년(영조 45)과 1970년 후령통은 불복장 납입법의 변천을 고찰할 수 있다는 점에서도 중요한 자료라고 할 수 있다.

7장

오대산 상원사
영산전 존상의
복장 기록 분석

1

머리말

오대산 상원사 영산전(그림 1)에는 석가여래상·미륵보살상·제화갈라보
살상으로 구성된 수기삼세불상(授記三世佛像)을 중심으로, 좌우로 16나
한상·제석천상·사자상 등 총 21존상이 배치되어 있다(그림 2). 이 가운
데 미륵보살상·제화갈라보살상·나한상 6존은 1711년(숙종 37)에 조성
된 목조상이다. 제1존자상에서 수습된 조성발원문(1711년)에는 목조상 8
존을 제외한 석가여래상 등 13존의 소조상이 1711년(숙종 37) 이전에 제
작된 사실이 기록되어 있다.

상원사 영산전 존상 가운데 본존인 소조석가여래상(그림 3)과 좌협시
목조미륵보살상(그림 4)은 2008년에 복장 조사가 이루어졌다. 2020년 7
월에는 목조제화갈라보살상(그림 5)과 목조나한상 6존(그림 6)의 복장을
조사하였다. 본고는 2008년과 2020년의 복장 조사로 수습한 자료를 분
석한 것이다.

그림 1. 상원사 영산전 전경

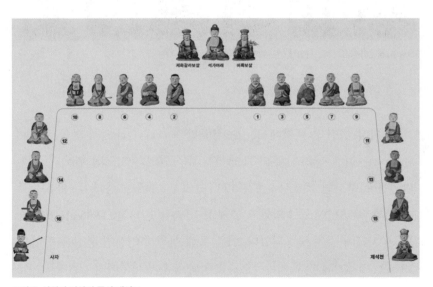

제화갈라보살 석가여래 미륵보살

⑩ ⑧ ⑥ ④ ②   ① ③ ⑤ ⑦ ⑨

⑫   ⑪

⑭   ⑬

⑯   ⑮

사자   제석천

그림 2. 상원사 영산전 존상 배치도

그림 3. 상원사 영산전 소조석가
여래상, 16세기 추정

그림 4. 상원사 영산전 목조미륵
보살상, 1711년

그림 5. 상원사 영산전 목조제화
갈라보살상, 1711년

그림 6. 상원사 영산전 목조나한상 6존, 1711년

상원사 영산전 존상에서는 조성발원문(1711년)과 중수발원문(1886
년·1958년)이 존상의 내부와 대좌에서 수습되었다. 조성발원문과 중수
발원문에 따르면 목조상 8존은 1711년(숙종 37)에 조성되어 1886년(고
종 23)과 1958년에 중수되었고, 소조상 13존은 1711년·1886년·1958년
등 세 차례에 걸쳐 중수되었다. 이를 통해 상원사 영산전 존상은 적어도
18·19·20세기에 걸쳐 지속적으로 조성과 중수가 이루어진 것을 알 수 있
다. 현재 상원사 영산전 존상은 소조상과 목조상이 함께 봉안되어 있다.

본고는 2020년 6월부터 12월까지 실시된 상원사 영산전 석가삼

2부 조선시대 왕실 발원 불상의 복장 유물과 조성·중수발원문의 분석

존·16나한상 및 권속 복장유물 실측 조사의 결과물이다. 불상의 조성발원문과 중수발원문은 각 존상을 개금하거나 중수를 위해 복장을 개봉하지 않으면 접하기 어려운 자료이다. 따라서 본고에서는 오대산 상원사 영산전 존상의 복장 조사에서 수습한 자료를 학계에 소개하고 복장기록을 분석하고자 한다. 조선시대 불상의 복장물과 복장 기록에 관한 자료 축적은 미술사뿐만 아니라, 불교사 등 인접 학문에도 기여하는 바가 크기 때문이다.

다음으로는 조선 초기부터 후기에 이르기까지 상원사 나한신앙을 살펴보고자 한다. 상원사의 불전은 화재로 대부분 소실되었는데, 조선시대 불전으로는 영산전만이 현존하고 있다. 현 영산전 존상과 별도로 상원사에는 15세기부터 16나한상이 모셔져 있었다. 즉, 상원사 나한상은 1466년(세조 12)에 문수동자상과 함께 조성되었고, 1599년(선조 32)에 중수되었다. 1646년(인조 24)에는 나한전이 중수되었다. 그러나 확실한 시기는 알 수 없지만 조선 초에 조성된 16나한상과 17세기에 중수된 나한전은 소실되었다. 이후 1886년(고종 23)에 예천 운복사(雲覆寺)에서 옮겨 온 존상이 상원사 영산전에 다시 봉안되어 현재에 이르고 있다. 이런 사실을 통해 오대산 상원사는 문수신앙처이면서도 문수보살의 분신(分身)으로 나한신앙을 수용하였던 것을 짐작할 수 있다.

예천 운복사에서 상원사로 영산전 존상을 이운하게 된 것은 신정왕후 조씨(神貞王后 趙氏, 1809-1890)와 관련되었을 가능성이 높다. 영산전 존상의 이운과 신정왕후 조씨의 관계는 두 가지 측면에서 살펴보고자 한다. 첫째는 1886년(고종 23)에 실시된 중수 불사(佛事)를 주도한 화주(化主) 보운 긍섭(寶雲亘燮)의 활동이고, 둘째는 풍양 조씨의 분암(墳庵)으로 족보를 보관하고 있던 청계사와 남장사가 경상도 상주에 위치한 사실이다.

2

오대산 상원사와 나한신앙

오대산 상원사가 조선 전기부터 나한신앙과 밀접하게 연관된 사실은 상원사 문수전 문수동자상 조성발원문(1466년)과 중수발원문(1599년), 그리고 「상원사중수기(上院寺重修記)」의 나한전 중수 기록(1646년) 등을 통해 알 수 있다. 상원사 문수동자상 조성발원문에는 1466년(세조 12) 당시 문수동자상과 함께 조성된 존상으로 "석가여래, 약사여래, 아미타불, 문수보살, 보현보살, 미륵보살, 관음보살, 지장보살, 16응진(十六應眞), 천제석왕(天帝釋王)"[344] 등이 기록되어 있다. 이에 의하면 여래상 3존, 보살상 5존, 16나한상, 제석천상 등 총 28존상이 일시에 조성되었음을 알 수 있다.

    김수온(金守溫, 1410-1481)이 지은 「상원사중창기(上元寺重創記)」(1475

---

344 유근자(2017), 『조선시대 불상의 복장기록 연구』, 불광출판사, 382쪽.

년)에는 1466년 중창 당시 상원사의 가람 배치에 대한 내용이 있다. 즉 "불전의 동서에는 상실(上室)을, 남쪽 회랑에는 범종과 운판 등 불교 의식구를 보관하는 누각을, 상실의 동쪽에는 나한전을, 서쪽에는 청련당을, 청련당의 서쪽에는 재궁(齋宮)을 건립하였다. 그 외 건물로는 부엌·승당·선당·창고·욕실 등이 있었다."[345]는 것이다. 「상원사중창기」와 문수동자상의 조성발원문(1466년)을 통해 1466년 상원사의 중창 때부터 나한전에 16나한상을 봉안하였던 사실을 알 수 있다.

상원사의 나한신앙에 관한 또 다른 자료로는 상원사 문수동자상 중수발원문(1599년)이 있다. 중수발원문에는 "동자문수(童子文殊), 노문수(老文殊), 16존성(十六尊聖)"을 비롯해 "화엄회도, 사방회도, 원각회도, 미타회도, 비로회도, 영산회도 2점, 달마진의(達摩眞儀), 나옹진의(懶翁眞儀)" 등을 중수한다는 내용이 있다.[346] 즉, 1599년(선조 32)에는 동자문수상 1존, 노문수상 1존, 16나한상 등 조각상과 함께 불회도 7점, 달마대사와 나옹선사 진영 2점을 중수하였다는 것이다.

1599년(선조 32)에 중수된 2점의 영산회도는 주불전(主佛殿)과 나한전의 후불도로 추정된다. 상원사 나한전의 16나한상과 후불도인 영산회도를 1599년에 중수한 사실을 통해 상원사가 조선 초부터 문수도량이면서 문수보살의 분신으로 나한을 신앙해 왔음을 알 수 있다. 일제 강점기까지 상원사에는 대웅전과 영산전이 존재하였다. 현재의 영산전은 1886

---

345 『拭疣集』卷2「五臺山重創記」. "佛殿東西 皆置上室 …… (중략) …… 南廊之間 起樓五間 以樓鍾磬道具 仍門其下 通其出入 東上室之東 立羅漢殿 西上室之西 立靑蓮堂 靑蓮之西 又有齋 廚室, 僧堂, 禪堂, 廚庫, 泡湢之處"; 진성규(2012), 「世祖의 佛事行爲와 그 意味」, 『백산학보』 78, 179쪽.

346 유근자(2017), 앞 책, 382쪽.

년(고종 23) 운복사 영산전 존상을 이운해 오기 전에 건립된 것으로 추정된다. 신축된 영산전에 운복사에서 옮겨 온 존상을 중수하여 1886년에 봉안하였다. 2년 후인 1888년(고종 25)에는 영산회상도·16나한도·제석천도·사자도 등을 조성하였다. 따라서 1599년(선조 32)에 중수된 영산회도 2점은 주불전과 1886년 이전 나한전에 봉안된 후불도로 짐작된다.

오대산 동·남·서·북·중대의 사찰 가운데 나한신앙처의 중심지는 북대(北臺)이다. 『삼국유사』「대산오만진신(臺山五萬眞身)」조에는 북대가 석가여래를 수위(首位)로 500 대아라한이 머무는 곳으로, 나한당(羅漢堂)을 설치하였다는 기록이 있다.[347] 이처럼 오대산 북대는 석가여래와 500나한이 머무르는 곳으로 인식되었고, 문수도량이었던 중대 상원사에는 1466년(세조 12) 중창 당시부터 문수신앙과 함께 나한신앙이 공존하고 있었던 것이다.

17세기 상원사의 중창과 관련해 주목할만한 승려는 각해(覺海)와 반현(班玄)이다. 각해는 1644년(인조 22)에 상원사 전각을 대대적으로 보수하였고, 반현은 1646년(인조 24)에 나한전과 해회당을 중수하였다. 이경석(李景奭, 1595-1671)이 지은 「상원사중수기」에 의하면 승려 각해는 상원사가 퇴락하자 법당, 선당, 승당, 동서 상실과 별관, 연사, 빈일, 요월 등의 요사, 종각, 수각 등 14동의 전각을 중수·단청하였고, 불상 7존을 개금하였다.[348] 이 기록을 통해 1466년(세조 12)에 조성된 상원사 16나

---

347 『三國遺事』卷4 塔像「臺山五萬眞身」. "北臺象王山 釋迦如來爲首五百大阿羅漢…(중략)…黑地北臺南面 置羅漢堂 安圓像釋迦及黑地畫釋迦如來爲首五百羅漢 福田五員 畫 讀佛報恩經 涅槃經 夜念涅槃禮懺 稱白蓮社".

348 『白軒集』卷31「上院寺重修記」. "巍然秀出者 法堂也 翼然者 禪堂也僧堂也 蔚然而雲蔭 霞布者 東西上室與別觀 蓮社 賓日 邀月之寮也 以至梵唄鐘鼓之宇 湢浴齋庖之所 水閣沙門日用諸具 靡不畢備 泊于今夏 十四殿閣 丹艧炳煥 七軀佛像 黃金改彩 皆上人之功也";

한상은 1599년(선조 32)에 중수되었고, 나한전은 1646년(인조 24)에 중수
되었기 때문에 적어도 이때까지는 나한상이 존재하였을 것이다. 1646
년 이후 상원사 나한전과 나한상이 없어진 이유는 현재로서는 확실하
게 밝힐 수 없다. 다만 화재로 인한 소실 가능성이 높은 것으로 짐작될
뿐이다.

상원사에 나한상을 다시 모시게 된 것은 1886년(고종 23)이다. 이때
새로 나한상을 조성하지 않고 경상도 예천 천주산(天柱山) 운복사 영산
전에서 옮겨 봉안하였다. 다른 곳의 유물을 상원사로 옮긴 조선시대의
예로는 상원사 범종(725년)을 들 수 있다. 안동 누문(樓門)에 있던 상원사
범종은 세조의 명복을 빌기 위해 예종이 1469년(예종 1)에 상원사로 옮
겨 온 것이다.[349]

조선 초기부터 문수신앙과 함께 나한을 신앙했던 상원사는, 영산전
을 새로 건립하고 1886년(고종 23)에 경상도 예천 운복사 영산전 존상을
옮겨 왔던 것이다. 이처럼 19세기에 왕실과 관계가 깊은 사찰에서는 존
상을 새로 조성하지 않고, 폐사되었거나 사세가 기운 사찰 가운데 왕실
과 인연 있던 곳의 존상을 이운해 오는 경우가 종종 있었다.

황인규(2012), 「조선중기 월정사와 상원사·적멸보궁」, 『역사와 교육』 14, 164쪽.
349 安東郡 편(1991), 『(國譯)永嘉誌』, 안동문화원, 34쪽.

3

상원사 영산전 존상의 복장 기록

상원사 영산전 석가삼존상·16나한상·사자상·제석천상의 내부 및 밑면에서는 조성발원문과 중수발원문이 수습되었다. 1711년(숙종 37)에 작성된 조성발원문은 2점으로, 목조미륵보살상과 목조제1존자상의 내부에서 발견되었다. 중수발원문(1886·1958년)은 각 존상의 밑면에 중첩된 채로 부착되어 있었다(그림 7). 2020년 7월 복장 조사에서 일부는 수습한 후 두 장의 중수발원문을 각각 분리했으며, 일부는 존상에 부착된 상태 그대로 두었다.

각 존상의 조성발원문과 중수발원문을 정리하면 〈표 1〉과 같다. 조성발원문과 별도로 제2존자상에서는 두 종류의 묵서 자료가 수습되었다. 묵서된 내용은 1711년 3월에 복장을 하여 예천 운복사에 봉안했다는 것으로 운복사의 소재지를 기록하고 있다는 점에서 중요하다.

〈표 1〉에 정리한 것처럼 미륵보살상과 제1존자상에서는 조성발원문

2부 조선시대 왕실 발원 불상의 복장 유물과 조성·중수발원문의 분석

그림 7. 제1존자상 밑면 중수발원문의 중첩된 상태와 분리한 후 모습, 서진문화유산㈜ 제공

표 1. 상원사 영산전 존상의 발원문 목록

	존명	재료	조성발원문 (1711년)	중수발원문 (1886년)	중수발원문 (1958년)
1	석가여래상	흙		○	○
2	미륵보살상	나무	○	○	○
3	제화갈라보살상	나무		○	○
4	제1 존자상	나무	○	○	○
5	제2 존자상	나무	묵서 자료	○	○
6	제3 존자상	나무		○	○
7	제4 존자상	나무		○	○
8	제5 존자상	나무		○	○
9	제6 존자상	나무		○	○
10	제7 존자상	흙		○	○
11	제8 존자상	흙		○	○
12	제9 존자상	흙		○	○
13	제10 존자상	흙		○	○
14	제11 존자상	흙		○	○
15	제12 존자상	흙		○	○
16	제13 존자상	흙		○	○
17	제14 존자상	흙		○	○
18	제15 존자상	흙		○	○
19	제16 존자상	흙		○	○
20	사자상	흙		○	
21	제석천상	흙		○	

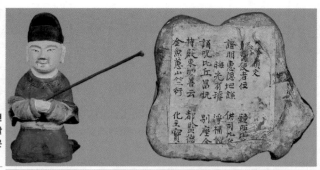

그림 8. 상원사 영산전 소조사자상과 중수발원문, 1886년, 서진문화유산㈜ 제공

그림 9. 상원사 영산전 소조제석천상과 중수 발원문, 1886년, 서진 문화유산㈜ 제공

(1711년)이 발견되었고, 중수발원문(1886·1958년)은 석가여래상·제화갈라보살상·미륵보살상·16나한상의 밑면에 부착되어 있었다. 사자상(그림 8)과 제석천상(그림 9)의 경우 1886년 중수발원문만이 밑면에 남아 있다.

1) 조성발원문(1711년)

2008년에 수습된 미륵보살상의 조성발원문과 2020년 7월에 조사된 제1존자상 조성발원문은 한지에 묵서되어 있는데 내용은 유사하다.

그림 10. 목조미륵보살상과 조성발원문, 1711년, 서진문화유산(주) 제공

(1) 목조미륵보살상 조성발원문

좌협시 목조미륵보살상에서 발견된 조성발원문의 원문은 다음과 같다.

願文

上古成佛 未能俱存 主佛釋迦 依舊安坐 左右補處

提花揭羅佛慈氏彌勒位無故[350]發願造成以偈于后

願以造成功 普及於一切 我等與施主 皆共成佛道

伏願

主上三殿壽萬歲 天下太平法輪轉[351]

次願

---

350 조성발원문에는 '故無'로 기록한 후에 두 글자에 방점을 찍어 순서를 바꾸라는 표시를 하였기 때문에 '無故'로 교정하였다.

351 조성발원문에는 '轉輪'으로 기록한 후에 두 글자에 방점을 찍어 순서를 바꾸라는 표시를 하였기 때문에 '輪轉'으로 교정하였다.

同参募縁施主 李順達兩主 韓貴大兩主 嘉善金岩回兩主

    嘉善崔萬祥兩主　金敬眼兩主　　白氏悅伊　保体

    李氏　惠郎保体　金氏哲涯保体 李氏以浄　保体

    洪氏　次業保体　亦願諸隨喜　增延福壽之願

同参縁化秩

    證師　　大德大嘗比丘

    持殿　　老德三彦比丘

    良工　　惠珠比丘

        浄行比丘

        思彦比丘

    畫工　　進趣比丘

    施主兼畫工 道清比丘

    給侍　　明琳比丘

    小者　　克載保体

    監事　　密涵比丘

    發願幹善　瑞雲比丘

三綱秩

    時和尚通政元依比丘 首僧 秀涵 三寶 雙琛比丘

    持殿　　　寶蓮比丘

    典座 同知　瑞珠比丘

維康熙五十年歲次辛卯四月旬二日天柱山雲褁寺灵山殿左

右補處新造安于於此

해석은 다음과 같다.

원문

옛날에 조성한 불상이 아직 완전히 갖추어지지 못하였습니다. 주불인 석가모니불은 옛날 모습 그대로 안치되어 있지만 좌우 보처 제화갈라불과 자씨미륵의 위(位)가 없기 때문에 조성을 발원하였습니다. 이로써 다음과 같이 기록합니다.

원컨대 조성한 공덕이 널리 일체 중생에게 미쳐 우리와 시주자가 모두 함께 불도가 이루어지이다. 엎드려 바라건대 임금을 비롯한 삼전하의 수명은 만세에까지 이르고 천하는 태평하고 불법이 전해지기를 바랍니다.

다음으로 원하옵니다.

동참 모연 시주(同参募緣施主)인 이순달(李順達) 부부, 한귀대(韓貴大) 부부, 가선(嘉善) 김암회(金岩回) 부부, 가선(嘉善) 최만상(崔萬祥) 부부, 김경안(金敬眼) 부부, 백열이(白悅伊), 이혜랑(李惠郞), 김철애(金哲涯), 이이정(李以净), 홍차업(洪次業) 등도 또한 모두 함께 기뻐하고 복과 수명이 증장되기를 바랍니다.

동참연화질(同参緣化秩)

　　증사(證師)　대덕 대은비구(大德大訔比丘)

　　지전(持殿)　노덕 삼언비구(老德三彦比丘)

　　양공(良工)　　혜주비구(惠珠比丘)

　　　　　　　　　정행비구(净行比丘)

　　　　　　　　　사언비구(思彦比丘)

　　화공(畫工)　　진취비구(進趣比丘)

　　시주 겸 화공(施主兼畫工) 도청비구(道清比丘)

　　급시(給侍)　　명림비구(明琳比丘)

소자(小者)　　　극재보체(克載保体)

감사(監事)　　　밀함비구(密涵比丘)

발원간선(發願幹善) 서운비구(瑞雲比丘)

삼강질(三綱秩)

시화상(時和尙) 통정 원의비구(通政元依比丘) 수승(首僧)

수함(秀涵) 삼보(三寶) 쌍침비구(雙琛比丘)

지전(持殿) 보련비구(寶蓮比丘)

전좌(典座) 동지(同知) 서주비구(瑞珠比丘)

강희 50년 신묘년(1711년) 4월 12일에 천주산 운복사 영산전 좌우
보처로 새로 조성하여 이곳에 봉안합니다.[352]

(2) 제1존자상 조성발원문

제1존자상에서 발견된 조성발원문의 원문은 다음과 같다.

願文
上古成佛未能俱存主佛釋迦氏依舊安坐左右補處位無故依旧
新成安于本壇亦無羅漢位具以木相造成六位及古相重修安于本
壇讚頌偈文
願以造成功　普及於一切　我等與施主　皆共成佛道
　　　伏願
主上三殿壽萬歲　天下太平法輪轉
　　　　次願

---

352 이종수(순천대학교) 해석.

　　　　2부 조선시대 왕실 발원 불상의 복장 유물과 조성·중수발원문의 분석

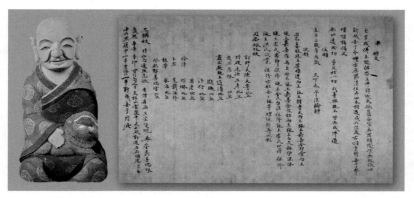

그림 11. 제1존자상과 조성발원문, 1711년, 서진문화유산(주) 제공

同参募縁施主 李順達両主 韓貴大両主 施主 嘉善金邦會両主
施主 嘉善崔萬上両主 施主 嘉善金敬眼両主 施主 白氏紛伊保体
施主 李氏惠郎保体 施主 金氏哲涯保体 施主 李氏以浄保体
施主 洪氏次業保体 亦願各各施等增延补壽之願
　同参縁化秩
　　訂師　　　大德大嘗比丘
　　持殿　　　老德三彦比丘
　　良工　　　惠珠比丘
　　畫工兼施主 道清比丘
　　　　　　　進趣比丘
　　　　　　　浄行比丘
　　　　　　　思彦比丘
　　給侍　　　明琳比丘
　　小者　　　克載保体
　　執労　　　密涵比丘

發願幹善　瑞雲比丘

三綱秩 時和尚通政元依 首僧 秀涵 三宝 雙琛 典座 嘉善 瑞珠

康熙五十年辛卯四月旬二日天柱山雲冞寺灵山殿新造左右補處等〻

十六哭漢中一半重修一半新成安于於此

해석은 다음과 같다.

원문

옛날에 조성한 불상이 아직 완전히 갖추어지지 못하여 주불인 석
가모니불은 옛날 모습 그대로 안치되어 있습니다. 좌우 보처 위
(位)가 없었기 때문에 옛날 모습 그대로 새로 조성하여 본단(本壇)
에 안치하였습니다.

또한 없는 나한상은 모두 나무로 6위를 조성하고 옛날 나한상은
중수하여 본단(本壇)에 안치하였습니다. 찬송하는 게문은 다음과
같습니다.

원컨대, 조성한 공덕이 널리 일체 중생에게 미쳐 우리와 시주자가
모두 함께 불도를 이루어지이다. 엎드려 바라옵나니 임금을 비롯
한 삼전하의 수명은 만세에 이르고 천하는 태평하고 불법의 수레
가 굴러지이다.

다음으로 원합니다.

동참 모연 시주자인 이달순(李順達) 부부, 한귀대(韓貴大) 부부와
시주자인 가선(嘉善) 김방회(金邦會) 부부, 가선(嘉善) 최만상(崔萬

上) 부부, 가선(嘉善) 김경안(金敬眼) 부부, 백분이(白紛伊), 이혜랑(李惠郎), 김철애(金哲涯), 이이정(李以淨), 홍차업(洪次業) 등 각각의 시주자도 복과 수명이 증장되기를 바랍니다.

동참연화질(同參緣化秩)

증사(訂師)	대덕(大德)	대은비구(大訔比丘)
지전(持殿)	노덕(老德)	삼언비구(三彦比丘)
양공(良工)		혜주비구(惠珠比丘)
화공 겸 시주(畫工兼施主)		도청비구(道清比丘)
		진취비구(進趣比丘)
		정행비구(淨行比丘)
		사언비구(思彦比丘)
급시(給侍)		명림비구(明琳比丘)
소자(小者)		극재보체(克載保体)
집로(執勞)		밀함비구(密涵比丘)
발원간선(發願幹善)		서운비구(瑞雲比丘)

삼강질(三綱秩) 시화상(時和尚) 통정(通政) 원의(元依) 수승(首僧) 수함(秀涵) 삼보(三宝) 쌍침비구(雙琛比丘) 전좌(典座) 가선(嘉善) 명주(瑞珠)

강희 50년(1711) 신묘년 4월 12일 천주산 운복사 영산전에 새로 조성한 좌우보처 등 16나한상 가운데 반(半)은 중수하고 반(半)은 새로 조성하여 여기에 봉안합니다.[353]

---

353 이종수(순천대학교) 해석.

2) 중수발원문(1886년, 1958년)

1886년(고종 23)의 중수발원문에는 '발원문(發願文)'이라는 문서의 명칭 다음에 존명(尊名)이 기록되어 있다. 미륵보살상의 조성발원문(1711년)과 마찬가지로 중수발원문(1886년)에도 '좌보처 자씨미륵보살', '우보처 제화갈라보살' 등 좌우보살상의 명칭이 표기되어 있다.

1886년 중수발원문에는 16나한상의 명칭은 생략하고 '第一位(제1위)'에서 '第十六位(제16위)'까지 순서만 기록되어 있다. 이에 비해 1958년 중수발원문에는 '第一賓度盧跋羅隋闍尊者(제1빈도로발라타사존자)'에서 '第一六注茶半託迦尊者(제16주다반탁가존자)'까지 구체적으로 존명이 밝혀져 있다. 또한 1958년에 16나한상을 중수하면서 1886년의 중수발원문 순위를 수정한 흔적이 보인다. 즉, 12존자상의 경우 1886년 중수발원문에는 '第十四位(제14위)'로 표기되었지만, 1958년 중수발원문에는 선을 그어 지우고 '右六(우육)'으로 기록되어 있다. 제14존자의 경우에는 1886년 중수발원문에는 '第十六位(제16위)'로 표기되었지만, 1958년 중수발원문에는 이것을 지우고 '右七(우칠)'로 기록되어 있다.

16나한상 가운데 제12존자상의 1886년과 1958년 중수발원문을 소개하면 다음과 같다.

(1) 제12존자상 중수발원문(1886년)
원문은 다음과 같다.

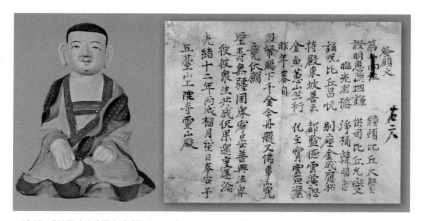

그림 12. 제12존자상과 중수발원문, 1886년(고종 23), 서진문화유산(주) 제공

發願文

第十四位 / 右六 　　鐘頭 比丘大賢

證明 惠隱坦謙 　　供司 比丘允燮

　　晦光有璿 　　淨桶 韓明吉

誦呪 比丘昌忨 　　別座 金成應祐

持殿 東坡善云 　　都監 德雲演惣

畫師 蕙山竺衍 　　化主 寶雲亘葉

昨年春自

內帑賜下千金令丹艧又佛事而究

竟伏願

聖壽無彊国界寧晏普與法界

해석은 다음과 같다.

발원문(發願文)

제14위(第十四位)/오른쪽 6번째(右六) 종두(鐘頭) 비구 대현(比丘大賢)

증명(證明) 혜은 탄겸(惠隱坦謙)   공사(供司) 비구 윤섭(比丘允燮)

　　　　　회광 유선(晦光有璿)   정통(淨桶) 한명길(韓明吉)

송주(誦呪) 비구 창완(比丘昌忨)   별좌(別座) 금성 응우(金成應祐)

지전(持殿) 동파 선운(東坡善云)   도감(都監) 덕운 연홀(德雲演惚)

화사(畵師) 혜산 축연(蕙山竺衍)   화주(化主) 보운 긍섭(寶雲亘葉)

작년 봄 내탕고에서 하사된 천금으로 단청과 불사를 마치고 엎드려 바라오니 임금님은 만수무강하고 나라는 평안하며 모든 법계와 그곳의 중생들이 함께 성불의 과보를 이루어 미혹에 빠진 중생을 제도하게 하소서. 광서 12년 병술년(1886) 5월 15일에 오대산 상원사 영산전에 봉안합니다.[355]

---

354 '仸'은 '佛'의 이체자로 조선시대 불상의 발원문에서는 '佛' 대신 '仸'을 주로 사용하였다.

355 이종수(순천대학교) 해석.

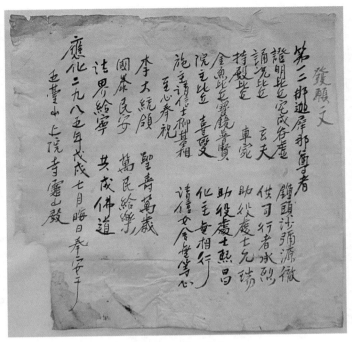

그림 13. 제12존자상 중수발원문, 1958년, 서진문화유산㈜ 제공

(2) 제12존자상 중수발원문(1958년)

원문은 다음과 같다.

發願文
第一二那伽犀那尊者
證明 比丘 宅成呑盧   鍾頭 沙彌 源徹
誦呪 比丘   玄天   供司 行者 承烈
持殿 比丘   車宛   助役 處士 允瑞

　　金魚 比丘 寶鏡普賢　　　　　助役 處士 熙昌

　　院主 比丘　　喜燮　　　　　化主 無相行

　　施主淸信士柳基相 淸信女金無等心

　　至心奉祝

　　李大統領 聖壽萬歲

　　國泰民安 萬民給樂

　　法界給寧 共成佛道

　　應化二九八五年戊戌七月晦日奉安于

　　五臺山上院寺靈山殿

해석은 다음과 같다.

발원문(發願文)

제12나가서나존자(第一二那伽犀那尊者)

증명(證明) 비구택성 탄허(宅成呑虛)　　종두(鍾頭) 사미(沙彌) 원철
(源徹)

송주(誦呪) 비구 현천(玄天)　　공사(供司) 행자(行者) 승열(承烈)

지전(持殿) 비구 차완(車宛)　　조역(助役) 처사(處士) 윤서(允瑞)

금어(金魚) 비구 보경 보현(寶鏡普賢)　　조역(助役) 처사(處士) 희창
(熙昌)

원주(院主) 비구 희섭(喜燮)　　화주(化主) 무상행(無相行)

시주(施主) 청신사(清信士) 유기상(柳基相) 청신녀(清信女) 김무등심
(金無等心)

지극한 마음으로 이승만 대통령의 성수가 무강하고, 나라가 태평
하고, 백성이 편안하며, 만민이 즐겁고, 법계가 평안하여 모두 불
도를 이루기를 바랍니다.

불기 2985년(1958년) 무술년 7월 마지막 날에 오대산 상원사 영산
전에 봉안합니다.

4

상원사 영산전 존상의 복장기록 분석

1) 조성발원문(1711년)의 분석

상원사 영산전 목조미륵보살상과 목조제1존자상에서 발견된 조성발원
문은 약간 차이가 있는데, 제1존자상 발원문 내용이 좀 더 자세하다. 즉,
1711년(숙종 37)에 새로 조성한 목조상은 좌우보처인 자씨미륵보살·제
화갈라보살·나한상 6존 등 총 8존이고, 나머지 존상은 중수해 천주산
운복사 영산전에 봉안했다는 것이다. 두 점의 조성발원문에는 새로 조
성하고 중수한 존상을 1711년 4월 22일에 천주산 운복사 영산전에 봉
안한 날짜가 기록되어 있다.

조성발원문과 별도로 2020년 7월 복장 조사에서는 제2존자상의 내
부에서 새로운 묵서 자료가 발견되었다. 이 묵서 자료에는 1711년 3월
26일에 복장을 완료했다는 내용이 있어, 약 1개월 후에 점안식(點眼式)
이 거행된 사실을 알 수 있다. 조선시대 불상의 조성발원문에서는 점안

식을 하기 이전 복장 의식이 완료된 것에 대한 기록은 드문 편이다. 이에 비해 상원사 영산전 존상은 점안식을 행한 시기와는 별도로 복장 의식 완료일까지 기록하고 있는 점이 주목된다.

상원사 목조미륵보살상 조성발원문(1711년)에는 영산전 석가삼존상의 중수와 조성에 관한 중요한 내용이 있다. 1711년(숙종 37)에 석가여래상은 현존하고 있었지만, 제화갈라보살상과 미륵보살상이 없어져 새로 조성했다는 것이다. 이 내용을 통해 상원사 영산전 본존인 석가여래상은 1711년 이전에 조성되었고, 협시보살상인 제화갈라보살상과 미륵보살상은 1711년에 제작된 사실을 알 수 있다.

상원사 영산전 존상은 2021년에 보존처리를 실시하였다.[356] 소조상 가운데 제석천상과 나한상 일부의 채색층을 제거한 결과, 여러 차례 중수하고 개채한 사실을 확인하였다. 현 채색층 안쪽 면에는 소조제석천상과 소조나한상의 제작 당시 특징이 남아 있었다. 즉, 16세기 전반에 제작된 존상의 양식 특징을 갖고 있어, 새로 1711년에 목조상 총 8존을 조성할 때 남아 있는 옛 존상을 그대로 참조했다는 조성발원문의 내용과 일치하고 있다.

즉, 2020년 7월에 수습된 제1존자상의 조성발원문에서 언급한 옛날 모습 그대로 제화갈라보살상과 미륵보살상 각 1존과 나한상 6존 등 총 8존은 나무로 1711년에 새로 제작했고, 나머지 상은 중수하였다는 사실과 부합된다. 현재 상원사 영산전 존상은 이러한 사실을 반영하듯 총 21존 가운데 제화갈라보살상, 미륵보살상, 나한상 6존 등 총 8존은 목조

---

356 상원사 영산전 존상은 2021년에 보존 처리를 시작한 결과, 현 채색층 안쪽에서 여러 차례 중수한 흔적을 발견했다. 특히 소조상은 16세기 전반의 양식 특징을 보여 2022년까지 사업이 연장되었다.

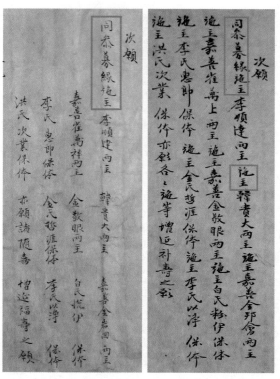

그림 14. 상원사 영산전 미륵보살상
조성발원문의 시주자

그림 15. 상원사 영산전 제1존자상
조성발원문의 시주자

상이고, 나머지 13존은 소조상이다.

조성발원문(1711년)에 기록된 시주자는 동참 모연(募緣) 시주자와 일반 시주자로 구분되어 있다. 미륵보살상의 조성발원문(그림 14)에는 모연 시주와 시주를 구분하지 않았고, 제1존자상의 조성발원문(그림 15)에는 시주자를 구분하였다. 시주자에 관한 내용을 정리하면 〈표 2〉와 같다.

〈표 2〉에서 보다시피 모연 시주자는 4명이고, 시주자는 11명으로 총 15명이 동참하였다. 상원사 영산전 미륵보살상과 제1존자상의 조성발

표 2. 상원사 영산전 제1존자상 시주자

모연 시주자	시주자
이달순 부부	가선 김방회 부부
한귀대 부부	가선 최만상 부부
	가선 김경안 부부
	백분이
	이혜랑
	김철애
	이이정
	홍차업
총 4명	총 11명

원문에는 시주 물목(物目)에 관한 내용은 없고, 주로 속인(俗人)이 시주자로 참여하고 있다. 조선 후기 불상 조성발원문에 승려와 속인이 함께 시주자로 동참한 사실이 기록된 일반적인 경우와는 다르다.

시주자 다음으로는 존상 조성의 소임자를 기록한 연화질(緣化秩)이 있다. 증명은 대덕 대은(大誾)이 맡았고, 지전(持殿)은 노덕 삼언(三彦)이 담당하였다. 존상을 조성하는 데 참여한 장인은 조각승과 채색을 담당한 화승(畵僧)으로 역할이 분담되어 있다. 참여한 총 5명의 장인 가운데 조각승은 3명이고 화승은 2명이다. 미륵보살상 조성발원문에는 조각승은 '양공(良工)'으로, 화승은 '화공(畵工)'으로 표기되어 있다(그림 16).

상원사 영산전 존상을 1711년(숙종 37)에 조성한 조각승은 혜주(惠珠)이고, 2위 정행(淨行)과 3위 사언(思彦)이 함께 참여했다. 조각과 별도로 채색은 화승 진취(進趣)와 도청(道淸)이 맡았는데, 도청은 시주자까지 겸하였다. 이처럼 상원사 영산전 존상 조성에 3명의 조각승과 별도로 2명의 화승이 참여한 것은 16나한상에 채색을 했기 때문으로 짐작된다.

상원사 영산전 석가삼존상과 16나한상 및 권속상을 제작한 조각승 혜주와 정행은 1715년(숙종 41)에는 봉화 청량사 약사여래좌상을 중수

그림 16. 상원사 영산전 미륵보살상 조성
발원문의 연화질, 1711년

그림 17. 봉화 청량사 약사불상 중수발원문에 기록된 조각승
혜주, 1715년, 손영문 제공

하였고(그림 17),[357] 1729년(영조 5)에는 제천 신륵사 아미타삼존상을 조
성하였다.[358] 2위로 참여한 정행은 1736년(영조 12)에는 수조각승으로 제
천 백련사 아미타불상과 강천사 대세지보살상(그림 18)을 제작하였다.[359]
또한 조각승 정행이 1758년(영조 34)에 홍천 수타사 옥수암에 머물고 있
었던 사실은 수타사 관음보살상의 조성발원문에서 확인된다(그림 19).[360]

상원사 영산전 제화갈라보살상, 미륵보살상, 나한상 6존 등 총 8존의
목조상 조성을 발원하고 화주를 맡은 승려 서운(瑞雲) 역시 1758년(영조 34)
에는 수타사 관음보살상 조성에 시주자로 참여하였다(그림 20). 조각승 혜
주와 정행은 강원도, 충청 북부, 경상도 등지에서 주로 활동하였는데 이들
은 17세기에 유파를 형성했던 단응·탁밀의 영향을 받은 조각승이다.[361]

---

357 유근자(2017), 앞 책, 388쪽.

358 유근자(2017), 앞 책, 543쪽; 김춘실(2009), 「충청북도 제천·단양 지역의 朝鮮 後期 木造
佛像」, 『미술사연구』 23, 261-265쪽; 이민형(2013), 「17세기 후반의 彫刻僧 端應의 불상
연구」, 『미술사학연구』 278, 177-178쪽.

359 유근자(2017), 앞 책, 544쪽; 김춘실(2009), 앞 논문, 265-268쪽.

360 유근자(2017), 앞 책, 552쪽.

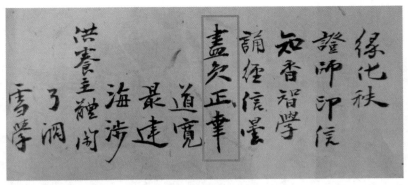

그림 18. 제천 강천사 대세지보살상 조성발원문에 기록된 조각승 정행, 1736년

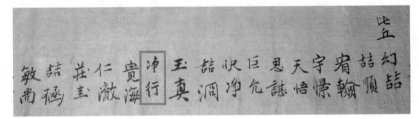

그림 19. 홍천 수타사 관음보살상 조성발원문에 기록된 정행, 1758년

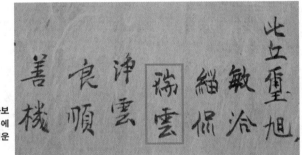

그림 20. 홍천 수타사 관음보살상 조성발원문에 기록된 시주자 서운(瑞雲), 1758년

---

361 1711년에 조성된 상원사 목조나한상의 양식 특징은 조각승 탁밀이 조성한 의성 대곡사 나한전 존상과 매우 유사하다. 송은석(2016), 「의성 대곡사 나한전 존상과 조각승 탁밀」, 『석당논총』 66, 284쪽; 송은석(2015), 「蔚珍 佛影寺의 佛像과 彫刻僧 : 尙倫, 卓密」, 『동악미술사학』 17, 371-406쪽; 김소담(2017), 「朝鮮 後期 江原道 地域 佛像 研究」, 동국대학교 석사학위논문, 50-53쪽, 66-77쪽.

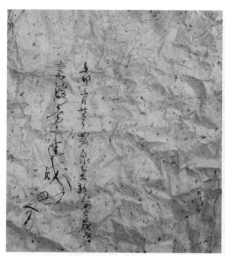

| 그림 21. 제2존자상 내부에서 수습된 묵서 자료 | 그림 22. 제2존자상 내부에서 수습된 묵서 자료 |

2) 목조제2존자상의 묵서 기록 분석

제2존자상에서 발견된 후령통을 싼 한지에는 각각 '辛卯三月卄六日 豊泉天柱山雲覆寺 靈山腹建造成也'(그림 21)와 '辛卯三月卄六日腹建造成也'(그림 22)라는 내용이 기록되어 있다. 첫 번째 자료는 '신묘년(1711년) 3월 26일에 예천 천주산 운복사 영산전 복장을 조성했다'는 것이고, 두 번째 자료는 '신묘년 3월 26일에 복장을 조성했다'는 내용이다. 제2존자상에서 수습한 자료 가운데 주목되는 것은 운복사가 위치한 지역을 기록하고 있는 점이다. 한지에 묵서된 '豊'은 '풍'과 '예'로 발음되기 때문에 '豊泉'은 '예천(醴泉)'을 표기한 것이다.

상원사 영산전 미륵보살상과 제1존자상의 발원문에는 '천주산 운복사(天柱山 雲覆寺)'만 기록되어 그동안 정확한 원 소재지를 알 수 없었다.[362] 천주산은 『세종실록지리지』, 『여지도서』, 『해동지도』 등의 기록[363]과 개인 문집 등에 따르면 황해도 해주,[364] 경기도 포천,[365] 경기도 가평,[366] 경상도 등지에 위치하고 있다. 이 가운데 운복사가 소재한 곳은 현재로서는 경상도 예천 천주산만 확인되고 있다. 예천과 인접한 상주 북장사도 천주산에 있는데 〈영산회괘불탱〉(1688년)의 화기를 통해 확인된다.[367] 또한 문경 천주사(天柱寺)도 천주산에 위치해 있는 것으로 보아 천주산은 예천·문경·상주 지역에 걸쳐 있던 산임을 알 수 있다.

경상도 예천에 위치한 운복사에 관한 자료로는 1680년(숙종 6)에 평안도 묘향산 보현사에서 판각된 『금강경오가해설의』의 전패(殿牌) 그림을 들 수 있다. 이 경전에는 변상도와 위태천 그리고 왕을 비롯한 왕실 인물들의 안녕을 기원하는 전패가 수록되어 있다.[368] 변상도·위태천·전패의 밑그림을 그린 인물이 바로 '慶尙道 醴泉 天柱山 雲覆寺 比丘 三彦'(그림 23)이다. 『금강경오가해설의』(1680년)의 변상도를 그린 '경상도 예천 천주산 운복사 비구 삼언'과 1711년(숙종 37)에 운복사 목조나한상 조성에 지전(持殿) 소임을 맡은 '노덕 삼언'(그림 24)은 동일 인물로 추정된다.

---

362 예천 운복사의 위치에 대해서는 김소담의 논문(2017년)에서 이미 밝히고 있으며, 2020년 7월 복장 조사를 통해 재확인하였다.

363 김소담(2017), 앞 논문, 68쪽, 각주 104.

364 『新增東國輿地勝覽』 卷41 「黃海道 海州牧」; 『비변사등록』 135책, 영조 34년(1758) 11월 7일자 기록.

365 『寒水齋集』 卷27 「監役兪公 命賚 墓碣銘 幷序」; 『冠峯先生遺稿』 卷10 「天柱精舍記」.

366 『於于集』 卷4 「題天柱山人鍾英詩軸序」.

367 문화재청·(사)성보문화재연구원(2015), 『보물 제1278호 북장사 영산회괘불탱』, 20쪽. "康熙貳拾柒年戊辰七月日靈山掛佛一會造成安于嶺南商山土西有天柱山北長寺".

368 서울대학교 규장각한국학연구원[http://kyudb.snu.ac.kr/book/view.do], 검색 일자는 2020년 12월 15일.

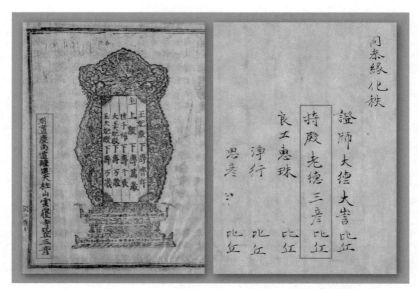

그림 23(좌). 『금강경오가해설의』에 수록된 전패, 1680년, 출처: 서울대학교 규장각한국학연구원
그림 24(우). 상원사 미륵보살상 조성발원문 세부, 1711년, 월정사성보박물관 제공

삼언은 1703년(숙종 29) 구미 대둔사 소조16나한상을 중수할 때도 증명을 맡고 있다. 이 외에도 삼언의 행적은 묘향산 영변 철옹성 지휘소로 건립된 천주사의 법당 중수 기록에서도 찾을 수 있다. 1723년(경종 3)에 천주사 법당을 중수하고 불화와 불상을 봉안하였는데, 이때 선산에서 온 삼언이 참여했다는 것이 『허정집(虛靜集)』에 수록되어 있다.[369] 이 내용을

---

369 『虛靜集』卷下「寧邊鐵甕城天柱寺記」. "다 같이 개탄하고 중흥하려는 뜻을 일으켜 재목을 모으고 장인을 모집할 즈음 등계(登階) 석삼언(釋三彦) 스님이 선산(宣山)에서 오게 되었다. 그 역시 그들과 함께 힘을 합하고 도와 그 해가 가기 전에 우뚝하고 높은 시렁을 설치하여 두 개의 탱화를 벽에 걸고 금으로 된 삼존불을 봉안하였다(慨興重興之志 方鳩材庀工之際 登階釋三彦 來自宣山 亦與之翕力同翼 不閱禩 嵬屹而高架 壁掛二部畫 卓安三金像)."

통해 1723년 당시 삼언의 거주지가 예천 운복사와 인접한 선산이었다는 것을 알 수 있다. 『허정집』 역시 묘향산 보현사에서 간행되었기 때문에, 『허정집』이 언급하는 삼언은 1680년(숙종 6)에 묘향산 보현사에서 간행된 『금강경오가해설의』의 전패를 새긴 삼언과 동일 인물일 것이다.[370]

따라서 상원사 영산전 석가삼존상과 16나한상 및 권속상이 1886년(고종 23)에 상원사로 옮겨지기 전에는 경상도 예천 천주산 운복사에 소장되었던 것을 알 수 있다. 2020년 7월 상원사 영산전 존상의 복장 조사를 통해 각 존상이 소재했던 원 봉안처를 밝힐 수 있었고, 목조상 8존의 제작 시기가 1711년(숙종 37)인 것을 확인한 데 큰 의미가 있다.

3) 1886년 중수발원문의 분석

오대산 상원사 영산전의 총 21존상 밑면에 이중으로 부착된 중수발원문에는 1886년(고종 23, 光緒 12)과 1958년에 중수된 사실이 기록되어 있다. 1886년 중수발원문에는 왕실에서 하사한 내탕고(內帑庫) 천금(千金)으로 단청과 불사를 했고, 음력 5월 15일에는 상원사 영산전에 존상을 봉안한 내용이 수록되어 있다. 즉, 1885년(고종 22)에 왕실에서 하사한 내탕고 천금은 상원사 영산전 단청과 불사를 위한 비용으로 사용되었다. 왕실 사유 재산인 내탕고의 재물이 1885년에 상원사에 하사된 것은 조선 초 세조에 의한 중창으로 형성된 왕실과의 관계가 19세기에도 지속되고 있음을 의미한다.

---

370 김소담(2017), 앞 논문, 69쪽.

상원사 영산산 존상의 원 봉안처인 예천 천주산 운복사가 상원사로
존상이 옮겨진 1886년 당시에는 어떤 상태였는지는 잘 알 수 없다. 단
지 『예천군지』 「불우(佛宇)」에는 "천주사는 천주산에 있다."[371]는 내용만
있을 뿐 운복사에 대한 기록은 찾을 수 없다. 이를 통해 상원사 영산전
존상의 원봉안처인 예천 천주산 운복사는 1886년(고종 23)에는 폐사에
가까운 상태였다가 이후 폐사된 것으로 짐작된다.

1886년(고종 23)에 상원사 영산전 존상을 옮겨 오는 불사에 왕실에서
내탕금(內帑金)을 하사한 확실한 이유는 알 수 없다. 그렇지만 신정왕후
조씨와 관련이 있는 것으로 추정한 단서로는 화주를 맡은 보운 긍섭(寶
雲亘葉)의 활동을 들 수 있다. 즉, 천주산 운복사에서 영산전 존상을 옮
겨 와 중수해 상원사 영산전에 봉안할 당시 화주를 맡은 보운 긍섭은 신
정왕후 조씨와 관련이 있기 때문이다.

보운 긍섭은 금강산 건봉사 승려로, 1880년(고종 17)에는 건봉사에
주석하고 있었다. 그는 1880년(고종 17) 7월에 제자 지학(持學)으로 하여
금 영변 약산 서운사(棲雲寺)의 금구(金口) 1좌를 건봉사로 옮겨 오게 했
다.[372] 또한 8월에는 경기도 관찰사 김보현(金輔鉉)의 도움으로 장단 심
복사(心腹寺) 16나한상이 건봉사로 옮겨질 때 화주를 맡았다. 10월에는
신정왕후 조씨가 고종의 서장자인 완화군(完和君, 1868-1880)의 영가천도
를 목적으로 천금을 하사해 보은 긍섭에게 불사를 주관하도록 했다. 다
음 해인 1881년(고종 18) 3월에는 시왕전(十王殿)과 십육전(十六殿)의 단

---

371 李東洛 編(1936), 『醴泉郡誌』, 李東洛方, 39쪽. "天柱寺在天柱山".

372 이와 같은 예로는 서울 화계사를 들 수 있다. 1877년에 신정왕후 조씨는 황해도 배천 강서
사의 명부전 존상, 해남 미황사의 운판, 단양 대흥사의 범종을 화계사로 옮겨 왔다.

청·개금·채색 불사도 보은 긍섭이 주도하게 했다.[373]

신정왕후 조씨가 완화군의 영가천도를 위해 건봉사에 내탕금을 하사하고 보운 긍섭으로 하여금 불사를 주관하도록 한 인연은 1886년(고종 23)에 상원사 영산전 존상을 봉안하는 데도 영향을 미친 것으로 보인다. 1880년(고종 17)과 1881년(고종 18)에 건봉사에서 신정왕후의 지원으로 불사를 주관한 보운 긍섭은 1886년(고종 23)에는 예천 운복사 영산전 존상을 상원사로 옮겨 와 봉안하는 데 화주를 맡고 있기 때문이다. 이런 사실을 통해 상원사 영산전 존상을 이운(移運)하고 중수하는 데 왕실의 내탕금이 하사된 이유는 신정왕후 조씨와 보운 긍섭의 관계에서 비롯된 것임을 확인할 수 있다.

상원사 영산전 존상을 예천 운복사에서 오대산 상원사로 이안하게 된 데에는 신정왕후 조씨 가문의 세거지(世居地) 가운데 하나가 경상도 상주인 것도 영향을 끼친 것으로 보인다. 예천 운복사가 위치한 천주산은 예천·문경·상주에 걸쳐 있는데, 상주에는 풍양 조씨 종중의 족보를 보관한 청계사(淸溪寺)와 목판본을 보관한 남장사(南長寺)가 위치하고 있다. 두 사찰은 풍양 조씨 가문의 분암(墳庵)이어서 인근 예천 운복사의 사정도 잘 알고 있었을 것이다.

신정왕후 조씨를 배출한 풍양 조씨 종중(宗中)에서는 상주 청계사에 1731년(영조 7), 1760년(영조 36), 1826년(순조 26)에 간행된 족보를 보관하였고, 상주 남장사에는 별도의 보각(譜閣)을 건립해 족보와 문집의 각판(刻板)을 보관하였다. 이러한 과정에서 주도적인 역할을 한 풍양 조씨

---

373 김광식·한상길(2020), 『건봉사(乾鳳寺)』, 대한불교조계종 백년대계본부 불교사회연구소, 253-254쪽.

가문의 인물은 경상 감사로 부임한 조현명(趙顯命, 1690-1752)·조엄(趙曮, 1719-1777)·조인영(趙寅永, 1782-1850)이었다.374 이들은 고려 개국 공신 조맹(趙孟, ?-?)을 시조로 한 풍양 조씨 가문의 세 계열 가운데 전직공계(殿直公系)에 속했다. 전직공계는 다시 3개파로 세분되는데, 족보 간행을 주도한 조현명·조엄·조인영은 상주에 집성촌을 둔 호군공파(護軍公派) 소속이었다.375

신정왕후 조씨의 아버지 조만영(趙萬永, 1776-1846)은 경상 감사로 부임한 조인영의 형이다. 조만영과 조인영은 고구마를 처음 들여온 이조 판서 조엄의 손자로, 조선 후기에 안동 김씨와 세도를 다투었던 풍양 조씨 가문의 중심 인물이다. 풍양 조씨 호군공파는 상주에 세거하고 있었기 때문에, 인근 지역인 예천 운복사의 상황을 잘 알고 있었을 것이다. 따라서 신정왕후 조씨가 하사한 내탕금으로 상원사 영산전 존상을 예천 운복사에서 옮겨오는 데는 풍양 조씨 호군공파의 역할이 컸을 것으로 추정된다.

상원사 영산전 존상을 예천 운복사에서 이운해 온 것처럼 19세기 당

---

374 이연숙(2014), 「18-19세기 풍양조씨의 대종중 형성과 족보 간행」, 『민족문화』 43, 353-357쪽.

375 풍양 조씨의 시조는 조맹으로, 왕건을 도와 고려 개국에 공을 세운 한양부 풍양현 사람이다. 시조 이후 몇 대가 실전(失傳)되었던 풍양 조씨는 고려 후기와 조선 초에 크게 세 계열이 등장하였다. 하나는 조맹의 7대손에 해당하는 조지린(趙之藺, ?-1011)을 기점으로 하는 전직공계(殿直公系)이고, 다른 하나는 조지린보다 3~4세대 후의 인물인 조신혁(趙臣赫)을 기점으로 하는 평장사공계(平章事公系)이며, 또 하나는 조보(趙寶)를 기점으로 하는 상장군공계(上將軍公系)이다[오세현(2018), 「조선중기 풍양조씨 증장령공파의 도봉구 정착과 청교조씨」, 『인문과학연구』 27, 11쪽; 유근자(2021), 「풍양 조씨 분암(墳庵)과 남양주 견성암의 불상」, 『한국불교학』 100, 172-174쪽]. 상주 청계사와 남장사에 보관된 족보 간행을 주도한 인물들은 바로 전직공계인데, 전직공계는 호군공파(護軍公派)·회양공파(淮陽公派)·금주공파(錦州公派)로 세분된다. 이 가운데 상주에 세거지를 둔 파는 호군공파이다.

시 서울·경기도 지역의 왕실 원찰은 지방의 사찰에서 존상을 옮겨 오는 방법을 사용하였다. 즉, 새로 불상을 조성하지 않고 왕실과 관계가 있지만 사세가 기운 사찰의 영험한 존상을 이운해 온 것이다. 대표적인 예로는 서울 화계사 명부전 존상, 서울 흥천사 불상과 관음보살상, 남양주 흥국사 석가삼존상과 16나한상, 남양주 불암사 관음보살상 등이다.

화계사 명부전 존상은 1877년(고종 14)에 신정왕후 조씨의 후원으로 세조의 원찰이었던 황해도 배천 강서사에서 이운해 왔다.[376] 흥천사 불상과 관음보살상은 문경 오정사(烏井寺)와 임실 신흥사 적조암(寂照庵)에서 옮겨 온 것이다.[377] 남양주 흥국사 영산전 석가삼존상과 16나한상은 1891년(고종 28)에 전라도 완주 안심사(安心寺) 약사암(藥師庵)으로부터 이안(移安)된 것이고,[378] 남양주 불암사 관음보살상은 1907년(순종 1)에 완주 대둔산 안심사 묘련암(妙蓮庵)에서 이운해 왔다.[379]

황해도 배천 강서사와 완주 안심사는 사세가 기운 지방 소재의 왕실 원찰로 세조와 관련이 깊다. 19세기의 경상도 사찰 가운데 문경 오정사, 창원 웅신사, 대구 부인사는 사찰이 비게 되자 이곳의 불상을 다른 사찰로 옮긴 대표적인 예에 속한다.[380] 상원사 영산전 존상이 예천 운복사에

---

376 유근자(2014), 「화계사 불교미술의 성격과 시주자」, 『한국불교사연구』 4, 240-289쪽; 최선일(2012), 「배천 강서사 조성 지장보살과 조각승 영철」, 『선문화연구』 13, 165-199쪽.

377 유근자(2017), 「흥천사의 조선후기 불교조각」, 『강좌미술사』 49, 53-56쪽; 문명대(2019), 「흥천사(興天寺) 불상의 성격과 1701년 법잠(法岑) 작 목조(木造) 수월관음보살(水月觀音菩薩) 삼존상 및 복장품 연구」, 『강좌미술사』 53, 15-40쪽.

378 정은우(2009), 「남양주 흥국사의 조선전기 목조16나한상」, 『동악미술사학』 10, 137-160쪽.

379 김창균(2017), 「大芚山 妙蓮庵 목조관음보살상과 조각승 교류를 통해 본 無染 작풍 연구」, 『미술사학보』 45, 165-190쪽.

380 문경시·(재)불교문화재연구소(2011), 『대승사 목각아미타여래설법상 및 관계문서』, 44쪽.

서 옮겨온 것은 이러한 당시 왕실 불사의 경향과 부합된다.

상원사 영산전 존상의 중수발원문(1886년) 첫머리에는 존상의 명칭이 기록되어 있고, 이어서 중수 불사 소임자가 나열되어 있다. 불사 소임 가운데 18세기에 새롭게 등장한 것으로는 '공사(供司)'와 '정통(淨桶)'이 있다. '공사'는 사찰에서 대중이 공양할 밥을 짓는 일을 책임지는 소임이고, '정통'은 도량 및 화장실을 청소하고 휘장을 갈아 주며 물을 긷는 소임을 말한다.[381] 정통 소임은 한명길(韓明吉)이 맡고 있는데 그는 사찰에 거주하는 속인 남성이다. 이처럼 19세기에는 사찰에 거주하는 속인 남성이 정통 소임을 맡는 것이 일반화되었다.

1886년에 상원사 영산전 존상을 중수하는 데 혜은 탄겸(惠隱坦謙)과 회광 유선(晦光有璿)은 증명을 맡고 있다. 이 가운데 주목되는 인물은 회광 유선인데, 그는 친일 승려로 알려진 이회광(李晦光, 1862-1932)이다.[382] 조선 말기 대강백(大講伯)이었던 회광 유선은 상원사 영산전 존상의 중수에 필요한 비용을 마련하는 화주(化主)를 맡았던 보운 긍섭의 제자이다. 그는 1881년(20세)에 승려가 된 후 1886년(25세)에 상원사 영산전 불사의 증명 소임을 맡은 것이다. 이를 통해 그가 일찍부터 교학에 조예가 깊었던 승려였음을 알 수 있다.

『동사열전(東師列傳)』에는 「회광강백전(晦光講伯傳)」이 실려 있다. 회광 유선은 환성 지안(喚惺志安, 1664-1729)의 8대 법손이고, 청허 휴정(淸

---

381 이종수·허상호(2020), 앞 논문, 145-146쪽.

382 하지연(2003), 「한말·일제 朝日佛教聯合 시도와 李晦光」, 『이화사학연구』 30, 325-341쪽; 김경집(2005), 「開港初 韓日佛教 교류에 대한 연구」, 『불교학연구』 10, 220-223쪽; 김순석(2008), 「근대 일본 불교 세력의 침투와 불교계의 동향」, 『한국학연구』 18, 72-86쪽; 김환수(2012), 「불교적 식민지화? : 1910년대 한국 원종(圓宗)과 일본 조동종(曹洞宗) 연합에 대한 새로운 해석의 가능성」, 『불교연구』 36, 9-33쪽.

虛休靜, 1520-1604)의 12대 법손이며, 강당을 개설하고 설법을 시작하니 학인들이 전국에서 몰려들었다. 그는 오대산과 건봉사에 머물기도 하였고 금강산과 삼각산에도 주석하였다.[383]

상원사 영산전 존상을 1886년(고종 23)에 개채·중수한 작가는 화승 혜산 축연(蕙山竺衍)이었다. 그는 1875년(고종 12)부터 1895년(고종 32)까지 약 20여 년간 월정사 본말사의 불화 조성 및 불상 중수에 참여하였다. 1886년 이전에는 석옹 철유(石翁喆有) 등의 수화승 아래에서 화업(畵業)에 종사하다가, 1886년 상원사 영산전 존상의 개채·중수에 참여하면서 수화승으로 활동한 것으로 추정된다. 이후 1888년(고종 25)에는 수화승으로서 상원사 영산전 후불도·나한도·사자도·제석천도를 조성하였다. 혜산 축연이 참여해서 그린 16나한도는 6점이 전하고 있는데, 이 가운데 상원사 영산전 16나한도(1888년)와 수화승 석옹 철유 아래 출초(出草)를 담당한 강릉 보현사 16나한도(1882년)가 유명하다.[384]

1894년(고종 31)에는 오대산 중대 사자암 비로자나불상(그림 25)을 중수하였는데, 혜산 축연은 수화승 보암 긍법(普庵肯法) 아래 2위로 참여하였다(그림 26). 또한 1908년에 오대산 사자암 비로자나불상을 중수할 때는 호봉 성익(虎峯性煜) 아래 6위로 동참하였다. 이때는 '신사 혜산(信士 蕙山)'으로 기록되어 환속하였음을 알 수 있다(그림 27). 오대산 중대 사자암은 태조 이성계의 원찰이었고, 상원사는 세조의 원찰이었기 때문에 두 사찰은 조선 초부터 조선 말기까지 왕실의 후원이 지속되었다. 왕실이 후원한 서울·경기·강원 지역의 사찰 불사에 지속적으로 참여한 보암 긍

383 梵海 撰·金崙世 譯(1991),『東師列傳』, 광제원, 553-556쪽.

384 최엽(2004),「高山堂 竺演의 佛畵 硏究」,『동악미술사학』5, 175쪽.

그림 25(좌). 오대산 중대 사자암 목조비로자나불상, 조선 전기, 1894·1908년 중수, 월정사성보박물관 제공
그림 26(중). 오대산 중대 사자암 목조비로자나불상 중수발원문에 기록된 화승 혜산 축연(蕙山竺衍), 1894
년, 월정사성보박물관 제공
그림 27(우). 오대산 중대 사자암 목조비로자나불상 중수발원문에 기록된 신사 혜산(信士蕙山), 1908년, 월
정사성보박물관 제공

법과 석옹 철유 등은 혜산 축연을 보조 화승으로 두고 함께 활동하였다.

4) 1958년 중수발원문의 분석

상원사 영산전 존상은 1958년에도 중수가 이루어졌고, 각 존상의 밑면
에는 한지에 묵서한 중수발원문이 부착되어 있다. 발원문에는 각 존상
의 명칭과 증명(證明)·송주(誦呪)·지전(持殿)·금어(金魚)·원주(院主)·종
두(鍾頭)·공사(供司)·조역(助役)·화주(化主) 등 불사 소임자가 표기되어
있다. 증명은 택성 탄허(宅成呑虛, 1913-1983)가 맡았고 중수를 담당한 금
어는 보경 보현(寶鏡普賢, 1890-1979)이었다. 화주는 무상행(無相行)이 맡
고 있는 것으로 보아 속인 여성임을 알 수 있고, 시주자는 유기상(柳基
相)과 김무등심(金無等心) 등 2인이다.

증명을 맡은 택성 탄허는 고전과 역경에 능통한 승려로, 1934년에 오대산 상원사로 출가해 15년간 오대산 밖을 나오지 않은 것으로도 유명하다.[385] 고승 한암 중원(漢巖重遠, 1876-1951)의 제자인 택성 탄허는 1958년에 영산전 존상을 중수하는 데 증명을 맡은 것이다.[386]

1958년에 상원사 영산전 존상을 중수하면서 기독교 신자였던 이승만(李承晚, 1875-1965) 대통령을 축원하고 있는 것이 주목된다. 이승만 대통령은 1954년 5월 20일 일제의 잔재인 대처승은 사찰에서 물러나라는 유시를 발표하였다. 이로 인해 해방 이후 불교계는 비구 독신승과 대처승 간의 분규가 오랫동안 지속되었다.[387] 상원사 영산전 존상은 1958년에 이승만 대통령의 축원을 발원하면서 화승 보경 보현이 단독으로 개채하였다.

개채를 담당한 보경 보현은 1886년(고종 23)에 상원사 영산전 존상을 중수한 혜산 축연을 비롯한 서울·경기 지역 화사(畫師)들의 계보와 화풍을 잇는 인물로서 주목된다.[388] 그는 1921년부터 단청과 불화 조성에 일가를 이루었고, 서울 경국사에 60여 년간 머물면서 이승만 대통령과 인연을 맺었다. 1950년대에는 이승만 대통령이 보경 보현의 인격에 감화되어 몇 차례 경국사를 방문하기도 하였다.[389] 상원사 영산전 존상을

385 김광식(2012), 「탄허의 시대인식과 종교관」, 『한국불교학』 63, 137-169쪽.

386 한암 스님과 탄허 스님 간의 관계는 다음의 논문을 참조할 수 있다. 이원석(2016), 「漢巖 重遠과 呑虛 宅成의 佛緣 - 呑虛의 出家 背景」, 『한국불교학』 79, 293-321쪽.

387 이재헌(2014), 「이승만 대통령의 유시와 불교정화 운동의 전개」, 『대각사상』 22, 279-333 쪽; 김진흠(2015), 「1950년대 이승만 대통령의 '불교 정화' 유시와 불교계의 정치 개입」, 『사림』 53, 305-340쪽.

388 윤선우(2016), 「近代 畫僧 寶鏡堂 普現의 出草佛畵 研究」, 『미술사학연구』 289, 156쪽.

389 최엽(2004), 앞 논문, 171쪽, 각주 17 재인용.

1958년에 개채·중수할 때 이승만 대통령을 축원한 사실은 당시 불교계의 일반적인 경향이기도 하였지만,[390] 보경 보현과의 이 같은 인연도 작용한 것으로 짐작된다.

보경 보현은 봉국사 〈18나한도〉(1927년)와 경국사 〈18나한도〉(1936년) 등의 나한도를 출초(出草)하기도 하였다. 1920년에는 구미 대둔사 〈16나한도〉를 축연과 함께 조성하였다.[391] 여러 점의 16나한도를 출초했던 혜산 축연이 1886년(고종 23)에 상원사 영산전 존상을 개채하고 1888년(고종 25)에 나한도를 조성하였듯이, 보경 보현 역시 나한도 출초에 뛰어난 역량을 발휘하고 있었다. 보경 보현이 상원사 영산전 존상을 1958년에 개채한 것은 이러한 혜산 축연과의 관계가 영향을 미친 것으로 추정된다.

1886년(고종 23)에 혜산 축연이 16나한상을 중수할 때는 '第一位'부터 '第十六位'까지 순서만을 매기고 존상명은 기록하지 않았다(그림 28). 그러나 1958년에 보경 보현은 '第一賓度盧跋羅墮闍尊者(제1빈도로발라타사존자)'부터 '第一六注荼半託迦尊者(제16주다반탁가존자)'까지 각 존상의 명칭을 함께 표기하였다(그림 29). 또한 1886년(고종 23) 혜산 축연이 순서를 정해 놓았던 존상의 순서를 바꾸어서 명칭을 기록하였다.

〈그림 28〉과 〈그림 29〉는 현재 제14벌라바사존자상 밑면에 이중으로 부착된 중수발원문을 분리한 것이다. 〈그림 30〉은 분리하기 이전의

---

390 천안 각원사 조실 경해 법인(1931-) 스님과의 인터뷰에 의하면 1950년대에 각 사찰에서는 기독교 신자인 이승만 대통령에 대한 축원 문구를 불단에 상시로 두었다고 한다. 그러나 불상의 중수 기록으로 남아 있는 경우는 드물어, 상원사 영산전 존상의 1958년 중수발원문은 당시 상황을 알려준다는 점에서 주목할 가치가 있다.

391 윤선우(2016), 앞 논문, 156-159쪽.

2부 조선시대 왕실 발원 불상의 복장 유물과 조성·중수발원문의 분석

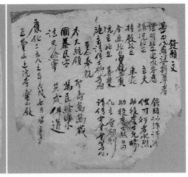

그림 28. 제16존자상 중수 발원문, 1886년, 서진문화유산
(주) 제공

그림 29. 제14벌라바사존자상 중수발원문,
1958년, 서진문화유산(주) 제공

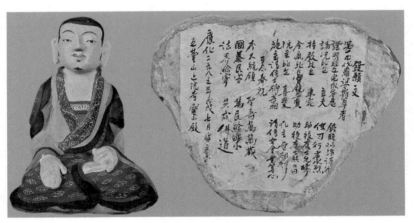

그림 30. 상원사 제14벌라다사존자상과 밑면의 중첩된 중수발원문, 서진문화유산(주) 제공

상태이다. 〈그림 28〉에는 '第十六位'로 표기되어 1886년 중수 때는 제
16존자상이었던 사실을 알 수 있다. 〈그림 29〉에는 1958년 개채·중수
하면서 '제14벌라바사존자상'으로 기록해, 중수 때 명칭이 변경된 사실
을 확인할 수 있다.

5

맺음말

이상으로 2020년 7월 복장 조사를 통해 오대산 상원사 영산전 21존상 가운데 목조상에서 수습한 조성발원문(1711년)과 묵서 자료(1711년), 그리고 각 존상의 밑면에 이중으로 부착된 중수발원문(1886년, 1958년)의 현황을 소개하고 내용을 분석하였다. 상원사 영산전 존상의 조성발원문(1711년) 2점, 중수발원문(1886년, 1958년) 2점, 묵서 자료(1711년) 2점을 분석한 결과 몇 가지 사실을 확인할 수 있었다.

첫째, 상원사 영산전 존상의 조성발원문(1711년)의 분석 결과 목조상 8존은 1711년에 제작되었고, 원 소장처가 경상도 예천 천주산 운복사라는 점을 확인하였다.

둘째, 중수발원문(1886년) 분석을 통해 예천 운복사에서 오대산 상원사로 영산전 존상을 옮겨 온 후 왕실 내탕고의 천금이 중수 비용으로 하사된 것은 신정왕후 조씨의 영향으로 추정하였다. 신정왕후 조씨는 1880년(고종 17) 고종의 서장자인 완화군이 죽자 그의 영가천도를 위해 보은 궁섭에게 건봉사 불사를 주관하도록 했는데, 그는 1886년(고종 23)에는 상원사 영산전 존상을 이안하는 데 화주를 맡았기 때문이다. 이같은 사실은 상원사가 세조에 의한 1466년(세조 12) 중창 이후 조선 후기까지 왕실 원찰로서 기능하고 있었음을 의미한다.

셋째, 상원사는 문수신앙처로 유명하지만 문수신앙과 함께 나한신앙을 지속적으로 유지해 왔음을 알 수 있었다. 즉, 1466년(세조 12) 중창 때부터 16나한을 조성해 나한전에 봉안하였고, 1599년(선조 32)에는 16나한상을 중수하였다. 그리고 1646년(인조 24)에는 나한전을 중수하였다. 1886년(고종 23)에 예천 운복사에서 영산전 존상을 이운해 온 사실은 상원사가 문수신앙처이자 나한신앙처였음을 뒷받침한다.

넷째, 1711년(숙종 37)에 조성한 상원사 영산전 목조상 8존은 현재까지 알려진 18세기 조각승 혜주와 정행의 가장 이른 시기의 작품이라는 사실을 확인시켜 주고 있다. 이들은 주로 경상도 북부와 강원도 지역에서 활동했던 단응·탁밀 유파의 조각승으로, 경상도와 강원도 지역의 조각승 교류를 살필 수 있게 한다는 점에서도 18세기 불교조각 연구에 기준작이 된다.

8장

홍천사 노전
석조약사여래좌상과
순원왕후

1

머리말

홍천사(興天寺)[392]는 1397년 태조 이성계(李成桂, 1335-1408)의 명으로 계비 신덕왕후 강씨(神德王后 康氏, 1356-1396)의 능인 정릉의 원찰로 건립되었고, 당시에는 170여 칸에 달하는 대찰이었다.[393] 홍천사는 신덕왕후 강씨의 능이 황화방에서 정릉으로 옮겨진 후 1447년(세종 29)에도 세종이 안평대군으로 하여금 사리전에 불골(佛骨)을 봉안[394]하게 할 정도

---

[392] 홍천사는 정릉사(貞陵寺, 貞陵社)라고도 하였다[『조선왕조실록』 정종 2년(1400) 4월 18일; 연산군 10년(1504) 윤 4월 3일; 중종 5년(1510) 3월 28일, 3월 29일, 3월 30일, 4월 1일; 명종 18년(1563) 11월 16일 등].

[393] 『東文選』 卷78 「貞陵願堂曹溪宗本社興天寺造成記」; 김윤주(2017), 「조선 초기 수도 한양의 불교 사찰 건립과 불사 개설 – 태조 이성계의 사찰 건립을 중심으로」, 『서울학연구』 66, 51쪽.

[394] 『조선왕조실록』 세종 29년(1447) 9월 24일자 기록. "命安平大君 瑢 藏佛骨于興天寺舍利閣 佛骨本在此閣 甞取入禁中 外人莫之知 至是還之".

로 조선 왕실의 원찰로 번성했다.[395] 그러나 1504년(연산군 10)[396] 화재가
난 이후, 1510년(중종 5) 유생들의 방화로 완전히 소실되었다.[397]

　흥천사가 폐사된 이후 재건이 이루어진 시기는 정확하지 않다. 그러
나 1669년(현종 10) 정릉이 복위되기 이전부터 능 인근에 위치하고 있
었던 것으로 추정된다. 당시 사찰이 능에 가까워 조금 떨어진 곳에 옮
기도록 했다[398]는 기록이 있다. 2016년에 새로 발견된 상량문에 의하면
1738년(영조 14)에 현재의 흥천사 위치에 사찰이 건립되었고, 1794년(정
조 18)에 김조순(金祖淳, 1765-1832)과 부인 심씨(沈氏, 1766-1828)를 중심으
로 법당을 재건한 사실을 확인할 수 있다(그림 1).[399] 1865년(고종 2)에는
흥선대원군(興宣大院君, 1821-1898)의 지원으로 요사와 대방(大房)을 건축
한 후, 신흥사에서 흥천사로 사찰명을 바꾸어[400] 현재에 이르고 있다.

　왕실의 원찰인 삼각산 흥천사에는 조선시대에 조성된 불상이 여러

395 강병희(2002), 「흥천사 舍利殿과 石塔에 관한 연구 - 朝鮮初期 漢城의 塔婆」, 『강좌미술
　　사』 19, 237-269쪽; 윤정(2009), 「太祖代 貞陵 건설의 정치사적 의미」, 『서울학연구』 37,
　　155-191쪽; 김버들·조정식(2015), 「조선 초기 修禪本寺 興天寺 사리각 영건에 관한 고
　　찰」, 『건축역사연구』 24(1), 61-70쪽.

396 『조선왕조실록』 연산군 10년(1504) 12월 9일자 기록. "興天寺災 前歲興德寺災 與興天寺
　　俱在都城中 稱兩宗 未周歲皆災".

397 『조선왕조실록』 중종 5년(1510) 3월 28일자 기록. "是夜貞陵寺【寺名興天 我太祖葬神德
　　王后于貞陵 建寺其東 其後陵移他處 寺仍舊焉】五層舍利閣災".

398 서울특별시(1988), 『興天寺 實測調査報告書』, 64-65쪽. 「중건신흥사방장기(重建新興寺
　　方丈記)」(1799년)에는 '정릉이 복위될 당시 신흥사가 능에 너무 가까워 석문(石門) 바깥
　　으로 절을 옮기도록 했다는 기록이 있다[도윤수(2018), 「불교건축」, 『조선의 왕실사찰 삼
　　각산 흥천사』, 180쪽, 각주 2].

399 이강근(2021), 「흥천사 극락보전의 재건역(再建役)과 장엄(莊嚴)에 관한 연구」, 『강좌미술
　　사』 57, 35-36쪽; 대한불교조계종 흥천사(2018), 『조선의 왕실사찰 삼각산 흥천사』, 240-
　　241쪽.

400 이정주(2015), 「흥선대원군 李昰應(1820~1898)의 불교 후원과 그 정치적 의미」, 『역사와
　　담론』 73, 296-297쪽.

**그림 1. 삼각산 신흥사 법당개건상량문에
기록된 시주자 명단, 1794년, 주수
완 제공**

점 현존하고 있다. 필자는 조선 후기 흥천사 불교조각 전반에 관한 논문
을 2017년에 발표한 바 있다.[401] 본고는 흥천사의 노전(爐殿)에 봉안된
석조약사여래상·석조아미타불상·석조지장보살상 가운데 석조약사여
래상(그림 2)을 중심으로 다룬 것이다.

흥천사 석조약사여래상은 1829년(순조 29)에 조성된 사실이 복장 조
사를 통해 밝혀졌다. 함께 봉안되어 있는 석조아미타불상과 석조지장보
살상은 약사불화의 화기 및 양식 비교를 통해 1829-1847년 사이에 조
성된 것으로 밝혀진 바 있다.[402]

2016년에 필자는 흥천사 노전 석조약사여래상·석조아미타불상·석

---

401 유근자(2017), 「조선후기 흥천사의 불교조각」, 『강좌미술사』 49, 56-86쪽. 2018년 이후
흥천사 불교조각에 관한 논문이 추가로 발표되었다. 문명대(2019) 「흥천사 불상의 성격
과 1701년 법잠작 목조 수월관음보살삼존상 및 복장품 연구」, 『강좌미술사』 53, 15-40쪽;
심주완(2019), 「흥천사 극락전 목조 아미타불상과 대세지보살상 연구」, 『강좌미술사』 53,
41-70쪽; 주수완(2019), 「흥천사 명부전 석조 지장보살삼존상 및 시왕상 연구」, 『강좌미술
사』 53, 71-108쪽.

402 유근자(2017), 앞 논문, 82쪽. 그러나 필자는 본고에서는 세 존상이 동시에 조성된 것으로
수정하였다.

그림 2. 홍천사 노전 석조지장보살상(좌), 석조약사여래상(중), 석조아미타불상(우), 주수완 제공

조지장보살상 3존의 복장을 조사하였다. 조사 결과 석조약사여래상에서만 복장물이 발견되었고, 나머지 두 상은 이미 복장이 없어진 상태로 봉안되어 있었다. 석조약사여래상의 복장물 가운데 특히 주목되는 자료는 조성발원문(1829년)과 개분원문(改粉願文, 1853년·1871년) 등 조성발원문 1점과 개채(改彩) 중수발원문 2점이었다. 석조약사여래상 밑면에 조성발원문과 개분원문이 겹친 채로 부착되어 있었는데, 조성발원문(1829년)은 크게 손상되어 있었다. 조성발원문과 개분원문의 발견으로 홍천사 노전에 봉안된 불교조각의 조성 및 개채 연도와 각 존상의 명칭을 확인할 수 있게 되었다.

특히 선정인 상태에서 구형(球形)의 보주(寶珠)를 들고 있는 불상은 약사여래상인지 치성광여래상인지 그동안 혼란이 있었다. 그러나 홍천사 노전 석조약사여래상의 조성발원문 발견으로 조선시대에 유행한 약사여래상 도상임이 확인되었다. 조선 후기 왕실과 밀접한 관련이 있는 서울과 경기 일원 사찰, 즉 홍천사, 정릉 봉국사, 남양주 흥국사 석조약사여래상이 선정인 상태에서 보주를 들고 있어, 왕실 원찰과 관련된 약사불 도상이라는 것을 알 수 있다. 이와 유사한 도상은 1763년(영조 39)에 조성된 안양 삼막사 마애삼존상에서도 찾을 수 있다. 삼막사 마애삼존상은 '치성광삼존상'으로 알려져[403] 약사불 도상과 치성광불 도상이 서로 연관된 사실을 알 수 있다.

홍천사 석조약사여래상은 순조(1790-1834, 재위 1800-1834)의 비 순원왕후 김씨(純元王后 金氏, 1789-1857)가 발원하여 조성하였고, 장녀 명온공주(明溫公主, 1810-1832)와 동녕위 김현근(金賢根, 1810-1868) 부부, 아버지 김조순(金祖淳, 1765-1832), 상궁 서씨 등이 시주자로 참여하였다. 따라서 본고에서는 조선시대 왕실의 약사신앙과 도상에 관해 고찰하고자 하며, 특히 선정인 상태에서 보주를 든 조선 후기 약사불상 도상을 중심으로 살펴보고자 한다. 홍천사 석조약사여래상과 함께 봉안된 석조아미타불상과 석조지장보살상에 관해서는 이미 「조선후기 홍천사 불교조각」(2017)에서 논했기 때문에 본고에서는 간략하게만 서술하고자 한다.

---

403 문명대(2003), 「三幕寺 七星殿佛像銘 磨崖熾盛光三尊佛像의 研究」, 『강좌미술사』 20, 5-15쪽.

2

흥천사 노전 석조약사여래상의 복장 유물

1) 복장 유물

흥천사 노전에 봉안된 3존 가운데 석조약사여래상은 1829년(순조 29)에 조성되어, 1847년(헌종 13)·1853년(철종 4)·1871년(고종 8) 등 세 차례에 걸쳐 개채(改彩)되었다. 이 사실은 복장에서 수습된 조성발원문과 개채 원문 그리고 약사불화의 화기를 통해 알 수 있다. 흥천사 석조약사여래 상은 조성 이후 여러 차례 봉안 장소가 변경되었다. 즉, 1829년(순조 29) 조성 당시에는 약사전(藥師殿)에 봉안되었고, 1847년에는 응향전(凝香殿)에, 1853년과 1871년에는 만월전(滿月殿)에 모셔졌다(표 1).

〈표 1〉에서 알 수 있듯이 석조약사여래상이 봉안된 전각이 1829년 에는 약사전, 1847년에는 응향전, 1853년과 1871년에는 만월전으로 다 르게 표현되어 있다. 약사전과 만월전은 약사여래상을 봉안하는 장소이 기 때문에 같은 장소로 추정된다. 조선 후기 왕실 원찰에서는 약사불이

표 1. 흥천사 노전 석조약사여래상의 봉안 장소

연도	봉안 장소	출처
1829년(道光 9)	신흥사(新興寺) ○○○(○○○)[404] 약사전(藥師殿)	석조약사여래상 조성발원문
1847년(道光 27)	본사(本寺) 응향전(凝香殿)	약사불화
1853년(咸豐 3)	신흥사(新興寺) 만월전(滿月殿)	개분원문(改紛願文)
1871년(同治 10)	흥천사(興天寺) 만월전(滿月殿)	개분원문(改紛願文)

'동방 만월세계 약사유리광여래(東方滿月世界藥師琉璃光如來)'였기 때문에 약사전 대신 만월전 또는 만월보전(滿月寶殿)을 선호했던 것으로 짐작된다. 왕실 원찰인 정릉 봉국사와 남양주 흥국사는 현재까지도 약사여래상을 모신 전각이 만월보전이다.

1869년(고종 6)에 신흥사(新興寺)에서 흥천사(興天寺)로 사명(寺名)이 변경된 것은 1853년과 1871년의 석조약사여래상 개분원문을 통해서도 확인된다. 응향전은 향로전(香爐殿)·노전(爐殿)이라고도 하는데, 불전 근처에 위치하며 조석으로 불전을 관리하는 소임을 맡은 승려가 머물도록 하는 장소이다. 흥천사 석조약사여래상·석조아미타불상·석조지장보살상은 현재는 새로 건축한 노전에 봉안되어 있다.

흥천사 석조약사여래상은 2016년에 세 차례 조사되었다. 1차 조사는 2016년 6월 9일에 흥천사 도록을 발간하기 위한 사진을 촬영하면서 비롯되었다.[405] 석조약사여래상 바닥면에 부착된 한지에서 '金魚 仁

---

404 ○은 판독이 불가능한 글자를 표시한 것임.

405 이때 조사한 자료를 중심으로 2018년에는 흥천사 도록이 발간되었다. 대한불교조계종 흥천사(2018), 『조선의 왕실사찰 삼각산 흥천사』.

2부 조선시대 왕실 발원 불상의 복장 유물과 조성·중수발원문의 분석

그림 3. 흥천사 석조약사여래상 1차 조사, 2016년 6월 9일, 주수완 제공

그림 4. 흥천사 석조약
사여래상 2차
조사, 2016년
6월 15일

圓體定(금어 인원 체정), 退雲周景(퇴운 주경), 世元(세원)' 등의 묵서 기록이
바닥면에서 분리되면서 복장 조사가 이루어진 것이다(그림 3).

2차 조사는 2016년 6월 15일에 실시되었다(그림 4). 이때 석조약사여
래상 바닥면의 복장공(腹藏孔)에 부착된 한지를 떼내자, 불상 내부에 납
입되었던 오색실을 비롯한 복장물이 노출되었다. 복장물의 상태를 확인
한 후 복장물 조사는 중단되었고, 이후 사찰 측에서 별도로 복장물을 수
습해 보관하게 되었다.

그림 5. 흥천사 노전 석조약사여래상 복장물, 주수완 제공

3차 조사는 2016년 7월 21일에 이루어졌다. 이때 흥천사에서 보관하고 있던 복장물을 조사하고 사진을 촬영하였다. 흥천사 복장 조사 결과 석조약사여래상에서는 조성발원문 1점, 개분원문 2점, 주서(朱書) 다라니 1점, 오색사(五色絲), 종이로 만든 방형 후령통(喉鈴筒) 1점, 종이로 만든 원형과 방형 사방경(四方鏡) 등이 수습되었다(그림 5). 조성발원문과 개분원문은 불상의 바닥면에 부착되어 있었고, 나머지 물목(物目)은 불상의 내부에서 발견되었다. 바닥면에 부착되었던 조성발원문 1점과 개분원문 2점은 접힌 채로 오랫동안 달라붙어 있어 보존 처리를 통해 분리가 가능하였다(그림 6).

석조약사여래상의 조성발원문(1829년)은 손상이 심했지만 조성 연도를 비롯한 발원자·시주자·조각승·소임자 등은 판독이 가능하였다. 신

그림 6. 석조약사여래상 조성발원문(1829년)(좌), 개분원문(1853년)(중), 개분원문(1871년)(우), (사)사찰문화
재보존연구소 제공

그림 7. 흥천사 석조약사여래상의 복장낭

그림 8. 흥천사 석조약사여래상 복장낭의 주서(朱書)

흥사에서 흥천사로 절 이름이 변경된 것은 1865년(고종 2년) 흥선대원군
의 지원으로 대방(大房)과 요사를 짓고 중창한 이후이다. 흥천사 노전 석
조약사여래상의 조성발원문에는 '新興寺(신흥사)'로 기록되어 있어 이
같은 사실을 반영하고 있다. 판독이 어려운 '○光 九年'은 도광(道光) 9
년인 1829년으로 판독하였다.

　흥천사 석조약사여래상의 복장물 가운데 주목되는 것은 종이로 만
든 후령통이다. 17세기에는 금속으로 후령통을 만든 후 황색 또는 청색
으로 염색한 황초폭자(黃綃幅子) 또는 청초폭자(靑綃幅子)로 감싸는 것이
일반적이었다. 그런데 19세기 이후 후령통은 금속에서 종이로 제작되
기 시작하였고, 후령통을 감싼 황초폭자도 천 대신 종이를 사용한 예가
많아졌다. 1829년에 조성된 흥천사 석조약사여래상은 이러한 시대 상

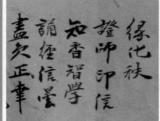

그림 9. 제천 강천사 목조대세지보살상(좌), 조성발원문의 연화질(중), 바닥면 주서(朱書)(우), 1736년

황을 반영하고 있다.

즉, 불화의 복장처럼 종이로 후령통을 만든 후 한지로 띠를 둘러 방위를 표시하였고, 증명을 맡은 승려를 붉은 글씨로 기록하였다(그림 7). 후령통을 감싸고 있는 한지에는 주서(朱書)로 '奉佛弟子 證明 臣 至哲 雪訓 親臣 奉囊'이 기록되어 있다(그림 8). 후령통을 불화의 경우처럼 '낭(囊)'으로 인식하고 있다. 복장낭의 기록을 통해 증명은 '지철(至哲)과 설훈(雪訓)'이 맡고 있음을 알 수 있다.

증명을 맡은 승려가 '證明 臣 至哲 雪訓'으로 기록되어 있는데, 승려를 '臣(신)'으로 표현한 것은 1736년(영조 12)에 조성된 제천 강천사 대세지보살상의 기록에서도 확인된다(그림 9). 강천사 대세지보살상의 바닥면에는 '封 證明 臣 僧 印信 謹'으로 기록되어 있다. 1758년(영조 34)에 조성된 홍천 수타사 관음보살좌상의 복장낭에도 같은 표현이 보인다. 불상 발원문에는 '證明 禪敎大禪師 粲淵'으로 기록되어 있고, 복장낭 바깥면에는 '證明 臣 粲淵'으로 표기되어 있다(그림 10). 18세기 복장 의식이 증명의 주도하에 이루어졌음을 보여 주는 이 같은 자료는 18-19세기 복장 의식의 한 단면을 추정할 수 있게 한다. 또한 증명을 불제자

그림 10. 홍천 수타사 목조관음보살상(좌), 발원문의 연화질(중), 복장낭의 주서(朱書)(우), 1758년

라고 표현하지 않고 '신(臣)'으로 표현한 것은 당시 유교의 풍습이 불교에도 영향을 미친 것으로 보인다.

2) 흥천사 노전 석조약사여래상의 조성발원문과 개분원문

흥천사 석조약사여래상에서는 3점의 복장 기록이 발견되었는데, 1829년 조성발원문, 1853년과 1871년의 개분원문이 그것이다. 먼저 발원문의 내용을 살펴보면 다음과 같다.

(1) 1829년 조성발원문

원문의 내용은 다음과 같다.

그림 11. 흥천사 석조약사여래상 조성발원문, 1829년, (사)사찰문화재보존연구소 제공

○○文」

…⁴⁰⁶慈願悉證明像○○塡問云造佛形像者得幾所福德佛答
○佛形

…道天上人中受福快樂身體金色面貌端正人所愛敬若生人
中常生○○大臣

…豪尊富貴生天在人人天中最勝過無量劫當淂作伖⁴⁰⁷云云
豈虛言也玆○心

---

406 손상되어 판독 불능.

407 佛의 이체자.

2부 조선시대 왕실 발원 불상의 복장 유물과 조성·중수발원문의 분석

…出財幾千大伕事扵三山之下新興之場而敬設九品袈

裟堂世界兼營九伕金○會

…國賜施之力作能致此也大矣偉哉當今 王妃殿下己酉生金氏

亘天盤地之誠乎此願之

…八千歲爲春八千歲爲秋而國祚太平安如盤石臣僚戴冠(?)若

舜臣四海咸飯○長白

…以致億萬世無疆之休而 至扵 ○仙李乾坤之願祝

…一切 我等與衆生當佛天之力悉爲有秋無量之偉退

…光九年……爲奉安于三角山新興寺○○○藥師殿[408]

…二十九日……此悉千萬歲眞無疆之休

○祖淳保体

○○○金賢根

○○生李氏 保体

…庚子生徐氏

○○生石氏

…德俊	金魚	別座 秋月敬信	持殿
…黙	影雲義玧	都監 比丘保英	慧菴
…奬	觀虛定官	山中秩	定慧
	邊手 智性	悟惺最曇	戒定
	供師	桂峯體弘	
	比丘月心	花谷圓維	
	化主	月巖定熙	
	鏡潭惠圓		

---

[408] 발견 당시에는 '藥師殿'이라는 글자가 남아 있었다.

해석은 다음과 같다.

…… 우전왕이 '불상을 만드는 자는 어떤 복덕을 받게 됩니까?'라고 물었다. 부처님이 답하시기를 '불상을 만드는 자는 세세생생 악도에 태어나지 않고, 천상의 사람으로 태어나 복을 받고 즐거워하며, 신체가 금색이 되고 면모가 단정하여, 사람들에게 존경받을 것이다. 만약 인간 세상에 태어나더라도 항상 …… 좋은 집에 태어나 존경과 부귀를 누릴 것이다. 하늘에 태어나든 사람으로 태어나든 인천(人天) 중에 가장 수승할 것이고 무량겁의 세월을 지내면서 부처가 될 것이다.'라고 하였으니, 어찌 헛된 말이겠는가. …… 재물 수천 금을 내어 삼각산 아래 신흥사에 크게 불사를 일으키고 공경히 구품가사당 세계를 설치하고 아울러 아홉 부처님 금○회를 경영하였다. …… 나라에서 시주한 힘으로 이러한 일을 이룰 수 있었으니, 크고도 위대하도다. 왕비전하 기유생 김씨의 정성이 하늘에 이르고 땅에 서려 있도다. 이러한 발원의 공덕으로 …… 팔천 세의 수명을 누리고, 국가의 복이 반석처럼 크게 평안하며, 관을 쓴 신하들은 순나라 신하같이 충성스럽고, 사해가 모두 귀의하여 …… 억만 세월토록 무궁한 복을 이루며, 이씨 조선에까지 이르기를 축원합니다. …… 우리 중생들이 모두 부처님의 힘으로 수명이 무량하여 끝없기를 ……. 도광 9년(1829) …… 29일 삼각산 신흥사 ○○○ 약사전에 봉안하니, 이 모두 천만세토록 진실로 무궁한 복을 기원합니다(이하 생략).[409]

---

409 이종수(순천대학교) 해석.

조성발원문에 의하면 순원왕후가 왕실 및 국가의 번영과 안녕을 기원하고 있으며 특히 불력(佛力)으로 수명이 무량하기를 발원하고 있다. 또한 1829년(순조 29)에 조성해 신흥사 약사전에 봉안한다는 내용을 확인할 수 있다. 현재 판독이 가능한 시주자는 순원왕후의 아버지인 김조순, 김현근, 장녀 명온공주, 상궁 서씨 등이다.

(2) 1853년 만월전 개분원문

원문의 내용은 다음과 같다.

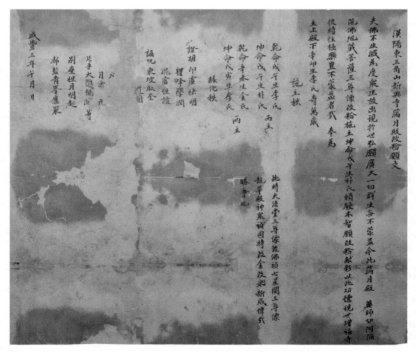

그림 12. 흥천사 석조약사여래상 개분원문, 1853년, (사)사찰문화재보존연구소 제공

漢陽東三角山新興寺滿月殿改紛願文
夫佛不生滅爲度衆生故出現扵世弘願廣大一切群生無不蒙益
今此滿月殿 藥師如阿彌
陀佛地藏菩薩三尊像改紛施主坤命戊午生朴氏頓發本智改紛
献彩以功德現世增福壽
後時往極樂豈不蒙益者哉 奉爲
主上殿下辛卯生李氏壽萬歲
施主秩
乾命戊午生李氏
坤命戊午生朴氏　　兩主
乾命辛未生金氏
坤命戊寅生李氏　　兩主
緣化秩
證明 印虛快明
　　　禮峰學潤
　　　混虛性誼
誦呪 東坡取奎
道圓
...410

… 月霽○元
片手 大隱暢潤等
別座 性月明起
都監 靑峯應策

_____

410 손상되어 판독 불능.

咸豐三年午月 日
此時大法堂三尊像後佛禎七星閣三尊像
龍華殿神衆禎同時改金改彩新成偉哉
勝會也

해석은 다음과 같다.

부처님은 생멸하지 않으면서 중생을 제도하기 때문에 세상에 출
현하시어 광대한 일체중생이 모두 이익받기를 널리 바라십니다.
지금 이 만월전의 약사불·아미타불·지장보살 삼존상의 개분
시주자 곤명 무오생 박씨가 문득 근본 지혜를 발하였습니다. 원컨
대 개분(改粉)의 시주하는 공덕으로 현세에 복과 수명을 증장하고
후세에 극락에 왕생하기를 바라오니, 어찌 그러한 이익을 받지 못
하겠습니까. 주상전하 신묘생 이씨의 수명이 만세토록 이어지기
를 기원합니다(이하 생략).411

1853년(철종 4) 개분원문은 신흥사 만월전에 봉안한 약사여래·아미타불·
지장보살 삼존상을 개채한다는 내용이다. 발원자인 무오생 박씨는 철종
(1831-1864, 재위 1849-1864)의 만수무강과 극락왕생을 기원하고 있다. 개분
원문에는 또한 대법당의 삼존상과 후불탱, 칠성각 삼존상, 용화전 신중탱

---

411 이종수(순천대학교) 해석.

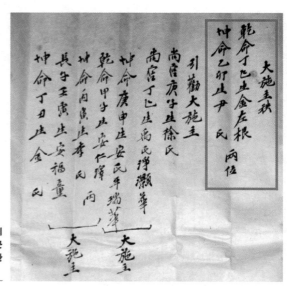

그림 13. 신흥사 중수상량문에
기록된 대시주 김좌근
부부, 1853년, 주수완
제공

의 개금과 개채가 이루어졌다는 사실이 기록되어 있는데, 이를 통해 당시 신흥사에는 대법당·만월전·칠성각·용화전이 존재했음을 알 수 있다.

홍천사 석조약사여래좌상이 중수된 1853년(철종 4)은 대웅전이 중건된 해이기도 하다. 대웅전은 3월에 중건되었고, 석조약사여래좌상은 5월에 중수되었다. 이 사실을 통해 대웅전이 중건된 2개월 후에 불상과 불화의 개금 및 개채 불사가 진행된 것을 알 수 있다. 1853년 홍천사 대웅전 중건에 대시주자로 김좌근(金左根, 1797-1869)과 그의 부인 윤씨(1795-?)가 동참하였다(그림 13). 김좌근은 김조순의 3남이자 순원왕후 김씨의 동생이다. 그는 순원왕후 김씨가 수렴청정을 하던 시기[1849-1857]인 1853년 2월 25일에 영의정에 임명되었다.[412] 홍천사 대웅전을

412 『조선왕조실록』 철종 4년(1853) 2월 25일자 기록. "以右議政金左根爲領議政 徐箕淳爲判

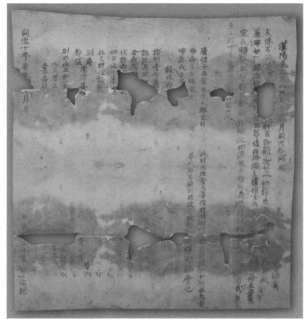

그림 14. 흥천사 석조약사
여래상 개분원문,
1871년, (사)사
찰문화재보존연
구소 제공

상량한 3월 25일은 김좌근이 영의정이 된 후 한 달이 되던 때이고,[413] 부부가 대시주자로 참여한 사실은 이들 가문과 흥천사가 밀접한 관련이 있는 것을 시사한다. 이 불사에 참여한 시주자 가운데 '무오생 박씨'는 석조약사여래상 중수에도 동참하였다.

(3) 1871년 만월전 개분원문

원문의 내용은 다음과 같다.

義禁府事".

413 이강근(2021), 앞 논문, 41쪽.

漢陽東三角山興天寺滿月殿改紛願文
夫佛不滅爲度…扵世弘願廣大一切群生無不蒙出起滿月殿
藥師如阿彌陀伏地藏菩薩三尊像改紛施主清信女丙寅生金氏
禪定行坤命壬午生
宋氏頓發本智願改紛献彩以此切德現世增福壽後時往極樂豈
不蒙益者哉 奉爲
主上殿下壬子生李氏壽萬歲
施主秩
清信女丙寅生金氏禪定行
坤命壬午生宋氏
坤命戊子生〇〇氏
緣化所
證明 靑峰應策
誦呪 月波〇〇
金魚 漢〇〇〇
住持 靈〇〇〇
供司 比丘覺法
化主 楞坡議賢
別座
都監　　圓潭善曄
別供 比丘弘範
　　　比丘普云
　　　童子壽福
同治十年辛未十二月 日
此時大法堂三尊像後佛禎七星閣三尊像無如禎在爲龍
華殿神衆禎同時改金改彩新成偉哉勝會也

해석은 다음과 같다.

> 부처님은 생멸하지 않으면서 중생을 제도하기 위해서 세상에 출
> 현하셨고 널리 광대한 일체중생이 모두 이익 받기를 바라십니다.
> 만월전의 약사여래·아미타불·지장보살 삼존상의 개분(改粉) 시
> 주자 청신녀 병인생 김선정행과 곤명 임오생 송씨가 문득 근본
> 지혜를 발하여, 분(粉)을 바꾸어 채색하는 시주의 공덕으로 현세
> 에 복과 수명을 증장하고 후세에 극락에 왕생하기를 기원하니, 어
> 찌 그러한 이익을 받지 못하겠습니까. 주상전하 임자생 이씨의 수
> 명이 만세토록 이어지기를 기원합니다(이하 생략).[414]

1871년(고종 8) 개분원문은 1853년(철종 4) 개분원문과 유사하지만 병인
생 김선정행과 임오생 송씨가 고종(1852-1919, 재위 1897-1907)의 만수무
강을 발원하고 있다. 또한 이때 대법당 삼존상과 후불탱, 칠성각 삼존상
과 무여탱(無如幀), 용화전의 신중탱을 동시에 개금하고 개채한다는 내
용을 함께 기록하고 있다.

앞에서 살펴본 바와 같이 흥천사 석조약사여래상에서 수습된 조성
발원문(1829년)과 개채중수기인 개분원문(1853년, 1878년)을 통해 1829년
(순조 29)에 석조약사여래상을 조성하였고, 석조약사여래상·석조아미타
불상·석조지장보살상을 1853년(철종 4)과 1871년(고종 8)에 개채했다는
사실을 확인할 수 있다. 특히 1853년(철종 4)과 1871년(고종 8)의 개채에
관한 기록은 현재 흥천사 노전에 봉안된 3존상이 약사여래상·아미타불

---

414 이종수(순천대학교) 해석.

상·지장보살상임을 밝히고 있다는 점에서 중요하다. 현세이익적이며 병고를 다스리는 약사여래, 서방 극락정토의 아미타불, 명부 세계의 구제자인 지장보살을 함께 봉안하고 있던 사실은 당시 절실했던 왕실의 병고(病苦) 치유와 죽은 자의 극락왕생 및 영가천도를 담고 있다는 점에서 주목된다.

홍천사 석조약사여래상은 경주 불석으로 조성된 상으로 표면이 백색으로 채색되어 있다. 이처럼 백색 호분으로 홍천사 석조약사여래좌상·석조아미타불상·석조지장보살상을 채색한 것은 19세기에도 이루어지고 있다. 1848년(헌종 14) 약사불화 화기(畵記)와 1853년과 1878년 중수발원문의 내용이 이를 증명하고 있다. 전자에는 '중수개분(重修改粉)'으로, 후자에는 '개분원문(改粉願文)'으로 기록된 내용을 통해 19세기에도 호분으로 존상에 칠을 하였던 것을 확인할 수 있다. 즉, 홍천사 석조약사여래상의 개분원문을 통해 19세기 중후반에는 왕실에서 발원한 불상도 주로 호분으로 개채하였던 것을 알 수 있다. 그렇다면 1829년(순조 29) 조성 당시에도 현재와 같은 모습이었을까.

그 단서는 1707년(숙종 33) 서울 옥수동 미타사 아미타불상의 조성발원문에서 찾을 수 있다. 2020년 8월 미타사 극락전 아미타삼존상 가운데 아미타불상의 복장에서 발견된 조성발원문에 의하면, 1707년에 상궁 김귀업(金貴業)이 홍국사의 석조약사여래상을 개금하였고 비구니 법찬(法贊)은 석가여래상을 조성하였다고 한다.[415] 즉, 새로 조성한 석가여

---

415 미타사 아미타불상 조성발원문(1707년), "時維康熙四十六年歲次丁亥五月初十日」始役 六月二十日點眼告厥成功水落山興國」寺藥師改金新造釋迦如來安于」京城外蓬萊山霥 溪寺".

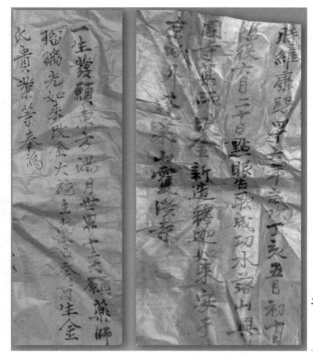

래상416은 현재의 미타사에 봉안하였고 남양주 흥국사 약사여래상은 개
금을 하였다는 내용이다(그림 15).

발원문의 내용을 좀 더 구체적으로 살펴보면 첫머리는 "東方滿月世
界 十二大願 藥師琉璃光如來 改金大施主 尙宮 癸酉生 金氏貴業 等
奉爲"로 시작되고 있다. 그리고 발원문 끝에는 강희 46년(숙종 33, 1707) 5
월 10일에 불사를 시작해 6월 20일에 점안식을 마쳤는데, 이때 수락산

---

416 미타사 극락전 아미타불상은 1707년에는 석가여래상으로 조성되었지만, 1744년 개금·중
수 이후 아미타불상으로 명칭이 변경되었다. 현재는 미타사 주불전인 극락전에 관세음보
살과 대세지보살로 구성된 아미타삼존상으로 봉안되어 있다.

홍국사 약사여래상은 개금하였고 경성 외 봉래산 쌍계사[417]에는 새로 조성한 석가여래상을 봉안하였다는 내용이 있다. 홍국사 약사여래상을 개금하는 데 대시주자로 참여한 상궁 김귀업은 숙종의 후궁이었던 소의 유씨(昭儀 劉氏, 1682-1707)의 명복을 빌기 위해 미타사 아미타불상을 조성할 때 주도적인 역할을 했던 인물이다.[418]

현재 남양주 홍국사 만월보전 석조약사여래상은 홍천사 석조약사여래상과 마찬가지로 호분이 칠해져 있지만, 1707년(숙종 33)에는 상궁 김귀업의 시주로 개금되었던 사실을 확인할 수 있다. 1829년(순조 29) 순원왕후에 의해 조성된 홍천사 석조약사여래상 역시 조성 당시에는 개금되었을 가능성도 있지만 19세기 중후반에는 개채되었다. 이처럼 왕실의 원찰에 있는 불상을 개금하지 않고 개분(改粉)했던 것은 19세기 중후반의 어려웠던 경제 사정과도 관련된 것으로 짐작된다.

3) 홍천사 석조약사여래상과 조각승

홍천사 석조약사여래상(그림 16) 조성에 참여한 조각승은 모두 3명으로 금어(金魚)는 영운 의윤(影雲義玧)과 관허 정관(觀虛定官)이며, 편수는 지성(智性)이다(그림 17). 19세기에는 불화를 그리는 화승(畵僧)이 불상을

---

417 경성 외 봉래산 쌍계사는 현 미타사의 전신이거나 근처에 있던 사찰로 추정된다. 조선 후기에 미타사 인근에는 독서당이 설치되었는데, 독서당이 위치한 곳을 봉래산으로 지칭하였다[유근자(2021), 「서울 옥수동 미타사 아미타삼존불좌상의 복장 유물 분석과 양식 특징」, 『불교문예연구』 17, 359-361쪽].

418 유근자(2021), 앞 논문, 356-358쪽.

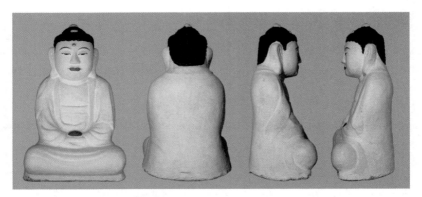

그림 16. 흥천사 노전 약사여래좌상, 1829년

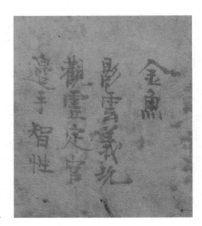

그림 17. 흥천사 석조약사여래상 조성발원문에 기록된
금어, 1829년

조성하기도 했는데, 흥천사의 경우 화승인 영운 의윤이 석조약사여래상
을 조성한 것이다. 그는 1827년 안성 석남사 〈아미타회상도〉를 조성한
수화승이며, 1832년 흥천사 〈괘불도〉 조성에도 수화승 화담 신선(華潭愼
善)과 함께 2위 화승으로 참여하였다.

　2위 관허 정관의 활동은 현재로서는 찾을 수 없다. 단지 흥천사와 관련
해서는 1870년 〈경기우도양주목지삼각산흥천사칠성각중창단확기문(京

畿右道楊州牧地三角山興天寺七星閣重刱丹艧記文〉〉현판에 산중 노덕(老德)으로
'관허 선엽(觀虛善曄)'이 기록되어 있지만 동일 인물인지는 단정할 수 없다.

편수 지성은 1802년 파주 보광사 원통전 〈지장시왕도〉 조성에 내왕
(來往)[419]의 소임을 맡고 있으며, 1822년 거제 장흥사 〈지장보살시왕도〉
조성에는 2위 편수로 참여하였다. 흥천사 석조약사여래상 조성에 참여
한 화승의 활동을 정리하면 〈표 2〉와 같다.

표 2. 1829년 흥천사 석조약사여래상 조성에 참여한 화승의 활동

법명	연도	작품명	역할
영운 의윤 (影雲義玧)	1827	안성 석남사 아미타회상도	수화승
	1829	흥천사 석조약사여래상	수조각승
	1832	흥천사 괘불도	2위 화승
관허 정관 (觀虛定官)	1829	흥천사 석조약사여래상	2위 화승
	1870	경기우도 양주목지 삼각산 흥천사 칠성각 중창 단확 기문	산중노덕(山中老德)
지성 (智性)	1802	파주 보광사 원통전 지장시왕도	내왕(來往)
	1822	거제 장흥사 지장보살시왕도	편수(片手) 2위
	1829	흥천사 석조약사여래상	변수(邊手)[420]

4) 흥천사 석조약사여래상 중수 화승

흥천사 석조약사여래상·석조아미타불상·석조지장보살좌상이 1847년

---

419 내왕(來往)은 사전적 의미로는 본방(本榜)에 상주하는 대중이 아니라 일정한 거처 없이 왕
래하는 객승을 의미하지만, 행정적으로는 사찰과 속인(시주자) 사이를 왕래하며 후원 물품
을 구하였던 소임으로 추정된다. 이종수·허상호(2010), 「17~18세기 불화의 『畵記』 분석
과 용어 考察」, 『불교미술』 21, 146쪽.

420 변수(邊手)는 편수(片手)를 말하며 대목(大木) 명칭은 18세기 이후부터는 점차 사라지고
변수(邊手)라는 명칭이 등장하게 된다.

그림 18. 흥천사 약사불도, 1847년, 주수완 제공

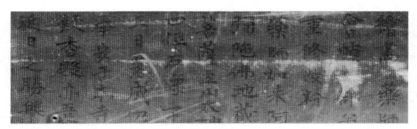

그림 19. 흥천사 약사불도 화기 세부, 1847년, 주수완 제공

에 개채된 사실은 흥천사 〈약사불도〉(그림 18)의 화기(畫記)에서 찾을 수 있다. 화기에는 1847년에 약사여래상·아미타불상·지장보살상·주산대신(主山大神)을 개채했다는 내용이 있다(그림 19).[421] 이를 통해 흥천사 석조약사여래상을 비롯한 삼존상은 1829년에 조성된 후 1847년(헌종 13)에 첫 번째 개채가 이루어졌던 것을 알 수 있다.

2차 개채는 1853년(철종 4)에 이루어졌는데, 이때 개채에 참여한 화승은 인원 체정(仁圓體定), 퇴운 주경(退雲周景), 월하 세원(月霞世元) 등으

---

[421] 흥천사 약사불도 화기(1847년). "重修改粉」藥師如來阿」彌陀佛地藏」菩薩主山大神」四位石像二十」三日落成乃」奉安于本寺」凝香殿". 김경미(2020), 「흥천사 약사신앙과 약사여래회도의 도상 연구」, 『강좌미술사』 55, 85-110쪽.

표 3. 1853년 흥천사 석조약사여래상 개채에 참여한 화승의 활동

법명	흥천사 석조약사여래상 (1853년)	연도	작품명	역할
인원 체정 (仁圓體定)422	금어(金魚)	1844	서울 봉은사 현왕도	화사(證師)
		1844	서울 봉은사 신중도	수화승
		1855	서울 보문사 신중도	수화승
		1856	서울 도선사 목조아미타삼존불상	개금
		1863	서울 청룡사 중수기 현판	시주자
퇴운 주경 (退雲周景)423	2위	1855	서울 불암사 칠성도	화승
월하 세원 (月霞世元)424	3위	1844	서울 봉은사 신중도	화승
		1856	서울 도선사 목조아미타삼존불상	개금
		1861	대전 비래사 비로자나불상	개금

로 추정된다. 이들은 19세기에 활약한 대표적인 화승으로 석조약사여래상 바닥면에 부착되었던 묵서 자료에서도 확인되었다. 특히 월하 세원은 서울 도선사 아미타삼존상 개금(1856년)과 대전 비래사 비로자나불상 개금(1861년)에도 동참하였다. 흥천사 석조약사여래상 중수에 참여한 화승을 정리하면 〈표 3〉과 같다.

---

422 19세기에 경기 지역에서 활동한 화승으로 당호는 인원당(仁源堂, 仁原堂)이다. 체정은 18세기 후반과 19세기 전반에 경기 지역 최고의 문중이었던 화악(華嶽)대사의『삼봉집(三峰集)』(1869년)의 '화악문중 문도질(門徒秩)'에 화악대사의 법제자(法弟子)로 기록되어 있다. 당시의 문중 불사에 적극적으로 참여하였을 것으로 보이지만 관련 자료는 많지 않다. 국립문화재연구소(2011),『한국역대서화가사전』하, 2236-2237쪽.

423 19세기 중반경 경기도에서 활동하였던 화승으로 당호(堂號)는 퇴운당(退雲堂)이며, 생몰년과 행적에 대해서 알려진 바가 없다. 국립문화재연구(2011), 앞 책, 2112쪽.

424 월하당(月霞堂) 세원(世元)은 법맥상 화악(華嶽)·화담(華潭) 문중에 속하는 화승으로, 인원당(仁源堂) 체정(體定)과 함께 경기도와 경상도를 오가며 불화를 그렸다. 국립문화재연구(2011), 앞 책, 912쪽.

5) 흥천사 석조약사여래상의 시주자

흥천사 석조약사여래상 조성에 중심 역할을 했던 인물은 순조의 비 순
원왕후(純元王后, 1789-1587)이다.[425] 즉 1829년(순조 29) 조성발원문에 기
록된 '王妃殿下 己酉生 金氏'가 순원왕후이다. 왕실 관련 인물로는 순
원왕후의 아버지 김조순(金祖淳, 1765-1832)과 장녀 명온공주 부부가 시
주자로 참여하였다(그림 20).[426] 흥천사가 신흥사로 중창될 당시 큰 역할
을 했던 인물은 정조, 김조순, 순조의 비 순원왕후이다. 특히 김조순과 순
원왕후는 흥천사 석조약사여래상(1829년)과 괘불탱(1832년) 제작에 시주

---

425 순원왕후의 생애와 활동에 관해서는 다음의 자료를 참고할 수 있다. 변원림(2012), 『순원
왕후 독재와 19세기 조선사회의 동요』, 일지사; 이승희 역주(2010), 『순원왕후의 한글편
지』, 푸른역사.

426 손신영(2017), 「조선후기 흥천사(興天寺)의 연혁과 시주」, 『강좌미술사』 49, 145-169쪽;
이강근(2021), 「흥천사 극락보전의 재건역(再建役)과 장엄(莊嚴)에 관한 연구」, 『강좌미술
사』 57, 31-63쪽.

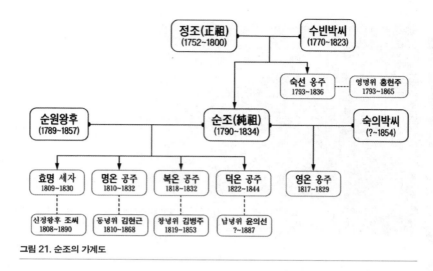

그림 21. 순조의 가계도

자로 참여하였다. 서울 화계사 중창이 흥선대원군과 조대비로 일컬어지는 헌종(1827-1849, 재위 1834-1849)의 어머니이자 익종의 비인 신정왕후 조씨(1809-1890)와 밀접한 관련이 있다면, 흥천사는 정조·순조와 순원왕후·김조순이 중창에 적극적으로 참여하고 있음을 알 수 있다(그림 21).

흥천사 석조약사여래상 조성은 1830년(순조 30)에 병사한 효명세자(1809-1830)와 관련이 있는 것으로 필자는 발표한 바 있다.[427] 이외에도 흥천사 석조약사여래상 조성 배경으로는 몇 가지 사항을 더 고려해 볼 수 있다.

첫째는 순조의 병 치유와 무병장수를 기원했을 가능성이다. 순조는 1811년(순조 11) 홍경래의 난을 진압한 이후 병으로 고생했고, 아들 효명세자로 하여금 1827년(순조 27)부터 대리청정하게 했다. 이런 상황으로 보아 순원왕후가 흥천사 석조약사여래상을 조성해 남편의 쾌유를 기원

---

427 유근자(2017), 앞 논문, 79쪽.

했을 가능성이 높다.

둘째는 효명세자의 병을 치유하기 위해서 조성했을 가능성이다. 그는 1830년(순조 30) 5월 6일에 며칠 앓다가 급사하였다. 효명세자는 1827년부터 1830년까지 아버지 순조를 대신해 대청(代聽)을 하였기 때문에 어린 시절 앓았던 호흡기 질환이 재발한 것이다. 그는 어릴 때부터 건강이 좋지 않았는데, 6세 때 7개월간에 걸쳐 보신제와 해열제, 기침약, 감기약, 위장약 등 각종 약을 복용하였다. 1830년(순조 30) 3월부터 5월 6일 사망 때까지 40여 회에 걸쳐 복용한 약 또한 6세 때 복용한 약과 비슷한 감기약, 기침약, 해열제, 위장약, 소염제 등이었다.[428]

셋째는 효명세자의 아들인 세손(헌종, 1827-1849, 재위 1834-1849)의 발병이다. 1829년에 세손이 병에 걸리자 할머니인 순원왕후가 손자의 무병장수를 위해 흥천사 석조약사여래상을 조성했을 가능성도 존재한다.

넷째는 순원왕후의 어머니인 청양부부인 심씨(靑陽府夫人 沈氏, 1766-1828)의 극락왕생을 발원하였을 가능성이다. 청양부부인 심씨가 1828년(순조 28) 세상을 떠나자 효명세자는 외조모의 장례에 장례 물품을 하사하였다.[429] 청양부부인이 죽자 순원왕후는 별전(別殿)에 거처하면서 슬퍼했기 때문에 효명세자가 탕제를 올리면서 간호하였고, 전문(殿門) 바깥에 장막을 치고 떠나지 않았다.[430] 또한 청양부부인 심씨는 1794년(정조 18)에 남편 김조순과 함께 흥천사 법당을 고쳐 지을 때 대시주자로 참여하였다. 이러한 사정으로 미루어 보면 순원왕후는 어머니의 1주기를

---

428 김말목(2005), 「춤을 사랑한 조선의 왕 – 효명세자」, 『효명세자연구』, 두솔, 4-6쪽.

429 『翼宗代聽時日錄』 순조 29년 3월 29일자 기록.

430 『조선왕조실록』 순조 30년(1830) 7월 15일자 기록. "靑陽府夫人卒 母妃處別殿 哀毁甚 往往至暈絶 世子流涕 徒跣持湯劑 憧憧將護 設幄殿門外 不復歸寢室".

맞아 흥천사 아미타불상을 조성해 극락왕생을 발원했을 가능성이 높다.

다섯째는 순조와 숙의 박씨(淑儀 朴氏, ?-1854) 사이에 태어난 영온옹주 (永溫翁主, 1817-1829)의 극락왕생을 발원했을 가능성이다. 효명세자와 이 복남매 간이었던 영온옹주는 태어날 때부터 병이 많아 말을 잘하지 못하였다. 효명세자는 영온옹주를 불쌍하게 여겼으며, 옹주가 요절하자[431] 매우 슬퍼했다.[432] 영온옹주의 어머니 숙의 박씨가 1854년(철종 5) 사망하자 영온옹주를 떠올리니 더욱 슬퍼 숙의의 초상을 그리는 데 물품을 하사한다는 기록[433]을 통해서도 영온옹주에 대한 왕실의 인식을 엿볼 수 있다.

따라서 흥천사 노전의 석조약사여래상은 순조·효명세자·세손의 병 치유를 위해 조성되었고, 아미타불상과 지장보살상은 청양부부인과 영온옹주의 극락왕생과 영가천도를 목적으로 조성되었을 가능성이 있다. 김조순은 1794년(정조 18) 신흥사 법당을 개건(改建)할 때 부인 심씨와 함께 시주자로 동참하였다.[434] 신흥사 불사에 부인과 함께 시주자로 참여한 김조순이 1828년(순조 28)에 사별한 부인의 극락왕생을 위해 지장보살상이나 아미타불상을 조성했을 가능성도 있다.

김조순의 3남 김좌근(金左根, 1797-1869)은 정경부인 윤씨와 함께 1853년(철종 4) 흥천사 대웅전 중창 불사에 대시주자로 참여하였고,[435]

---

431 『조선왕조실록』 순조 29년(1829) 4월 8일자 기록. "永溫翁主夭逝".

432 『조선왕조실록』 순조 30년(1830) 7월 15일자 기록. "永溫主朴淑儀出也 生而多病 語不能 了 常憐而撫之 其卒也 世子驚悼垂涕曰 其慈母情境 尤可悲也".

433 『승정원일기』 철종 5년(1854년) 6월 30일자 기록. "傳曰 朴淑儀之喪 聞不勝傷盡 追惟永 溫 尤覺愴然 其庇護治喪之需 令度支量宜輸送".

434 「三角山新興寺法堂改建上樑文)」(1794년). "乾命乙酉生 金祖淳」坤命 壬午生 沈氏".

435 「漢陽東三角山新興寺大雄殿重刱上梁文」(1853년). "大施主秩 乾命丁巳生金左根 坤命乙 卯生尹氏 兩位".

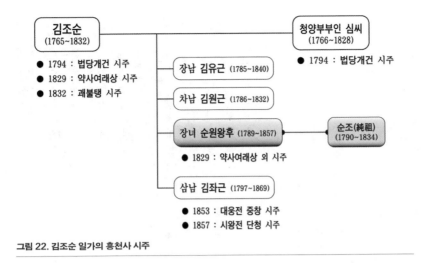

그림 22. 김조순 일가의 흥천사 시주

1857년(철종 8)에는 시왕전 단청에 후첩인 나주부인 양씨 나합(羅合)과 함께 동참하였다.[436] 이러한 여러 사실을 통해 김조순 가와 흥천사가 관련이 깊은 것을 확인할 수 있다(그림 22).

흥천사 석조약사여래 발원문에는 순조와 순원왕후의 장녀 명온공주(明溫公主, 1810-1832) 역시 남편 동녕위 김현근(金賢根, 1810-1868)과 함께 김조순 다음에 시주자로 기록되어 있다. 명온공주는 오빠인 효명세자와 나이가 서로 비슷하여 정의(情誼)가 돈독했기 때문에,[437] 효명세자가 발병했다면 누구보다도 그의 치유를 바랐을 것이다. 명온공주의 동생인 복온공주(福溫公主, 1818-1832)는 1830년에 창녕위(昌寧尉) 김병주(金炳疇,

---

436 손신영(2017), 앞 논문, 145-169쪽.

437 『조선왕조실록』 순조 30년(1830)년 7월 15일자 기록. "視諸妹無貴賤之殊 而明溫主齒相比 故情尤篤".

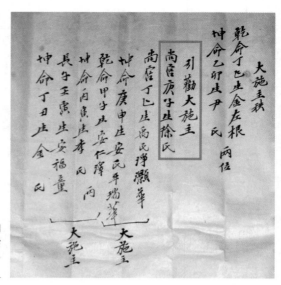

그림 23. 신흥사 중수상량문에
기록된 인권대시주 상궁
경자생 서씨, 1853년,
주수완 제공

1819-1853)와 혼인하였기 때문에 명온공주 부부만 시주자로 동참한 것
으로 추정된다. 명온공주 부부는 이복동생이었던 영온옹주의 영가천도
를 위해 지장보살상을 조성하는 데도 참여하였을 가능성이 있다.

또한 명온공주 부부 뒤에 기록된 '경자생 서씨(庚子生 徐氏, 1780-?)'는
흥천사 괘불탱 화기를 통해 확인되는 '상궁 경자생 서씨(尙宮 庚子生 徐
氏)'와 동일 인물이다. 그녀는 1853년(철종 4) 흥천사 대웅전을 중창할 때
대시주자 김좌근 부부에 이어 시주를 권하는 소임인 '인권(引勸)' 시주자
의 첫 번째에 기록되어 있다(그림 23). 이를 통해 상궁 경자생 서씨는 석
조약사여래상 조성 때부터 지속적으로 순원왕후 및 김조순 일가와 관
계된 흥천사 불사에 적극적으로 참여한 것을 알 수 있다.

1832년(순조 32)의 괘불탱 제작에는 영안부원군(永安府院君) 김조순,
정조의 딸이자 순조의 동복 누이인 숙선옹주(淑善翁主, 1793-1836)와 남

2부 조선시대 왕실 발원 불상의 복장 유물과 조성·중수발원문의 분석

그림 24. 흥천사 괘불도 화기, 1832년, 출처: 문화재청

편 영명위 홍현주(洪顯周, 1793-1865)[438]를 비롯해 순조와 순원왕후 김씨의 장녀인 명온공주와 남편 동녕위 김현근, 순조의 차녀 복온공주와 남편 창녕위 김병주(金炳疇, 1819-1853), 순조의 3녀인 덕온공주(德溫公主, 1822-1844), 그리고 상궁 등이 시주자로 참여하였다(그림 24). 이들은 왕(김조순의 사위인 순조)·왕비(김조순의 딸인 순원왕후 김씨)·빈궁(조만영의 딸인 신정왕후 조씨)·세손(헌종)의 만수무강을 위해 흥천사 괘불탱을 발원하고 있는데, 안동 김씨 가문의 세도정치와 연관되어 있어 주목된다.[439]

---

438 정조의 사위였던 홍현주는 양주 청련사의 법당을 1854년에 중창할 때 그의 손자와 함께 대시주자로 참여하였다. 유근자(2018), 「양주 청련사의 아미타삼존상과 관음보살상 연구」, 『불교문예연구』 11, 301-304쪽.

439 국립문화재연구소(2000), 『掛佛調查報告書』 II, 105쪽; 이영숙(2005), 「〈新興寺 掛佛〉의 조성 배경에 대한 고찰」, 『동악미술사학』 6, 35-50쪽; 고승희(2014), 「朝鮮時代 純祖~純宗代 王室發願 掛佛畵 硏究」, 『동아시아불교문화』 19, 161-198쪽; 유경희(2017), 「조선 말기 興天寺와 王室 發願 불화」, 『강좌미술사』 49, 87-122쪽.

3

순원왕후 발원 흥천사
석조약사여래상의 도상

『약사경』에 기반한 약사신앙은 중국과 한국에서 아미타신앙과 함께 유행했던 신앙이었다. 불교에서 약사불은 병에 따라 약을 주고 모든 병고를 없애 주기 때문에 비유해서 대의왕불(大醫王佛)이라고도 한다. 세상에는 두 종류의 묘약이 있는데, 중생의 마음의 병과 몸의 병을 고쳐 주기 때문에 약사라고 한다. 또한 생사의 병을 없애 주기 때문에 약사라고도 하며, 어두움을 비추어 주기 때문에 유리광(琉璃光)이라고도 한다.[440]

약사불은 산스크리트 Bhaisajya-guru-vaidurya-prabha로, 약사유리광여래 또는 대의왕불(大醫王佛)로 번역된다. 불교의 약사불은 구체적인 병고만을 없애는 데 그치지 않고, 동방 정유리세계(淨琉璃世界)에 있으면

---

440 王惠民 主編(2002), 『敦煌石窟全集6: 彌勒經畵卷』(香港: 商務印書館), 147쪽.

서 모든 중생의 질병을 치료하고 재앙을 없애 주며, 부처님의 가르침을 닦는 이로 하여금 깨달음을 얻게 하는 부처이다. 그는 과거에 약왕(藥王)이라는 이름의 보살로 수행하면서 중생의 아픔과 슬픔을 없애기 위한 12대원(大願)을 세웠다.[441]

우리나라 약사불상의 도상은 한 손 또는 두 손으로 약기(藥器)를 들고 있는 것이 가장 큰 특징이다. 이 가운데 조선 후기에 유행한 두 손으로 약기를 든 약사불상 도상과 유사한 도상은 조선 후기 치성광여래상 도상이다. 약사여래의 지물이 약기(藥器)라는 점과 치성광여래의 지물이 금륜(金輪)을 상징한 보륜(寶輪)이라는 차이는 있지만, 지물을 들고 있는 점에서 두 도상은 매우 유사하다. 칠원성군이 칠여래로 변하면서 일곱째 별이 '약사유리광여래 파군성(藥師瑠璃光如來破軍星)'이 되기 때문에 두 존상간의 유사성은 도상으로도 연결된 것으로 짐작된다.[442] 약사불상과 치성광여래상의 협시는 일광보살과 월광보살, 또는 소재보살(消災菩薩)과 식재보살(息災菩薩)로 같다.

선정인(禪定印)은 왼손을 배 앞에 위로 향하게 두고 그 위에 오른손을 얹는 수인을 말하는데,[443] 이 상태에서 두 엄지를 붙이는 것을 석가발인(釋迦鉢印) 또는 법계정인(法界定印)이라고 부른다.[444] 조선 후기 약사불

---

441 김재권 외(2018), 『치유하는 붓다』, 한국학중앙연구원 출판부, 75-94쪽; 유근자(1994), 「統一新羅 藥師佛像의 硏究」, 『미술사학연구』 203, 78쪽.

442 우리나라 치성광여래의 신앙과 도상에 대해서는 정진희(2017), 「韓國 熾盛光如來 信仰과 圖像 硏究」, 동국대학교 박사학위논문을 참조할 수 있다.

443 인도의 선정인은 왼손이 아래, 오른손이 위에 놓이지만 중국 및 우리나라의 경우 오른손이 아래, 왼손이 위에 겹쳐지는 경우가 대부분이다. 그러나 인도의 선정인처럼 왼손 위에 오른손이 얹히는 경우도 있다.

444 逸見梅栄(1975), 『仏像の形式』(東京: 東出版), 205쪽.

상은 선정인 상태에서 보주(寶珠)를 든 모습으로 표현되고 있는데, 홍천사 석조약사여래상도 여기에 속한다. 모든 불보살은 본서염원(本誓念願)을 나타내기 위해 수인 외에 지물을 들고 있는데, 불상 가운데 지물을 가지고 있는 존상은 드물고 약사여래가 종종 약호(藥壺)를 들고 있다.[445]

홍천사 석조약사여래상은 선정인 상태의 두 손 위에 약기를 단순화시킨 보주(寶珠)를 얹고 있는데, 약사불의 보주는 무가주(無價珠)[446]로도 불린다. 우리나라의 약사여래상은 돈황 제220굴의 약사불상처럼 발우형(鉢盂形) 약기(藥器)인 약발(藥鉢)을 든 것과, 뚜껑이 있는 약호(藥壺)를 든 경우로 구분된다. 이 가운데 조선시대에 발우형 약기가 유행한 것은 태조 이성계의 치유와 관계 있는 것으로 보인다.

변계량(卞季良, 1396-1430)은 태조 이성계의 병이 낫기를 바라면서 홍천사에서 약사기도를 할 때 발원문을 지었는데, 그 내용은 다음과 같다.

신하가 정성을 쌓아 구하면 반드시 이룩되고, 불천(佛天)이 약을 주시면 낫지 않는 병이 없었습니다. 이에 정성을 다하니 묵묵히 도와주시기 바랍니다. 삼가 생각건대, 태상왕께서 말씀하시기를, "새해로 접어들어 병에 시달리다가 엊그제 묵묵히 도와준 덕분에 잠시나마 편안한 효과를 거두었다."고 하셨습니다. 이에 건강해질 가망성이 있다고 여겨 배나 더 놀라고 기뻐하였으나, 나았는가 하면 또다시 발병해 당황하여 어쩔 줄을 몰랐습니다.

삼가 보건대, 중생의 생각은 모두 병이 날까 걱정하는 데 있습니

---

445 逸見梅栄(1975), 위의 책, 219쪽.

446 『藥師如來念誦儀軌』(TD 19), 29b. "安中心一藥師如來像如來左手令執藥器 亦名無價珠".

다. 비록 한창 왕성한 사람도 위태하여 날짜가 가면 괴로운 것인데, 더군다나 칠순의 쇠약한 몸으로 석 달이나 병석에 누웠으니 말할 게 뭐 있겠습니까.

좋은 의술이 없어서 개탄하다가 부처님의 힘에 맡겨 보려고 하였습니다. 삼가 듣건대, 석가여래께서 불경을 강론할 때 특별히 말씀하시기를, "약사불이 깊이 발원하여 맹세코 괴로워 신음하는 사람을 구제하려고 했기 때문에 손에 발우를 들었다."고 하였습니다. 부처님께서 어찌 허튼 말씀을 하시겠습니까. 제가 여기에서 경험하였습니다. 이에 스님을 모집하여 예불의 자리를 마련하였으니, 여기에 참석한 백 명의 승려들의 정진으로 저 백억신(百億身)을 감동시켜 자세히 밝히게 해 주소서.

삼가 바라건대, 여래께서는 여러 해 동안 부처를 숭배한 태상왕의 정성을 어여삐 여기고 일심으로 기도하는 소자의 정성을 받아들여, 굽어 큰 자비를 베풀어 소원에 어긋나지 않게 해 주소서. 그리하여 우리 태상왕께서 몸이 가볍고 기가 순조로워 모든 병근(病根)이 사라지고, 입맛이 좋고 잠자리가 편안하여 영원히 만년의 수를 누리게 하소서.[447]

홍천사는 약사기도처 또는 관음기도처로서 조선 초부터 왕실과 밀접한 관계를 맺어 왔다.[448] 변계량은 '약사불이 괴로워 신음하는 사람을 구제

---

447 『春亭集』「貞陵行太上王救病藥師精勤疏」.

448 『조선왕조실록』, 세종 4년(1422) 5월 4일자 기록. "遣右議政鄭擢于興天寺 谷山府院君 延嗣宗于僧伽寺 設藥師精勤 判左軍都摠制府事李和英于開慶寺 設觀音精勤".

그림 25(좌). 정릉 봉국사 만월보전
그림 26(우). 정릉 봉국사 만월보전 석조약사여래상, 조선 후기

하려고 손에 발우를 들었다'는 내용을 언급하면서 태조의 병 치유를 기원하였던 것이다.

태조 이성계의 치유와 관련된 일화를 가진 불상으로는 정릉 봉국사 석조약사여래상과 남양주 흥국사의 석조약사여래상이 있다. 두 사찰은 왕실과 밀접한 관련을 맺고 있는데, 전자는 태조 이성계의 두 번째 왕비인 신덕왕후 강씨(神德王后 康氏, 1356-1396)의 능침사찰이고, 후자는 선조의 아버지 덕흥대원군(德興大院君, 1530-1559)의 능침사찰이다. 또한 봉국사와 흥국사는 약사기도가 영험한 사찰로 널리 알려져 있으며, 두 사찰의 만월보전에는 선정인을 한 채 보주를 든 석조약사여래상이 봉안되어 있다.

무학대사에 의해 1395년(태조 4)에 개창된 것으로 알려진 정릉 봉국사의 옛 사명(寺名)은 약사사(藥師寺)였는데, 1669년(현종 10) 태조의 두 번째 왕비인 신덕왕후 강씨의 정릉을 단장하고 원찰로 삼으면서 봉국사로 개명되었다. 현재 봉국사의 주불전은 만월보전으로, 불전 안에는 석조석조약사여래상이 봉안되어 있다(그림 25, 26).

　　　2부 조선시대 왕실 발원 불상의 복장 유물과 조성·중수발원문의 분석

그림 27. 남양주 흥국사
만월보전 석조
약사여래좌상,
조선 전기

선조의 아버지 덕흥대원군의 원찰인 남양주 흥국사에도 만월보전
이 있다.[449] 만월보전 안에는 석조약사여래상이 있는데, 흥천사 석조약
사여래상과 마찬가지로 호분으로 채색되어 있으며, 선정인 상태에서 배
앞에 보주를 들고 있다(그림 27). 남양주 흥국사 석조약사여래상에는 다
음과 같은 이야기가 전해오고 있다.

이성계에게 출가한 딸이 한 명 있었는데, 금강산 유점사에서 수도
를 하였다. 병으로 고생하는 아버지 이성계를 위하여 약사불상을
조성하여 정릉 봉국사에 모시고 기도를 했는데, 그 효험으로 태조
의 병이 완쾌되었다. 이러한 소문이 퍼지자 봉국사에는 약사불 기
도를 위해 사람이 몰려 사세가 커졌다. 그러던 어느 날 약사불상
이 홀연히 자취를 감추어 버렸다. 사찰의 승려들이 수소문해 보았

---

449 손신영(2010), 「남양주 흥국사 萬歲樓房 연구」, 『강좌미술사』 34, 240-244쪽.

지만 행방이 묘연했다. 얼마 후 이 불상은 어느 시냇가에서 발견되었는데, 여러 사람이 힘을 합쳐도 옮길 수 없었다. 궁리 끝에 사찰 이름을 차례로 대면서 가고자 하는 곳을 묻던 중에 "흥국사로 가시겠습니까?" 하자 꼼짝 않던 불상이 번쩍 들렸다. 이러한 연유로 흥국사에 모신 약사불상은 영험하기로 유명하다.[450]

앞의 기록은 정릉 봉국사 석조약사여래상과 남양주 흥국사 석조약사여래상이 영험하다는 것을 이야기하는 것으로, 양식상 남양주 흥국사 석조약사여래상이 정릉 봉국사 석조약사여래상보다 앞서기 때문에 앞의 이야기를 뒷받침해 준다.[451] 남양주 흥국사 석조약사여래상이 봉안된 만월보전은 1818년(순조 18)에 중수되었는데, 중수기(重修記)에는 약사여래에 대한 당시의 인식을 엿볼 수 있는 내용이 있다.

가경(嘉慶) 무인년(1818, 순조 18) 봄에 기허당(騎虛堂) 탄학(坦學)대사께서 만월보전을 중수하였다. 처음 창건한 것은 어느 시대인지 알 수 없지만 중수한 것은 뒤에 살펴보니 네 차례 뿐이었다. …… (중략) …… 한번 심왕(心王)을 배반하면 육도(六道)가 대부분 어긋나 버리기 때문에, 부처님께서 팔상(八相)으로 나투셔서 달이 천 개 강에 비치듯이 두루 살펴 중생의 병원(病源)에 맞게 약품을 베

---

450 남양주 흥국사 대웅전 앞 안내 설명.

451 남양주 흥국사 만월보전 석조약사여래상은 서울 옥수동 미타사 아미타불상의 조성발원문을 통해 1707년 김귀업(金貴業) 상궁에 의해 개금되었다는 기록이 발견되었다. 이로 인해 남양주 흥국사 석조약사여래상의 조성 연도는 18세기 이전으로, 양식 특징도 봉국사 석조약사여래상에 비해 빠른 것을 확인할 수 있다.

풀어 만 가지 처방을 내린 것이다. 그래서 석가여래와 약사여래라는 다른 호칭이 있고, 만월(滿月)과 감인(堪忍)이라는 다른 세계가 있게 된 것이다. 게다가 지옥이니 명부니 하는 것은 권면(勸勉)하고 징계하기 위해서임에랴. 대체로 상(像)을 세워 존경하고 각(閣)을 세워 숭모(崇慕)하여 특별히 절하는 자로 하여금 장수하게 하고, 비는 자로 하여금 복을 받게 하며, 분향하는 자로 하여금 재앙을 없애주고, 공양을 올리는 자로 하여금 온갖 일마다 길상(吉祥)이 있게 하면서 그 유래한 바를 잊지 않게 한다.[452]

19세기에 활약한 영허 선영(暎虛善影, 1792-1880)은 왕실과도 교류했던 인물인데, 정조의 천릉(遷陵) 49재에 관한 글[453]과 혜경궁의 백일 영산재에 관한 글[454]을 통해 왕실과의 관계가 확인된다. 그는 왕실 원찰이었던 석왕사·화계사·봉은사·남양주 흥국사의 중창 불사에 관한 중수기를 비롯해 상량문과 권선문 등을 남기고 있다. 남양주 흥국사 만월보전과 시왕상 중수에 관한 글은 무병장수하고 복을 받으며 재앙이 소멸된다는 등의 내용을 담고 있다. 영허 선영이 지은 도봉산 원통사 약사전의 중수 권선문에서도 19세기 약사불 신앙에 관한 인식을 엿볼 수 있다.

우리 약사전은 부처께서 동방만월세계에 거처하며 늘 백호(白毫)

---

452 『櫟山集』卷下「興國寺滿月寶殿與十王重修記」; 영허 선영 저·공근식 옮김(2017), 『역산집(櫟山集)』, 동국대학교 출판부, 193-194쪽.

453 『櫟山集』卷下「正宗大王遷陵四十九日齋靈山別」; 영허 선영 저·공근식 옮김(2017), 앞책, 283-285쪽.

454 『櫟山集』卷下「惠慶宮百日靈山別」; 영허 선영 저·공근식 옮김(2017), 앞 책, 288-289쪽.

그림 28. 원각사지 10층석탑 약사불상(탁본),
1467년, 출처: 문화재청

그림 29. 원각사지 10층석탑 치성광여래상(탁본),
1467년, 출처: 문화재청

로부터 무외광명(無畏光明)을 비추고, 12대원을 설하여 무량 중생
들을 제도하는 것이 병의 수많은 원인에 세상의 좋은 의원이 약
으로 수많은 중생들을 살리는 것과 같기 때문에 약사여래로 이름
하였다. 약사불상을 모셔놓고 수(壽)와 복(福)을 비는 곳으로 삼아
약사전이라고 하였다.[455]

조선 후기의 선정인을 한 채 지물을 가지고 있는 상의 존명은 흥천사 석
조약사여래상 조성발원문의 발견으로 약사여래임이 밝혀졌다. 조선시
대 약사여래상과 치성광여래상 도상은 1467년(세조 13)에 건립된 원각
사지10층석탑에서도 확연히 구분되었다. 원각사지10층석탑의 약사여
래상은 오른손에는 석장(錫杖)을, 왼손에는 약기(藥器)를 들고 있다(그림
28). 이에 비해 치성광여래상은 소 위에 앉아 왼손에는 보륜(寶輪)을 들

---

455 『櫟山集』 卷下 「道峯山圓通寺藥師殿重修勸善文」; 영허 선영 저·공근식 옮김(2017), 앞
책, 273-274쪽.

2부 조선시대 왕실 발원 불상의 복장 유물과 조성·중수발원문의 분석

그림 30. 안양 삼막사 마애삼존상, 1763년, (재)불교문화재연구소 제공

고 오른손은 설법인을 짓고 있다(그림 29).

약사여래상이 약기(藥器) 또는 약기를 간략화한 것으로 추정되는 보주를 들고 있다면, 치성광여래상이 금륜(金輪)을 들고 있는 것은 조선 후기 불화에서도 지속적으로 나타난다. 그런데 1763년(영조 39)에 조성된 안양 삼막사 마애삼존상은 현재 치성광삼존상으로 알려져 있다(그림 30).[456] 그런데 삼막사 마애삼존상은 두 손으로 둥근 보주를 들고 있어

456 문명대(2003), 「三幕寺 七星殿佛像銘 磨崖熾盛光三尊佛像의 硏究」, 『강좌미술사』 20, 5-15쪽.

그림 31. 남양주 수종사 탑 봉안 금동약사불좌상, 1628년,
출처: 국립중앙박물관

1467년(세조 13)에 조성된 원각사지 10층석탑의 치성광여래상이 금륜을
들고 있는 도상과는 차이가 있다.

선정인 상태에서 지물을 든 흥천사 석조약사여래상 도상은 1628년
(인조 6)에 조성된 수종사 탑 발견 금동약사여래상(그림 31)에 이미 등장
하고 있다. 그러나 수종사 금동약사불상이 뚜껑이 있는 약호(藥壺)를 들
고 있는 반면, 흥천사 석조약사여래상은 보주를 들고 있는 점이 다르다.
선정인 자세에서 보주를 들고 있는 조선 후기 흥천사 석조약사여래상
의 도상은 조선 전기 태조 이성계의 병 치유를 위해 변계량이 지은 기도
문을 반영한 것으로, 보주는 발우를 간략하게 표현한 것으로 해석된다.
따라서 조선 후기 선정인 자세에서 보주를 든 도상은 약사여래상 도상
이 주류이며, 치성광여래상은 금륜을 들어야 하지만 약사여래상 도상의
영향으로 금륜 대신 보주를 든 도상도 등장했던 것으로 추정된다.

4

맺음말

홍천사 석조약사여래상·석조아미타불상·석조지장보살상의 조성 연도에 대해 필자는 기존 연구에서 약사여래상이 1829년에, 아미타불상과 지장보살상이 1829-1847년 사이에 조성되었을 것이라는 주장을 한 바 있다.[457] 그 이유는 근엄한 표정을 짓고 있는 석조약사여래상, 파격적인 도상의 석조아미타불상, 절제된 아름다움을 나타내는 석조지장보살상 등 각 존상의 양식 차이가 현격하게 나타났기 때문이다.

그러나 본고에서 순조와 순원왕후의 주변 인물들을 좀 더 구체적으로 분석한 결과, 석조약사여래상은 순조·효명세자·세손의 치병을 위해 조성했을 가능성이 높은 것으로 추론하였다. 이에 비해 석조지장보살상과 석조아미타불상은 1828년(순조 28)에 세상을 떠난 순원왕후 김씨의

유근자(2017), 앞 논문, 53-86쪽.

어머니 청양부부인 심씨와 1829년(순조 29)에 요절한 영온옹주의 극락
왕생과 영가천도를 목적으로 발원한 것으로 추정하였다. 따라서 석조약
사여래상·석조아미타불상·석조지장보살상은 1829년(순조 29) 약사여
래상이 조성될 당시 함께 제작된 것으로 파악하였다.

순조를 대신하여 대리청정을 하고 있던 효명세자는 외조모의 죽음
을 슬퍼하는 어머니 순원왕후를 위로했으며, 태어날 때부터 병약하고
말을 잘하지 못했던 이복동생 영온옹주의 요절을 슬퍼하였다. 1829년
에 기록된 흥천사 석조약사여래상의 발원문은 군데군데 손실되어 완전
하게 판독할 수 없었지만 다행히 중요 부분은 해독이 가능하였다. 조선
후기 독성상의 모습과 유사한 흥천사 석조아미타불상은 영온옹주가 다
음 생에는 몸에 장애가 없기를 바라면서 조성한 것은 아닐까라고 추론
하였다.

흥천사 석조약사여래상의 도상은 선정인 상태에서 보주를 들고 있
는데, 조선 후기 왕실과 밀접한 관련이 있는 정릉 봉국사와 남양주 흥
국사의 석조약사여래상에서도 나타나는 특징이다. 선정인 자세에서 중
생의 병고를 해결해 줄 약이 든 발우를 간략화한 보주를 든 약사여래
도상은, 조선 후기 서울과 경기 일대의 왕실 원찰에서 조성되었다. 본
고는 왕실과 관련된 사찰의 이 같은 약사여래상 도상의 존명을 조선 초
태조 이성계의 치병을 발원한 변계량의 발원문과, 흥천사 석조약사여
래상 조성발원문(1829년)을 통해 확실히 밝혔다는 점에서 중요한 의미
를 갖는다.

2부 조선시대 왕실 발원 불상의 복장 유물과 조성·중수발원문의 분석

9장

화계사 불교미술의
성격과 시주자

1

머리말

서울 수유리에 위치한 참선수행과 국제포교의 중심사찰인 화계사(華溪寺)는 '궁(宮) 절'로 불릴 만큼 조선 말기 왕실과 밀접한 관련을 맺고 있다. 1522년(중종 17)에 부허동(浮虛洞)에 있던 보덕암(普德庵)을 삼각산 화계동으로 이건한 이후 '화계사'라고 하였다. 화계사는 선조의 부친인 덕흥대원군(德興大院君, 1530-1559) 집안과 관련이 있다.[458] 그러나 화계사의 중창을 통한 사세 확장은 흥선대원군 이하응(李昰應, 1820-1898) 때 본격화되었다.[459]

---

[458] 오경후(2015), 「朝鮮後期 王室의 佛教信仰과 華溪寺의 役割」, 『인문과학연구』 20, 27-47쪽; 오경후(2013), 「朝鮮後期 王室과 華溪寺의 佛教史的 價値」, 『신라문화』 41, 338-341쪽; 최완수(1994), 「화계사(華溪寺)」, 『명찰순례』 3, 대원사, 322-326쪽.

[459] 고영섭(2014), 「삼각산 화계사의 역사와 인물 – 조선왕실가 대원군가의 불교인식 및 고봉과 숭산」, 『한국불교사연구』 4, 193-198쪽.

화계사는 능침사찰이 아님에도 불구하고 흥선대원군을 시작으로 신정왕후 조씨(神貞王后 趙氏, 1808-1890)와 효정왕후 홍씨(孝定王后 洪氏, 1831-1904) 등 고종 대 내명부(內命婦) 비빈들과 상궁들의 후원을 많이 받았다. 화계사는 1866년(고종 3)에 흥선대원군의 후원으로 크게 중창되었고, 1875년(고종 12)에는 궁중에서 조성된 〈자수관음보살도〉가 이안(移安)되었으며, 다음 해에는 관음전 중수가 이루어졌다. 또한 1878년(고종 15)에는 왕실의 비빈과 상궁들의 시주에 의해 명부전 불사가 완료되었다. 화계사는 흥선대원군의 후원으로 대웅전이 건립된 이후 왕실 비빈들과 상궁들의 시주로 관음전과 명부전이 건립됨으로써, 명실상부한 왕실의 천도도량(遷度道場)으로 완성되었다.[460]

화계사 명부전은 당대 왕실의 최고 어른이었던 신정왕후 조씨가 '전국에서 가장 뛰어나고 영험한 지장보살상을 찾아 모셔오라'는 명을 내리면서 창건되었다.[461] 이때 효정왕후 홍씨를 비롯한 고종(1852-1919, 재위 1863-1907) 대 왕실 비빈들이 시주자로 참여하였다. 현재 화계사에 남아 있는 대웅전·명부전·대방(大房) 등은 모두 19세기에 건립된 것으로, 화계사와 왕실과의 연관성을 잘 보여 준다.[462]

화계사 불교미술은 화계사에서 조성된 것과 다른 곳에서 조성해 옮겨온 것으로 구분된다. 다른 곳에서 이운(移運)해 온 것으로는 첫째, 1874년(고종 11)에 순종(1874-1926, 재위 1907-1910)의 탄생을 기념하기 위해 왕실에서 조성한 〈자수관음보살도〉를 들 수 있다. 둘째, 1649년(인조

---

460 황윤아(2010), 「화계사 명부전의 왕실 발원 불사 연구」, 서울대학교 석사학위논문, 4쪽.

461 최완수(1994), 앞 책, 338쪽.

462 화계사의 건축의 후원자에 대해서는 다음의 자료를 참고할 수 있다. 손신영(2006), 「興天寺와 華溪寺의 건축장인과 후원자」, 『강좌미술사』 26(1), 423-447쪽.

17)에 황해도 배천 강서사에서 조성된 지장삼존상 및 시왕상 등이 있다. 셋째, 소백산 희방사에서 1683년(숙종 9)에 조성한 범종과 해남 미황사에서 1742년(경종 4)에 만든 운판, 그리고 1897년(광무 1)에 일본 교토에서 주문 제작해 가져온 중종(重鐘)이 있다.

화계사 불교미술이 갖는 성격은 두 가지로 요약할 수 있다. 하나는 영가 천도도량으로서의 명부신앙과 관련된 것이고, 다른 하나는 현세이익적인 것으로 생자(生子) 생산 및 무병장수와 관련된 것이다. 특히 화계사는 왕실의 왕자 탄생 및 천도와 관련하여 왕실이 후원한 불사가 이루어졌다.

화계사는 근대기에 개화 운동의 산실 역할을 했는데, 개화 운동을 이끈 이동인(李東仁, 1849?-1881), 탁정식(卓鼎植, 1850?-1884), 차홍식(車弘式) 등이 화계사 출신이었다. 또한 근대불교 최초의 종단 조직인 불교연구회를 주도한 홍월초(洪月初, 1858-1934)[463]와 김월해 역시 화계사가 배출한 고승이었다.[464] 홍월초는 1900년에 고종을 비롯한 황실과 관리들이 수국사를 중창하는 데 주도적인 역할을 했다.

화계사에는 일제 강점기 때 돌로 조성된 석가여래삼존상·나한상·천불상이 천불오백성전(千佛五百聖殿)에 봉안되어 있다(그림 1, 2). 이 존상은 최기남(崔基南, 1875-1946)이 1918년부터 1921년까지 3년 동안 금강산 신계사에서 수행하면서 조성한 것으로, 여주 신륵사와 서울 봉은사에 각각 분산되었다가 1963년에 화계사로 이운되었다.[465] 화계사에

---

463 김광식(2009), 「홍월초의 꿈 ; 그의 교육관에 나타난 민족불교」, 『한민족문화연구』 29, 369-403쪽.

464 한상길(2013), 「근대 화계사의 역사와 위상」, 『대각사상』 19, 328-345쪽.

465 안여라(2016), 「화계사 오백나한상 조성과 최기남의 불교사상」, 용인대학교 석사학위논문, 1쪽.

그림 1(좌). 화계사 천불오백성전 전경, 1964년
그림 2(우). 화계사 천불오백성전 나한상, 1918-1921년

그림 3. 화계사 석조관음보살상 25존상, 일제 강점기

는 일제 강점기 때 일본인들이 조성한 석조관음보살상 25존이 삼성각 뒤쪽 언덕에 안치되어 있다(그림 3). 이 존상들은 일제 강점기 때 우리나라에 이주한 일본인 사찰에 봉안되었던 것으로, 1945년 이후에 화계사로 옮겨진 것이다.[466] 개화 사상가들을 배출했던 화계사로 1960년 이후

---

[466] 지미령(2015), 「일제강점기 한국내의 일본인 관음신앙 고찰」, 『동아시아고대학』 38, 449-
453쪽. 지미령은 화계사 석조관음보살상 25존이 화계사에서 조성되었을 가능성을 제시하고 있다. 그러나 화계사 주지 수암 스님 인터뷰에 의하면, 이 존상들은 일본인 사찰에 봉안

에 옮겨진 것이지만 근대 문화재가 현존하고 있는 것은 화계사의 근대사를 고찰하는 데도 의미가 있다.

본고에서는 화계사 불교미술이 갖는 성격을 규명하기 위해 첫째, 화계사 불교미술의 조성과 왕실의 관계에 대해 조명하고자 한다. 둘째, 화계사 명부전의 불교미술에 대한 고찰을 통해 천도도량으로서의 화계사 불교미술이 갖는 성격을 고찰하고자 한다. 셋째, 다른 사찰에서 조성되어 화계사로 이동되거나 새로 조성된 불교공예품을 중심으로, 1897년(광무 1)에 화계사에 어떤 일이 일어났는가를 유추하고자 한다. 넷째, 화계사 대웅전 삼존불상의 존명 규명을 통해 화계사 도량의 성격을 추론해 보고자 한다. 마지막으로 화계사 불교회화의 조성과 이동을 통해 근현대 화계사의 역사를 살펴보고자 한다.

되었던 것으로 1945년 일본 패망 이후 화계사로 옮겨진 것이라고 한다.

2

화계사 불교미술과 왕실의 관계

1) 화계사 대웅전 및 관음전 불사와 왕실의 후원

화계사는 조선 중기 부허동에서 현재의 위치로 옮겨지면서 왕실과 밀접한 관련을 맺었다. 특히 고종 대의 불사와 관련해서 주목되는 인물로는 익종(1809-1830)의 비 신정왕후 조씨, 헌종(1827-1849, 재위 1834-1849)의 계비였던 효정왕후 홍씨, 그리고 왕실과 사찰과의 매개자 역할을 하였던 상궁 김천진화 등을 들 수 있다. 특히 신정왕후 조씨는 1877년(고종 14)에 황해도 배천 강서사의 지장삼존상과 시왕상 등을 화계사로 이운하는 데 큰 역할을 하였고, 이후 명부전에 불량답(佛糧畓)을 시주하였다.

용선 도해(龍船渡海)와 범운 취견(梵雲就堅)은 1866년(고종 3) 홍선대원군의 시주로 화계사 대웅전과 대방(大房) 등을 건립하면서 왕실과 관련을 맺게 되었다. 그러나 1861년(철종 12) 화계사의 칠성도를 조성하는 데 상궁들이 시주자로 동참한 것을 통해 왕실과의 관계는 그 이전부터

형성되었음을 알 수 있다. 화계사와 흥선대원군과의 관계는 만인대사와
의 일화로도 짐작할 수 있다.

만인대사는 흥선대원군의 아버지 남연군 이구(南延君 李球, 1788-
1836) 묘를 이장한다면, 제왕이 될 귀한 왕손을 얻을 수 있을 것이라고
한 일화로 유명하다. 이러한 인연으로 1866년(고종 3) 화계사 중창 불사
를 전후해 흥선대원군은 화계사에 자주 왕래하였던 것으로 짐작된다.
현재 화계사에 남아 있는 현판과 주련 등이 바로 흥선대원군의 글씨인
사실이 이를 증명해 준다. 흥선대원군과 화계사의 긴밀한 관계는 신정
왕후 조씨를 비롯한 효정왕후 홍씨 등 왕실 비빈들이 화계사에 관심을
갖게 하는 데 결정적인 역할을 한 것으로 보인다.[467] 흥선대원군의 아들
고종이 어린 나이로 즉위하자, 수렴청정을 한 신정왕후 조씨는 흥선대
원군과 협력하여 안동 김씨 세력을 무력화하고자 했기 때문이다.

흥선대원군은 1873년(고종 10)에 실각한 이후 1875년(고종 12)에도
화계사 명부전 현판을 비롯해 다수의 현판을 화계사에 남기고 있다. 이
처럼 흥선대원군에게서 시작된 화계사에 대한 왕실의 후원은 1875년
(고종 12) 자수관음보살도의 하사로 이어졌다. 이 관음보살도(그림 4)는
1874년(고종 11)에 탄생한 순종의 수명장수를 위해 신정왕후 조씨와 효
정왕후 홍씨 등이 발원하고 궁녀들이 수를 놓아 만든 것이다.

화계사 관음전은 1875년(고종 12)에 궁중에서 직접 제작한 '대비수탱
(大悲繡幀)'을 봉안하기 위해 1876년(고종 13)에 중수되었다. 이후 관음전
에는 1876년에 조성된 지장보살삼존도 1점(그림 5)[468]과, 한 폭에 시왕

---

467 황윤아(2010), 앞 논문, 8쪽.
468 이용윤(2004), 「華溪寺 觀音殿 地藏三尊圖 硏究」, 『미술사연구』 18, 99~121쪽.

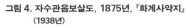

그림 4. 자수관음보살도, 1875년, 『화계사약지』
(1938년)

그림 5. 지장보살삼존도, 1876년, 출처: 국립중앙
박물관

이 모두 그려진 시왕도 1점이 봉안되었다.[469] 관음전 지장보살삼존도의
화기에는 조성 연도를 비롯해 시주자와 소임자 등이 기록되어 있다. 봉
안 장소는 관음전이고 시주자는 상궁 김천진화(金天眞華)와 효정왕후 홍
씨이다. 특히 효정왕후 홍씨가 지장보살삼존도를 조성한 것은 남양 홍
씨 집안의 조상 영가천도 때문이었다.[470] 상궁 김천진화는 시왕도(1876

---

469 1876년에 조성된 지장삼존도는 현재 국립중앙박물관에 소장되어 있고, 시왕도는 화계사
명부전에 봉안되어 있다.

470 화계사 〈지장보살삼존도〉의 화기(1876년). "王大妃殿下辛卯生洪氏 亡乾命辛丑生南陽洪
氏」亡坤命辛丑生德修張氏」亡乾命甲戌生南陽洪氏」亡乾命甲午生南陽洪氏」亡坤命辛

년) 조성에도 동참하고 있다.⁴⁷¹

2) 신정왕후 조씨 및 효정왕후 홍씨의 불사 참여

화계사와 왕실의 관계에서 가장 주목되는 인물은 신정왕후 조씨와 효
정왕후 홍씨이다. 이들의 행적은 『화계사약지(華溪寺略誌)』⁴⁷²의 시왕상
운반에 관한 내용, 「화계사명부전불량서(華溪寺冥府殿佛糧序)」(1880년), 지
장시왕도(1878년) 및 시왕도(1878년)의 화기(畵記)를 통해 살펴볼 수 있다.
1938년에 안진호가 편찬한 『화계사약지』는 1880년(고종 17)에 신정왕후
조씨가 강서사(江西寺)가 위치한 황해도 배천의 땅을 사서 화계사로 귀
속시켰다는 내용을 기록하고 있어 주목된다.

이는 「화계사명부전불량서」에서 1880년 봄에 신정왕후 조씨가 토
지를 매입해 공양 비용을 지불했다는 기록에 근거한 것이다. 「화계사명
부전불량서」에는 1876년(고종 13)에 관음전을 중수한 이유와 강서사에
서 지장삼존상을 비롯한 시왕상 등을 가져온 후 명부전을 짓게 된 사실
을 밝히고 있다.⁴⁷³ 명부전 후불도인 〈지장시왕도〉(그림 6) 화기의 대시
주질(大施主秩)에는 상궁 무진생 황씨(尙宮戊辰生黃氏)를 비롯한 6명의 상

　　卯生廣山金氏」".

471 화계사 관음전 〈시왕도〉의 화기(1876년). "引勸施主 尙宮戊寅生金氏天眞華".

472 『화계사약지』는 1938년에 발간된 것을 말한다(三角山華溪寺宗務所, 『三角山華溪寺略
　　誌』, 彰文社, 1938).

473 「三角山華溪寺冥府殿佛糧序」(1880년)[문화재청·(재)불교문화재연구소(2013), 『한국의
　　사찰문화재 전국사찰문화재일제조사 서울특별시 Ⅲ』 자료집, 104쪽].

그림 6. 화계사 명부전 지장시왕도, 1878년, 출처: 『서울의 사찰불화』|(서울역사박물관, 2007)

궁이 기록되어 있고, 시주질(施主秩)에는 15명의 남녀 시주자가 별도로
수록되어 있다.[474] 시주자 가운데는 갑신정변의 주역이었던 김옥균(金玉
均, 1851–1894)도 포함되어 있다.

　명부전 시왕상 후불도인 시왕도 3폭의 화기 가운데 제2·제4시왕도
에는 대시주자로 효정왕후 홍씨와 헌종이 등장하고 있다(그림 7).[475] 그

---

474 화계사 명부전 〈지장시왕도〉의 화기(1878년). "大施主秩」尙宮戊辰生黃氏」尙宮乙亥生
洪氏」尙宮甲戌生黃氏」無心花」尙宮辛巳生南氏」宝積花」尙宮甲午生鄭氏」廣度花」尙
宮乙亥生李氏」…… 施主秩」淸信女丙子生」梁氏」淸信女癸卯生」文氏光明華」淸信女戊
子生」朴氏日光華」乾命辛亥生金」玉均」乾命辛丑生千」石種」乾命甲申生張」順奎」乾命
癸卯生張」元植」乾命辛亥生尹」敬成」乾命癸丑生全」義文」坤命丙子生崔氏」比丘玄盧堂
應垈」淸信女丙子生金氏」大法輪」坤命壬辰生崔氏」乾命癸未生金」興珠」淸信女甲子生
洪氏」華藏蓮」".

475 화계사 명부전 〈시왕도(제2초강대왕·제4오관대왕)〉의 화기(1878년). "大施主」王大妃殿
下辛卯生洪氏」憲宗哲孝大王」丁亥生李氏".

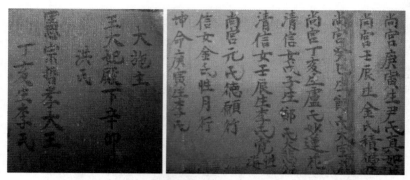

그림 7.8. 화계사 명부전 제2·제4대왕 시왕도 화기 부분, 1878년

런데 1878년(고종 15)은 헌종이 승하한 지 약 30여 년이 지난 시점이기 때문에 효정왕후가 그의 명복을 빌기 위해 조성한 것임을 알 수 있다. 이와 함께 시주질 명단에는 일반 신도들을 제외하고도 상궁 35명이 등장하고 있어 주목된다(그림 8).

앞에서 살펴본 바와 같이 화계사 명부전에 봉안된 지장보살상을 비롯한 25존상이 황해도 배천 강서사에서 화계사로 이운된 과정에는 신정왕후 조씨가 중추적인 역할을 하였다. 신종왕후 조씨는 1880년(고종 17)에도 연백의 정승지(鄭承旨)에게서 토지를 구입해 명부전 공양에 필요한 일체의 비용을 지불하는 등 지속적으로 후원하고 있다.

3) 화계사 불사와 상궁의 역할

상궁(尙宮)은 왕실과 사찰의 매개자 역할을 하며 화계사 불사의 한 축을 형성하였다. 대표적인 인물로는 상궁 무인생(戊寅生) 김천진화를 들 수

표 1. 상궁 무인생 김천진화의 불사 동참

명칭	사찰명	연도	역할
영종 백운산 구담사 시주질 현판	인천 용궁사	근대	인권대시주(引勸大施主)
현등사 칠성도	가평 현등사	1871	시주(施主)
불량시주록 현판	서울 화계사	1880	인권대시주(引勸大施主)
축원 현판	서울 화계사	1880	시주(施主)
화계사 괘불도 화기	서울 화계사	1886	시주(施主)
개금불사동참신도록 현판	서울 보문사	근대	시주(施主)

있다. 그녀는 1861년(철종 12) 화계사 〈칠성도〉 조성에서부터 동참하고
있다. 이 불화는 현재 가평 현등사 삼성각에 봉안되어 있는데, 이곳으로
옮겨진 이유는 명확하지 않다. 다만 황해도 배천 강서사로 출가한 삼봉
지탁(三峯知濯, 1750-1839)의 제자 화담 경화(華潭敬和, 1786-1848)가 63세
때 현등사에 머물렀던 데에서 화계사의 불화가 현등사로 옮겨진 단서
를 찾을 수 있다.[476]

이 불화는 상궁 천진화 이외에도 상궁 계심화(戒心華) 등 3명의 상궁
들이 함께 시주하여 조성한 것이다.[477] 상궁 천진화는 1864년(고종 1) 용
궁사 중창 불사에도 신정왕후 조씨 및 효정왕후 홍씨와 함께 동참하였
다. 이때부터 상궁 천진화는 왕실 어른들을 곁에서 모시고 있었던 것으
로 추정된다. 그녀는 1876년(고종 13) 화계사 관음전 지장보살삼존도와
시왕도 조성에 인권시주(引勸施主)를 맡았고, 1878년(고종 15) 명부전 건

---

476 화악 지탁 저·김재희 옮김(2012), 『삼봉집』, 동국대학교 출판부, 21쪽.

477 현등사 〈칠성도〉의 화기(1871년). "施主秩」 尙宮淸信女丁巳生梁氏戒心華」 淸信女戊寅生
金氏天眞華」 淸信女己卯生金氏性光華」 尙宮淸信女辛未生金氏安氏大願力」 尙宮丁巳生
徐氏」 尙宮壬戌生車氏」 乾命戊辰生徐氏」 坤命壬午生韓氏」 兩主」 乾命辛未生盧命禧」 坤
命辛未生」 兩主」".

그림 9. 화계사 명부전 시왕도(제5염라대왕·제7태산대왕·제9도시대왕), 1878년, 출처: 『서울의 사찰불화』 I (서울역사박물관, 2007)

립과 1886년(고종 23) 화계사 괘불도 조성에도 동참하고 있다(표 1).

　상궁 천진화는 화계사 〈칠성도〉(1861년)를 제외하고는 비빈들과 함께 화계사의 거의 모든 불사에 동참하였다. 이 사실을 통해 그녀가 상궁 중에서도 상당한 위치에 있었음을 추정할 수 있다. 그녀가 태어난 무인년은 1818년이므로 1878년(고종 15) 불사 당시에 그녀는 60세 정도 되었을 것이다. 그러므로 그녀의 지위는 신정왕후 조씨나 효정왕후 홍씨를 곁에서 모시는 대명상궁(待命尙宮) 또는 지밀상궁(至密尙宮) 또는 시녀상궁(侍女尙宮)이었을 가능성이 높다. 그녀는 비빈들의 명(命)을 받들어 불사의 시주금을 사찰에 전달하는 임무를 수행함으로써, 사찰과 왕실을 연결해 주는 중추적인 역할을 담당했던 것[478]으로 생각된다.

　왕실과 사찰을 연결해 주는 매개자로서의 상궁 가운데 주목되는 또

---

[478] 황윤아(2010), 앞 논문, 20-21쪽.

다른 인물은 상궁 갑인생 엄씨(嚴氏)이다. 그녀는 명부전 시왕도 제5·제7·제9대왕도(그림 9)의 시주자로 등장하는데, 을미사변(1895년, 고종 32) 이후 고종의 승은을 입어 순헌황귀비(純獻皇貴妃, 1854-1911)의 지위에 오른 엄상궁으로 추정된다.[479] 갑인년은 1854년으로 순헌황귀비 엄씨의 생년과 일치하기 때문이다.

그녀는 5세 때 입궁하여 명성황후 민씨(明成皇后 閔氏, 1851-1895)의 시위상궁직(侍位尙宮職)에 있다가 고종의 승은을 입었지만, 명성황후의 질투로 한때 퇴궁을 당하기도 했다. 그러나 을미사변 이후 환궁해 1897년(광무 1) 영친왕 이은(英親王 李垠, 1897-1970)을 낳은 후 황귀비 자리까지 올랐다.

순헌황귀비 엄씨는 상궁 시절부터 적극적으로 불사에 참여하였는데, 개운사 괘불(1879년)[480]과 불암사 괘불(1895년)[481] 조성에도 동참하였다. 불암사 괘불 제작에 참여한 순헌황귀비 엄씨는 왕실의 명을 받아 불사를 진행했다. 개운사 괘불은 을미사변이 발생한 3개월 후인 1895년 11월에 완성되었다. 시해당한 명성황후 민씨의 극락왕생과 왕실의 안녕을 기원하기 위해 재입궁한 엄씨가 왕실의 명을 받아 개운사 괘불 조

---

479 한희숙(2006), 「구한말 순헌황귀비 엄비의 생애와 활동」, 『아시아여성연구』 45(2), 195-239쪽.

480 개운사 괘불 화기(1879년)의 시주자 기록. "大施主秩」 淸信女辛酉生秋氏淸淨行」 淸信女乙未生金氏開心花」 坤命甲寅生嚴氏……(이하 생략)"[고경 스님 교감, 송천 스님·이종수·허상호·김정민 편저(2011), 『韓國의 佛畵 畵記集』, 성보문화재연구원, 103쪽]. 대시주자 명단에 세 번째로 기록된 '곤명 갑인생 엄씨'는 순헌황귀비 엄씨이다.

481 불암사 괘불 화기(1895년)의 시주자 기록. "大施主秩」 奉命臣 尙宮甲寅生嚴氏……(이하 생략)"[고경 스님 교감, 송천 스님·이종수·허상호·김정민 편저(2011), 앞 책, 107쪽]. 순헌황귀비 엄씨는 대시주자 명단에 첫 번째로 기록되었다.

표 2. 상궁 엄씨(1854-1911)의 불사 동참 상황

명칭	사찰명	연도
화계사 시왕도(제5·제7·제9도)	서울 화계사	1878(고종 15)
개운사 괘불	서울 개운사	1879(고종 16)
불암사 괘불	남양주 불암사	1895(고종 32)
봉원사 괘불	서울 봉원사	1901(광무 5)
청룡사 가사도	서울 청룡사	1902(광무 6)
수국사 아미타후불도	서울 수국사	1907(융희 1)
수국사 현황도	서울 수국사	1907(융희 1)
수국사 감로도	서울 수국사	1907(융희 1)
수국사 신중도	서울 수국사	1907(융희 1)
수국사 16나한도	서울 수국사	1907(융희 1)

성을 수행한 것이다.[482]

1878년(고종 15)에 화계사 시왕도를 조성할 당시에는 명성황후 민씨의 시위상궁으로 있었기 때문에, 그녀의 명을 받들어 불사에 대신 참여했을 가능성도 있다.[483] 귀비가 된 후 1901년에는 봉원사 괘불을 조성하여 친가 부모와 외가 조부를 비롯한 조상들의 명복을 기원했다.[484] 〈표 2〉에서 알 수 있듯이 1902년 청룡사 가사도, 1907년 수국사 아미타후불도를 비롯한 여러 불화 조성에도 동참하였다.

---

482 유경희(2014), 「高宗代 純獻皇貴妃 嚴氏 發願 불화」, 『미술자료』 86, 120-121쪽.

483 황윤아(2010), 앞 논문, 22쪽.

484 봉원사 괘불 화기(1901년)의 시주자 기록. "施主秩」京城內西○皇華坊慶運宮○居住」 淳嬪邸下甲寅生嚴氏大蓮花 伏爲」 亡父壬申生寧越嚴氏」 亡母甲申生密陽朴氏 兩位」 亡外祖父庚戌生密陽朴氏」 亡外祖母戊申生玄風郭氏 兩位」 亡外曾祖父 密陽朴氏」 亡外曾祖母己丑生金海金氏 兩位」……(이하 생략)"[고경 스님 교감, 송천 스님·이종수·허상호·김정민 편저(2011), 앞 책, 108쪽].

3

화계사 명부전의 불교미술

조선시대의 불교는 유교화된 면이 있는데, 조상의 제사와 관련된 측면
과 생자(生子) 신앙에서 특히 두드러졌다. 조상 천도를 위해 수륙재와 영
산재를 개최하고 명부전을 건립한 점, 그리고 아들 생산을 위해 칠성각
을 건립한 점에서 불교의 유교화를 찾을 수 있다.[485] 특히 17세기 이후
조성 연도가 있는 불상과 불화 가운데 명부신앙과 관련된 불교미술이
다수 제작되고 있다.[486] 이를 통해 이 시기에는 불교의 역할 가운데 죽
음과 관련된 의례가 중요시되었음을 알 수 있다. 이것은 유교의 제사 및

---

[485] 문명대(2011), 「조선전반기 불교조각의 도상해석학적 연구」, 『강좌미술사』 36, 112-113쪽.

[486] 조선시대 지장신앙과 명부신앙이 결합되어 유행한 명부전 존상에 대해서는 다수의 연구
가 주목된다. 김정희(1996), 『조선시대 지장시왕도 연구』, 일지사; 유근자(2018), 「영광 불
갑사 명부전의 지장삼존상과 시왕상 연구」, 『남도문화연구』 34, 221-255쪽; 유근자(2019),
「양주 靑蓮寺의 豫修齋와 조선후기 명부전 도상」, 『동국사학』 66, 167-226쪽; 유대호
(2021), 「조선시대 명부 존상 연구」, 홍익대학교 미술사학과 박사학위논문.

효 사상과 관련되어 성행하였던 조선시대 불교의 한 특징이라고 할 수 있다. 화계사는 영가천도 도량으로 유명하며, 명부전 건립은 왕실의 영가천도와도 밀접한 관련을 맺고 있다.

1) 배천 강서사 지장삼존상의 이운

화계사 명부전에 관한 자료로는 「화계사명부전불량서(華溪寺冥府殿佛糧序)」(1880년), 「삼각산화계사명부전개금개채탱화단청신건기(三角山華溪寺冥府殿改金改彩幀畵丹靑新建記」(1880년), 「삼각산화계사명부전개금개채탱화단청신건록(三角山華溪寺冥府殿改金改彩幀畵丹靑新建錄)」(1880년), 「축원(祝願)」(1880년) 현판을 비롯해 불화의 화기 등이 있다. 화계사 명부전에 봉안된 25존상들은 1877년(고종 14)에 황해도 배천 강서사로부터 화계사로 옮겨진 것이다. 이후 1878년(고종 15)에는 이 존상들을 봉안하기 위한 명부전(그림 10)이 건립되었고, 후불도로 지장시왕도(1878년)가 조성되었다. 이때의 불사는 초암 기주(草庵基珠)를 중심으로, 상궁 김천진화를 비롯한 36명의 왕실 관련 인물 등이 동참하였다. 화계사 명부전의 지장삼존상(그림 11)과 시왕상 등은 1649년(인조 27) 황해도 배천 강서사에서 수조각승 영철(靈哲)이 조각승 11명과 함께 조성한 것이다.[487]

수조각승 영철은 17세기 전반인 1623년(광해군 15, 인조 1)부터 1639년(인조 17)까지 조각승 수연(守衍)과 함께 경기 일대 및 전라도 지방을

---

487 최선일(2012), 「배천 강서사 조성 지장보살과 조각승 영철」, 『선문화연구』 13, 165-199쪽; 문화재청·(재)불교문화재연구소(2016), 『2015년 중요동산문화재 불상기록화 정밀조사 보고서 : 서울 화계사 목조지장보살삼존상 및 시왕상 일괄』 1·2.

그림 10(좌). 화계사 명부전 전경
그림 11(우). 화계사 지장보살삼존상, 1649년, (재)불교문화재연구소 제공

중심으로 활동하였다.[488] 화계사 명부전 존상이 황해도에서 서울로 이
동된 데에는 신정왕후 조씨의 역할이 크게 작용하였다.[489]

『화계사약지』에는 강서사에서 지장삼존상과 시왕상 등이 화계사로
이안될 때, 토지도 함께 기부되었던 사실이 기록되어 있다. "화계사에
지금까지 연백(延白)에서 수입되는 토지가 있는데, 그 문권(文券)이 시왕
상을 따라왔다는 설이 있지만 이것은 낭설이다. 신정왕후 조씨가 시왕
상을 옮겨 봉안한 뒤 4년째 되는 해인 1880년(고종 17) 봄에, 그곳의 정
승지(鄭承旨) 논을 사들여 화계사에 헌납했다."는 것이다.

이처럼 화계사는 조선 왕실의 후원 속에 존상을 이운하였고, 존상을
봉안한 명부전을 건립하였으며, 내부에 봉안할 불화를 조성하였다. 왕실
의 최고 어른인 신정왕후 조씨부터 상궁에 이르기까지 다양한 계층이 일

---

488 최선일(2013), 「강화 전등사 목조지장보살좌상과 조각승 수연」, 『인천학연구』 13, 207-
244쪽.
489 『화계사약지』(1938), 7-8쪽; 최완수(1994), 「화계사」, 『명찰순례』 3, 대원사, 332-333쪽.

시에 후원해 영가천도를 위한 명부전 공간을 창조하였던 것이다.⁴⁹⁰

『화계사약지』에 기록된 황해도 배천 강서사 지장삼존상과 시왕상은 화계사로 옮겨지기 전에도 몇 번 이운된 적이 있다. 이 같은 상황은 지장보살상 조성발원문(1649년, 그림 12)에서 확인된다. 불상발원문에 의하면 이 상들은 배천 강서사에서 조성되어 광조사(廣照寺)에 봉안되었다가,⁴⁹¹ 다시 강서사로 이안(移安)되었다. 그리고 1877년(고종 14)에 강서사에서 다시 화계사로 옮겨졌다. 광조사에서 강서사로 상을 옮기게 된 것은 광조사가 폐사되었기 때문으로 추정된다.⁴⁹²

배천 강서사의 지장삼존상과 시왕상이 화계사로 이운된 과정에는 신정왕후 조씨뿐만 아니라 풍양 조씨 가문의 인물도 영향을 미친 것으로 보인다. 배천 지역은 신정왕후 조씨 가문인 풍양 조씨 문중의 인물들이 요직을 차지한 지역이기도 했다. 대표적으로 배천 군수 조운한(趙雲漢, 1809-?)과 조용하(趙龍夏, 1819-?)를 들 수 있다.⁴⁹³

특히 조용하는 배천 옆 연안(延安)의 부사직을 맡아,⁴⁹⁴ 이를 발판으로 1877년(고종 14)에는 이조 참의가 되었다. 따라서 연백 지방 자체가 신정왕후 조씨 및 풍양 조씨들과 밀접한 관련이 있었던 것을 짐작할 수 있다. 1886년(고종 23)에 조성된 화계사 괘불도(그림 13) 시주질에도 신정

---

490 황윤아(2010), 앞 논문, 2쪽.

491 화계사 지장보살삼존상 및 시왕상 조성기(1649년). "時維大淸順治三年歲次己丑九月初三日畢」敬請良工造成地藏大聖道明無毒冥府十王泰山判」官鬼王將軍童子諸位使者等尊像畢功見佛山江」西寺改命廣齊寺安邊奉佛」".

492 최완수(1994), 앞 책, 335쪽.

493 『승정원일기』 고종 7년(1870) 3월 20일자 기록. "趙雲漢爲白川郡守"; 『승정원일기』 고종 7년(1870) 11월 17일자 기록. "以趙龍夏爲白川郡守".

494 『승정원일기』 고종 11년(1874) 5월 16일자 기록. "趙龍夏爲延安府使".

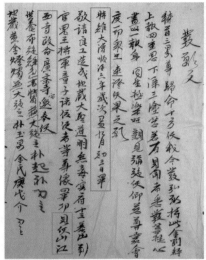

그림 12(좌). 화계사 명부전 존상 조성발원문 부분, 1649년, (재)불교문화재연구소 제공
그림 13(우). 화계사 괘불도, 1886년, 출처: 『서울의 사찰불화』 I (서울역사박물관, 2007)

왕후 조씨 가문의 인물인 조동윤(趙東允(潤), 1871-1923)[495]이 아버지의 명복을 기원하고 있는 것에서, 신정왕후 조씨뿐만 아니라 그 일가가 화계사 불사에 동참하고 있는 것을 확인할 수 있다.[496]

---

495 조동윤의 부친 조영하(趙寧夏, 1845-1884)는 신정왕후 조씨의 조카로, 고종 즉위를 도와 흥선대원군의 집권기에 판서를 지낸 인물이다. 그러나 1884년 갑신정변이 일어나자 개화파들에 의해 살해당하였다. 조영하 부부는 1882년(고종 19) 풍양 조씨의 시조 조맹을 비롯한 조상의 무덤을 수호하는 분암(墳庵)인 남양주 견성암 산령각의 〈석가삼존16나한도〉 조성에 아들 조동윤, 조성하(趙盛夏, 1845-1881)의 아들 조동면(趙東冕, 1867-?) 등과 함께 시주자로 참여하였다[유근자(2021), 「풍양 조씨 분암(墳庵)과 남양주 견성암의 불상」, 『한국불교학』 100, 176쪽].

496 화계사 괘불도 화기(1886년)의 대시주질 기록. "大施主秩」奉命臣尙宮甲戌生千氏大德」慧至心奉祝」大王大妃殿下戊辰生趙氏玉體安」寧聖壽無疆」奉命臣尙宮癸卯生朴氏大德」心至心奉祝」王大妃殿下辛卯生洪氏玉體安」寧聖壽無疆 伏爲」孝子辛未生趙東允 伏爲」亡父忠憲公乙巳生豐壤趙氏」寧夏靈駕 伏爲……이하 생략"[고경 스님 교감, 송천

신정왕후 조씨가 정승지의 땅을 구입해 화계사에 하사했다는 내용 속의 '정승지'는 정직조(鄭稷朝, 1817-1881)로 추정된다. 1864년(고종 원년)부터 신정왕후 조씨가 불량답을 구입한 1880년(고종 17)까지 승지직을 맡았던 인물은 정직조, 정기회(鄭基會, 1829-?), 정범조(鄭範朝, 1833-1898) 등으로 압축된다. 이들은 모두 신정왕후 조씨 및 흥선대원군, 그리고 고종의 두터운 신임을 얻어 요직을 두루 거친 사람들이다.

이 가운데 정직조는 가장 오랫동안 승지직을 맡았다.[497] 그는 1861년(철종 12) 식년시(式年試) 문과에 급제한 후, 1871년(고종 8)에는 배천 인근 봉산(鳳山) 군수로 임명되었다.[498] 그가 배천 지역의 전답을 소유하고 있었는지는 확인할 수 없지만, 배천 인근인 봉산군의 군수직을 맡았기 때문에 이곳과 관련이 있을 것으로 추측된다.

2) 왕실 천도도량으로서의 화계사 명부전

화계사 명부전과 왕실의 관계는 「삼각산화계사명부전불량서」(1880년)를 통해서도 확인된다. 신정왕후 조씨는 남편인 익종 효명대왕 영가가 극락왕생하여 법왕의 지위로 다시 돌아오기를 기원하였다. 또한 그의

스님·이종수·허상호·김정민 편저(2011), 앞 책, 105쪽].

497 황윤아(2010), 앞 논문, 35-36쪽.

498 『승정원일기』 고종 8년(1871) 1월 23일자 기록. "鄭稷朝爲鳳山郡守"; 『승정원일기』 고종 10년(1873) 6월 13일자 기록. "政院啓曰 新除授右承旨鄭稷朝 時在黃海道鳳山郡任所 斯速乘馹上來事 下諭 何如 傳曰 許遞 前望入之". 두 기록에는 새로 제수된 우승지 정직조가 현재 황해도 봉산군 임지에 있으니 속히 말을 타고 올라오도록 하고 있다. 이로 보아 1871년에 봉산 군수에 임명된 후 1873년까지는 해당 직책을 역임하고 있음을 알 수 있다.

그림 14(좌). 「삼각산화계사명부전불량서」 부분, 1880년, (재)불
교문화재연구소 제공
그림 15(우). 「불량시주록(佛糧施主錄)」, 1880년, (재)불교문화재
연구소 제공

아들인 헌종 영가가 극락왕생하기를 발원하고 있는데, 이는 화계사 명
부전이 왕실의 명복을 빌기 위한 도량이었음을 보여 준다(그림 14).⁴⁹⁹

    이러한 사실은 「불량시주록(佛糧施主錄)」(1880년, 그림 15)에서도 발견
된다. 1880년(고종 17) 완화군 이선(完和君 李墡, 1868-1880)이 사망하자 왕
실에서는 그의 영가천도를 위해 불량답을 시주하였다. 불량답의 대시주
자는 상궁 천대덕혜(千大德慧)와 상궁 김천진화(金氏天眞華)였다.⁵⁰⁰

499 「華溪寺冥府殿佛糧序」(1880년) 기록. "因玆奉祝」大王大妃殿下戊辰生趙氏 王候萬安聖
壽千秋」當生極樂回向菩提」翼宗孝明大王僊駕超生極樂轉證法王之位再還」堪忍度脫
情識之類」憲宗哲孝大王僊駕托靈蓮池頓證一切種智盛花」衣褫承事十方諸佛"[문화재
청ㆍ(재)불교문화재연구소(2013), 『한국의 사찰문화재: 전국사찰문화재일제조사 서울특별
시 Ⅲ』 자료집, 104쪽].

500 「佛糧施主錄」(1880년)의 기록. "完和君孝獻公完」山李氏戊辰生僊駕」早脫塵勞親見彌
陀受記莭於寂光土」上超證法忍作伴菩薩共逍遙於淸泰」國中」引勸大施主」尙宮戊生
千氏大德慧」尙宮戊寅生金氏天眞華」生前壽福死後往生」化主比丘普翊」光緒六年庚辰
十一月日"[문화재청ㆍ(재)불교문화재연구소(2013), 앞 책, 104쪽].

    1878년(고종 15)에 화계사 명부전 불사가 이루어진 배경은 무엇일까. 1876년(고종 13)의 관음전 중수 불사는 1874년(고종 11) 2월에 태어난 원자, 즉 순종의 탄생을 축하하고 무병장수를 기원하기 위해 왕실에서 〈자수관음도〉를 제작하여 하사한 것이 계기가 되었다. 이처럼 왕실에서는 왕손의 탄생 및 치병과 관련된 불사를 많이 하였는데, 순종의 병을 낫게 해 준 것에 대한 보답으로 1907년 수국사에서 13점의 불화를 조성한 것[501]도 그러한 예 가운데 하나이다.

    고종 대의 왕실 자손들은 후사가 없거나 장성하여 한 가정을 이룰 만큼 성장한 경우가 드물었다. 이 때문에 왕자 생산과 수명장수는 왕실의 가장 큰 고민거리였던 것으로 보인다. 흥선대원군의 실각 이후 화계사 대시주자 가운데 한 명인 효정왕후 홍씨는 슬하에 자식이 없었고, 헌종의 첫째 부인 효현황후 김씨(孝顯王后 金氏, 1828-1843) 역시 후사 없이 일찍 승하하였다. 신정왕후 조씨의 경우에도 헌종이 1849년(헌종 15)에 15세로 일찍 승하했기 때문에 흥선대원군의 아들로 양자를 삼았다. 고종의 비인 명성왕후 민씨 역시 4남 1녀를 두었지만 차남인 순종을 제외하고는 모두 일찍 세상을 하직하고 말았다.

    이러한 당시 왕실의 상황 속에서 화계사의 관음전과 명부전 불사에 왕실 비빈들이 적극적으로 동참한 것은 당연한 것이었는지도 모른다. 1874년(고종 11) 순종의 탄생은 〈자수관음도〉 제작으로 이어졌고, 이를 봉안하기 위한 관음전이 1876년(고종 13)에 중수되었다.[502] 화계사

---

501 김정희(2008), 「조선말기 왕실발원 불사와 수국사 불화」, 『강좌미술사』 30, 175-204쪽.

502 『화계사약지』에 의하면 관음전은 5坪, 3間으로 규모가 작았기 때문에 왕손들의 잇따른 죽음을 추도하고 그들의 영혼을 극락으로 인도하는 천도도량으로서의 공간이 필요했던 것으로 보인다.

명부전은 잇달아 단명한 왕자와 공주들의 천도재를 지낼 공간으로 건립되었다.

명성왕후 민씨의 장남은 1871년(고종 8) 윤11월 4일에 태어나서 4일 만인 11월 8일에, 그 다음에 태어난 공주는 출생 7개월 만에, 1875년(고종 12)에 태어난 대군 역시 13일 만에, 1878년(고종 15)에 태어난 대군 또한 4개월 만에 이 세상을 하직하고 말았다. 일찍 세상을 떠난 왕손들이 극락왕생하기를 바라는 왕실의 염원이 화계사 명부전을 건립하는 데 반영되었던 것이다.

1880년(고종 17)에 신정왕후 조씨가 화계사에 불량답을 시주한 것도 완화군 이선의 명복을 빌기 위해 헌납한 것이다. 완화군은 1880년(고종 17) 1월 12일에 세상을 떠났기 때문에[503] 49재를 설행하고, 그 비용을 후원하기 위해 신정왕후 조씨가 명부전에 불량(佛糧)을 시주하였다. 완화군의 장례는 황해도 연백에 땅을 가지고 있던 정승지가 맡았고, 같은 시기 건봉사에도 완화군의 망혼을 위해 천금(千金)을 내려 시왕(十王) 불사를 한 기록이 있다.[504]

화계사 명부전과 왕실의 지속적인 관계는 1886년(고종 23)에 조성된 괘불을 통해서도 확인된다. 이 괘불의 제작에는 화계사의 왕실 불사에 매개자 역할을 했던 상궁 김천진화가 동참하였으며, 화기(畵記)에 나타난 바와 같이 여전히 왕실 비빈들의 참여가 눈에 띈다. 신정왕후 조씨와 효정왕후 홍씨의 명으로 제작된 괘불도가 명부전에 보관되어 있는

---

503 『승정원일기』 고종 17년(1880) 1월 12일자 기록. "完和君卒逝後 大殿·大王大妃殿·王大妃殿·中宮殿·世子宮 加設藥房·內閣·政院·玉堂·百官口傳問安 答曰 知道".

504 한국문헌연구소 편(1997), 「乾鳳寺本末事蹟」, 『乾鳳寺本末史蹟·楡岾寺本末寺誌』, 아세아문화사, 19쪽.

것은, 영산재와 같은 영가천도재에 사용되었던 것을 의미한다.[505] 따라서 왕실 비빈들과 상궁들의 후원으로 건립된 화계사 명부전은 왕손들의 망혼을 달래고 극락으로 인도하는 영가천도의식, 즉 49재가 설행되는 공간으로 기능하게 되었다.[506]

3) 명부전 불교미술과 세력가의 시주

「삼각산화계사명부전개금개채탱화단청신건록」(1880년, 그림 16)의 시주명단을 통해 당시 세력가와 화계사의 관련을 엿볼 수 있다. 〈표 3〉에서 보다시피 시주자는 흥선대원군 가, 여흥 민씨 가, 그리고 당대 세력가들임을 알 수 있다. 흥선대원군과 그의 형 이최응(李最應, 1815-1882) 및 장남 이재면(李載冕, 1845-1912)의 시주, 명성왕후 민비의 오빠인 민겸호(閔謙鎬, 1838-1882)와 조카 민영익(閔泳翊, 1860-1914) 등의 시주, 윤자덕(尹滋悳, 1827-1890)과 윤자록(尹滋祿) 등의 시주가 주목된다.

특히 당시 요직을 두루 거쳤던 윤자덕과 그의 동생으로 배천 군수를 역임한 윤자록은, 강서사에서 지장보살상을 비롯한 시왕상 이운과 관계가 있을 것으로 추정된다. 또한 당시 황해도 장연 부사 민정호(閔鼎鎬),

---

505 화계사 괘불도(1886년)의 명칭을 '아미타괘불도'로 해석한 연구가 있는데, 극락왕생을 발원한 화기 내용과 설법인을 한 도상을 근거로 삼고 있다[고승희(2017), 「삼각산 화계사 아미타괘불도 연구」, 『강좌미술사』 49, 275쪽]. 그러나 영산재 등 천도재에 사용한 괘불은 대부분 영산회상의 교주인 석가여래를 주불로 표현하였고, 천도재 때 관음시식이 행해졌기 때문에 화계사 괘불의 불보살상은 석가여래와 관음보살로 이해하는 것이 타당한 것으로 보인다.

506 구미래(2011), 「四十九齋의 의례기반과 地藏信仰의 특성」, 『정토학연구』 35, 105-136쪽.

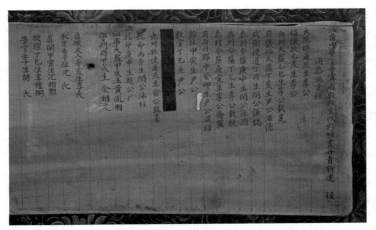

그림 16. 삼각산화계사명부전개금개채탱화단청신건록 부분, 1880년, (재)불교문화재연구소 제공

표 3. 「삼각산화계사명부전개금개채탱화단청신건록」의 시주자

신건록의 기록	이름	비고
大院位庚辰生李公	흥선대원군(1820-1898)	고종의 부친
領議政乙亥生李公	이최응(李最應, 1815-1882)	흥선대원군의 형 / 흥인군(興仁君)
兵判大監乙巳生李公載冕	이재면(李載冕, 1845-1912)	흥선대원군의 장남
前畿伯大監丁亥生尹公滋德	윤자덕(尹滋德, 1827-1890)	민겸호와 친분, 개화파 인물
武衛使道丁酉生閔公謙鎬	민겸호(閔謙鎬, 1838-1882)	흥선대원군의 자형, 명성왕후 오빠
參判令監庚申生閔公泳翊	민영익(閔泳翊, 1860-1914)	민비의 친정조카로 죽동궁 주인
參判令監丁巳生李公載兢	이재긍(李載兢, 1857-1881)	이최응의 아들
參判令監庚寅生李公喬翼	이교익(李喬翼, 1830-?)	1880년 이조참판
前白川郡守癸卯生尹公滋祿	윤자록(尹滋祿, 1843-?)	윤자덕의 동생
乾命丙午生閔公泳柱	민영주(閔泳柱, ?-?)	고종 24년(1887) 정시 병과 13등
貞閣甲寅生沈相勳	심상훈(沈相勳, 1854-?)	고종과 민비의 측근, 1866년 충청도 관찰사
校理丁巳生李種弼	이종필(李種弼, 1857-1898)	1880년 과거급제 홍문관교리
前蔚山兵使甲午生李公奎顔	이규안(李奎顔, 1834-?)	1871년 충청도 수군절도사, 경상좌도 병마절도사
時長淵府使閔公鼎鎬	민정호(閔鼎鎬, 1824-?)	헌종 14년(1848) 증광시 병과 33위
時鐵山府使乙巳生李公奎曾	이규증(李奎曾)	1884년 전라우도 수군절도사
前端川府使癸丑生閔公泳國	민영국(閔泳國, 1845-1910)	황해도 수군절도사, 이조 참의
前長連縣監甲辰生李公在護	이재호(李在護, ?-?)	

철산 부사 이규증(李奎曾), 전 단천 부사 민영국(閔泳國), 전 장연 현감 이
재호(李在護) 등이 참여하고 있다. 이들 역시 강서사 명부전 존상의 이동
과 관련되었을 가능성이 높다.

4) 명부전 존상의 이동과 당시 승려의 역할

화계사 명부전에 봉안된 존상이 황해도 배천 강서사에서 화계사로 이
동되는 과정에 두 사찰 사이에 어떤 교류가 있었는지는 명확하지 않다.
그러나 먼저 추측할 수 있는 것은 1870년「삼각산화계사중수권선문(三
角山華溪寺重修勸善文)」507을 지은 영허 선영(映虛善影, 1792-1880)과 삼봉
지탁(三峰知濯, 1750-1839)508의 관계이다. 삼봉 지탁의 문집인『삼봉집(三
峰集)』발문에는 수선(受禪) 제자가 14명 열거되어 있다. 이 가운데 영허
선영은 네 번째로 기록되어 있다.509 또한『삼봉집』에는 삼봉 지탁이 영
허 선영에게 쓴 글이 여러 편 전하고 있어 두 승려 간에 교류가 있었음
을 짐작할 수 있다. 삼봉 지탁은 견불산(見佛山) 강서사의 성붕(性鵬)에게
출가했고 서울 삼각산에 오래 머물렀기 때문에 호를 삼봉이라 하였다.

507『櫟山集』卷下「三角山華溪寺重修勸善文」.

508 삼봉 지탁의 법호는 화악(華嶽)이며 견불산(見佛山) 강서사의 성붕(性鵬)에게 출가하였
다. 환성 지안(喚醒志安)에게 사사한 화엄학 승려 함월 해원(涵月海源, 1691-1770)과 그
제자 완월 궤홍(翫月軌泓)에게 수학하였다. 그리고 궤홍의 제자 한암 체영(漢巖體詠)의
법을 이었다.

509 화악 지탁 지음 · 김재희 옮김(2012),『삼봉집』, 동국대학교 출판부, 208쪽. "雲庵祐景 枕虛
善琪 秋潭三學 映虛善影 雪松頓學 大雲孟宜 影海攝念 印虛快明 寶雲啓瞻 仁谷信典 潤
波翠松 無鏡觀周 戒訓 得聰".

또한 삼봉 지탁의 전법제자인 화담 경화(華潭敬和, 1786-1848)의 「화담대사부도비명(華潭大師浮圖碑銘)」이 『삼봉집』 부록에 실려 있고, 화승 가운데 원근 문정(遠近門庭)에 경선 응석(慶船應釋)이 기록되어 있다.[510] 경선 응석은 도봉산 천축사를 비롯하여 봉은사 등 여러 사찰의 불화를 그렸는데, 1909년에는 화계사 삼성암의 칠성도를 제작하였다.[511] 따라서 화계사 명부전의 존상이 황해도 배천 강서사에서 화계사로 이동하게 된 것은 왕실뿐만 아니라 당시 승려들의 교류 역시 큰 역할을 했던 것으로 짐작된다.

---

510 화악 지탁 지음·김재희 옮김(2012), 위의 책, 234쪽.

511 신광희(2006), 「朝鮮末期 畵僧 慶船堂 應釋 硏究」, 『불교미술사학』 4, 284-314쪽.

화계사 불교공예의 성격

19세기 흥선대원군의 후원으로 중창된 화계사는 두 가지 방법으로 불사를 진행하였다. 첫째는 대웅전과 명부전 등 불전(佛殿)을 새로 건축하거나 후불도를 비롯한 다양한 불화와 범종을 조성하였다. 둘째는 다른 사찰에 봉안 중이던 존상(尊像)과 범종·운판 등을 옮겨 왔다. 화계사의 불교공예 가운데 현존하는 것으로는 범종각에 있는 1683년(숙종 9)에 제작된 범종과 1866년(고종 3)에 조성된 목어 편, 그리고 1904년 효정왕후 홍씨가 하사한 명부전과 대웅전 앞에 놓인 드므[鑰水瓮][512]가 주목된다.

『화계사약지』(1938년)에 실린 불교공예품은 〈표 4〉와 같다. 〈표 4〉를 통해 확인할 수 있는 바와 같이 1930년대 화계사에는 대종(1683년), 중종(1897년), 금고(1765년, 1932년), 운판(1742년), 목어(1866년), 법고(1901년),

---

[512] 화재를 막기 위해 물을 담아 놓은 넓적하게 생긴 독.

표 4. 『총독부관보』와 『화계사약지』에 기록된 불교공예

관보(1933년)	약지(1938년)	조성 연도	봉안처	비고
대종(大鐘)	대종(大鐘)	1683	대방 앞	풍기 희방사에서 1897년 이운
중종(中鐘)	중종(中鐘)	1897	대웅전	일본 교토에서 조성
금고(金鼓)	금고(金鼓)	1765	명부전	소재 불명
금고(金鼓)	금고(金鼓)	1932	노전	소재 불명
운판(雲板)	운판(雲板)	1742	관음전	해남 미황사에서 1897년 이운
×	목어(木魚)	1866	대방 후원	화계사 범종루
대고(大鼓)	법고(法鼓)	1901	대웅전	소재 불명
단병(丹柄)	유수옹(鍮水瓮)	1904	명부전 앞	대웅전과 명부전 앞

드므(1904년) 등이 존재하였다. 범종을 비롯한 운판·금고·법고 등은 각 불전과 대방 등에 봉안되어 있었다. 그러나 현재 화계사에는 이 가운데 범종(1683년)과 목어 편(1866년)이 범종각에 있고, 드므는 대웅전과 명부전 앞에 놓여 있다. 금고 2점, 중종(1897년), 운판(1742년), 법고 등은 이미 다른 곳으로 이동되었다. 이 가운데 1897년(광무 1)에 조성된 중종은 현재 용인 용화사(龍華寺)에 소장되어 있다.[513]

화계사는 1897년에 중종을 새롭게 조성했고, 대종을 비롯한 운판과 금고는 다른 사찰에서 이운해 왔다. 즉, 1683년(숙종 9)에 제작된 범종(그림 17)이 풍기 희방사에서, 1742년(영조 18)에 조성된 운판이 해남 미황사에서, 1765년(영조 41)에 만든 금고가 용천 극락암에서 화계사로 이안(移安)되었다. 화계사가 이러한 불사를 진행한 것은 왕실과 관련되어 있다.

이는 1897년에 고종과 순헌황귀비(純獻皇貴妃) 엄씨 사이에 영친왕 이은(李垠)이 탄생한 것을 경축하기 위한 축원 불사로 짐작된다. 순헌황

---

513 문화재청 · (재)불교문화재연구소(2012), 『한국의 사찰문화재 : 전국사찰문화재일제조사 인천광역시/경기도 Ⅱ』, 194쪽.

귀비 엄씨는 상궁 때부터 화계사 명부전 불화를 조성하는 데 시주자로 참여하였다. 이 외에도 신정왕후 조씨를 비롯한 효정왕후 홍씨 등이 왕실 자손의 수명장수를 위해 화계사와 밀접한 연관을 맺고 있었다.

1) 1897년에 제작된 화계사 대웅전 중종(中鐘)

1897년에 조성된 대웅전 중종은 일본 교토에서 만든 것으로, 주조 장인은 요시카와 마고시로(吉川孫四郞)이다. 불사 주관자는 월초 거연(月初巨淵)을 비롯한 금계 원묵(錦溪源默), 청호 법상(淸湖法尙), 동화 석봉(東化昔奉), 응화 법명(應化法明), 홍명 월화(洪溟月化) 등이고, 시주자는 조한근(趙漢根)을 비롯한 상궁 등 총 9명이다.[514]

1897년 명 화계자 중종의 조성에 상궁들이 시주자로 동참한 것은 화계사와 왕실의 관계를 짐작하게 한다. 일본 교토의 장인에게 제작을 맡긴 것은 화계사가 개화사상가들과 밀접한 관련을 맺고 있었기 때문이다.[515] 화계사 중종에 새겨진 명문(銘文)은 1897년에 화계사 불사를 주도한 인물을 명시하고 있는 점이 주목된다.

월초 거연은 1900년 고종의 후원으로 수국사(守國寺)를 창건하였다. 이 같은 왕실과의 인연은 왕자의 탄생을 축원하기 위한 불사로 이어졌

---

514 『華溪寺略誌』(1938년), 10-11쪽; 문화재청·(재)불교문화재연구소(2012), 『한국의사찰문화재 전국사찰문화재일제조사 인천광역시/경기도 Ⅲ』 자료집, 257쪽, 범종의 명문 내용. "月初巨淵 錦溪濴然 淸潮法尙" 東華昔奉 應化法明 洪溟月化" 明治三十年五月」大都京都」鑄造人吉川孫四郞」乾命趙漢根」三角山華溪寺大雄殿」乾命李氏 坤命洪氏 尙宮李氏」尙宮千氏 伏爲亡尙宮千氏」乾命閔氏 坤命申氏 乾命李氏".

515 한상길(2013), 앞 논문, 329-339쪽.

그림 17. 화계사 범종, 1683년, 출처: 문화재청

그림 18. 화계사 대웅전 범종, 1964년

다. 그는 1907년에 왕실의 안녕을 발원하며 수국사 아미타불도를 비롯한 극락구품도·현왕도·감로도·신중도·16나한도를 조성하였다. 1908년에는 수국사 괘불도를 제작하였다.

현재 화계사 대웅전에서 사용하고 있는 중종(그림 18)은 1964년에 새로 조성한 것이다. 따라서 1897년에 제작한 중종은 1964년 이전에 화계사에서 다른 곳으로 옮겨졌다는 것을 알 수 있다. 화계사 중종(1897년)은 현재 용인 용화사에서 소장하고 있다.

2) 희방사에서 화계사로 이운된 1683년 명 범종

1683년(숙종 9)에 주종장(鑄鐘匠) 사인(思印)은 경상도 영주 소백산 희

그림 19. 영주 희방사 동종, 1742년, 출처:
(재)불교문화재연구소

방사에서 무게 300근의 대종을 조성하였다. 1683년 명 희방사 대종은
1897년에 화계사로 이운되었다. 1897년 이후 희방사는 단양 대흥사에
서 1742년(영조 18)에 제작된 범종(그림 19)을 대신 옮겨와 봉안하고 있다.

1683년 명 범종과 1742년 명 범종은 모두 소백산에 위치한 희방사
와 대흥사에서 조성되었고, 무게는 300백 근이다. 주조 장인은 전자는
사인(思印)이고, 후자는 해철(海哲)과 초부(楚符)이다. 1742년 명 대흥사
범종도 절이 폐사되면서 희방사로 옮겨진 것이다.

1742년 명 대흥사 범종에서 주목되는 것은 1899년에 별도로 점각
(點刻)된 명문이다. 명문의 내용은 "皇子邸下丁酉生三日寶體壽山長壽」
大韓光武三年己亥十月日爲祝所願僧 奉命臣 氏"이다. 명문의 '황자저

하 정유생'은 바로 고종과 순헌황귀비 엄씨 사이에 태어난 영친왕 이은이다. 영친왕 이은의 수명장수를 위해 광무 3년(1899)에 별도로 대흥사 범종(1742년)에 명문을 추가한 것이다. 1897년에 희방사의 범종은 화계사로 이동되었고, 1899년에 단양 대흥사에 있던 범종이 희방사로 옮겨졌던 것이다.

화계사와 희방사 간의 교류에는 범운 취견(梵雲就堅)이 주도적인 역할을 한 것으로 추정된다. 그가 화계사를 중심으로 합천 해인사, 대구 동화사, 문경 대승사, 예천 용문사와 명봉사 등의 불사에 적극적으로 참여하고 있기 때문이다. 합천 해인사 비림에는 1901년에 건립된 〈범운대사기공비(梵雲大師紀功碑)〉가 있는데, 범운대사의 불사 활동이 비교적 자세하게 기록되어 있다. 그의 행적에 대한 단적인 표현은 몸은 화계사에 있지만 마음은 대장경 인출에 있다는 것[516]에서 찾을 수 있다.

범운 취견은 1888년(고종 25)부터 대장경을 인출하는 1899년(광무 3)까지 해인사 불사에 적극적으로 동참하였다. 해인사 장경각의 경전 인출은 범운 취견이 고종의 칙명을 받아 진행한 것이었다. 해인사 대장경 인경 불사는 1895년에 시해된 명성황후 민씨와, 1898년 1월과 2월에 세상을 떠난 고종 모친 여흥부대부인 민씨(驪興府大夫人 閔氏, 1851-1898)와 흥선대원군 이하응(興宣大元君 李昰應, 1820-189)의 천도와 관련되어 있다. 범운 취견은 대장경 인경의 도대화주(都大化主)로 황제의 칙명을 받들어 인경 권선을 거행하였다.[517]

---

516 〈범운대사기공비〉(1901년). "梵雲師 身在華溪心在玆發誠經閣"[문화재청·(재)불교문화재연구소(2009), 『한국의 사찰문화재 전국사찰문화재일제조사 경상남도 Ⅰ』 자료집, 307쪽].
517 박용진(2022), 「통도사 소장 대한제국 광무 3년(1899) 고려대장경의 인경과 봉안」, 『불교미술사학』 33, 243-248쪽.

이런 사실을 반영하듯 해인사에는 그의 진영이 2점 남아 있다. 〈범운대사기공비〉의 비문은 윤용선(尹容善, 1829-1904)이 짓고 응허 한규(應虛翰奎)가 글씨를 썼다. 윤용선은 고종 때 탁지부대신과 내각총리대신을 역임하였으며, 순종의 부인 순정효황후 윤씨(純貞孝皇后 尹氏, 1894-1966)가 그의 증손녀이다. 따라서 범운대사가 왕실과 밀접하게 관련된 사실을 확인할 수 있다.

1891년(고종 28)에 해인사는 범운대사의 주선으로 삼전하의 안녕을 기원하는 기도처가 되어 왕실로부터 내탕금을 하사받아 불사를 진행하였다. 특히 범운대사는 1897년(광무 1)에 경북 성주 용기사(龍起寺)에 있던 비로자나불상을 해인사 대적광전으로 이안하였다. 이 불상은 법수사(法水寺)가 폐사된 후 용기사(龍起寺)로 옮겨졌다가 다시 해인사로 이안되었던 것이다.[518] 범운대사는 왕실의 기도처 역할을 한 해인사에 폐사가 된 용기사 성보(聖寶)를 옮겨오는 데 주도적인 역할을 했던 것이다. 범운대사의 공덕비는 화계사에도 있는데, 1918년 당시 주지 김월해(金越海)가 그의 공덕을 기리기 위해 건립하였다.

〈표 5〉에 나타난 바와 같이 범운대사의 활동 지역은 서울을 중심으로 경상남북도에 걸쳐 있다. 1884년(고종 21)에는 예천 용문사 불사에 화주(化主)를 맡아 여러 상궁들이 시주에 동참하도록 권유하였다. 또한 1888년(고종 25)에는 문경 김룡사 대성암을 중건하는 데 대시주자로 참여하였다. 1892년(고종 29)에는 해인사 불화를 조성하는 데 화주로 참여하였다. 1893년(고종 30)에는 해인사 길상암과 원당암의 불화를 제작하

---

518 〈범운대사기공비〉(1901년). "丁酉移安星州龍起寺三尊像于大法堂並本主佛新供金衣"[문화재청·(재)불교문화재연구소(2009), 『한국의사찰문화재 전국사찰문화재일제조사 경상남도 Ⅰ』 자료집, 307쪽].

는 데 지전(持殿) 소임을 맡았다. 1896년(건양 1)에는 대구 동화사 대웅전
석가여래삼불상의 개금(改金) 중수와 영산회상도·사천왕도 조성에 화
주로 참여하였다. 대구 동화사와 김천 김룡사 및 소백산 명봉사의 불사
에 동참하고 있던 범운대사는, 희방사의 동종을 화계사로 옮겨오는 데
중요한 역할을 했던 것이다.

표 5. 범운대사의 활동

연도	역할	출처
1878	산중질(山中秩)	화계사 지장시왕도
1884	화주(化主)	용문사 영산전 영산회상도
1884	화주(化主)	용문사 영산전 16나한도
1884	화주(化主)	용문사 시왕도
1884	화주(化主)	용문사 서전 신중도 / 대장전 신중도
1884	화주(化主)	용문사 칠성도
1886	산중질(山中秩)	화계사 괘불도
1887	명봉사 중건	소백산 명봉사 사적비(1940년)
1888	대시주(大施主)	상주 운달산 운봉사 대성암 중건기 현판
1888	화주(化主)	광서무자명 암막새
1888	화주(化主)	광서무자명 암막새
1890	화주(化主)	명봉사 현왕도
1892	화주(化主)	해인사 팔상도(설산, 수하, 녹원, 쌍림)
1892	화주(化主)	해인사 조사도
1892	화주(化主)	해인사 괘불도
1893	지전(持殿)	해인사 길상암 지장시왕도
1893	지전(持殿)	해인사 원당암 신중도
1896	인권화주(引勸化主)	동화사 영산회상도
1896	인권화주(引勸化主)	동화사 삼세불상 개금
1896	인권화주(引勸化主)	동화사 사천왕도(동방)
1899	도화주(都化主)	해인사 팔만대장경 현판
1900	장경인출 주도	해인사 장경인출공덕권선문
조선 후기	시주(施主)	은해사 백흥암 지장시왕도

그림 20. 남해 용문사 운판, 1760년

3) 해남 미황사에서 화계사로 이운된 1742년 명 운판

1742년 명 미황사 운판[519]은 1897년 해남 미황사에서 화계사로 이운되
었다. 이 운판은 1938년에 간행된 『화계사약지』에는 기록되어 있지만
현재는 소재를 알 수 없다. 조선 후기에는 사세가 기울어진 사찰에서 운
판을 구입한 예가 있는데, 남해 용문사에 소장된 운판(그림 20)이 대표적
이다. 이 운판은 진주 백천사(百泉寺)에서 사용하기 위해 1760년(영조 36)
에 제작한 것으로, 1837년(헌종 3) 2월에 현재의 소장처인 남해 용문사(龍
門寺)가 구입한 것이다.[520] 백천사 운판은 사찰 간의 소유권 분쟁을 없애
기 위해 두 사찰 간의 매매 사실을 운판에 기록하고 있어 흥미롭다.[521]

---

519 미황사 운판 銘文(1742년). "乾隆七年壬戌十月日」美黃寺雲板造成」掌務自敏」化主達
平"[『화계사약지』, 1938, 11쪽].

520 용문사 운판의 표면에는 이같은 사실이 기록되어 있다. 앞면 "乾隆二十五年庚辰五月日」
晉州百泉寺." 뒷면 "道光十七年丁酉二月日買得」南海竜門寺."

521 최응천(2013), 「조선후반기 제2·3기 불교공예의 명문과 양식적 특징」, 『강좌미술사』 40,

해남 미황사는 현재 대한불교조계종 제22교구 본사인 대흥사의 말
사이다. 미황사에 관한 기록은 대부분 조선 후기에 집중되어 있는데,
1982년 대웅보전 복원 공사 때 발견된 「미황사대법당중수상량문(美黃
寺大法堂重修上樑文)」이 1754년(영조 30)까지 미황사의 역사를 비교적 자
세히 기록하고 있다. 이 자료는 미황사의 창건에 관한 이야기와 함께 정
유재란(1597년) 때 화를 입은 사실과 3차에 걸친 중창 불사(佛事)의 내용
을 담고 있어 조선 후기 미황사의 변화상을 알려 주고 있다.[522] 또한 미
황사가 명종의 장남 순회세자(順懷世子, 1551-1563)의 원당이었던 사실이
기록되어 있다.

순회세자는 명종 18년(1563년)에 13살의 어린 나이로 세상을 떠난
후 1603년(선조 36)에 비로소 신주(神主)가 마련되었다. 순회세자가 머물
던 용동궁(龍洞宮)[523]의 원당이었던 해남 미황사는 1776년(영조 46)에 원
당 기능이 폐지되었는데,[524] 대법당 중수 기록은 원당이 폐지되기 이전
의 상황을 알려 주고 있어 조선 후기 미황사의 사격(寺格)을 규명하는
데 중요한 자료이다. 「미황사대법당중수상량문」의 대주자 앞에는 '원당
대시주(願堂大施主) 가선 비구덕수(嘉善比丘德修)' 등 모두 '원당대시주자'
로 표기되어 있다. 이것은 당시 미황사가 원당으로서의 기능을 강조하
고 있다는 것을 의미한다.

273-274쪽.

522 이계표(1995), 「美黃寺의 歷史」, 『불교문화연구』 5, 12-16쪽.

523 용동궁은 조선시대 한성부 서부 황화방에 있던 별궁으로 조선 명종의 장남 순회세자가 머
물었던 곳이다. 1905년 이후 용동궁은 빈 궁이었다가 고종황제의 후궁 순헌황귀비 엄씨의
소유가 되었다. 엄귀비는 용동궁에 명신여학교를 설립했는데, 이 학교는 이후 숙명여학교
로 개명되었다.

524 『조선왕조실록』 정조 1년(1776) 6월 14일자 기록. "龍洞宮之美篁寺 予之在儲時 亦已撤罷".

미황사의 제3차 중창은 1751년(영조 27)에 시작하여 1754년(영조 30)
에 마무리되었다. 1751년 겨울에 동서 금고각(金鼓閣)을 세웠다[525]는 기
록이 있는 것을 볼 때, 1742년에 제작된 운판이 이곳에 봉안되었을 것
으로 짐작된다. 용동궁의 원당으로 기능하였던 미황사는 1776년(정조 1)
에 원당이 폐지된 후 사세가 기운 것으로 보인다. 1905년 이후 용동궁
이 순헌황귀비 엄씨의 소유가 되었기 때문에 1897년(광무 1)에 금고가
화계사로 이안된 것으로 추정된다.

1742년에 조성된 미황사 운판이 화계사로 이운된 것에는 해남 대흥
사와 왕실의 관계도 영향을 미쳤을 것으로 여겨진다. 1901년에 조성된
대웅보전의 삼세불도·신중도·감로도·칠성도, 응진당의 영산회상도·
나한도·사자도, 명부전의 지장시왕도, 산신각의 독성도·산신도 등의
대대적인 불사는 왕실과 관련되어 있기 때문이다.

대흥사 대웅보전 후불도인 삼세불도(1901년)는 고종과 순헌황귀비,
헌종의 계비 명헌태후(明憲太后, 1831-1903),[526] 태자, 태자비, 영친왕 등
의 안녕을 기원하고 있다. 대웅전 삼세불도가 고종의 계비인 순헌황귀
비 엄씨와 그의 아들인 영친왕을 축원하고 있다면, 명부전의 지장시왕
도는 명성황후 민비의 영가천도와 관련되어 있다.

1901년에 조성된 대흥사 불화 가운데 왕실과 관련이 깊은 것으로는
대웅보전 삼세불도 가운데 약사회상도[527]와 명부전 지장시왕도가 주목

---

525 이계표(1995), 앞 논문, 15쪽; 「美黃寺法堂重修上樑文」(1754년). "第三刱則又度九十四載
乾隆十六年辛未冬東西金鼓".

526 효정왕후 홍씨(孝定王后 洪氏)로, 홍대비라고 일컬어졌다.

527 대흥사 대웅전 〈삼세불도(약사회상도)〉 화기(1901년). "化主 仁德君尹氏大法行 衙知林氏
大德行 比丘六峰法翰"[문화재청·(재)불교문화재연구소(2006), 『한국의 사찰문화재 전국

2부 조선시대 왕실 발원 불상의 복장 유물과 조성·중수발원문의 분석

된다. 지장시왕도를 그린 수화승은 경선 응석(慶船應釋)이고, 두흠(斗欽)은 3번째 화승으로 참여하였다. 화주는 인덕군(仁德君) 윤대법행(尹大法行)을 비롯해 명성황후 민씨 선가(明成皇后閔氏仙駕) 등이다.[528] 명성황후 민씨는 1895년(고종 32)에 시해되었기 때문에 여기서 주목되는 인물이 바로 인덕군 윤대법행이다. 그녀는 1901년 대흥사 불화 조성에 깊숙이 관여한 인물로, 명성황후 민씨와 관계가 있는 인물이라고 생각된다. 인덕군 윤대법행은 대흥사 「각처시주현판(各處施主 懸板)」(1901년)에 의하면 아들 이근상(李瑾相)과 함께 불사에 동참하고 있다.[529]

「각처시주현판」 시주질에서 주목되는 또 다른 인물은 민영준(閔泳駿, 1852-1935), 민영철(閔泳喆, 1864-?) 그리고 조동윤(趙東潤, 1871-1923)이다.[530] 민영준과 민영철은 여흥 민씨 세도가의 인물로 명성황후 민비와 관련이 있다. 특히 민영철은 1896년(건양 1)에 황해도 관찰사를 역임한 이후 전라도 관찰사로도 활동했기 때문에 주목되는 인물이다. 조동윤은 신정왕후 조씨 집안의 인물로 화계사 명부전 불사에도 동참하였다.

화승 경선 응석과 두흠은 화계사 삼성암의 불화를 조성하는 데도 참여하고 있기 때문에 화계사와 대흥사 간의 교류를 짐작할 수 있다. 즉,

---

사찰문화재일제조사 광주광역시/전라남도 Ⅰ·Ⅱ·Ⅲ』 자료집, 390쪽].

528 대흥사 〈지장시왕도〉 화기(1901년). "化主」仁德君尹氏大法行」衙知林氏」比丘六峰法翰」明成皇后」閔氏仙駕".

529 「각처시주현판」(1901년)의 기록. "尙宮秩」徐氏無着佛」金氏大惠心」金氏上生華」河氏申氏」安氏 金氏」尹氏大法行」子李瑾相"[문화재청·(재)불교문화재연구소(2006), 『한국의 사찰문화재 전국사찰문화재일제조사 광주광역시/전라남도 Ⅰ·Ⅱ·Ⅲ』 자료집, 413쪽]. "各處施主秩」京城」前輔國閔泳駿」閔泳昭」前判書閔泳喆」閔炳奭」趙東潤」前參判李容復」閔景植".

530 「각처시주현판」(1901년)의 기록. "各處施主秩」京城」前輔國閔泳駿」閔泳昭」前判書閔泳喆」閔炳奭」趙東潤」前參判李容復」閔景植"[문화재청·(재)불교문화재연구소(2006), 『한국의 사찰문화재 전국사찰문화재일제조사 광주광역시/전라남도 Ⅰ·Ⅱ·Ⅲ』 자료집, 413쪽].

대흥사 지장시왕도를 그린 경선 응석과 두흠은 1908년에는 삼성암 산신도를, 1909년에는 화계사 삼성암 칠성도를 그렸다. 두흠은 1907년 화계사 승려 월초 거연이 화주가 되어 조성한 수국사 불화 조성에도 동참하고 있어, 화계사 승려들과 인연이 깊었음을 알 수 있다.

5

화계사 대웅전 삼존불상의 존명

일제 강점기 때 조선총독부는 각 사찰로 하여금 재산목록을 작성하게 하였고, 그 가운데 동산문화재는 1933년 사찰령 시행규칙 제10조에 의해 『조선총독부관보』에 게재하였다.[531] 이로 인해 각 사찰의 동산문화재는 1930년대에 1차적으로 정리되었다. 이 자료는 현재 사찰 동산문화재를 파악하는 데 중요한 자료로 활용되고 있다. 이 외에도 각 사찰에서는 사지(寺誌)를 발간하여 당시 사찰의 재산을 정리하였다. 당시 화계사에 소장되어 있던 유물 역시 1933년 『조선총독부관보』에 기록된 목록과 1938년에 발간된 『화계사약지』[532]에 기록된 것을 통해 확인할 수 있다.

각 사찰 소장 동산문화재는 여러 가지 이유로 분실·훼손되어 현재

---

[531] 『조선총독부관보』(제1812호) 1933년 1월 25일자 기록.

[532] 三角山華溪寺宗務所, 『三角山華溪寺略誌』(彰文社, 1938), 20-23쪽.

5

표 6. 『조선총독부관보』(1933년)와 『화계사약지』(1938년)의 불교조각 목록

1933년(관보)	1938년(화계사약지)	개수(관보)	봉안장소(약지)	비고(2013년 현재)
석가여래	아미타불	1	대웅전	×
문수보살	관세음보살	1	대웅전	수장고
보현보살	대세지보살	1	대웅전	×
지장보살	지장보살	1	명부전	○
도명존자		1	×	○
십대왕	시왕각위	10	명부전	○
판관	판관 4위	4	명부전	○
사자	사자 2위	2	명부전	○
거령신	거령신(巨靈神)[533] 2위	2	명부전	○
아미타불	아미타불	1	관음전	×
무독귀왕		1	×	×
동자	동자 2위	2	관음전	명부전에 있음
나한	죽절나한(竹節羅漢)	1	관음전	×
나한	나반존자(那畔尊者)	1	독성각	×
산령신	산신	1	성모각	○
	동자 2위	×	독성각	명부전에 있음
	관음상	×	대방	

소재를 알 수 없는 경우가 많다. 일제 강점기 이후 사찰 소장 동산문화 재는 1950년에 발발한 6·25전쟁으로 많은 피해를 입었으며, 1954년 이 승만 유시 이후 비구 독신승과 대처승 간의 분쟁으로 원 소재지에서 이 동된 예가 많다. 화계사의 경우도 마찬가지다. 일제 강점기와 현재의 화 계사 문화재 상황을 비교하면 〈표 6〉과 같다.

대체적으로 『조선총독부관보』와 『화계사약지』의 목록 내용은 일치

---

[533] 『조선총독부관보』와 『화계사약지』에서 언급한 '거령신(巨靈神) 2위'는 명부전에 봉안된 '장군상' 2위를 의미한다.

그림 21. 화계사 대웅전 아미타회상도, 1875년, 출처: 『서울의 사찰불화』 I (서울역사박물관, 2007)

한다. 다만 대웅전 안의 삼존상에 대해 『조선총독부관보』에는 석가불·문수보살·보현보살 등 석가삼존상으로 기록되어 있다. 그러나 『화계사 약지』에는 아미타불·관세음보살·대세지보살 등 아미타삼존상으로 수록되어 있다. 이처럼 대웅전 삼존상의 명칭을 다르게 표기하고 있는 것과 관련해 주목되는 자료는 두 가지이다. 첫째는 1861년(철종 12)에 조성된 〈아미타회상도〉의 화기이고, 둘째는 1875년(고종 12)에 조성된 〈아미타회상도〉(그림 21)의 화기이다. 이 두 자료를 중심으로 화계사 주불전과 삼존불상에 대한 명칭을 살펴보고자 한다.

먼저 1861년 8월에 조성된 〈아미타회상도〉의 화기에 의하면 이 불화가 화계사 극락보전에 봉안되어 있음을 확인할 수 있다.[534] 이때 〈아미타회상도〉와 함께 〈칠성도〉가 조성되었는데, 칠성도는 현재 가평 현등사에 봉안되어 있다. 동일 화승(畵僧)에 의해 두 불화가 함께 조성되었지만, 칠성도는 화계사에 봉안되었다가 현등사로 이안(移安)되었다.[535] 앞의 내용을 통해 두 점의 불화가 조성된 1861년(철종 12)에는 화계사의 주불전이 극락보전이었음을 알 수 있다.

1866년(고종 3)에 이르러 용선 도해(龍船渡海)와 범운 취견(梵雲就堅)은 흥선대원군의 시주로 화계사를 삼창하였고,[536] 4년 후인 1870년(고종 7)에 용선 완우(龍船玩雨)와 초암 기주(草庵基珠)가 주축이 되어 대웅전을 중건(重建)하였다(그림 22).[537] 이때 극락보전에서 대웅보전으로 주불전의 명칭이 변경되었다. 이 사실을 뒷받침하는 자료로는 「화계사대웅보전중건기문(華溪寺大雄寶殿重建記文)」(1870년), 「화계사대웅보전상량봉함지(華溪寺大雄寶殿上樑封緘紙)」(1870년), 대웅전 후불도인 〈아미타회상도〉(1875년)의 화기, 「화계사산신각창건기(華溪寺山神閣創建記)」(1885년) 등을 들 수 있다.

이 가운데 먼저 1870년(고종 7)의 대웅보전 상량과 관련된 봉함지에는, "봉함지를 화계사 대웅보전 삼존상 앞에 봉헌한다[華溪寺奉獻于大雄

534 화계사 〈아미타회상도〉(1861년)는 현재 예산 수덕사에 소장되어 있는데, 화계사 극락보전에 봉안되었다는 내용의 화기는 다음과 같다. "咸豊辛酉八月日奉安于華溪寺極樂寶殿"[고경 스님 교감, 송천 스님·이종수·허상호·김정민 편저(2011), 앞 책, 326쪽].

535 화계사 〈칠성도〉(1861년) 화기. "咸豊十一季辛酉八月日奉安于」華溪寺」移安于雲岳山懸」 燈寺"[고경 스님 교감, 송천 스님·이종수·허상호·김정민 편저(2011), 앞 책, 1035쪽].

536 『화계사약지』(1938년), 2-3쪽.

537 『화계사약지』(1938년), 4-5쪽. 「京畿道漢北三角山華溪寺大雄殿重建記文」.

그림 22. 화계사 대웅전

寶殿三寶慈尊前].″[538]는 내용이 기록되어 있다. 이를 통해 화계사 주불전은 '대웅보전'이며 불전 안에는 '삼존상'이 봉안되어 있었음을 알 수 있다. 1870년 이후 현재까지 화계사 주불전은 대웅전으로 명맥을 이어 오고 있다. 그런데 대웅전 후불도는 1875년(고종 12)에 조성된 〈아미타회상도〉이다. 이 불화는 대웅보전 상단 후불도로써 당시 칠성도·신중도·독성도·산신도·현왕도와 함께 조성된 것이다.[539] 이 가운데 〈아미타회상도〉는 현재까지 대웅전 후불도로 봉안되어 있고, 독성도는 가평 현등

---

538 「대웅보전상량봉함지(大雄寶殿上樑封緘紙)」(1870년)[문화재청·(재)불교문화재연구소 (2013), 『한국의 사찰문화재 전국사찰문화재일제조사 서울특별시 Ⅲ』자료집, 103쪽].

539 화계사 대웅보전 〈아미타회상도〉(1875년) 화기. "光緒元年乙亥十月十五日神供點眼至月十四日」三角山華溪寺大雄寶殿上壇後佛幀七星中壇神衆」獨聖山神現王各一軸奉安于" [고경 스님 교감, 송천 스님·이종수·허상호·김정민 편저(2011), 앞 책, 334쪽].

그림 23. 화계사 대웅전 석가삼존상(1973년)과 후불도(1875년)

사 삼성각에, 산신도[540]는 의정부 각림사 삼성각에 봉안되어 있다.

여기서 주목되는 것은 1870년(고종 7) 대웅전 삼존상의 존명(尊名) 문제이다. 『조선총독부관보』(1933년)에는 석가·문수·보현보살로 구성된 석가삼존상으로, 『화계사약지』(1938년)에는 아미타·관세음·대세지보살로 구성된 아미타삼존상으로 기록되어 있기 때문이다. 화계사 극락보전에는 주존불로 아미타삼존상이, 후불도로 〈아미타회상도〉가 1861년(철종 12)에 봉안되었다. 극락보전의 아미타삼존상과 후불도는 1870년(고종 7)에 대웅보전이 중건되자 그대로 봉안되었지만, 후불도는 1875년(고종 12)에 새로 조성되어 교체되었다.

---

540 『조선총독부관보』(1933년)와 『화계사약지』(1938년)의 성보 목록에 산신도가 기록되어 있지 않아 1933년 이전에 이동된 것으로 보인다.

그림 24. 화계사 목조관음보살상, 조선 후기, (재)불교문화재연구소 제공

현재 화계사 대웅전 삼존상은 1973년에 새로 조성된 것으로, 석가·
문수·보현보살로 구성된 석가삼존상이다(그림 23). 원래 봉안되었던 주
존불은 절도범들에게 손상되어 파불(破佛)되었고, 좌우 보살상은 백상
원(白象院)과 또 다른 절에 나누어 봉안하였다고 전한다.541 현재 화계사
에는 크기가 78.9cm인 관음보살상이 있다(그림 24). 보관에 화불(化佛)이
있는 관음보살로, 대웅전에 봉안되었던 아미타불상의 협시보살로 추정
된다. 이 보살상은 대웅전 본존불상이 절도범들에 의해 파불된 후 백상
원으로 옮겨 봉안했던 좌협시보살상으로 생각된다.542

---

541 최완수(1994), 「화계사」, 『명찰순례』 3, 대원사, 346쪽; 홍윤식(1988), 「華溪寺伽藍의 變遷
과 그 性格」, 『華溪寺實測調査報告書』, 서울특별시, 160쪽.

542 최완수는 1987년에 화계사를 방문한 후 백상원에 가서 이 보살상을 친견했다고 한다[최완
수(1994), 앞 책, 346쪽]. 이후 백상원에는 새로운 불상을 봉안하면서 관음보살상은 다시

대웅전 삼존불에 관한 가장 오래된 언급은 설악사문(雪嶽沙門) 환공치조(幻空治兆)가 1870년(고종 7)에 쓴 「경기도한북삼각산화계사대웅전중건기문(京畿道漢北三角山華溪寺大雄殿重建記文)」이다. "법당 안에는 금빛 용모의 삼존불이 엄숙한 자태로 앉아 있다(而殿內金容三尊儼然端坐)." 는 기록이 유일하다. 이 기록에서 언급한 '금빛 용모의 삼존상'은 앞에서도 언급했다시피 1861년(철종 12)에 조성된 아미타후불도가 극락보전에 봉안되었기 때문에, 삼존불은 아미타삼존불이었을 것이다.[543] 이 기록에서 언급한 '금빛 용모의 삼존상'은 아미타삼존상이었을 것이다. 불전을 '대웅전'으로 중건하기 이전의 불전명이 '극락보전'이었고, 후불도로 1861년(철종 12)에 아미타후불도를 봉안했던 것에서 알 수 있다. 또한 현재 화계사에 현존하고 있는 목조관음보살상이 대웅전에 봉안되었던 상으로 추정되고 있는 점도 아미타삼존상이라는 사실을 뒷받침한다.

대웅전 삼존불상이 아미타삼존상이었을 가능성은 「경기도한북삼각산화계사대웅전중건기문」을 지은 환공 치조를 통해서도 유추할 수 있다. 그는 파주 보광사(普光寺) 정원사(淨願社)에서 신사(信士) 수십 명과 더불어 30여 년 동안 미타정토(彌陀淨土)를 수행한 인물로, 1870년(고종 7)에 금속 활자본으로 『청주집(淸珠集)』을 편찬하였다.[544]

화계사로 다시 옮겨진 것이다.

543 대웅전 삼존상이 아미타삼존상이었을 가능성에 대해서는 2013년 1월 화계사 학술세미나 때 이미 제시한 바가 있다[지미령(2013), 「화계사 제작 불화의 미술사적 의미」, 『삼각산 화계사의 역사와 문화』학술논문집, 화계사, 124쪽].

544 황인규(2009), 「파주 普光寺의 역사와 위상」, 『대각사상』 12, 35–38쪽; 박소연(2016), 「19세기 후반 서울지역 신앙 결사의 활동과 특징 – 불교·도교 결사를 중심으로」, 동국대학교 석사학위논문, 8–9쪽; 서수정(2017), 「19세기 후반 결사단체의 佛書 編刊 배경」, 『한국불

　2부 조선시대 왕실 발원 불상의 복장 유물과 조성·중수발원문의 분석

『청주집』은 환공 치조가 천태지자(天台智者)의 『정토십의론(淨土十疑論)』과, 비석(飛錫)의 『염불삼매보왕론(念佛三昧寶王論)』 등을 비롯한 37종의 정토 관련 전적 중에서 염불 수행인에게 도움이 될 만한 구절 120칙(則)을 가려 뽑아 엮은 것이다. 자서(自序)에 의하면 청주(清珠)를 탁수(濁水)에 넣으면 물이 곧 청정해지듯이, 염불을 산심(散心)에 던지면 마음이 곧 한결같아지는 까닭에 청주집이라고 명명하였다[545]고 한다. 환곡 치조가 주도하고 승속 수십 명이 참여한 보광사의 30년간 염불결사인 정원사(淨願社)는 19세기 신앙결사의 선구적인 역할을 했다. 이후 1872년(고종 9) 관음신앙을 중심으로 한 도불 융합적 염불결사인 묘련사(妙蓮社)를 시작으로, 여기에서 파생된 도교 조직인 무상단(無相壇)과 불교 결사인 감로사(甘露社)에서 관련 신앙서들을 간행·유포하면서 서울 지역에 일종의 종교적 흐름이 형성되었다.[546]

보광사 만일결사 정원사에 발간한 『청주집』은 19세기 서울 지역에서 일어난 불교 거사 운동을 주도한 인물들이 참여했다. 결사문(結社文)을 쓴 보광 보원(葆光普元)과 발원문(發願文)을 지은 부연 성담(芙蓮性湛)은 관음신앙을 중심으로 한 묘련결사 운동을 주도한 거사들이었다. 묘련사는 1872년 11월부터 1875년 여름까지 총 7곳에서 11번의 법회를 개최하였다.[547] 묘련사 결사 운동을 펼친 이들은 염불정진을 하던 중 관음보살에게 감응한 바를 기록한 『관세음보살묘응시현제중감로(觀世音菩

교사연구』 11, 301-309쪽.

545 『清珠集』 「自序」. "余方節錄諸家淨土要語 以清珠名集 盖取諸清珠下於濁水 水不得不清 淨念投於散心 心不得不一之意也"[동국대학교 불교학술원[https://kabc.dongguk.edu]].

546 박소연(2016), 앞 논문, 1쪽.

547 박소연(2016), 앞 논문, 7-8쪽.

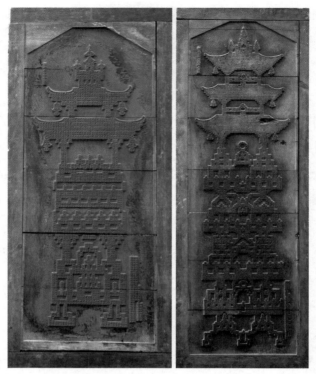

그림 25(좌). 원통궁전탑도(圓通宮殿塔圖), 1873년, 화계사 소장, 출처: 문화재청
그림 26(우). 비로자나장엄장대누각탑도(毘盧遮那莊嚴藏大樓閣塔圖), 1873년, 화계사 소장, 출처: 문화재청

薩妙應示現濟衆甘露)』를 제작했고, 〈금강경탑〉을 모방해 〈지장보살본원경
탑〉과 〈문수반야경탑〉을 만들었다.[548]

19세기 결사에서 판각한 탑도 다라니는 화계사에서도 1873년 4월
과 5월에 판각되었다. 화계사 〈원통궁전탑도(圓通宮殿塔圖)〉(그림 25)와 〈

---

548 이용윤(2021), 「화계사 〈천수천안관음보살변상도〉에 반영된 19세기 불교의 신경향」, 『불
교미술사학』 32, 185-186쪽; 이능화, 「蓮社法侶筆降觀音」, 『朝鮮佛敎通史』.

비로자나장엄장대누각탑도(毘盧遮那莊嚴藏大樓閣塔圖)〉〈그림 26)가 그것이다. 전자의 판각 불사에는 묘련사 결사를 주도한 거사 정신(正信)이 발원자로 참여했다. 그리고 보광거사 보원(普圓)549이 찬하고, 인담거사(印潭居士) 성월(性月)이 서사(書寫)했다. 후자의 판각 불사는 묘련사 결사의 정진력을 중심으로 관음보살의 대자대비가 중생을 구제할 수 있기를 염원하고 있다. 이 탑도는 거사 정신(正信)과 성담(性潭)550이 간행해 배포하였다. 찬문은 승려 환진(喚眞)이 썼고, 글은 거사 성월이 담당했고, 보광 보원, 명진(明眞), 정명(正明), 대자행(大慈行) 등이 교정에 참여했다.551 1873년(고종 15) 화계사 탑도(塔圖)552 판각 불사에 동참한 이들은 묘련사 결사의 중심 인물들이었다.

『청주집』의 서문(序文)은 신정왕후 조씨의 조카인 조성하(趙成夏, 1845-1881)가 지었다. 따라서 보광사에서 염불수행결사인 정원사를 이끌었던 환곡 치조에게 화계사 대웅전 중건 기문(記文)을 의뢰하였고, 서울 지역에서 묘련사 등의 염불결사를 주도한 이들이 1873년 화계사에서 탑도를 제작한 것을 통해 화계사 대웅전 삼존불상은 아미타삼존상이었던 것으로 짐작된다.

---

549 보광거사 보운의 속명은 유성종(劉聖鍾)이다.

550 성담은 해월 성담(海月性湛) 또는 부연 성담(芙蓮性湛)이라고도 했으며 속명은 유희제(劉熙濟)이다.

551 이송재(2021), 「서울 화계사 塔圖 목판의 판각과 유통」, 『미술사연구』 40, 252-257쪽.

552 경전의 내용을 탑 모양으로 형상화한 탑도(塔圖)는 동아시아에서 지속적으로 조성되었다. 조선 말기 화계사 탑도를 비롯한 경탑도의 연원과 제작 배경에 대해서는 다음의 논문을 참조할 수 있다. 이승희(2021), 「조선 말기 經塔圖의 조형적 연원과 제작 배경」, 『미술사연구』 40, 275-305쪽.

6

화계사 불교회화의 조성과 이동

조선 후기 화계사의 역사를 고찰하는 데 불교미술은 중요한 가치를 지니고 있다. 이 가운데 특히 불화에 기록된 화기(畵記)는 당시 화계사의 불사 상황을 압축해서 알려 주고 있다. 불화 화기에는 불화의 조성 연도와 봉안 장소를 비롯해 당시 불사 주관자와 소임자 그리고 사찰 거주자 등이 기록되어 있다. 이 외에도 시주자와 불화를 그린 화승(畵僧)도 확인할 수 있다.

화계사의 불화 가운데 가장 이른 시기의 것으로는 1861년 작 극락보전 〈아미타회상도〉와 〈칠성도〉가 있다. 이후 1870년(고종 7) 대웅전 중건 이후에 제작된 1875년 작 〈아미타회상도〉·〈칠성도〉·〈신중도〉·〈독성도〉·〈산신도〉·〈현왕도〉 등이 있다. 1876년(고종 13)에는 〈지장삼존도〉와 〈시왕도〉 1폭이 제작되었고, 1878년(고종 15)에는 명부전 후불도를 비롯해 〈시왕도〉와 〈사자도〉 등이 조성되었다. 이외에도 〈산신도

〉(1917년), 〈독성도〉(1922년)가 제작되어 현재까지 전해지고 있다.

일제 강점기 때 조사된 화계사 소장의 불화 목록은 『조선총독부관보』(1933년)와 『화계사약지』(1938년)를 통해 살펴볼 수 있다(표 7). 두 자

표 7. 『조선총독부관보』(1933년)와 『화계사약지』(1938년)에 기록된 불교회화 목록

	관보 (1933)	약지 (1938)	조성 연대	화승	봉안처	비고
1	상단탱	후불탱	1875	화산 재근(華山在根)	대웅전	화계사 대웅전
2	지장탱	지장탱	1875	성암 승의(聖庵勝宜)	대웅전	소재 불명
3	현왕탱	현왕탱	1875	성암 승의(聖庵勝宜)	대웅전	소재 불명
4	신중탱	신중탱	1875	성암 승의(聖庵勝宜)	대웅전	소재 불명
5	칠성탱	칠성탱	1886	화산 재근(華山在根)	대웅전	소재 불명
6	미륵탱	×	×	×	×	소재 불명
7	감로탱	감로탱	1878	만파(萬波)	대웅전	소재 불명
8	지장탱	상단탱	1878	화산 재근(華山在根)	명부전	화계사 명부전
9	시왕탱	시왕각부탱	1878	성암 승의(聖庵勝宜)	명부전	화계사 명부전
10	사자탱	사자탱	1878	경선(慶善)	명부전	화계사 명부전
11	인왕탱	거령신탱	1878	경선(慶善)	명부전	화계사 명부전
12	관음탱	관음탱(자수)	1875	궁인(宮人)	관음전	1975년 화재로 소실
		관음탱(자수)	1910	궁인(宮人)	관음전	구(舊)자수박물관 소장
13	신중탱	신중탱	1876	화산 재근(華山在根)	관음전	소재 불명
14	지장탱	지장탱	1876	화산 재근(華山在根)	관음전	국립중앙박물관
15	시왕탱	시왕탱	1876	화산 재근(華山在根)	관음전	화계사 명부전
16	구품탱	구품탱	1886	금화 기형(錦華機炯)	관음전	소재 불명
17	나한탱	×	×		×	소재 불명
18	산신탱	산신탱	1917	화암(華庵)	산제각	화계사 삼성각
19	팔상탱	팔상탱	1886	축연(竺衍)	산제각	소재 불명
20	상단탱	후불탱	1892	금화 기형(錦華機炯)	대방	소재 불명
21	신중탱	신중탱	1867	금곡 영환(金谷永煥)	〃	소재 불명
22	괘불탱	×	1886		×	화계사 명부전
23	염불탱	염불당탱	1914	초암(華庵)	노전 내	소재 불명
24	×	조왕도	1922	초암(華庵)	조왕단	소재 불명

료의 불화 목록은 대동소이하지만 약간의 차이가 있다. 『조선총독부
관보』에 보고된 목록 가운데 〈나한도〉·〈미륵도〉·〈괘불도〉는 『화계사
약지』에는 누락되어 있으며, 1910년 왕실 조성의 〈자수관음보살도〉와
1922년에 제작된 〈조왕도〉는 『화계사약지』에만 언급되어 있다. 이에
비해 1922년에 조성된 〈독성도〉는 『조선총독부관보』와 『화계사약지』에
모두 누락되어 있다. 현재 삼성각에 봉안된 〈산신도〉는 『화계사약지』에
1917년에 조성된 사실이 기록되어 있다.

  『조선총독부관보』와 『화계사약지』에 누락된 불화는 1861년(철종 12)
에 조성한 〈아미타회상도〉와 〈칠성도〉이다. 두 자료에 누락되어 있는
것으로 보아 1933년 이전에 태안 흥주사와 가평 현등사로 옮겨진 것으
로 파악된다. 〈아미타회상도〉는 태안 흥주사로 이안(利安)되었다가 현재
는 수덕사 근역성보관에 소장되어 있고, 〈칠성도〉는 가평 현등사에 봉
안되어 있다.

  1861년에 조성된 〈아미타회상도〉는 용선 완우(龍船玩雨)가 화주(化
主)가 되어 불사를 주관하였고, 불화를 그린 이는 월하 세원을 중심으로
6명의 화사(畵師)가 동참하였다. 1861년에 조성된 현등사 소장 〈칠성도
〉는 승려 덕활(德濶)이 화주가 되어 불사를 이끌었으며, 불화를 그린 수
화승(首畵僧)은 하운 유경(河雲宥景)이고 월하 세원(月霞世元)은 차화승으
로 참여하였다. 두 불화 조성에 참여한 화승은 대부분 동일 인물들이다.
〈칠성도〉(1861년) 시주에는 상궁 양계심화(梁戒心華)를 비롯한 6명의 상
궁이 동참하였다. 칠성도를 제작하는 데 상궁들이 참여한 것은 1866년
(고종 3)에 흥선대원군의 후원으로 화계사가 크게 중창되기 이전에도 왕
실과 교류하고 있었음을 보여 준다.

  화계사에 봉안되었던 불화 가운데 소재지를 알 수 있는 불화는 13건

표 8. 화계사 조성 불화 중 현존하는 불화 목록

번호	불화명	조성 연도	현소재지
1	아미타회상도	1861	수덕사 근역성보관
2	칠성도	1861	가평 현등사 삼성각
3	아미타회상도	1875	화계사 대웅전
4	산신도	1875	의정부 석림사 삼성각
5	독성도	1875	가평 현등사 삼성각
6	지장삼존도	1876	국립중앙박물관
7	시왕도(1폭)	1876	화계사 명부전
8	시왕도(3점)	1878	화계사 명부전
9	지장시왕도	1878	화계사 명부전
10	사자도(2점)	1878	화계사 명부전
11	괘불도	1886	화계사 명부전
12	산신도	1917	화계사 삼성각
13	독성도	1922	화계사 삼성각

17점인데, 이 가운데 5점이 가평 현등사를 비롯한 다른 곳에 소장되어 있다(표 8). 화계사 불화 가운데 왕실과의 관계를 보여 주는 가장 중요한 불화는 1874년(고종 11)에 왕실에서 조성한 〈자수관음보살도〉이다. 그러나 이 〈자수관음보살도〉는 1975년 관음전이 화재로 전소되었을 때 함께 소실되고 말았다. 화계사 불화 가운데 원 봉안처에 남아 있는 불화는 명부전 소장의 불화가 대부분이다. 관음전에 봉안되었던 〈시왕도〉(1876년, 그림 27)는 현재 명부전으로 옮겨졌다. 1886년(고종 23)에 조성된 괘불도 역시 명부전에 봉안되어 있다. 이런 사실을 통해 화계사 명부전은 영가천도의 장으로서 왕실과 밀접한 관련을 맺으며, 화계사에서 가장 중요한 불전으로서 자리 잡고 있음을 알 수 있다.

왕실과의 관계를 보여 주는 또 다른 불화로는 1875년에 조성된 〈산

그림 27. 화계사 명부전 시왕도,
1876년, 출처: 『서울의
사찰불화』 I(서울역사박
물관, 2007)

신도〉를 들 수 있다. 이 불화를 그린 수화승은 만파(萬波)이며, 증명은 초암 기주(草庵基珠)이고, 화주는 용선 완우(龍船玩雨)가 맡고 있다. 흥선대원군과 그의 부인 여흥부대부인 민씨(驪興府大夫人 閔氏, 1818-1898)가 산신도의 시주자로 동참하고 있어 주목된다.

1922년에 조성된 〈독성도〉(그림 28)는 연담 정화(蓮潭正華)가 화주가 되어 불사를 이끌었고, 수화승 초암 세복(草庵世復)이 범화 정운(梵華禎雲)을 비롯한 총 7명의 화승과 함께 그렸다. 〈독성도〉의 시주자 가운데 주목되는 인물은 안순환(安淳煥, 1871-1942)이다. 그는 부인 및 세 아들과

그림 28. 화계사 삼성각 독성도, 1922년, 출처:『서울의 사찰불화』Ⅰ(서울역사박물관, 2007)

함께 〈독성도〉의 시주자로 동참하였다.[553] 안순환은 궁내부 주임관(奏任官) 및 전선사장(典膳司長)으로 있으면서 어선(御膳)과 향연을 맡아 궁중요리를 하던 인물로 1909년에는 명월관을 지었다. 1918년 명월관이 소실되자 그는 순화궁에 명월관의 분점격인 태화관을 열었는데, 이곳은 3·1운동 때 독립선언문을 낭독하고 축하연을 베푼 곳으로 유명하다. 이처럼 화계사에 대한 왕실 인물들의 시주가 1922년에도 계속되고 있음을 〈독성도〉의 화기를 통해 확인할 수 있다.

---

[553] 화계사 〈독성도〉 화기(1922년). "施主秩」乾命辛未生安淳煥」坤命壬申生閔氏光明心」坤命己巳生申氏功德心」長子乙巳生安萬弼」坤命甲辰生鄭氏」次子戊申生安再得」三子庚戌生安君弼 …… (하략)".

맺음말

이상으로 화계사 불사의 성격과 시주자들에 대해 살펴보았다. 화계사 불교미술과 왕실의 관계에 대해서는 흥선대원군을 비롯하여 왕실 내명부의 대왕대비 조씨로 불리는 신정왕후 조씨와 홍대비로 일컬어지는 효정왕후 홍씨의 역할에 대해 고찰하였다. 특히 신정왕후 조씨는 황해도 배천 강서사의 1649년 명 지장삼존상 등 명부신앙과 관련된 25존을 화계사로 이운하는 데 큰 역할을 하였다. 조선 후기에 왕실과 사찰의 매개자로서 활발하게 불사에 참여하고 있는 상궁 가운데, 특히 김천진화와 훗날 순헌황귀비가 되는 엄씨의 활동에 대해 고찰하였다.

화계사 명부전의 불교미술은 화계사와 왕실과의 관계에서뿐만 아니라, 조선 후기 명부신앙의 성격을 연구하는 데도 중요한 자료적 가치를 지니고 있다. 또한 명부전 존상들은 황해도 배천 강서사에서 이운된 것이기 때문에 이동의 원인과 관여한 인물들에 대해서도 살펴보았다.

화계사 명부전 존상이 1877년(고종 14)에 황해도 배천 강서사에서 화계사로 옮겨지게 된 가장 큰 이유는 왕실과의 관계에서 찾았다. 왕실의 내명부 여인들이 기원하는 바는 왕자의 탄생과 그들의 수명장수였기 때문에, 왕자 탄생을 기념하는 불사와 단명으로 세상을 달리한 왕손들에 대한 천도가 화계사의 불사로 이어지고 있었던 것이다.

화계사 명부전 불사에는 흥선대원군 가를 비롯해 명성왕후 민비 가와 당시 세력가인 윤자덕과 윤자록 등의 시주가 있었음을 통해 왕실뿐만 아니라 당시 세도가들의 후원 역시 지대했음을 고찰하였다. 또한 화계사와 강서사 간의 교류는 1870년(고종 7)에 「삼각산화계사중수권선문」을 지은 영허 선영과 강서사로 출가한 후 삼각산에 오래 머물렀던 삼봉 지탁과의 관계, 그리고 삼봉 지탁의 문도인 화승 경선 응석이 화계사 불화 조성에 참여하고 있는 점 등을 통해 유추하였다.

화계사 불교공예에서는 소백산 희방사 범종(1683년)과 해남 미황사 운판(1742년)이 1897년에 원 소장처에서 화계사로 옮겨진 점을 주목하였다. 1897년 10월에 고종과 순헌황귀비 엄씨 사이에 영친왕 이은이 탄생했기 때문에, 왕자의 탄생을 기념하고 무병장수를 축원하기 위해 당시 가장 뛰어난 두 작품을 화계사로 옮기게 되었던 것이다. 특히 희방사 범종이 화계사로 이운되는 데 결정적 역할을 한 인물은 화계사 중건에 지대한 역할을 한 범운 취견대사였다. 그는 왕실과 관련된 사찰 불사에 왕실의 대변인 격으로 상궁들이 적극적으로 동참하도록 권선했던 인물이다.

화계사 대웅전 삼존불상의 존명 규명은 화계사의 성격을 파악하는 데 중요하기 때문에, 후불도인 〈아미타회상도〉의 화기를 통해 불전 명칭의 변화를 고찰하였다. 1861년(철종 12)에는 극락보전이었지만 1870

년(고종 7)에 중건되면서 대웅보전으로 불전명(佛殿名)이 변경되었다. 그러나 1875년(고종 12)에 후불도가 〈아미타회상도〉로 조성되었기 때문에, 삼존불은 아미타삼존상이었을 것으로 파악하였다.

화계사 불교회화의 조성과 이동에서는 화계사에서 조성된 불화의 종류 및 이동된 불화에 대해 살펴보았다. 화계사 불화 화기는 화계사의 역사 고찰에 중요한 자료를 제공해 줄 뿐만 아니라, 시주자의 생년(生年)과 이름 또는 법명을 함께 기록하고 있어 당시 인물 연구에도 귀중한 자료적 가치를 지니고 있다.

복장 기록으로 보는 조선 왕실 발원 불상 연구

조선시대는 억불숭유(抑佛崇儒)로 불교의 침체기라는 인식이 강하다. 불교가 국교였던 고려시대와는 다른 면이 있는 것은 사실이다. 그러나 조선시대 불교는 고려를 계승하면서도 독특한 조선 불교의 성격을 갖고 있다. 본고에서는 억불숭유정책으로 침체기였다는 조선시대 불교를 왕실 인물이 참여한 불상 조성을 중심으로 고찰한 것이다.

조선시대 왕실 인물이 불상을 조성한 목적은 억불숭유 정책의 이면을 보여 준다. 즉, 왕실 인물들은 불교를 통해 생로병사를 해결하려는 목적으로 조선 초부터 말까지 불상을 조성했던 것이다. 왕실 인물의 생전 안녕과 사후 극락왕생은 그들이 불상 조성을 주도하는 이유였던 것이다.

본고에서는 조선시대 복장 기록이 있는 불상 가운데 왕실과 관련된 존상을 연구 대상으로 삼았다. 본문은 크게 제1부 총론과 제2부 각론으로 구성했다. 제1부 총론은 조선시대 왕실 인물이 발원한 불상을 조선 전반기와 조선 후반기로 나눈 후, 조선 후반기는 다시 제1기와 제2기로 세분해 살펴보았다.

제2부는 필자가 조사한 불상의 복장 유물을 분석해서 발표한 논문을 수정하고 보완한 것으로 구성했다. 총 9편의 논문 가운데 제2장 상원사 제석천상, 제4장 완주 송광사 삼세불상, 제9장 화계사 불교미술은 선행 자료를 분석한 것이다. 나머지 6편은 새로운 자료 발굴 성과로 이루어진 것이다.

제1부 제1장 조선 전반기 왕실 발원 불상은 복장 기록이 있는 총 9건의 불교 존상을 중심으로 살펴보았다. 제1부 제1장에서 다룬 불교조각은 보령 금강암 석조미륵보살상(1412년), 대구 파계사 건칠관음보살상 중수(1447년), 견성암 약사삼존상(1456년), 영주 흑석사 아미타불상(1458년), 평창 상원사 문수동자상(1466년), 경주 왕룡사원 아미타불상(1466년), 해인사 법보전과 대적광전 비로자나불상 중수(1490년), 김제 금산사 오층석탑 불상 중수(1492년), 남양주 수종사 불상(1493년)이다.

보령 금강암 석조미륵보살상은 사찰에 전하는 비편(碑片)을 통해 조성 시기와 주체를 알 수 있었고, 나머지 존상은 모두 복장 기록이 있었다. 조선 전반기 왕실 발원 불상 가운데 대구 파계사 관음보살상과 해인사 법보전·대적광전 비로자나불상은 왕실 인물이 참여해 중수한 경우이다. 견성암 약사삼존상은 실물은 남아 있지 않고 복장 기록만 있지만, 조선 전반기 왕실 인물 가운데 활발하게 불사를 행한 광평대군 부인 신씨가 발원한 불상 자료이기 때문에 자세히 고찰했다.

제1부 제1장에서 다룬 조선 전반기 왕실 발원 불상의 시주자는 대비, 왕비, 후궁, 대군과 왕자 부부, 공주 부부, 후궁의 자녀들이었다. 태종

의 후궁 의빈 권씨는 친정 부모와 함께 1412년(태종 12)에 보령 금강암 미륵보살상을 조성했고, 1458년(세조 4)에는 영주 흑석사 아미타불상을 제작했다. 태종의 후궁 의빈 권씨는 일찍 딸 정혜옹주를 잃고 세종의 아들 금성대군을 아들처럼 양육했다.

흑석사 아미타불상은 의빈 권씨가 단종 복위 운동으로 목숨을 잃은 금성대군의 영가 천도를 위해 조성한 불상으로 해석했다. 이로 인해 영주 흑석사 아미타불상이 소재했던 원 봉안처 정암사 법천사를 경기도 광주 일대로 추정했다. 의빈 권씨가 금성대군과 함께 1439년(세종 21)에 수종사 사리탑을 건립했고, 묘적사·현등사 등 남한강 일대에는 조선 전기 왕실 원찰이 위치하고 있기 때문이다.

조선 전반기 불상 가운데 현재 불상과 복장 유물의 소재는 알 수 없지만 발표된 연구 논문을 중심으로, 견성암 약사삼존상(1456년)의 복장 기록 3점을 동일 불상의 것으로 해석했다. 즉, 본고에서는 이 복장 기록 3점을 광평대군 부인 신씨, 영응대군, 세종의 후궁 신빈 김씨와 자녀들, 효령대군 등이 조성한 봉은사의 전신인 견성암 약사삼존상의 것으로 분석했다.

광평대군 부인 신씨는 1456년(세조 2)에 견성암 약사삼존상의 대시주자였고, 1490년(성종 21)에 해인사 법보전·대적광전 비로자나불상을 중수할 때도 시주자로 참여했다. 조선 전반기 왕실 인물 가운데 불상 조성뿐 아니라 불화 제작과 경전 간행까지 가장 활발하게 불사를 한 왕실 인물은 광평대군 부인 신씨였다.

세종의 후궁 신빈 김씨는 세종과의 사이에 여섯 명의 아들을 두었다. 이들은 어머니 신빈 김씨와 함께 대구 파계사 관음보살상 중수(1447년)와 견성암 약사삼존상 조성(1456년)에 참여했다. 세종의 후궁 신빈 김씨는 세종의 아들 영응대군을 양육했기 때문에 영응대군과 함께 파계사 관음보살상 중수와 견성암 약사삼존상 조성에 함께 참여했던 것이다. 태종의 후궁 의빈 권씨가 금성대군과 함께 수종사 사리탑을 건립했듯이, 신빈 김씨는 영응대군과 함께 불사에 동참했다. 신빈 김씨 아들 밀성군과 익현군의 부인들은 1490년에 실시된 해인사 법보전·대적광전 비로자나불상 중수에 시주자로 참여했다.

조선 전반기 대군 가운데 가장 호불적인 인물은 효령대군이다. 그러나 효령대군이 시주자로 참여한 불상 자료는 그다지 많지 않다. 영주 흑석사 아미타불상(1458년)과 경주 왕룡사원 아미타불상(1466년)에서 그의 흔적을 찾을 수 있다. 공주 가운데 독자적으로 불상을 조성한 인물은 세조의 딸 의숙공주 부부이다. 오대산 상원사 문수동자상 조성발원문(1466년)에는 의숙공주 부부가 동자상을 조성한 목적이 기록되어 있다.

흔히 상원사 문수동자상은 세조의 병 치유와 관련이 깊은 것으로 선행 연구에서는 주로 해석되었다. 그러나 필자는 상원사 문수동자상 조성발원문의 내용을 참조해 의숙공주 부부의 득남(得男)이 주목적이었음을 강조했다. 조성발원문에서는 삼전하에 대한 축원을 하고 있지만 무엇보다도 "자신이 속히 지혜로운 아들 얻기를 바란다[亦願己身速得智惠之男]"는 내용이 있기 때문이다. 상원사 문수동자상에는 의숙공주 부부가 얻고자 한 지혜로운 아들의 이미지가 투영된 것으로 볼 수 있다.

상원사 문수동자상이 득남 신앙과 관련된 것은 이미 고려 말 공민왕이 문수기도를 통해 아들을 얻고자 했던 것에서도 찾을 수 있다. 고려 말 조선 초 왕실에서 득남과 관련해 문수신앙이 유행했던 것을 상원사 문수동자상을 통해 알 수 있기 때문이다. 상원사 문수동자상은 1599년(선조 32)에 중수되었다. 중수발원문(1599년)에는 발원의 내용은 기록되어 있지 않다. 필자는 1599년이 선조와 인빈 김씨 소생인 정숙옹주가 신익성과 혼인한 해이기 때문에 이들의 혼인과 관련된 것은 아닐까 하는 추정을 했다. 상원사는 정숙옹주 부부와 밀접한 관련을 맺고 있기 때문에, 이들 부부가 의숙공주 부부처럼 지혜로운 아들 얻기를 바라면서 상원사 문수동자상을 중수했을 가능성을 염두에 둔 것이다.

상원사 문수동자상의 중수발원문과 강릉 보현사 문수보살상의 중수발원문은 모두 1599년에 작성되었다. 두 중수발원문에서는 '동자문수'와 '노문수(老文殊)'를 언급하고 있다. 즉 상원사 문수동자상 중수발원문에서는 '동자문수'를 앞에, 강릉 보현사 문수보살상 중수발원문에서는 '노문수'를 앞에 기록하고 있다. 중수발원문의 동자문수와 노문수를 반영하듯 상원사 상은 동자 모습을, 보현사 상은 노승 모습을 하고 있다. 향후 조선시대 동자문수와 노문수 도상을 연구하는 데 두 존상의 중수발원문은 중요한 자료를 제공하고 있다.

조선 전반기 왕실 발원 불상 가운데 탑 속에 봉안한 불상의 시주자로 왕실 인물이 참여하고 있는 점도 주목했다. 금산사 오층석탑 중수와 불상 봉안은 세조의 서자 덕원군에 의해, 수종사 오층석탑 중수와 불상 봉안 및 중수는 성종의 후궁과 자녀들에 의해 이루어졌다. 금산사 오층석탑을 중수하고 불상을 봉안한 덕원군과 수종사 오층석탑을 중수하고 불상을 봉안한 성종의 후궁과 자녀들은 1490년(성종 21)에 이루어진 해인사 법보전·대적광전 비로자나불상 중수에도 동참했다. 덕원군은 해인사 법보전·대적광전 비로자나불상을 중수하는 데 어머니 근빈 박씨, 아들 연성군·덕진군과 함께 동참했다.

조선 전반기 왕실 발원 불상으로 필자가 주목한 불사(佛事)는 해인사 법보전·대적광전 비로자나불상의 중수였다. 두 불상은 쌍불로 불릴 정

954

도로 유사한 양식 특징을 갖고 있으며 통일신라 후기 목불상으로 알려져 있다. 필자가 이 불상의 중수발원문을 주목한 이유는 성종 때 이루어진 왕실 불사를 잘 보여 주고 있기 때문이었다.

해인사 법보전·대적광전 비로자나불상 중수와 관련된 복장 기록은 조선 전반기에 이루어진 불사 가운데 가장 많은 왕실 인물이 참여한 사실을 보여 주고 있다. 즉, 인수대비·인혜대비·정현왕후를 비롯한 선왕의 후궁, 성종의 후궁과 자녀 등 다양한 왕실 인물이 참여했다. 또한 성종의 유모인 봉보부인 백씨와 남편, 내관까지 참여한 불사라는 점이 특징이다.

해인사 법보전·대적광전 비로자나불상 중수발원문은 조선시대 선왕의 후궁이 머물던 자수궁(慈壽宮)·수성궁(壽城宮)·창수궁(昌壽宮)의 면모를 파악하게 한 점에서도 중요한 의미를 갖는다. 자수궁에는 예종의 후궁이, 수성궁에는 문종의 후궁이, 창수궁에는 세조의 후궁이 거처하고 있었던 것이다.

제1부 제2장 조선 후반기 제1기 왕실 발원 불상은 총 10건을 중심으로 살펴보았다. 제1부 제2장에서 다룬 불교조각은 서울 지장암 비로자나불상, 서울 칠보사 석가불상, 안동 선찰사 석가불상(1622년), 남양주 수종사탑 불상군 23존(1628년), 구례 화엄사 비로자나삼신불상(1634년), 완주 송광사 삼세불상(1641년), 평창 상원사 제석천상 중수(1645년), 서울 봉은사 약사·아미타불상(1651년), 순천 송광사 관음보살상·석가불상(1662년), 구례 화엄사 각황전 3불4보살상(1703년), 서울 봉원사 명부전 존상(1704년), 서울 미타사 아미타불상(1707년)이다.

제1부 제2장에서 살펴본 조선 후반기 제1기 왕실 발원 불상은 복장

기록을 모두 갖추고 있는데, 남양주 수종사탑의 경우는 금동비로자나불상 밑면에 점각(點刻)으로 명문이 새겨져 있다. 나머지 존상은 별도의 조성발원문을 갖고 있다. 조선 후반기 제1기 왕실 발원 불상 조성발원문은 『조상경』의 법식대로 '푸른 바탕천에 붉은 글씨[靑絹紅書]'로 쓴 형식, 한지에 테두리를 그어 절첩본으로 만든 형식, 한지에 묵서만 한 경우 등으로 구분된다.

제1부 제2장에서 다룬 왕실 발원 불상은 왕비, 세자, 왕자, 부마, 옹주, 궁중 나인 등이 시주자로 참여했다. 왕비로는 광해군 비 유씨와 선조의 계비 인목왕후가 있다. 광해군 비 유씨는 서울 지장암 비로자나불상, 서울 칠보사 석가불상, 안동 선찰사 석가불상을 1622년(광해군 14)에 조성했다. 인목대비는 1628년(인조 6)에 23존의 금동불을 조성해 수종사탑에 봉안했다.

선조와 인빈 김씨 소생의 의창군은 구례 화엄사 비로자나불상(1634년)을 조성하는 데 대시주자로 참여했다. 이때 부마 동양위 신익성과 소현세자가 동참했다. 소현세자는 1625년(인조 3)에 왕세자에 책봉되었기 때문에 화엄사 비로자나삼신불상 조성에 참여했을 당시에는 이미 세자 신분이었다. 소현세자는 완주 송광사 삼세불상(1641년)을 조성하는 데도 황금을 시주했다. 소현세자가 1645년 세상을 떠나자 그의 어린 딸들은 오대산 상원사 제석천상을 중수하면서 아버지 소현세자의 극락왕생을 발원했다. 소현세자의 3자인 경안군은 1662년(현종 3)에 나인 노예성과 함께 송광사 관음보살상을 조성했다. 조선 후반기 제1기 불상 가운데 소현세자와 관련된 불상은 화엄사 비로자나삼신불상, 완주 송광사 삼세불상, 평창 상원사 제석천상 등이고, 그의 아들이 시주자로 참여한 존상은 순천 송광사 관음보살상이다.

조선 후반기 제1기 불상 가운데 궁중 나인 노예성은 서울 봉은사 약사·아미타불상(1651년)과 순천 송광사 관음보살상·석가불상(1662년)의 시주자로 참여했다.

조선 후반기 제1기 불상 가운데 구례 화엄사 각황전 3불4보살상(1703년), 서울 봉원사 명부전 존상(1704년), 서울 옥수동 미타사 아미타불상(1707년)은 숙종 때 조성되었다. 세 불상은 숙종의 제1계비 인현왕후와 후궁 소의 유씨의 영가 천도와 관련되어 있다. 화엄사 각황전 존상과 봉원사 명부전 존상은 인현왕후 민씨의 극락왕생을 위해 왕실 인물이 시주자로 참여해 조성한 것이다. 특히 화엄사 각황전 존상이 봉안된 각황전을 건립하는 데 대시주자로 참여한 왕실 인물은 연잉군과 그의 생모 숙빈 최씨였다.

서울 봉원사 명부전 존상의 원 봉안처는 양평 용문사로 1858년(철종 9)에 봉원사로 옮겨진 것이다. 이 존상은 구례 화엄사 각황전 존상이 조성된 1년 후에 조각승 색난(色難)에 의해 제작되었다. 전라도 조각승 색난은 구례 화엄사 각황전 존상과 봉원사 명부전 존상을 조성하는 데 수조각승의 지위로 참여했던 것이다. 화엄사 각황전 존상 조성발원문에는 인현왕후 민씨의 극락왕생을 발원한 내용이 있고, 봉원사 명부전 존상 조성발원문에는 구체적으로 인현왕후 영가를 천도하는 구절은 없다. 그러나 두 존상에 참여한 궁중 나인이 중복된 점으로 보아 봉원사 명부전 존상 역시 인현왕후 민씨의 영가천도와 관련되어 있는 것으로 해석했다.

조선 후반기 제1기 왕실 발원 불상은 조선 후기 불교계를 주도했던 부휴 선수계 승려들에 의해 조성되었다. 부휴 선수의 제자인 벽암 각성과 그의 문도들이 왕실과 관련을 맺고 있었던 것이다. 광해군 비 유씨가 발원해 인수사·자수사에 봉안했던 서울 지장암 비로자나불상, 서울 칠보사 석가불상, 안동 선찰사 석가불상이 대표적이다. 이외에 벽암 각성이 화엄사 비로자나삼신불상, 완주 송광사 삼세불상을 조성하는 데 의창군·신익성·소현세자가 시주자로 동참했다.

조선 후반기 제1기 왕실 발원 불상에서 필자는 서울 지장암 비로자나불상과 서울 칠보사 석가불상의 원 봉안처를 규명하고자 노력했다. 일제 강점기 때 조선총독부에 제출된 두 불상의 이전에 관한 문서와 선행 연구를 참조하여 두 불상의 소재지를 현 성남 봉국사 대광명전으로 확정했다. 즉, 두 불상은 1939년까지 성남 봉국사 대광명전에 봉안되어 있다가 비로자나불상은 서울 지장암으로, 석가불상은 서울 칠보사로 이동되었다는 것을 밝혔다.

또한 광해군 비 유씨가 1622년에 조성해 인수사·자수사에 봉안했던 불보살상 11존 가운데 소재지가 알려진 것은 서울 지장암 비로자나불상, 서울 칠보사 석가불상, 안동 선찰사 석가불상 등 3존이다. 그러나 이 외에도 필자는 왕실 원찰이었던 성남 봉국사 아미타불상과 가평 현등사 아미타불상도 인수사·자수사에 소장되었던 불상일 가능성이 있는 것으로 추정했다.

성남 봉국사 대광명전에 봉안된 아미타불상의 원 소재지는 성남 법륜사 극락전이었다. 성남 법륜사는 자손 없이 세상을 떠난 평원대군·제안대군·영창대군의 원찰이었고, 가평 현등사는 평원대군과 제안대군의 원찰이었다. 두 사찰은 모두 자손 없이 세상을 떠난 대군들의 원찰로, 특히 평원대군·제안대군과 깊은 관련이 있다. 19세기 말에 이규경은 평원대군과 제안대군의 봉사손이 되어 두 대군의 위패를 법륜사에 모셨다.

가까운 위치에 있었던 성남 법륜사와 봉국사는 1939년에는 사세가 기울어져 있었다. 이에 법륜사는 서울 연주암 포교소[현 칠보사]로, 봉국사는 서울 지장암으로 이전되는 형식으로 동산과 부동산이 모두 조선 총독부의 허가를 받게 되었다. 이때 봉국사 대광명전의 두 불상은 모두 서울 연주암 포교소[칠보사]로 이전되지 않고, 석가불상만 이곳으로 옮겨졌다. 비로자나불상이 지장암으로 이안(移安)되는 대신에 법륜사 극락전 아미타불상이 현 봉국사 대광명전으로 옮겨지게 된 것이다.

가평 현등사 극락전 아미타불상과 성남 봉국사 대광명전 아미타불상은 1622년에 광해군 비 유씨가 조성한 불상과 관련이 깊다. 현등사 아미타불상은 인수사·자수사 불상을 조성한 수조각승 현진 작으로 추정되고, 봉국사 아미타불상은 3위 조각승이었던 수연 작으로 추정되기 때문이다. 특히 현등사 아미타불상은 현진 작 불상의 특징을 갖고 있으며, 불상 바닥면 복장공의 위치와 형태가 지장암 비로자나불상과 유사해 1622년에 제작된 11존 가운데 1존일 가능성이 높은 것으로 파악했다.

광해군 비 유씨는 궁중에서 많은 불상을 조성해 하사했다는 기록이 남아 있다. 이 기록을 뒷받침하는 불상이 조선시대 왕실과 관련된 사찰에 남아 있다. 광해군 비 유씨가 1622년에 인수사·자수사에 봉안한 불보살상 11존은 조각승 현진이 수조각승으로서 제작을 주도했다. 필자가 확인한 17세기 전반에 조성된 현진 작으로 추정되는 불상은 서울 사자암 아미타불상, 서울 청량사 아미타불상, 남양주 불암사 석가불상, 의왕 청계사 극락전 관음보살상, 남해 용문사 대웅전 아미타불상 등이다. 청계사는 광해군이 재(齋)를 베풀었던 사찰이고, 남해 용문사는 숙종의 비 인경왕후 김씨(1661-1680)의 삼촌 서포 김만중의 유배지에 위치한 사찰이다. 불암사 석가불상은 영조와 영빈 이씨 소생의 화평옹주와 그의 남편 박명원이 1743년(영조 19)에 중수했다. 서울 사자암 아미타불상은 낙천군의 부인 달성군부인 서씨와 상궁들에 의해 1744년(영조 20)에 중수되었다.

왕실과 관련된 사찰에 현존하는 현진 작으로 추정되는 불상은 향후 연구가 필요한 부분이다. 이런 면에서 서울 지장암 비로자나불상, 서울 칠보사 석가불상, 안동 선찰사 석가불상은 조선시대 왕실 원찰이었던 사찰에서 소장해 오고 있는 불상을 다양한 시각에서 연구할 수 있는 단서를 제공하고 있다.

조선 후반기 제1기 왕실 발원 불상 가운데 화엄사 비로자나삼신불상의 복장 조사는 매우 중요한 의미를 갖는다. 복장에서 조성발원문인 「시주질(施主秩)」이 발견되어 화엄사 비로자나삼신불상의 조성 목적과 제작 연도, 불상을 만든 조각승, 왕실 인물이 시주자로 동참한 사실 등이 구체적으로 밝혀졌기 때문이다. 화엄사 비로자나불상 조성을 주도한 승려는 조선 후기 왕실 발원 불상과 관련 있는 벽암 각성이었다.

서울 옥수동 미타사는 왕실과 관련이 깊은 비구니 도량이다. 미타사 주불전인 극락전에 봉안된 아미타삼존상 가운데 본존 아미타불상이 1707년(숙종 33)에 후손 없이 사망한 숙종의 후궁 소의 유씨의 영가천도와 관련된 것이다. 상궁 김귀업을 비롯한 왕실 인물들이 후손 없이 사망한 소의 유씨를 위해 이 불상을 조성했다. 미타사 아미타불상은 후손 없이 세상을 떠난 왕의 후궁을 위해 그녀를 모시던 상궁이 불상을 조성한 예라는 점에서도 중요하다.

제1부 제3장 조선 후반기 제2기 왕실 발원 불상은 총 10건을 중심으로 고찰했다. 제1부 제3장에서 다룬 불교조각은 대구 파계사 관음보살상 중수(1740년), 남양주 불암사 석가불상 중수(1743년), 서울 사자암 아미타불상 중수(1744년), 서울 봉은사 사천왕상(1746년), 보은 법주사 비로자나

삼신불상 중수(1747년), 인제 백담사 아미타불상(1748년), 서울 옥수동 미타사 관음보살상(1769년), 화성 용주사 삼세불상(1790년), 서울 흥천사 약사불상(1829년), 서울 옥수동 미타사 금보암 관음보살상 중수(1886년) 등이다.

제1부 제3장 조선 후반기 제2기에 실시된 왕실 발원 불사는 불상 조성과 중수 및 개금으로 구분된다. 대구 파계사 관음보살상, 남양주 불암사 석가불상, 서울 사자암 아미타불상, 보은 법주사 비로자나삼신불상, 서울 옥수동 미타사 금보암 관음보살상 등은 왕실에 의해 중수된 경우이다. 이 시기에 새로 조성된 존상은 서울 봉은사 사천왕상, 인제 백담사 아미타불상, 서울 미타사 관음보살상, 화성 용주사 삼세불상, 서울 흥천사 약사불상 등이다.

조선 후반기 제2기에 왕실이 발원한 불상 조성과 중수에 참여한 시주자는 왕, 왕비, 후궁, 세자 부부, 옹주 부부, 나인 등이다. 영조는 조선시대 왕 가운데 유일하게 불상 중수에 직접 참여했다. 정조 역시 용주사 삼세불상을 조성한 발원자였다.

조선 후반기 제2기에 새로 조성된 화성 용주사 삼세불상과 서울 흥천사 약사불상은 왕과 왕비에 의해 조성된 예이다. 조선시대 왕실 발원 불상 가운데 왕이 조성한 것으로는 용주사 삼세불상이 유일하다고 하겠다. 용주사 삼세불상은 정조의 발원으로 조성된 것이다. 서울 흥천사 약사불상은 순조 비 순원왕후 김씨에 의해 조성된 것으로, 조선 후기 선정인 상태에서 약기(藥器)를 든 약사불 도상을 파악할 수 있다는 점에서도 중요한 의미를 갖고 있다.

조선 후반기 제2기 왕실 발원 불상에서 주목을 끄는 것은 왕실 인물들에 의한 중수가 이루어지고 있다는 점이다. 대표적인 예로는 대구 파계사 관음보살상 중수를 들 수 있다. 이 보살상을 중수하는 데 영조가 직접 참여하고 있는 점이 특징이다. 영조는 왕자 시절인 1702년(숙종 28)과 1703년(숙종 29)에 구례 화엄사 각황전 중건과 불상 조성에 생모 숙빈 최씨와 함께 대시주자로 동참했다. 1740년(영조 16)에는 직접 상의 1점을 복장물로 시주해 대구 파계사 관음보살상을 중수했다. 이때 왕비 정성왕후 서씨, 후궁 영빈 이씨, 영빈 이씨 소생의 사도세자와 화평옹주 부부가 시주자로 동참했다.

화평옹주와 남편 박명원은 1743년(영조 19)에는 남양주 불암사 석가불상을 중수했고, 1747년(영조 23)에는 법주사 비로자나불상 중수에도 동참했다. 사도세자는 1740년 대구 파계사 관음보살상 중수와 1747년 보은 법주사 비로자나불상 중수에 참여했다. 1747년에는 혜경궁 홍씨와 혼인한 이후이기 때문에 부부가 함께 동참한 것이다.

영조의 딸 화완옹주와 낙천군 부인 서씨는 1769년(영조 45)에 서울 옥수동 미타사 관음보살상을 조성했다. 이때 상궁 2명도 동참했다. 숙종의 제3자 연령군의 양자는 낙천군이다. 낙천군의 부인인 달성군부인 서씨는 1744년(영조 20)에 서울 사자암 아미타불상을 중수했다.

조선 후반기 제2기에는 종친이 사천왕을 조성하는 데 시주자로 동참하고 있는 점이 주목된다. 서울 봉은사 사천왕상은 1746년(영조 22)에 조성되었는데, 이때 선조와 정빈 민씨 소생 인성군의 증손자인 능창군 부부가 시주자로 참여했다. 능창군은 중국에 사신으로 파견되어 3차례 다녀왔다.

봉은사 사천왕상은 조선 전기 유입된 『제불보살묘상명호경주』(1431년)에 삽입된 새로운 사천왕 도상을 계승하고 있다. 즉, 비파를 든 북방천왕, 검을 든 동방천왕, 용과 여의봉을 든 남방천왕, 보당을 든 서방천왕 도상이 그것이다. 능창군은 중국에 사신으로 세 차례나 다녀왔기 때문에 중국 문물을 접할 기회가 많았다. 봉은사 사천왕 도상은 명나라 초기 선덕제에 의해 새롭게 정비된 사천왕 도상을 계승하면서도 다른 한편으로는 변화를 보이고 있다. 이것은 사천왕상 조성 당시 대시주자로 참여한 능창군의 안목이 반영되었을 가능성을 시사한다.

조선 후반기 제2기에 이루어진 불상 중수 가운데 신정왕후 조씨에 의한 것으로 서울 미타사 금보암 관음보살상을 살펴보았다. 신정왕후 조씨는 19세기 왕실 인물 가운데 사찰 불사에 가장 적극적이었다. 1862년(철종 13)에 미타사 금보암 관음보살상을 효정왕후 홍씨와 함께 중수했다. 이때 신정왕후의 친정 조카인 조영하 부부가 동참했다.

신정왕후 조씨는 1877년(고종 14)에 황해도 배천 강서사 명부전 존상을 서울 화계사로 옮겨 왔다. 서울 화계사 명부전 존상의 이운은 조선 후반기 제2기에 왕실 원찰에서 또 다른 원찰로 불상이 이동된 대표적인 사례이다.

제2부는 조선시대 왕실 발원 불상 가운데 복장 조사를 통해 새로운 자료가 발견된 불상을 중심으로 한 9편의 논문으로 구성되었다.

제2부 제1장에서는 2018년에 조사된 강릉 보현사 목조문수보살좌상의 복장 유물과 중수발원문(1599년)을 분석했다. 보현사 목조문수보살좌상의 중수발원문은 『조상경』에 기록된 복장 납입 방법대로 후령통을 감싼 채 황초폭자로 싸여 있었다.

보현사 목조문수보살좌상 중수발원문의 내용과 체제는 상원사 문수동자상 중수발원문과 동일했다. 두 중수발원문 내용 가운데 차이점은 상원사 문수동자상에서 언급했던 것처럼 '童子文殊'와 '老文殊'의 배치를 다르게 한 것뿐이었다. 즉, 보현사 중수발원문에서는 '노문수'를 먼저 기록했고, 상원사 중수발원문에서는 '동자문수'를 먼저 언급하고 있다. 1984년에 조사된 상원사 문수동자상 중수발원문에 기록된 '노문수'가 바로 강릉 보현사 목조문수보살좌상임이 밝혀진 것이다.

보현사 목조문수보살좌상 복장 조사를 통해 황초폭자에 기록된 '王妃尹氏'를 확인했다. 조선시대 윤씨 성을 가진 왕비 가운데 상원사와 관련이 깊은 인물은 세조 비 정희왕후이기 때문에, '왕비 윤씨'를 정희왕후로 해석했다. 보현사 목조문수보살좌상의 황초폭자, 후령통, 전적 등 복장 유물이 1466년(세조 12)에 조성된 상원사 문수동자상의 유물과 유사한 점도 '왕비 윤씨'를 정희왕후로 해석하는 단서가 되었다.

보현사 목조문수보살좌상은 조성 시기와 봉안 장소에 대한 문제가 미해결로 남아 있다. 필자는 1599년 중수 당시에는 상원사에 문수동자상과 함께 봉안되어 있었을 것으로 파악했다. 그러나 보현사 목조문수보살좌상이 1466년(세조 12) 상원사 문수동자상과 함께 조성되어 1599년(선조 32)에 중수되었는지, 아니면 별도의 장소에 있던 두 상이 1599년에 상원사에 함께 봉안되어 있었는지는 현재로서는 명확하지 않은 점이 있다.

강릉 보현사 목조문수보살좌상과 평창 상원사 문수동자상은 '노문수'와 '동자문수'라는 도상의 차이가 있다. 이 때문에 두 상은 전혀 다른 분위기를 나타내고 있다. 필자는 보현사 목조문수보살좌상을 고려 말 조선 초로 편년하고 1466년에 1차 중수되었고, 1599년에 2차 중수된 것으로 파악했다. 그러나 두 존상은 1466년에 함께 조성되었을 가능성도 있다. 육안으로 조성 시기를 판단하기에는 현재로서는 어려움이 있다. 따라서 향후 X-선 분석 등 과학적 조사를 통해 제작 기법 등을 살펴본다면 조성 시기를 밝히는 데 도움이 될 것이다.

제2부 제2장에서는 오대산 상원사 목조제석천상을 다루었다. 상원사 제석천상의 복장 조사는 2008년에 이루어졌다. 이때 수습된 복장 유물은 복장 전적, 원문(1645년), 중수기(1862년), 후령통 유물, 다라니 등이었다. 필자는 2020년 7월에 2008년에 수습된 복장 유물의 재조사를 통해 본 논문을 작성했다.

제2부 제2장에서 상원사 제석천상의 조성 시기를 1466년으로 해석했다. 상원사 문수동자상의 조성발원문(1466년) 기록, 복장 전적의 제작 시기, 양식 특징, 원문(1645년) 분석 등을 근거로 편년한 것이다. 상원사 문수동자상 조성발원문(1466년)에 '天帝釋王'을 조성했다는 기록이 있고, 상원사 문수동자상과 제석천상이 양식 특징을 공유하고 있기 때문이다.

상원사 목조제석천상에서 수습된 복장 유물 중 경전은 15세기에 간행되었고, 후령통 내부에 납입되었던 것으로 추정되는 오보병의 물목(物目)과 납입 방식은 16세기에 왕실에서 발원한 불상과 유사했다. 또한 「상원사중수기」에는 1644-1645년에 7존의 불보살상을 중수했다는 기록이 있고, 원문(1645년)의 양공(良工)으로 참여한 승려들이 조각승이 아니라 화승이라는 점 등을 종합해 보면 상원사 목조제석천상은 1645년에 처음 조성된 것이 아니라 중수된 사실을 확인할 수 있었다.

상원사 제석천상 내부에서 발견된 원문(1645년)에는 소현세자의 극락왕생을 발원하는 내용과 소현세자의 어린 딸을 비롯한 왕실 인물 다수가 시주자로 참여한 사실이 기록되어 있다. 이를 통해 상원사 제석천상이 1645년(인조 23)에 소현세자의 영가 천도를 위해 중수되었음을 알수 있었다.

상원사 제석천상은 1466년(세조 12)에 조성되어 1645년(인조 23)에 중수되었다. 또한 제석천상 밑면에 부착된 중수기(1862년)를 통해 1862년(철종 13)에도 중수된 사실이 확인되었다. 상원사 제석천상은 중수발원문에 해당하는 원문(1645년) 분석과 양식 특징 등을 통해, 1466년에 문수동자상과 함께 조성된 상으로 해석했다. 상원사 제석천상은 왕실 발원으로 조선 전기에 그려진 제석천도와 함께 조선 전기 제석천신앙을 고찰하는 데 중요한 자료로서의 가치가 있다.

제2부 제3장에서는 화엄사 목조비로자나삼신불좌상의 조성기인 「시주질(施主秩)」을 분석했다. 화엄사 비로자나삼신불상 가운데 우존 석가불상과 좌존 노사나불상의 복장에서는 「시주질」로 기록된 불상조성기가 발견되었다. 석가불상의 자료는 2015년 9월에 수습되었고, 노사나불상의 자료는 2020년 7월에 복장 조사를 통해 수습된 것이다. 필자는 노사나불상 복장 조사에 참여했다.

화엄사 비로자나삼신불상 「시주질」에는 불상 조성 목적, 제작 시기, 봉안 연도 및 봉안처, 존명, 불상 조성 당시 소임자, 조각승, 시주 물목, 시주자 등이 자세히 기록되어 있다. 석가불상 「시주질」은 1책 11장 22면으로, 노사나불상 「시주질」은 1책 19장 38면으로 구성되어 있다. 노사나불상 「시주질」이 석가불상 「시주질」에 비해 좀 더 구체적인 내용이 수록되어 있다.

「시주질」 외에 화엄사 비로자나삼신불상 조성과 관련된 자료로 노사나불상과 석가불상 대좌 안쪽 면에 묵서된 기록이 있다. 석가불상 대좌 묵서 자료는 간략한 반면, 노사나불상 대좌 묵서 자료는 석가불상에 비해 훨씬 구체적이다. 「시주질」과 대좌 묵서 기록을 통해 화엄사 비로자나삼신불상이 1634년(인조 12) 3월에 조성되기 시작해 동년 8월에 완성된 후, 1635년(인조 13) 가을에 대웅전에 봉안된 사실을 확인할 수 있었다. 화엄사 비로자나삼신불상의 제작 시기를 1634년으로 특정할 수 있게 된 점은 매우 중요한 의미를 갖는다. 그동안은 중관 해안이 1636년(인조 14)에 저술한 『호남도구례현지리산대화엄사사적』에 의존해 비로자나삼신불상의 조성 시기를 1636년으로 추정해 왔는데, 이제는 화엄사 비로자나삼신불상의 제작 시기를 1634년으로 특정할 수 있게 되었기 때문이다.

화엄사 노사나불상과 석가불상의 「시주질」은 벽암 각성의 역할을 잘 알 수 있는 자료이기도 하다. 벽암 각성은 1630년(인조 8)에 화엄사 동오층석탑을 중수할 때는 '대공덕주(大功德主)'였고, 1634년(인조 12) 삼신불상을 조성할 때도 '판거사(辦擧事)' 또는 '대공덕주'였으며, 1653년(효종 4) 영산회 괘불탱을 조성할 때 역시 주도적인 역할을 맡는 등 17세기 화엄사 중창 불사에 가장 중추적인 역할을 한 인물이다.

화엄사 노사나불상과 석가불상의 「시주질」은 벽암 각성과 왕실과의 관계를 밝힐 수 있는 자료라는 점에서도 매우 중요하다. 노사나불상과 석가불상의 「시주질」은 불상의 조성과 관련하여 왕실 인물인 선조의 아들 의창군 이광과 사위 신익성, 인조의 아들 소현세자 등이 구체적으로 기록된 최초의 자료이기 때문이다.

화엄사 노사나불상과 석가불상의 「시주질」은 비로자나삼신불상의 조성 연도, 벽암 각성과 왕실의 관계 및 벽암 각성의 역할 등 17세기 비로자나삼신불상의 조성에 관한 구체적 정보를 담고 있어 미술사뿐만 아니라 향후 화엄사의 역사 연구에도 중요한 자료적 가치가 있다.

제2부 제4장에서는 17세기 완주 송광사의 불사와 벽암 각성의 역할을 중심으로 다루었다. 완주 송광사 대웅전 삼세불상은 석가불상·약사불상·아미타불상으로 구성된 조선 후기에 유행한 삼세불 도상이다. 세 불상 내부에서 수습된 불상조성기(1641년)에는 불상 조성과 관련된 내용이 자세히 기록되어 있다.

본 논문에서는 기존의 자료 외에 서울대학교 규장각한국학연구원에 소장된 「송광사법당초창상층화주덕림(松廣寺法堂初創上層化主德林)」 자료를 새로 추가해 분석했다. 이 자료는 2013년에서 2014년에 걸쳐 문화재청·완주군청·송광사에 의해 발주되어 (사)한국미술사연구소가 수행한 '완주 송광사 대웅전 주변 종합정비계획 수립 보고서' 작성을 위한 기초 자료 수집 과정에서 필자가 발굴한 것이다.

「송광사법당초창상층화주덕림」 자료를 참조해 1622년(광해군 14)에 송광사 중창이 시작된 계기가 인근 청량사 원암사의 화재 때문이라는 사실을 새로 발견된 서울대학교 규장각한국학연구원 소장 자료를 중심으로 다루었다. 또한 인조 때 이루어진 송광사 불사의 시주자로 왕실과의 관계를 중점적으로 살펴보았다.

왕실 인물 가운데 화엄사 대웅전 비로자나불상 조성과 관련 있는 선조의 아들 의창군 이광과 사위 신익성, 그리고 인조의 아들 소현세자 등이 벽암 각성을 매개로 송광사 불사에도 참여하고 있음을 확인하였다. 특히 소현세자가 청에서 가져온 황금을 시주했다는 내용이 기록된 「불상화주행적(佛像化主行蹟)」은 완주 송광사와 소현세자의 관계를 밝혀 주고 있다는 점에서 중요하다.

완주 송광사 삼세불상 조성기에는 소현세자와 봉림대군이 속히 청에서 돌아오기를 기원하는 내용이 실려 있지만, 그동안 소현세자와 완주 송광사의 구체적인 관련은 찾기 어려웠다. 그러나 서울대학교 규장각한국학연구원에 소장된 「송광사법당초창상층화주덕림」 자료 안에 수록된 「불상화주행적」이 소개되면서, 송광사 삼세불상 시주자로 소현세자가 동참했다는 사실이 밝혀졌다. 이로 인해 소현세자와 완주 송광사의 관계가 드러나게 되었고, 불상조성기에서 소현세자의 환국을 속히 바라고 있는 이유가 좀 더 명확해졌다. 또한 화엄사 비로자나삼신불상 조성에 소현세자가 참여하면서 벽암 각성과 인연이 있었던 것도 송광사 삼세불상 조성에 그가 시주자로 참여한 이유로 작용했을 것이다.

완주 송광사 불상조성기(1641년)를 '불상시주록(佛像施主錄)'이라고 표현한 것은 화엄사 비로자나삼신불상 조성기를 「시주질(施主秩)」이라고 한 것과 유사한 면이 있다. 두 불상 조성을 주도한 승려가 벽암 각성인 사실이 영향을 미친 것으로 보인다. 상하에 붉은 선을 두르고 묵서한 완주 송광사 불상조성기는 조선 전기 왕실 발원 불상인 영주 흑석사 아미타불상의 보권문(1457년 추정)과 형식이 비슷하다. 조선 후기 불상조성기가 두루마리 형식으로 된 것과 달리, 완주 송광사 삼세불상 조성기는 절첩본 형식으로 되어 있다. 이 역시 흑석사 아미타불상 보권문과 같은 형식이다.

제2부 제5장에서는 봉원사 명부전 존상의 복장 유물과 발원문을 분석했다. 봉원사 명부전 존상은 1704년(숙종 30)에 양평 용문사에서 조성되어, 1858년(철종 9)에 서울 봉원사로 이안(移安)되었다. 봉원사 명부전 존상에 대한 복장 조사는 2019년 사찰의 의뢰로 실시되었다. 복장 조사를

통해 조성발원문(1704년) 3점이 수습되었고, 무독귀왕의 지물 밑면에 묵서된 기록을 통해 1858년에 양평 용문사에서 서울 봉원사로 이운된 사실을 확인했다.

봉원사 명부전 존상은 1703년(숙종 29)에 화엄사 각황전 불상을 조성한 조각승 색난(色難)이 제작한 것이다. 조각승 색난이 화엄사 각황전 존상을 조성한 직후에 왕실 원찰인 양평 용문사에서 명부전 존상을 다시 제작한 것은 인현왕후 민씨의 영가 천도와 관련되어 있다. 두 존상 조성에 참여한 왕실 인물 가운데 궁중 나인들이 중복된 것을 통해 두 존상이 인현왕후 민씨의 극락왕생과 관련된 것임을 알 수 있었다.

고흥 능가사 승려로 주로 전라도 지역에서 활동한 조각승 색난이 활동 영역을 확대해 양평 용문사에서 1704년에 현 봉원사 명부전 존상을 조성한 이유로 계파 성능과의 관계를 주목했다. 벽암 각성 문도인 계파 성능은 1703년(숙종 29)에 화엄사 각황전 불상 조성을 주도했다. 계파 성능은 숙종을 비롯한 왕실의 시주로 각황전 불상의 조성을 주관했고, 이때 색난은 여러 조각승들과 함께 불상 제작에 참여했다. 왕실 원찰이었던 양평 용문사 명부전 존상이 1704년에 조성될 때 조각승 색난이 참여할 수 있었던 것은 이 같은 계파 성능과의 관계가 영향을 미친 것으로 파악했다.

봉원사 명부전 존상 복장 유물 가운데 특이한 것은 청초폭자의 사용과 표주박 형태의 목제 후령통 7점이었다. 조선시대 후령통이 대부분 금속으로 된 원통형인 것과는 다른 양상이었다. 금속 대신 나무를 사용해 후령통을 제작한 예는 고려 말과 조선 초 불상을 통해 살펴보았다.

제2부 제6장에서는 서울 옥수동 미타사 아미타삼존상의 양식 특징과

복장 유물을 분석했다. 서울 옥수동 미타사의 주불전인 극락전에는 조성 연도와 양식이 서로 다른 아미타불상·관세음보살상·대세지보살상으로 구성된 아미타삼존불좌상이 봉안되어 있다. 미타사 아미타삼존상의 복장 조사는 2020년 8월에 실시되었다.

복장 조사 결과 아미타삼존불좌상 가운데 목조아미타불상의 복장에서는 조성발원문(1707년) 1점과 중수발원문 2점(1744년·1917년)이 발견되었다. 이 외에 아미타불상과는 관련 없는 또 다른 불상조성기(1757년) 1점이 수습되었다. 건칠관음보살상의 복장에서는 조성발원문(1769년) 1점이 수습되었다. 조성발원문은 아미타불상과 관음보살상에서만 발견되었고, 대세지보살상에서는 발견되지 않았다.

본존 아미타불상은 1707년(숙종 33)에 석가불상으로 조성되었다가 1744년(영조 20)에 아미타불상으로 존명이 변경되었다. 좌협시 관음보살상은 1769년(영조 45)에 조성되었고, 대세지보살상은 양식 특징으로 보아 16세기에 조성된 것으로 해석했다. 미타사 아미타삼존상은 1917년에 개금·중수되었다.

미타사 아미타삼존상은 조성 시기가 각기 다르지만 왕실 인물의 시주로 조성되었다. 아미타불상은 숙종의 후궁 소의 유씨의 극락왕생을 목적으로 상궁 김귀업과 김종정 그리고 비구니 법찬에 의해 조성되었다. 관음보살상은 영조의 딸 화완옹주와 숙종의 3자 연령군의 양자 낙천군 부인 서씨에 의해 조성되었다. 또한 아미타불상과 대세지보살상 복장에서는 『월인석보』(1459년 간행) 권7-8과 권9-10 2책이 수습되어 왕실과의 관계를 짐작할 수 있었다.

미타사 관음보살상 복장에서 수습된 후령통 내부에 납입된 오보병(五寶甁)에는 시주자 이름과 조성 연도(1769년)가 새겨져 있었다. 조선시대 복장 유물 가운데 후령통 내부에 금속제 오보병을 납입한 경우는 드물다. 미타사 아미타삼존상에서 발견된 여러 점의 복장 기록은 왕실 발원 불상의 중수 과정을 이해하는 데 중요한 자료이다. 미타사는 비구니 도량이어서 다른 사찰에 비해 불상의 조성부터 중수까지의 기록이 온전하게 잘 남아 있었다.

미타사 아미타삼존상의 후령통 내부 물목 역시 복장 조사 때 상세히 조사할 수 있었다. 관음보살상 복장 조사에서 황초폭자가 감싸고 있는 후령통 내부 물목을 확인했다. 이를 통해 후령통 내부 오보병 재료가 금속인 점과 오보병의 제작 연도와 시주자가 기록된 사실을 밝힐 수 있었다. 향후 조선시대 후령통의 오보병 연구에 중요한 기준작이 될 것으로 기대된다.

미타사 목조대세지보살상의 18세기 후령통, 목조아미타불상의 1707년 후령통, 건칠관세음보살상의 1769년과 1970년 후령통은 불복장 납입법의 변천을 연구하는 데 중요한 자료로서의 가치가 있다. 즉, 미타사 아미타삼존상의 후령통 내부 물목 조사는 조선시대 불복장 의식에 관한 내용을 담고 있는 『조상경(造像經)』의 내용을 파악하는 데 기초 자료가 될 것이다.

제2부 제7장에서는 오대산 상원사 영산전 존상의 복장 기록을 분석했다. 상원사 영산전 존상의 일부 복장 조사는 2008년에 1차 실시되었고, 2020년 7월에는 본격적인 2차 복장 조사가 이루어졌다. 2020년 복장 조사에서는 상원사 영산전 존상의 제작과 봉안처에 대한 새로운 사실을 담고 있는 자료가 발견되었다.

제1존자상 내부에서 발견된 조성발원문(1711년)에는 옛 상을 참조로 미륵보살상, 제화갈라보살상, 나한상 6존을 새로 조성해 천주산 운복사 영산전에 봉안한다는 내용이 기록되어 있었다. 2008년 복장 조사에서 수습한 미륵보살상 조성발원문(1711년)에 없는 내용이 추가로 기입되어 있었던 것이다.

또한 제2존자상에서 수습된 묵서 자료에는 복장 불사에 관한 내용이 있었는데, 이 가운데 천주산 운복사의 소재지가 '예천'으로 기록되어 있었다. 그동안 천주산 운복사의 소재지를 알 수 없었는데, 제2존자상에서 수습된 복장 기록을 통해 천주산의 소재지를 확인할 수 있었다.

2020년 7월 상원사 영산전 존상에 대한 체계적인 복장 조사를 통해 여러 복장 유물이 수습되었고, 복장 유물 수습의 전 과정이 보고서로 기록되었다. 상원사 영산전 존상의 조성과 중수 관련 기록은 복장 내부와 밑면에 이중으로 부착된 자료를 통해 확인했다.

특히 예천 천주산 운복사 영산전에서 1886년(고종 23)에 상원사로 이운한 후 작성한 중수발원문은 21존상 밑면 안쪽에 모두 부착되어 있었다. 또한 1958년에 상원사 영산전에서 중수한 기록 역시 사자상과 제석천상을 제외한 19존상에 모두 남아 있었다.

중수발원문(1886년)의 분석을 통해 예천 운복사에서 오대산 상원사로 존상을 이운해 중수한 비용이 왕실의 내탕금으로 충당된 것은 신정왕후 조씨와 관련이 있는 것으로 해석했다. 이는 세조에 의한 1466년(세조 12) 중창 이후 조선 후기까지 상원사가 왕실 원찰로서 기능하고 있었음을 의미한다.

상원사는 문수신앙처로 유명하지만 1466년 중창 때부터 십육나한상을 조성했고, 1599년(선조 32)에는 십육나한상을 중수했으며, 17세기에는 나한전을 중수했다. 또한 1886년에 예천 운복사에서 현 영산전 존상을 이운해 왔다. 이러한 사실을 종합해 보면, 상원사가 문수보살과 함께 나한을 지속적으로 신앙해 왔음을 알 수 있다. 상원사 영산전 존상의 복장 기록은 18·19·20세기에 걸쳐 왕실 원찰의 불상 조성과 중수 과정을 이해하는 데 중요한 자료를 제공하고 있다.

제2부 제8장에서는 서울 흥천사 노전 석조약사불상의 복장 유물 분석을 통해 조성 목적과 도상 해석을 다루었다. 흥천사 노전에는 석조로 조성된 약사불상·아미타불상·지장보살상이 봉안되어 있다. 흥천사 노전에 봉안된 세 존상은 2016년에 복장 조사를 했는데, 약사불상에서만 불상 조성과 관련된 3점의 기록을 수습할 수 있었다. 이 기록들은 약사불상 밑면에 중첩된 채 부착되어 있었는데, 조성발원문(1829년) 1점과 중수발원문(1853년·1871년) 2점이었다.

조성발원문의 기록을 통해 흥천사 약사불상이 1829년(순조 29)에 조성된 사실과 순원왕후가 중심이 되어 제작한 왕실발원 불상임을 밝힐 수 있었다. 약사불상은 순조·효명세자·세손의 치병을 위해 조성된 것으로 해석했다. 약사불상과 함께 봉안된 아미타불상과 지장보살상은 1828년(순조 28)에 세상을 떠난 순원왕후의 모친 청양부부인 심씨와 1829년에 요절한 영온옹주의 극락왕생과 영가천도를 위해 발원된 것으로 분석했다.

흥천사 약사불상은 선정인(禪定印) 상태에서 구형(球形)의 보주(寶珠)를 들고 있다. 이 같은 도상은 조선 후기 불상 연구에서 약사불상 또는 치성광여래상이라는 견해가 있었다. 그러나 흥천사 약사불상의 조성발원문 분석을 통해 약사불상 도상이라는 것을 밝힐 수 있었다. 조성 시기가 확실한 흥천사 약사불 도상은 향후 조선 후기 약사불 도상 연구에 기준작이 될 것으로 기대된다.

제2부 제9장에서는 화계사 불교미술의 성격과 시주자를 다루었다. 화계사는 19세기에 신정왕후 조씨와 흥선대원군의 대시주로 인해 크게 중창되었다. 화계사는 '궁절'로 불릴 만큼 왕실과 관련이 깊었으며, 근대기에는 개화 운동의 산실 역할을 했다. 제2부 제9장에서는 화계사 불교미술의 성격과 시주자의 분석을 통해 조선 말기 화계사가 갖고 있는 왕실 원찰로서의 성격을 규명하고자 했다.

화계사는 흥선대원군을 비롯하여 신정왕후 조씨와 효정왕후 홍씨 등 고종 때 내명부 비빈(妃嬪)과 상궁(尙宮)들의 많은 후원을 받았다. 화계사는 1866년(고종 3)에 흥선대원군의 지원으로 중창이 이루어지면서 궁중과 밀접한 관계가 되었다. 1875년(고종 12)에는 궁중에서 수를 놓아 만든 관음보살도가 화계사로 옮겨졌고, 이것을 계기로 1876년(고종 13)에는 관음전이 중수되었다. 또한 1878년(고종 15)에는 왕실의 비빈들과 상궁들의 시주로 명부전이 건립되었고, 그 안에 후불도 및 시왕도가 봉안되었다.

화계사의 불교미술 중 다른 곳에서 제작되어 화계사로 옮겨진 것으로는 순종의 탄생을 기념하기 위해 왕실에서 조성한 자수관음보살도(1875년), 황해도 배천 강서사에서 조성된 지장삼존상 및 시왕상(1649년), 소백산 희방사에서 조성된 범종(1683년), 해남 미황사 운판(1742년), 일본 교토에서 주문 제작해 가져온 중종(1897년) 등이 있다. 반면, 화계사에서 조성한 불교미술은 대부분 불화로, 대웅전·명부전·관음전·산신각에 봉안되었다.

화계사 명부전 존상은 1877년 신정왕후 조씨에 의해 황해도 배천 강서사에서 화계사로 옮겨 온 것이다. 화계사가 19세기에 중창될 때 다른 사찰의 불상·범종·운판 등을 옮겨온 것은 왕실 인물의 영가 천도와 깊게 관련되어 있었다. 즉, 이것은 화계사 불교미술이 갖는 성격과도 연결된 것임을 알 수 있다. 첫째는 영가를 천도하는 명부신앙과 관련된 것이고, 둘째는 생자(生子) 및 무병장수 기원과 관련된 것이다.

특히 화계사는 주로 왕실 및 왕실 관계자가 시주자로 참여하고 있기 때문에, 왕실의 왕자 탄생 및 천도와 관련된 불사가 이루어졌다. 많은 불교미술이 다른 곳에서 화계사로 옮겨 올 수 있었던 이유도 이와 관련된 것으로 해석했다.

19세기 왕실 불사의 경향을 보여 준다는 점에서 화계사 불교미술에 주목했다. 특히 신정왕후 조씨의 불교 신앙과 불사 형태를 파악할 수 있었기 때문이었다. 19세기에는 왕실 불사라 하더라도 새롭게 불상을 조성하는 것보다는 다른 곳에 있는 상을 옮겨 오는 방식을 취했다. 황해도 배천 강서사 명부전 존상을 화계사로 옮겨 왔듯이, 신정왕후 조씨는 건봉사에서도 같은 방식을 선택했다. 오대산 상원사 영산전 존상이 예천 천주산 운복사에서 오대산으로 이운되었던 것도 신정왕후 조씨의 내탕금 하사로 이루어졌던 것으로 파악되기 때문이다.

서울과 경기 지역의 왕실 원찰 가운데 화계사와 유사한 불사 형태는 흥천사, 남양주 흥국사, 남양주 불암사에서도 발견된다. 서울 흥천사 불상과 관음보살상은 문경 오정사와 임실 신흥사 적조암에서 옮겨 왔고, 남양주 흥국사 영산전 석가삼존상과 십육나한상은 1891년(고종 28)에 전라도 완주 안심사 약사암으로부터 이안해 왔다. 남양주 불암사 관음보살상은 1907년(순종 1)에 완주 대둔산 안심사 묘련암에서 모셔왔다.

화계사 19세기 불교미술 시주자 분석은 당시 왕실의 불사 경향을 파악할 수 있고, 20세기로 이어지는 왕실 인물의 불사 참여를 고찰할 수 있다는 점에서 주목할 만한 가치가 있다.

　이상으로 조선시대 왕실 발원 불상을 살펴보았다. 조선 후기로 갈수록 왕실 인물이 참여한 불사 활동이 축소된다는 필자의 기존 인식은 본 연구를 진행하면서 수정되었다. 조선시대는 초기부터 후기까지 왕실 인물의 불사 참여가 지속적으로 이루어지고 있음을 확인하였다. 복장 기록을 중심으로 살펴본 조선시대 왕실 발원 불상 연구가 향후 조선시대 불교조각 연구에도 기여하는 바가 있기를 기대한다.

참고문헌

1. 고문헌

『簡易集』
『艮翁先生文集』
『江西馬祖四家錄章』
『經國大典』
『高麗史』
『高麗史節要』
『勸修定慧結社文』
『記言』
『畸翁漫筆』
『樂全堂集』
『端懿嬪禮葬都監儀軌』
『大覺登階集』
『東國李相國集』
『東溪集』
『東文選』
『東師列傳』
『無竟集』
『無用堂集』
『白軒集』
『梵宇攷』
『保晚齋集』
『浮休堂大師集』
『備邊司謄錄』
『四溟堂大師集』
『三國遺事』
『西域中華海東佛祖源流』
『松巖集』
『承政院日記』
『拭疣集』
『新增東國輿地勝覽』

『鵝溪遺稿』
『於于集』
『藥師如來念誦儀軌』
『陽村先生文集』
『與猶堂全書』
『輿地圖書』
『櫟山集』
『燃藜室記述別集』
『英祖元陵山陵都監儀軌』
『月渚堂大師集』
『翼宗代聽時日錄』
『仁元王后宣懿王后尊崇都監儀軌』
『日省錄』
『臨瀛誌』
『潛谷遺稿』
『精選四家錄』
『造像經』
『朝鮮王朝實錄』
『朝鮮總督府官報』
『天地冥陽水陸齋儀梵音删補集』
『淸珠集』
『淸虛堂集』
『春亭集』
『翠微大師詩集』
『枕肱集』
『鶴峯全集』
『寒水齋集』
『虛靜集』
『湖南道求禮縣智異山大華嚴寺事蹟』

2. 단행본 및 논문

- 강관식(2008), 「용주사 후불탱과 조선후기 궁중회화 – 대웅보전 〈삼세여래체탱〉의 작가와 시기, 양식 해석의 재검토」, 『미술사학보』 31, 미술사학연구회
- 강관식(2019), 「龍珠寺 〈三世佛會圖〉의 祝願文 解釋과 製作時期 推定」, 『미술자료』 96, 국립중앙박물관
- 강관식(2020), 「龍珠寺 〈三世佛會圖〉 연구의 연대 추정과 양식 분석, 작가 비정, 문헌 해석의 검토」, 『미술자료』 97, 국립중앙박물관
- 강병희(2002), 「흥천사 舍利殿과 石塔에 관한 연구 – 朝鮮初期 漢城의 塔婆」, 『강좌미술사』 19, 한국불교미술사학회
- 강선정·박윤미(2016), 「송광사 영산전 석가모니불 복장직물에 관한 연구」, 『한복문화』 19(4), 한복문화학회
- 강소연(2019), 「조선전기 왕실발원 〈安樂國太子經變相圖〉의 불교적 주제 고찰 – 보살정신과 육바라밀의 공덕을 중심으로」, 『원불교사상과 종교문화』 79, 원광대학교 원불교사상연구원
- 강원문화재연구소·보현사(2007), 『江陵 普賢寺 食堂禪院 新築敷地內 遺蹟』
- 강호선(2015), 「조선전기 왕실원찰 견성암(見性庵)의 조성과 기능」, 『서울학연구』 59, 서울시립대학교 서울학연구소
- 강호선(2017), 「조선전기 국가의례 정비와 '국행'수륙재의 변화」, 『한국학연구』 44, 인하대학교 한국학연구소
- 강희정(2002), 「조선 전기 불교와 여성의 역할」, 『아시아여성연구』 41, 숙명여자대학교 아시아여성연구원
- 강희정(2016), 「17세기 이후 불상의 복장 의례: 법계의 구현」, 『미술사와 시각문화』 18, 미술사와 시각문화학회
- 강희정(2021), 「회암사지 출토 석조불상편 고찰」, 『미술사학연구』 311, 한국미술사학회
- 고경 스님 校勘, 송천 스님·이종수·허상호·김정민 編著(2011), 『韓國의 佛畵 畵記集』, 성보문화재연구원
- 고승희(2014), 「朝鮮時代 純祖~純宗代 王室發願 掛佛畵 硏究」, 『동아시아불교문화』 19, 동아시아불교문화학회
- 고승희(2017), 「삼각산 화계사 아미타패불도 연구」, 『강좌미술사』 49, 한국불교미술사학회
- 고승희(2017), 「作風 및 改金記」를 통해본 남양주 불암사 목조석가불좌상의 편년 연구」, 『동아시아불교문화』 31, 동아시아불교문화학회
- 고승희(2019), 「서울 개운사 왕실발원 석가패불도 연구」, 『강좌미술사』 53, 한국불교미술사학회
- 고승희(2019), 「1908년 作 철유 筆 수국사 왕실발원 삼불괘불도(三佛掛佛圖) 연구」, 『강좌미술사』 52, 한국불교미술사학회
- 고승희(2020), 「서울 봉은사 왕실발원 석가패불도 연구」, 『강좌미술사』 54, 한국불교미술사학회
- 고영섭(2014), 「삼각산 화계사의 역사와 인물 – 조선왕실과 대원군가의 불교인식 및 고봉과 숭산」, 『한국불교사연구』 4, 한국불교사연구소
- 고영섭(2019), 「벽암 각성의 생애와 사상 – 李景奭 撰「華嚴寺 碧巖堂 覺性大師碑文」을 중심으로」, 『강좌미술사』 52, 한국불교미술사학회
- 고영섭(2020), 「광해군대 불교 정책과 불교 문화」, 『문학/사학/철학』 60, 한국불교사연구소

- 고영섭(2020), 「조선 세조의 오대산 상원사 重創과 거둥 관련 遺迹 고찰」, 『진단학보』 134, 진단학회
- 고은경(2020), 「15세기 관영수공업의 변동과 私匠」, 『역사교육』 153, 역사교육연구회
- 고종호(2013), 「조선전기 왕실의 불교 신행과 사원」, 동국대학교 석사학위논문
- 공규덕(2001), 「朝鮮前期 十輪寺 所藏 五尊佛會圖 硏究: 會佛圖와 排佛과의 圖像關係를 중심으로」, 동국대학교 석사학위논문
- 곽동화(2018), 「조선전기 왕실본에 대한 연구」, 한성대학교 박사학위논문
- 곽동화·강순애(2018), 「조선 전기 왕실 발원 불교전적에 관한 연구」, 『서지학연구』 74, 한국서지학회
- 구례군지편찬위원회(2005), 『구례군지』, 구례군청
- 구미래(2010), 「지장보살의 상주공간과 천도재에 투영된 상징성」, 『삶 그 후』, 불교중앙박물관
- 구미래(2011), 「四十九齋의 의례기반과 地藏信仰의 특성」, 『정토학연구』 35, 한국정토학회
- 구선아(2020), 「일본 목조십일면천수관음보살삼존상 고찰: 남양주 수종사 팔각오층석탑 봉안 존상을 중심으로」, 용인대학교 석사학위논문
- 국립대구박물관(2013), 『흑석사: 목조아미타여래좌상 불복장』
- 국립문화재연구소(2011), 『한국역대서화가사전』 하
- 국립중앙박물관(2014), 『국립중앙박물관 소장 불교조각 조사보고 Ⅰ』
- 국립중앙박물관(2015), 『발원, 간절한 바람을 담다: 불교미술의 후원자들』
- 국립중앙박물관(2016), 『화성 용주사』
- 국립중앙박물관(2017), 『안성 청룡사 – 조선의 원당 2』
- 국립중앙박물관(2021), 『조선의 승려 장인』
- 權相老 編(1979), 『韓國寺刹全書』上·下, 동국대학교 출판부
- 권영숙·백영미(2006), 「상원사목조문수동자좌상 복장 명주홑저고리의 보존처리」, 『한국의류산업학회지』 8(6), 한국의류산업학회
- 권영오(2018), 「9세기 해인사 비로자나불 묵서명과 해인사 전권 – 부호부인과의 관계를 중심으로」, 『신라사학보』 44, 신라사학회
- 권용란(2015), 『조선시대 왕실 조상신에 대한 연구』, 민속원
- 권현규(2004), 「龍珠寺所藏 佛畵의 『檀園』關聯說에 관한 小考」, 『문화사학』 22, 한국문화사학회
- 권효숙(2010), 「朝鮮時代 墳庵硏究: 坡州지역 墳庵을 중심으로」, 한성대학교 석사학위논문
- 권희경(2001), 「조선초(朝鮮初) 익안대군발원사경(益安大君發願寫經)에 관한 연구(硏究)」, 『한국기록관리학회지』 1(2), 한국과학기술정보연구원
- 기윤혜(2012), 「朝鮮 前期 仁粹大妃 刊行 佛書의 분석」, 경북대학교 석사학위논문
- 김경미(2020), 「금곡 영환(金谷永環) 작 봉원사(奉元寺) 약사여래회도의 연구」, 『한국학연구』 75, 고려대학교세종캠퍼스 한국학연구소
- 김경미(2020), 「흥천사 약사신앙과 약사여래회도의 도상 연구」, 『강좌미술사』 55, 한국불교미술사학회
- 김경미(2021), 「양주 회암사지 석조불상의 양식과 가치 연구」, 『미술사학연구』 312, 한국미술사학회
- 김경섭(1999), 「용주사 삼불회탱의 연구: 김홍도 작 설에 대한 재고」, 『강좌미술사』 12, 한국불교미술사학회
- 김경집(2005), 「開港初 韓日 佛敎 교류에 대한 연구」, 『불교학연구』 10, 불교학연구회

- 김관수(2021), 「용주사의 건축 변화에 대한 연구」, 『한국건축역사학회 학술발표대회논문집』 11, 한국건축역사학회
- 김광식(2009), 「홍월초의 꿈 ; 그의 교육관에 나타난 민족불교」, 『한민족문화연구』 29, 한민족문화학회
- 김광식(2012), 「탄허의 시대인식과 종교관」, 『한국불교학』 63, 한국불교학회
- 김광식·한상길(2020), 『건봉사乾鳳寺』, 대한불교조계종 백년대계본부 불교사회연구소
- 김광희(2014), 「무위사 극락보전 아미타여래삼존상 연구」, 『불교미술사학』 18, 불교미술사학회
- 김광희(2018), 「갑사 대웅전 소조석가여래삼불좌상 및 사보살입상 연구」, 『미술사학연구』 300, 한국미술사학회
- 김기종(2014), 「『사리영응기』 소재 세종의 "친제신성(親制新聲)" 연구」, 『반교어문연구』 37, 반교어문학회
- 김길웅(1998), 「흑석사 목조아미타여래좌상고」, 『문화사학』 10, 한국문화사학회
- 김남기(2006), 「昭顯東宮日記」, 『규장각』 29, 서울대학교 규장각한국학연구원
- 김남윤(2006), 「『瀋陽日記』와 昭顯世子의 볼모살이」, 『규장각』 29, 서울대학교 규장각한국학연구원
- 김남윤(2008), 「『昭顯乙酉東宮日記』로 본 昭顯世子의 죽음」, 『규장각』 32, 서울대학교 규장각한국학연구원
- 김동진(2007), 「朝鮮前期 講武의 施行과 捕虎政策」, 『조선시대사학보』 4, 조선시대사학회
- 김말목(2005), 「춤을 사랑한 조선의 왕 – 효명세자」, 『효명세자연구』, 두솔
- 김무봉(1996), 「상원사 「어첩」 및 「중창 권선문」의 국어사적 고찰」, 『동악어문학』 31, 동악어문학회
- 김무봉(2004), 「조선시대의 간경도감 간행의 한글 경전 연구」, 『한국사상과 문화』 23, 한국사상문화학회
- 김무봉(2010), 「불경언해와 간경도감(刊經都監)」, 『동아시아불교문화』 6, 동아시아불교문화학회
- 김무봉(2010), 『역주 상원사중창권선문·영험약초·오대진언』, 세종대왕기념사업회
- 김무봉(2011), 「『상원사 중창 권선문』의 조성 경위에 대한 연구」, 『불교학연구』 30, 불교학연구회
- 김문식(2006), 「소현세자의 분조와 외교 활동」, 『문헌과 해석』 37, 태학사
- 김미자(2003), 「元의 雲肩에 관한 연구 –《集史》를 중심으로」, 『복식』 52, 한국복식학회
- 김미경(2017), 「조선 光海君代의 佛事 연구 – 안동 仙刹寺 목조석가불좌상 造成發願文을 중심으로」, 『석당논총』 67, 동아대학교 석당학술원
- 김미경(2019), 「통도사 해장보각(海藏寶閣)과 원당(願堂)에 관한 고찰」, 『불교미술사학』 28, 불교미술사학회
- 김버들·조정식(2015), 「조선 초기 修禪本寺 興天寺 사리각 영건에 관한 고찰」, 『건축역사연구』 24(1), 한국건축역사학회
- 김봉열(1996), 「조선왕실 원당사찰건축의 구성형식」, 『대한건축학회논문집』 12(7), 대한건축학회
- 김상일(2011), 「광해군대 문인 사대부의 불교 인식과 승려와의 시적 교유」, 『한국선학』 30, 한국선학회
- 김상현(2010), 「문정왕후의 불교중흥정책」, 『한국불교학』 56, 한국불교학회
- 김선풍(1985), 「오대산 상원사 중창권선문」, 『강원민속학』 3, 아시아강원민속학회
- 김성순(2019), 「갑사(甲寺) 사적(史蹟)을 통해 본 의병장 영규(靈圭)에 대한 두 갈래 시선」, 『불교문예연구』 14, 동방문화대학원대학교 불교문예연구소

- 김성연(2018), 「일제하 불교 종단의 형성과정 연구 – 중앙기구의 조직구성과 재정운영을 중심으로」, 동국대학교 박사학위논문
- 김세서리아(2020), 「조선 왕실 여성의 가족 감정과 젠더 권력 – 소혜왕후와 영빈이씨의 경우를 중심으로」, 『동양철학』 54, 한국동양철학회
- 김세호(2021), 「남양주 묘적산(妙寂山)의 역사와 문화공간적 의미」, 『한국고전연구』 5, 한국고전연구학회
- 김소담(2017), 「朝鮮 後期 江原道 地域 佛像 硏究」, 동국대학교 석사학위논문
- 김수아(2016), 「왕실발원판 『오대진언집』과 관음신앙의 형성」, 『문학과 종교』 21, 한국문학과종교학회
- 김수연(2020), 「조선후기 삼성각의 형성과정과 봉안불화」, 원광대학교 석사학위논문
- 김수현(2021), 「1794년작 〈강릉 관음사 소장 범종〉과 주종장 권동삼 연구」, 『박물관지』 28, 강원대학교 중앙박물관
- 김순석(2008), 「근대 일본 불교 세력의 침투와 불교계의 동향」, 『한국학연구』 18, 인하대학교 한국학연구소
- 김순아(2015), 「봉인사 세존사리탑 사리장엄구 고찰」, 『동악미술사학』 17, 동악미술사학회
- 김승호(2000), 「壬亂時 僧將의 설화전승 양상 – 靈圭大師를 중심으로」, 『동악어문학』 36, 동악어문학회
- 김신웅(1984), 「朝鮮時代의 手工業 硏究 – 京工匠 外工匠의 分解와 企業的手工業의 擡頭」, 동국대학교 박사학위논문
- 김약수(2002), 「파계사의 연혁과 가람배치」, 『청계사학』 16·17, 청계사학회
- 김엘리(2021), 「성남시 봉국사의 역사와 大光明殿 主尊佛에 관한 고찰」, 『한국학연구』 63, 인하대학교 한국학연구소
- 김엘리(2021), 「성남시 폐사찰 法輪寺에 관한 고찰」, 『역사문화연구』 78, 역사문화연구소
- 김연미(2017), 「불복장 의복 봉안의 의미 – 상원사 문수동자상의 저고리와 전설을 중심으로」, 『미술사학』 34, 한국미술사교육학회
- 김영봉(2011), 「求禮 石柱關七義士에 대한 追慕詩文 考察」, 『한국시가문화연구』 27, 한국시가문화학회
- 김영숙(1994), 「朝鮮朝 전기 직물의 한 양상 – 흑석사 아미타불 복장유물을 중심으로」, 『문화재』 27, 국립문화재연구소
- 김용기·조미혜(2000), 「용주사의 능침사찰적 특징에 관한 연구」, 『한국전통조경학회지』 18(1), 한국정원학회
- 김용덕(1964), 「소현세자 연구」, 『사학연구』 18, 한국사학회
- 김용덕(2011), 「문수보살 신앙과 영험설화의 전승양상」, 『한국민속학』 54, 한국민속학회
- 김용조(1979), 「白谷處能의 諫廢釋教疏에 關한 研究」, 『한국불교학』 4, 한국불교학회
- 김용태(2009), 「조선후기 華嚴寺의 역사와 浮休系 전통」, 『지방사와 지방문화』 12, 역사문화학회
- 김용태(2010), 『조선 후기 불교사 연구』, 신구문화사
- 김용태(2015), 「조선후기 남한산성의 조영과 승군의 활용」, 『한국사상과 문화』 78, 한국사상문화학회
- 김용태(2017), 「18세기 풍암 취우의 부휴계 법맥과 교학 계보」, 『한국불교사연구』 12, 한국불교사연구소
- 김용태(2019), 「환성 지안의 宗統 계승과 禪教 융합」, 『남도문화연구』 36, 남도문화연구소

- 김용표(2016), 「조선 중기 의승군 전통에 대한 재고: 호국불교의 조선적 발현」, 『동국사학』 61, 동국대학교 동국역사문화연구소
- 김우경(2020), 「근대 刺繡千手觀音菩薩圖의 양상과 조성배경」, 『미술사학』 39, 한국미술사교육학회
- 김우진(2009), 「『사리영응기』 소재 악공 연구」, 『한국음악연구』 45, 한국국악학회
- 김윤주(2017), 「조선 초기 수도 한양의 불교 사찰 건립과 불사 개설 – 태조 이성계의 사찰 건립을 중심으로」, 『서울학연구』 66, 서울시립대학교 서울학연구소
- 김은정(2002), 「낙전당 신익성의 문학 연구」, 서울대학교 박사학위논문
- 김은정(2007), 「東陽尉 申翊聖의 駙馬로서의 삶과 문화활동」, 『열상고전연구』 26, 열상고전연구회
- 김자현(2015), 「15세기 王室發願 변상판화와 새로운 도상의 유입」, 『동악미술사학』 17, 동악미술사학회
- 김자현(2017), 「朝鮮前期 佛敎變相版畵 硏究」, 동국대학교 박사학위논문
- 김자현(2019), 「15세기 王室發願 佛敎變相版畵의 제작과 흐름」, 『불교미술사학』 27, 불교미술사학회
- 김자현(2021), 「15세기 朝鮮 王室의 崇佛과 廣平大君一家의 佛典 刊行」, 『보조사상』 5, 보조사상연구원
- 김재권 외(2018), 『치유하는 붓다』, 한국학중앙연구원 출판부
- 김정아(2008), 「조선 명종대 왕실의 내원당 운용」, 교원대학교 석사학위논문
- 김정희(1996), 『조선시대 지장시왕도 연구』, 일지사
- 김정희(1999), 「송광사 명부전의 도상 연구」, 『강좌미술사』 13, 한국불교미술사학회
- 김정희(2001), 「文定王后의 中興佛事와 16世紀의 王室發願 佛畵」, 『미술사학연구』 23, 한국미술사학회
- 김정희(2007), 「孝寧大君과 朝鮮 初期 佛敎美術」, 『미술사논단』 25, 한국미술연구소
- 김정희(2008), 「朝鮮末期 王室發願 佛畵와 守國寺 佛畵」, 『강좌미술사』 30, 한국불교미술사학회
- 김정희(2015), 「조선시대 왕실불사(王室佛事)의 재원(財源)」, 『강좌미술사』 45, 한국불교미술사학회
- 김정희(2019), 「碧巖 覺性과 華嚴寺 靈山會掛佛圖」, 『강좌미술사』 52, 한국불교미술사학회
- 김정희(2019), 『왕실, 권력 그리고 불화』, 세창출판사
- 김종덕(2007), 「소현세자 병증과 치료에 대한 연구」, 『규장각』 31, 서울대학교 규장각한국학연구원
- 김준혁(2020), 「정조시대 龍珠寺 創建과 정치적 활용」, 『지방사와 지방문화』 23(2), 역사문화학회
- 김지현(2018), 「조선 北京使行의 漢陽 餞別 장소 고찰」, 『한문학보』 38, 우리한문학회
- 김진흠(2015), 「1950년대 이승만 대통령의 '불교 정화' 유시와 불교계의 정치 개입」, 『사림』 5, 수선사학회
- 김창균(1999), 「송광사 범종 양식의 연구」, 『강좌미술사』 13, 한국불교미술사학회
- 김창균(2005), 「법주사 대웅보전 봉안 소조삼존불좌상에 대한 연구」, 『강좌미술사』 24, 한국불교미술사학회
- 김창균(2010), 「19세기 경기지역 首畵僧 金谷堂永煥·漢奉堂瑢晔 硏究」, 『강좌미술사』 34, 한국불교미술사학회
- 김창균(2013), 「佛畵僧 慧湜의 畵蹟과 表現技法에 대한 考察」, 『강좌미술사』 41,

한국불교미술사학회
- 김창균(2017), 「大芚山 妙蓮庵 목조관음보살상과 조각승 교류를 통해 본 無染 작풍 연구」, 『미술사학보』 45, 미술사학연구회
- 김창호(2005), 「합천 해인사 비로자나불좌상의 '大角干'銘 墨書」, 『신라사학보』 4, 신라사학회
- 김추연(2020), 「부여 무량사 오층석탑 봉안 불상 연구」, 『미술사연구』 39, 미술사연구회
- 김춘실(2009), 「충청북도 제천·단양 지역의 朝鮮 後期 木造佛像」, 『미술사연구』 23, 미술사연구회
- 김형수(2003), 「고운사, 대곡사, 흑석사 관련자료 소개」, 『영남학』 4, 경북대학교 영남문화연구원
- 김혜경·민보라(2013), 「흑석사: 목조아미타여래좌상 복장」, 국립대구박물관
- 김환수(2012), 「불교적 식민지화: 1910년대 한국 원종(圓宗)과 일본 조동종(曹洞宗) 연합에 대한 새로운 해석의 가능성」, 『불교연구』 36, 한국불교연구원
- 나종면(2008), 「소현세자의 죽음과 장례절차」, 『동방학』 14, 한서대학교 동양고전연구소
- 남권희(1991), 「1302年 阿彌陀佛腹藏 印刷資料에 대한 書誌學的 分析」, 『1302年 阿彌陀佛腹藏物의 調査研究』, 온양박물관
- 남권희(2017), 「奉化 清凉寺 乾漆藥師如來坐像의 陀羅尼와 典籍資料」, 『미술사연구』 32, 미술사연구회
- 남진아(2005), 「朝鮮 初期 王室發願 梵鐘 研究」, 영남대학교 석사학위논문
- 남진아(2007), 「朝鮮初期 王室發願 梵鐘 研究」, 『불교미술사학』 5, 불교미술사학회
- 남희숙(2007), 「조선 전기 奉保夫人의 역할과 지위」, 『조선시대사학보』 43, 조선시대사학회
- 노기욱(2013), 「이순신의 수군 정비와 명량해전」, 『지방사와 지방문화』 16, 역사문화학회
- 노명신(1999), 「송광사 사천왕상에 대한 고찰」, 『강좌미술사』 13, 한국불교미술사학회
- 노세진(2002), 「16世紀 王室發願 佛畵의 研究: 文定王后 時期의 佛畵를 中心으로」, 동국대학교 석사학위논문
- 노세진(2004), 「16세기 王室發願 佛畵의 一考察」, 『동악미술사학』 5, 동악미술사학회
- 다카하시 도루 지음, 이윤석·다지마 데쓰오 옮김(2020), 『경성제국대학 교수가 쓴 조선시대 불교통사』, 민속원
- 대한불교조계종 봉은사·불교조형연구소(2002), 『수도산 봉은사 사천왕상 보고서』
- (재)대한불교조계종유지재단 문화유산발굴조사단(2004), 『수도산 봉은사 지표조사보고서』, 대한불교조계종 수도산 봉은사
- 대한불교조계종 흥천사(2018), 『조선의 왕실사찰 삼각산 흥천사』, 흥천사
- 도윤수(2018), 「불교건축」, 『조선의 왕실사찰 삼각산 흥천사』, 흥천사
- 도윤수·김문식(2016), 「'안심사사적비'를 통해 본 18세기 완주 안심사 건축 검토」, 『한국건축역사학회 2016년 추계학술발표대회 논문집』, 한국건축역사학회
- 리송재(2021), 「서울 화계사 塔圖 목판의 판각과 유통」, 『미술사연구』 40, 미술사연구회
- 리영자(2010), 「文定大妃의 불교부흥과 한국불교」, 『한국불교학』 56, 한국불교학회
- 무경 자수 지음·김재희 옮김(2013), 『무경집』, 동국대학교 출판부
- 문경시·(재)불교문화재연구소(2011), 『대승사 목각아미타여래설법상 및 관계문서』, 불교문화재연구소
- 문명대(1993), 「백담사 목아미타불좌상」, 『강좌미술사』 5, 한국불교미술사학회
- 문명대(1999), 「松廣寺 大雄殿 塑造釋迦三世佛像」, 『강좌미술사』 13, 한국불교미술사학회
- 문명대(2002), 「圓覺寺10層石塔 16佛會圖의 圖象特徵: 漢城의 朝鮮初期 彫刻」, 『강좌미술사』 19, 한국불교미술사학회

- 문명대(2003), 「三幕寺 七星殿佛像銘 磨崖熾盛光三尊佛像의 研究」, 『강좌미술사』 20, 한국불교미술사학회
- 문명대(2003), 「상원사(上院寺) 목문수동자상」, 『高麗·朝鮮 佛教彫刻史研究』, 예경
- 문명대(2003), 「印性派 木佛像의 조성과 道詵寺 木阿彌陀三尊佛像의 고찰」, 『성보』 5, 대한불교조계종
- 문명대(2003), 「조선 전반기 조각사론」, 『高麗·朝鮮 佛教彫刻史 研究』, 예경
- 문명대(2007), 「17세기 전반기 조각승 玄眞派의 성립과 지장암 목 비로자나불좌상의 연구」, 『강좌미술사』 29, 한국불교미술사학회
- 문명대(2007), 『왕룡사원의 조선전반기 불상조각』, 한국불교미술사학회
- 문명대(2007), 「왕룡사원의 1466년작 목 아미타불좌상 연구」, 『강좌미술사』 28, 한국불교미술사학회
- 문명대(2008), 「봉은사 대웅전 목(木) 삼세불상(三世佛像)의 도상특징」, 『봉은사: 奉恩寺의 寺院構造와 文化』, 한국미술사연구소·봉은사
- 문명대 편(2008), 『奉恩寺의 寺院構造와 文化』, (사)한국미술사연구소·봉은사
- 문명대(2008), 「선운사 대웅보전 무염(無染) 작 비로자나삼불상(毘盧遮那三佛像)」, 『강좌미술사』 30, 한국불교미술사학회
- 문명대(2010), 「조각승 혜희(慧熙)의 작품세계와 부산 금정사 봉안 용문사(龍門寺) 목 아미타불상의 복원적(三世佛像) 연구」, 『강좌미술사』 34, 한국불교미술사학회
- 문명대(2011), 「석준·원오파의 성립과 논산 쌍계사 삼세불상(1605년) 및 복장의 연구」, 『강좌미술사』 36, 한국불교미술사학회
- 문명대(2011), 「조선전반기 불교조각의 도상해석학적 연구」, 『강좌미술사』 36, 한국불교미술사학회
- 문명대(2013), 「1592년 작 장호원 석남사(石楠寺) 왕실발원 석가영산회도의 연구」, 『강좌미술사』 40, 한국불교미술사학회
- 문명대(2014), 「칠보사 대웅전 1622년작 왕실발원 목(木)석가불좌상과 복장품의 연구」, 『강좌미술사』 43, 한국불교미술사학회
- 문명대(2015), 「벽암각성의 조형 활동과 신흥사 극락보전아미타삼존불상과 그 복장품의 연구」, 『강좌미술사』 45, 한국불교미술사학회
- 문명대(2019), 「벽암 각성의 조형 활동과 불상 조성」, 『강좌미술사』 52, 한국불교미술사학회
- 문명대(2019), 「흥천사(興天寺) 불상의 성격과 1701년 법잠(法岑) 작 목조(木造) 수월관음보살(水月觀音菩薩) 삼존상 및 복장품 연구」, 『강좌미술사』 53, 한국불교미술사학회
- 문명대(2020), 「흥천사 왕실 발원 불화의 성격과 화면분할식 극락구품도의 도상학적 연구」, 『강좌미술사』 55, 한국불교미술사학회
- 문명대(2021), 「운장암 금동관음보살상의 도상학과 수조각승 석준의 중수 연구」, 『운장암 금동관음보살상 연구』, (사)한국미술사연구소·운장암
- 문상련(2012), 「納塔經典의 시대적 變遷考」, 『불교학보』 62, 동국대학교 불교문화연구원
- 문진영(2016), 「조선조 왕실불사에 있어서의 훈민정음 활용에 관한 연구」, 『한국불교학』 80, 한국불교학회
- 문현순(2005), 「1450~1460년대 紀年銘 아미타삼존불에 대한 고찰」, 『불교미술사학』 3, 불교미술사학회
- 문화재관리국(1984), 『上院寺 木彫文殊童子坐像 調査報告書』

- 문화재청(2009),『華嚴寺 覺皇殿 實測調査報告書』
- 문화재청(2014),『합천 해인사 정밀실측조사보고서(상)』
- 문화재청(2016),『문화재대관 보물 불교조각』Ⅰ·Ⅱ
- 문화재청·고창군(2019),『보물 제1918호 고창 문수사 목조석가여래삼불좌상 보존상태 진단 및 기록화 보고서』, 동국대학교 불교학술원 문화재연구소
- 문화재청·구례군(2005),『구례 화엄사 목조비로자나삼신불상 보고서』, (사)사찰문화재보존연구소
- 문화재청·(재)불교문화재연구소(2006),『한국의 사찰문화재 전국사찰문화재일제조사 광주광역시/전라남도Ⅰ·Ⅱ·Ⅲ』자료집
- 문화재청·(재)불교문화재연구소(2009),『한국의 사찰문화재 전국사찰문화재일제조사 경상남도Ⅰ』자료집
- 문화재청·(재)불교문화재연구소(2012),『한국의 사찰문화재 전국사찰문화재일제조사 인천광역시/경기도Ⅱ』
- 문화재청·(재)불교문화재연구소(2012),『한국의사찰문화재 전국사찰문화재일제조사 인천광역시/경기도Ⅲ』자료집
- 문화재청·(재)불교문화재연구소(2013),『한국의 사찰문화재 전국사찰문화재일제조사 서울특별시Ⅲ』자료집
- 문화재청·(재)불교문화재연구소(2016),『2015년 중요동산문화재 불상기록화 정밀조사 보고서: 서울 화계사 목조지장보살삼존상 및 시왕상 일괄』1·2
- 문화재청·(재)불교문화재연구소(2022),『한국의 사찰문화재: 2021 한국고승 진영 정밀 학술조사』1
- 문화재청·(사)성보문화재연구원(2015),『보물 제1278호 북장사 영산회괘불탱』, 성보문화재연구원
- 민덕식(2018),「조선시대(朝鮮時代)의 정업원(淨業院)」,『문학/사학/철학』53, 한국불교사연구소
- 민순의(2016),「조선전기 도첩제도(度牒制度) 연구」, 서울대학교 박사학위논문
- 민순의(2016),「조선 초 불교 사장(社長)의 성격에 대한 일고(一考)」,『역사민속학』50, 한국역사민속학회
- 박광헌(2021),「刊經都監 刊行 印本의 재검토」,『서지학연구』87, 한국서지학회
- 박도화(1999),「송광사 오백나한전의 나한상」,『강좌미술사』13, 한국불교미술사학회
- 박도화(2002),「15세기 후반기 王室發願 版畵: 貞熹大王大妃 發願本을 중심으로」, 『강좌미술사』19, 한국불교미술사학회
- 박병선(2002),「朝鮮後期 願堂 硏究」, 영남대학교 박사학위논문
- 박병선(2002),「朝鮮後期 願堂의 政治的 基盤: 官人 및 王室의 佛敎 認識을 中心으로」, 『민족문화논총』25, 영남대학교 민족문화연구소
- 박병선(2009),「朝鮮後期 願堂의 設立 節次 및 構造」,『경주사학』29, 경주사학회
- 박상국(1984),「上院寺 文殊童子像 腹藏發願文과 腹藏典籍에 대해서」,『한국불교학』9, 한국불교학회
- 박선경(2019),「조선 세종대『사리영응기』편찬과 왕실불사의 전통」,『동국사학』67, 동국역사문화연구소
- 박성종·박도식(2002),「15세기 上院寺 立案文書 분석」,『고문서연구』21, 한국고문서학회
- 박세연(2011),「朝鮮初期 世祖代 佛敎的 祥瑞의 政治的 意味」,『사총』74, 고려대학교 역사연구소
- 박소연(2016),「19세기 후반 서울지역 신앙 결사의 활동과 특징 - 불교·도교 결사를

중심으로」, 동국대학교 석사학위논문

• 박아연(2009), 「水鐘寺 팔각오층 석탑 봉안 왕실발원 금동불상군 硏究」, 이화여자대학교
　　　　　석사학위논문
• 박아연(2011), 「628年 仁穆大妃 발원 水鍾寺 金銅佛像群 硏究」, 『강좌미술사』 37,
　　　　　불교미술사학회
• 박아연(2011), 「1493년 水鐘寺 석탑 봉안 왕실발원 불상군 연구」, 『미술사학연구』 269,
　　　　　한국미술사학회
• 박용진(2022), 「통도사 소장 대한제국 광무 3년(1899) 고려대장경의 인경과 봉안」,
　　　　　『불교미술사학』 33, 불교미술사학회
• 박윤미(2014), 「해인사 비로자나불복장 섬유류 유물에 관한 고찰」, 『복식』 64(5), 한국복식학회
• 박은경(2008), 『조선 전기 불화 연구』, 시공사
• 박은순(1996), 「16世紀 讀書堂契會圖 硏究 – 風水的 實景山水畵에 대하여」, 『미술사학연구』
　　　　　212, 한국미술사학회
• 박정미(2015), 「조선시대 佛敎式 喪·祭禮의 설행양상: 왕실의 국행불교상례와 사족의
　　　　　봉제사사암을 중심으로」, 숙명여자대학교 박사학위논문
• 박주(2015), 「조선후기 영조의 딸 화완옹주의 생애와 정치적 향배」, 『여성과 역사』 22,
　　　　　한국여성사학회
• 박홍갑(2019), 「세조의 종친 등용책과 영순군(永順君)」, 『청계사학』 21, 청계사학회
• 백순천(2011), 「조선초기 흥천사의 조영과 역할」, 한국교원대학교 석사학위논문
• 백승정(2005), 「朝鮮後期 龍珠寺 및 인근 王室願刹의 佛畵 硏究」, 부산대학교 석사학위논문
• 백은정(2013), 「知恩院 소장 조선전기 〈地藏十王18地獄圖〉 연구」, 『미술사학』 27,
　　　　　한국미술사교육학회
• 梵海 撰·金崙世 譯(1991), 『東師列傳』, 광제원
• 법보종찰 해인사·문화재청(2008), 『해인사 대적광전·법보전 비로자나불 복장유물 조사보고서』
• 변원림(2012), 『순원왕후 독재와 19세기 조선사회의 동요』, 일지사
• 불교중앙박물관(2019), 『모악산 금산사』
• 불교중앙박물관(2021), 『지리산 대화엄사』
• 謝明勳(2013), 「韓國敬天寺元代石搭『西遊』故事浮雕圖解」, 『중어중문학』 56, 한국중어중문학회
• 사명훈(2013), 「敬天寺十層石塔『西遊』故事浮雕釋圖訂補」, 『민족문화연구』 61, 고려대학교
　　　　　민족문화연구원
• 三角山華溪寺宗務所(1938), 『三角山華溪寺略誌』, 彰文社
• 서병패(2008), 「해인사 비로자나불 복장전적 보고서」, 『海印寺 대적광전·법보전 복장유물
　　　　　조사보고서』, 법조종찰 해인사·문화재청
• 서수정(2017), 「19세기 후반 결사단체의 佛書 編刊 배경」, 『한국불교사연구』 11,
　　　　　한국불교사학회 한국불교사연구소
• 서수정(2018), 「새로 발견한 벽암 각성의 『선원도중결의(禪源圖中決疑)』 간행 배경과 그 내용」,
　　　　　『불교학연구』 55, 불교학연구회
• 서울특별시(1988), 『興天寺 實測調査報告書』
• 서치상(1989), 「圓覺寺 創建工事에 관한 硏究」, 『공업기술연구소논문집』 3, 순천대학교
　　　　　공업기술연구소
• 서치상(1990), 「朝鮮王朝 願堂寺刹의 造營에 관한 硏究」, 부산대학교 박사학위논문
• 서치상(1992), 「조선후기 능침사찰의 조영에 관한 연구: 용주사 창건공사를 중심으로」,

『대한건축학회논문집』 8(9), 대한건축학회

• 서치상(2020), 「광해·인조 연간의 해인사 수다라장과 법보전 상량문 연구」, 『건축역사연구』 128, 한국건축역사학회
• 석창진(2015), 「조선 초기 유교적 국상의례의 거행양상과 그 특징」, 『한국사학보』 58, 고려사학회
• 성당제(2007), 「丁卯胡亂時 昭顯分朝와 世子의 役割」, 『규장각』 31, 서울대학교 규장각한국학연구원
• 손성필(2017), 「17세기 浮休系 僧徒의 碑 건립과 門派 정체성의 형성」, 『조선시대사학보』 83, 조선시대사학회
• 손신영(2006), 「홍천사와 화계사의 건축장인과 후원자」, 『강좌미술사』 26(1), 한국불교미술사학회
• 손신영(2007), 「19世紀 佛敎建築의 硏究: 서울·경기지역을 중심으로」, 동국대학교 박사학위논문
• 손신영(2010), 「남양주 흥국사 萬歲樓房 연구」, 『강좌미술사』 34, 한국불교미술사학회
• 손신영(2014), 「19세기 왕실 후원 사찰의 조형성 – 고종년간을 중심으로」, 『강좌미술사』 42, 한국불교미술사학회
• 손신영(2015), 「설악산 신흥사 극락보전에 대한 연구」, 『강좌미술사』 45, 한국불교미술사학회
• 손신영(2017), 「조선후기 興天寺의 연혁과 시주」, 『강좌미술사』 47, 한국불교미술사학회
• 손신영(2019), 「봉인사세존사리탑의 이주 내력과 조형」, 『한국불교사연구』 16, 한국불교사연구소
• 손영문(2006), 「조각승 印均派 불상조각의 연구」, 『강좌미술사』 26, 한국불교미술사학회
• 손영문(2008), 「대적광전 목조비로자나불상 및 복장후령통」, 『海印寺 대적광전·법보전 복장유물 조사보고서』, 법보종찰 해인사·문화재청
• 손영문(2008), 「법보전 목조비로자나불상 및 복장후령통」, 『海印寺 대적광전·법보전 복장유물 조사보고서』, 법보종찰 해인사·문화재청
• 손영문(2011), 「海印寺 法寶殿 및 大寂光殿 木造毗盧遮那佛像의 硏究」, 『미술사학연구』 270, 한국미술사학회
• 손영문(2019), 「朝鮮 後期 木造阿彌陀如來三尊 佛龕과 阿彌陀如來七尊 佛龕 考察」, 『불교미술』 30, 동국대학교 박물관
• 손진원(2019), 「海印寺의 大寂光殿·法寶殿·願堂庵 발견 腹藏典籍의 연구」, 경북대학교 석사학위논문
• 손태호(2017), 「보령(保寧) 금강암(金剛庵) 석불좌상 연구」, 『불교학연구』 53, 불교학연구회
• 손태호(2020), 『조선 불상의 탄생 – 조선 전기 목·건칠불상 연구』, 한국학술정보
• 송수환(1990), 「朝鮮前期王室財政硏究」, 고려대학교 박사학위논문
• 송수환(1992), 「朝鮮前期의 寺院田: 特히 王室關聯寺院을 중심으로」, 『한국사연구』 79, 한국사학회
• 송은석(2005), 「통도사성보박물관 소장 금은제아미타삼존불좌상 연구」, 『불교미술사학』 3, 불교미술사학회
• 송은석(2008), 「17세기 전반 曹溪山 松廣寺와 彫刻僧: 覺敏, 應元, 印均」, 『보조사상』 29, 보조사상연구원
• 송은석(2010), 「조각승 勝日과 勝日派의 造像 활동」, 『선학』 26, 한국선학회
• 송은석(2010), 「조선 후기 應元·印均派의 활동: 應元, 印均, 三忍」, 『한국문화』 52, 서울대학교 규장각한국학연구원
• 송은석(2012), 『조선 후기 불교조각사』, 사회평론
• 송은석(2013), 「金堤 金山寺 조각승 淸虛의 造像 활동」, 『미술사학연구』 279·280,

한국미술사학회

- 송은석(2013), 「미국 미술관, 박물관 소장 조선시대 불상 연구」, 『미술사와 시각문화』 12, 미술사와 시각문화학회
- 송은석(2015), 「蔚珍 佛影寺의 佛像과 彫刻僧: 尙倫, 卓密」, 『동악미술사학』 17, 동악미술사학회
- 송은석(2016), 「목포 달성사 명부전 존상의 조성과 중수: 향엄(香嚴), 진열(進悅)」, 『미술사와 시각문화』 18, 미술사와 시각문화학회
- 송은석(2016), 「의성 대곡사 나한전 존상과 조각승 탁밀」, 『석당논총』 66, 동아대학교 석당학술원
- 송은석(2017), 「完州 松廣寺 나한전의 제 존상과 조각승」, 『보조사상』 47, 보조사상연구원
- 송은석(2017), 「1622년 慈壽寺 · 仁壽寺의 章烈王后 發願 佛事와 안동 선찰사 목조석가불좌상」, 『석당논총』 67, 동아대학교 석당학술원
- 송은석(2021), 「慶州 南山 三陵溪 第2寺址 石造佛坐像의 服制와 着衣法」, 『미술사학』 41, 한국미술사교육학회
- 송일기(2002), 「五臺山 月精寺 八角九層石塔 出土 『全身舍利經』의 考察」, 『한국도서관 정보학회지』 33, 한국도서관 · 정보학회
- 송일기(2008), 「王龍寺院 三尊佛像의 腹藏典籍에 관한 硏究」, 『한국문헌정보학회지』 42(2), 한국문헌정보학회
- 송혜진(2014), 「조선 전기 왕실 불사(佛事)의 전승과 음악문화 연구」, 『한국음악연구』 56, 한국국악학회
- 송혜진(2016), 「『사리영응기』 소재 「삼불예참문」과 세종친제 불교음악」, 『동양예술』 30, 한국동양예술학회
- 신광희(2006), 「朝鮮末期 畵僧 慶船堂 應釋 硏究」, 『불교미술사학』 4, 불교미술사학회
- 신광희(2009), 「朝鮮 前期 明宗代의 社會變動과 佛畵」, 『미술사학』 23, 한국미술사교육학회
- 신광희(2017), 「흥선대원군 발원 불화의 양상과 특징」, 『고궁문화』 10, 국립고궁박물관
- 신명호(2010), 「『승정원일기』를 통해 본 昭顯世子의 病症과 死因」, 『사학연구』 100, 한국사학회
- 신병주(2017), 『조선왕실의 왕릉 조성』, 세창출판사
- 신소연(2006), 「圓覺寺址 十層石塔의 西遊記 浮周 硏究」, 『미술사학연구』 249, 한국미술사학회
- 신채용(2017), 『조선 왕실의 백년손님: 벼슬하지 못한 부마와 그 가문의 이야기』, 역사비평사
- 심영신(2021), 「양주 회암사지(楊州 檜巖寺址) 4단지 문지 출토 소조편(塑造片)을 통해 본 회암사 사천왕상」, 『문화재』 54(3), 국립문화재연구소
- 심인영(2012), 「원각사지 10층석탑 4층 부조상 연구」, 홍익대학교 석사학위논문
- 심주완(2002), 「임진왜란 이후의 대형 소조불상에 관한 연구」, 『미술사학연구』 233 · 234, 한국미술사학회
- 심주완(2008), 「조선시대 三世佛像의 연구」, 『미술사학연구』 259, 한국미술사학회
- 심주완(2019), 「홍천사 극락전 목조 아미타불상과 대세지보살상 연구」, 『강좌미술사』 53, 한국불교미술사학회
- 심주완(2021), 「동아시아 삼불상 도상 연구」, 고려대학교 박사학위논문
- 安東郡 편(1991), 『(國譯)永嘉誌』, 안동문화원
- 安本震湖 編(1943), 『終南山 彌陀寺 略誌』, 彌陀寺
- 안여라(2016), 「화계사 오백나한상 조성과 척기남의 불교사상」, 용인대학교 석사학위논문
- 안지원(1997), 「고려시대 帝釋信仰의 양상과 그 변화」, 『국사관논총』 78, 국사편찬위원회
- 안진호 편찬, 이철교 해제(1994), 「서울 및 近郊 寺刹誌(원제: 奉恩寺本末寺誌) · 제2편 京山의 사찰」, 『多寶』 10, 대한불교진흥원

- 양은용(1995), 「丁酉再亂의 석주관전투와 華嚴寺義僧軍」, 『가산학보』 4, 가산불교문화연구원
- 양은용(2003), 「임진왜란 이후 佛敎義僧軍의 동향 – 全州松廣寺의 開創碑 및 新出 腹藏記를 중심으로」, 『열린정신 인문학연구』 4, 원광대학교 인문학연구소
- 양은용(2020), 「뇌묵 처영(雷默處英)의 의승 활동과 금산사(金山寺)」, 『한국종교』 47, 원광대학교 종교문제연구소
- 양은용·김덕수 편(1992), 『壬辰倭亂과 佛敎義僧軍』, 경서원
- 양주시립회암사지박물관(2021), 『효령: 회암사에 담은 불심』, 회암사지박물관
- 양주회암사지박물관 편집부(2015), 『회암사와 왕실문화』, 회암사지박물관
- 양주회암사지박물관 편집부(2016), 『회암사와 불교사』, 회암사지박물관
- 양혜원(2021), 「조선 초기 궁궐 사찰 '내원당(內願堂)'의 설치와 변동」, 『한국사상사학』 69, 한국사상사학회
- 엄기표(2012), 「順天 松廣寺 木造觀音菩薩坐像 腹藏物 調査와 意義」, 『문화사학』 39, 한국문화사학회
- 엄기표(2012), 「朝鮮 世祖代의 佛敎美術 硏究」, 『한국학연구』 26, 인하대학교 한국학연구소
- 엄기표(2015), 「남양주 水鍾寺의 조선시대 舍利塔에 대한 고찰」, 『미술사학연구』 285, 한국미술사학회
- 엄기표(2017), 「완주 송광사 석조미술의 특징과 의의」, 『보조사상』 47, 보조사상연구원
- 연제영(2015), 「한국 水陸齋의 儀禮와 설행양상」, 고려대학교 박사학위논문
- 염중섭(2017), 「경천사·원각사지탑의 취경부조에 대한 재검토 – 원자료와의 차이와 장면선택의 의미를 중심으로」, 『종교문화연구』 28, 한신대학교 종교와문화연구소
- 염중섭(2017), 「세조의 상원사중창과 〈上院寺重創勸善文〉에 대한 검토 – 현존 最古의 한글 필사본인 〈상원사중창권선문〉을 중심으로」, 『한국불교학』 81, 한국불교학회
- 영산문화재연구소(2010), 『(보물 제1312호)무위사 목조아미타삼존불좌상: 정밀진단보고서』, 무위사성보박물관
- 영허 선영 저·공근식 옮김(2017), 『역산집(櫟山集)』, 동국대학교 출판부
- 오경후(2007), 「顯宗代의 佛敎政策과 佛敎界의 動向」, 『한국선학』 17, 한국선학회
- 오경후(2009), 「朝鮮前期 禪雲寺의 重創과 展開」, 『신라문화』 33, 동국대학교 신라문화연구소
- 오경후(2013), 「朝鮮後期 王室과 華溪寺의 佛敎史的 價値」, 『신라문화』 41, 동국대학교 신라문화연구소
- 오경후(2015), 「朝鮮後期 王室의 佛敎信仰과 華溪寺의 役割」, 『인문과학연구』 20, 덕성여자대학교 인문과학연구소
- 오경후(2017), 「조선시대 봉은사의 불교적 위상과 문화가지」, 『정토학연구』 28, 한국정토학회
- 오경후(2020), 「조선시대 생전예수재 문헌의 유통과 그 설행」, 『불교문예연구』 16, 동방문화대학원대학교 불교문예연구소
- 오세현(2018), 「조선중기 풍양조씨 증장령공파의 도봉구 정착과 청교조씨」, 『인문과학연구』 27, 덕성여자대학교 인문과학연구소
- 오은주(2017), 「朝鮮 15世紀 王室發願 佛像硏究」, 고려대학교 석사학위논문
- 오진희(2006), 「조각승 色難派와 華嚴寺 覺皇殿 七尊佛像」, 『강좌미술사』 26(1), 한국불교미술사학회
- 오진희(2007), 「화엄사 대웅전 목 삼신불상의 연구」, 『강좌미술사』 28, 한국불교미술사학회
- 翁連溪·李洪波 主編(2014), 『中國佛敎版畫全集』 第7卷, 北京: 中國書店

- 王惠民 主編(2002), 『敦煌石窟全集6: 彌勒經畫卷』, 香港: 商務印書館
- 우정상(1958), 「圓覺寺塔婆의 思想的研究: 特히 十三會에 對하여」, 『동국사상』1, 동국대학교 불교대학
- 유경희(2006), 「왕실 발원 불화와 궁중 화원」, 『강좌미술사』26(2), 한국불교미술사학회
- 유경희(2009), 「용주사 삼장보살도(三藏菩薩圖) 연구」, 『천태학연구』12, 천태불교문화연구원
- 유경희(2014), 「高宗代 純獻皇貴妃 嚴氏 發願 불화」, 『미술자료』86, 국립중앙박물관
- 유경희(2015), 「LA카운티미술관 〈神興寺 靈山會上圖〉」, 『강좌미술사』45, 한국불교미술사학회
- 유경희(2015), 「조선 말기 王室發願 佛畵 연구」, 한국학중앙연구원 박사학위논문
- 유경희(2017), 「조선 말기 興天寺와 王室 發願 불화」, 『강좌미술사』49, 한국불교미술사학회
- 유경희(2021), 「조선시대 왕실여성 발원 불화」, 『마한·백제문화』37, 원광대학교 마한백제문화연구소
- 유경희·이용진(2015), 「용주사 소장 正祖代 王室 內賜品」, 『미술자료』88, 국립중앙박물관
- 유근자(1994), 「통일신라 약사불상의 연구」, 『미술사학연구』203, 한국미술사학회
- 유근자(2013), 「조계사의 과거와 현재 그리고 聖寶」, 『조계사 창건 역사와 유물』, 불교중앙박물관
- 유근자(2014), 「화계사 불교미술의 성격과 시주자」, 『한국불교사연구』4, 한국불교사학회 한국불교사연구소
- 유근자(2015), 「신흥사 경판의 조성 배경과 사상 ‒大顚和尙注心經·諸眞言集·佛說廣本大 歲經·僧家日用食時默言作法·大圓集 등을 중심으로」, 『강좌미술사』45, 한국불교미술사학회
- 유근자(2017), 『조선시대 불상의 복장기록 연구』, 불광출판사
- 유근자(2017), 「흥천사의 조선후기 불교조각」, 『강좌미술사』49, 한국불교미술사학회
- 유근자(2018), 「양주 청련사의 아미타삼존상과 관음보살상 연구」, 『불교문예연구』11, 동방문화대학원대학교 불교문예연구소
- 유근자(2018), 「영광 불갑사 명부전의 지장삼존상과 시왕상 연구」, 『남도문화연구』34, 순천대학교 남도문화연구소
- 유근자(2019), 「17세기의 완주 송광사 불사와 벽암각성(碧巖覺性)」, 『남도문화연구』36, 순천대학교 남도문화연구소
- 유근자(2019), 「양주 靑蓮寺의 豫修齋와 조선후기 명부전 도상」, 『동국사학』66, 동국대학교 동국역사문화연구소
- 유근자(2020), 「흥천사 조선후기(1829년) 석조약사불상의 연구」, 『보조사상』58, 보조사상연구원
- 유근자(2021), 「강릉 보현사 목조문수보살좌상의 복장 유물과 중수발원문의 분석」, 『동국사학』72, 동국역사문화연구소
- 유근자(2021), 「광양 백운산의 17세기 불상 복장기록 연구」, 『남도문화연구』43, 순천대학교 남도문화연구소
- 유근자(2021), 「봉원사 명부전 존상(1704년)의 복장 유물과 발원문 분석」, 『보조사상』61, 보조사상연구원
- 유근자(2021), 「서울 옥수동 미타사 아미타삼존불좌상의 복장유물 분석과 양식 특징」, 『불교문예연구』17, 동방문화대학원대학교 불교문예연구소
- 유근자(2021), 「오대산 상원사 문수전 목조제석천상의 연구」, 『선문화연구』30, 한국불교선리연구원
- 유근자(2021), 「오대산 상원사 영산전 존상의 복장 기록 연구」, 『국학연구』45, 한국국학진흥원
- 유근자(2021), 「풍양 조씨 분암(墳庵)과 남양주 견성암의 불상」, 『한국불교학』100, 한국불교학회

- 유근자(2021), 「화엄사 대웅전 비로자나삼신불좌상의 시주질 분석」, 『지리산 대화엄사』, 불교중앙박물관
- 유근자(2021), 「화엄사 목조비로자나삼신불좌상의 조성기「施主秩」 분석」, 『미술자료』 100, 국립중앙박물관
- 유대호(2013), 「조선 전기 지장보살상 연구」, 『미술사학연구』 279·280, 한국미술사학회
- 유대호(2021), 「조선시대 명부 존상 연구」, 홍익대학교 미술사학과 박사학위논문
- 유대호(2021), 「조선 전기 도갑사 불상군의 특징과 제작 배경: 국립중앙박물관 유리건판 사진을 중심으로」, 『미술사연구』 40, 미술사연구회
- 유마리(1982), 「水鍾寺 金銅佛龕 佛畵의 考察」, 『미술자료』 30, 국립중앙박물관
- 유호건(2008), 「조선시대 능침원당 사찰의 건축특성에 관한 연구: 용주사를 중심으로」, 경기대학교 석사학위논문
- 윤근영(2016), 「고려후기·조선전기 보살상의 당초문겹보관 연구」, 홍익대학교 석사학위논문
- 윤기엽(2014), 「북한산성의 僧營寺刹 - 사찰의 역할과 운영을 중심으로」, 『국학연구』 25, 한국국학진흥원
- 윤무병(1960), 「近來에 發見된 舍利關係 遺物」, 『미술자료』 1, 국립중앙박물관
- 윤선우(2016), 「近代 畵僧 寶鏡堂 普現의 出草佛畵 研究」, 『미술사학연구』 289, 한국미술사학회
- 윤 정(2009), 「太祖代 貞陵 건설의 정치사적 의미」, 『서울학연구』 371, 서울시립대학교 서울학연구소
- 윤종근(2002), 「法住寺 大雄寶殿 三身佛 腹藏調査」, 『동원학술논문집』 5, 국립중앙박물관·한국고고미술연구소
- 월정사성보박물관(2002), 『월정사 성보박물관 도록』
- 월정사성보박물관(2004), 『유물로 보는 오대산 문수신앙』
- 이가윤(2021), 「경천사지 십층석탑의 양식과 성격」, 이화여자대학교 석사학위논문
- 이강근(1997), 「華嚴寺 佛殿의 再建과 莊嚴에 관한 研究」, 『불교미술』 14, 동국대학교 박물관
- 이강근(1999), 「완주 송광사의 창건과 17세기의 개창역」, 『강좌미술사』 13, 한국불교미술사학회
- 이강근(2002), 「英·正祖 時代의 佛敎建築에 대한 연구: 佛殿을 중심으로」, 『강좌미술사』 18, 한국불교미술사학회
- 이강근(2008), 「龍珠寺의 건축과 18세기의 創建役」, 『미술사학보』 31, 미술사학연구회
- 이강근(2019), 「17세기 碧巖 覺性의 海印寺·華嚴寺 再建에 관한 연구」, 『강좌미술사』 52, 한국불교미술사학회
- 이강근(2021), 「흥천사 극락보전의 재건역(再建役)과 장엄(莊嚴)에 관한 연구」, 『강좌미술사』 57, 한국불교미술사학회
- 이경미(2009), 「記文으로 본 世祖연간 王室願刹의 전각평면과 가람배치」, 『건축역사연구』 18(5), 한국건축역사학회
- 이경미(2017), 「고려·조선의 法寶信仰과 經藏建築의 변천 연구」, 이화여자대학교 박사학위논문
- 이경하(2006), 「15세기 최고의 여성 지식인, 인수대비」, 『한국고전여성문학연구』 12, 한국고전여성문학회
- 이경화(2005), 「坡州 龍尾里 磨崖二佛竝立像의 造成時期와 背景 - 成化7年 造成說을 提起하며」, 『불교미술사학』 3, 불교미술사학회
- 이계표(1995), 「美黃寺의 歷史」, 『불교문화연구』 5, 남도불교문화연구원
- 이광배(2009), 「發願者 階層을 통해본 朝鮮前期 梵鍾의 樣式」, 『미술사학』 262, 한국미술사학회

- 이규대(1998), 「江陵 國師城隍祭와 鄕村社會의 變化 - 鄕吏層의 彌陀契를 中心으로」, 『역사민속학』 7, 한국역사민속학회
- 이기선(2000), 「高敞 禪雲寺에서 새로 발견된 造像 資料」, 『역사와 실학』 14, 역사실학회
- 이기선(2003), 「수도산 봉은사 사천왕상의 복장물」, 『회당학보』 8, 회당학회
- 이기운(2001), 「조선시대 淨業院의 설치와 불교신행」, 『종교연구』 25, 한국종교학회
- 이기운(2003), 「조선시대 왕실의 比丘尼院 설치와 信行」, 『역사학보』 178, 역사학회
- 이남규(2008), 「華城 隆健陵-龍珠寺 지역 역사문화적 배경과 그 의미 - 최근의 유적발굴조사 내용을 중심으로」, 『미술사학보』 31, 미술사학연구회
- 이능화(2010), 「月精寺見文殊童子」, 『역주 조선불교통사』 5, 동국대학교 출판부
- 李東洛 編(1936), 『醴泉郡誌』, 李東洛方
- 이문기(2015), 「海印寺 法寶殿 비로자나불 內部 墨書銘의 解釋과 大角干과 妃의 實體」, 『역사교육논집』 55, 역사교육학회
- 이미선(2015), 「영조 후궁 暎嬪李氏의 생애와 위상 - 壬午 大處分을 중심으로」, 『역사와 담론』 76, 호서사학회
- 이미선(2020), 『조선왕실의 후궁』, 지식산업사
- 이민정(2015), 「조선 세조대 종친의 정치 활동과 이념적 기반 - 영해군(寧海君)을 중심으로」, 『인문과학연구』 20, 덕성여자대학교 인문과학연구소
- 이민형(2013), 「17세기 후반의 彫刻僧 端應의 불상 연구」, 『미술사학연구』 278, 한국미술사학회
- 이병희(2010), 「朝鮮前期 圓覺寺의 造營과 運營」, 『문화사학』 34, 한국문화사학회
- 이봉춘(1990), 「朝鮮初期 排佛史 研究 - 王朝實錄을 中心으로」, 동국대학교 박사학원노문
- 이봉춘(2006), 「孝寧大君의 信佛과 조선전기 불교」, 『불교문화연구』 7, 동국대학교 불교사회문화연구원
- 이분희(2006), 「조각승 勝一派 불상조각의 연구」, 『강좌미술사』 26(1), 한국불교미술사학회
- 이분희(2013), 「金山寺 五層石塔 舍利莊嚴具 考察 - 탑 안에 봉안된 불상을 중심으로」, 『동악미술사학』 15, 동악미술사학회
- 이분희(2014), 「朝鮮 15世紀 塔內 奉安 佛像의 考察」, 『미술사학연구』 283·284, 한국미술사학회
- 이분희(2016), 「韓國 石塔 佛像 奉安 研究」, 동국대학교 박사학위논문
- 이분희(2021), 「양주 회암사지 출토 여말선초(麗末鮮初) 소조상 연구」, 『정토학연구』 36, 한국정토학회
- 이상균(2017), 「조선왕실의 낙산사(洛山寺) 중창과 후원」, 『문화재』 50, 국립문화재연구소
- 이상백(2016), 「강재희(姜在喜)의 불서 간행에 대한 고찰」, 『불교학보』 77, 불교문화연구원
- 이서현(2019), 「승탑을 통해 본 북한산성 승영사찰 승려의 활약과 위상」, 『백산학보』 115, 백산학회
- 이선용(2009), 「佛腹藏物 구성형식에 관한 연구」, 『미술사학연구』 261, 한국미술사학회
- 이성무(1970), 「조선초기의 향리」, 『한국사연구』 5, 한국사연구회
- 이숙희(2015), 「북한산 도선사의 조선 후기 불교조각」, 『인문과학연구』 20, 덕성여자대학교 인문과학연구소
- 이순영(2010), 「조선 초기 가평 현등사(懸燈寺) 삼층석탑에 관한 연구」, 『아시아문화연구』 18, 아시아문화연구소
- 이승희(2006), 「1628年 七長寺 〈五佛會掛佛圖〉 研究」, 『미술사논단』 23, 한국미술연구소
- 이승희 역주(2010), 『순원왕후의 한글편지』, 푸른역사
- 이승희(2018), 「조선전기 관경십육관변상도에 보이는 고려 전통의 계승과 변용: 정토인식과

왕생관의 변화를 통해」,『문화재』51(1), 국립문화재연구소
- 이승희(2021), 「조선 말기 經塔圖의 조형적 연원과 제작 배경」,『미술사연구』40, 미술사연구회
- 이연숙(2014), 「18-19세기 풍양조씨의 대종중 형성과 족보 간행」,『민족문화』43, 한국고전번역원
- 이영숙(2005), 「〈新興寺 掛佛〉의 조성 배경에 대한 고찰」,『동악미술사학』6, 동악미술사학회
- 이완우(2013), 「조선 후기 列聖御筆의 刊行과 廣布」,『장서각』30, 한국학중앙연구원
- 이용윤(2004), 「華溪寺 觀音殿 地藏三尊圖 硏究」,『미술사연구』18, 미술사연구회
- 이용윤(2008), 「삼세불의 형식과 개념 변화」,『동악미술사학』9, 동악미술사학회
- 이용윤(2018), 「18세기 후반 불국사 대웅전 중창불사와 후불벽 불화의 조성」,『미술사학보』50, 미술사학연구회
- 이용윤(2021), 「화계사 〈천수천안관음보살변상도〉에 반영된 19세기 불교의 신경향」,『불교미술사학』32, 불교미술사학회
- 이 욱(2017),『조선시대 국왕의 죽음과 상장례(喪葬禮): 애통·존숭·기억의 의례화』, 민속원
- 이원석(2013), 「五臺山 中臺 寂滅寶宮의 역사」,『한국불교학』67, 한국불교학회
- 이원석(2016), 「漢巖 重遠과 呑虛 宅成의 佛緣 - 呑虛의 出家 背景」,『한국불교학』79, 한국불교학회
- 이은주·박윤미(2017), 「선찰사 목조석가여래좌상 복장 직물과 왕비 유씨 저고리 고찰」,『석당논총』67, 동아대학교 석당학술원
- 이은주·이명은(2012), 「順天 松廣寺 木造觀音菩薩좌상 腹藏 服飾에 관한 考察」,『문화사학』37, 한국문화사학회
- 이은진(2020), 「조선후기 龍洞宮의 思悼世子 願堂 관리 - 수원 龍珠寺의 사례를 중심으로」,『고문서연구』57, 한국고문서학회
- 이장존·경유진·이종수·서민석(2019), 「보은 법주사 〈괘불탱〉의 미술사적 특징과 채색 안료의 과학적 분석 연구」,『문화재』52-4, 국립문화재연구원
- 이재헌(2014), 「이승만 대통령의 유시와 불교정화 운동의 전개」,『대각사상』22, 대각사상연구원
- 이정주(1999), 「朝鮮 太宗·世宗代의 抑佛政策과 寺院建立」,『한국사학보』5, 고려사학회
- 이정주(2007), 「세종 31년(1449) 간(刊)『사리영응기(舍利靈應記)』소재(所載) 정근입장인(精勤入場人) 분석」,『고문서연구』31, 한국고문서학회
- 이정주(2015), 「흥선대원군 李昰應(1820~1898)의 불교 후원과 그 정치적 의미」,『역사와 담론』73, 호서사학회
- 이종수(2013), 「1652년 官府文書를 통해 본 효종대 불교정책 연구」,『한국불교학』67, 한국불교학회
- 이종수(2016), 「18세기 불교계의 동향과 송광사의 위상」,『보조사상』45, 보조사상연구원
- 이종수(2019), 「조선시대 생전예수재의 설행과 의미」,『불교학연구』61, 불교학연구회
- 이종수(2019), 「조선후기 환성 지안의 통도사 주석과 문도의 유풍 계승」,『남도문화연구』36, 남도문화연구소
- 이종수·허상호(2010), 「17~18세기 불화의『畵記』분석과 용어 考察」,『불교미술』21, 동국대학교 박물관
- 이종찬(2013),『역주사리영응기』, 세종대왕기념사업회
- 이주희(2020), 「廣平大君家의 東萊溫川行 경과와 그 의미 - 광평대군과 사별 후 극복을 위한 선택이 끼친 영향」,『영남학』72, 경북대학교 영남문화연구원
- 이지희(2010), 「조선시대(朝鮮時代) 정업원(淨業院)의 운영(運營)」,『청람사학』18, 청람사학회

994

- 이태경(2019), 「조선초기 호장(戶長)의 향촌 지배와 그 변화」, 『한국사연구』 187, 한국사연구회
- 이헌석(2020), 「조선전기 해인사의 왕실발원 복장유물 연구」, 동아대학교 석사학위논문
- 이현주(2020), 「조선 17세기 왕실 발원 불교미술 연구」, 명지대학교 석사학위논문
- 이현주(2021), 「17세기 전기 왕실 여인들의 불사(佛事) 연구: 장열왕후와 인목대비를 중심으로」, 『미술사학보』 56, 미술사학연구회
- 이혜옥(1999), 「조선전기 수공업체제의 정비」, 『역사와 현실』 33, 한국역사연구회
- 이훈상(2012), 「17세기 중반 순천 송광사 목조관음보살좌상의 조성과 늙은 나인 노예성의 발원」, 『호남문화연구』 51, 전남대학교 호남학연구원
- 인용민(2008), 「孝寧大君李補(1396~1486)의 佛事 活動과 그 意義」, 『선문화연구』 5, 한국불교선리연구원
- 逸見梅栄(1975), 『仏像の形式』, 東京: 東出版
- 임득균(2014), 「海印寺 소장 高麗大藏經板의 印經佛事에 대한 조선 세조의 지원 의도」, 『석당논총』 59, 동아대학교 석당학술원
- 임영애(1999), 「완주 송광사 목패와 17세기 조선시대 불교」, 『강좌미술사』 13, 한국불교미술사학회
- 임영애(2019), 「願堂 사찰, 제천 덕주사의 마애여래입상」, 『한국고대사탐구』 33, 한국고대사탐구학회
- 임영주(2000), 「한국의 工匠考」, 『아시아민족조형학보』 1, 아시아민족조형문화연구소 한국학회
- 임혜련(2010), 「朝鮮 肅宗妃 仁元王后의 嘉禮와 정치적 역할」, 『한국인물사연구』 13, (사)한국인물사연구회
- 임호민(2015), 「조선시대 향촌조직 결성의 양상과 추이 고찰 – 강릉지방의 사례를 중심으로」, 『강원사학』 27, 강원사학회
- 장충식(1978), 「景泰七年銘 佛像腹藏品에 對하여」, 『考古美術』 138·139, 한국미술사학회
- 장희정(2001), 「朝鮮末 王室發願佛畵의 考察」, 『동악미술사학』 2, 동악미술사학회
- 장희흥(2006), 「朝鮮時代 豐壤宮의 造成과 管理」, 『경주사학』 24·25, 경주사학회
- 전경미(1999), 「송광사 승탑의 연구」, 『강좌미술사』 13, 한국불교미술사학회
- 전영근(2006), 「왕실 주관 불사 권선문의 조성과 운용 – 상원사 권선문과 용주사 권선문을 중심으로」, 『서지학보』 30, 한국서지학회
- 전제훈(2019), 「朝鮮 小氷期 彌陀生命思想 연구 – 강릉 보현사 미타계를 중심으로」, 『원불교사상과 종교문화』 79, 원광대학교 원불교사상연구원
- 정명희(2017), 「18세기 경북 의성의 불교회화와 제작자 – 밀기(密機), 치삭(稚朔), 혜식(慧湜)의 불사(佛事)를 중심으로」, 『불교미술사학』 24, 불교미술사학회
- 정병삼(2012), 「8세기 화엄교학과 화엄사찰」, 『한국사상과 문화』 64, 한국사상문화학회
- 정병조(1988), 「문수보살의 연구」, 『불교연구』 45, 한국불교연구원
- 정상훈(1994), 「甲寅字本 『舍利靈應記』에 대하여: 고유인명 표기를 중심으로」, 『동원논집』 7, 동국대학교 대학원
- 정성권(2015), 「조선전기 석조불상 연구 – 편년과 양식적 특징을 중심으로」, 『불교미술사학』 24, 불교미술사학회
- 정시한 저, 신대현 번역·주석(2005), 『산중일기 – 17세기 선비의 우리 사찰 순례기』, 혜안
- 정영미(2019), 「『舍利靈應記』 재검토 – 편찬자와 특징을 중심으로」, 『동국사학』 67, 동국대학교 동국역사문화연구소
- 정영호(1970), 「水鍾寺石塔 內 發見 金銅如來像」, 『고고미술』 106·107, 한국미술사학회

- 정영호(1996), 『完州 松廣寺』, 한국교원대학교 박물관
- 정영호(2014), 「경천사 십층석탑과 원각사 십층석탑의 비교 연구」, 『천태학연구』 17, 천태불교문화연구원
- 정은우(2006), 「17세기 조각가 혜희(惠熙)와 불상의 특징」, 『미술사의 정립과 확산: 항산 안휘준 교수 정년퇴임 기념논문집』 2권, 사회평론
- 정은우(2008), 「龍門寺 木造阿彌陀如來坐像의 특징과 願文 분석」, 『미술사연구』 22, 미술사연구회
- 정은우(2009), 「남양주 흥국사의 조선전기 목조 16나한상」, 『동악미술사학』 10, 동악미술사학회
- 정은우(2012), 「동학사 대웅전의 목조석가여래삼불좌상과 조각승 각민」, 『한국학』 35(4), 한국학중앙연구원
- 정은우(2013), 「1662年 松廣寺 觀音殿 木造觀音菩薩坐像과 彫刻僧 慧熙」, 『문화사학』 39, 한국문화사학회
- 정은우(2017), 「봉화 청량사 건칠약사여래좌상의 특징과 제작 시기 검토」, 『미술사연구』 32, 미술사연구회
- 정은우·유대호(2017), 「합천 해인사 원당암 목조아미타여래삼존상의 특징과 제작시기」, 『미술사논단』 45, 한국미술연구소
- 정진희(2017), 「韓國 熾盛光如來 信仰과 圖像 硏究」, 동국대학교 박사학위논문
- 정진희(2020), 「서울 봉원사 칠성각 「치성광여래도」 도상연구 – 새로운 치성광여래 도상의 창출」, 『서울과 역사』 104, 서울역사편찬원
- 정진희(2021), 「중봉당 혜호(中峰堂 慧皓)의 작품과 화맥연구」, 『선문화연구』 30, 한국불교선리연구원
- 정해득(2009), 「正祖의 龍珠寺 創建 硏究」, 『사학연구』 93, 한국사학회
- 제지현(2022), 「平昌〈上院寺 重創勸善文〉과 조선 왕실의 인장」, 『불교미술』 33, 동국대학교 박물관
- 조경 지음·권오영 옮김(2014), 『용주일기』, 용주연구회
- 조범환(2015), 「9세기 海印寺 法寶展 毗盧遮那佛 조성과 檀越세력: 墨書銘에 대한 검토를 중심으로」, 『민족문화』 45, 한국고전번역원
- 조윤호(2004), 「朝鮮前期 金守溫家의 佛敎信仰」, 한국교원대학교 석사학위논문
- 조태건(2013), 「17세기 후반 조각승 색난 단응 시왕상 연구」, 『동악미술사학』 15, 동악미술사학회
- 조태건(2020), 「불상의 귀 표현으로 본 조선 후기 조각승의 계보별 특징」, 『미술사연구』 38, 미술사연구회
- 주경미(2007), 「朝鮮前期 王室發願鐘의 研究」, 『동양학』 42, 단국대학교 동양학연구원
- 주수완(2019), 「흥천사 명부전 석조 지장보살삼존상 및 시왕상 연구」, 『강좌미술사』 53, 한국불교미술사학회
- 지미령(2013), 「화계사 제작 불화의 미술사적 의미」, 『삼각산 화계사의 역사와 문화』 학술논문집, 화계사
- 지미령(2015), 「일제강점기 한국내의 일본인 관음신앙 고찰 – 화계사소장 관음석불군을 중심으로」, 『동아시아고대학』 38, 동아시아고대학회
- 진나라(2004), 「조선전기 사장의 성격과 기능 – 불교신앙활동을 중심으로」, 『한국사상사학』 22, 한국사상사학회
- 진성규(2007), 「世祖의 佛事行爲와 그 意味」, 『백산학보』 78, 백산학회

- 차호연(2016), 「조선 초기 公主·翁主의 封爵과 禮遇」, 『조선시대사학보』 77, 조선시대사학회
- 채상식(2021), 「淸溪寺의 연혁과 소장 목판의 현황」, 『서지학연구』 87, 한국서지학회
- 천성철(1995), 「龍珠寺 壁畵에 關한 考察」, 『문화사학』 4, 한국문화사학회
- 최공호(2016), 「갈이틀[旋車]의 명칭과 磨造匠의 소임」, 『미술사논단』 43, 한국미술연구소
- 최공호(2018), 「조선 전기 경공장의 기술 통제와 분업」, 『미술사논단』 47, 한국미술연구소
- 최경원(2011), 「조선전기 왕실 比丘尼院 女僧들이 후원한 불화에 보이는 女性救援」, 『동방학지』 156, 연세대학교 국학연구원
- 최경환(2021), 「세조대 刊經都監 설치와 佛書 간행」, 서울대학교 박사학위논문
- 최선일(2000), 「조선후기 전라도 조각승 색난과 그 계보」, 『미술사연구』 14, 미술사연구회
- 최선일(2003), 「용주사 대웅보전 목조석가삼존불상과 조각승 - 戒初比丘를 중심으로」, 『동악미술사학』 4, 동악미술사학회
- 최선일(2010), 「파주 보광사 대웅보전 목조보살입상과 彫刻僧 英賾」, 『미술사학』 24, 한국미술사교육학회
- 최선일(2010), 「八影山沙門 造妙工 色難의 삶과 藝術」, 『팔영산 능가사와 조각승 색난』, 양사재
- 최선일(2011), 「17세기 전반 조각승 원오의 활동과 불상 연구」, 『17세기 彫刻僧과 佛像 硏究』, 경인문화사
- 최선일(2012), 「배천 강서사 조성 지장보살과 조각승 영철」, 『선문화연구』 13, 한국불교선리연구원
- 최선일(2013), 「강화 전등사 목조지장보살좌상과 조각승 수연」, 『인천학연구』 13, 인천대학교 인천학연구원
- 최선일(2013), 「남원 선원사 木造地藏菩薩三尊像과 조각승 元悟」, 『미술사학』 27, 한국미술사교육학회
- 최선일(2015), 「가평 현등사 금동지장보살좌상과 설훈」, 『인문과학연구』 44, 인문과학연구소
- 최성은(1992), 「羅末麗初 佛教彫刻의 對中關係에 대한 考察」, 『불교미술』 11, 동국대학교 박물관
- 최성은(2016), 「보성 開興寺 목조관음보살좌상을 통해 본 조선후기 조각승 色難」, 『한국사학보』 62, 고려사학회
- 최성은(2021), 「화엄사 대웅전 목조비로자나삼신불좌상에 대한 고찰」, 『미술자료』 100, 국립중앙박물관
- 최소림(2000), 「흑석사 목조아미타불좌상 연구: 15세기 불상 양식의 일이해」, 『강좌미술사』 15, 한국불교미술사학회
- 최수민(2020), 「조선 후기 강원지역 鞭羊門中의 佛事와 百潭寺 阿彌陀如來坐像」, 이화여자대학교 석사학위논문
- 최연식(2014), 「신돈의 불교신앙과 불교정책」, 『불교학보』 68, 동국대학교 불교문화연구원
- 최연식(2015), 「『삼국유사』 소재 오대산 관련 항목들의 서술 양상 비교」, 『서강인문논총』 44, 서강대학교 인문과학연구소
- 최연식(2017), 「완주 송광사의 창건 배경 및 조선후기 불교 문파와의 관계」, 『보조사상』 47, 보조사상연구원
- 최연주(2012), 「조선시대 『고려대장경』의 印經과 海印寺」, 『동아시아불교문화』 10, 동아시아불교문화학회
- 최엽(2004), 「高山堂 竺演의 佛畵 硏究」, 『동악미술사학』 5, 동악미술사학회
- 최엽(2021), 「조선 중후기 왕실 도화서 화원들의 불화 제작과 그 영향」, 『온지논총』 68, 온지학회

- 최완수(1994), 「화계사(華溪寺)」, 『명찰순례』 3, 대원사
- 최윤곤(2002), 「간경도감(刊經都監)의 실체와 불전 간행 사업」, 『인문사회과학논문집』 31, 광운대학교 산학협력단
- 최응천(2013), 「조선후반기 제2·3기 불교공예의 명문과 양식적 특징」, 『강좌미술사』 40, 한국불교미술사학회
- 최응천(2017), 「朝鮮前期 王室 發願 梵鐘과 興天寺鐘의 중요성」, 『강좌미술사』 49, 한국불교미술사학회
- 최이돈(2010), 「조선 초기 향리의 지위와 신분」, 『진단학보』 100, 진단학회
- 최인선(2015), 「珍島 雙溪寺 大雄殿 三尊佛像과 彫刻僧 熙藏」, 『문화사학』 44, 한국문화사학회
- 최재복(2011), 「朝鮮初期 王室佛教 研究」, 한국학중앙연구원 박사학위논문
- 최 학(2012), 「조선후기 화승 관허당 설훈(寬虛堂 雪訓) 연구」, 『강좌미술사』 39, 한국불교미술사학회
- 탁효정(2001), 「朝鮮後期 王室願堂의 類型과 機能」, 한국정신문화연구원 석사학위논문
- 탁효정(2004), 「조선후기 왕실원당(王室願堂)의 사회적 기능」, 『청계사학』 19, 청계사학회
- 탁효정(2012), 「『廟殿宮陵園墓造泡寺調』를 통해 본 조선후기 능침사의 실태」, 『조선시대사학보』 61, 조선시대사학회
- 탁효정(2012), 「조선시대 王室願堂 연구」, 한국학중앙연구원 박사학위논문
- 탁효정(2015), 「조선 전기 정업원(淨業院)의 성격과 역대 주지 - 조선시대 정업원의 운영실태(1)」, 『여성과 역사』 22, 한국여성사학회
- 탁효정(2016), 「조선초기 陵寢寺의 역사적 유래와 특징」, 『조선시대사학보』 77, 조선시대사학회
- 탁효정(2017), 「15~16세기 정업원의 운영실태」, 『조선시대사학보』 82, 조선시대사학회
- 탁효정(2017), 「조선시대 淨業院의 위치에 관한 재검토 - 영조의 淨業院舊基碑 설치를 중심으로」, 『서울과 역사』 97, 서울역사편찬원
- 탁효정(2018), 「조선시대 봉은사 수륙재의 역사적 전개」, 『동양고전연구』 73, 동양고전학회
- 탁효정(2021), 『조선왕릉의 사찰』, 역사산책
- 태경 스님 譯著(2006), 『조상경』, 운주사
- 퇴경당권상로박사전서간행위원회 편저(1990), 『退耕堂全書』 卷3, 퇴경당권상로박사전서간행위원회
- 평창군·월정사·㈜다올건축사사무소(2021), 『평창 상원사 영산전 석가삼존·십육나한상 및 권속 복장유물 실측조사보고서』
- 하선용(1983), 「水原 龍珠寺 後佛畵에 對한 考察: 金弘道의 繪畵를 中心으로」, 『서원대학논문집』 12, 서원대학교
- 하지연(2003), 「한말·일제 朝日佛教聯合 시도와 李晦光」, 『이화사학연구』 30, 이화사학연구소
- 한강지(2006), 「五臺山 上院寺 木造文殊童子坐像 研究」, 동국대학교 석사학위논문
- 한국문화유산답사회(1997), 『답사여행의 길잡이 8 - 팔공산자락』, 돌베개
- 한국학문헌연구소 편(1997), 『華嚴寺誌』, 아세아문화사
- 한국학문헌연구소 편(1977), 『乾鳳寺本末史蹟·楡岾寺本末寺誌』, 아세아문화사
- 한기문(1995), 「高麗時代 寺院의 運營基盤과 願堂의 存在樣相」, 경북대학교 박사학위논문
- 한상길(2011), 「오대산 월정사의 역사와 전통」, 『선학』 30, 한국선학회
- 한상길(2013), 「근대 화계사의 역사와 위상」, 『대각사상』 19, 대각사상연구원
- 한지만(2017), 「조선 후기 선종사원 완주 송광사 가람구성의 의미」, 『보조사상』 47, 보조사상연구원

- 한춘순(2013), 「조선 명종대 불교정책과 그 성격」, 『한국사상사학』 44, 한국사상사학회
- 한형주(2006), 「허조(許稠)와 태종~세종대 국가의례의 정비」, 『민족문화연구』 44, 고려대학교 민족문화연구원
- 한희숙(2006), 「구한말 순헌황귀비 엄비의 생애와 활동」, 『아시아여성연구』 45(2), 숙명여자대학교 아시아여성연구원
- 한희숙(2007), 「조선전기 봉보부인의 역할과 지위」, 『조선시대사학보』 43, 조선시대사학회
- 한희숙(2017), 「조선 초 명 선덕제 후궁 공신부인 한씨가 조선에 끼친 영향」, 『여성과 역사』 26, 한국여성사학회
- 한희숙(2020), 「조선 초 廣平大君家의 佛教信行과 왕실불교」, 『한국사학보』 79, 고려사학회
- 해인사·문화재청(2002), 『海印寺 藏經板殿 實測調査報告書』
- 해인사성보박물관(2017), 『願堂: 해인사 원당암 아미타불 복장 유물 특별전』
- 허형욱(2004), 「전라남도 순천시 매곡동 석탑 발견 성화사년(1468)명 청동불감과 금동아미타삼존불좌상」, 『미술자료』 70·71, 국립중앙박물관
- 현창호(1961), 「淨業院의 置廢와 位置에 對하여」, 『향토서울』 11, 서울특별시사편찬위원회
- 홍사준(1976), 「金剛庵碑銘」, 『미술자료』 19, 국립중앙박물관
- 홍성익(2015), 「신라말 江原地域 禪宗의 전래와 정착 과정 - 考古資料 檢討를 겸하여」, 『신라사학보』 33, 신라사학회
- 홍윤식(1984), 「朝鮮初期 上院寺文殊童子像에 대하여」, 『고고미술』 164, 고고미술동인회
- 화악 지탁 저·김재희 옮김(2012), 『삼봉집』, 동국대학교 출판부
- 황수영(1999), 『황수영전집 4 金石遺文』, 혜안
- 황윤아(2010), 「화계사 명부전의 왕실 발원 불사 연구」, 서울대학교 석사학위논문
- 황인규(2005), 『고려말·조선전기 불교계와 고승 연구』, 혜안
- 황인규(2008), 「조선전기 정업원과 비구니주지」, 『한국불교학』 51, 한국불교학회
- 황인규(2009), 「광해군과 奉印寺」, 『역사와 실학』 38, 역사실학회
- 황인규(2009), 「파주 普光寺의 역사와 위상」, 『대각사상』 12, 대각사상연구원
- 황인규(2010), 「조선전기 왕실녀의 가계와 비구니 출가 - 왕자군의 부인과 공주를 중심으로 한 제기록의 검토」, 『한국불교학』 57, 한국불교학회
- 황인규(2011), 『조선시대 불교계 고승과 비구니』, 혜안
- 황인규(2011), 「조선전기 후궁의 비구니 출가와 불교신행」, 『불교학보』 57, 동국대학교 불교문화연구원
- 황인규(2012), 「여말선초 나옹문도의 오대산 중흥불사」, 『불교연구』 36, 한국불교연구원
- 황인규(2012), 「조선중기 월정사와 상원사·적멸보궁」, 『역사와 교육』 14, 역사와 교육학회
- 황인규(2013), 「청계산 청계사의 역사와 위상 - 고려와 조선시대를 중심으로」, 『보조사상』 39, 보조사상연구원
- 황현정(2012), 「19세기말 왕실의 안성지역 사찰 후원」, 『지방사와 지방문화』 15, 역사문화학회
- 황현정(2015), 「朝鮮後期 驪興 閔門의 佛教 後援 - 驪州, 安城 지역을 中心으로」, 『지방사와 지방문화』 18, 역사문화학회

지은이 유근자

덕성여자대학교 사학과를 졸업한 후 동국대학교 대학원 미술사학과에서 박사학위를 받았다.
사단법인 한국미술사연구소 연구원을 역임했다. 현재 동국대학교 예술대학 미술학부 불교미술
전공 강의초빙교수로 재직 중이며, 강원도·경기도 문화재전문위원으로 활동 중이다. 한편,
조선시대 불상의 복장 기록과 부처님의 생애를 표현한 간다라 불전미술 연구를 진행하고
있다. 저서로『조선시대 불상의 복장기록 연구』가 있고, 공동 저서로『간다라에서 만난 부처』
와『치유하는 붓다』가 있다.

조선시대 왕실발원
불상의 연구

ⓒ 유근자

2022년 8월 11일 초판 1쇄 발행

지은이 유근자
발행인 박상근(至弘) • 편집인 류지호 • 상무이사 김상기 • 편집이사 양동민
책임편집 권순범 • 편집 이상근, 김재호, 양민호, 김소영 • 디자인 쿠담디자인
제작 김명환 • 마케팅 김대현, 정승채, 이선호 • 관리 윤정안
펴낸 곳 불광출판사 (03150) 서울시 종로구 우정국로 45-13, 3층
　　　　대표전화 02) 420-3200 편집부 02) 420-3300 팩시밀리 02) 420-3400
　　　　출판등록 제300-2009-130호(1979. 10. 10.)

ISBN 979-11-92476-13-1 (93220)

값 80,000원